Wissenschaftlicher
Sozialismus

1 DDR
2 VR POLEN
3 ČSSR
4 UNGARISCHE VR
5 SR RUMÄNIEN
6 VR BULGARIEN
7 SVR ALBANIEN
8 IRLAND
9 NIEDERLANDE
10 BRD
11 BELGIEN
12 LUXEMBURG
13 Westberlin
14 SCHWEIZ
15 ÖSTERREICH
16 LIECHTENSTEIN
17 SAN MARINO
18 VATIKANSTADT
19 ITALIEN
20 ANDORRA
21 MONACO
22 TUNESIEN
23 SYRISCHE AR
24 LIBANON
25 ISRAEL
26 JORDANIEN
27 BAHREIN
28 KATAR
29 VEREINIGTE ARABISCHE EMIRATE

30 JEMENITISCHE AR
31 DJIBOUTI
32 GAMBIA
33 GUINEA-BISSAU
34 BURKINA
35 TOGO
36 VR BENIN
37 DR SÃO TOMÉ UND PRINCIPE
38 ÄQUATORIAL-GUINEA
39 UGANDA
40 RWANDA
41 BURUNDI
42 MALAWI
43 SIMBABWE
44 SWASILAND
45 LESOTHO
46 BHUTAN
47 VR BANGLADESH
48 VR KAMPUCHEA
49 BRUNEI
50 ST. CHRISTOPHER UND NEVIS
   ANTIGUA UND BARBUDA

Staatsgrenzen

nicht feststehende Staatsgrenzen

militärische Demarkationslinie in Korea und
Kontrollinie zwischen Indien und Pakistan

sozialistische Staaten

imperialistische Hauptmächte/weitere
entwickelte kapitalistische Länder

sonstige Staaten

Kolonien bzw. abhängige Gebiete

sonstige Gebiete

Wissenschaftlicher Sozialismus

Lehrbuch
für das marxistisch-leninistische
Grundlagenstudium

VEB Deutscher Verlag der Wissenschaften
Berlin 1989

Herausgeber: Günther Großer (Leiter), Rolf Reißig, Gerhard Wolter

Autoren: Frank Berg, Horst Dörrer, Ullrich Geißler, Günther Großer, Bernd Kaden, Günter Mahn, Harri Pawula, Rolf Reißig, Wolfgang Schneider, Lilo Steitz, Hans-Ulrich Walter, Gerhard Wolter, Helmut Zapf, Peter Zotl

An der Ausarbeitung waren weiterhin beteiligt: Rudolf Dau, Hans-Jürgen Trommer, Bernd Wolf

Redaktionssekretär und Sachregister: Bernd Wolf

Als Lehrbuch für die Ausbildung an Universitäten, Hoch- und Fachschulen der DDR anerkannt.
Berlin, Dezember 1987   Minister für Hoch- und Fachschulwesen

ISBN 3-326-00413-3

2., unveränderte Auflage
Umschlaggestaltung: Rudolf Wendt
© 1988 VEB Deutscher Verlag der Wissenschaften,
DDR 1080 Berlin, Postfach 1216
Lizenz-Nr. 206 · 435/1/89
Printed in the German Democratic Republic
Gesamtherstellung: Karl-Marx-Werk Pößneck V 15/30
LSV 0134
Bestellnummer: 571 757 4
00950

Vorwort

Das vorliegende Lehrbuch führt in völlig überarbeiteter Form und unter einem neuen Titel das Anliegen des seit 1974 in mehreren Auflagen erschienenen Werkes „Wissenschaftlicher Kommunismus" (Lehrbuch für das marxistisch-leninistische Grundlagenstudium) fort. Es wurde im Auftrag des Ministeriums für Hoch- und Fachschulwesen der DDR unter Verantwortung der Karl-Marx-Universität Leipzig von einem Autorenkollektiv verfaßt, dem Wissenschaftler der Karl-Marx-Universität, der Akademie für Gesellschaftswissenschaften beim ZK der SED, der Parteihochschule „Karl Marx" beim ZK der SED, der Humboldt-Universität Berlin und der Technischen Universität Dresden angehörten.

Dieses der Lehre des dritten Bestandteils des Marxismus-Leninismus gewidmete Buch stützt sich auf die Werke der Klassiker des Marxismus-Leninismus, die Beschlüsse von marxistisch-leninistischen Parteien, insbesondere des XI. Parteitages der SED, sowie auf weitere bedeutsame gesellschaftstheoretische und -politische Dokumente und Publikationen, wie sie vor allem seit Abschluß der Arbeiten am Lehrbuch „Wissenschaftlicher Kommunismus" (Juli 1982) erschienen sind. Ihm liegen das neue, seit 1986 gültige Lehrprogramm „Grundlagen des Marxismus-Leninismus an den Universitäten und Hochschulen der DDR" sowie die Orientierungen der II. Wissenschaftlich-methodischen Konferenz des marxistisch-leninistischen Grundlagenstudiums zugrunde.

Einer bewährten Tradition marxistisch-leninistischen Denkens folgend wird in dem vorliegenden Lehrbuch in Auswertung langjähriger Lehrerfahrungen und von neuen Forschungsergebnissen auf dem Gebiet des wissenschaftlichen Sozialismus sowie im Ergebnis von Diskussionen im Rat für Wissenschaftlichen Kommunismus an der Akademie für Gesellschaftswissenschaften beim ZK der SED der wissenschaftliche Sozialismus als die politische Theorie des Marxismus-Leninismus dargestellt. Das schließt – gegenüber bisherigen Lehrbüchern – Veränderungen in Inhalt, Struktur und Darstellung ein und führte auch zur Aufnahme

5

einiger neuer Kapitel und Abschnitte, die sich mit Grundproblemen der Theorie und Praxis der Politik der marxistisch-leninistischen Partei befassen.

Angesichts der Fülle und Dynamik der vom wissenschaftlichen Sozialismus zu untersuchenden Probleme und auch unter Berücksichtigung der zahlreichen neuen Fragen und schöpferischen Diskussionen über die Sicherung des Friedens, die Systemauseinandersetzung zwischen Sozialismus und Imperialismus, die Realisierung des sozialen Fortschritts und die Gestaltung der entwickelten sozialistischen Gesellschaft ergaben sich für Autoren und Herausgeber zwei Konsequenzen:

Erstens ist entsprechend dem Charakter und dem angemessenen Umfang eines Lehrbuches der Grundlagen dieser Wissenschaft nur eine kurzgefaßte Darstellung der hauptsächlichen, in der heutigen Etappe bedeutsamen und gesicherten Erkenntnisse des wissenschaftlichen Sozialismus möglich; und

zweitens erfolgt die Darstellung entsprechend dem vorgesehenen Leserkreis in besonderem Maße aus der Sicht der Erfahrungen, des Programms und der Gesellschaftsstrategie der SED.

Wie bisher knüpft das Lehrbuch an die philosophischen und politökonomischen Erkenntnisse an, die in den für das marxistisch-leninistische Grundlagenstudium geschriebenen Lehrbüchern „Dialektischer und historischer Materialismus" und „Politische Ökonomie des Kapitalismus und des Sozialismus" vermittelt werden. Es ordnet sich ein in die Gesamtheit der Lehr- und Studienformen wie Vorlesungen, Seminare und insbesondere das Selbststudium der Studenten, in dem Werke der Klassiker des Marxismus-Leninismus, Parteidokumente sowie zeitgenössische gesellschaftswissenschaftliche Literatur eine wichtige Rolle spielen. Aktuelle, das Lehrbuch ergänzende Literaturhinweise sind in den Studienanleitungen enthalten bzw. werden von den Lehrkräften gegeben.

Herausgeber und Autoren danken für konstruktive Gutachten und Empfehlungen der Akademie für Gesellschaftswissenschaften beim ZK der SED sowie Wissenschaftlern der Martin-Luther-Universität Halle und der Technischen Universität Magdeburg. Große Unterstützung erwiesen unserer Arbeit die Abteilung Marxismus-Leninismus des Ministeriums für Hoch- und Fachschulwesen und die Leitung der Karl-Marx-Universität.

Die Arbeit am Manuskript wurde im Herbst 1987 abgeschlossen.

Die Herausgeber erwarten für die Fortführung ihrer Arbeit an diesem Lehrbuch Vorschläge und Hinweise und bitten, diese an die Abteilung Marxismus-Leninismus im Ministerium für Hoch- und Fachschulwesen bzw. an den VEB Deutscher Verlag der Wissenschaften zu richten.

Die Herausgeber

1. Gegenstand, Aufgaben und Entwicklung des wissenschaftlichen Sozialismus

Bei der weiteren Gestaltung der entwickelten sozialistischen Gesellschaft in der Deutschen Demokratischen Republik und anderen sozialistischen Ländern und im Kampf zur Sicherung des Friedens erweist sich der Marxismus-Leninismus als eine unentbehrliche Anleitung zum Handeln. „Der Marxismus-Leninismus in der Einheit aller seiner Teile ist das theoretische Fundament der gesamten Tätigkeit der Partei. Nur auf der Grundlage dieser allgemeingültigen wissenschaftlichen Lehre und ihrer schöpferischen Weiterentwicklung ist es möglich, den revolutionären Kampf für die Interessen der Arbeiterklasse und aller Werktätigen siegreich zu führen."[1] Die wissenschaftliche Weltanschauung der Arbeiterklasse umfaßt den dialektischen und historischen Materialismus, die politische Ökonomie und den wissenschaftlichen Sozialismus.[2]

Womit beschäftigt sich der dritte Bestandteil der Weltanschauung der Arbeiterklasse, was ist sein Untersuchungsgegenstand? Welchen spezifischen Platz nimmt er dementsprechend in der marxistisch-leninistischen Lehre ein? Welche Funktionen hat er bei der Analyse und Umgestaltung der Gesellschaft zu erfüllen? Die einleitende Beantwortung dieser Fragen soll die Aneignung der Grundlagen dieser Wissenschaft und ihre Nutzung und Anwendung in der gesellschaftlichen Praxis erleichtern und fördern. Diesem Ziel dienen auch Grundkenntnisse über die Entstehung und die Entwicklungsetappen des wissenschaftlichen Sozialismus.

---

1 Programm der Sozialistischen Einheitspartei Deutschlands, Berlin 1976, S. 66.
2 Die Begriffe „wissenschaftlicher Sozialismus" und „wissenschaftlicher Kommunismus" werden als Synonyme gebraucht. Da der gesamte Marxismus-Leninismus die theoretische Grundlage der Politik der kommunistischen Parteien ist, wird häufig auch – im weiteren Sinne – die gesamte Weltanschauung der Arbeiterklasse als wissenschaftlicher Sozialismus (wissenschaftlicher Kommunismus) bezeichnet.

1.1. Der Gegenstand
des wissenschaftlichen Sozialismus

Als Bestandteil des Marxismus-Leninismus hat der wissenschaftliche Sozialismus sowohl grundlegende Gemeinsamkeiten mit den beiden anderen Bestandteilen als auch spezifische Aufgaben in der Forschung, als eine Grundlage der Führung und Leitung der sozialistischen Gesellschaft, in der Lehre und der weltanschaulichen Erziehung und Propaganda. Er ist eine eigenständige Wissenschaftsdisziplin und besitzt einen eigenen Gegenstand.

Der Gegenstand einer Gesellschaftswissenschaft – das sind jene Prozesse, Bereiche und Seiten der Gesellschaft, deren Eigenschaften und Gesetze von dieser Wissenschaft erforscht und von ihr in Form von Wissenschaftsgesetzen, Kategorien, Theorien usw. widergespiegelt werden. Mit der Bestimmung des Gegenstandes des wissenschaftlichen Sozialismus wird zur Beantwortung der Frage beigetragen, was diese Wissenschaft erforscht, welches ihre Problemstellungen sind und wo und wie sie in der gesellschaftlichen Praxis wirksam werden kann und muß.

Bestandteil des Marxismus-Leninismus Der wissenschaftliche Sozialismus entstand und entwickelte sich als einer der Bestandteile der marxistisch-leninistischen Theorie und Weltanschauung, deren innere Einheit in solchen Werken wie „Anti-Dühring" und „Die Entwicklung des Sozialismus von der Utopie zur Wissenschaft" von F. Engels und „Drei Quellen und drei Bestandteile des Marxismus" und „Karl Marx" von Lenin erläutert wurde.[3] Diese *Einheit der Weltanschauung der Arbeiterklasse* wurzelt letztlich darin, daß sich ihre Bestandteile bei der Lösung der gemeinsamen Aufgaben bedingen, ergänzen und durchdringen: die welthistorische Mission der Arbeiterklasse, die Bedingungen und Wege zur Befreiung dieser Klasse und aller Werktätigen von Ausbeutung, Unterdrückung und Krieg und zur Errichtung der sozialistischen und später der kommunistischen Gesellschaft allseitig und umfassend zu begründen. Die praktische Bewältigung dieses gewaltigen, die Anstrengungen mehrerer Generationen erfordernden Werkes ist vor allem davon abhängig, daß die von einer revolutionären Partei geführte Arbeiterklasse als Vorhut aller Werktätigen bewußt und organisiert auf der Grundlage der Erkenntnis der gesellschaftlichen Entwicklungsgesetze handelt.

Das uneingeschränkte *Erkenntnisinteresse* dieser Klasse[4] erfordert zum *ersten* die

---

3 Zur einheitlichen marxistisch-leninistischen Weltanschauung und zu den Funktionen und Wechselbeziehungen ihrer Bestandteile siehe Lehrbuch Dialektischer und historischer Materialismus, Kap. 1.
4 Vgl. F. Engels, Ludwig Feuerbach und der Ausgang der klassischen deutschen Philosophie, in: K. Marx/F. Engels, Werke, Bd. 21, S. 307.

Aufdeckung der allgemeinen Zusammenhänge in Natur, Gesellschaft und im menschlichen Denken, eine dialektisch-materialistische Grundorientierung des Handelns, eine revolutionäre Denkweise und materialistische Geschichtsauffassung, d. h. die *philosophische Begründung* der welthistorischen Mission der Arbeiterklasse; zum *zweiten* eine allseitige Erkenntnis der die gesamte gesellschaftliche Entwicklung determinierenden Gesetze des ökonomischen Produktions- und Reproduktionsprozesses, der ökonomischen Beziehungen und Bedingungen des Kampfes, d. h. die *ökonomische Begründung* dieser welthistorischen Mission.

Die soziale Revolution der Arbeiterklasse zur planmäßigen Errichtung einer neuen, ausbeutungsfreien Gesellschaft bringt *drittens* das Bedürfnis nach Erkenntnis eines weiteren Komplexes von grundlegenden Zusammenhängen hervor: nach den geschichtlichen Aufgaben, Bedingungen und Gesetzen der Bewegung und Aktion der Arbeiterklasse, nach den Zielen, Etappen, Formen und Methoden, nach der Führung ihres Befreiungskampfes, nach ständiger Verallgemeinerung der Erfahrungen dieses Kampfes, d. h. nach der *politischen Begründung* der welthistorischen Mission der Arbeiterklasse. Darin bestehen letztlich die *spezifischen, eigenständigen Aufgaben des wissenschaftlichen Sozialismus,* die er aber nur als Bestandteil der einheitlichen wissenschaftlichen Weltanschauung der Arbeiterklasse lösen kann.

Im Prozeß der Herausbildung des Marxismus erwiesen sich die Schaffung der materialistischen Geschichtsauffassung und der Mehrwerttheorie als die *entscheidenden theoretischen Voraussetzungen* für die Entwicklung des Sozialismus von der Utopie zur Wissenschaft, d. h. für die Entstehung des wissenschaftlichen Sozialismus.[5] Dieser ist insofern die *gesetzmäßige, folgerichtige Fortsetzung und Vollendung* der philosophischen und ökonomischen Lehren des Marxismus, ist ihre Anwendung auf die Politik zur Durchsetzung der welthistorischen Mission der Arbeiterklasse: Die schöpferische Nutzung der materialistischen Dialektik bei der Untersuchung des Kampfes der Arbeiterklasse war und ist eine wesentliche Voraussetzung für die Aufdeckung der Gesetzmäßigkeiten dieses Kampfes und die Ausarbeitung einer wissenschaftlichen Politik. Für die Lösung dieser Aufgabe ist die umfassende Analyse der ökonomischen Beziehungen und Bedingungen ebenso unumgänglich. Beim Studium des wissenschaftlichen Sozialismus ist es deshalb erforderlich, stets die Erkenntnisse und Schlußfolgerungen der marxistisch-leninistischen Philosophie und der politischen Ökonomie zugrunde zu legen und zu nutzen.

Im Wirken von Marx, Engels und Lenin diente die Erörterung und die Lösung von Problemen der Philosophie und der politischen Ökonomie letztendlich dem Ziel, die Bedingungen und Wege zur Befreiung der Arbeiterklasse und damit der gesamten Menschheit von Ausbeutung und Unterdrückung zu begründen. Marx hielt – wie Lenin schrieb – den Materialismus ohne die „Taktik des proletari-

---

5 Vgl. F. Engels, Die Entwicklung des Sozialismus von der Utopie zur Wissenschaft, in: K. Marx/F. Engels, Werke, Bd. 19.

schen Klassenkampfes", ohne das Begreifen der „Bedingungen der revolutionären praktischen Tätigkeit ..."[6] „mit Recht für halb, einseitig und leblos ..."[7]. Zugleich erwies sich die theoretische und praktische Lösung von Fragen des politischen Kampfes, der politischen Organisation und der politischen Führungstätigkeit als eine eigenständige, grundlegende Aufgabe von wesentlicher Wirkung auf die gesamte marxistisch-leninistische Theorie. Deshalb ist das Studium des wissenschaftlichen Sozialismus auch von großer Bedeutung für die volle Aneignung der Philosophie und der politischen Ökonomie des Marxismus-Leninismus, für die Erkenntnis ihrer Schlußfolgerungen und die Ausprägung ihrer Funktionen.

Der *wissenschaftliche Sozialismus* zeichnet sich gegenüber *anderen Sozialismusauffassungen der Vergangenheit und Gegenwart* durch seine *Wissenschaftlichkeit und Objektivität,* mit der er die gesellschaftlichen Entwicklungsprozesse widerspiegelt, aus. Deshalb wird immer wieder versucht, den wissenschaftlichen Sozialismus von den anderen Bestandteilen zu trennen, um damit die Entwicklung des Sozialismus von der Utopie zur Wissenschaft rückgängig zu machen und die bürgerliche Ideologie in die Arbeiterbewegung zu tragen. Aber nur die Aneignung und Anwendung der marxistisch-leninistischen Theorie in der Einheit ihrer Bestandteile, als Weltanschauung der Arbeiterklasse, ermöglicht ein wissenschaftliches Bild von der Gesellschaft und die schöpferische Lösung der Aufgaben des Aufbaus einer neuen, sozialistischen Gesellschaft.

Der Gegenstand In unserer Zeit werfen die gesellschaftliche Entwicklung in der Welt, insbesondere das Ringen der Menschheit um die Sicherung des Friedens als Grundlage der Erhaltung ihrer Existenz und für den weiteren sozialen Fortschritt, die Praxis des Kampfes der Arbeiterklasse und der um ihre Befreiung ringenden Völker, der Aufbau einer neuen Gesellschaftsordnung zahlreiche neue und komplizierte Fragen auf, die eine wissenschaftliche Beantwortung erfordern. Diese Fragen werden vom gesamten Marxismus-Leninismus untersucht.

Es ist die Spezifik des wissenschaftlichen Sozialismus, daß er – gestützt auf die philosophischen und politökonomischen Erkenntnisse und Ergebnisse des Marxismus-Leninismus und anderer Gesellschaftswissenschaften – sich unmittelbar der Politik der sozialen Hauptkraft unserer Zeit, der Arbeiterklasse, und der von ihr hervorgebrachten Gesellschaft, des Sozialismus, zuwendet.

Der wissenschaftliche Sozialismus ist die Wissenschaft von den Bedingungen, Gesetzmäßigkeiten, Aufgaben, Wegen und Formen der Verwirklichung der welthistorischen Mission der Arbeiterklasse, von der politischen Organisiertheit und Führung dieses Prozesses.

Der Kampf um die Verwirklichung dieser Aufgabe wird schon seit der 1. Hälfte des 19. Jahrhunderts geführt. Unter dem *historischen Aspekt* verallgemeinert der wissenschaftliche Sozialismus eine Fülle historischer und aktueller Erfahrungen

6 W. I. Lenin, Karl Marx, in: Werke, Bd. 21, S. 63.
7 Ebenda, S. 64.

a) der Formierung der Arbeiterklasse und des von ihr geführten Kampfes im Kapitalismus bzw. unter vorsozialistischen Verhältnissen;
b) der sozialistischen bzw. antiimperialistischer und anderer Revolutionen und beim Aufbau der Grundlagen des Sozialismus;
c) bei der Gestaltung der entwickelten sozialistischen Gesellschaft.

Der wissenschaftliche Sozialismus untersucht die Aktion großer *sozialer Gruppen,* der Arbeiterklasse und ihrer Verbündeten, die bewußte und organisierte Tätigkeit der Volksmassen im Prozeß der Lösung ihrer Lebensfragen und der sozialen Revolution der Arbeiterklasse, und das Wirken der *politischen Organisationen und Bewegungen,* der Parteien, des Staates usw. als Ausdruck dieses Kampfes. Der Übergang vom Kapitalismus zum Sozialismus, der Aufbau der sozialistischen Gesellschaft wird vom wissenschaftlichen Sozialismus in erster Linie unter dem Aspekt der sozialen Träger und Kräfte dieses Übergangs, der Arbeiterklasse und ihrer Verbündeten untersucht, die neue, kommunistische Gesellschaftsformation als Produkt der geschichtsgestaltenden Tätigkeit der von der Arbeiterklasse und ihrer Partei geführten Volksmassen, als Ergebnis der sozialen Revolution der Arbeiterklasse. Dabei kommt dem politischen Kampf, der politischen Organisation, der politischen Führung eine besondere Rolle zu. *Insofern umfaßt der wissenschaftliche Sozialismus die politischen Lehren der Arbeiterklasse und trägt den Charakter einer allgemeinen politischen Theorie des Marxismus-Leninismus.*

Um seinen Gegenstand umfassend und zielgerichtet zu untersuchen und wichtige theoretische Grundlagen für die Politik der marxistisch-leninistischen Partei und des sozialistischen Staates, für das Verständnis der komplizierten Prozesse in der heutigen Welt auszuarbeiten, wendet sich der wissenschaftliche Sozialismus in seinen Forschungskomplexen, Lehrthemen usw. durchgehend folgenden *Fragestellungen* zu:

Zum *ersten* geht es um das *Bedingungsgefüge,* um die Gesamtheit der ökonomischen, politischen, ideologischen und anderen *Bedingungen,* unter denen im jeweiligen historischen Zeitabschnitt, international und im jeweiligen Lande, die *Verwirklichung der welthistorischen Mission der Arbeiterklasse,* der Kampf um den sozialen Fortschritt erfolgen. Hierbei handelt es sich stets um verschiedene, im Zusammenhang stehende Aspekte der Bedingungen: so allgemeinhistorisch-epochenspezifische; etappenspezifische, konkret-historische; national-spezifische und bereichsspezifische Bedingungen. Eine wesentliche Aufgabe, der sich der wissenschaftliche Sozialismus anhand der historischen Erfahrungen und der jeweiligen aktuellen Geschehnisse zuwendet, besteht darin, die Wechselbeziehungen zwischen den objektiven Bedingungen und der Tätigkeit und Aktion der Arbeiterklasse und ihrer Verbündeten zu untersuchen und dabei die von den Klassikern des Marxismus-Leninismus erarbeitete grundlegende Lehre zu berücksichtigen, daß der Kampf der Arbeiterklasse von einer Gesamtheit von Bedingungen determiniert wird und die revolutionären Kräfte in ihrer Politik diese exakt berücksichtigen müssen, aber keineswegs im Sinne einer „Anpassung" oder passiven „Unterwerfung" unter die Umstände, sondern als Voraussetzung einer Politik, die alle

Möglichkeiten und Varianten zur Veränderung der Bedingungen im Sinne der Kräfte des Friedens und des sozialen Fortschritts nutzt.

Zum *zweiten* gehört es zu den Aufgaben des wissenschaftlichen Sozialismus, den *Gesamtprozeß,* den *„Mechanismus"* der Tätigkeit der von ihrer revolutionären Partei geführten *Arbeiterklasse zur Verwirklichung ihrer historischen Mission,* die wichtigsten Zusammenhänge und Kettenglieder ihres Kampfes aufzudecken. Dabei geht es um die innere Entwicklung der Arbeiterklasse selbst, um die Wechselbeziehungen zwischen verschiedenen Seiten, Stufen und Formen der Aktion dieser sozialen und politischen Hauptkraft unserer Zeit: es geht um ihre ökonomisch determinierten und durch politische Tätigkeit realisierten Beziehungen zu anderen sozialen Klassen, Schichten und Gruppen, um den Klassenkampf und das Bündnis in diesen Beziehungen, um die planmäßige, politisch geführte Gestaltung der Gesamtheit der sozialen Beziehungen im Zuge der Verwirklichung der welthistorischen Mission der Arbeiterklasse und der Formierung einer neuen Gemeinschaft, der „Assoziation" der Werktätigen.

Zum *dritten* ist eine Grundaufgabe des wissenschaftlichen Sozialismus, zu untersuchen und zu begründen, wie sich die Arbeiterklasse als *politische Kraft,* als Hegemon formiert, wie sie ihre revolutionäre *politische Partei* und andere Organisationen hervorbringt, wie sie sich darauf vorbereitet, die *politischen Machtverhältnisse* der Ausbeutergesellschaft zu verändern und zu beseitigen, wie sie ihre eigene *politische Macht* errichtet und sie als Instrument der Umgestaltung aller gesellschaftlichen Verhältnisse nutzt, eine neue, wahrhaft *demokratische politische Organisation* schafft, wie sie die Beziehungen zu anderen Staaten sowie den zuverlässigen Schutz der neuen Gesellschaft organisiert. Da die sozialistische Gesellschaft nicht spontan und nicht im Schoße der alten Gesellschaft entsteht, sondern das Resultat der bewußten, zielgerichteten und organisierten Tätigkeit der Arbeiterklasse und ihrer Verbündeten ist, nimmt im wissenschaftlichen Sozialismus die *Analyse der Wege, Formen und Methoden, der Organisation und Führung, der politischen Strategie und Taktik* einen zentralen Platz ein.

Zum *vierten* erweist sich auf Grund des *internationalen Charakters* der Arbeiterklasse und ihrer welthistorischen Mission und der gewachsenen Vielfalt des Kampfes um den sozialen Fortschritt als eine spezifische Aufgabe des wissenschaftlichen Sozialismus, die *Wechselbeziehungen von Internationalem und Nationalem* aufzudecken, um damit theoretische Grundlagen für die Meisterung dieses politischen Schlüsselproblems zu schaffen. In der Gegenwart hat sich die internationale, globale Dimension des Gegenstandes des wissenschaftlichen Sozialismus weiter ausgeprägt: Fragen des Kampfes der Völker um den Frieden, der Systemauseinandersetzung zwischen Sozialismus und Imperialismus, der Entwicklung des sozialistischen Weltsystems und des revolutionären Weltprozesses sowie des Ringens der Völker und Staaten um die Lösung weiterer globaler Probleme nehmen deshalb heute in dieser Wissenschaft einen wesentlichen Platz ein.

Wie in jeder anderen Gesellschaftswissenschaft, so führt auch im wissenschaftlichen Sozialismus die Untersuchung der gesellschaftlichen Wirklichkeit und die

Verallgemeinerung der dabei erzielten Ergebnisse zur Aufdeckung von objektiven, notwendigen, allgemeinen, wesentlichen und sich im Grundlegenden wiederholenden relativ stabilen Zusammenhängen, d. h. von *Gesetzen (Gesetzmäßigkeiten)*.[8] In den Werken der Klassiker des Marxismus-Leninismus, in den Dokumenten der marxistisch-leninistischen Parteien und in grundlegenden Arbeiten der marxistisch-leninistischen Gesellschaftswissenschaften wurden wichtige Zusammenhänge in der von der Arbeiterklasse geführten geschichtlichen Bewegung aufgedeckt und auf ihrer Grundlage die Politik der Partei der Arbeiterklasse ausgearbeitet. Verallgemeinernd kann festgestellt werden, daß die Aufdeckung objektiver Zusammenhänge, die wissenschaftliche Formulierung von Gesetzen (Gesetzmäßigkeiten) und die schöpferische Anwendung der entsprechenden Erkenntnisse in der Politik ein *dreifaches Erfordernis* einschließen:

– umfassende, tiefgründige Untersuchung der jeweiligen Erscheinungen und Prozesse im Kampf der Arbeiterklasse, insbesondere der objektiven *sozialökonomischen Grundlagen* und der *Gesamtheit der Faktoren,* die den historischen Prozeß beeinflussen;

– Analyse der sich verändernden *konkreten* historischen, nationalen u. a *Bedingungen,* unter denen sich die Verwirklichung der welthistorischen Mission der Arbeiterklasse vollzieht, unter denen die Arbeiterklasse zum Hegemon, zur bestimmenden Kraft der Epoche des Übergangs vom Kapitalismus zum Sozialismus, zur formationsbildenden Kraft wird, und damit auch der konkreten, spezifischen Formen des Auftretens und der Realisierung der Gesetzmäßigkeiten;

– Aufdeckung der *Formen und Methoden* des Kampfes, der Prinzipien und Erfahrungen, der *Strategie und Taktik* der marxistisch-leninistischen Partei, mit der sie die Arbeiterklasse und alle Werktätigen befähigt, den ökonomischen, politischen und ideologischen Kampf in seiner Einheit zur Durchsetzung der gesetzmäßigen Erfordernisse zu führen.

Die Aufdeckung, die wissenschaftliche Erforschung der Gesetzmäßigkeiten des Kampfes der Arbeiterklasse ist eine außerordentlich schwierige, eine ständige und langfristige Aufgabe. Im Zuge der Verwirklichung der welthistorischen Mission der Arbeiterklasse entwickeln sich aus einzelnen, zufälligen Zusammenhängen allgemeine, gesetzmäßige: Es bilden sich neue Gesetzmäßigkeiten heraus. Sie treten in der Regel zuerst in Erfahrungen des Kampfes in Erscheinung, die sich unter vergleichbaren Bedingungen wiederholen und sich zu Lehren für die Führung der Bewegung verallgemeinern lassen. Die Kunst der politischen Führung besteht unter anderem darin, von solchen grundlegenden Erfahrungen der inter-

---

8 In den marxistisch-leninistischen Gesellschaftswissenschaften wird heute in der Regel davon ausgegangen, daß sich die Begriffe „Gesetz" und „Gesetzmäßigkeit" in grundlegenden Merkmalen ähneln und daß „Gesetzmäßigkeit" als Begriff größeren Umfangs eine gewisse Gesamtheit von Gesetzen sowie die allgemeine Tendenz einer Entwicklung bezeichnet. Da dieses Problem auch im wissenschaftlichen Sozialismus noch Gegenstand wissenschaftlicher Erörterungen ist, verwenden wir die beiden Begriffe synonym.

nationalen Arbeiterbewegung auszugehen, in denen sich häufig Keime neuer Gesetzmäßigkeiten zeigen. Es bedarf jedoch einer bestimmten Reife dieser Zusammenhänge, bis sie als Gesetzmäßigkeiten erkannt werden können, wozu auch die richtige Wertung der gesammelten Erfahrungen beiträgt. Auch bereits bekannte und in Dokumenten marxistisch-leninistischer Parteien wissenschaftlich formulierte Gesetzmäßigkeiten entwickeln sich unter neuen Bedingungen weiter; der praktische Kampf bringt neue Erscheinungsformen ihres Wirkens hervor.

Ebenso wie der Kampf der Arbeiterklasse und der Volksmassen und die neue, sozialistische Gesellschaft sich schrittweise entfalten, *entwickelte sich* auch *der Gegenstand* des wissenschaftlichen Sozialismus: es kam zu einer Veränderung seines Inhalts und seiner Struktur, die reicher und vielgestaltiger wurden. Gleichermaßen durchliefen die *Auffassungen vom Gegenstand eine Entwicklung,* in der die grundsätzlichen Aussagen der Klassiker des Marxismus-Leninismus über den dritten Bestandteil als die Lehre von den Bedingungen der Befreiung des Proletariats, als Theorie des Klassenkampfes und der historischen Rolle des Proletariats[9] erhärtet und zugleich durch die Erfahrungen des sozialistischen Aufbaus, des revolutionären Weltprozesses und des Kampfes um die Lebensfragen der Menschheit in unserer Epoche bereichert wurden.

**Methoden
und Funktionen**
Wie der gesamte Marxismus-Leninismus dient auch der wissenschaftliche Sozialismus der Erkenntnis und Veränderung der Gesellschaft und ist Anleitung zum Handeln. In den Werken der Klassiker des Marxismus-Leninismus fanden bei der Untersuchung der Klassenkämpfe der Arbeiterklasse, der sozialistischen Revolution und des beginnenden sozialistischen Aufbaus und der politischen Führung dieser Prozesse *Theorie und Methode des dialektischen und historischen Materialismus* ihre beispielhafte *Anwendung.* Lenin bezeichnete die umfassende Nutzung der materialistischen Dialektik bei der Untersuchung der Gesamtheit der Bedingungen und der Entwicklung der Arbeiterklasse und ihrer sozialen Revolution als einen genialen Schritt, den Marx und Engels in der Geschichte des revolutionären Denkens vorwärts getan haben, und betonte, daß sie die Hauptaufgaben ihrer Politik in strenger Übereinstimmung mit allen Leitsätzen ihrer materialistisch-dialektischen Weltanschauung bestimmten.[10] Der wissenschaftliche Sozialismus, der somit seinen Untersuchungen die dialektisch-materialistische

---

9 Vgl. K. Marx/ F. Engels, Manifest der Kommunistischen Partei, in: Werke, Bd. 4, S. 475; F. Engels, Die Kommunisten und Karl Heinzen, in: K. Marx/F. Engels, Werke, Bd. 4, S. 322; F. Engels, Grundsätze des Kommunismus, in: K. Marx/F. Engels, Werke, Bd. 4, S. 363; F. Engels, Herrn Eugen Dührings Umwälzung der Wissenschaft („Anti-Dühring"), in: K. Marx/F. Engels, Werke, Bd. 20, S. 265; W. I. Lenin, Karl Marx, S. 36, 38; W. I. Lenin, Drei Quellen und drei Bestandteile des Marxismus, in: Werke, Bd. 19, S. 8.
10 Vgl. W. I. Lenin, Der Briefwechsel zwischen Marx und Engels, in: Werke, Bd. 19, S. 550; W. I. Lenin, Karl Marx, S. 64.

Methode zugrunde legt, verwendet zur Erforschung seines Gegenstandes eine Vielzahl einzelner Methoden, darunter im wachsenden Maße konkret-soziologische Methoden, und erschließt Ergebnisse anderer Gesellschaftswissenschaften. Die weitere Untersuchung dieser Probleme ist eine wichtige Aufgabe.

Erstrangige Bedeutung für den wissenschaftlichen Sozialismus besitzt die grundsätzliche Erkenntnis der materialistischen Geschichtsauffassung, die Engels als „das große Bewegungsgesetz der Geschichte" bezeichnete.[11] Dementsprechend sind die Wurzeln aller sozialen, politischen u. a. Erscheinungen in den *materiellen Interessen der Klassen* zu suchen, und die Untersuchung der Politik im Kampf der Arbeiterklasse und beim sozialistischen Aufbau muß von der ökonomischen Lage, von den Produktionsverhältnissen, die die Politik dieser oder jener Klasse, Partei usw. letztlich determinieren, ausgehen.

Der wissenschaftliche Sozialismus untersucht die gesellschaftlichen Prozesse *logisch-historisch*, in ihrem *reifsten Zustand*, in ihrer *entwickeltsten Form*, von ihrer jeweils *höchsten Entwicklungsstufe* ausgehend.[12] So wird beispielsweise die Verwirklichung der welthistorischen Mission der Arbeiterklasse anhand des gegenwärtigen Standes und der Aufgaben der Haupttriebkräfte des revolutionären Weltprozesses und der internationalen Klassenauseinandersetzungen untersucht. Ebenso sind Ausgangspunkt für die Analyse der kommunistischen Gesellschaftsformation die heutige Politik und die bisher gewonnenen Erfahrungen bei der Gestaltung der entwickelten sozialistischen Gesellschaft in den Ländern der sozialistischen Staatengemeinschaft. Das setzt die Anwendung der allen Bestandteilen des Marxismus-Leninismus eigenen *logisch-historischen Methode* voraus. Der logisch-systematische Zusammenhang, der in den heutigen Entwicklungsprozessen erforscht wird, ist ein historisch entstandener Zusammenhang. Die logische Methode ist nichts anderes „als die historische, nur entkleidet der historischen Form und der störenden Zufälligkeiten".[13] Lenin zog in diesem Zusammenhang eine Schlußfolgerung, die für das Studium des wissenschaftlichen Sozialismus von grundlegender Bedeutung ist. Das „Allersicherste", das „Allernotwendigste", das „Allerwichtigste", so betonte er, besteht darin, „den grundlegenden historischen Zusammenhang nicht außer acht zu lassen, jede Frage von dem Standpunkt aus zu betrachten, wie eine bestimmte Erscheinung in der Geschichte entstanden ist, welche Hauptetappen diese Erscheinung in ihrer Entwicklung durchlaufen hat, und vom Standpunkt dieser ihrer Entwicklung aus zu untersuchen, was aus der betreffenden Sache jetzt geworden ist".[14] Und an anderer Stelle schrieb er: „Der ganze Geist des

11   F. Engels, Vorrede zur dritten Auflage (von Karl Marx' Schrift „Der achtzehnte Brumaire des Louis Bonaparte"), in: K. Marx/F. Engels, Werke, Bd. 21, S. 249.
12   Vgl. K. Marx, Einleitung zur Kritik der Politischen Ökonomie, in: K. Marx/F. Engels, Werke, Bd. 13, S. 636.
13   F. Engels, Karl Marx, „Zur Kritik der Politischen Ökonomie", in: K. Marx/F. Engels, Werke, Bd. 13, S. 475.
14   W. I. Lenin, Über den Staat, in: Werke, Bd. 29, S. 463.

Marxismus, sein ganzes System verlangt, daß jede These nur α) historisch; β) nur in Verbindung mit anderen; γ) nur in Verbindung mit den konkreten Erfahrungen der Geschichte betrachtet wird."[15]

Ein wichtiges Merkmal des wissenschaftlichen Sozialismus besteht somit darin, daß seine theoretischen Leitsätze untrennbar mit der *Praxis* des Kampfes der Arbeiterklasse und des Sozialismus verbunden sind, daß sie eine theoretische Verallgemeinerung der *Erfahrungen* der Arbeiter- und Befreiungsbewegung, des Aufbaus der neuen Gesellschaft und des Ringens der Völker um den sozialen Fortschritt darstellen. Auch für den wissenschaftlichen Sozialismus gilt die Leninsche Kennzeichnung der Lehre von Marx als „eine von tiefer philosophischer Weltanschauung und reicher Kenntnis der Geschichte durchdrungene *Zusammenfassung der Erfahrung*".[16] Der wissenschaftliche Sozialismus enthält dementsprechend *internationale, allgemeingültige Erfahrungen*. Es handelt sich um das Grundlegende und Wesentliche, das den Kampf der Arbeiterklasse und den Aufbau und die Entwicklung des Sozialismus in allen Ländern auszeichnet und zugleich in mannigfaltigen historischen und nationalen Formen zum Ausdruck kommt.

Im wissenschaftlichen Sozialismus nimmt die *wissenschaftliche Voraussicht gesellschaftlicher Prozesse* einen zentralen Platz ein. Der Marxsche Sozialismus – so schrieb Lenin – geht an die gesellschaftlichen Erscheinungen „nicht nur im Sinne bloßer Erklärung der Vergangenheit, sondern auch im Sinne furchtloser Voraussicht der Zukunft und kühner praktischer Tätigkeit für die Verwirklichung dieser Zukunft ..."[17] heran. Mit der Verwandlung des Sozialismus von einer Utopie zur Wissenschaft wurde die Zukunft der Menschheit in wichtigen Grundzügen wissenschaftlich vorausschaubar. Die Voraussagen über die neue, ausbeutungsfreie Gesellschaft, die in solchen Werken wie „Manifest der Kommunistischen Partei", „Anti-Dühring", „Kritik des Gothaer Programms" und „Staat und Revolution" enthalten sind, beruhen darauf, daß von der Existenz und Wirkung objektiver Gesetzmäßigkeiten ausgegangen wurde. Dabei bilden nicht Hoffnungen und subjektive Wünsche, sondern „exakte Schlußfolgerungen aus den historischen Tatsachen und Entwicklungsprozessen"[18] das Fundament wissenschaftlicher Voraussagen. Es gehört zum Wesen solcher wissenschaftlicher Voraussicht, allgemeine Entwicklungstendenzen, wesentliche Veränderungen, die Rolle bestimmter Klassenkräfte, mögliche Wege und Varianten der weiteren Entwicklung, Stufen der Reife usw. und keine Einzelheiten zu prognostizieren und stets zu beachten, daß die Zukunft das Resultat des Kampfes der Arbeiterklasse und ihrer Verbündeten, des Ringens vielfältiger sozialer Kräfte ist.

Gleich den anderen Bestandteilen des Marxismus-Leninismus hat der wissen-

---

15 W.I.Lenin, An Ines Armand, Brief vom 30.November 1916, in: Werke, Bd.35, S.227.
16 W.I.Lenin, Staat und Revolution, in: Werke, Bd.25, S.419.
17 W.I.Lenin, Karl Marx, S.61.
18 F.Engels an Edward R.Pease, Brief vom 27.Jan. 1886, in: K.Marx/F.Engels, Werke, Bd.36, S.429.

schaftliche Sozialismus grundlegende *Funktionen* bei der *wissenschaftlichen Analyse* der Welt, bei der *weltanschaulichen Bildung* der Werktätigen und der politischen *Führung* der sozialistischen Gesellschaft durch die marxistisch-leninistische Partei sowie als *theoretisch-methodologische Grundlage* anderer Wissenschaften zu erfüllen. Das Programm der SED kennzeichnet die marxistisch-leninistischen Gesellschaftswissenschaften als das „theoretische und politisch-ideologische Instrument der Arbeiterklasse und ihrer revolutionären Kampfpartei".[19] In der Gesamtheit der objektiv bedingten, relativ stabilen grundlegenden Aufgabenstellungen und Hauptrichtungen der gesellschaftlichen Wirksamkeit des wissenschaftlichen Sozialismus heben sich *drei Hauptfunktionen* deutlich hervor, die sich wechselseitig bedingen und jeweils auf spezifische Weise vor allem in der theoretischen und praktischen Tätigkeit der marxistisch-leninistischen Partei auf die Verwirklichung der welthistorischen Mission der Arbeiterklasse gerichtet sind.

Die erste, grundlegende Funktion ist die *wissenschaftlich-theoretische Funktion.* Ihr Wesen besteht in der wissenschaftlichen Erkenntnis des Gegenstandes. Die Ergebnisse der Erkenntnisgewinnung finden im System der Wissenschaft, in Theorien, wissenschaftlichen Gesetzen, Kategorien und Prinzipien ihren Niederschlag. In der wissenschaftlichen Tätigkeit fungieren die Leitsätze der Theorie als Mittel zur Gewinnung neuer Erkenntnisse sowohl durch den wissenschaftlichen Sozialismus selbst als auch durch andere Wissenschaften. Darin kommt auch die methodologische Bedeutung seiner Erkenntnisse für andere Wissenschaften zum Ausdruck. Die SED und andere marxistisch-leninistische Parteien orientieren in ihren Dokumenten, darunter in zentralen Forschungsplänen der marxistisch-leninistischen Gesellschaftswissenschaften, auf jene Schwerpunkte, die interdisziplinär, arbeitsteilig und gegenstandsbezogen zu bewältigen sind. In der DDR hat dabei z. B. der wissenschaftliche Sozialismus vor allem bei der Untersuchung von Fragen des politischen Systems und der sozialistischen Demokratie sowie der Systemauseinandersetzung zwischen Sozialismus und Imperialismus wichtige Aufgaben zu erfüllen.

Die *politisch-ideologische Funktion* bringt die Rolle des wissenschaftlichen Sozialismus als Bestandteil der Weltanschauung der Arbeiterklasse zum Ausdruck. So hat er seinen festen Platz in der propagandistischen Tätigkeit der SED und der Qualifizierung der Kader der Partei (z. B. im Parteilehrjahr) und im sozialistischen Bildungssystem (z. B. im marxistisch-leninistischen Grundlagenstudium an den Universitäten, Hoch- und Fachschulen). Das Studium des wissenschaftlichen Sozialismus vermittelt wichtige Kenntnisse, soziale Informationen, die eine richtige politische Orientierung in den komplizierten Kämpfen unserer Zeit ermöglichen und zur Festigung des sozialistischen Bewußtseins, zur Kollektiv- und Persönlichkeitsbildung und besonders zur internationalistischen und patriotischen Erziehung beitragen. Die Aneignung der Grundlehren des wissenschaftlichen Sozialismus in den Fragen des Klassenkampfes, der Revolution, des Staates und der

---

19   Programm der Sozialistischen Einheitspartei Deutschlands, S. 46.

Macht ist von großer Bedeutung für die Bestimmung eines festen Standpunktes zugunsten des Friedens und des Sozialismus. Dabei geht es auch um die wissenschaftlich begründete Fähigkeit, gesellschaftliche Erscheinungen politisch richtig zu werten und einzuschätzen und klare Positionen gegenüber allen Erscheinungsformen friedensfeindlicher Ideologie einzunehmen. Es geht darum, die Aneignung von Wertvorstellungen in solchen Grundfragen wie Demokratie und Freiheit, Menschlichkeit und Solidarität zu fördern und politisch-moralischen Voraussetzungen für die Bewältigung künftiger Aufgaben schaffen zu helfen.

Als Gesellschaftswissenschaft im Sozialismus besitzt der wissenschaftliche Sozialismus auch eine *politikwissenschaftliche, politisch-organisatorische Funktion*. Ihr Wesen besteht darin, daß sich der wissenschaftliche Sozialismus mit *grundlegenden Prinzipien, Methoden und Formen politischer Strategie und Taktik, sozialistischer Innen- und Außenpolitik, der politischen Organisation usw.*, mit den Mitteln, Methoden und Organisationsformen der politischen Führung bei der revolutionären Umgestaltung der Gesellschaft durch die Arbeiterklasse und ihre Verbündeten beschäftigt. Damit die Arbeiterklasse ihre welthistorische Mission erfüllen kann, benötigt sie wissenschaftlich begründete, aus den Erfahrungen des praktischen Kampfes gewonnene Kenntnisse über die Art und Weise, die Formen und Methoden, die Organisation und Führung ihres Handelns. Die Aufdeckung wesentlicher Tendenzen der gesellschaftlichen Entwicklung und die darauf beruhende soziale Voraussicht ermöglichen es, wissenschaftlich begründete Zielvorstellungen auszuarbeiten und den Programmen, der Strategie und Taktik und der Gesellschaftspolitik zugrunde zu legen. In der sozialistischen Gesellschaft sind in wachsendem Maße Analysen und Vorschläge für die Führung gesellschaftlicher Prozesse, für die Leitungen der Partei, des Staates und der gesellschaftlichen Organisationen, für die Tätigkeit in allen Arten von sozialistischen Kollektiven gefordert. Jeder Bürger benötigt, um sachkundig und aktiv in den verschiedenen Formen der sozialistischen Demokratie mitzuwirken, neben fachlichen anwendungsbereite politische Kenntnisse.

1.2. Wissenschaftlicher Sozialismus und Politik

Die Erörterung des Gegenstandes des wissenschaftlichen Sozialismus hat gezeigt, daß in dieser Wissenschaft Probleme der Politik der Arbeiterklasse und ihrer Partei bei der Verwirklichung der welthistorischen Mission der Arbeiterklasse einen zentralen Platz einnehmen und sie somit die *politischen Grundideen des Marxismus-Leninismus* umfaßt, die die entscheidenden, ökonomisch determinierten Ziele und Interessen der Arbeiterklasse, die wichtigsten Mittel zu ihrer Verwirklichung sowie ihre Beziehungen zu anderen Klassen und zum Staat am prägnantesten zum Ausdruck bringen. Diese politischen Grundideen sind vor allem in Grundsatzdokumenten marxistisch-leninistischer Parteien niedergelegt. Mit der Entstehung der wissenschaftlichen Weltanschauung der Arbeiterklasse wurde auch das Verständnis der Politik auf wissenschaftliche Grundlagen gestellt; sie konnte jetzt in ihrer ökonomischen Determiniertheit und Gesetzmäßigkeit erfaßt werden. Dadurch nahm im Kampf der Arbeiterklasse die Politik den Charakter angewandter Wissenschaft an, wurde „Politik aus Chaos und Betrug zur Wissenschaft",[20] eine „materialistische Theorie der Politik"[21] bildete sich heraus.

Es ist ein unübersehbares Merkmal unserer Zeit, daß auf Grund objektiver Faktoren *politische Fragen* im weitesten Sinne im Leben der Völker und jedes einzelnen *eine zunehmende Rolle* spielen; zugleich sind an das Verständnis der komplizierten politischen Zusammenhänge hohe Anforderungen gestellt. Die sozialistische Revolution und andere gesellschaftliche Bewegungen, die Einbeziehung aller Völker und Kontinente in das weltpolitische Geschehen, die reale Gefahr einer thermonuklearen Vernichtung der Menschheit – all das hat eine Vielzahl neuer politischer Aufgaben, Bewegungen, Kampfformen hervorgebracht, hat die Möglichkeiten und die Verantwortung politischer Entscheidungen erhöht. Immer deutlicher wird – der Politik kann man nicht „entfliehen", aktives politisches Handeln im Interesse des Friedens und des sozialen Fortschritts ist überall gefordert, ein bewußtes politisches Denken ist lebensnotwendig.

Politik –
soziale Erscheinung
der Klassengesellschaft

Die Frage *„Was ist Politik?"* wird vom Marxismus-Leninismus auf der Grundlage der materialistischen Geschichtsauffassung umfassend und allseitig beantwortet. In Überwindung idealistischer, klassenindifferenter, unhistorischer und zum Teil elitärer Auffassungen haben Marx, Engels und Lenin die gesellschaftliche Erscheinung Politik in ihrer ökonomischen Determiniertheit und Objektivität, in ihrer Historizität und Komplexität analysiert und auch dadurch die Möglichkeit geschaffen, im Kampf der Arbeiterklasse schrittweise eine wissenschaftliche Politik zur Befreiung der Menschheit von Ausbeutung, Unterdrückung und Krieg auszuarbeiten und schöpferisch zu verwirklichen.

Politik – so lautet die *allgemeine marxistisch-leninistische Bestimmung* – ist eine historisch entstandene soziale Erscheinung der Klassengesellschaft, die das Verhältnis der Klassen zueinander, insbesondere, den organisierten Kampf der Klassen, ihrer Parteien und Bewegungen um die Staatsmacht und die Grundrichtung der gesamtgesellschaftlichen Entwicklung, um die Durchsetzung ihrer Interessen innerhalb des Staates und in den Wechselbeziehungen zwischen den Staaten umfaßt.

Diese politischen Verhältnisse (Beziehungen) sind *historisch* mit der Herausbil-

20 W. I. Lenin, Plan zum Artikel „Drei Quellen und drei Bestandteile des Marxismus", in: Beiträge zur Geschichte der deutschen Arbeiterbewegung. Heft 1/1966, S. 95.
21 W. I. Lenin, Der Block der Kadetten mit den Progressisten und seine Bedeutung, in: Werke, Bd. 17, S. 547.

dung des Privateigentums an den Produktionsmitteln, der Klassen und des Staates entstanden; sie *wandeln sich geschichtlich* in ihrer Eigenart und ihren Formen: jede Gesellschaftsformation und jede Epoche bringen ihren Typ politischer Verhältnisse hervor. So existieren in der heutigen Welt verschiedenartige politische Verhältnisse, und es stehen sich in der internationalen Arena im wesentlichen zwei politische Linien, die Politik der Arbeiterklasse, des Sozialismus und aller friedliebenden Kräfte, und die Politik der aggressiven imperialistischen Bourgeoisie gegenüber. Die ökonomischen Verhältnisse sind die bestimmende Grundlage der Politik, diese ist insofern *konzentrierter Ausdruck der Ökonomie;* denn aus der ökonomischen Basis der Gesellschaft ergibt sich eine bestimmte Klassen- und Sozialstruktur, und aus den dieser folgenden Interessen und Beziehungen eine politische Struktur der Gesellschaft. Die Ökonomie bestimmt in letzter Instanz den Inhalt der Politik; ökonomischer und politischer Lebensprozeß bilden eine Einheit. Insofern sind politische Erscheinungen, Organisationen usw., auch wenn sie unter geschichtsphilosophischem Aspekt zu den abgeleiteten, den Überbauverhältnissen gehören, deren führenden Teil sie bilden, in der Klassengesellschaft nichts Äußeres, Unwesentliches, sondern für die Entwicklung dieser Gesellschaft überaus *Wesentliches, Notwendiges,* sie sind *objektiv determiniert.* Aus marxistisch-leninistischer Sicht ist das Wesentliche an jeglicher Politik ihr *Klassencharakter:* In der Politik kommen die grundlegenden Interessen von Klassen zum Ausdruck, geht es um den in der Regel von Parteien geführten, bewußten und organisierten Kampf von Klassen, der das Ziel hat, die Staatsgewalt zu erobern bzw. zu nutzen, um mit ihrer Hilfe die letztlich ökonomisch determinierten Klasseninteressen wirkungsvoll durchzusetzen und zu sichern. Insofern ist die Politik stets die *Resultante* verschiedenartiger – antagonistischer oder nichtantagonistischer – politischer Bestrebungen. Ein gesellschaftliches Problem erlangt dann politischen Charakter, wenn seine Lösung Klasseninteressen, die Staatsmacht und – in der heutigen Zeit in besonderem Maße – die Existenz, die Lebensfragen und die Entwicklung der gesamten Gesellschaft, der gesamten Menschheit betrifft.

Die ökonomischen Verhältnisse und Interessen werden über einen *komplizierten sozialen Mechanismus in Politik umgesetzt;* Bewußtheit und Organisiertheit, d. h. das Bewußtwerden der Interessen, die Ideologie spielen eine wesentliche, *vermittelnde* Rolle; auf die Ausgestaltung, auf die Formen und Methoden der Politik nehmen auf der Grundlage (und außer) der Ökonomie noch weitere historisch-traditionelle, kulturelle u. a Faktoren Einfluß. Damit ist untrennbar eine bestimmte *relative Selbständigkeit und Eigenständigkeit* der Politik gegenüber den sie determinierenden ökonomischen Verhältnissen und vor allem eine aktive *Ein- und Rückwirkung* der Politik auf die Ökonomie und die Gesamtheit der gesellschaftlichen Verhältnisse verbunden. Die verschiedenen Seiten und Aspekte der Politik (so die politische Macht, die politische Theorie oder Ideologie, politische Aktionen wie Revolutionen, politische Normen usw.) haben – wie die Geschichte zeigt – wesentlichen, fördernden oder auch hemmenden *Einfluß* auf den gesamten Verlauf der gesellschaftlichen Entwicklung. Die Politik, die politische Tätigkeit der Klassen und Massen, weist *vielfältige Erscheinungsformen* auf und *durchdringt alle Bereiche* des gesellschaftlichen Lebens. Politik ist – im Verlaufe der Geschichte in wachsendem Maße – *massenhaftes Handeln,* in Gestalt von Staaten, Parteien, Organisationen, Bewegungen usw. *organisiertes Handeln.* Politik ist stets *ideologisch vermitteltes,* bewußtes, zielgerichtetes *Handeln,* was sich u. a. in der bedeutsamen Rolle von Programmen, Doktrinen, Konzeptionen, Statuten im politischen Leben niederschlägt. Als spezifischer Ausdruck von Klasseninteressen ist Politik *niemals Selbstzweck,* sondern stets auf die Lösung konkreter Aufgaben des gesellschaftlichen Lebens in konkreten Bereichen gerichtet, so zum Beispiel als Innen- und Außenpolitik, als Friedens-, Wirtschafts-, Sozial-, Agrar-, Bildungs-, Kultur-, Militär- usw. Politik.

In der wissenschaftlichen und politischen Literatur finden wir in der Regel eine *zweifache Verwendung des Politikbegriffs:*

Einmal zur *Kennzeichnung* dieser *sozialen Erscheinung der Klassengesellschaft* und damit der *Gesamtheit der politischen Verhältnisse* in der Einheit von politischen Beziehungen, politischer Tätigkeit, politischer Organisation und Führung sowie politischer Ideologie. Damit umfassen die politischen Verhältnisse die Wechselbeziehungen, den Kampf gegensätzlicher und unterschiedlicher Klassenkräfte und ihrer politischen Organisationen in einem Lande bzw. in der Welt. Hier haben wir es mit Politik *im weiteren, umfassenden Sinne zu tun.*

Zum anderen in einem *engeren, konkreteren Sinne* als zielgerichtete, *bewußte und organisierte Tätigkeit* (Aktion), als *Führung* (Leitung), als *politische Linie* einer bestimmten Klasse, einer bestimmten Partei, eines Staates oder Staatensystems, einer Organisation oder Bewegung zur Durchsetzung von grundlegenden Klasseninteressen, wobei im Mittelpunkt Eroberung, Ausbau, Sicherung und Nutzung der Staatsmacht stehen.

Politik –
Arbeiterklasse –
Sozialismus

Als der Bestandteil des Marxismus-Leninismus, der die politische Theorie der Arbeiterklasse umfaßt, wendet sich der wissenschaftliche Sozialismus in komplexer Sicht vor allem dem politischen Kampf der Arbeiterklasse, der politischen Führungstätigkeit ihrer marxistisch-leninistischen Partei, der Entfaltung einer qualitativ neuen Art von Politik, von politischer Tätigkeit und Organisation bei der Verwirklichung der welthistorischen Mission der Arbeiterklasse und damit auch bei der Entstehung und Entwicklung der sozialistischen Gesellschaft zu. Gemeinsam mit anderen Gesellschaftswissenschaften, darunter solchen, die einzelne Seiten, Formen und Instrumente der Politik erforschen, untersucht er die *Grundzüge der politischen Verhältnisse und Beziehungen in der heutigen Welt.* Damit erforscht der wissenschaftliche Sozialismus in spezifischer, nämlich *politischer Sicht,* den Entwicklungsprozeß der Arbeiterklasse und des Sozialismus in seiner Ganzheit: denn Politik zielt stets auf die Gestaltung der *Gesellschaft insgesamt,* auf deren Führung und Leitung – und in der Politik manifestieren sich in konzentrierter Weise alle gesellschaftlichen Erfordernisse.

Die Politik der Arbeiterklasse, ihrer Parteien und Organisationen, ihres Staates, und die von ihr geprägten politischen Beziehungen in der sozialistischen Gesellschaft weisen grundlegende Merkmale auf, wie sie für Politik, für politische Verhältnisse allgemein charakteristisch sind: Klassen- und Machtcharakter, ökonomische Determiniertheit, Gebundenheit an Ideologie und Organisation usw. Zugleich ist die Arbeiterklasse auf Grund ihrer sozialökonomischen Grundlagen und Eigenschaften, ihrer historischen Stellung und Berufung *Träger einer welthistorisch neuen Politik,* einer *neuen Qualität politischer Tätigkeit, Organisiertheit und Ideologie.*

Bereits im langen Kampf unter den Bedingungen des Kapitalismus, für demokratische und soziale Rechte, Frieden und sozialen Fortschritt, im Klassenkampf gegen Imperialismus und Krieg bildet sich ein *neuer Typ politischen Handelns der revolutionären Arbeiterbewegung* zur Durchsetzung der Interessen der Arbeiterklasse und aller Werktätigen heraus. In Gestalt der revolutionären Parteien, der Klassengewerkschaften und anderer Organisationen und Bewegungen entsteht eine qualitativ neue politische Organisiertheit, die die durch die wachsende Vergesellschaftung vor allem der industriellen Produktion bedingte Assoziationsfähigkeit der Arbeiterklasse, ihren Kollektivismus, Demokratismus und Massencharakter zum Ausdruck bringt. In dem Maße, wie die marxistisch-leninistische Theorie mit der Arbeiterbewegung verbunden wird, wird sie zur Grundlage der wissenschaftlichen Bewußtheit und Organisiertheit. Im Zuge der sozialistischen Revolution und beim Aufbau der sozialistischen Gesellschaft entfaltet sich schrittweise eine neue politische Organisation.

Worin besteht die *neue Qualität der Politik der Arbeiterklasse,* wie sie sich schrittweise im Verlaufe der Verwirklichung der welthistorischen Mission der Arbeiterklasse herausbildet und in der sozialistischen Gesellschaft voll ausprägt?

Zum *ersten* hat diese Politik eine *neue soziale Grundlage und Funktion,* die sich aus dem Wesen und der Zielsetzung dieser historischen Mission ergibt. Die zutiefst humanistische Politik der Arbeiterklasse ist in allen Entwicklungsetappen Ausdruck der objektiven Erfordernisse des gesellschaftlichen Fortschritts, auf die Befreiung der Klasse und damit zugleich der Menschheit von Ausbeutung, Unterdrückung und Krieg und auf die Schaffung einer Gesellschaft, einer „Assoziation" gerichtet, „worin die freie Entwicklung eines jeden die Bedingung für die freie Entwicklung aller ist".[22] Die neuen sozialen Grundlagen und das neue soziale Wesen der Politik der Arbeiterklasse entwickeln sich im Kampf gegen die alte Politik der Ausbeutergesellschaft, ihre Prinzipien, Methoden und Traditionen. In der von der Arbeiterklasse geführten Gesellschaft wird auf der Grundlage des gesellschaftlichen Eigentums an den Produktionsmitteln und moderner hochentwickelter Produktivkräfte die Gesamtheit der politischen Verhältnisse in ihren verschiedenen Erscheinungsformen konzentrierter Ausdruck und Realisierungsform eines einheitlichen, in sich differenzierten gesellschaftlichen Gesamtinteresses.

Zum *zweiten* besitzt die Politik der Arbeiterklasse und ihrer revolutionären Par-

---

22 K. Marx/F. Engels, Manifest der Kommunistischen Partei, in: Werke, Bd. 4, S. 482.

tei in umfassendem Sinne *demokratischen Massencharakter;* als Politik im Interesse der Mehrheit ist sie im Sozialismus mit einer qualitativen Veränderung und quantitativen Erweiterung des Subjekts der Politik verbunden. Das ist ein komplizierter und langer Prozeß, der historisch mit der politisch-ideologischen Trennung der Arbeiterklasse von der Bourgeoisie und der Schaffung der revolutionären Partei der Arbeiterklasse einhergeht und über eine lange Reihe von Kämpfen um die Gewinnung der Klasse und der Massen im Sozialismus dazu führt, daß die Mehrheit der Bevölkerung unter Führung der Arbeiterklasse die politische Macht ausübt und die gesellschaftlichen Angelegenheiten selbst regelt und leitet. Das politische Leben der sozialistischen Gesellschaft beruht insofern auf der immer vollständigeren Entfaltung der sozialistischen Demokratie.

Zum *dritten* prägt sich in der Politik der Arbeiterklasse und ihrer Partei, in den politischen Beziehungen der sozialistischen Gesellschaft schrittweise der *konstruktive und schöpferische Charakter* voll aus. Das Wesen dieser grundsätzlichen Veränderung des Verhältnisses von Politik und Gesellschaft kennzeichnete bereits K. Marx am Beispiel der Pariser Kommune als „... die Rücknahme der Staatsgewalt durch die Gesellschaft als ihre eigne lebendige Macht, an Stelle der Gewalt, die sich die Gesellschaft unterordnet und sie unterdrückt ...".[23] Die Einheit von Gesellschaft und Politik und die gesamte politische Organisation erweisen sich als politisches Erfordernis des ökonomischen Vergesellschaftungsprozesses. Politik hat die Aufgabe, die entsprechenden Bedingungen für die ökonomische, soziale, kulturelle Entfaltung der Gesellschaft zu schaffen; sie wird umfassend zur gesamtgesellschaftlichen Potenz und Triebkraft.

Zum *vierten* ist ein Merkmal proletarischer und sozialistischer Politik, daß sie untrennbar mit der *Wissenschaft* verbunden ist und den Charakter *angewandter Wissenschaft* besitzt. Politik wird auf wissenschaftlicher Grundlage geplant und mit wissenschaftlich begründeten Methoden verwirklicht. In der sozialistischen Gesellschaft wird Politik immer mehr Grundlage und Grundelement der Leitung und Planung aller Bereiche des gesellschaftlichen Lebens.

Das *Herangehen* des wissenschaftlichen Sozialismus an die *Untersuchung politischer Erscheinungen* besitzt folgende *Spezifik:*

Politik (in ihrer bereits gekennzeichneten Vielgestaltigkeit) wird entsprechend den Forderungen der materialistischen Geschichtsauffassung in ihrer ökonomischen Determiniertheit, in ihrer Bedingtheit und Gesetzmäßigkeit sowie in ihren gesamtgesellschaftlichen Zusammenhängen und vor allem als *Wesenselement und Instrument der Verwirklichung der welthistorischen Mission der Arbeiterklasse,* der revolutionären sozialen Umwälzung analysiert. Damit wird der untrennbare Zusammenhang von sozialen Trägern und ihrer politischen Aktion beachtet. Auf dieser Grundlage wird die Politik der Arbeiterklasse, wird sozialistische Politik – in der Wechselwirkung von *politischer Aktion* (Tätigkeit), *politischer Organisation, politischer*

---

23 K. Marx, Erster Entwurf zum „Bürgerkrieg in Frankreich", in: K. Marx/F. Engels, Werke, Bd. 17, S. 543.

Führung und *politischer Ideologie* der Klasse und ihrer Verbündeten – betrachtet. Angesichts des welthistorischen Formationswechsels und der Eigenart der Epoche des Übergangs vom Kapitalismus zum Sozialismus analysiert der wissenschaftliche Sozialismus die Politik der Arbeiterklasse und des Sozialismus eingeordnet in die soziale, nationale, ideologische Vielfalt politischer Verhältnisse in der heutigen Welt, d. h. in ihren *Wechselbeziehungen zu anderen Klassen,* ihren politischen Parteien, Organisationen, Bewegungen sowohl im innerstaatlichen Rahmen als auch auf internationaler, zwischenstaatlicher, intersystemarer Ebene. Der politische Kampf hat sich hinsichtlich der darin zum Ausdruck kommenden Interessenvielfalt der teilnehmenden Kräfte, der angewandten Formen und damit auch der Verantwortung und Rolle politischen Handelns heute außerordentlich erweitert.

Gemeinsam mit den beiden anderen Bestandteilen des Marxismus-Leninismus (und heute in wachsendem Maße mit weiteren Wissenschaften) ist der wissenschaftliche Sozialismus *theoretische Grundlage der Politik der marxistisch-leninistischen Partei und des sozialistischen Staates.* Zu seinen in folgenden Kapiteln behandelten Aufgaben gehört in diesem Zusammenhang, die *Erfahrungen bei der Ausarbeitung und Verwirklichung* der wissenschaftlich fundierten, humanistischen, auf Frieden und sozialen Fortschritt gerichteten *Politik* zu analysieren und daraus neue Erkenntnisse für bewußtes politisches Handeln abzuleiten. Das betrifft solche Probleme dieses schöpferischen, vielgestaltigen und komplizierten Prozesses wie die *dialektischen Wechselbeziehungen von historischen Erfahrungen, marxistisch-leninistischer Theorie, politischem Programm und Gesellschaftskonzeption, Strategie und Taktik und Gesellschaftspolitik und konkreter politischer, organisatorischer und ideologischer Arbeit.*[24] Das betrifft in diesem Rahmen die *Wechselwirkung der verschiedenen Seiten* (Arten) *der Politik* der Partei der Arbeiterklasse und des sozialistischen Staates, wie das Verhältnis von Innen- und Außenpolitik, von Gesamt- (Gesellschafts-) Politik und Teilpolitik (Einheit von Wirtschafts- und Sozialpolitik, Kulturpolitik, Bildungspolitik, Bündnispolitik, Agrarpolitik usw.),[25] insbesondere aber auch das *grundlegende politische Verhältnis von Partei, Arbeiterklasse und werktätigen Massen.*

Als Bestandteil der Weltanschauung der Arbeiterklasse enthält bzw. vermittelt der wissenschaftliche Sozialismus auch *grundlegende Prinzipien,* d. h. *Handlungsaufforderungen und Orientierungen* für die *politische Tätigkeit* der Arbeiterklasse und ihrer Verbündeten. Diese Prinzipien sind aus der Erkenntnis historischer Erfahrungen, objektiver Prozesse und Gesetzmäßigkeiten abgeleitet und werden durch die marxistisch-leninistischen Parteien begründet und formuliert. Prinzipien gehören neben den wissenschaftlichen Gesetzen und den grundlegenden Begriffen (Kategorien) zu den Grundelementen dieser Wissenschaft. Diese Prinzipien, die mit den allgemeinen weltanschaulich-philosophischen Prinzipien des Marxismus-Leninismus (wie dem Prinzip der Einheit von Theorie und Praxis) eng verbunden sind, sind vielfach in Dokumenten marxistisch-leninistischer Parteien wie Program-

24 Vgl. Kap. 3.1., 4.1. und 12.2. des vorliegenden Lehrbuches.
25 Vgl. Kap. 10.2., 12.2. und 13.1. des vorliegenden Lehrbuches.

men, Statuten usw. enthalten und tragen in besonderem Maße *politisch-programmatischen* (z.b. das Prinzip des proletarischen Internationalismus), *politisch-strategischen* (z. B. das Prinzip der Verbindung der Tagesaufgaben mit den strategischen Aufgaben und mit dem Endziel der Bewegung) und *politisch-organisatorischen Charakter* (z. B. das Prinzip des demokratischen Zentralismus). Als Aufforderungen von weltanschaulich-normativem Charakter orientieren diese Prinzipien darauf, wesentliche gesellschaftliche und klassenspezifische Ziele zu erreichen und ein entsprechendes Verhalten zu entwickeln.

In der Geschichte der Arbeiterbewegung und des Sozialismus wurde die wissenschaftliche Politikauffassung in Auseinandersetzung mit falschen, einseitigen Konzeptionen entwikkelt. So mußten sich Marx und Engels bei der Begründung der dialektisch-materialistischen Weltanschauung vor allem mit den traditionellen idealistischen Auffassungen in dieser Frage auseinandersetzen, die die ökonomische Bedingtheit und den Klassencharakter der Politik leugneten. W.I.Lenin kam es im 20.Jahrhundert zu, sich gegen die sich in der Arbeiterbewegung ausbreitende rechtsopportunistische, ökonomistische, vulgärmaterialistische Unterschätzung der politischen Organisiertheit und der Rolle des politischen Kampfes zu wenden und in seiner Partei-, Revolutions- und Staatstheorie die politischen Lehren des Marxismus weiterzuentwickeln. In der 1917 einsetzenden Epoche des Übergangs vom Kapitalismus zum Sozialismus festigten sich der Sozialismus und die internationale kommunistische Bewegung auch in der Auseinandersetzung mit nichtmarxistischen Politikauffassungen, die sich in der Praxis sowohl in Tendenzen des Subjektivismus, Voluntarismus und des politischen Abenteuertums zeigten (in denen die Rolle der Ökonomie, der objektiven Bedingungen unterschätzt und Politik bzw. einzelne ihrer Formen überschätzt wurden), als auch mit revisionistischen Konzeptionen, die auf die Schwächung des politischen Systems des Sozialismus gerichtet waren und ein „Absterben" der Politik als systemfremdes Rudiment propagierten.

1.3. Entstehung und Entwicklung des wissenschaftlichen Sozialismus

Der von Marx und Engels begründete wissenschaftliche Sozialismus hat seine geschichtlichen Voraussetzungen, Vorläufer und theoretischen Quellen. Er ist tief in der Geschichte verwurzelt und entwickelte sich in den Kämpfen der Klasse und ihrer revolutionären Partei, deren Theorie und Programm er ist. Das Studium des wissenschaftlichen Sozialismus erfordert deshalb die *historische Betrachtungsweise;* es schließt die Aneignung der Erfahrungen der Geschichte des Kampfes um den Sozialismus und – als ihr Bestandteil – der Geschichte der sozialistischen und kommunistischen Ideen ein. Lenin hob in seinem Werk „Drei Quellen und drei Bestandteile des Marxismus" hervor, daß die Marxsche Lehre „als direkte und unmittelbare *Fortsetzung* der Lehren der größten Vertreter der Philosophie, der politischen Ökonomie und des Sozialismus"[26] entstand. Der Marxismus und jeder seiner Bestandteile knüpfen an die Gesamtheit dieser theoretischen Quellen an.[27]

Der vormarxsche Sozialismus

Bereits Jahrhunderte vor der Entstehung des wissenschaftlichen Sozialismus wirkten Strömungen des sozialen und politischen Denkens, soziale Utopien und gesellschaftliche Bewegungen, die das Streben der Werktätigen nach Befreiung von Ausbeutung und Unterdrückung widerspiegelten, Mißstände der Ausbeuterordnung kritisierten und Vorstellungen von einer neuen, gerechteren Gesellschaftsordnung entwickelten. Zu ihnen gehören vor allem jene, die als sozialistische Utopien, als *utopischer Sozialismus (utopischer Kommunismus)* in die Geschichte eingegangen sind und historische Vorläufer des wissenschaftlichen Sozialismus bilden. Dieser vormarxsche Sozialismus begann sich in der Zeit des Übergangs vom Feudalismus zum Kapitalismus in Europa herauszubilden. Seine *Voraussetzungen* entstanden in allen Sphären der Gesellschaft: Auf sozialökonomischem Gebiet führte die ursprüngliche kapitalistische Akkumulation zur verschärften Ausbeutung und Verelendung breitester Volksmassen und zur Entstehung des Frühproletariats; auf sozialem und politischem Gebiet rief die ökonomische und politische Unterdrückung Bewegungen und Aufstände plebejischer Schichten in Stadt und Land hervor; auf geistigem Gebiet vermittelten die Entwicklung des fortschrittlichen philosophischen Denkens und der Naturwissenschaften, die antifeudale Bewegung des Humanismus wichtige Impulse.

Die wichtigsten Entwicklungsstufen des utopischen Sozialismus waren
– die frühen utopischen Lehren des 16. und 17. Jahrhunderts: T. Morus (1478–1535, „Utopia") und T. Campanella (1568–1639, „Der Sonnenstaat");
– der utopische Kommunismus des 18. Jahrhunderts: J. Meslier (1664–1729, „Testament"); Morelly (um 1715, „Gesetzbuch der natürlichen Gesellschaft"); G. B. de Mably (1709–1785, „Traktat über die Gesetzgebung"); F. N. Babeuf (1760–1797, „Manifest der Plebejer");
– der kritische utopische Sozialismus und Kommunismus der ersten Hälfte des 19. Jahrhunderts in Westeuropa: C.-H. de Saint-Simon (1760–1825, „Genfer Briefe", „Der Organisator"), C. Fourier (1772–1837, „Die neue sozialistische Welt der Arbeit"), R. Owen (1771–1858, „Über die neue moralische Welt");
– der utopische Arbeiterkommunismus Anfang des 19. Jahrhunderts: L.-A. Blanqui (1805–1881, „Der Kommunismus – die Zukunft der Gesellschaft"), W. Weitling (1808–1871, „Garantien der Harmonie und Freiheit"), E. Cabet (1788–1856, „Kommunistisches Glaubensbekenntnis"), T. Dézamy (1808–1850, „Gesetzbuch der Gütergemeinschaft").

Marx und Engels knüpften bei der Ausarbeitung der wissenschaftlichen Weltanschauung der Arbeiterklasse an das fortgeschrittene Gedankengut ihrer Zeit an. Als eine der geistigen Hauptströmungen des 19. Jahrhunderts, deren Erkenntnis

26 W. I. Lenin, Drei Quellen und drei Bestandteile des Marxismus, S. 3.
27 Da die philosophischen und politökonomischen Quellen in den beiden anderen Lehrbüchern für das marxistisch-leninistische Grundlagenstudium behandelt werden, wird im folgenden nur auf den vormarxschen Sozialismus eingegangen.

Marx und Engels kritisch verarbeiteten, wurde der utopische Sozialismus zu einer der *Quellen des Marxismus,*
– weil er dem Protest der unterdrückten und ausgebeuteten Massen, darunter vor allem des Frühproletariats, Ausdruck verlieh;
– weil seine fortgeschrittensten Vertreter die kapitalistische Gesellschaft und viele ihrer Widersprüche einer scharfen Kritik unterzogen und das Privateigentum an den Produktionsmitteln sowie die Ausbeutung verurteilten;
– weil sie zahlreiche herangereifte Grundfragen des gesellschaftlichen Lebens aufwarfen und Vorstellungen von einer neuen, die Ausbeutung ablösenden Gesellschaft entwickelten, zu deren Merkmalen das gesellschaftliche Eigentum und die gesellschaftliche Organisation der Produktion und der Verteilung, die gesellschaftlich nützliche Arbeit als Grundprinzip, die Verbindung von Wissenschaft und Produktion, die Aufhebung der Gegensätze zwischen Stadt und Land, körperlicher und geistiger Arbeit, die Gleichberechtigung der Frau, die Entwicklung des Staates in ein Mittel zur Leitung der gesellschaftlichen Produktion, ein dauerhafter Frieden zwischen den Völkern u. a. gehörten.

Die Klassiker des Marxismus-Leninismus gaben eine *dialektisch-materialistische Einschätzung* der utopischen Sozialisten, von denen viele große persönliche Opfer im Kampf für ihre Überzeugung brachten, würdigten ihre Verdienste und ihren Beitrag zur Entwicklung der sozialistischen Ideen und wiesen zugleich auf ihre historische Begrenztheit hin.[28] Engels betonte, daß der wissenschaftliche Sozialismus „nie vergessen wird, daß er auf den Schultern Saint-Simons, Fouriers und Owens steht, dreier Männer, die bei aller Phantasterei und bei allem Utopismus zu den bedeutendsten Köpfen aller Zeiten gehören und zahllose Dinge genial antizipierten, deren Richtigkeit wir jetzt wissenschaftlich nachweisen …".[29] Die Ideen des Sozialismus und Kommunismus vor Marx und Engels gehören zum progressiven geschichtlichen Erbe, das die Arbeiterklasse antritt, zu den Traditionen, die die kommunistische Bewegung fortführt.

Der vormarxsche Sozialismus konnte jedoch in seiner Gesamtheit für die Arbeiterklasse und alle Werktätigen kein realisierbares politisches Kampfprogramm begründen. Die Hauptursachen dafür lagen im damaligen niedrigen Entwicklungsstand der kapitalistischen Produktionsweise und ihrer Widersprüche, in der Unreife der Klassenlage der Arbeiterklasse und ihres Kampfes und endlich auch in der Herrschaft des Idealismus in den Auffassungen über die Gesellschaft. „Der utopische Sozialismus", schrieb Lenin, „war jedoch nicht imstande, einen wirkli-

---

28 Wichtige Werke der Klassiker des Marxismus-Leninismus über den utopischen Sozialismus: K. Marx/F. Engels, Manifest der Kommunistischen Partei, Kap. III; F. Engels, Die Entwicklung des Sozialismus von der Utopie zur Wissenschaft; W. I. Lenin, Zwei Utopien, in: Werke, Bd. 18; W. I. Lenin, Dem Gedächtnis Herzens, in: Werke, Bd. 18.
29 F. Engels, Ergänzung der Vorbemerkung von 1870 zu „Der deutsche Bauernkrieg", in: K. Marx/F. Engels, Werke, Bd. 18, S. 516.

chen Ausweg zu zeigen. Er vermochte weder das Wesen der kapitalistischen Lohnsklaverei zu erklären noch die Gesetze der Entwicklung des Kapitalismus zu entdecken, noch jene *gesellschaftliche Kraft* zu finden, die fähig ist, Schöpfer einer neuen Gesellschaft zu werden."[30]

Nach der *Entstehung des wissenschaftlichen Sozialismus* verloren die utopischen Lehren *im weltgeschichtlichen Maßstab* ihre progressiven Züge. Mit dem Voranschreiten der revolutionären Arbeiterbewegung und des Marxismus im 19. Jahrhundert wurden utopisch-sozialistische Auffassungen und ihre Vertreter in der Regel objektiv zu einem Hemmnis des geschichtlichen Fortschritts und dienten der Irreführung der Arbeiterklasse. Im Prozeß der Herausbildung des Kapitalismus und der Arbeiterbewegung in Ländern mit starkem bäuerlichen und (oder) kleinbürgerlichen Bevölkerungsanteil, d. h. angesichts eines unreifen Standes der kapitalistischen Produktion und der Klassenlage des Proletariats konnten und können aber auch nach der Entstehung des wissenschaftlichen Sozialismus utopisch-sozialistische Auffassungen sich verbreiten und eine gewisse Zeit progressiven Einfluß besitzen. So spielte in den 50er und 60er Jahren des 19. Jahrhunderts der utopische Sozialismus der russischen revolutionären Demokraten A. I. Herzen (1812–1870), W. G. Belinski (1811–1848), N. G. Tschernyschewski (1828–1889), N. A. Dobroljubow (1836–1861) u. a., der eng mit der antifeudalen Bauernbewegung verbunden war und den Weg für die Verbreitung des Marxismus in Rußland ebnete, eine bedeutende Rolle. Auch in einigen anderen Ländern trug das Wirken revolutionärer Demokraten, in deren Auffassungen Züge des utopischen Sozialismus vorhanden waren, progressiven Charakter. Utopisch-sozialistische Einflüsse traten in den letzten Jahren z. B. in den Auffassungen einiger revolutionärer Demokraten in antiimperialistischen Bewegungen im nationalen Befreiungskampf und in demokratischen Massenbewegungen in imperialistischen Ländern auf.

Die von den Klassikern des Marxismus-Leninismus entwickelten und im Kampf der revolutionären Arbeiterbewegung erprobten Prinzipien der allseitigen wissenschaftlichen Analyse des historischen Platzes, des Inhalts, der sozialen Grundlagen und der möglichen Evolution utopisch-sozialistischer Lehren und Strömungen gehören auch heute zu den theoretischen Grundlagen der Politik der marxistisch-leninistischen Parteien.

Die Schaffung des wissenschaftlichen Sozialismus

Für die Verwandlung des *Sozialismus von einer Utopie in eine Wissenschaft* waren im ersten Drittel des 19. Jahrhunderts in Europa die *ökonomischen, sozialen, politischen und theoretischen Voraussetzungen* herangereift. Auf ökonomischem Gebiet hatte sich in einigen Ländern im Gefolge der industriellen Revolution die kapitalistische Produktionsweise herausgebildet, und es wurde der Übergang vom Manufaktur- zum Industriekapitalismus vollzogen. Die Entwicklung führte zu wesentlichen sozialen Veränderungen: die schrittweise Herausbil-

---

30 W. I. Lenin, Drei Quellen und drei Bestandteile des Marxismus, S. 7.

dung der beiden Grundklassen der kapitalistischen Gesellschaft, der Bourgeoisie (vor allem in Gestalt der Industriebourgeoisie) und des Proletariats (in Gestalt des Industrieproletariats). Die grundlegenden Klassengegensätze und ihre Unversöhnlichkeit traten immer deutlicher zutage. Ausdruck dessen waren erste selbständige Aktionen und Organisationen des Proletariats (Chartistenbewegung in England, Aufstände der Weber in Lyon und Schlesien) sowie Bemühungen der fortgeschrittensten Kräfte dieser Klasse, die organisatorische und ideologische Selbständigkeit gegenüber der Bourgeoisie zu erlangen. Auf wissenschaftlich-theoretischem Gebiet war das fortgeschrittene Denken zu wesentlichen neuen Erkenntnissen und Fragestellungen gelangt. Das verkörperte sich in der klassischen bürgerlichen deutschen Philosophie, der klassischen bürgerlichen politischen Ökonomie, im utopischen Sozialismus, in den Lehren der französischen Historiker der Restaurationszeit und vor allem auch im Aufschwung von Natur- und technischen Wissenschaften.

Das welthistorische Verdienst von Marx und Engels besteht darin, daß sie „dank der völligen Beherrschung alles dessen, was die frühere Wissenschaft zu bieten hatte",[31] einen umfassenden wissenschaftlichen Nachweis der *Notwendigkeit der Ablösung des Kapitalismus durch den Sozialismus* gaben. Die neue Gesellschaft wurde jetzt aus den objektiven gesellschaftlichen Bewegungsgesetzen, als unvermeidliches Resultat der revolutionären Lösung der Widersprüche des Kapitalismus begründet. Marx und Engels entdeckten im Proletariat jene gesellschaftliche Kraft, der auf Grund ihrer objektiven Existenzbedingungen und Eigenschaften die historische Aufgabe zukommt, die Ausbeutergesellschaft zu beseitigen und die neue, klassenlose Gesellschaft aufzubauen. Sie begründeten den Kommunismus als das Ziel des Kampfes der Arbeiterklasse, den Weg zu diesem Ziel, die wichtigsten Etappen dieses Weges und die entscheidenden Bedingungen für den Sieg der Arbeiterklasse.[32] Marx und Engels verbanden den wissenschaftlichen Sozialismus mit der Arbeiterbewegung in Gestalt der revolutionären proletarischen Partei. Der wissenschaftliche Sozialismus wurde damit zum Programm einer revolutionären Bewegung, der kommunistischen Bewegung. Lenin schrieb: „Die sozialistischen Träume verwandelten sich erst dann in den sozialistischen Kampf von Millionen Menschen, als der wissenschaftliche Sozialismus von Marx die Umgestaltungsbestrebungen mit dem Kampf einer bestimmten Klasse verknüpfte. Außerhalb des Klassenkampfes ist der Sozialismus eine leere Phrase oder ein naiver Traum."[33]

---

31 W. I. Lenin, Die Aufgaben der Jugendverbände, in: Werke, Bd. 31, S. 276.
32 Vgl. Kap. 2.2. des vorliegenden Lehrbuches.
33 W. I. Lenin, Kleinbürgerlicher und proletarischer Sozialismus, in: Werke, Bd. 9. S. 446 f.

| Hauptetappen | Die Geschichte des wissenschaftlichen Sozialismus |
| der Entwicklung | als einer lebendigen, sich entwickelnden Lehre, ist |

untrennbar verbunden mit der Praxis des Kampfes der Arbeiterbewegung, ihrer Parteien und Organisationen, mit der Verallgemeinerung ihrer Erfahrungen, mit der Ausarbeitung und Verwirklichung von Programm und Strategie und Taktik. Als Bestandteil der Entwicklung der Arbeiterbewegung und des Sozialismus weist die Geschichte des wissenschaftlichen Sozialismus einige grundlegende Etappen auf.

Die *Marxsche Etappe der Entwicklung des wissenschaftlichen Sozialismus* erstreckt sich von der Entstehung des Marxismus bis zum Ende des 19. Jahrhunderts.

In den 40er Jahren entsteht die Theorie des wissenschaftlichen Sozialismus. In dieser Zeit, in der Marx und Engels den Übergang vom revolutionären Demokratismus zum Kommunismus, auf die Positionen der Arbeiterklasse vollziehen, erfolgt die Ausarbeitung einer konsequent dialektisch-materialistischen Begründung des Übergangs zum Kommunismus. Marx und Engels entwickeln solche grundlegenden Leitsätze wie die von der welthistorischen Mission der Arbeiterklasse, vom proletarischen Klassenkampf und der sozialistischen Revolution. Diese Entwicklung wird gekrönt durch das Kommunistische Manifest, Geburtsurkunde des wissenschaftlichen Sozialismus und erstes Parteiprogramm, in dem die Ideen des wissenschaftlichen Sozialismus bei der Begründung der Strategie und Taktik ihre Anwendung finden und das für alle kommunistischen Parteien orientierende Bedeutung hat.[34]

Der folgende Zeitabschnitt (1848–1871) ist vor allem durch die Auswertung der Erfahrungen der revolutionären Kämpfe von 1848 bis 1851 gekennzeichnet. Die Lehren dieser Zeit und der Ausarbeitung und Durchsetzung der organisatorischen und strategischen Prinzipien des Marxismus in der I. Internationale sowie der Auseinandersetzung mit dem Rechtsopportunismus und dem Anarchismus bilden entscheidende Ausgangspunkte für die weitere Entwicklung der Theorie des wissenschaftlichen Sozialismus, vor allem in den Fragen des Klassenkampfes, der Revolution, des Bündnisses und des Staates. Im Jahre 1867 erscheint der erste Band des „Kapital", das die tiefste Begründung der Gesetzmäßigkeiten der Entwicklung und des Untergangs der kapitalistischen Produktionsweise und des Übergangs zum Sozialismus gibt.[35]

34 Wichtige Werke dieser Zeit, in denen die Grundideen des wissenschaftlichen Sozialismus entwickelt werden: Karl Marx, Zur Kritik der Hegelschen Rechtsphilosophie. Einleitung, in: K. Marx/F. Engels, Werke, Bd. 1; F. Engels/K. Marx, Die heilige Familie, in: K. Marx/F. Engels, Werke, Bd. 2; F. Engels, Die Lage der arbeitenden Klasse in England, in: K. Marx/F. Engels, Werke, Bd. 2; K. Marx/F. Engels, Die deutsche Ideologie, in: Werke, Bd. 3; K. Marx, Das Elend der Philosophie, in: K. Marx/F. Engels, Werke, Bd. 4; F. Engels, Grundsätze des Kommunismus; F. Engels, Die Kommunisten und Karl Heinzen; K. Marx/F. Engels, Manifest der Kommunistischen Partei.

35 Wichtige Werke dieser Zeit, in denen die Grundideen des wissenschaftlichen Sozialismus entwickelt werden: K. Marx, Die Klassenkämpfe in Frankreich 1848–1850, in K. Marx/F. Engels, Werke, Bd. 7; K. Marx, Der achtzehnte Brumaire des Louis Bonaparte, in: K. Marx/F. Engels, Werke, Bd. 8; Marx an Joseph Weydemeyer. Brief vom 5. März 1852, in: K. Marx/F. Engels, Werke, Bd. 28; K. Marx/F. Engels, Ansprache der Zentralbehörde an den Bund vom Juni 1850, in: Werke, Bd. 7; K. Marx, Inauguraladresse der Internationalen Arbei-

Einen neuen Abschnitt leitet die Pariser Kommune (1871) ein. Die Erfahrungen des ersten praktischen Versuchs des Proletariats, seine Herrschaft zu errichten, ermöglichen neue Schlußfolgerungen in bezug auf den Inhalt und die Aufgaben der Diktatur des Proletariats, auf die Notwendigkeit und die Rolle der revolutionären Partei. Der Marxismus wird zur führenden ideologischen Kraft in der Arbeiterbewegung. Karl Marx formuliert in genialer Voraussicht wesentliche Aussagen über die Grundzüge und Phasen der kommunistischen Gesellschaftsformation. F. Engels gibt eine systematische Darstellung des Übergangs vom utopischen zum wissenschaftlichen Sozialismus und der Grundfragen des dritten Bestandteils des Marxismus. In zahlreichen Schriften zur Agrarfrage, zur nationalen und zur Militärfrage sowie zur Strategie und Taktik der revolutionären Arbeiterparteien finden die Ideen des wissenschaftlichen Sozialismus ihre Anwendung und Weiterentwicklung.[36] Einen wichtigen Beitrag zu seiner Verteidigung, Ausarbeitung und Propagierung leisten in dieser Zeit weitere Arbeiterführer und Mitstreiter von Marx und Engels.[37]

Mit dem Übergang des Kapitalismus zum Imperialismus und mit der Verlagerung des Schwerpunktes der internationalen revolutionären Arbeiterbewegung nach Rußland beginnt ein *neuer Abschnitt in der Geschichte des wissenschaftlichen Sozialismus.* Seine Entwicklung ist untrennbar mit der Tätigkeit *Lenins* verbunden, der als Wahrer und Fortsetzer der Lehren von Marx und Engels unter den neuen historischen Bedingungen des beginnenden 20. Jahrhunderts Antwort auf die Grundfragen der Entwicklung der Gesellschaft und der Arbeiterbewegung gibt und – auch in Auseinandersetzung mit dem Opportunismus – den Marxismus um neue Entdeckungen und Schlußfolgerungen bereichert. Seit dieser Zeit ent-

ter-Assoziation, in: K. Marx/F. Engels, Werke, Bd. 16; K. Marx, Provisorische Statuten der Internationalen Arbeiter-Assoziation, in: K. Marx/F. Engels, Werke, Bd. 16; K. Marx, Das Kapital. Erster Band, in: K. Marx/F. Engels, Werke, Bd. 23; K. Marx, Zur Kritik der Politischen Ökonomie. Vorwort, in: K. Marx/F. Engels, Werke, Bd. 13; F. Engels, Der deutsche Bauernkrieg, in: K. Marx/F. Engels, Bd. 7; F. Engels, Revolution und Konterrevolution in Deutschland, in: K. Marx/F. Engels, Werke, Bd. 8.
36 Wichtige Werke dieser Zeit, in denen die Grundideen des wissenschaftlichen Sozialismus entwickelt werden: K. Marx, Der Bürgerkrieg in Frankreich. Adresse des Generalrats der Internationalen Arbeiterassoziation, in: K. Marx/F. Engels, Werke, Bd. 17; K. Marx, Kritik des Gothaer Programms, in: K. Marx/F. Engels, Werke, Bd. 19; K. Marx, Konspekt des Buches von Bakunin „Staatlichkeit und Anarchie", in: K. Marx/F. Engels, Werke, Bd. 18; F. Engels, Von der Autorität, in: K. Marx/F. Engels, Werke, Bd, 18; F. Engels, Zur Wohnungsfrage, in: K. Marx/F. Engels, Werke, Bd. 18; F. Engels, Herrn Eugen Dührings Umwälzung der Wissenschaft („Anti-Dühring"); F. Engels, Die Entwicklung des Sozialismus von der Utopie zur Wissenschaft; F. Engels, Zur Kritik des sozialdemokratischen Programmentwurfs 1891, in: K. Marx/F. Engels, Werke, Bd. 22; F. Engels, Die Bauernfrage in Frankreich und Deutschland, in: K. Marx/F. Engels, Werke, Bd. 22; F. Engels, Der Ursprung der Familie, des Privateigentums und des Staats, in: K. Marx/F. Engels, Werke, Bd. 21.
37 Dazu gehörten W. Liebknecht (1826–1900), A. Bebel (1840–1913), F. Mehring (1846–1919), P. Lafargue (1842–1911), A. Labriola (1843–1904), G. W. Plechanow (1856–1918), D. Blagojew (1856–1924) und auch – in seiner marxistischen Schaffensperiode – K. Kautsky (1854–1938).

wickelt sich der wissenschaftliche Sozialismus als Bestandteil des Marxismus-Leninismus.

Eine erste Etappe dieses Abschnitts bilden die Jahre bis zur Großen Sozialistischen Oktoberrevolution. Lenin nimmt eine gründliche Analyse des historischen Platzes und der Gesetzmäßigkeiten der Entwicklung des Imperialismus sowie der Erfahrungen der internationalen Klassenkämpfe vor und beweist die Allgemeingültigkeit der Lehre von der welthistorischen Mission des Proletariats und die internationale Bedeutung des Marxismus im 20. Jahrhundert. Lenins welthistorisches Verdienst besteht in der Ausarbeitung der Lehre von der Partei neuen Typs und in der Schaffung einer solchen Partei in Gestalt der KPdSU. Lenin entwickelte seine Auffassungen in der Auseinandersetzung mit zahlreichen Strömungen und Tendenzen innerhalb und außerhalb des Marxismus und der Arbeiterbewegung, insbesondere gegen den kleinbürgerlichen Sozialismus der Volkstümler und den rechten und „linken" Opportunismus und analysierte den Zusammenhang von Imperialismus und Opportunismus. In allen Grundfragen der Revolution und des Kampfes um die Macht bereicherte Lenin den Marxismus. Dazu gehören die Lehren von der Einheit der Arbeiterklasse, von der Hegemonie und vom Bündnis, von den Triebkräften und Gesetzmäßigkeiten der Entwicklung der bürgerlich-demokratischen und der sozialistischen Revolution, vom Verhältnis von Demokratie und Sozialismus im Kampf der Arbeiterklasse. Einen zentralen Platz in der Ausarbeitung der Politik des Kampfes um die Macht nimmt die Leninsche Schlußfolgerung von der Möglichkeit der erfolgreichen sozialistischen Revolution und des folgenden sozialistischen Aufbaus zuerst in einem oder einigen Ländern ein. Lenin gelangt zu grundlegenden Erkenntnissen programmatischer Art in der Agrar-, der nationalen und kolonialen Frage sowie in den Fragen von Krieg und Frieden. In den Mittelpunkt der Untersuchung rückten immer stärker die Wege und Formen des Klassenkampfes zur Eroberung der politischen Herrschaft der Arbeiterklasse, der Strategie und Taktik der kommunistischen Partei.[38]

38 Wichtige Werke W. I. Lenins aus dieser Zeit, in denen die Grundideen des wissenschaftlichen Sozialismus entwickelt werden: Die Aufgaben der russischen Sozialdemokraten, in: Werke, Bd. 2; Was tun?, in: Werke, Bd. 5; Ein Schritt vorwärts, zwei Schritte zurück, in: Werke, Bd. 7; Friedrich Engels, in: Werke, Bd. 2; Zwei Taktiken der Sozialdemokratie in der demokratischen Revolution, in: Werke, Bd. 9; Sozialdemokratie und provisorische revolutionäre Regierung, in: Werke, Bd. 8; Das Agrarprogramm der Sozialdemokratie in der ersten russischen Revolution von 1905 bis 1907, in: Werke, Bd. 13; Drei Quellen und drei Bestandteile des Marxismus; Kritische Bemerkungen zur nationalen Frage, in: Werke, Bd. 20; Der Krieg und die russische Sozialdemokratie, in: Werke, Bd. 21; Marxismus und Revisionismus, in: Werke, Bd. 15; Sozialismus und Krieg (Die Stellung der SDAPR zum Krieg), in: Werke, Bd. 21; Über das Selbstbestimmungsrecht der Nationen, in: Werke, Bd. 20; Der Opportunismus und der Zusammenbruch der II. Internationale, in: Werke, Bd. 22; Über die Losung der Vereinigten Staaten von Europa, in: Werke, Bd. 21; Karl Marx; Unter fremder Flagge, in: Werke, Bd. 21; Das Militärprogramm der proletarischen Revolution, in: Werke, Bd. 23; Über eine Karikatur auf den Marxismus und über den „imperialistischen Ökonomismus", in: Werke, Bd. 23; Der Imperialismus und die Spaltung des Sozialismus, in: Werke, Bd. 23; Briefe aus der Ferne, in: Werke, Bd. 23; Über die Aufgaben des Proletariats in unserer Revolution, in: Werke, Bd. 24; Marxismus und Aufstand, in: Werke, Bd. 26; Die dro-

Die *Große Sozialistische Oktoberrevolution* markiert eine *Veränderung in den Grundlagen der Ausarbeitung und in den Funktionen des wissenschaftlichen Sozialismus.* Waren seine Erkenntnisse bis zu dieser Zeit wissenschaftlich begründete Schlußfolgerungen aus der Analyse der Gesetzmäßigkeiten der Entwicklung des Kapitalismus, aus den Erfahrungen der Klassenkämpfe um die Eroberung der politischen Macht – so entwickelt er sich jetzt auch durch die Verallgemeinerung der praktischen Erfahrungen beim sozialistischen Aufbau. Der Marxismus-Leninismus wird zur Grundlage der Führung bei der Gestaltung neuer gesellschaftlicher Verhältnisse, und im wissenschaftlichen Sozialismus nehmen das Studium der Gesetzmäßigkeiten des sozialistischen Aufbaus, der Erfahrungen und Methoden der Tätigkeit der Arbeiterklasse und ihrer marxistisch-leninistischen Partei sowie des sozialistischen Staates einen zentralen Platz ein. Lenin stellt fest, daß der Sozialismus „aus der Sphäre des Bücherwissens, des Programms übergegangen ist in die Sphäre der praktischen Arbeit ... Heute kann man über den Sozialismus nur auf Grund von Erfahrungen sprechen."[39]

Die Aneignung und Anwendung der Theorie des wissenschaftlichen Sozialismus ist seit dieser Zeit untrennbar verbunden mit dem Studium der umfassenden Erfahrungen der ersten siegreichen sozialistischen Revolution der Weltgeschichte, mit der Auswertung der Pionierleistungen der Sowjetunion beim Aufbau der neuen Gesellschaft. In den Werken Lenins und den Dokumenten der KPdSU und des Sowjetstaates werden die ersten Ergebnisse des sozialistischen Aufbaus verallgemeinert. Sie betreffen Grundlagen, Gesetzmäßigkeiten, Merkmale und Etappen der neuen Gesellschaft, insbesondere die Übergangsperiode vom Kapitalismus zum Sozialismus und den Klassenkampf in diesem Zeitabschnitt, Diktatur des Proletariats und sozialistische Demokratie, die führende Rolle der Arbeiterklasse und ihrer Partei sowie das Bündnis und viele andere Fragen.[40]

Einen wesentlichen Beitrag zur Entwicklung des wissenschaftlichen Sozialismus in den Fragen des revolutionären Weltprozesses in der neuen Epoche, auf dem Gebiet der Strategie und Taktik des proletarischen Klassenkampfes und des Befreiungskampfes der Völker gegen Imperialismus, Faschismus und Krieg leisten die kommunistischen Parteien im Rah-

hende Katastrophe und wie man sie bekämpfen soll, in: Werke, Bd. 25, Staat und Revolution.
39 W. I. Lenin, V. Gesamtrussischer Kongreß der Sowjets der Arbeiter-, Bauern-, Soldaten- und Rotarmistendeputierten, 4.–10. 7. 1918, in: Werke, Bd. 27, S. 514.
40 Wichtige Werke W. I. Lenins, in denen die Grundideen des wissenschaftlichen Sozialismus entwickelt werden: Wie soll man den Wettbewerb organisieren?, in: Werke, Bd. 26; Die nächsten Aufgaben der Sowjetmacht, in: Werke, Bd. 27; Die proletarische Revolution und der Renegat Kautsky, in: Werke, Bd. 28; Die große Initiative, in: Werke, Bd. 29; Ökonomik und Politik in der Epoche der Diktatur des Proletariats, in: Werke, Bd. 30; Die Aufgaben der Jugendverbände; Zum vierten Jahrestag der Oktoberrevolution, in: Werke, Bd. 33; Über die Naturalsteuer, in: Werke, Bd. 32; Über das Genossenschaftswesen, in: Werke, Bd. 33; Über unsere Revolution, in: Werke, Bd. 33; Wie wir die Arbeiter- und Bauerninspektion reorganisieren sollen, in: Werke, Bd. 33; Lieber weniger, aber besser, in: Werke, Bd. 33.

men der 1919 geschaffenen Kommunistischen Internationale.[41] Auf Kongressen, in den Dokumenten der kommunistischen Parteien, in den Reden und Schriften Lenins und anderer Marxisten wird im Streit der Meinungen, im kollektiven theoretischen Schaffen die Bewältigung zahlreicher neuer und komplizierter Aufgaben in Angriff genommen. Von weitreichender Bedeutung erweisen sich besonders die Beschlüsse des VII. Weltkongresses der Kommunistischen Internationale (1935).[42]

Einen bedeutenden Aufschwung erfährt die Theorie des wissenschaftlichen Sozialismus *in den Jahren nach dem zweiten Weltkrieg*. Die Gestaltung der sozialistischen Gesellschaft in der UdSSR und nunmehr auch in weiteren Ländern, die Vertiefung des gesamten revolutionären Weltprozesses führen zu einer raschen Erweiterung des Inhalts des wissenschaftlichen Sozialismus und zu einer Bereicherung seiner Thematik. In der theoretischen Tätigkeit der kommunistischen und Arbeiterparteien, die sich unter anderem in den Dokumenten ihrer internationalen Beratungen der Jahre 1957, 1960 und 1969, der Berliner Konferenz der kommunistischen und Arbeiterparteien Europas (1976) und auch regionaler Beratungen, in programmatischen Dokumenten der einzelnen Parteien, auf vielen internationalen theoretischen Konferenzen sowie in der seit 1958 erscheinenden Zeitschrift der kommunistischen und Arbeiterparteien „Probleme des Friedens und des Sozialismus" widerspiegelt, entstehen zahlreiche neue und grundlegende Schlußfolgerungen für den Kampf der Völker für Frieden, Demokratie, nationale Befreiung und Sozialismus, die heute den Hauptinhalt der Theorie des wissenschaftlichen Sozialismus prägen.

41 Wichtige Werke W. I. Lenins: I. Kongreß der Kommunistischen Internationale, 2.–6. März 1919. Thesen und Referat über bürgerliche Demokratie und Diktatur des Proletariats, 4. März, in: Werke, Bd. 28; Die Dritte Internationale und ihr Platz in der Geschichte, in: Werke, Bd. 29; Der „linke Radikalismus", die Kinderkrankheit im Kommunismus, in: Werke, Bd. 31; Ursprünglicher Entwurf der Thesen zur nationalen und zur kolonialen Frage, in: Werke, Bd. 31; Ursprünglicher Entwurf der Thesen zur Agrarfrage, in: Werke, Bd. 31; Fünf Jahre russische Revolution und die Perspektiven der Weltrevolution. Referat auf dem IV. Kongreß der Komintern, 13. November 1922, in: Werke, Bd. 33; – vgl. auch Kap. 3.2. des vorliegenden Lehrbuches.
42 Vgl. W. Pieck, Über die Tätigkeit des Exekutivkomitees der Kommunistischen Internationale; G. Dimitroff, Die Offensive des Faschismus und die Aufgaben der Kommunistischen Internationale im Kampf für die Einheit der Arbeiterklasse gegen den Faschismus, Berlin 1957; Ercoli (Togliatti), Die Vorbereitung des imperialistischen Krieges und die Aufgaben der Kommunistischen Internationale; Manuilski, Die Ergebnisse des sozialistischen Aufbaus in der Sowjetunion.

Schöpferischer	Der wissenschaftliche Sozialismus trägt – wie der ge-
Charakter –	samte Marxismus-Leninismus – schöpferischen Cha-
Vor neuen Aufgaben	rakter: er ist eine dynamische, sich ständig erneu-

ernde Theorie, kein starres System fertiger Antwor-
ten, nichts Abgeschlossenes, kein Dogma. Davon zeugt die Geschichte der
Arbeiterbewegung und des Sozialismus.

Worin *wurzelt* dieser *schöpferische Charakter?* Er ist in erster Linie in seiner Klas-
senbasis begründet: Ebenso wie die revolutionäre Arbeiterbewegung die tiefgehendste Umwälzung der Menschheitsgeschichte vollzieht und sich dabei selbst
verändert, kennt auch die Theorie, die Ausdruck ihrer Interessen ist, keinen Stillstand. Die vom wissenschaftlichen Sozialismus untersuchte gesellschaftliche
Wirklichkeit ist voller Dynamik – die Arbeiterklasse und ihre Verbündeten beschreiten einen Weg in soziales Neuland, und ständig sind neue Fragen zu lösen.
Für den Marxismus-Leninismus ist die sich ständig verändernde Praxis Prüfstand
der Theorie.

Die Entwicklung des wissenschaftlichen Sozialismus vollzog sich in *untrennbarer
Verbindung* mit den *philosophischen* und den *ökonomischen Lehren des Marxismus* und
durch die *Verallgemeinerung der praktischen Erfahrungen* der Arbeiterbewegung. Auf
dieser Grundlage wurde der wissenschaftliche Sozialismus ständig durch neue Erkenntnisse *bereichert,* wurden alte Leitsätze *präzisiert,* die Erkenntnisse anderer Wissenschaften *verarbeitet* und überholte Thesen *überwunden.* Die Kenntnis und Beachtung der Lehren der Geschichte, die Verteidigung bewährter Grunderkenntnisse
bilden eine Einheit mit dem Aufwerfen neuer Fragen, mit der Hinwendung zu
den ungelösten Problemen. Die schöpferische Weiterentwicklung der Theorie erfolgt somit nicht spontan oder auf der Grundlage von Wunschvorstellungen bzw.
in abstrakten Diskussionen, sondern gestützt auf eine gründliche Analyse der
Wirklichkeit und entsprechend den realen Bedürfnissen der Bewegung. Dieser
Prozeß geht nicht voraussetzungslos vor sich, sondern auf der Basis der vorhandenen, bewährten Erkenntnisse. Der wissenschaftliche Sozialismus entwickelte sich
stets im *unmittelbaren Zusammenhang mit der Führung* des Klassenkampfes und des
sozialistischen Aufbaus durch die marxistisch-leninistische Partei und in der vielseitigen theoretischen Tätigkeit dieser Partei. Er hat sich als eine *internationale
Lehre* erwiesen, die einen allgemeingültigen Inhalt hat. Dieser ist das Ergebnis der
sorgsamen Verallgemeinerung der Erfahrungen jedes Landes und zugleich der
kollektiven theoretischen Arbeit der Marxisten-Leninisten aller Länder, die das
komplizierte dialektische Wechselverhältnis von Internationalem und Nationalem
in Praxis und Theorie immer besser meistern. Das schöpferische Moment zeigt
sich auch darin, daß heute mehr denn je der Beitrag einer jeden marxistisch-leninistischen Partei gefragt ist und jede Partei vor der unumgänglichen Aufgabe
steht, die Theorie unter den konkreten historischen und nationalen Bedingungen
bei der Ausarbeitung der Strategie und Taktik eigenständig anzuwenden.

Der wissenschaftliche Sozialismus wurde im *Kampf gegen die bürgerliche Ideologie*
geboren und bewährte sich in der ständigen zielgerichteten Auseinandersetzung

mit allen Spielarten bürgerlicher Ideologie. Die geschichtliche Grundlehre, wonach es ohne revolutionäre Theorie keine revolutionäre Bewegung geben kann und *„die Rolle des Vorkämpfers nur eine Partei erfüllen kann, die von einer fortgeschrittenen Theorie geleitet wird"*,[43] erweist in der Gegenwart ihre Allgemeingültigkeit, da die weitere Ausarbeitung und schöpferische Anwendung der marxistisch-leninistischen Theorie eine entscheidende Bedingung für den sozialen Fortschritt, für den Beitrag der Marxisten-Leninisten zur Lösung der Lebensfragen der Menschheit geworden ist.

Auf der gegenwärtigen Stufe der Verwirklichung der welthistorischen Mission der Arbeiterklasse *wachsen die Anforderungen an den wissenschaftlichen Sozialismus.* Das hat objektive Ursachen und ist in erster Linie dadurch bedingt, daß sich heute jene Prozesse entfalten, deren Ergebnisse und Erfahrungen der wissenschaftliche Sozialismus theoretisch verallgemeinert, deren Gesetzmäßigkeiten er erforscht. Bei der weiteren sozialistischen Umgestaltung der Gesellschaft nimmt das Bedürfnis nach wissenschaftlichem Vorlauf zu, und es erhöht sich die Notwendigkeit der wissenschaftlichen Fundierung der Führung der gesellschaftlichen Entwicklung. Die Aneignung des wissenschaftlichen Sozialismus wird zum Anliegen breitester Schichten von Werktätigen. Probleme des wissenschaftlichen Sozialismus stehen auch im Zentrum der ideologischen Auseinandersetzung unserer Zeit.

In den kommenden Jahren wird auch der wissenschaftliche Sozialismus *neue Fragen* zu beantworten haben, die sich aus den neuen Bedingungen und Aufgaben bei der Gestaltung der entwickelten sozialistischen Gesellschaft, der Entwicklung des revolutionären Weltprozesses und der weltweiten Auseinandersetzung um die Lösung der Lebensfragen der Menschheit ergeben. Als ein zentrales Problem kristallisiert sich immer stärker das des Zusammenhangs des Kampfes um den Frieden und des Kampfes um den sozialen Fortschritt heraus. Das ist untrennbar mit der Frage verbunden, wie sich angesichts einer großen sozialen und politischen Heterogenität des Kampfes um den gesellschaftlichen Fortschritt und einer wachsenden Vielfalt der Bedingungen und Formen eine einheitliche, starke Bewegung aller Kräfte des Friedens und sozialen Fortschritts formieren kann und durchsetzen wird. Auch die zunehmende Internationalisierung der gesellschaftlichen Prozesse, die Intensivierung der Wechselbeziehungen zwischen den Haupttriebkräften der Epoche, zwischen den Völkern angesichts der Dringlichkeit der Lösung globaler Probleme wird die Anforderungen an die theoretische Arbeit erhöhen. Dabei geht es um die noch umfassendere Verarbeitung der Erfahrungen weiterer Völker und Bewegungen, die den Weg des gesellschaftlichen Fortschritts einschlagen, und um die Verstärkung und Qualifizierung der theoretischen Zusammenarbeit und des wissenschaftlichen Meinungsstreits unter den Marxisten-Leninisten der verschiedenen Länder. Das alles wird zur weiteren Entwicklung der Theorie des wissenschaftlichen Sozialismus führen.

43   W. I. Lenin, Was tun?, S. 380.

Kontrollfragen zu Kapitel 1

1. Worin bestehen die Wechselbeziehungen des wissenschaftlichen Sozialismus zu den beiden anderen Bestandteilen des Marxismus-Leninismus?

2. Wie bestimmt der Marxismus-Leninismus die gesellschaftliche Erscheinung Politik?

3. Worin besteht die spezifische Aufgabe des wissenschaftlichen Sozialismus bei der Untersuchung gesellschaftlicher Verhältnisse?

4. Welche Bedeutung hat der wissenschaftliche Sozialismus für die Ausarbeitung und Verwirklichung der Politik der marxistisch-leninistischen Partei?

5. Worin zeigt sich historisch und aktuell der schöpferische Charakter des wissenschaftlichen Sozialismus?

TEIL I
Die welthistorische Mission
der Arbeiterklasse
und die grundlegenden Bedingungen
und Gesetzmäßigkeiten
ihrer Realisierung

Zu den Erkenntnissen, die für den gesamten wissenschaftlichen Sozialismus von elementarer und allgemeingültiger Bedeutung sind, von den Klassikern des Marxismus-Leninismus ausgearbeitet wurden und auch in der heutigen geschichtlichen Situation in Theorie und Praxis des Kampfes der marxistisch-leninistischen Parteien und der Völker der sozialistischen Länder ihre umfassende Anwendung und Bestätigung, ihre weitere Entwicklung und Bereicherung erfahren, gehören vor allem die Lehren
– von der Arbeiterklasse und ihrer welthistorischen Mission,
– von der revolutionären Partei dieser Klasse als Instrument zur Realisierung dieser Mission, und
– von der politischen Strategie und Taktik dieser Partei.
Diese grundlegenden, in Teil I zusammengefaßten Theorien sind für das Verständnis aller Probleme des wissenschaftlichen Sozialismus wichtig und durchziehen wie ein roter Faden alle folgenden Teile.

2. Die Arbeiterklasse und ihre welthistorische Mission

Die Herausbildung der Arbeiterklasse (des Proletariats) kündigt eine neue Entwicklungsstufe der Menschheitsgeschichte an. Diese Klasse ist berufen, als soziale und politische Hauptkraft einer breiten Volksbewegung die sozialistische Gesellschaft zu errichten, eine Welt ohne Waffen und ohne Krieg zu schaffen und schrittweise die klassenlose, kommunistische Gesellschaft zu erbauen. Die allseitige wissenschaftliche Begründung der weltgeschichtlichen Rolle der Arbeiterklasse ist, wie W. I. Lenin feststellte, das *Wichtigste in der gesamten Marxschen Lehre.*[1] Gestützt auf die Erkenntnisse der marxistischen Philosophie und der politischen Ökonomie verallgemeinert der wissenschaftliche Sozialismus unmittelbar die Erfahrung des Kampfes zur Realisierung dieser Mission und insbesondere der politischen Organisation und Führung in diesem Prozeß.[2]

Heute erweist sich die Arbeiterklasse als die *revolutionäre Hauptklasse unserer Zeit;* die von ihr geführten sozialistischen Staaten üben einen entscheidenden Einfluß auf die Weltpolitik aus. Die marxistisch-leninistische Lehre von der Arbeiterklasse und ihrem geschichtlichen Beruf ist auch und gerade in der neuen Situation des weltweiten Kampfes um Frieden und sozialen Fortschritt von grundlegender Bedeutung.

---

1 Vgl. W. I. Lenin, Die historischen Schicksale der Lehre von Karl Marx, in: Werke, Bd. 18, S. 576.
2 Vgl. Kap. 1.1. des vorliegenden Lehrbuches.

2.1. Grundlagen der revolutionären Kraft

In der Epoche des Übergangs vom Kapitalismus zum Sozialismus ist die Arbeiterklasse eine soziale Klasse, die sich *weltweit* rasch entwickelt: in den sozialistischen Ländern, wo sie sich bereits von der Ausbeutung befreit hat und gemeinsam mit ihren Verbündeten eine neue Gesellschaft gestaltet;[3] in den imperialistischen Ländern, wo sie in der Regel die Mehrheit der Bevölkerung bildet[4], und in den Entwicklungsländern, wo sie sich in einem komplizierten Formierungs- und raschen Wachstumsprozeß befindet.[5]

Der Weg und die Ergebnisse der weltgeschichtlichen Entwicklung seit dem 19. Jahrhundert haben auf vielfältige Art und Weise die Erkenntnisse der Klassiker des Marxismus-Leninismus über die Arbeiterklasse als „eine wirklich revolutionäre Klasse", „welche die Zukunft in ihren Händen trägt"[6], bestätigt und zugleich gezeigt, daß eine *wissenschaftliche Analyse* dieser Klasse und ihrer revolutionären Potenzen als Grundlage der Politik der marxistisch-leninistischen Parteien eine Reihe *Voraussetzungen* beachten muß.

Zum *ersten* ist die Arbeiterklasse – wie jede andere Klasse und soziale Schicht – in ihren Wesensmerkmalen, ihren Interessen und ihrer Funktion in erster Linie durch ihre *Stellung in einem geschichtlich bestimmten System der gesellschaftlichen Produktion* charakterisiert.[7] Die Analyse der sozialökonomischen Lage einer Klasse, ihrer Existenzbedingungen und Potenzen muß stets auch ihr objektiv determiniertes Verhältnis zu den anderen Klassen und Schichten der Gesellschaft einschließen. Dementsprechend muß heute davon ausgegangen werden, daß die internationale Arbeiterklasse als die soziale Hauptkraft der gegenwärtigen Epoche sowohl objektiv ein wesensgleiches Grundverhältnis zu Frieden und Sozialismus besitzt als auch unter sehr unterschiedlichen gesellschaftlichen Verhältnissen, so als ausgebeutete Klasse im Kapitalismus und als herrschende Klasse im Sozialismus wirkt.

Zum *zweiten* ist die Arbeiterklasse eine sich *historisch entwickelnde* und damit *verändernde Klasse.* Das betrifft sowohl ihre sich gerade in unserer Zeit stürmisch wandelnden Existenzgrundlagen und Kampfbedingungen im Zusammenhang mit dem wissenschaftlich-technischen Fortschritt als auch die Tatsache, daß die Klasse sich politisch, organisatorisch und ideologisch in einem langen Reife- und Lernprozeß befindet, auf den sehr widersprüchliche Faktoren einwirken und der sich deshalb auch nicht glatt und problemlos gestaltet.

Zum *dritten* ergibt sich, daß die Arbeiterklasse (das Proletariat) sich sowohl durch *grundlegende allgemeine, objektiv sozialökonomisch determinierte Merkmale* und Ei-

---

3 Vgl. die Teile III und IV des vorliegenden Lehrbuches, insbesondere Kap. 12. und 14.
4 Vgl. Kap. 7.1. des vorliegenden Lehrbuches.
5 Vgl. Kap. 8.2. des vorliegenden Lehrbuches.
6 K. Marx/F. Engels, Manifest der Kommunistischen Partei, in: Werke, Bd. 4, S. 472.
7 Vgl. W. I. Lenin, Die große Initiative, in: Werke, Bd. 29, S. 410.

genschaften auszeichnet, aus denen sich die Gemeinsamkeit ihrer Grundinteressen und Ziele, Frieden und Sozialismus ergibt, als auch eine sehr differenzierte innere Struktur, eine unterschiedliche Ausprägung dieser Merkmale und Eigenschaften, ein sehr *verschiedenartiges Erscheinungsbild* aufweist. Diese Unterschiede, die sowohl die innere Zusammensetzung und Struktur, den Grad der Ausprägung einzelner Merkmale, die Entwicklung des Klassenbewußtseins, die politische Organisiertheit, die Besonderheiten der sozialen Psyche und damit auch das äußere Bild der Klasse betreffen, sind keineswegs – wie antikommunistische Ideologen behaupten – ein Zeichen der „Aufhebung", der „Auflösung", des „Absterbens" der Arbeiterklasse. Sie zeugen von der Höherentwicklung der Klasse besonders im Zusammenhang mit der revolutionären Umwandlung der Produktivkräfte insgesamt und von der Kompliziertheit, Vielschichtigkeit und Widersprüchlichkeit dieser Prozesse. Sie belegen die Notwendigkeit, in jeder Situation eine exakte wissenschaftliche Analyse der Struktur und der Entwicklung der Arbeiterklasse vorzunehmen.

Grundmerkmale und Welches sind die wichtigsten objektiven *Merkmale der*
revolutionäre Potenzen *Arbeiterklasse,* die Grundlagen ihrer revolutionären Kraft?

Geschichtlich hat sich die Arbeiterklasse im Prozeß der ursprünglichen Akkumulation des Kapitals, durch die Trennung von Eigentum und Arbeit auf der Grundlage der sich entwickelnden maschinellen Großproduktion herausgebildet. Als ausgebeutete, unterdrückte und eigentumslose Klasse (frei von Privateigentum an Produktionsmitteln) wird sie deshalb auch als *Proletariat,* als *Klasse der Lohnarbeiter,* bezeichnet. Sie kann auf dieser Entwicklungsstufe, d. h. unter vorsozialistischen Bedingungen, die Mittel zum Leben nur dadurch erwerben, daß sie ihre Arbeitskraft an die kapitalistischen Eigentümer der Produktionsmittel verkauft, daß sie für diese Klasse Kapital verwertet, Mehrwert schafft, also ausgebeutet wird, unabhängig von der Höhe des Lohnes. Zu dieser ausgebeuteten proletarischen Bevölkerung in Industrie und Landwirtschaft, Verkehrs- und Transportwesen, in der Dienstleistung und in anderen Bereichen, in denen Mehrwert erzeugt wird, gehört in wachsendem Maße auch die Mehrheit der Angestellten. In der sozialistischen Revolution wird die Arbeiterklasse zur herrschenden und weiterhin produzierenden Klasse, zum gesellschaftlichen Eigentümer der wichtigsten Produktionsmittel und befreit sich und alle anderen Werktätigen von der Ausbeutung. Das Ziel der Produktion und Arbeit insgesamt ist dadurch nicht mehr der Profit, sondern die immer bessere Befriedigung der Bedürfnisse der Werktätigen, die ständige Verbesserung ihres materiellen und kulturellen Lebensniveaus.

Diese nicht nur von den Klassikern des Marxismus-Leninismus prognostizierte, sondern auch praktisch in zahlreichen Ländern vollzogene Entwicklung der Arbeiterklasse von einer ausgebeuteten und unterdrückten zur herrschenden, gesellschaftsgestaltenden Klasse und damit ihre grundverschiedene Lage im Kapitalismus und im Sozialismus gilt es bei der Bestimmung der Grundlagen ihrer revolutionären Kraft als „die einzige bis zu Ende revolutionäre und darum in jeder Revolution voranschreitende Klasse der modernen Gesellschaft"[8] zu beachten. Von grundlegender Bedeutung ist, daß die Arbeiterklasse *weder im Kapitalismus noch im Sozialismus Privateigentümer* von *Produktionsmitteln* ist, daß sie in keiner Etappe ihrer Entwicklung von der Arbeit anderer, sondern nur von der eigenen Hände Arbeit lebt. Daraus ergibt sich ihr Interesse daran, die *Arbeit,* die eine Bedingung ihres Lebens und ihrer Entwicklung ist, von der Ausbeutung zu befreien und so zu gestalten, daß sie den Erfordernissen der modernen Produktion und damit zugleich der Bedürfnisbefriedigung der Werktätigen dient, daß ihr Inhalt und ihre Formen zur Entfaltung der schöpferischen Kräfte der Werktätigen beitragen und der Entwicklung allseitig gebildeter Persönlichkeiten förderlich sind. Daraus resultiert auch der objektive Gegensatz dieser Klasse zu allen Verhältnissen der Ausbeutung und Unterdrückung und ihr Interesse an der Schaffung sozialistischer Produktionsverhältnisse, des gesellschaftlichen Eigentums an den Produktionsmitteln, an der Einbeziehung aller Werktätigen in die sozialistische Arbeit und an der schrittweisen Schaffung von Bedingungen, unter denen die Arbeit zum Lebensbedürfnis aller werden kann. Daraus ergibt sich auch der Gegensatz zu dem aus dem Privateigentum erwachsenden Konkurrenzkampf, der im Kapitalismus auch von Einfluß auf die Arbeiterklasse ist. Die Arbeiterklasse ist der objektive Träger der Solidarität und der gegenseitigen Hilfe, im Sozialismus der Gemeinschaftsarbeit und des kameradschaftlichen Wettbewerbs zum Nutzen der Gesellschaft und des einzelnen. Insofern bezeichnete es W. I. Lenin in einer historischen Skizze zur Rolle der Diktatur des Proletariats als eine „Grundlehre der Kommunisten", daß das Privateigentum an den Produktionsmitteln die Menschen trennt, während die Arbeit sie eint.[9]

Die Arbeiterklasse ist die *wichtigste gesellschaftliche Produktivkraft und Hauptproduzent des materiellen Reichtums der Gesellschaft.* Durch ihren Platz in der industriellen Großproduktion, durch ihre untrennbare Verbindung mit der großen Industrie, mit den sich besonders in unserer Epoche weltweit durchsetzenden Prozessen der Industrialisierung hat sie die Hand am Lebensnerv des gesamten gesellschaftlichen Lebens. Sie produziert als Gesamtklasse mit den jeweils modernsten Produktionsmitteln und unter den damit verbundenen Bedingungen einer hohen Stufe der Vergesellschaftung der Arbeit. Typisch ist, daß sie diese Produktionsmittel nur in der Form nutzen kann, daß sie ihre individuellen Arbeitskräfte als eine gesellschaftliche Gesamtkraft verausgabt.[10] Darin wurzelt das Interesse der Arbeiterklasse, diese Gesamtkraft planmäßig und effektiv zum Nutzen der Ge-

8 W. I. Lenin, Geschichtliches zu Fragen der Diktatur (Notizen), in: Werke, Bd. 31, S. 340.

9 Vgl. W. I. Lenin, Rede auf der Konferenz der Vorsitzenden der Exekutivkomitees der Kreis-, Amtsbezirks- und Dorfsowjets des Moskauer Gouvernements, 15. 10. 1920, in: Werke, Bd. 31, S. 316.

10 Vgl. K. Marx, Das Kapital. Erster Band, in: K. Marx/F. Engels, Werke, Bd. 23, S. 407, 442.

sellschaft einzusetzen. Damit ist diese Klasse bereits im Kapitalismus potentiell Träger eines neuen, höheren Typs der gesellschaftlichen Produktionsweise, in der durch die Anwendung von Wissenschaft und Technik alle produktiven Kräfte zugunsten der Menschen entfaltet und die knechtenden Bedingungen der alten Arbeitsteilung überwunden werden können. Dieser Zusammenhang von Arbeiterklasse und moderner Produktivkraftentwicklung, insbesondere Wissenschaft und Technik, kommt heute auch in bedeutsamen Strukturveränderungen der Klasse zum Ausdruck (etwa in der Tendenz der zahlenmäßigen Abnahme der Arbeiterklasse in traditionellen Industriezweigen und in ihrer Zunahme in neuen Zweigen – Elektronik, Chemie usw. – und in der Dienstleistungssphäre).

Die Arbeiterklasse ist eine *revolutionäre und kämpfende Klasse*. Als eine im Kapitalismus ausgebeutete und unterdrückte und zugleich produzierende Klasse ist sie vom Anfang ihrer Existenz an objektiv in einen *Interessengegensatz zur Bourgeoisie* gestellt und gezwungen, ein hohes Maß sozialer Aktivität zur Verteidigung und Durchsetzung ihrer Interessen zu entfalten. Sie ist von allen Widersprüchen der kapitalistischen Produktionsweise am stärksten betroffen, und es gilt auch in der Gegenwart, daß „in den Lebensbedingungen des Proletariats alle Lebensbedingungen der heutigen Gesellschaft in ihrer unmenschlichsten Spitze zusammengefaßt sind",[11] auch wenn die konkreten Erscheinungsformen der Widersprüche der kapitalistischen Gesellschaftsformation, der „Unmenschlichkeit" des Kapitalismus, sich historisch gewandelt haben. Wesentlich für den revolutionären Charakter der Arbeiterklasse aber bleibt, daß sie über keinerlei Privateigentum an Produktionsmitteln verfügt, daß ihr Befreiungskampf, ihre historische Mission zusammenfallen mit dem Fortschritt der gesamten Menschheit, daß sie mit den Elementen der künftigen Gesellschaft, die bereits im Kapitalismus entstehen, und den materiell-technischen Grundlagen der gesellschaftlichen Weiterentwicklung, mit den modernen Produktivkräften, am engsten verbunden ist. Sie ist selbst, entstanden in der alten Gesellschaft, ein Element der künftigen Gesellschaft.

Ihr revolutionärer Charakter ergibt sich auch daraus, daß sie über eigenständige *Möglichkeiten, Potenzen, Fähigkeiten und Voraussetzungen* verfügt, die sie geschichtlich dazu gedrängt haben und dazu drängen, im Kampf die entsprechenden Eigenschaften und Mittel zur Durchsetzung ihrer Interessen hervorzubringen. Durch ihre Konzentration in der Großproduktion kann sie ihre Kräfte besser vereinigen als zersplittert wirkende werktätige Einzelproduzenten. Im Klassenkampf hat sie gelernt und erfährt sie immer wieder, daß ihre *Stärke in der durch die Konzentration geförderten Organisation* liegt, die ein wichtiger Vorzug und eine entscheidende Waffe im Klassenkampf ist. Die ständige Schulung in industrieller Produktionsdisziplin nach dem Prinzip arbeitsteiliger Prozesse ist eine Grundlage für die Entwicklung einer den eigenen Interessen dienenden bewußten Klassendisziplin. Der Umgang mit modernen Produktionsmitteln fördert den Zugang zu Bildungs-

---

11 F. Engels/K. Marx, Die heilige Familie oder Kritik der kritischen Kritik, in: K. Marx/F. Engels, Werke, Bd. 2, S. 38.

elementen, die für den politischen Kampf genutzt werden können. Diese subjektiven Fähigkeiten der Arbeiterklasse sind weder angeboren noch das Resultat äußerer Faktoren – sie werden geschichtlich erworben als Wirkung spezifischer Existenz- und Kampfbedingungen und der Erfahrungen des Klassenkampfes. Die *objektiven Faktoren* – die objektive soziale Stellung in der Produktion und in der Gesellschaft, die zahlenmäßige Stärke und die Wachstumsprozesse – und die *subjektiven Eigenschaften,* wie Fähigkeit zu Organisation, Disziplin, Bildung, Schöpfertum usw. – werden jedoch nur in einem langen Lernprozeß, im alltäglichen Kampf, in dem die revolutionäre Partei, die die Arbeiterbewegung mit der wissenschaftlichen Theorie verbindet, eine wichtige Rolle spielt, zu einer gesellschaftsverändernden und -gestaltenden Kraft.[12]

Die Arbeiterklasse ist die erste werktätige Klasse, deren Kampf und Tätigkeit sich schrittweise auf alle Länder erstreckt, die deshalb – ausgehend von den gemeinsamen Grundinteressen in allen Ländern – eine wahrhaft *internationalistische Klasse* ist. Aus der Tatsache, daß sie kein Privateigentum an den Produktionsmitteln besitzt, das die Menschen voneinander trennt und die Arbeitskraft anderer zum Ausbeutungsobjekt macht, und aus dem durch planmäßige Arbeitsteilung und Kooperation im Sozialismus über die Ländergrenzen hinweg verbundenen gesellschaftlichen Eigentum an den Produktionsmitteln, erwächst die objektive Grundlage nicht nur für die internationale Vereinigung und Koordinierung der Kräfte der Klasse, sondern auch für den Abbau der Feindschaft zwischen den Nationen, für die Entwicklung der Beziehungen der Zusammenarbeit, der Freundschaft und des Friedens zwischen den Völkern.

Entwicklung, Einheit und Differenziertheit   Die Arbeiterklasse ist eine sich historisch rasch entwickelnde und verändernde Klasse. Die Geschichte ihrer Kämpfe seit dem 19. Jahrhundert hat gezeigt: Indem die Arbeiterklasse die Welt verändert und umgestaltet, verändert sie sich selbst. Der Konzeption der Klassiker des Marxismus-Leninismus von der Arbeiterklasse war sowohl eine Idealisierung als auch eine ahistorische Schematisierung von Merkmalen fremd. Sie analysierten Wesensmerkmale und Eigenschaften dieser Klasse und ihre Lage im Kapitalismus – und zeigten zugleich, daß mit der Entwicklung der Produktivkräfte, mit der Veränderung der objektiven Kampfbedingungen, mit dem von ihr vorangetriebenen revolutionären Prozeß und seinen Ergebnissen die Arbeiterklasse als eine außerordentlich dynamische soziale Kraft sich ständig verändert. Diese *Veränderungen,* die sich *in großen historischen Zeiträumen* zeigen, betreffen

– das zahlenmäßige, quantitative Wachstum;
– das qualitative Wachstum, d. h. die Veränderung von Struktur und Qualifikation;

12 Vgl. Kap. 3.1. des vorliegenden Lehrbuches.

- den Charakter der zu lösenden Aufgaben und das Gewicht der Klasse in der Gesellschaft;
- die Quellen der sozialen Reproduktion der Klasse;
- die Bewußtheit und Organisiertheit, d. h. das ideologische und politisch-organisatorische Antlitz – die Sozialpsychologie – der Klasse;
- vor allem die grundsätzliche Stellung in der Gesellschaft: als ausgebeutete, unterdrückte Klasse im Kapitalismus – als herrschende, gesellschaftsgestaltende, über die wichtigsten Produktionsmittel verfügende Kraft im Sozialismus.

Charakteristisch für eine Vielzahl bürgerlicher Theorien ist, daß sie – ausgehend von einem selbstgeschaffenen, ahistorischen und wirklichkeitsfremden Schema über die Arbeiterklasse – alle diese Veränderungen im Sinne eines „Verschwindens" der Arbeiterklasse, des „Verlustes" ihrer revolutionären, schöpferischen Potenzen, als „Integration" in das kapitalistische System interpretieren. Dabei nutzen bürgerliche Ideologen auch tatsächliche Entwicklungsschwierigkeiten, die in der Arbeiterbewegung auftreten, und beziehen sich auf Erscheinungen, die Ausdruck der Ungleichmäßigkeit der Entwicklung der Arbeiterklasse in den einzelnen Ländern, des Drucks des Monopolkapitals u. a. Faktoren sind.

Was das *zahlenmäßige Wachstum* der Arbeiterklasse anbetrifft, so hat sich die Zahl der Arbeiter im Weltmaßstab seit der Mitte des vorigen Jahrhunderts sprunghaft erhöht. Gab es damals etwa 10 Millionen Arbeiter, zu Beginn des 20. Jahrhunderts etwa 90 Millionen, so macht die heutige Arbeiterklasse etwa 30 Prozent der ökonomisch aktiven Weltbevölkerung aus – 660 Millionen Menschen, die etwa drei Viertel des gesellschaftlichen Gesamtprodukts der Welt schaffen. Dieses zahlenmäßige Wachstum, das auch verbunden ist mit dem zunehmenden Anteil der Arbeiterklasse an der Gesamtbevölkerung, vollzieht sich heute in der Mehrheit der Länder der Welt, allerdings sehr ungleichmäßig, so daß der Anteil der Arbeiter an der Gesamtbevölkerung, bei insgesamt steigender Tendenz in den drei großen Ländergruppen, große Unterschiede aufweist. Die Zahlen spiegeln die Rolle der Arbeiterklasse nicht voll wider. (Abbildung 1)

„Die Kraft des Proletariats", schrieb Lenin, „ist in jedem beliebigen kapitalistischen Land unvergleichlich größer als der Anteil der Proletarier an der Gesamtbevölkerung."[13] Lenin begründete dies mit der ökonomischen Rolle der Arbeiterklasse und damit, daß sie die Interessen der überwiegenden Mehrheit der Werktätigen zum Ausdruck bringt. Entscheidend ist in der Epoche des Übergangs vom Kapitalismus zum Sozialismus, daß ein großer Teil der internationalen Arbeiterklasse in den sozialistischen Ländern die Macht ausübt, die Hauptproduktivkraft der Gesellschaft bleibt, gemeinsam mit ihren Verbündeten eine neue, den Idealen und Zielen dieser Klasse entsprechende Gesellschaft aufbaut und einen gewaltigen Einfluß auf die internationalen Beziehungen und das internationale Kräfteverhältnis ausübt.

---

13 W. I. Lenin, Die Wahlen zur Konstituierenden Versammlung und die Diktatur des Proletariats, in: Werke, Bd. 30, S. 264.

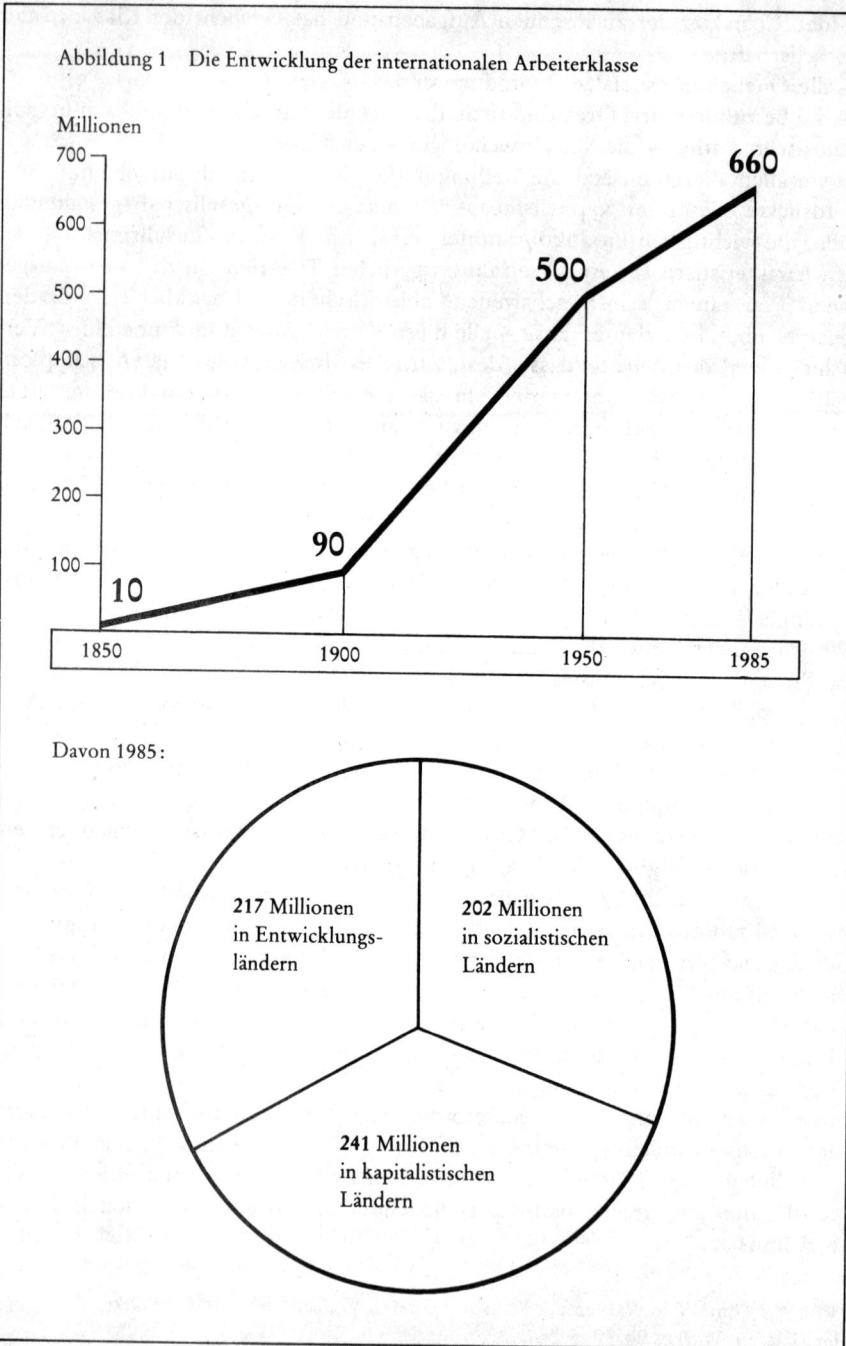

Abbildung 1   Die Entwicklung der internationalen Arbeiterklasse

Millionen

10

90

500

660

1850   1900   1950   1985

Davon 1985:

217 Millionen
in Entwicklungs-
ländern

202 Millionen
in sozialistischen
Ländern

241 Millionen
in kapitalistischen
Ländern

Vor allem unter dem Einfluß der wissenschaftlich-technischen Revolution und im Ergebnis des Ringens um Frieden, Demokratie und sozialen Fortschritt haben sich *Zusammensetzung, Struktur und äußeres Erscheinungsbild* der Arbeiterklasse wesentlich verändert. Die äußerst differenzierten Existenz- und Entwicklungsbedingungen in den einzelnen Ländern, Bereichen und Zweigen wirkten und wirken sich aus.

In zahlreichen entwickelten Industrieländern kam es zu wesentlichen Veränderungen der Industriezweigstruktur und damit auch der darauf beruhenden Struktur der Arbeiterklasse. So hat sich zum Beispiel die Anzahl der in traditionellen Industriezweigen Beschäftigten (wie Kohle-, Textil-, metallurgische Industrie) verringert, während die Zahl der in neuen Produktionszweigen tätigen Arbeiter (Chemie-, Elektronik-, Automatisierungs-, Raumfahrttechnik usw.) zunimmt. Hinzu kommt, daß sich in vielen dieser Länder der Anteil der im Dienstleistungsbereich, im Handel, in der Verwaltung tätigen Arbeiter (und Angestellten) erhöht, während sich der Anteil der Industriearbeiter verringert. Wesentlich ist schließlich auch, daß jene Gruppen von in Lohnarbeit stehenden, kein Eigentum an Produktionsmitteln besitzenden zahlenmäßig zunehmen, die mit Bearbeitung von Informationen, mit der Bedienung automatischer Maschinen, mit geistiger Tätigkeit, Kontrolle und Leitungsaufgaben beschäftigt sind. Hier handelt es sich vor allem um Angestellte und ingenieurtechnisches Personal, die sich in den grundlegenden Merkmalen sozialer und klassenmäßiger Art von den Industriearbeitern nicht oder nur unwesentlich unterscheiden.[14]

Diese und andere Erscheinungen machen darauf aufmerksam, daß *erstens* im Zusammenhang mit dem wissenschaftlich-technischen Fortschritt die Struktur der Arbeiterklasse differenzierter als vor einigen Jahrzehnten geworden ist; daß *zweitens* die Arbeiterklasse nicht auf die in der Industrie Tätigen reduziert werden darf und daß *drittens* eine einfache Beschränkung der Arbeiterklasse auf körperlich, manuell Tätige ebenfalls falsch ist.

Die geschichtliche Höherentwicklung der Arbeiterklasse seit dem 18. und 19. Jahrhundert spiegelt sich auch in ihrer wachsenden *beruflichen, geistig-kulturellen und politisch-ideologischen Qualifizierung* wider. Wie die Klassiker des Marxismus-Leninismus vorausschauend erkannten, ist die Bourgeoisie gezwungen, der von ihr unterdrückten, aber zugleich für sie lebensnotwendigen Klasse entsprechende Bildungselemente zuzuführen, auch, um auf ihre Art und Weise und zu ihren Gunsten den Anforderungen des wissenschaftlich-technischen Fortschritts gerecht zu werden. Erst im Sozialismus werden die planmäßige berufliche Qualifizierung der Arbeiterklasse und aller Werktätigen, die kulturelle und politische Bildung zu einer gesamtgesellschaftlichen Aufgabe, um die Arbeiterklasse zu befähigen, herrschende Klasse, gesellschaftlicher Eigentümer und wichtigste Produktivkraft zu sein. Wesentlich bleibt aber in dieser Frage, daß marxistisch-leninistische Politik stets auch die vorhandenen bildungsmäßigen, die fachliche und po-

14 Vgl. Kap. 7.1. des vorliegenden Lehrbuches.

litische Qualifikation betreffenden Unterschiede in der Arbeiterklasse berücksichtigen und dazu beitragen muß, die Qualifikation der gesamten Klasse zu erhöhen. Die *Arbeiterklasse* ist von den anderen sozialen Klassen und Schichten der Gesellschaft *nicht isoliert oder getrennt.* Die soziale Polarisierung in der kapitalistischen Gesellschaft führt zum schrittweisen, widersprüchlichen Übergang von Vertretern anderer werktätiger Schichten in die Reihen des Proletariats und – in diesem Zusammenhang – zu zahlreichen sozialen Übergangsformen und Übergangstypen. Die sozialen Grenzen zwischen der Arbeiterklasse und zahlreichen Zwischenschichten sind fließend. Lange Zeit – und auch heute noch vielfach in den Ländern Asiens und Afrikas – erfolgt der Zuwachs der Arbeiterklasse aus den Reihen anderer werktätiger Klassen und Schichten, insbesondere aus der Bauernschaft und dem städtischen Kleinbürgertum. Erst auf einer bestimmten Stufe der sozialistischen Entwicklung kann sich die Arbeiterklasse immer mehr aus den eigenen Reihen rekrutieren, wodurch sich, gestützt auf Traditionen und Erfahrungen, die Grundlagen der revolutionären Kraft der Klasse verstärken.

Für die Führungstätigkeit der marxistisch-leninistischen Parteien ist die aus der Analyse der Sozialstruktur und der Praxis des Klassenkampfes resultierende Erkenntnis bedeutsam, daß sich die Klassenmerkmale bei den einzelnen Teilen der Klasse differenziert ausbilden und daß auch auf dieser Grundlage die Kampf- und Organisationspotenzen der einzelnen Teile der Klasse unterschiedlich entwickelt sind. Damit ist die sowohl unter kapitalistischen als auch unter sozialistischen Bedingungen wichtige Frage nach dem *Kern der Arbeiterklasse* aufgeworfen. Die Erfahrungen zeigen, daß auf Grund solcher Faktoren wie der ökonomischen Schlüsselrolle der Betriebe, des Konzentrationsgrades, des Grades der gewerkschaftlichen Organisiertheit usw. die *Arbeiter (und Teile der Angestellten) der Großbetriebe der materiellen Produktion* und damit in steigendem Maße jener Teil der Klasse, der *für den gesellschaftlichen und wissenschaftlich-technischen Fortschritt besondere Verantwortung* trägt, diesen Kern bilden; von ihrer Haltung hängt wesentlich die Kampfkraft und die Orientierung der ganzen Klasse ab. Dabei vollziehen sich offensichtlich im Zusammenhang mit der wissenschaftlich-technischen Revolution und der intensiv erweiterten Reproduktion eine Reihe von Veränderungen im Kern der Arbeiterklasse, die für Theorie und Praxis der internationalen kommunistischen Bewegung neue Fragen aufwerfen.

Ausdruck der genannten Entwicklung und Differenzierung objektiver sozialer Natur und zugleich Ergebnis des Wirkens weiterer ideologischer, kultureller, politischer, traditioneller und anderer Faktoren, darunter auch der zielgerichteten Aktivitäten und des ideologischen Drucks der Bourgeoisie, ist unter den Bedingungen des Kapitalismus eine sehr starke *Differenziertheit der Arbeiterklasse in politisch-ideologischer und politisch-organisatorischer Hinsicht.* Hier ist die objektiv wachsende Rolle der Arbeiterklasse nicht automatisch mit einem entsprechend höheren Grad von Organisiertheit und Kampfkraft verbunden. In der historischen Grundtendenz erweist sich jedoch die Arbeiterklasse als die revolutionäre Hauptklasse unserer Epoche. Sie hat in einer Reihe von Ländern die Führung der gesellschaftlichen Entwicklung in ihre Hände genommen und besitzt weltweit ein gewaltiges, noch nicht voll erschlossenes Kampfpotential, wachsende Möglichkeiten und Aufgaben, in denen sich ihre welthistorische Mission in ihrer ganzen Breite zeigt.

2.2. Die welthistorische Mission der Arbeiterklasse

Die Aufdeckung der welthistorischen Mission der Arbeiterklasse, ihres Hauptinhalts, ihrer wichtigsten Mittel und ihrer allgemeinen Reifestufen ist das Resultat tiefgründiger philosophischer, ökonomischer und historischer Forschungen der Klassiker des Marxismus-Leninismus. Die Grunderkenntnisse von der geschichtlichen Rolle der Arbeiterklasse wurzeln im gesamten Marxismus.

In der heutigen Situation des Ringens um Frieden und sozialen Fortschritt am Ausgang des 20. Jahrhunderts sind für die welthistorische Aufgabenstellung der internationalen Arbeiterklasse *neue Bedingungen und Dimensionen* charakteristisch: In der Epoche des Übergangs vom Kapitalismus zum Sozialismus hat sich die Mission dieser Klasse in vielfältigen Ergebnissen, Reifestufen und Formen entfaltet, drückt der Kampf dieser in vielen Ländern von einer revolutionären Partei geführten Klasse, ihrer Verbündeten und der von ihr gestalteten sozialistischen Gesellschaft unserer Zeit immer mehr ihren Stempel auf. Zugleich haben sich die Bedingungen dieses Kampfes grundlegend geändert: die Erhaltung und Sicherung des Friedens ist selbst zum sozialen Fortschritt geworden. Damit haben sich zugleich die humanistischen, menschheitsbefreienden und globalen Dimensionen und Verpflichtungen der Arbeiterklasse zur Verwirklichung ihres historischen Berufs verändert und erweitert.

Der Hauptinhalt der welthistorischen Mission Wie die geschichtlichen Erfahrungen seit der Spaltung der Gesellschaft in Klassen zeigen, besitzt *jede Grundklasse* eine objektiv determinierte historische Aufgabe und Funktion in der fortschreitenden Höherentwicklung der menschlichen Gesellschaft, ein historisches Ziel ihrer Existenz und Tätigkeit, kurz: *eine historische Mission.* Als Marx und Engels im „Manifest der Kommunistischen Partei" die Lehre von der welthistorischen Mission der Arbeiterklasse darlegten, würdigten sie dialektisch-materialistisch zugleich die weltgeschichtliche Mission, die zeitweilig überaus revolutionäre Rolle des Kapitalismus und der Bourgeoisie, insbesondere bei der Entwicklung der Produktivkräfte, der Internationalisierung der Produktion usw. und damit bei der unvermeidlichen Schaffung von Bedingungen für die neue, proletarische Klasse und ihre historische Mission.

Die *welthistorische Mission der Arbeiterklasse,* ihr historischer Beruf, ihre geschichtliche Rolle und Funktion – besteht zum *ersten* in der Beseitigung, in der Überwindung der kapitalistischen Ausbeutergesellschaft und damit jeglicher Formen der Unterdrückung und Entwürdigung des Menschen. Das bedeutet zugleich die Beendigung der Ausrottung des Menschen durch den Menschen, die Abschaffung der Kriege. Die welthistorische Mission der Arbeiterklasse besteht zum *zweiten* in der Schaffung einer neuen, ausbeutungsfreien Gesellschaft, des Sozialismus, einer Welt ohne Krieg, und auf dieser Grundlage des Kommunismus als der klassenlosen Gesellschaft. Mit dieser ihrer Klassenmission setzt die Arbeiterklasse zugleich Menschheitsinteressen durch. Damit vereint die welthistorische Mission in untrennbarer Verflechtung *zwei grundlegende Aufgaben, zwei hauptsächliche Seiten:* Die Beseitigung, die Überwindung der alten, Ausbeutung, Unterdrückung und Kriege verkörpernden Gesellschaft (die Klassiker kennzeichneten das auch als die Funktion des „Totengräbers" der alten Gesellschaft) und die Schaffung einer neuen Gesellschaft, einer „Assoziation", „welche die Klassen und ihren Gegensatz ausschließt"[15] und Arbeit und Frieden vereint. In der historischen Grundtendenz ist diese schöpferisch-konstruktive Seite die grundlegende, dominierende: Heute widerspiegelt sich dies darin, daß die revolutionäre Arbeiterbewegung und die sozialistischen Länder konstruktive Alternativen in allen wesentlichen Fragen der Menschheitsexistenz, des sozialen Fortschritts und der internationalen Beziehungen entwickeln.

Für die Politik zur bewußten und organisierten Durchsetzung der welthistorischen Mission der Arbeiterklasse sind die marxistisch-leninistischen Erkenntnisse über die *objektive Bedingtheit der Aufgaben dieser Klasse* von erstrangiger Bedeutung. Die philosophischen und politökonomischen Untersuchungen, insbesondere der kapitalistischen Produktionsweise, führten zur Schlußfolgerung, daß sich die historische Mission der Arbeiterklasse aus ihrem objektiven Platz im System der gesellschaftlichen Produktion, aus ihrer Rolle als Produktivkraft und aus den Grundtendenzen der Entwicklung dieser Produktivkräfte, aus dem ökonomischen Bewegungsgesetz der kapitalistischen Gesellschaft ergibt; daß das Proletariat von der kapitalistischen Produktionsweise hervorgebracht wird und sich mit dieser entwickelt, das heißt, daß die Entwicklung des Kapitalismus selbst nicht nur die materiellen Bedingungen hervorbringt, die auf die Abschaffung des Privateigentums an Produktionsmitteln drängen, sondern auch jene soziale Kraft erzeugt, die – wie die vergangenen Jahrzehnte auch praktisch belegen – fähig ist, an der Spitze aller Werktätigen den herangereiften Widerspruch zwischen dem gesellschaftlichen Charakter der Produktion und der privatkapitalistischen Aneignung, zwischen Kapital und Arbeit schrittweise zu lösen und zugleich bereits heute aktiv an der Bewältigung der globalen Menschheitsprobleme teilzunehmen. Die Geschichte der Klassenkämpfe seit der Herausbildung des Proletariats und der Entstehung der revolutionären Arbeiterbewegung hat auch gezeigt, daß die historische Mission der Arbeiterklasse als objektives Erfordernis, als in der „Lebensitua-

15 K. Marx, Das Elend der Philosophie, in: K. Marx/F. Engels, Werke, Bd. 4, S. 182.

tion" dieser Klasse, als in der „ganzen Organisation" der kapitalistischen Gesellschaft „sinnfällig, unwiderruflich vorgezeichnet"[16] existiert, unabhängig davon, wann und in welchem Umfang das Proletariat eines Landes oder in einer bestimmten historischen Epoche zur Erkenntnis der entsprechenden Interessen und Erfordernisse gelangt, sich organisiert und den Kampf zur Durchsetzung der gesellschaftlichen Notwendigkeit aufnimmt. Konkret-historisch wird der Inhalt der historischen Aufgabenstellung der Arbeiterklasse durch eine Vielzahl von Faktoren bestimmt, darunter durch die Entwicklungstendenzen der Produktivkräfte, das Verhältnis der Klasseninteressen und -kräfte, Besonderheiten der einzelnen Völker, Nationen und Staaten usw.

Wie die Klassiker des Marxismus-Leninismus betonten, ist der gesellschaftliche Beruf der Arbeiterklasse ein *welthistorischer*. Die historische Mission hat einen allgemeinen, für alle Länder gleichen, sich aus den Interessen und Zielen der Arbeiterklasse, Sozialismus und Frieden, ergebenden Hauptinhalt, sie entfaltet sich früher oder später in jedem Lande, sie ist letztendlich durch keine Kraft aufzuhalten. Als Teil der jeweiligen Nation, des jeweiligen Volkes und als Teil der internationalen Arbeiterklasse und -bewegung schließt der Kampf der Arbeiterklasse eines Landes sowohl nationale als auch internationale Aspekte ein. Der Prozeß der Verwirklichung der welthistorischen Mission der Arbeiterklasse weist eine Reihe grundlegender allgemeiner Bedingungen und Gesetzmäßigkeiten auf. Das Ziel dieser Mission, die klassenlose Gesellschaft, die „Assoziation", bedeutet zugleich die Schaffung einer neuen Weltgemeinschaft der Völker.

Die Verwirklichung der welthistorischen Mission der Arbeiterklasse ist die *tiefgehendste gesamtgesellschaftliche Umwälzung der Weltgeschichte,* sie erstreckt sich deshalb über einen langen historischen Zeitraum, umschließt das Leben und den Kampf mehrerer Generationen und erfordert gewaltige materielle und geistige Kräfte. Diese von den Klassikern des Marxismus-Leninismus vorausgesagten, von vorangegangenen Generationen der revolutionären Arbeiterbewegung nur zum Teil vorausgeahnten Dimensionen, Zusammenhänge und Aufgaben treten gerade in der heutigen Etappe der Epoche des Übergangs vom Kapitalismus zum Sozialismus in voller Deutlichkeit hervor. Bereits Marx, Engels und Lenin verwiesen auf einige *Wesensmerkmale dieses Prozesses,* die heute die revolutionäre Arbeiterbewegung und die sozialistischen Länder mit qualitativ neuen praktischen und theoretischen Aufgaben konfrontieren:

– Die revolutionäre Arbeiterbewegung stellte und stellt sich *keine eng begrenzten, nur ihre eigenen Interessen und ihre eigene Lage betreffenden Aufgaben;* zünftlerischer Klassenegoismus und reaktionäres Machtstreben waren ihr stets fremd bzw. wurden von ihr bekämpft. Die marxistisch-leninistische Konzeption der welthistorischen Mission der Arbeiterklasse geht grundsätzlich davon aus, daß die Arbeiterklasse die *Gesamtheit der Probleme* ihrer Zeit in die Zielsetzung ihres Kampfes einbezieht und die Aufgabe hat, in allen Etappen konstruktive Lösungen für die

16   F. Engels/K. Marx, Die heilige Familie, S. 38.

jeweils herangereiften nationalen und internationalen Probleme auszuarbeiten. So war das Ringen um die Verwirklichung ihrer welthistorischen Mission für die revolutionäre Arbeiterbewegung stets verbunden mit dem Kampf um den Frieden – wenn auch die Möglichkeiten und konkreten Formen sich historisch veränderten. Das gleiche gilt für die untrennbare Verbindung mit dem Kampf gegen nationale und koloniale Unterdrückung sowie eine Vielzahl weiterer Fragen: Die Überwindung der Antagonismen und wesentlichen sozialen Unterschiede zwischen Stadt und Land sowie zwischen körperlicher und geistiger Arbeit, die Befreiung der jungen Generation von politischer und sozialer Diskriminierung und die Durchsetzung der Gleichberechtigung der Frau. Diese grundsätzliche Übereinstimmung von Klasseninteressen der Arbeiterklasse und Menschheitsinteressen prägt sich immer mehr aus.[17]

– Die Entwicklung der Arbeiterklasse und der Kampf um die Durchsetzung ihrer welthistorischen Mission sind auf spezifische Weise mit dem *Schicksal der gesamten Gesellschaft* verknüpft. Das Proletariat „kann seine eigenen Lebensbedingungen nicht aufheben, ohne *alle* unmenschlichen Lebensbedingungen ..., die sich in seiner Situation zusammenfassen, aufzuheben."[18] Das heißt, mit seiner Befreiung vollzieht sich die Befreiung der ganzen Menschheit von allen Formen der Ausbeutung und Unterdrückung. Das Proletariat als Klasse strebt letztendlich, bedingt durch die Entwicklung der modernen Produktivkräfte, die klassenlose Gesellschaft und damit auch seine Selbstaufhebung als Klasse an. Es handelt nicht nur im Interesse aller Ausgebeuteten und Unterdrückten, sondern kann seine historische Mission auch nur gemeinsam mit allen Werktätigen, in einem breiten Bündnis realisieren.

– Die welthistorische Mission der Arbeiterklasse ist in den sozialökonomischen Verhältnissen der modernen Gesellschaft objektiv begründet, sie setzt sich aber nicht spontan, nicht im Selbstlauf durch. Ihre Realisierung war historisch und ist in jeder Situation neu *an grundlegende Bedingungen gebunden* – der subjektive Faktor, die Bewußtheit und Organisiertheit der Klasse, spielen eine entscheidende Rolle. Angesichts der Maßstäbe ihrer Aufgabenstellung benötigt die Arbeiterklasse wie keine Klasse zuvor wissenschaftliche Erkenntnisse über die Bedingungen ihrer Befreiung, über Weg und Ziel ihres Kampfes; eine politische Organisation, die diesen Kampf führt, eine wissenschaftlich begründete Strategie und Taktik. Aus diesen Anforderungen ergeben sich auch die Aufgaben und die Rolle des wissenschaftlichen Sozialismus als „Lehre von den Bedingungen der Befreiung des Proletariats".[19]

---

17 Vgl. Abschn. 2.3. des vorliegenden Kapitels.
18 F. Engels/K. Marx, Die heilige Familie, S. 38.
19 F. Engels, Grundsätze des Kommunismus, in: K. Marx/F. Engels, Werke, Bd. 4, S. 363.

52

Allgemeine Bedingun- Die Klassiker des Marxismus-Leninismus verbanden
gen der Verwirklichung die Begründung der welthistorischen Mission der Arbeiterklasse mit der Erörterung der Frage, welche wesentlichen, *grundlegenden Mittel und Schritte* auf dem Wege zur Erreichung dieses Ziels erforderlich wären. Sie waren sich darüber im klaren, daß man auch in diesen Fragen Einzelheiten, konkrete Fristen, Formen und Methoden nicht voraussagen kann, daß in jedem historischen Zeitabschnitt und in jedem Lande von der jeweiligen Generation ganz spezifische, im einzelnen nicht vorausschaubare Aufgaben zu lösen sind. Sie waren aber imstande, eine Reihe allgemeiner Schritte und Methoden zu begründen und entsprechende grundlegende Aufgaben zu formulieren, die die Arbeiterklasse im Verlaufe ihres Kampfes zu lösen hat. Die praktischen Erfahrungen des 19. und 20. Jahrhunderts, Siege und Niederlagen der revolutionären Arbeiterbewegung, bestätigen, daß für die erfolgreiche Verwirklichung der historischen Aufgaben der Arbeiterklasse und damit des Menschheitsfortschritts in unserer Zeit einige Bedingungen unbedingt geschaffen werden, einige Aufgaben unbedingt gelöst werden müssen. Damit handelt es sich um grundlegende Zusammenhänge dieser Prozesse, um *Gesetzmäßigkeiten der Verwirklichung der welthistorischen Mission der Arbeiterklasse.*

Ein erster grundlegender Zusammenhang besteht darin, daß die erfolgreiche Verwirklichung der welthistorischen Mission der Arbeiterklasse eine bestimmte, historisch determinierte und im geschichtlichen Prozeß wachsende hohe Qualität von *Bewußtheit und Organisiertheit* voraussetzt. Dementsprechend ist es unbedingt erforderlich, daß sowohl eine *wissenschaftliche Theorie* zur Erkenntnis und Umgestaltung der Gesellschaft geschaffen (das war das historische Werk von Marx und Engels im 19. Jahrhundert) und im Prozeß des praktischen Kampfes ständig überprüft und weiterentwickelt wird als auch mit der politischen Bewegung der Klasse verbunden, das heißt in sie „hineingetragen" wird. Letzteres ist eine Aufgabe, die sowohl in jedem einzelnen Lande gelöst als auch ständig in jeder historischen Situation immer wieder neu zu realisieren ist, wobei sich die Bedingungen dafür ändern und z. B. in der sozialistischen Gesellschaft neu gestalten. Das geschieht in vielfältigen Formen; hauptsächlicher Ausdruck und entsprechende Institution dieser Verbindung von sozialer Bewegung und wissenschaftlicher Theorie, die die Interessen dieser Bewegung erforscht und zum Ausdruck bringt, ist die *revolutionäre Partei.* Die marxistisch-leninistischen Parteien bilden heute eine wichtige Voraussetzung und ein wichtiges Mittel zur Verwirklichung der welthistorischen Mission der Arbeiterklasse – die Schaffung, Entwicklung und ständige Festigung dieser Parteien als einflußreiche, mit den Massen verbundene Parteien ist eine Gesetzmäßigkeit der Realisierung dieser Mission.[20]

Die welthistorische Mission der Arbeiterklasse ist nur dann zu verwirklichen, wenn die Klasse in den Grundfragen *einheitlich* handelt, ihre verschiedenen Organisationen gemeinsam in *Aktionseinheit* auftreten und ein breites *Bündnis* mit ande-

20 Vgl. Kap. 3.1. des vorliegenden Lehrbuches.

ren Werktätigen und demokratischen Kräften realisieren. Die Interessen der Arbeiterklasse stimmen mit den Grundinteressen der Mehrheit überein, die Aktion dieser Klasse trägt demokratischen Charakter, sie ist eine die Volksmassen einigende Kraft, die unter Führung ihrer revolutionären Partei schrittweise und in vielfältigen Formen die „revolutionäre Vereinigung durch die Assoziation"[21] entfaltet und in einem langen Prozeß die Spaltung der Klasse und die Klassenspaltung der Gesellschaft, die kapitalistische Konkurrenz und den Gegensatz der Völker und Nationen überwindet. Aktionseinheit, Bündnisse und Koalitionen, politisch-moralische Einheit und Annäherung der Klassen und Schichten in der sozialistischen Gesellschaft – all das sind Erscheinungsformen des für die historische Mission der Arbeiterklasse charakteristischen sozialen Bewegungsgesetzes, des *„Assoziationsgesetzes"*, dem letztendlich die zunehmende Vergesellschaftung der Arbeit und der Produktion zugrunde liegt.

Die Arbeiterklasse entfaltet ihre historische Mission in der Schule des Klassenkampfes, der verschiedene Entwicklungsetappen durchläuft und unterschiedliche Formen annimmt. Die Erfahrungen bezüglich der historischen Entwicklung dieses Kampfes zeigen, daß er nach „drei Seiten hin – nach der theoretischen, der politischen und der praktisch-ökonomischen ... – im Einklang und Zusammenhang und planmäßig"[22] geführt werden muß und Erfolge auch davon abhängen, daß vor allem durch die Führungstätigkeit der marxistisch-leninistischen Partei alle *drei Grundformen des Klassenkampfes* richtig beherrscht werden. Das schließt ein, die Eigenart, die spezifischen Anforderungen und die Grenzen jeder dieser Grundformen zu erkennen. Die Geschichte der internationalen Arbeiterbewegung seit dem 19. Jahrhundert kennt zahlreiche Beispiele der schöpferischen und effektiven Beherrschung der Einheit und Wechselwirkung der drei Grundformen des Klassenkampfes. Sie zeigt aber auch die Fehlerhaftigkeit und praktische Schädlichkeit der zeitweiligen Unterschätzung oder Überbetonung einzelner Seiten: etwa in Gestalt des Ökonomismus (der Beschränkung des Kampfes des Proletariats auf den ökonomischen Kampf, was mit der Unterschätzung des politischen und ideologischen Kampfes und mit Tendenzen der Spontaneitätstheorie verbunden war); oder in Gestalt der voluntarischen Verabsolutierung politischer Aktionen und Maßnahmen (bei gleichzeitiger und ungenügender Beachtung der ökonomischen Bedingungen und Geringschätzung des alltäglichen Kampfes um die Verbesserung der ökonomischen und sozialen Lebenslage der Werktätigen); oder endlich die einseitige Überbetonung der ideologisch-erzieherischen, bildungsmäßigen Seite des Kampfes, ihre Loslösung aus dem lebendigen Zusammenhang mit dem politischen und ökonomischen Kampf, was auch in der Meinung zum Ausdruck kommt, man müsse zuerst einmal den Menschen zum Sozialisten erziehen, den „neuen Menschen" schaffen, und könne oder dürfe erst dann an das Werk

21   K. Marx/F. Engels, Manifest der Kommunistischen Partei, S. 474.
22   F. Engels, Ergänzung der Vorbemerkung von 1870 zu „Der deutsche Bauernkrieg", in: K. Marx/F. Engels, Werke, Bd. 18, S. 516 f.

des Aufbaus der sozialistischen Gesellschaft gehen. Die Einheit und wechselseitige Bedingtheit der drei Grundformen des Klassenkampfes findet ihre Fortsetzung in der Einheit von Ökonomie, Politik und Ideologie bei der planmäßigen Gestaltung der neuen, sozialistischen Gesellschaft.

Wie vielfältig auch die Wege, Formen, Etappen und Zeiträume des Kampfes der Arbeiterklasse sein mögen – ihr Klassenkampf, die Aktionen der Klasse und ihrer Verbündeten führen früher oder später zur *sozialistischen Revolution,* zur Eroberung der politischen Herrschaft der Arbeiterklasse und ihrer Verbündeten, der übergroßen Mehrheit der Bevölkerung. Das ist die unumstößliche Voraussetzung dafür, die Gesellschaft schrittweise sozialistisch umzugestalten und damit neue, wahrhaft menschliche Verhältnisse zu schaffen. Der Sturz der Herrschaft der Bourgeoisie und die *Eroberung der politischen Macht durch die Arbeiterklasse und ihre Verbündeten* erweisen sich somit – wie die Erfahrungen des revolutionären Kampfes seit der Pariser Kommune des Jahres 1871 zeigen – als eine grundlegende Voraussetzung für die volle und endgültige Durchsetzung der welthistorischen Mission der Arbeiterklasse und damit zugleich als eine Gesetzmäßigkeit dieses Prozesses.[23]

Schon die Klassiker des Marxismus-Leninismus betonten eine Grunderkenntnis, die heute auf vielfältige Weise und in ihrer ganzen Bedeutsamkeit durch die Praxis der sozialistischen Länder ihre Bestätigung findet. Die Eroberung der politischen Macht ist weder Selbstzweck noch Abschluß des Prozesses der sozialen Befreiung: Die politische Macht, die sich in Gestalt der Vervollkommnung der sozialistischen Demokratie selbst entwickelt, ist Voraussetzung und zugleich Instrument der ökonomischen Emanzipation der Arbeiterklasse und aller Werktätigen, der raschen Entwicklung der Produktivkräfte zur „Verwirklichung sozialer Ziele".[24] Die Hauptaufgabe in der *Einheit von Wirtschafts- und Sozialpolitik* erweist sich heute in den sozialistischen Ländern als ein *gesetzmäßiges Erfordernis bei der weiteren Verwirklichung der welthistorischen Mission der Arbeiterklasse.*

Historische Reifestufen Die Verwirklichung der welthistorischen Mission der Arbeiterklasse umfaßt einen langen geschichtlichen Zeitraum. Es ist der Prozeß der Formierung der *Arbeiterbewegung,* das heißt einer geschichtlichen Kette von Kämpfen und Aktionen, einer Gesamtheit von ökonomischen und politischen, ideologischen und organisatorischen Bestrebungen der Klasse zur Verteidigung und Durchsetzung ihrer Interessen. Mit dem Fortschritt dieser Bewegung verändern sich ihr Inhalt, ihre Formen und ihre gesellschaftliche Wirksamkeit. Bereits im „Manifest der Kommunistischen Partei" haben Marx und Engels die damals vorausschaubaren Reifestufen, „die allgemeinsten Phasen der Entwicklung des Proletariats ..."[25] skizziert. Diese Erkenntnisse über allgemeine

23 Vgl. Kap. 6.1. und 6.3. des vorliegenden Lehrbuches.
24 Aufzeichnung eines Interviews, das Karl Marx einem Korrespondenten der Zeitung „The World" gewährte, in: K. Marx/F. Engels, Werke, Bd. 17, S. 641.
25 K. Marx/F. Engels, Manifest der Kommunistischen Partei, S. 473.

Entwicklungsstufen und ihre objektive Bedingtheit wurden später in solchen Werken wie „Kritik des Gothaer Programms" von K. Marx und „Staat und Revolution" von W. I. Lenin vertieft.

Die bis heute gesammelten Erfahrungen, die in umfangreichen Forschungen der Geschichtswissenschaften zur nationalen und internationalen Arbeiterbewegung zum Ausdruck kommen, belegen, daß es einen untrennbaren Zusammenhang zwischen den Reifestufen des Kampfes der Arbeiterklasse und den Etappen der Vorbereitung und Herausbildung der neuen, sozialistischen Gesellschaft gibt. Dieser Prozeß verlief und verläuft in den einzelnen Ländern und Regionen nicht gleichmäßig und gleichförmig, er weist lange Etappen der Sammlung der Kräfte und revolutionäre Höhepunkte und Zäsuren auf, Siege und Niederlagen, Ebbe und Flut, Stagnation und rasche Fortschritte.

Die Verwirklichung der historischen Mission vollzieht sich seit ihren ersten Schritten im Kampf gegen die Versuche der Bourgeoisie, Einfluß auf die Arbeiterbewegung zu nehmen, sie zu spalten und ihre Entwicklung zu hemmen. Berücksichtigt man realistisch all diese Faktoren, in denen sich die Dialektik des Übergangs vom Kapitalismus zum Sozialismus widerspiegelt, so tritt nicht nur die allgemeine Grundtendenz der welthistorischen Durchsetzung der Interessen und Ziele der Arbeiterbewegung und der von der Arbeiterklasse und ihrer revolutionären Partei geführten sozialistischen Länder hervor, sondern es zeigen sich *allgemeine Reifestufen* des Kampfes der Arbeiterklasse, die bei aller historischen und nationalen Unterschiedlichkeit und Vielfalt in den einzelnen Ländern und welthistorischen Etappen bestimmte *typische Merkmale* aufweisen.

So weist die Geschichte der Arbeiterklasse und der Arbeiterbewegung in den einzelnen Ländern zunächst eine *erste, elementare Entwicklungsstufe* auf. Nachdem sich der Prozeß der Umwandlung von Teilen der Bevölkerung in Proletarier, in doppelt freie Lohnarbeiter, vollzogen hat, erfolgt der Übergang von einer passiven, ausgebeuteten Masse zum spontanen, zumeist zersplitterten Widerstand, zum sozialen Protest gegen die krassesten Erscheinungsformen der Ausbeutung und Unterdrückung. Es kommt zur Schaffung erster Arbeiterorganisationen, die sich in der Regel noch unter bürgerlichem bzw. kleinbürgerlichem Einfluß befinden. Auf dieser Entwicklungsstufe bilden die objektiv in eine gemeinsame Situation gestellten Proletarier noch eine Klasse gegenüber dem Kapital, eine „Klasse an sich", aber noch nicht für sich selbst.[26] In Deutschland erstreckte sich diese Etappe bis in die 30er und Anfang der 40er Jahre des 19. Jahrhunderts.

Eine *nächste Reifestufe* ist dadurch gekennzeichnet, daß sich im Proletariat eine *revolutionäre Vorhut* organisiert und daß sich das Proletariat mit Hilfe seiner revolutionären Partei zu einer selbständigen politischen Kraft entwickelt. Teile der Klasse werden sich zunehmend ihrer Interessen bewußt und lernen, geführt von der Partei, an alle Probleme der gesellschaftlichen Entwicklung vom eigenen Klassenstandpunkt heranzugehen.

---

26 Vgl. K. Marx, Das Elend der Philosophie, S. 181.

Auf dieser Grundlage entfaltet sich in einem zumeist langen historischen Prozeß jene Entwicklung, in der die Arbeiterklasse im Kampf um die Lösung der jeweiligen sozialen Probleme, im Kampf um Frieden, Demokratie und sozialen Fortschritt, im antiimperialistischen, nationalen Befreiungskampf zur *führenden Kraft,* zum *Hegemon* im Rahmen *breiter Bündnisse,* zur „Klasse für alle Werktätigen" wird. Diese Entwicklungsstufe erstreckte sich bisher in den meisten imperialistischen Ländern über viele Jahrzehnte.

Eine *neue, höhere Reifestufe* des Kampfes der Arbeiterklasse, eine *neue Qualität bei der Verwirklichung ihrer welthistorischen Mission* besteht darin, daß die Klasse unter Führung der revolutionären Partei sich in der sozialistischen Revolution im Bündnis mit anderen Werktätigen zur *herrschenden, gesellschaftsgestaltenden Klasse* erhebt, die Bourgeoisie politisch und ökonomisch entmachtet, die Grundlagen des Sozialismus errichtet und die Ausbeutung des Menschen durch den Menschen beseitigt. Als eine Klasse, die sowohl produziert als auch die Macht ausübt, verfügt sie jetzt auch über neue Möglichkeiten für ihre internationalistische Solidarität und für die Einflußnahme auf die internationalen Beziehungen.

Mit dem Abschluß der Übergangsperiode vom Kapitalismus zum Sozialismus, mit der beginnenden Gestaltung des entwickelten Sozialismus entfaltet die *sozialistische Arbeiterklasse als soziale und politische Hauptkraft* im Bündnis sozialistischer Klassen und Schichten im gesamtgesellschaftlichen Maßstab voll ihre schöpferischen Potenzen bei der Meisterung des wissenschaftlich-technischen Fortschritts, bei der Lösung der Hauptaufgabe in der Einheit von Wirtschafts- und Sozialpolitik und bei der Sicherung des Weltfriedens und der Gestaltung neuer internationaler Beziehungen. Auf dem Wege zur Erreichung der klassenlosen Gesellschaft sind in jedem Lande und international noch große, umfassende Aufgaben zu lösen.

Betrachtet man aus heutiger Sicht, aus der am Ende des 20. Jahrhunderts erreichten Situation, die Reifestufen und Ergebnisse des bisherigen Weges bei der Verwirklichung der welthistorischen Mission, so werden eine Reihe Probleme sichtbar. So bringt die gegebene Kennzeichnung der *Reifestufen* das Typische, die *dominierende progressive Tendenz* zum Ausdruck. Gleichzeitig bestehen in der Regel im konkreten historischen Prozeß im jeweiligen Land bei Teilen der Klasse *Elemente vorangegangener Reifestufen noch fort,* auch wenn die Klasse als Ganzes unter dem Einfluß ihrer fortgeschrittenen Teile bereits zu einer höheren Reifestufe vorangeschritten ist. Diese Dialektik gilt es in der politischen Führungstätigkeit der revolutionären Vorhut stets exakt und realistisch zu beachten. Besonders bedeutsam ist in diesem Zusammenhang die Tatsache, daß im 20. Jahrhundert auf Grund der ungleichmäßigen ökonomischen und politischen Entwicklung des Kapitalismus und ihrer Folgen auch die *internationale Arbeiterklasse* große, objektiv bedingte *Entwicklungsunterschiede* aufweist: In Gestalt der Arbeiterklasse in den Hauptregionen der Welt existieren im internationalen Maßstab die genannten Reifestufen *gleichzeitig, nebeneinander.* Imperialistische Kräfte suchen diesen Tatbestand zu nutzen, um Spaltungstendenzen in die internationale Arbeiterklasse zu tragen. Wesentlich ist jedoch, daß sich für die politische Führungstätigkeit der einzelnen nationalen Parteien und Organisationen die Aufgabe ergibt, bei voller Beachtung des differenzierten Entwicklungsstandes der Arbeiterklasse und der entsprechenden spezifischen strategischen und taktischen Aufgaben ein solches solidarisches Handeln zu entwickeln, das das wesensgleiche Grundverhältnis aller nationalen Abteilungen der Arbeiterklasse zu Frieden und Sozialismus und die sich daraus ergebende gemeinsame Verantwortung berücksichtigt. Von Bedeutung ist endlich, daß sich die *heute neu formierende Arbeiterklasse* in einer ganzen Reihe von Ländern Afrikas und Asiens auf die Erfahrungen der fortgeschrittenen Abteilungen stützen kann.

2.3. Neue Bedingungen
und Erfordernisse der Realisierung
der welthistorischen Mission
der Arbeiterklasse

Die geschichtlichen Erfahrungen seit dem 19. Jahrhundert besagen, daß es für die revolutionäre Arbeiterbewegung in jeder neuen historischen Situation notwendig ist, gestützt auf die erreichten Ergebnisse und die Lehren ihres Kampfes, die Rolle der Arbeiterklasse gründlich zu überdenken und eine Politik zu entwickeln, die es ermöglicht, daß die Klasse ihren historischen Aufgaben im Interesse der Menschheit und des gesellschaftlichen Fortschritts gerecht werden kann. Das gilt besonders für Zeiten tiefgreifender sozialer Veränderungen. So gab W. I. Lenin zu Beginn unseres Jahrhunderts viele neue Antworten auf Fragen, die mit dem Eintritt in die Epoche des Imperialismus – als Vorabend der sozialistischen Revolution – aufgeworfen wurden, und entwickelte dadurch die Erkenntnisse von Marx und Engels über die Arbeiterklasse und ihre Aufgaben weiter.

Wesentliche *neue Bedingungen und Erfordernisse* für die Verwirklichung der welthistorischen Mission der Arbeiterklasse sind auch in unserer Zeit, am Ende des 20. Jahrhunderts entstanden. Im Weltmaßstab ergeben sie sich aus
– den Aufgaben zur Erhaltung und dauerhaften Sicherung des Friedens angesichts der Möglichkeit und Gefahr der nuklearen Selbstvernichtung der Menschheit;
– den Herausforderungen der wissenschaftlich-technischen Revolution, der gigantischen Zunahme der materiellen und geistigen Potenzen der Menschheit;
– den Erfordernissen bei der Lösung einer Vielzahl weiterer globaler, in spezifischer Weise auch den Kampf der Arbeiterklasse und die Gestaltung des Sozialismus betreffender Probleme
– und endlich aus der sich im wesentlichen daraus ergebenden Intensivierung der Ganzheitlichkeit und Widersprüchlichkeit der heutigen Welt, in der der Grundwiderspruch zwischen Sozialismus und Kapitalismus weltweit und auf viel-

fältige Art und Weise mit dem elementaren, dominierenden Widerspruch zwischen den aggressivsten imperialistischen Gruppen und der überwiegenden, am Frieden interessierten Menschheit verflochten ist.[27]

Klasseninteressen – Unter diesen Bedingungen ist grundsätzlich und
Menschheitsinteressen auch aus der Sicht der Erfahrungen des Kampfes der
Arbeiterklasse das *Verhältnis von Klasseninteressen und Menschheitsinteressen,* von sozialem Fortschritt und Menschheitsexistenz und damit auch von Klassenkampf der Arbeiterklasse und Friedenskampf in aller Schärfe aufgeworfen und neu gestellt. Die geschichtliche Entwicklung sowohl der Produktivkräfte, insbesondere der Wissenschaft und Technik, als auch des Kampfes der Völker für sozialen Fortschritt, die Internationalisierung des gesellschaftlichen Lebens und die weltweite Auseinandersetzung der sozialen Systeme und vor allem die Frage Krieg – Frieden sowie weitere globale Probleme haben einen solchen Stand und eine solche Dimension erreicht, die die *Priorität des Überlebens der Menschheit als Ganzes* bedingen und damit zu einer bedeutsamen *Ausprägung der allgemeinmenschlichen Interessen* – die sich letztlich auf die Erhaltung der Gattung Mensch konzentrieren – geführt haben. Daraus ergeben sich neue Fragestellungen für die Theorie und neue Anforderungen an die Politik der marxistisch-leninistischen Parteien. Sie betreffen vor allem *Weg, Mittel und Methoden der weiteren Durchsetzung der welthistorischen Mission* der Arbeiterklasse.

Der *Kampf der revolutionären Arbeiterbewegung* war stets auch ein *Ringen für sozialen Fortschritt* und die *Interessen der Menschheit.* Wie K. Marx und F. Engels, für die der Kommunismus „eine Sache der Menschheit, nicht bloß der Arbeiter"[28] war, betonte auch W. I. Lenin, daß „die Interessen der gesellschaftlichen Entwicklung höher als die Interessen des Proletariats"[29] stehen. Die kommunistische Bewegung setzte sich in dieser Frage wiederholt mit Tendenzen eines engen Herangehens und des Sektierertums auseinander. Ein Grundgedanke der theoretischen Konzeption von der welthistorischen Mission der Arbeiterklasse war stets, daß die Arbeiter, indem sie sich selbst befreien, die ganze Menschheit befreien werden, daß die Arbeiterklasse sich nicht befreien kann, ohne zugleich die ganze Gesellschaft zu befreien. Vor allem seit der Großen Sozialistischen Oktoberrevolution rang die an die Macht gelangte Arbeiterklasse gemeinsam mit allen Friedenskräften um die Erhaltung des Friedens und damit um die Grundinteressen der Menschheit. Der untrennbare Zusammenhang, die dialektische Wechselwirkung von Klassenkampf der Arbeiterklasse und Entwicklung des Sozialismus und dem Ringen für Frieden, Demokratie, nationale Befreiung, für den Menschheitsfortschritt in seiner

27 Vgl. Kap. 5.1. und 5.2. des vorliegenden Lehrbuches.
28 F. Engels, Die Lage der arbeitenden Klasse in England, in: K. Marx/F. Engels, Werke, Bd. 2, S. 505; Vgl. ders., Vorwort zur zweiten deutschen Auflage (1892) der „Lage der arbeitenden Klasse in England", in: K. Marx/F. Engels, Werke, Bd. 22, S. 321.
29 W. I. Lenin, Entwurf eines Programms unserer Partei, in: Werke, Bd. 4, S. 230.

ganzen Vielfalt, hat sich in den letzten Jahrzehnten weiter ausgeprägt und in der Gegenwart eine neue Qualität und neue Erscheinungsformen erlangt.

In der historischen Situation seit dem Beginn der 80er Jahre hat das humanistische Wesen der weltgeschichtlichen Mission der Arbeiterklasse und damit des Sozialismus einen neuen, tieferen Sinn erlangt; die marxistisch-leninistischen Parteien und die sozialistischen Staaten haben dementsprechend weitgehende Schlußfolgerungen gezogen. Wesentlich ist nunmehr, daß das Ringen um die Erhaltung und Sicherung des Friedens selbst sozialen Fortschritt bedeutet und damit absolute Vorbedingung für die weitere Realisierung der welthistorischen Mission der Arbeiterklasse geworden ist. *Allgemein-menschliche, allgemein-demokratische und spezifisch-soziale,* klassenmäßige (darunter die im eigentlichen Sinne sozialistischen) *Interessen und Aufgaben* haben sich *weiter verflochten* und sind vor allem in der Frage der notwendigen Verhinderung einer nuklearen Katastrophe weitgehend verschmolzen. „Im Kampf um den Frieden sind die Klasseninteressen des Sozialismus untrennbar mit den ureigensten Interessen der gesamten Menschheit verbunden."[30] Die sozialistischen Länder zogen aus dieser Situation die politische Schlußfolgerung, eine weltweite breite Koalition der Vernunft und des Realismus aller friedwilligen Kräfte, unabhängig von ihrer Stellung zum sozialen Fortschritt, ungeachtet politischer, ideologischer oder religiöser Meinungsverschiedenheiten aktiv und mit allen zur Verfügung stehenden Mitteln zu unterstützen.

Diese grundlegende Orientierung bedeutet weder eine Aufgabe des weiteren Kampfes für die welthistorische Mission der Arbeiterklasse, noch hat sie etwas mit einem „taktischen Unterordnen" der Interessen anderer Klassen unter die Interessen bzw. die Politik der Arbeiterklasse zu tun. Die Marxisten-Leninisten gehen davon aus, daß heute keine *Klasse ihr spezifisches Interesse* verfolgen kann, ohne das zentrale, das *globale Menschheitsinteresse am Überleben,* an der Bewahrung der Welt vor einem die menschliche Zivilisation vernichtenden Atomkrieg in Rechnung zu stellen. Damit sind für die theoretische und politische Arbeit vor allem folgende marxistisch-leninistische Grunderkenntnisse unterstrichen und zugleich in neuer Sicht gestellt: Die objektiv, d.h. durch die ökonomischen Verhältnisse, durch die geschichtliche Stellung, Rolle und Aufgaben bestimmten Erfordernisse und Bedürfnisse sowie daraus resultierenden Grundtendenzen des Handelns der verschiedenen Klassen werden nicht aufgehoben, sie existieren national und international weiter. Sie wirken aber in einem ganzen „Geflecht" von vielfältigen materiellen und ideellen Interessen, von Klassen-, Gruppen- und individuellen, von staatlichen, nationalen, gesamtgesellschaftlichen, internationalen Interessen – und heute unter Bedingungen des wachsenden Gewichts und der Priorität allgemeiner, globaler Menschheitsinteressen. „Die Verteidigung des Friedens",

---

30 2. Tagung des ZK der SED. Unsere Innen- und Außenpolitik dient dem Sozialismus und dem Frieden. Aus der Rede des Generalsekretärs des ZK der SED, E. Honecker ..., Berlin 1986, S. 13 f.

betonte E. Honecker 1983, „als höchstes Gut der Menschheit ist das vorrangige, gemeinsame, einigende Interesse."[31]

Wissenschaftliche Politik muß deshalb heute diese *neue Interessenkonstellation* berücksichtigen, ohne objektiv bestehende *Klassengegensätze* und *Klasseninteressen,* die Klassencharakter tragenden Unterschiede und Gegensätze zwischen den beiden Gesellschaftssystemen, den Staatengruppierungen, die ideologischen Gegensätze von Weltanschauungen und Gesellschaftskonzeptionen zu vertuschen bzw. zu leugnen. Insofern wird auch – wie die Tatsachen belegen – der *Klassenkampf* weder preisgegeben noch außer Kraft gesetzt, weil er unter den Bedingungen der Existenz gegensätzlicher Klassen, Gesellschaftssysteme und Ideologien unvermeidlich ist. Die marxistisch-leninistischen Parteien und die sozialistischen Staaten sind sich dessen bewußt, daß Fortschritte zur Lösung der Lebensfragen der Menschheit nur im harten Kampf gegen die aggressivsten Fraktionen der Monopolbourgeoisie, die im rücksichtslosen, abenteuerlichen Profitinteresse die Existenz der Menschheit aufs Spiel setzen, erreicht werden können. Erfolge in diesem Kampf sind wesentlich von der allseitigen Stärkung des Sozialismus, von der Entfaltung seiner Vorzüge, wie insgesamt von der in vielen Formen möglichen und erfolgenden Verbindung des Kampfes der Friedensbewegung mit dem Kampf um soziale Ziele abhängig. Dabei geht es vor allem darum, daß in den verschiedenen ökonomischen, sozialen, politischen und ideologischen Kämpfen und Auseinandersetzungen die Priorität der zentralen Menschheitsinteressen – Sicherung des Weltfriedens – konsequent berücksichtigt wird, daß jene Kampfformen angestrebt werden, aus denen keine Friedensgefährdung erwächst und die eine politische, nichtmilitärische Bewältigung von internationalen Konfliktsituationen begünstigen, und daß die unvermeidliche ideologische Auseinandersetzung in zivilisierten Formen und so geführt wird, daß ein sachlicher Dialog und eine breite Koalition des Realismus und der Vernunft nicht behindert werden. Die welthistorische Mission der Arbeiterklasse, die objektiv mit dem Menschheitsfortschritt in Übereinstimmung steht, kann sich heute und in Zukunft nur im friedlichen Wettstreit der beiden Gesellschaftssysteme, in einer stabilen internationalen Friedensordnung entfalten.

Lösung globaler Probleme
Eng verbunden mit dem grundlegenden Menschheitsproblem unserer Zeit, der Sicherung des Friedens und der Verhinderung einer nuklearen Vernichtung der gesamten menschlichen Zivilisation – dem „Globalen Problem Nr. 1" – ist eine weitere Gruppe von Problemen, die auf Grund ihrer *internationalen, systemübergreifenden Dimensionen,* ihrer *Dringlichkeit,* aber auch ihrer *Größe und Kompliziertheit* ebenfalls als globale Entwicklungsprobleme der Menschheit charak-

---

31 E. Honecker, Rede und Schlußwort auf der Internationalen Wissenschaftlichen Konferenz des ZK der SED „Karl Marx und unsere Zeit – der Kampf um Frieden und sozialen Fortschritt", Protokollband, Dresden 1983, S. 22.

terisiert werden. Sie sind seit Jahren Gegenstand von Erörterungen und Untersuchungen in zahlreichen Natur- und Gesellschaftswissenschaften und nehmen in steigendem Maße einen wichtigen Platz in weltanschaulichen Diskussionen und in der Politik der verschiedenen Klassenkräfte, Parteien und Staaten ein.

Charakteristisch für die *globalen Probleme* ist, daß sie direkt oder indirekt die *Interessen der gesamten Menschheit,* das Leben aller Völker berühren, daß sie als *objektiver Faktor,* als Bedingung, vor allem auch infolge der fortschreitenden Internationalisierung der gesellschaftlichen Entwicklung, mehr oder weniger stark *in allen Hauptregionen der Welt* wirken und daß sie heute eine solche *Zuspitzung* erfahren haben, daß sie – falls sie nicht gelöst werden – die Gefahr der Vernichtung der Menschheit heraufbeschwören. Aus ihrer Dimension und dem Erfordernis ihrer unverzüglichen, wenn auch schrittweisen Lösung folgt auch, daß sie nur durch gemeinsame Anstrengungen aller Völker bewältigt werden können und eine verantwortungsbewußte, vorurteilsfreie Zusammenarbeit von sozialistischen, imperialistischen und jungen Nationalstaaten sowie ein zunehmend effektiveres Wirken internationaler staatlicher und gesellschaftlicher Organisationen bedingen.

Zu diesen *globalen Problemen,* die auf vielfältige Weise miteinander verflochten sind, gehören vor allem
– die Sicherung des Friedens als der wichtigsten Voraussetzung für das Fortbestehen der Menschheit;
– die Herbeiführung einer neuen demokratischen, gerechten internationalen Wirtschaftsordnung und die damit verbundene schrittweise Überwindung des Entwicklungsrückstandes der ehemals kolonialen Gebiete und vom Imperialismus abhängiger Länder;
– die Sicherung der Welternährung unter Berücksichtigung des Wachstums der Weltbevölkerung, d. h. der demographischen Prozesse;
– die Sicherung der Weltenergie- und Weltrohstoffbasis, was auch mit der Entdeckung und Nutzung neuer Energiequellen, der Erschließung des Weltraumes und der Nutzung der Schätze der Weltmeere verbunden ist;
– der Schutz der Natur vor zerstörenden menschlichen Einflüssen, d. h. die Lösung von ökologischen Problemen im engeren Sinne;
– der Schutz der Gesundheit der Menschen vor Seuchen und anderen gefährlichen Krankheiten.

Die unteilbare Verantwortung aller sozialen und politischen Kräfte unserer Welt für die Lösung dieser Lebensfragen – die mit einem gewissen Recht auch „Überlebensfragen" der Menschheit genannt werden – schließt zugleich *besondere Verpflichtungen der Arbeiterklasse und des Sozialismus ein.* Betrachten wir diese vielschichtige Problematik unter dem Aspekt der Verwirklichung der welthistorischen Mission der Arbeiterklasse, so treten einige *politische Grundpositionen der marxistisch-leninistischen Parteien* deutlich hervor:
Erstens ist – wie die Klassiker des Marxismus-Leninismus weit vorausschauend erkannten – die Lösung der globalen Probleme und darunter auch die optimale Gestaltung der Wechselbeziehungen zwischen den Menschen und ihrer natürlichen

Umwelt *organischer Bestandteil der weltgeschichtlichen Aufgaben der Arbeiterklasse* und damit auch *sozialistischer Gesellschaftsstrategie.* Die zum Teil dramatische Zuspitzung globaler Probleme verdeutlicht auf ihre Art und Weise die Dringlichkeit einer neuen, ausbeutungsfreien, von der Arbeiterklasse gestalteten Gesellschaft, erweitert aber zugleich das Spektrum der Aufgaben, die die Klasse gemeinsam mit ihren Verbündeten bereits heute zu lösen hat.

Zweitens ist zwar der Kampf um die Lösung vieler der genannten Probleme sehr langfristiger Natur und wird sich wahrscheinlich bis weit in die neue, sozialistische Gesellschaft im Weltmaßstab erstrecken – nichtsdestoweniger sind die sozialistischen Staaten und die marxistisch-leninistischen Parteien in ihrer Gesamtheit bereits *heute* veranlaßt, *konstruktive Lösungsvorschläge als immanenten Bestandteil ihrer Politik* zu entwickeln; sie wenden sich mit Recht gegen solche Positionen, die diese Aufgaben künftigen Generationen in einer sozialistischen Welt zu übertragen suchen. Wie die Erfahrungen z. B. einer ganzen Reihe sozialistischer Länder und vieler Länder der dritten Welt zeigen, ist vielfach das Schicksal des revolutionären Prozesses eng mit der Lösung der Ernährungsfrage, mit demographischen Problemen usw. verbunden.

Drittens bieten die Erfordernisse zur Lösung globaler Probleme entscheidende Anknüpfungspunkte für die *Politik der friedlichen Koexistenz.* Die Dimensionen und die geographische Spezifik sowie das gegenwärtige ökonomische und politische Kräfteverhältnis drängen in der Regel auf das Zusammenwirken von Staaten unterschiedlicher Gesellschaftsordnung bei der Lösung vieler Probleme und erweitern auch in dieser Hinsicht die *Bündnismöglichkeiten.*

Viertens ist es Aufgabe der revolutionären Arbeiterbewegung und der sozialistischen Staaten, ihre *eigene wissenschaftlich begründete Konzeption* in der Frage der Lösung globaler Probleme zu entwickeln, der jegliche soziale und Klassenindifferenz und das Propagieren einer „globalen Menschheitskrise" fremd sind und die die jahrhundertealte Verantwortung der Ausbeutergesellschaft und besonders der imperialistischen Kolonial- und Hochrüstungspolitik nicht verschweigt. Die globalen Probleme haben stets natürliche (wissenschaftlich-technische) und gesellschaftliche, sozialpolitische Aspekte, sie sind zwar vielfach systemübergreifend, aber nicht systemunabhängig. Darum trägt die Arbeiterklasse eine besondere Verantwortung dafür, daß die globalen Probleme nicht nur in ihren Auswirkungen eingeschränkt, sondern letztlich von ihrer Wurzel her überwunden werden. Die historische Mission der Arbeiterklasse erfordert auch in dieser Frage, daß der Sozialismus seine Vorzüge und Potenzen, darunter die Planmäßigkeit, den Humanismus, die Gleichberechtigung und Solidarität der Völker zur Geltung bringt und weltweit den Übergang zu einer Gesellschaft sichert, in der der Mensch im Mittelpunkt steht.

Kontrollfragen zu Kapitel 2

1. Worin ist die welthistorische Mission der Arbeiterklasse begründet?

2. Woraus ergibt sich, daß die Arbeiterklasse in allen Etappen ihrer Entwicklung eine revolutionäre Klasse bleibt?

3. Welches sind die wichtigsten Erscheinungsformen des Wachstums der internationalen Arbeiterklasse in der Gegenwart?

4. Inwiefern ist die welthistorische Mission der Arbeiterklasse konzentrierter Ausdruck der Verwirklichung allgemeinmenschlicher Interessen?

5. Welche Schlußfolgerungen ergeben sich aus dem untrennbaren Zusammenhang von Realisierung der historischen Mission der Arbeiterklasse und der Lösung der globalen Probleme für die Politik marxistisch-leninistischer Parteien?

3. Marxistisch-leninistische Partei und internationale kommunistische Bewegung

Die welthistorische Mission der Arbeiterklasse kann nur dann erfolgreich realisiert werden, wenn eine selbständige revolutionäre politische Partei dieser Klasse geschaffen wird und sich zu einer eng mit den Massen verbundenen, den Kampf um den sozialen Fortschritt führenden Kraft entwickelt. Die Lehre von der revolutionären Partei der Arbeiterklasse ist ein wichtiger Bestandteil der Theorie des wissenschaftlichen Sozialismus.

Die gesellschaftliche Entwicklung in den vergangenen rund 150 Jahren hat die Lehren des Marxismus-Leninismus über die Partei als Instrument für die Erfüllung der welthistorischen Mission bestätigt und vielfältige neue Erfahrungen erbracht. Heute wirken marxistisch-leninistische Parteien in rund 100 Ländern der Welt (siehe Nachsatzkarte: Zur internationalen Arbeiterbewegung). Sie sind Teil der internationalen Arbeiterbewegung und arbeiten unter sehr unterschiedlichen Bedingungen – ihre Tätigkeit findet national und international wachsende Anerkennung und Aufmerksamkeit, ihre Verantwortung hat zugenommen. Gegen sie richten sich weiterhin offene und versteckte Angriffe der Gegner des sozialen Fortschritts. Die marxistisch-leninistischen Parteien sind tief und fest in den Traditionen und Bedingungen des jeweiligen Landes verwurzelt – und sie bilden gemeinsam als gleichberechtigte und selbständige Parteien zugleich eine einflußreiche internationale politische Kraft: die internationale kommunistische Bewegung.

3.1. Die marxistisch-leninistische Partei – Merkmale und Hauptaufgaben

Gestützt auf die Erkenntnisse der Klassiker des Marxismus-Leninismus seit dem „Manifest der Kommunistischen Partei" und auf umfangreiche, unter unterschiedlichen Bedingungen und zu verschiedenen Zeiten gesammelte Erfahrungen gibt der wissenschaftliche Sozialismus Antwort auf die Fragen
– nach der geschichtlichen *Notwendigkeit der Schaffung* einer revolutionären Partei der Arbeiterklasse in jedem Land;
– nach der Notwendigkeit der *Existenz* und des *Wirkens* einer solchen Partei im gesamten Prozeß des Übergangs vom Kapitalismus zum Sozialismus und Kommunismus;
– nach den grundlegenden *Merkmalen*, nach den wichtigsten *Eigenschaften* dieser Partei, die ständig zu entwickeln sind, damit sie ihren objektiv bedingten Aufgaben gerecht werden kann.

Die Notwendigkeit einer revolutionären Partei

Die Notwendigkeit einer revolutionären politischen Partei der Arbeiterklasse ergab und ergibt sich grundsätzlich aus den *Bedingungen des Kampfes* dieser Klasse und aus der *Spezifik des Übergangs vom Kapitalismus zum Sozialismus*, aus den *Erfordernissen der neuen, sozialistischen Gesellschaft.*

Politische Parteien im heutigen Sinne entstanden im Zuge der Herausbildung des Kapitalismus. Es sind politische Vereinigungen, gebildet von Repräsentanten einer sozialen Klasse oder Schicht, die deren Interessen und Ziele auf politischem, ökonomischem und kulturell-erzieherischem Gebiet programmatisch fixieren, ihre politischen Schritte ideologisch begründen und organisiert um die Durchsetzung ihrer Interessen, um Einfluß im gesellschaftlichen Leben, um die politische Macht kämpfen. Im wissenschaftlichen Sozialismus finden wir, gestützt auf das Erbe der Klassiker des Marxismus-Leninismus, Kriterien und zahlreiche Beispiele für die exakte Einschätzung des Charakters, der inneren Widersprüche, der Ziele und Funktionen der bürgerlichen, kleinbürgerlichen u. a. Parteien in den kapitalistischen Ländern. Mit der Herausbildung und Entwicklung der revolutionären Parteien der Arbeiterklasse seit der 1. Hälfte des 19. Jahrhunderts entstand eine neue Qualität politischer Parteien, die sich hinsichtlich ihrer Funktionen, der wissenschaftlichen Fundierung ihrer programmatischen Ziele und ihrer Organisations- und Tätigkeitsprinzipien von allen vorhergehenden Parteien bürgerlichen und kleinbürgerlichen Typs grundlegend unterscheiden.

Woraus ergibt sich die von den Klassikern des Marxismus-Leninismus umfassend begründete *Notwendigkeit einer revolutionären Partei der Arbeiterklasse?*

Erstens und vor allem wurzelt diese Notwendigkeit während des gesamten Prozesses der Verwirklichung der welthistorischen Mission der Arbeiterklasse in den objektiven sozialökonomischen *Grundlagen des Formationswechsels* vom Kapitalismus zum Sozialismus und Kommunismus. Die sich bereits im Kapitalismus ausprägenden Prozesse der Vergesellschaftung der Produktion und der Arbeit, die immer deutlicher zutage tretende Notwendigkeit der Beseitigung des Privateigentums an den Produktionsmitteln, die Dialektik von objektiven Bedingungen und subjektivem Faktor, von Spontaneität und Bewußtheit bei dieser tiefgreifendsten Umwälzung der Menschheitsgeschichte – all diese und andere Faktoren *erfordern* ein geschichtlich bisher nicht gekanntes hohes Maß an *Bewußtheit und Organisiertheit, an Zielgerichtetheit und Planmäßigkeit, an Mobilisierung der Volksmassen* durch eine zielklare Führung. Damit ist das Erfordernis nach einer Organisation aufgeworfen, die die Interessen der Arbeiterklasse und des sozialen Fortschritts theoretisch, politisch und organisatorisch, national und international zum Ausdruck zu bringen vermag, die sich dieser gewaltigen Aufgabe stellt und widmet.

Zweitens verfügt die Gesamtheit der Arbeiterklasse und der Werktätigen auf Grund ihrer Lage im Kapitalismus weder über die Mittel und Möglichkeiten, sich die wissenschaftlichen und bildungsmäßigen Voraussetzungen selbst zu erarbeiten, die zur Erkenntnis und Verwirklichung ihrer Interessen und geschichtlichen Aufgaben notwendig sind – noch führt spontaner Widerstand gegen die kapitalistische Ausbeutung und ihre vielfältigen Wirkungen zur Überwindung der Schranken, die durch die begrenzten Erfahrungen des ökonomischen Kampfes und durch die Vorherrschaft der bürgerlichen Ideologie gezogen sind. Solange die Arbeiterklasse im Bereich des ökonomischen Kampfes verbleibt und nur auf der Grundlage der hier gewonnenen Erfahrungen Einblicke in einige Teilinteressen gewinnt, vermag sie nicht zu sozialistischem Bewußtsein vorzudringen und zu einer selbständigen politischen Kraft zu werden. Notwendig ist eine organisierte Kraft, die die *Wissenschaft mit der Arbeiterbewegung vereinigt,* das sozialistische Bewußtsein in die Arbeiterbewegung hineinträgt, der Arbeiterklasse Zugang zu den wissenschaftlichen Einsichten, in die eigenen grundlegenden Interessen, in das Verhältnis zu den anderen Klassen und Schichten und in die sozialistischen Ziele vermittelt. Diese mit der Ausarbeitung, schöpferischen Entwicklung, Anwendung und Verbreitung der *wissenschaftlichen Theorie* verbundene Aufgabe ist nicht nur einmalig, bei der Schaffung einer revolutionären Partei im jeweiligen Lande, zu leisten, sondern ist unter sich wandelnden Bedingungen ständig zu lösen und erreicht in der sozialistischen Gesellschaft eine neue Dimension.[1]

Drittens verfügt die Arbeiterklasse auf Grund ihrer Arbeitsbedingungen, der Produktionsdisziplin usw. über günstige *Voraussetzungen für organisiertes, diszipliniertes Handeln,* für Zusammenschluß und Solidarität. In ihrem Kampf bringen die Arbeiter spontan auf Grund vielfältiger Bedürfnisse und Interessen verschiedene Organisationen und Kampfformen hervor. Der Arbeiterklasse und ihren Verbündeten steht – heute mehr denn je – in den kapitalisitschen Ländern ein starker, hochorganisierter Gegner gegenüber, der nur durch einen hohen Grad an organisiertem, diszipliniertem und einheitlichem Handeln zurückzudrängen und zu

1   Vgl. Kap. 12.1. des vorliegenden Lehrbuches.

überwinden ist. Die Arbeiterklasse benötigt deshalb eine Organisation, die schrittweise die Kraft und Fähigkeiten entwickelt, die verschiedenen organisatorischen Bestrebungen zu führen, eine hohe Qualität demokratischer, einheitlicher Organisiertheit hervorzubringen, denn: „Das Proletariat besitzt keine andere Waffe im Kampf um die Macht als die Organisation."[2] Diese Umstände in ihrer Gesamtheit bringen das Bedürfnis nach einer *hohen Stufe der politischen Organisiertheit* und nach einer führenden, koordinierenden Organisation hervor, die sich vom Gesamtinteresse der Bewegung leiten läßt und im Sozialismus zum Kern des gesamten politischen Systems der Gesellschaft wird.

Viertens endlich wird die Notwendigkeit einer eigenständigen, von der Bourgeoisie unabhängigen, die Interessen der Arbeiterklasse und des gesellschaftlichen Fortschritts konsequent vertretenden revolutionären Partei in den kapitalistischen Ländern, in der nichtsozialistischen Welt insgesamt, noch durch einen besonderen Umstand erhärtet: Bedingt durch die Wirkungen einer *sehr differenzierten sozialen Basis* der Arbeiterbewegung, die im Imperialismus privilegierte Oberschichten einschließt, durch *hemmende Einflüsse anderer sozialer Kräfte*, durch den *Druck der bürgerlichen Ideologie und Lebensweise* existiert in der Arbeiterbewegung in der Regel eine bürgerliche Strömung, der *Opportunismus*, der sich im Grundsätzlichen auf die Zusammenarbeit mit der Bourgeoisie und auf die Unterordnung grundlegender Interessen der Arbeiterklasse unter die Interessen der Bourgeoisie orientiert. Diese Strömung, die vor allem seit dem Übergang zum Imperialismus ihren Einfluß verstärkte und sich in Politik und Ideologie zahlreicher sozialdemokratischer, sozialistischer Parteien zeigte und zeigt, war ebenfalls ein wichtiger Grund für die Notwendigkeit der Formierung bzw. des verstärkten Wirkens von solchen Parteien der Arbeiterklasse, die imstande sind, dem Druck der bürgerlichen Ideologie erfolgreich zu widerstehen, sich mit dem Opportunismus auseinanderzusetzen und auf dieser Grundlage eine den Interessen der Arbeiterklasse dienenden Politik der Aktionseinheit zu betreiben.

Die revolutionäre Partei der Arbeiterklasse, heute in Gestalt der marxistisch-leninistischen Parteien, ist somit ein objektives Erfordernis, ein Produkt des geschichtlichen Ringens. Die Schaffung einer solchen Partei, früher oder später in jedem Land vollzogen, gehört zu den *allgemeinen Gesetzmäßigkeiten* der Verwirklichung der welthistorischen Mission der Arbeiterklasse. Ihr Wirken ist – wie Geschichte und Gegenwart gleichermaßen belegen – in allen Etappen der Durchsetzung dieser Mission notwendig, um das der Arbeiterklasse und den anderen werktätigen Kräften innewohnende revolutionäre Potential zu erschließen.

2 W. I. Lenin, Ein Schritt vorwärts, zwei Schritte zurück, in: Werke, Bd. 7, S. 491 f.

Grundlegende
Merkmale

Seit dem „Bund der Kommunisten", der ersten selbständigen revolutionären proletarischen Partei (1847 bis 1852) hat die kommunistische Bewegung einen langen Entwicklungsweg und einen tiefgehenden politischen Reifeprozeß durchlaufen. Heute wirken marxistisch-leninistische Parteien auf allen Kontinenten unter sehr unterschiedlichen politischen, nationalen und geographischen Bedingungen. Unterschiedlich sind auch die konkreten strategischen und taktischen Aufgabenstellungen. Die Parteien sind eng mit der Geschichte ihres Landes verbunden, knüpfen an spezifische nationale politische und organisatorische Traditionen an, was sich vielfach auch in ihren Namen ausdrückt. Viele Parteien existieren schon seit Jahrzehnten (wie z. B. in vielen europäischen Ländern) und haben reiche Erfahrungen gesammelt, andere entstanden erst in den letzten ein bis zwei Jahrzehnten, wie z. B. auf Malta (1970), in Pakistan (1974), in Saudi-Arabien (1975).

Eine marxistisch-leninistische Partei ist ein lebendiger, sich entwickelnder Organismus, eine Organisation, die sich um enge Verbindung mit dem Leben und den Massen bemüht, die sich den neuen Aufgaben der Praxis stellt, aus den Erfahrungen des Kampfes lernt, ihre Arbeit kritisch wertet und die ungelösten gesellschaftlichen Probleme aufgreift.

Auch die Prinzipien ihres Aufbaus und ihrer Tätigkeit, von den Klassikern des Marxismus-Leninismus – besonders von W. I. Lenin in seinen Lehren von der Partei neuen Typs – begründet, werden entsprechend den gesammelten Erfahrungen und angesichts neuer Aufgaben ständig bereichert und modifiziert. Im geschichtlichen Prozeß der letzten Jahrzehnte haben sich einige *grundlegende Merkmale* herauskristallisiert, die für *marxistisch-leninistische Parteien* charakteristisch sind und sich aus den objektiven Erfordernissen ergeben. Um ihre ständige Realisierung ringen alle Parteien unter den jeweiligen Bedingungen mit ihren spezifischen Mitteln und Methoden.

Marxistisch-leninistische Parteien sind (1.) *Teil der Arbeiterklasse.* Dieser grundsätzliche Klassencharakter hat viele Aspekte. Er ist weder eine Frage der Proklamation noch eng oder sektiererisch gegen andere Werktätige und fortschrittliche Kräfte des Volkes gerichtet. Das erste, wichtigste Grundprinzip der revolutionären Politik und Theorie – so betonte Lenin – ist die Anerkennung und Durchsetzung der historischen Rolle der Arbeiterklasse.[3] Es geht vor allem darum, daß sich die Partei darauf orientiert, die aktuellen und Zukunftsinteressen, die nationalen und internationalen Interessen, die grundlegenden Interessen der Arbeiterklasse zu erfassen und zu vertreten, die Erfahrungen des Kampfes dieser Klasse zu verallgemeinern, die wissenschaftliche Theorie in die Klasse zu tragen, die Organisiertheit der Klasse zu erhöhen.[4] Das zeigt sich auch in der Orientierung bezüglich der sozialen Zusammensetzung der Partei: den Arbeiteranteil in der

---

3 Vgl. W. I. Lenin, Der Sieg der Kadetten und die Aufgaben der Arbeiterpartei, in: Werke, Bd. 10, S. 238 f.
4 Vgl. Kap. 2.1. des vorliegenden Lehrbuches.

Partei und ihren Leitungen zu sichern, die Organisiertheit vor allem in den Arbeiterzentren auszubauen. Als Klassenpartei ist die marxistisch-leninistische Partei eine revolutionäre Partei. Die Dialektik besteht darin, daß die Partei Teil der Klasse und zugleich ihre Vorhut, ihre führende Kraft ist. Das ist ihre entscheidende Funktion, ihre Aufgabe, die immer wieder neu zu realisieren ist.

Daraus ergibt sich (2.) die Funktion einer marxistisch-leninistischen Partei als *bewußte Vorhut* der Arbeiterklasse. Die Partei als Verkörperung der *Einheit von wissenschaftlicher Theorie und Arbeiterbewegung* orientiert sich darauf, umfassend die wissenschaftliche Bewußtheit ihrer Reihen und der gesamten Bewegung zu entwickeln. Sie läßt sich dabei von dem Grundgedanken leiten, daß es ohne revolutionäre Theorie keine revolutionäre Bewegung geben kann.[5] Dieser Wesenszug gewinnt angesichts der Kompliziertheit und Mannigfaltigkeit des Kampfes und der Vielzahl neuer Probleme, vor denen die ganze Menschheit steht, an Bedeutung. Notwendig ist in diesem Zusammenhang eine gründliche und intensive Aneignung der in vielen Jahrzehnten entstandenen marxistisch-leninistischen Theorie sowohl als Grundlage der Führungstätigkeit als auch in der politischen Bildung der Mitglieder. Das gilt in besonderem Maße für die Parteien der sozialistischen Länder, die die führende Kraft bei der Gestaltung einer neuen Gesellschaft sind. Jede Partei hat die Verpflichtung, durch sorgsame Anwendung von Theorie und Methode des wissenschaftlichen Sozialismus und des gesamten Marxismus-Leninismus auf die jeweiligen historischen und nationalen Bedingungen, durch die Verallgemeinerung der eigenen und der internationalen Kampferfahrungen bei der Ausarbeitung ihres Programms und ihrer Strategie und Taktik einen Beitrag zur Entwicklung der Theorie zu leisten. Immer wieder neu steht die Aufgabe, die marxistisch-leninistische Theorie über Propaganda, Agitation und in vielfältigen anderen Formen in die Volksmassen „hineinzutragen" und dabei an die eigenen Erfahrungen der Massen anzuknüpfen.

Die marxistisch-leninistische Partei ist (3.) die *organisierte Vorhut*, die *höchste Organisationsform* der Arbeiterklasse. Im Verlaufe ihres Kampfes bringt die Klasse vielfältige zeitweilige und ständige Organisationsformen hervor, darunter Gewerkschaften, Frauen-, Jugend- und andere Organisationen, die alle ihren unersetzbaren Platz und ihre spezifische Funktion haben. Die Größe der Aufgaben, die bei der Verwirklichung der welthistorischen Mission der Arbeiterklasse zu bewältigen sind, erfordert einen hohen Grad an Organisiertheit und bewußter Disziplin, der gewährleistet, daß die „ideologische Vereinigung auf Grund der Prinzipien des Marxismus gefestigt wird durch die materielle Einheit der Organisation".[6] Die marxistisch-leninistischen Parteien streben danach, die besten Kräfte der Arbeiterklasse und auch anderer werktätiger Schichten in ihren Reihen zu vereinen. Das schließt sowohl die Freiwilligkeit der Mitgliedschaft als auch die Verpflichtung ein, daß jedes Mitglied nicht nur das Parteiprogramm, die Ziele der

5 Vgl. W. I. Lenin, Was tun?, in: Werke, Bd. 5, S. 379.
6 W. I. Lenin, Ein Schritt vorwärts, zwei Schritte zurück, S. 420.

Partei anerkennt, sondern auch einer Grundorganisation angehört und aktiv an der Verwirklichung der Beschlüsse teilnimmt. Die Parteien setzen mit ihrem Statut, dessen Kern das Prinzip des demokratischen Zentralismus ist, die Maßstäbe revolutionärer Organisiertheit und innerparteilicher Demokratie. Im Laufe der Geschichte und in Abhängigkeit von den Kampfbedingungen (z. B. ob legal oder illegal) verändern sich die Formen der Organisation und die Möglichkeiten der Entfaltung des innerparteilichen Lebens. Die Gegner der Parteien verleumden sie häufig als „elitäre Verschwörerorganisationen" oder „Sekten von Auserwählten", entstellen Inhalt und Zweck der innerparteilichen Disziplin und versuchen zugleich, die Kommunisten von den Volksmassen zu isolieren. Das Ziel marxistisch-leninistischer Parteien ist es, Massenparteien zu werden, die einen großen Einfluß auf die demokratische Gestaltung der gesellschaftlichen Entwicklung ausüben. Die Geschichte zeigt, daß sich eine marxistisch-leninistische Partei als ein freiwilliger Kampfbund von Gleichgesinnten entwickelt, der hohe Anforderungen an die Beispielwirkung und Überzeugungskraft seiner Mitglieder stellt und ihnen zugleich zu einer politischen Heimat wird. Beim sozialistischen Aufbau wird die marxistisch-leninistische Partei zum Kern des gesamten politischen Systems der sozialistischen Gesellschaft.

Die marxistisch-leninistische Partei ist (4.) dazu berufen, entsprechend den konkreten historischen, nationalen und internationalen Bedingungen eine revolutionäre *Strategie und Taktik auszuarbeiten*, ständig weiterzuentwickeln und den Kampf um den sozialen Fortschritt zu führen und voranzutreiben.[7] Hier handelt es sich um keinen vorgefaßten, abstrakten „Führungsanspruch" oder ein „Führungsmonopol", sondern um den Erwerb der Fähigkeit, die Grundprobleme, die vor dem jeweiligen Lande, vor der sozialen Bewegung stehen, exakt zu erfassen, eine konstruktive Politik zu entwerfen und durch das Beispiel, die aufopferungsvolle Aktivität, die Entschlossenheit und Zielklarheit, Autorität zu entfalten und die Massen zu gewinnen. „Die Partei ist der Vortrupp der Klasse", bemerkte Lenin, „und ihre Aufgabe besteht keineswegs darin, den durchschnittlichen Zustand der Masse widerzuspiegeln, sondern darin, die Massen zu führen."[8] Die Funktion einer politischen Avantgarde kann die marxistisch-leninistische Partei nur erfüllen, wenn sie, wie die Erfahrungen zeigen, die Interessen aller Werktätigen, der ganzen Nation, des sozialen und Menschheitsfortschritts aufgreift und die Fähigkeit erwirbt, breiteste soziale und politische Bündnisse in vielfältigen Formen zu konzipieren und zu realisieren. Das zeigt sich in besonderem Maße in der Führungstätigkeit der marxistisch-leninistischen Parteien der sozialistischen Länder, die darauf gerichtet ist, die gesamte werktätige Bevölkerung zur Gestaltung einer neuen Gesellschaft zu führen.[9]

---

7 Vgl. Kap. 4.1. des vorliegenden Lehrbuches.
8 W. I. Lenin, Außerordentlicher Gesamtrussischer Kongreß der Sowjets der Bauerndeputierten ... 1917, in : Werke, Bd. 26, S. 318.
9 Vgl. Kap. 12. und 14. des vorliegenden Lehrbuches.

Die marxistisch-leninistische Partei ist (5.) eine zutiefst *internationalistische Kraft*, die – getragen von den Ideen des proletarischen Internationalismus – die Verwirklichung nationaler und internationaler Interessen und Aufgaben in ihrer Tätigkeit verbindet und die die aktive Solidarität mit dem Kampf der Arbeiterbewegung, den Völkern der Entwicklungsländer und den demokratischen Massenbewegungen in der Welt organisiert. Als gleichberechtigte, unabhängige und selbständige Parteien sind die marxistisch-leninistischen Parteien Teil der weltweiten internationalen kommunistischen Bewegung.[10]

Für marxistisch-leninistische Parteien ist der *Kampf um die Einheit und Reinheit ihrer Reihen* charakteristisch. Die Größe der Aufgaben, vor die sich die Partei gestellt sieht, erfordert ein einheitliches, diszipliniertes Handeln aller Mitglieder. Das gilt besonders für jenen Entwicklungsabschnitt, da die Partei die führende Kraft beim Aufbau und bei der weiteren Gestaltung der sozialistischen Gesellschaft ist. Das ergibt sich auch aus der Erweiterung der Reihen der Partei und endlich aus den nicht nachlassenden Versuchen der imperialistischen Bourgeoisie, Einfluß auf die Parteien und ihre innere Entwicklung auszuüben, die Parteien zu spalten, die Bildung von Fraktionen zu fördern. Deshalb ist die ständige Auseinandersetzung mit solchen Einflüssen wie insgesamt mit bürgerlichen, kleinbürgerlichen und anderen Auffassungen für eine marxistisch-leninistische Partei ein grundlegendes Erfordernis.

Programm und Statut   Marxistisch-leninistische Parteien besitzen in der Regel *zwei grundlegende Dokumente*, in denen für einen längeren Zeitraum ihre Grundsätze, Ziele und Aufgaben sowie die Formen des Parteiaufbaus, die Normen des Parteilebens und die Methoden der Tätigkeit bestimmt werden: Programm und Statut. In diesen Dokumenten widerspiegeln sich konkret-historisch die Merkmale der Partei; sie stellen eine Anwendung der marxistisch-leninistischen Theorie und eine Verallgemeinerung der Erfahrungen des Kampfes dar. Programm und Statut, die nach umfassenden demokratischen Diskussionen von repräsentativen Gremien (zumeist von Parteitagen) beschlossen werden, sind die einheitliche theoretische und organisatorische Grundlage der Tätigkeit der Partei, aller ihrer Organisationen und Mitglieder. In ihnen wird offen und orientierend eine Antwort auf die Frage gegeben, was die Partei ist, wie sie aufgebaut ist und wie sie wirkt, welches ihre Aufgaben und Ziele sind. In ihnen sind im eigentlichen Sinne des Wortes und in konzentrierter Form die *politischen Anschauungen* der Partei enthalten, sie verkörpern in spezifischer Form die *politische Theorie* der Arbeiterklasse.

Die Geschichte der internationalen und der deutschen Arbeiterbewegung enthält eine Fülle von Erkenntnissen und Lehren über die Ausarbeitung und Verwirklichung von Programmen und Statuten der Arbeiterbewegung, kennt Programmdiskussionen und Programmkritiken, Debatten über die organisatorischen

---

10   Vgl. Abschnitt 3. 2. dieses Kapitels.

Grundlagen usw. Sie vermitteln eine dreifache Erfahrung: *Erstens* wird die Rolle der revolutionären Theorie für die revolutionäre Bewegung wesentlich über solche Dokumente wie Programm und Statut *vermittelt; zweitens* erweist sich die *Einheit von Programm und Statut* als eine wichtige Voraussetzung erfolgreichen politischen Handelns; und *drittens* müssen auch das fundierteste Programm und das durchdachteste Statut schöpferisch und konkret verwirklicht, ins Leben umgesetzt werden.

Das *Programm* einer marxistisch-leninistischen Partei ist jenes grundlegende politische Dokument, in dem die wesentlichen Auffassungen und Ziele, die unmittelbaren und die perspektivischen Aufgaben sowie die wichtigsten Mittel und Wege zu ihrer Verwirklichung für einen längeren konkret-historischen Zeitraum im jeweiligen Lande umrissen werden. Ein Programm – schrieb W.I.Lenin – „ist eine kurze, klare und genaue Darlegung *alles dessen, was die Partei anstrebt und wofür sie kämpft*"[11] und: „Ohne Programm ist eine Partei als einigermaßen geschlossener politischer Organismus ... unmöglich."[12] Dabei ist das Programm der revolutionären Arbeiterpartei nicht nur verbindliche Orientierung und theoretisches Fundament der ideologischen Einheit der Reihen der Partei, sondern es ist – besonders in der sozialistischen Gesellschaft – Programm der Arbeiterklasse und des ganzen Volkes, das dementsprechend gestützt auch auf die Vorschläge aller gesellschaftlichen Kräfte, dem gesamtgesellschaftlichen Fortschritt Weg und Ziel weist.

Marxistisch-leninistische Parteiprogramme gehen von den Ergebnissen der theoretischen Arbeit, insbesondere in bezug auf die Grundtendenzen der gesellschaftlichen Entwicklung aus, stützen sich auf eine möglichst umfassende und tiefgründige Analyse der gegebenen Bedingungen und der historischen Erfahrungen. Entsprechend dem Reifegrad der jeweiligen Partei, den Aufgaben der historischen Etappe und den nationalen und kulturellen Traditionen weisen die *programmatischen Dokumente* in ihrer Gestaltung, in Form und Umfang Unterschiede auf. Wesentlich ist jedoch, daß sie – gleich in welcher Form – Antwort auf *politische Grundfragen* geben. Dazu gehören die Bestimmung
– der klassenmäßigen, sozialen Grundlagen der Partei, der historischen Wurzeln und Traditionslinien;
– der wichtigsten strategischen Aufgaben der jeweiligen Etappe in ihrem Verhältnis zu den Aufgaben der folgenden Etappe und zum Endziel der Bewegung;
– der Positionen zu den Grundfragen der internationalen Entwicklung in der jeweiligen historischen Epoche;
– der Beziehungen der Arbeiterklasse und ihrer revolutionären Partei zu anderen Klassen und Schichten, zu anderen sozialen und politischen Kräften;
– der Positionen in der Frage des Staates und der politischen Macht unter den jeweiligen Bedingungen.
Vor allem die marxistisch-leninistischen Parteien in den sozialistischen Län-

---

11 W.I.Lenin, An die Dorfarmut, in: Werke, Bd.6, S.394.
12 W.I.Lenin, Über die Wahlkampagne und die Wahlplattform, in: Werke, Bd.17, S.269.

dern geben in ihren Programmen eine grundlegende Orientierung für die Entwicklung in *allen wesentlichen Bereichen des gesellschaftlichen Lebens,* für die weitere ökonomische, politische, soziale, geistig-kulturelle, wissenschaftlich-technische Entwicklung, für die Innen- und Außenpolitik des Landes.

Die Geschichte des Marxismus-Leninismus, in deren Rahmen seit dem Manifest der Kommunistischen Partei, dem ersten revolutionären Parteiprogramm der Arbeiterbewegung (1848), dem Programm der Sozialistischen Arbeiterpartei Deutschlands von Gotha (1875) und der Marxschen Kritik an diesem Programm sowie dem Programm der Sozialdemokratischen Partei Deutschlands von Erfurt (1891) Programmdiskussionen und Programmkritiken stets eine wesentliche Rolle gespielt haben, vermitteln einige Erkenntnisse über deren Kriterien, die vor allem von W. I. Lenin anläßlich der Ausarbeitung des ersten (1903) und des zweiten Programms (1919) der KPdSU formuliert wurden. Hierzu gehört besonders die konsequente Wissenschaftlichkeit: Das Programm muß Ergebnis umfassender wissenschaftlicher Arbeit sein, realistischen Charakter tragen und frei von Wunschträumen, Spekulationen oder gar leeren Versprechungen sein. Wesentlich ist auch der orientierende, vorwärtsweisende Charakter des Programms, das – einprägsam und verständlich – und frei von überflüssigen Details sein muß. W. I. Lenin betonte, daß beim sozialistischen Aufbau, im Rahmen der Gestaltung einer neuen Gesellschaft, das Programm der Partei große gesamtgesellschaftliche praktische Bedeutung besitzt und ständig durch weitere Dokumente ergänzt und konkretisiert wird, vor allem durch die Volkswirtschaftspläne, die Lenin entsprechend ihrer Rolle als „zweites Parteiprogramm" bezeichnete.[13]

Marxistisch-leninistische Parteiprogramme sind keine unveränderlichen Dokumente für alle Zeiten. Im Zuge der Verwirklichung der welthistorischen Mission der Arbeiterklasse und der Forderungen der Parteiprogramme, aber auch angesichts neuer Aufgaben und Anforderungen macht sich die Überarbeitung bzw. Neufassung programmatischer Dokumente notwendig. So beschloß zum Beispiel der Vereinigungsparteitag von KPD und SPD im April 1946 die „Grundsätze und Ziele der SED", die den Weg zum Sozialismus über die antifaschistisch-demokratische Umwälzung wiesen. Nachdem die Aufgaben der Übergangsperiode vom Kapitalismus zum Sozialismus im wesentlichen gelöst waren, beschloß der VI. Parteitag der SED 1963 ein Parteiprogramm, das den umfassenden Aufbau des Sozialismus als grundlegende Aufgabe bestimmte. Die Ergebnisse der gesellschaftlichen Entwicklung sowie neue Erfahrungen und theoretische Erkenntnisse ermöglichten und erforderten ein neues Parteiprogramm, das vom IX. Parteitag (1976) angenommen wurde und darauf orientiert, in der DDR weiterhin die entwickelte sozialistische Gesellschaft zu gestalten und so grundlegende Voraussetzungen für den allmählichen Übergang zum Kommunismus zu schaffen.

Der Kampf um die Verwirklichung des Programms hängt entscheidend von der

---

13 Vgl. W. I. Lenin, VIII. Gesamtrussischer Sowjetkongreß, 22.–29. 12. 1920, in: Werke, Bd. 31, S. 511 ff.

Einheit und Geschlossenheit der Reihen der Partei, von ihrem Masseneinfluß, ab. Daraus ergibt sich auch die große Bedeutung des zweiten Grundsatzdokuments einer marxistisch-leninistischen Partei, des Statuts.

Das *Statut* wird vom revolutionären Charakter der Partei und der politischen Zielstellung des Parteiprogramms bestimmt. Es ist das Grundgesetz des Handelns der Mitglieder der Partei, des innerparteilichen Lebens, es enthält die Normen dieses Lebens und bestimmt den Parteiaufbau, d. h. die Struktur und Gliederung ihres Wirkens. Konkrete Bedingungen und Aufgaben der jeweiligen Partei prägen in besonderem Maße die Festlegungen des Statuts, die zweckmäßigsten Organisations- und Tätigkeitsprinzipien. In der Regel enthalten die Parteistatuten Festlegungen über die Rechte und Pflichten der Parteimitglieder (und Kandidaten), über den Organisationsaufbau und die innerparteiliche Demokratie entsprechend dem Prinzip des demokratischen Zentralismus, über die verschiedenen Parteiorgane, ihren Platz und ihre Funktionen usw. In der Geschichte der Arbeiterbewegung kristallisieren sich seit den von Marx ausgearbeiteten Statuten des Bundes der Kommunisten (1847), über die von Lenin begründeten Normen des innerparteilichen Lebens und der Parteiarbeit bis zu den heutigen Statuten der marxistisch-leninistischen Parteien, darunter dem vom IX. Parteitag der SED (1976) beschlossenen Statut, Erfahrungen und Probleme von besonderer praktischer Bedeutung heraus.

Dazu gehören die Fragen der Kriterien der *Aufnahme in die Partei* und der *Rechte und Pflichten eines Parteimitglieds*. Dem revolutionären Charakter der Partei und der Größe der Zielsetzung entspricht jene grundlegende Forderung, die sich in der Auseinandersetzung mit dem opportunistischen Organisationstyp herausbildete: Mitglied kann der werden, der Programm und Statut der Partei anerkennt, aktiv in einer Parteiorganisation tätig ist, die Beschlüsse der Partei verwirklicht sowie regelmäßig die festgesetzten Beiträge bezahlt. Den hohen Anforderungen an ein Parteimitglied entspricht auch ein spezieller Typ des Aufbaus und der Organisation der Partei.

Das *Prinzip des demokratischen Zentralismus* ist eine *bewährte Grundposition* des Parteiaufbaus, der straffen Zentralismus mit breiter Entfaltung der innerparteilichen Demokratie verbindet und – wie die Erfahrungen zeigen – entscheidend für die Kampfkraft einer marxistisch-leninistischen Partei ist. Dieses grundlegende politische Arbeits- und Organisationsprinzip wurzelt in den objektiven Existenzbedingungen der revolutionären Arbeiterbewegung und des Sozialismus. Die marxistisch-leninistische Partei vertritt die Gesamtinteressen der Bewegung. Nur eine zentralisierte wissenschaftliche Führung vermag den einheitlichen Willen der Bewegung zum Ausdruck zu bringen, vermag alle Kräfte zu einen. Aber nur auf demokratischem Wege, durch kollektive Beratung der Probleme, durch Erschließung aller Initiativen kann eine echte einheitliche Führung zustande kommen, in der sich die Interessen der Arbeiterbewegung als einer breiten demokratischen Massenbewegung widerspiegeln. So verbindet der demokratische Zentralismus als Klassen- und später als sozialistisches Gesellschaftsprinzip organisch objektive

Erfordernisse der revolutionären Arbeiterbewegung. Praktisch bedeutet demokratischer Zentralismus:

– Wahl aller leitenden Organe der Partei von unten nach oben und Leitung der Partei von einem demokratisch gewählten Zentrum aus;
– Regelmäßige Rechenschaftslegung der gewählten Organe über ihre Tätigkeit vor den Organisationen, die sie gewählt haben;
– Verbindlichkeit aller Beschlüsse der höheren Parteiorgane für die nachgeordneten Organe;
– Straffe Parteidisizplin, Unterordnung der Minderheit unter die Mehrheit.

In marxistisch-leninistischen Parteien haben sich im Verlaufe des Kampfes für den Sozialismus, beim Aufbau der neuen Gesellschaft, zahlreiche weitere *Normen* und Erfahrungen von großem *moralischem* und *erzieherischem* Wert herausgebildet. Dazu gehören die Kollektivität in der Tätigkeit aller leitenden Organe, die untrennbar mit der persönlichen Verantwortung des einzelnen verbunden ist. Dazu gehört auch die breite Erörterung aller prinzipiellen Fragen und die kollektive Ausarbeitung der Beschlüsse, die wiederum wesentliche Voraussetzungen für eine bewußte Parteidisziplin sind. Eine wichtige Rolle spielen Kritik und Selbstkritik, die zur Optimierung der demokratischen Beziehungen und der Entscheidungen beitragen und auch von großer persönlichkeitsbildender Bedeutung sind.

**Partei – Klasse –
Massen**

Zu den grundlegenden Erfahrungen der Geschichte der Arbeiterbewegung und des Sozialismus gehört, daß die revolutionären Arbeiterparteien nur dann ihre Funktion erfüllen, nur dann diese Bezeichnung wirklich verdienen, wenn sie in jeder Situation eng und untrennbar mit der Arbeiterklasse und den werktätigen Massen verbunden sind und von diesen verstanden und unterstützt werden. „Die SED" – so wurde auf dem XI. Parteitag hervorgehoben – „ist die Partei der Arbeiterklasse und des ganzen Volkes, sie kommt aus dem Volk, sie gehört zum Volk und stellt ihre ganze Kraft in den Dienst am Volk."[14]

W. I. Lenin hat in solchen Werken wie „Der ‚linke' Radikalismus, die Kinderkrankheit im Kommunismus", „Über die Gewerkschaften, die gegenwärtige Lage und die Fehler Trotzkijs" und anderen Schriften die für die Partei lebenswichtige Konzeption in dieser Kernfrage entwickelt und sich mit rechtsopportunistischen, anarchistischen und sektiererischen, undialektischen und mechanistischen Auffassungen auseinandergesetzt, die das *dialektische Wechselverhältnis* von Partei, Klasse und Massen entstellten und Partei und Volk gegenüberstellten. Dabei hob er hervor, daß die einzelnen Parteien vielfältige Erfahrungen sammeln und einen langen Weg zur einflußreichen Massenpartei zurücklegen müssen und daß jede Partei das komplizierte und sich historisch entwickelnde politische

---

14 Bericht des Zentralkomitees der SED an den XI. Parteitag der SED. Berichterstatter: Genosse E. Honecker, Berlin 1986, S. 84.

Wechselverhältnis zu den Massen immer wieder neu in ihrer gesamten Tätigkeit zu meistern hat.

Das Wesen der marxistisch-leninistischen Konzeption in dieser Frage besteht darin, daß die sozialistische Revolution und der Aufbau der neuen, sozialistischen Gesellschaft nur das Resultat des aktiven Wirkens der *Volksmassen* sein können; daß „*Massen*" eine konkret-historische, *politische Größe* darstellen, die sich mit der Tiefe und dem Umfang der sozialen Umwälzung verändert und erweitert, und daß das Schicksal des sozialen Fortschritts von der umfassenden, stabilen und zielgerichteten Organisierung und Mobilisierung der breiten Massen abhängt. Im gesamten Prozeß der Realisierung der welthistorischen Mission der Arbeiterklasse sind die Gesellschaft, sind die *Massen sozial differenziert* und in Klassen (und soziale Schichten) geteilt, und die sich entwickelnde *Arbeiterklasse* ist objektiv die *fortgeschrittenste Kraft*, auf die sich die Partei, die aus dieser Klasse hervorgegangen ist, vor allem stützen muß. Und: die Arbeiterklasse kann ihre Mission nur verwirklichen, wenn sie von einer einheitlichen, disziplinierten, mit der Klasse und den Massen eng verbundenen *revolutionären Partei geführt wird.*

Die Geschichte vermittelt vielfältige Erfahrungen in dieser Grundfrage des wissenschaftlichen Sozialismus, die für die Tätigkeit der marxistisch-leninistischen Partei von erstrangiger Bedeutung sind. Diese Erfahrungen besagen *einmal*, daß den Wechselbeziehungen von Partei, Klasse und Massen eine grundsätzliche Übereinstimmung ihrer Interessen zugrunde liegt und daß die Politik der Partei, die „die Interessen der Gesamtbewegung als Ganzes"[15] vertritt, darauf gerichtet sein muß, die auf dieser Interessenübereinstimmung beruhende Einheit des Handelns herzustellen und dadurch in langen Kämpfen zu einer Partei der Arbeiterklasse und des ganzen Volkes zu werden. Zum *anderen* können die progressiven Interessen der Klasse und der Massen nur dann realisiert werden, wenn diese von einer Partei geführt werden, die das Schöpfertum und die Initiative der Arbeiterklasse und aller Werktätigen mobilisiert und lenkt. Das stellt an die Führungstätigkeit der Parteien hohe und komplizierte Anforderungen. So geht es stets um die untrennbare Verbindung, „Verschmelzung" (Lenin) von Partei und Klasse, um eine organische Massenverbundenheit, um ein enges Vertrauensverhältnis. W. I. Lenin faßte dies in der Forderung zusammen: „Unter der Masse leben. Ihre Stimmungen kennen. Alles wissen. Diese Masse verstehen. Verstehen, an sie heranzukommen. Ihr absolutes Vertrauen gewinnen ..."[16] In der alltäglichen Massenarbeit der marxistisch-leninistischen Parteien geht es darum, jede Loslösung von den Massen zu vermeiden, dort zu arbeiten, wo die Massen sind, die Spezifik der einzelnen Gruppen zu berücksichtigen, vielfältige Formen und Organisationen zu nutzen und zu entwickeln und von den Massen zu lernen. Insbesondere bei

---

15 W. I. Lenin, Die dringendsten Aufgaben unserer Bewegung, in: Werke, Bd. 4, S. 367.
16 W. I. Lenin, Plan der Thesen „Über die Rolle und die Aufgaben der Gewerkschaften unter den Bedingungen der Neuen Ökonomischen Politik", in: Vollständige Ausgabe der Werke, Bd. 44, S. 497, (russ.).

der weiteren Gestaltung der sozialistischen Gesellschaft gewinnen die Grundorganisationen der Partei und das Wirken jedes einzelnen Parteimitglieds an Bedeutung. In ihrer Führungstätigkeit müssen die marxistisch-leninistischen Parteien stets realistisch in Rechnung stellen, daß auf Grund der objektiven Entwicklungsbedingungen die Massen und die Arbeiterklasse politisch, ideologisch usw. differenziert sind, daß die Partei unter allen Schichten arbeiten muß, daß sie aber als die Vorhut, als der fortgeschrittenste Teil der Klasse vorangehen muß, durch ihr Beispiel und ihre Überzeugungsarbeit die Massen gewinnen, überzeugen – das heißt *führen* muß.[17]

Es handelt sich somit beim Verhältnis von Partei, Klasse und Massen um zutiefst demokratische Wechselbeziehungen. Sie erweisen sich als eine allgemeingültige, im Kern *politische Gesetzmäßigkeit* im gesamten Prozeß der Verwirklichung der welthistorischen Mission der Arbeiterklasse. Das Vertrauensverhältnis zwischen Partei und Volk ist ein entscheidender Faktor der sozialen und politischen Stabilität der sozialistischen Gesellschaft, eine wichtige Triebkraft ihrer Entwicklung.[18]

Zur Herausbildung revolutionärer Parteien

Die Geschichte der Entstehung einer selbständigen Arbeiterbewegung, der Herausbildung revolutionärer Arbeiterparteien beginnt in der 1. Hälfte des 19. Jahrhunderts. Das ist ein langer, komplizierter, von Rückschlägen begleiteter Prozeß. „Nirgends in der Welt" – schrieb später W. I. Lenin – „ist die proletarische Bewegung ,mit einem Schlage' entstanden, nirgends konnte sie so entstehen, konnte sie in klassenmäßig reiner Form zur Welt kommen, so wie Minerva dem Haupte Jupiters entstieg. Erst durch lange Kämpfe und mühevolle Arbeit der fortgeschrittensten Arbeiter, aller klassenbewußten Arbeiter gelang es, die proletarische Klassenbewegung von kleinbürgerlichen Beimengungen, Beschränktheiten, Einengungen und Entartungen aller Art zu befreien und sie zu festigen."[19]

Der erste Schritt auf diesem Wege war 1847/48 die Schaffung des „Bundes der Kommunisten", der rund 800 Mitglieder umfaßte und nach den Prinzipien des demokratischen Zentralismus aufgebaut war. Im „Manifest der Kommunistischen Partei" wurden seine programmatischen und taktischen Prinzipien formuliert. Das Wirken dieser „zwar kleinen, aber wahrhaft proletarischen Partei"[20] erstreckte sich über mehrer europäische Länder und wurde 1852 beendet. Seit Ende der 60er Jahre setzte eine neue Etappe der Bildung nationaler proletarischer Parteien ein. Nachdem 1869 die Sozialdemokratische Arbeiterpartei Deutschlands (die Ei-

17 Vgl. W. I. Lenin, Aus Anlaß der „Profession de foi", in: Werke, Bd. 4, S. 285.
18 Vgl. Kap. 12.2. des vorliegenden Lehrbuches.
19 W. I. Lenin, Aus der Vergangenheit der Arbeiterpresse in Rußland, in: Werke, Bd. 20, S. 250.
20 W. I. Lenin, August Bebel, in: Werke, Bd. 19, S. 287.

senacher) gebildet worden war, entstanden sozialdemokratische Parteien in den USA, Frankreich, Österreich-Ungarn, Belgien, Spanien, Italien und anderen Ländern, sodaß gegen Ende der 80er Jahre mehr als 20 nationale sozialdemokratische und sozialistische Arbeiterparteien und Gruppen, die sich im Ergebnis von Auseinandersetzungen mit rechten und „linken" Strömungen immer mehr auf Theorie und Programm des Marxismus stützten, existierten und vielfach einen bedeutenden Einfluß besaßen. Marx und Engels arbeiteten in zahlreichen Schriften die Grundlagen der Lehre von der selbständigen proletarischen Partei aus.

Die mit dem Übergang zum Imperialismus einsetzende neue Entwicklungsetappe stellte an die proletarischen Parteien (die Parteien der II. Internationale umfaßten am Vorabend des 1. Weltkrieges 3,4 Millionen Mitglieder) neue Anforderungen: Erforderlich wurden deshalb proletarische Parteien neuen Typs, die – frei von opportunistischen Einflüssen – eine revolutionäre Politik der Vorbereitung der Massen auf die Revolution und den Übergang zum Sozialismus durchführten. Es war W. I. Lenin, der gestützt auf die Erfahrungen der russischen und internationalen Arbeiterbewegung vor allem seit der Vorbereitung des historischen II. Parteitages der SDAPR (1903) umfassend die weltanschaulich-philosophischen, ideologischen, organisatorischen und strategisch-taktischen Prinzipien einer solchen Partei neuen Typs schuf. Das geschah in solchen klassischen Werken wie „Was tun?" (1902), „Ein Schritt vorwärts, zwei Schritte zurück" (1904), „Zwei Taktiken der Sozialdemokratie in der demokratischen Revolution" (1905), „Der ‚linke' Radikalismus, die Kinderkrankheit im Kommunismus" (1920) und – im weiteren Sinne – auch in „Materialismus und Empiriokritizismus", „Der Imperialismus als höchstes Stadium des Kapitalismus" u. a.

Eine neue Etappe der Schaffung revolutionärer Parteien setzte nach der Großen Sozialistischen Oktoberrevolution ein: Es bildete sich die heutige kommunistische Weltbewegung heraus, und zwar auf mannigfaltigen Wegen, beeinflußt von konkret-historischen, nationalen, traditionellen und auch personellen Faktoren. Zumeist aus dem revolutionären, linken Flügel der sozialistischen und der Gewerkschaftsbewegung entstanden im Zuge des Bruchs mit Rechtsopportunismus und Sozialchauvinismus und des schrittweisen Übergangs auf die Positionen des Leninismus und Internationalismus kommunistische, marxistisch-leninistische Parteien in zahlreichen Ländern Europas und in einigen Ländern Lateinamerikas und Asiens. Bis Ende der 30er Jahre waren in diesem Prozeß, der entscheidend durch die Kommunistische Internationale gefördert wurde, in mehr als 60 Ländern marxistisch-leninistische Parteien entstanden. Die Parteien entwickelten sich unter komplizierten Bedingungen und auch in inneren Auseinandersetzungen. Sie brachten große Opfer im Kampf gegen Reaktion und Faschismus, viele von ihnen wirkten jahrelang illegal. Große Leistungen vollbrachten diese Parteien im antifaschistischen Kampf und in den Jahren des demokratischen Aufschwungs nach dem 2. Weltkrieg.

Wesentliche Erfahrungen für die Theorie und Praxis der marxistisch-leninistischen Partei wurden nach 1917 durch die KPdSU als führender Kraft des sozialistischen Aufbaus gesammelt. Sie wurden durch die Erfahrungen der Parteientwicklung in weiteren sozialistischen Ländern nach dem 2. Weltkrieg bereichert, zum Beispiel auch durch den Vereinigungsprozeß zweier großer Arbeiterparteien, der KPD und der SPD zur SED (1946) in der späteren DDR. Allein im Bereich der nationalen Befreiungsbewegung entstanden nach 1970 über 25 neue marxistisch-leninistische Parteien. Eine bedeutsame neue Erscheinung der letzten Jahre ist die Herausbildung revolutionär-demokratischer, revolutionärer Vorhutparteien, die sich zum wissenschaftlichen Sozialismus und proletarischen Internationalismus bekennen, wie z. B. die MPLA-Partei der Arbeit (Angola), die Arbeiterpartei Äthiopiens, die Jemenitische Sozialistische Partei, die Kongolesische Partei der Arbeit, die Frelimo–Partei (Mocambique), die Partei der Volksrevolution Benins u. a. Hier öffnet sich ein neuer Weg, eine neue Möglichkeit der allmählichen Formierung marxistisch-leninistischer Parteien.

3.2. Die internationale kommunistische Bewegung

Die marxistisch-leninistischen Parteien entwickeln ihre Tätigkeit auf nationalem Boden, im Rahmen der jeweiligen Länder. Als Teil der Arbeiterbewegung und des Volkes dieser Länder arbeiten sie selbständig und eigenverantwortlich unter Berücksichtigung der konkreten Bedingungen ihre Politik aus und ringen um ihre Durchsetzung. Die Parteien kämpfen zugleich, ausgehend von der Gemeinsamkeit der Grundinteressen der Arbeiterklasse aller Länder und den Ideen des proletarischen Internationalismus, für gemeinsame Ziele und Ideale. Aus dieser Einheit von Nationalem und Internationalem ergeben sich für alle Parteien eine internationalistische Verantwortung und Aufgaben des internationalen Zusammenwirkens. Die Geschichte kennt vielfältige Formen dieses Zusammenwirkens. Gestützt auf bedeutende Traditionen und reiche Erfahrungen bildete sich die heutige internationale kommunistische Bewegung als weltweite Bewegung von selbständigen, gleichberechtigten revolutionären Parteien in nahezu 100 Ländern heraus. Sie ist eine einflußreiche politische und ideologische Kraft unserer Zeit, die sich als Vertreter der Interessen der Arbeiterklasse und als Verfechter der Existenzinteressen der Menschheit bewährt.

Historische Entwicklung – Organisationsformen und Erfahrungen
Seit dem 19. Jahrhundert entwickelten sich verschiedene Formen der internationalen Organisation und Koordinierung, die jeweils den gemeinsamen Aufgaben und den gegebenen Kampfbedingungen, den Erfahrungen und der Reife der internationalen kommunistischen Bewegung entsprachen.
Bereits der Bund der Kommunisten (1847–1852) war die erste internationale revolutionäre Arbeiterorganisation, der Mitglieder verschiedener Nationalitäten angehörten, vorwiegend aus Deutschland, und dessen Grundorganisationen sich in Deutschland und der Schweiz, in London und Paris befanden. Von 1864 bis 1876 bestand die Erste Internationale

(Internationale Arbeiterassoziation), deren Mitgliedsorganisationen in zahlreichen europäischen Ländern und den USA wirkten und die „den Grundstein der internationalen Organisation der Arbeiter zur Vorbereitung ihres revolutionären Ansturms gegen das Kapital" legte.[21] Ihr Nachfolger als internationale Organisation der sozialistischen Parteien und Gewerkschaften wurde die Zweite Internationale (1899–1914). Sie trug in den ersten Jahren ihrer Existenz wesentlich zur Verbreitung des Marxismus und zur Entwicklung proletarischer Massenparteien und -organisationen bei. Später setzte sich jedoch zunehmend der Opportunismus durch, was zu Beginn des 1. Weltkrieges zum Zusammenbruch der Internationale führte. Ausgehend von der Partei der Bolschewiki in Rußland und von einigen linken Gruppen in anderen Ländern begann schrittweise der Prozeß der Formierung der revolutionären, marxistisch-internationalistischen Kräfte, der künftigen Kräfte der revolutionären III., der Kommunistischen Internationale.

Zur Organisation der internationalen kommunistischen Bewegung in der ersten Etappe der Epoche des Übergangs vom Kapitalismus zum Sozialismus wurde die 1919 gegründete Kommunistische Internationale (Dritte Internationale). Sie setzte das Werk der Ersten Internationale und die besten Traditionen der Zweiten Internationale fort und leistete einen bedeutenden Beitrag zur Sammlung der revolutionären Kräfte der internationalen Arbeiterbewegung auf der Grundlage des Marxismus-Leninismus. Die Kommunistische Internationale trug entscheidend zur Herausbildung und Formierung kommunistischer Parteien in über 70 Ländern bei und unterstützte sie bei der Aneignung des Marxismus-Leninismus und bei der Herausbildung ihrer Fähigkeit, ihn schöpferisch auf die konkreten Bedingungen ihrer Länder anzuwenden, sowie bei der Heranbildung erfahrener Führungskollektive und der Schaffung stabiler Parteiorganisationen. In den Dokumenten der sieben Weltkongresse und der 13 zum Teil erweiterten Tagungen des Exekutivkomitees der Kommunistischen Internationale (das die Arbeit zwischen den Kongressen leitete) wurden, gestützt auf die Erfahrungen und auf kollektive Beratungen, wichtige theoretische, politisch-ideologische und strategisch-taktische Grundfragen erörtert und damit auch die Theorie des wissenschaftlichen Sozialismus schöpferisch weiterentwickelt. Dazu gehörten insbesondere die Probleme des revolutionären Weltprozesses und des antiimperialistischen Zusammenwirkens der drei revolutionären Hauptströme, der Aktionseinheit und des Bündnisses, der antifaschistischen Einheits- und Volksfront, des nationalen Befreiungskampfes und des Kampfes für die Sicherung des Friedens. Eine wesentliche Rolle spielte die Verallgemeinerung der Erfahrungen des sozialistischen Aufbaus in der UdSSR und das klare Bekenntnis zur Sowjetunion. Den Bedingungen der Etappe der Herausbildung der kommunistischen Bewegung in diesen Jahren entsprach die Organisationsform des internationalen Zusammenwirkens der Kommunisten: Die Kommunistische Internationale war nach dem Prinzip des demokratischen Zentralismus aufgebaut, die Parteien bildeten ihre Sektionen. In den Jahren des 2. Weltkrieges erwies es sich, daß angesichts der gewachsenen politischen und theoretischen Reife und Kampfkraft der kommunistischen Parteien und der zunehmenden Vielfalt der Kampfbedingungen und Aufgaben in den einzelnen Ländern die Kommunistische Internationale ihre Aufgaben erfüllt hatte. Sie beschloß im Mai 1943 ihre Auflösung.

Nach dem zweiten Weltkrieg bestand von 1947–1956 ein Informationsbüro einiger kommunistischer und Arbeiterparteien Europas, das dem Erfahrungsaustausch und der Koordinierung der Tätigkeit im gegenseitigen Einverständnis diente.

---

21 W. I. Lenin, Die Dritte Internationale und ihr Platz in der Geschichte, in: Werke, Bd. 29, S. 295.

Tabelle 1   Die Kongresse der Kommunistischen Internationale

Kongreß	Zeit	Teilnehmer
I.	2.–6. 3. 1919	52 Delegierte von 35 kommunistischen Parteien und Gruppen aus 21 Ländern Europas, Amerikas und Asiens
II.	19. 7./ 23. 7.–7. 8. 1920	217 Delegierte von 67 Organisationen aus 37 Ländern
III.	22. 6.–12. 7. 1921	605 Delegierte von 103 Organisationen, darunter von 48 kommunistischen Parteien aus 52 Ländern
IV.	5. 11.–5. 12. 1922	408 Delegierte von 66 Parteien und Organisationen aus 58 Ländern und Gebieten
V.	17. 6.–8. 7. 1924	504 Delegierte von 50 kommunistischen und Arbeiterparteien sowie 10 internationalen Organisationen
VI.	17. 7.–1. 9. 1928	532 Delegierte von 57 Parteien und 9 Organisationen
VII.	25. 7.–20. 8.1935	513 Delegierte von 65 kommunistischen Parteien und einer Reihe internationaler Organisationen

Die veränderten Bedingungen und Möglichkeiten, aber auch die neuen Erfahrungen und ihre kritische Wertung führten in den folgenden Jahren zu neuen und vielfältigen Formen der Zusammenarbeit und des Meinungsaustausches sowie der Koordinierung von Aktivitäten in der internationalen kommunistischen Bewegung. Dazu gehören internationale, regionale, zwei- und mehrseitige Beratungen, Erfahrungs-, Meinungs- und Delegationsaustausch, wissenschaftliche Konferenzen und zahlreiche weitere Formen und Methoden.

So fanden seit 1957 in Moskau repräsentative internationale Beratungen statt. Die Beratung von Vertretern der kommunistischen und Arbeiterparteien aus 12 sozialistischen Staaten (14.–16. 11. 1957) nahm eine gemeinsame Erklärung an, in der wesentliche Erfahrungen der Epoche des Übergangs vom Kapitalismus zum Sozialismus verallgemeinert und ein Beitrag zur Analyse der Gesetzmäßigkeiten des sozialistischen Aufbaus geleistet wurden. Die anschließende Internationale Beratung von Vertretern von 64 kommunistischen und Arbeiterparteien (16.–19. 11. 1957) wandte sich in einem Friedensmanifest an die Völker aller Länder mit dem Appell, die Gefahr eines neuen Weltkrieges abzuwenden. Die Beratung von Vertretern von 81 kommunistischen und Arbeiterparteien (Nov. 1960) analysierte in ihrer Erklärung die wichtigsten strategischen Richtungen des Kampfes für Frieden, Demokratie, nationale Unabhängigkeit und Sozialismus und beschloß einen Appell an die Völker der Welt. Die Internationale Beratung von Vertretern von 75 kommunistischen und Arbeiterparteien (5.–17. 6. 1969) nahm nach gründlichen Diskussionen als Hauptdokument „Die Aufgaben des Kampfes gegen den Imperialismus in der gegenwärtigen Etappe und die Aktionseinheit der kommunistischen und Arbeiterparteien, aller antiimperialisitschen Kräfte" an, das ein umfassendes Aktionsprogramm enthielt und eine Reihe von Grundsätzen der marxistisch-leninistischen Theorie weiterentwickelte.

Eine an Bedeutung zunehmende Form internationaler Verbindungen sind regionale Treffen, die sich mit Problemen der jeweiligen Region befassen, entsprechende Aktionsprogramme ausarbeiten, sich aber auch, z. B. in Solidaritätserklärungen, zu Problemen anderer Regionen äußern. Zu solchen bedeutsamen Beratungen gehörten die Konferenzen der kommunistischen und Arbeiterparteien Europas zu Fragen der europäischen Sicherheit (Karlovy Vary 1967), von 24 kommunistischen Parteien Lateinamerikas und des karibischen Raumes (Havanna 1975) und von 29 kommunistischen und Arbeiterparteien Europas (Berlin 1976), das bisher repräsentativste Forum der kommunistischen und Arbeiterparteien dieses Kontinents, und das Treffen von 22 kommunistischen und Arbeiterparteien Europas für Frieden und Abrüstung (Paris 1980). Es fanden Beratungen der Kommunisten Tropisch-Afrikas (1978), der arabischen Länder (1979 und 1981) Südamerikas (1982 und 1984) und zahlreiche weitere Treffen statt.

Eine bedeutende Rolle als Forum des ständigen Meinungsaustausches und der wissenschaftlichen Diskussion spielt die seit 1958 erscheinende Zeitschrift „Probleme des Friedens und des Sozialismus". Sie wird heute in 145 Ländern in 66 Ausgaben und in 40 Sprachen veröffentlicht und befaßt sich mit Grundfragen der marxistisch-leninistischen Theorie, darunter vor allem des wissenschaftlichen Sozialismus, und ist zugleich ein Informationsorgan, das neue Erfahrungen und Erkenntnisse vermittelt, zur Diskussion stellt und verallgemeinert. Dem Redaktionskollegium und dem Redaktionsrat der Zeitschrift gehören Vertreter von 69 Parteien an.

Tabelle 2   Die Zeitschrift „Probleme des Friedens und des Sozialismus"

Jahrgang	Länder, in denen die Zeitschrift verbreitet wird	nationale Ausgaben	Sprachen, in denen die Zeitschrift gedruckt wird	behandelte Länder	Parteien, die Autoren stellen
1958*	80	22	19	56**	41
1978	145	57	34	72	77***
1986	145	69****	40	89	76

*	gegründet im Sept. 1958
**	1958/59
***	1977
****	im Redaktionskollegium und im Redaktionsrat vertretene Parteien

Wesentliche Impulse für die Lösung der gemeinsamen Aufgaben gehen von internationalen wissenschaftlichen Konferenzen aus, so z. B. in Sofia 1978 (Der Aufbau des Sozialismus und Kommunismus und die Entwicklung in der Welt), in Berlin 1980 (Der gemeinsame Kampf der Arbeiterbewegung und der nationalen Befreiungsbewegung gegen Imperialismus, für sozialen Fortschritt) und in Berlin 1983 (Karl Marx und unsere Zeit – der Kampf um Frieden und sozialen Fortschritt). Die letztgenannte Konferenz vereinte Vertreter von 145 kommunistischen und Arbeiterparteien, revolutionären Vorhutparteien, national-revolutionären Parteien und Befreiungsbewegungen, sozialistischen und sozialdemokratischen Parteien aus 111 Ländern aller Kontinente und manifestierte sowohl die Einheit der internationalen kommunistischen Bewegung unter den heutigen komplizierten und differenzierten Entwicklungsbedingungen als auch ihre wachsende Bündnisfähigkeit.

Die bilateralen Beziehungen der Parteien und in ihrem Rahmen der Erfahrungsaustausch, der Austausch von Delegationen auf zentraler und örtlicher Ebene usw. nehmen einen wichtigen Platz ein. Dies zeigt sich auch in der Teilnahme von Vertretern ausländischer Parteien an Parteitagen.

Tabelle 3   Teilnahme von ausländischen Parteien an den Parteitagen der SED

I.	Parteitag der SED	1946	—
II.	Parteitag der SED	1947	10 kommunistische und Arbeiterparteien
III.	Parteitag der SED	1950	25 kommunistische und Arbeiterparteien
IV.	Parteitag der SED	1954	25 kommunistische und Arbeiterparteien
V.	Parteitag der SED	1958	45 kommunistische und Arbeiterparteien
VI.	Parteitag der SED	1963	69 kommunistische und Arbeiterparteien
VII.	Parteitag der SED	1967	67 kommunistische Parteien, revolutionär-demokratische Parteien und Bewegungen, sozialistische Parteien
VIII.	Parteitag der SED	1971	93 kommunistische Parteien, revolutionär-demokratische Parteien und Bewegungen, sozialistische Parteien
IX.	Parteitag der SED	1976	103 kommunistische Parteien, revolutionär-demokratische Parteien und Bewegungen, sozialistische und sozialdemokratische Parteien
X.	Parteitag der SED	1981	125 kommunistische Parteien, revolutionär-demokratische Parteien und Bewegungen, sozialistische und sozialdemokratische Parteien
XI.	Parteitag der SED	1986	mehr als 140 kommunistische Parteien, revolutionär-demokratische Parteien und Bewegungen, sozialistische und sozialdemokratische Parteien

Auf Grund der neuen Anforderungen auf allen Gebieten des gesellschaftlichen Lebens gestaltet sich die Zusammenarbeit der marxistisch-leninistischen Parteien der sozialistischen Länder, insbesondere im Rahmen der sozialistischen Staatengemeinschaft, vielseitiger und intensiver.[22]

22 Vgl. Kap. 11.2. des vorliegenden Lehrbuches.

Einflußreiche	Die heutige internationale kommunistische Bewe-
politische Kraft	gung ist – vergleicht man sie mit vorangegangenen
der Gegenwart	Etappen ihrer Entwicklung – gekennzeichnet *erstens*

durch außerordentliche Breite, Dynamik und Mannigfaltigkeit; *zweitens* durch die wachsende Vielfalt der konkreten Kampfbedingungen und Aufgaben und *drittens* durch die zunehmende Verantwortung der marxistisch-leninistischen Parteien bei der Lösung von nationalen und internationalen Aufgaben zur Sicherung der Existenz und des Fortschritts der gesamten Menschheit. Offensichtlich ist die internationale kommunistische Bewegung in den 80er Jahren in eine neue Entwicklungsetappe eingetreten. Die Parteien wirken unter sehr *verschiedenartigen Bedingungen*, haben unterschiedliche Erfahrungen gesammelt und befinden sich auf unterschiedlichen Reifestufen. In der Bewegung vollzieht sich ein widersprüchlicher Entwicklungsprozeß, in dem fördernde und hemmende Faktoren wirksam sind. Einfluß haben das ökonomische Entwicklungsniveau des jeweiligen Landes, die Formen des Klassenkampfes, das internationale, regionale und nationale Kräfteverhältnis, Traditionen usw. Infolgedessen entwickelt sich die *Bewegung ungleichmäßig*. In zahlreichen Ländern schreitet sie erfolgreich voran, in anderen sammelt sie ihre Kräfte; sie erleidet aber an einigen Abschnitten auch Rückschläge und zeitweilige Niederlagen und unterliegt Spaltungstendenzen.

Die heutige internationale kommunistische Bewegung, das sind *15 kommunistische und Arbeiterparteien in den sozialistischen Ländern*, in denen ein Drittel der Menschheit lebt. Als führende Kräfte der Gestaltung einer neuen, ausbeutungsfreien Gesellschaft tragen sie eine hohe Verantwortung im Kampf für die Sicherung des Weltfriedens und die Erschließung der Vorzüge des Sozialismus in der Systemauseinandersetzung mit dem Imperialismus. Die heutige internationale kommunistische Bewegung – das sind *27 marxistisch-leninistische Parteien in den industriell entwickelten Ländern* Westeuropas, Nordamerikas, Japans, Australiens und in Neuseeland, die einen schwierigen und komplizierten Kampf führen und einem starken Druck seitens der aggressiven imperialistischen Kreise ausgesetzt sind, was sich zeitweilig auch in den Mitgliederzahlen und den Wahlergebnissen auswirkt. Zur heutigen kommunistischen Bewegung gehören die *marxistisch-leninistischen Parteien in 22 nichtsozialistischen Ländern Lateinamerikas und der Karibik*, die zum Teil unter Bedingungen der Illegalität und des antikommunistischen Terrors ihren Einfluß im gesellschaftlichen Leben verstärken. In mehr als *30 nichtsozialistischen Ländern Asiens und Afrikas* sammeln junge Parteien ihre Kräfte, und in einer Reihe befreiter Länder, besonders in Afrika, zeigt die Geschichte die reale Möglichkeit, daß sich revolutionär-demokratische Parteien in marxistisch-leninistische Parteien umwandeln.

Mehr als 80 Millionen Kommunisten in nahezu 100 Ländern der Erde – das ist eine gewaltige Kraft und spiegelt eine erfolgreiche geschichtliche Entwicklung wider, denn 1917/18 gab es in der Welt die Partei Lenins und einige Gruppen von Kommunisten in anderen Ländern, die gemeinsam insgesamt 200000 Mitglieder umfaßten. Die Kommunisten brachten vor allem im Kampf gegen den Faschismus große Opfer: So verloren die KPdSU, die KP Jugoslaviens, die KPD, die Kommunistische Partei Frankreichs, die Italienische Kommunistische Partei, die Kommunistische Partei Griechenlands u. a. viele Zehntausende ihrer Mitglieder. Heute sind in mehr als 25 Ländern die kommunistischen Parteien verboten, und in vielen anderen richtet sich gegen sie der politische und ideologische Druck der imperialistischen Bourgeoisie. Die beeindruckende *zahlenmäßige Entwicklung* der internationalen kommunistischen Bewegung ist eine Voraussetzung, ein „Element des Erfolges ... Aber Zahlen fallen nur in die Waagschale, wenn Kombination sie vereint und Kenntnis sie leitet."[23]

Tabelle 4 Die kommunistische Bewegung der Gegenwart (Stand: 1985)		
	Länder mit komm. Parteien	Mitglieder der komm. Parteien (Mill.)
Sozialistische Länder	15	75,00
Kommunistische Parteien außerhalb des soz. Weltsystems	80	4,87
davon Region Asien, Australien,		
Ozeanien	22	1,34
Amerika	25	0,46
Afrika	11	0,07
Westeuropa	22	3,00

In welchen Faktoren wurzelt der Einfluß dieser Bewegung, wovon hängt ihre Rolle ab? Geschichte und Gegenwart zeigen, daß es in erster Linie die aktive, aufopferungsvolle und zielgerichtete Tätigkeit jeder einzelnen kommunistischen Partei zum Wohle des Volkes und für den sozialen Fortschritt und das Niveau ihres Zusammenwirkens sind, die die internationale kommunistische Bewegung in der Tat zu einer Avantgarde des sozialen Fortschritts in unserer Zeit machen. Dem liegen solche immer wieder neu zu realisierenden Faktoren zugrunde wie
– die umfassende Aufdeckung der Bedürfnisse und Erfordernisse des gesellschaftlichen Fortschritts, der mehr denn je die Sicherung des Friedens und die Sicherheit der Völker verlangt, und der konsequente, aufopferungsvolle Kampf für die Menschheitsinteressen;
– der Kampf für die Interessen der Arbeiterklasse und aller Werktätigen und die enge, untrennbare Verbindung mit der Arbeiterklasse und den Volksmassen;
– die umfassende Nutzung der marxistisch-leninistischen Theorie, was die Ausarbeitung einer wissenschaftlich begründeten Strategie und Taktik, die Verbrei-

23 K. Marx, Inauguraladresse der Internationalen Arbeiter-Assoziation, in: K. Marx/F. Engels, Werke, Bd. 16, S. 12.

tung der wissenschaftlichen Weltanschauung und die schöpferische Weiterentwicklung der Theorie einschließt;

– die ständige Auswertung der von der Bewegung gesammelten vielfältigen Erfahrungen;

– die Erhöhung der Organisiertheit und Diszipliniertheit der zur Bewegung gehörenden Parteien, die in der Bewußtheit und Verantwortung der Mitglieder begründet ist;

– die Entfaltung internationalistischer, solidarischer Beziehungen der kameradschaftlichen, gleichberechtigten und effektiven Zusammenarbeit zwischen den marxistisch-leninistischen Parteien.

Von großer Bedeutung für die gesamte internationale kommunistische Bewegung ist die Tatsache, daß marxistisch-leninistische Parteien in den sozialistischen Ländern als Parteien der machtausübenden Arbeiterklasse an der Spitze eines großen sozialen Umwälzungsprozesses stehen, und die Ergebnisse, Errungenschaften und Erfahrungen des sozialistischen Aufbaus ein mächtiger Kraftquell der gesamten Bewegung sind. Die internationale kommunistische Bewegung ist somit im wahrsten Sinne des Wortes eine *weltumspannende Kraft*. Als eine internationale politische Bewegung, die kein leitendes bzw. organisierendes Zentrum kennt, zeichnet sie sich durch demokratische Wechselbeziehungen, durch ein flexibles und freiwilliges Zusammenwirken selbständiger, unabhängiger und gleichberechtigter Parteien auf der Grundlage des proletarischen Internationalismus aus.

Proletarischer Internationalismus – Einheit von Internationalem und Nationalem

Der proletarische Internationalismus, von Marx und Engels im Kommunistischen Manifest begründet, ist ein *Wesenszug des gesamten Marxismus-Leninismus*. Er ergibt sich aus dem internationalen Charakter der Arbeiterklasse und ihrer historischen Mission und hat sich in allen Etappen der Entwicklung der Arbeiterbewegung und des Sozialismus unter unterschiedlichen Bedingungen als ein Kraftquell bewährt. Er ist ein Grundprinzip der Tätigkeit revolutionärer Parteien unserer Epoche, eine entscheidende ideologische Grundlage ihrer Zusammenarbeit; er beschränkt sich aber in seiner Wirkung nicht auf die internationale kommunistische Bewegung – der Kreis jener sozialen und politischen Kräfte, die sich vom Prinzip der internationalen Solidarität leiten lassen, hat sich in unserer Zeit rasch erweitert.

Der proletarische Internationalismus ist eine äußerst vielschichtige politische und ideologische Erscheinung, die vielfältige, historisch bedingte konkrete Erscheinungsformen aufweist. Das Wesentliche aber ist die *aktive internationale proletarische Solidarität*, die *gegenseitige Unterstützung und Zusammenarbeit im Kampf um gemeinsame Ziele*. Das kommt zum Ausdruck in solidarischer materieller und moralisch-ideeller gegenseitiger Unterstützung, in gemeinsamen Aktionen, in den Beziehungen der Parteien und Organisationen der Arbeiterklasse zueinander, in der

Zusammenarbeit der sozialistischen Staaten im Kampf um den Frieden und beim sozialistischen Aufbau.

Im Zuge der Verwirklichung der welthistorischen Mission der Arbeiterklasse hat sich der *proletarische Internationalismus* historisch entwickelt, haben sich sein *Inhalt und seine Formen bereichert*, hat sich sein *Wirkungsbereich erweitert*. Von spontanen gemeinsamen Aktionen der Arbeiter verschiedener Nationalitäten im 19. Jahrhundert, über die bewußte Koordinierung der Tätigkeit der proletarischen Parteien in den drei Internationalen bis zur heutigen internationalen kommunistischen Bewegung, von der internationalen Solidarität mit der Großen Sozialistischen Oktoberrevolution und dem Befreiungskampf des chinesischen und des spanischen Volkes in den 30er Jahren, über die Unterstützung des heldenhaften Kampfes des koreanischen und des vietnamesischen Volkes, der Solidarität mit Kuba, Chile, Angola, Nikaragua und anderen Ländern – zeigt sich die Tradition der steten Verbreiterung internationalistischen Denkens und Handelns. Die Herausbildung der sozialistischen Staatengemeinschaft führte zu einer qualitativen Bereicherung des proletarischen Internationalismus, der nunmehr zur Grundlage der Beziehungen zwischen den Staaten der siegreichen Arbeiterklasse wurde.[24] Revolutionäre Kräfte in der nationalen Befreiungsbewegung und eine wachsende Zahl von Nationalstaaten lassen sich von den Prinzipien der internationalen Solidarität leiten.

In der Gegenwart hat die Bedeutung des *proletarischen Internationalismus zugenommen*. Das erklärt sich aus mehreren objektiven Faktoren. Dazu gehören vor allem: die Notwendigkeit der breiten Zusammenarbeit aller friedliebenden Kräfte zur erfolgreichen Lösung der Probleme des Friedens und weiterer globaler Probleme; die Erfordernisse, die sich aus der Beschleunigung der Internationalisierung der Produktion und des Austausches ergeben; die Anforderungen, die aus der immer stärkeren Internationalisierung des Klassenkampfes erwachsen und die sich nicht nur im sich verstärkenden wechselseitigen Zusammenhang zwischen den verschiedenen Kräften des sozialen Fortschritts zeigen, sondern auch in den Bemühungen der reaktionärsten imperialistischen Kräfte, ihre Aktionen weltweit zu koordinieren.

Die internationale kommunistische Bewegung trägt unter diesen Bedingungen eine große *historische Verantwortung*, um den Prozeß der Sammlung und Formierung der Kräfte des Friedens und des sozialen Fortschritts zu fördern. Die Einheit der internationalen kommunistischen Bewegung, die nichts gemein hat mit Uniformität und Hierarchie, ist in den gemeinsamen Grundlagen und den gemeinsamen Zielen, Frieden und Sozialismus, verwurzelt. Zugleich wirken alle Parteien auf nationalem Boden, unter spezifischen nationalstaatlichen Bedingungen. Die Einheit der Bewegung und die Realisierung des proletarischen Internationalismus sind somit untrennbar verbunden mit der richtigen Lösung des Problems der *Wechselbeziehungen zwischen Nationalem und Internationalem* in der Poli-

24 Vgl. Kap. 11.2. des vorliegenden Lehrbuches.

tik jeder Partei. Gestützt auf jahrzehntelange Erfahrungen haben die marxistisch-leninistischen Parteien eine Reihe grundlegender Positionen internationalistischen Verhaltens erarbeitet, die immer mehr zur Richtschnur ihres Handelns werden.

Erstens und vor allem besteht die Stärke der kommunistischen Bewegung in der *praktischen Klassensolidarität*, in der *gleichberechtigten Zusammenarbeit* im Kampf für gemeinsame Ziele. Diese revolutionäre Solidarität schließt die Nutzung vielfältiger Formen der Verbindungen, des Erfahrungsaustausches, der gemeinsamen Aktionen, der Hilfe und Unterstützung, der kameradschaftlichen Diskussion ein. Das Wesentliche ist und bleibt die praktische Zusammenarbeit und Aktion, die internationale Solidarität. *Zweitens* geht es für eine marxistisch-leninistische Partei stets um die *organische Verbindung zweier Seiten ihrer internationalen Verpflichtung*: um die *innere*, die nationale Seite, d. h. um die erfolgreiche Lösung der Aufgaben des sozialen Fortschritts im jeweiligen Lande, die mit der Verantwortung jeder Partei gegenüber der eigenen Arbeiterklasse und dem eigenen Volk untrennbar verbunden ist; und die *„äußere"* Seite: die Unterstützung der Kräfte des Friedens und des sozialen Fortschritts in anderen Ländern, die gegenseitige Solidarität der Werktätigen aller Länder. *Drittens* sind damit untrennbar und organisch die *Prinzipien der Selbständigkeit, Unabhängigkeit und Gleichberechtigung* verbunden. Die Achtung und Wahrung dieser Prinzipien in den Beziehungen zwischen den marxistisch-leninistischen Parteien (und auch zwischen den sozialistischen Ländern) sind Voraussetzungen für erfolgreiches internationales Zusammenwirken.

Der proletarische Internationalismus ist Ausdruck der welthistorischen Mission der Arbeiterklasse als Befreierin der Gesellschaft von allen Arten sozialer und nationaler Unterdrückung. Darin liegt auch begründet, daß er sich heute weniger denn je auf die Solidarität der Klasse oder innerhalb der Klasse beschränkt und daß er auch nicht nur in den Beziehungen zwischen den marxistisch-leninistischen Parteien wirkt. Er spielt eine immer größere Rolle im Zusammenwirken aller Kräfte des sozialen Fortschritts in der heutigen Welt.

Prinzipien der Zusammenarbeit Entsprechend den heutigen Voraussetzungen und Aufgaben und gestützt auf die bisher gesammelten Erfahrungen setzen sich in den Beziehungen zwischen den marxistisch-leninistischen Parteien immer mehr Prinzipien und Normen durch, die der *Breite der Bewegung*, der *Vielfalt der Entwicklungsbedingungen* und der *Unterschiedlichkeit der konkreten strategischen und taktischen Aufgaben* der einzelnen Parteien entsprechen. Sie sind geeignet, die Tätigkeit der Parteien zweckentsprechend zu koordinieren und ihr internationales Zusammenwirken, ihre gemeinsame Aktion zu verstärken.

Es sind vor allem folgende *Prinzipien*, die sich bewährt haben: Alle marxistisch-leninistischen Parteien, die selbständig, gleichberechtigt und unabhängig sind, erarbeiten ihre Politik auf der Grundlage der Prinzipien des Marxismus-Leninismus und ausgehend von den konkreten Bedingungen des jeweiligen Landes. Dabei ist die Verantwortung jeder Partei vor der Arbeiterklasse und dem Volk des eigenen Landes untrennbar verbunden mit der Solidarität mit den Werktätigen aller Länder. Die Parteien koordinieren – ohne Einmischung der einen Parteien in die Angelegenheiten anderer – entsprechend den jeweiligen Erfordernissen freiwillig ihre Aktionen und führen gemeinsame, solidarische Aktionen zur erfolgreichen Lösung der vor ihnen stehenden Aufgaben durch. Sie beachten in ihrer Tätigkeit die gemeinsam ausgearbeiteten Einschätzungen und Schlußfolgerungen, die die gemeinsamen Kampfaufgaben betreffen. Sie betrachten es als ihre internationalistische Pflicht, sich gegenseitig zu unterstützen, die Zusammenarbeit und Solidarität zu entwickeln und die Einheit der Aktion der gesamten Bewegung zu fördern.

Dabei haben die Erfahrungen gezeigt, daß die *Einheit der internationalen kommunistischen Bewegung*, die auf den gemeinsamen Zielen, Frieden und Sozialismus, basiert, eine große *Vielfalt* aufweist. Als eine lebendige, eng mit dem Leben der Völker, mit den Widersprüchen unserer Zeit verbundene politische Kraft muß sich die kommunistische Bewegung ständig neuen und sich rasch verändernden Aufgaben stellen. Neue theoretische und politische Anforderungen beim Beschreiten historisch neuer Wege, das rasche zahlenmäßige Wachstum vieler marxistisch-leninistischer Parteien und die damit verbundene Einbeziehung neuer sozialer Kräfte in die Bewegung, die Ungleichmäßigkeit der sozialen und politischen Prozesse in der heutigen Welt, der nicht nachlassende, in vielfältigen Formen ausgeübte ideologische und politische Druck und die differenzierte Taktik der imperialistischen Bourgeoisie – all diese und andere Faktoren führen objektiv zu einer Vielfalt der Bewegung, zu Unterschieden im Herangehen an die Lösung bestimmter Fragen und bisweilen auch zu Meinungsverschiedenheiten und Differenzen. Das ist heute eine mehr oder weniger normale Erscheinung, die keineswegs die internationale kommunistische Bewegung und ihre Einheit in Frage stellt – wenn sie von verantwortungsbewußten, internationalistischen Positionen aus betrachtet und praktisch bewältigt wird.

Wesentlich ist vor allem, daß unterschiedliche Auffassungen und auch Meinungsverschiedenheiten nicht zum Hindernis für gemeinsame Aktionen zur Durchsetzung gemeinsamer Interessen werden. Bei der *Klärung von Meinungsverschiedenheiten* spielen kameradschaftliche Beratungen und Konsultationen, die Achtung vor den Leistungen der Bruderparteien, das gründliche Studium der Erfahrungen und der ständige Meinungsaustausch, eine wichtige Rolle. Wenn bei dieser oder jener Partei Fragen auftauchen, die die Tätigkeit einer Bruderpartei betreffen, so hat sich als die richtige Methode erwiesen, daß sich die Führung an die entsprechende Führung wendet und erforderlichenfalls Konsultationen oder klärende Beratungen stattfinden, in denen in der Diskussion, ausgehend von den praktischen Erfahrungen, und im Prozeß der praktischen Zusammenarbeit die Probleme geklärt werden. Es bestätigt sich auch hier die Weisheit der Worte Lenins: „Meinungsverschiedenheiten innerhalb politischer Parteien und zwischen politischen Parteien werden gewöhnlich nicht nur durch prinzipielle Polemik, sondern auch durch die Entwicklung des politischen Lebens selbst entschieden."[25]

Partner aller Friedens- Die internationale kommunistische Bewegung ist un-
und Fortschrittskräfte trennbarer Bestandteil der internationalen Arbeiter-
bewegung und darüber hinaus der breiten Bewegung der Völker, Staaten, politischen Parteien, Organisationen und anderer Kräfte für die Verhinderung eines atomaren Krieges, für die Sicherung friedlicher Existenzbedingungen der Menschheit. Aus dem humanistischen Wesen der welthistorischen Mission der Arbeiterklasse, die die Kommunisten konsequent vertreten, und aus den neuen Erfordernissen eines konstruktiven, schöpferischen Zusammenwirkens der Staaten und Völker zur Erhaltung der menschlichen Zivilisation ergibt sich die grundsätzliche Bereitschaft der internationalen kommunistischen Bewegung, nicht nur *in* den einzelnen Ländern ein breites Bündnis zu verwirklichen, sondern auch auf *internationaler Ebene* Wege zu einer Zusammenarbeit, zu Kontakten und zum Dialog mit allen politischen, religiösen u. a. Strömungen, Bewegungen, gesellschaftlichen Organisationen und Parteien zu finden und zu gehen, denen die Geschicke des Weltfriedens am Herzen liegen. Bündnisbereitschaft und Offenheit im Sinne der Aktivierung des Kampfes für Frieden und internationale Sicherheit gehören zu den Merkmalen eines kühnen und schöpferischen Herangehens an neue Realitäten.[26]

Im Kampf um Frieden und sozialen Fortschritt kommt den *Beziehungen der internationalen kommunistischen Bewegung zur internationalen Sozialdemokratie* erstrangige Bedeutung zu. Hier handelt es sich um die beiden bedeutendsten Strömungen in der internationalen Arbeiterbewegung, die revolutionäre und die reformistische, zwischen denen neben übereinstimmenden und parallelen Positionen in vielen Fragen tiefgehende theoretisch-weltanschauliche und politisch-programmatische Unterschiede und Meinungsverschiedenheiten bestehen, die sich in einem mehrere Jahrzehnte umfassenden historischen Prozeß herausgebildet haben. Die internationale Sozialdemokratie, vereint in der 1951 neugegründeten Sozialistischen Internationale (SI), umfaßt mehr als 80 Parteien und Organisationen, darunter 49 sozialistische und sozialdemokratische Parteien als Vollmitglieder und weitere Parteien und Bewegungen mit Beobachterstatus sowie assoziierte internationale Organisationen. Die ihr zugehörenden Parteien zählen über 16 Millionen Mitglieder; sie haben eine relativ stabile Wählerbasis und enge Kontakte zu zahlreichen Gewerkschaften und weiteren Massenorganisationen. Angesichts dieses bedeutenden Potentials, der Erfordernisse der Schaffung einer weltweiten Friedenskoalition sowie der Erfahrungen der Geschichte der Arbeiterbewegung und des Kampfes um die Aktionseinheit vertritt die SED den Standpunkt, daß Kom-

---

25 W. I. Lenin, Die Revolution lehrt, in: Werke, Bd. 9. S. 137.
26 Vgl. Kap. 5.3. und 5.4. des vorliegenden Lehrbuches.

munisten und Sozialdemokraten „unbeschadet bestehender ideologischer und gesellschaftspolitischer Meinungsverschiedenheiten, wichtige Partner im Kampf für die Durchsetzung einer Politik des Augenmaßes, der Vernunft und des Realismus im Interesse des Friedens"[27], aber auch zur Lösung anderer globaler Probleme, die im Zentrum des Ringens um sozialen Fortschritt in der Gegenwart stehen, sind. In den letzten Jahren haben sich zahlreiche Kontakte und gemeinsame Initiativen zwischen marxistisch-leninistischen Parteien der sozialistischen Länder und sozialdemokratischen und sozialistischen Parteien entwickelt, dazu gehören u. a. die von SED und SPD erarbeiteten „Grundsätze für einen atomwaffenfreien Korridor in Mitteleuropa" (1986) sowie das Dokument „Der Streit der Ideologien und die gemeinsame Sicherheit" (1987), das von der Akademie für Gesellschaftswissenschaften beim ZK der SED und der Grundwertekommission der SPD ausgearbeitet wurde. Im Kampf für den Frieden entwickelten sich in den letzten Jahren auch vielfältige Beziehungen marxistisch-leninistischer Parteien der kapitalistischen und der sozialistischen Länder zu *revolutionär-demokratischen Parteien* und in einer ganzen Reihe von Fragen der internationalen Politik auch zu einigen *bürgerlichen Parteien* Asiens, Afrikas und Lateinamerikas.

In der heutigen Etappe der Epoche des Übergangs vom Kapitalismus zum Sozialismus erlangen als Ausdruck der wachsenden Rolle der Volksmassen und der Zunahme ihrer politischen Organisiertheit *demokratische politische Massenbewegungen* auch *international* wachsendes Gewicht. Sie bereichern auf ihre Weise das Spektrum der organisierten politischen Aktivität und treten in vielfältigen Formen auf. Es handelt sich sowohl um vorwiegend staatlich organisierte Bewegungen, wie die Bewegung der Nichtpaktgebundenheit, Strömungen in der Arbeiterbewegung, wie die kommunistische und die sozialdemokratische, Friedensbewegungen, internationale Bewegungen der Frauen, der Jugend, der Gewerkschaften. Im Unterschied zu den Parteien, Massenorganisationen und anderen traditionellen Organisationsformen zeichnen sich die politischen Bewegungen in der Regel durch große soziale Breite, relative Selbständigkeit und Eigenständigkeit ihrer Teilnehmer sowie Vielfalt der Organisations- und Aktionsformen aus.

Die marxistisch-leninistischen Parteien und die internationale kommunistische Bewegung orientieren sich national und international auf ein gleichberechtigtes, partnerschaftliches Wirken *in* und *mit* den demokratischen Massenbewegungen und Strömungen. Sie gehen davon aus, daß der Kreis der am Kampf um den sozialen Fortschritt beteiligten sozialen und politischen Kräfte immer breiter wird und daß die Kommunisten wie bisher sich durch ihren aktiven, zielklaren Beitrag, durch ihren aufopferungsvollen Einsatz auszeichnen müssen.

---

27   Bericht des ZK der SED an den XI. Parteitag der SED, S.91.

Kontrollfragen zu Kapitel 3

1. Woraus ergibt sich die Notwendigkeit einer revolutionären Partei der Arbeiterklasse?

2. Wovon hängen die Kampfkraft und der Einfluß einer marxistisch-leninistischen Partei ab?

3. Welche Aufgaben hat die internationale kommunistische Bewegung im Kampf um Frieden und sozialen Fortschritt in der Gegenwart zu lösen?

4. Worin bestehen die Grundlagen und die wichtigsten aktuellen Erfordernisse des proletarischen Internationalismus?

4. Die politische Strategie und Taktik der revolutionären Partei der Arbeiterklasse

Um die Arbeiterklasse und alle Werktätigen im Kampf für Frieden, Demokratie und sozialen Fortschritt, in der sozialistischen Revolution und bei der Gestaltung der entwickelten sozialistischen Gesellschaft sicher führen zu können, benötigen marxistisch-leninistische Parteien eine wissenschaftlich begründete Strategie und Taktik. Die Strategie und Taktik nimmt in der politischen Führungstätigkeit dieser Parteien in allen Etappen der Verwirklichung der welthistorischen Mission der Arbeiterklasse einen zentralen Platz ein.

Unter *politischer Strategie und Taktik* verstehen wir:
erstens eine *wissenschaftliche Lehre*, die als Bestandteil des wissenschaftlichen Sozialismus die *strategischen und taktischen Ansichten* des Marxismus-Leninismus, wesentliche *allgemeine Prinzipien der politischen Führungstätigkeit* und der schöpferischen Aktion der Arbeiterklasse und der anderen Werktätigen umfaßt[1], und
zweitens die *Grundlinie der Führungstätigkeit*, die Gesamtkonzeption des politischen Verhaltens *einer Partei*, die – ausgehend von den Zielsetzungen ihres Parteiprogramms – die grundlegende politische Orientierung unter den gegebenen historischen, nationalen u. a. Bedingungen, d. h. in der jeweiligen strategischen Etappe enthält.[2]

---

1 Diese Erkenntnisse bilden den Hauptinhalt dieses Kapitels.
2 Strategische und taktische Probleme werden entsprechend dem Gegenstand und den Aufgaben des wissenschaftlichen Sozialismus in den meisten Kapiteln des vorliegenden Lehrbuches behandelt, insbesondere in den Kap. 7, 8, 10, 11 und 12.

4.1. Wissenschaft und Kunst
der politischen Führung

Notwendigkeit, Platz   Die *Notwendigkeit* einer wissenschaftlich fundierten
und Klassencharakter   politischen Strategie und Taktik für revolutionäre Arbeiterparteien ergibt sich in erster Linie daraus, daß
der Übergang vom Kapitalismus zum Sozialismus, daß Aufbau und weitere Gestaltung des Sozialismus nicht spontan erfolgen, sondern bewußt zu führen und
zu vollziehen sind. Die sozialistische Revolution und der Aufbau der neuen Gesellschaft können nur das Werk des bewußten, organisierten und zielgerichteten
Handelns der Arbeiterklasse und ihrer Verbündeten sein, die von einer marxistisch-leninistischen Partei geführt werden. Die von den Klassikern des Marxismus-Leninismus begründeten und durch die theoretische Arbeit der Parteien auf-
gedeckten und in der Regel in den Programmen konzentriert dargestellten grundlegenden Erfordernisse der gesellschaftlichen Entwicklung müssen in allen
Etappen des Kampfes in einer ganz bestimmten Weise, d. h. mit realistischen und
mobilisierenden *Zielstellungen*, mit einer erfolgversprechenden *Formierung* und *Mobilisierung* der *revolutionären Kräfte* und mit entsprechenden *Methoden* der geschichtlichen Aktion der Massen verwirklicht werden.
Dementsprechend umfaßt die Strategie und Taktik:
die jeweiligen, etappenspezifisch determinierten und modifizierten *Ziele* (unter
Berücksichtigung der Wechselbeziehungen von Endziel, programmatischen Zielen, strategischen Zielen, Aktionszielen und Tagesaufgaben), *Kräftegruppierungen*
(Hegemonie und soziale Hauptkraft bzw. -kräfte, Verbündete und Koalitionspart-
ner, Einheits- und Volksfront usw). sowie *Formen und Methoden* (friedlicher und
nichtfriedlicher Weg, Reform und Revolution, parlamentarischer und außerparla-
mentarischer, legaler und illegaler Kampf, bei der Gestaltung des Sozialismus Entfaltung der sozialistischen Demokratie, Einheit von Wirtschafts- und Sozialpolitik, sozialistischer Wettbewerb usw.). Sie berücksichtigt dabei *allgemeine Prinzipien
der Führung* des Kampfes.[3] Nur indem die Parteien, gestützt auf die marxistisch-
leninistische Theorie, auf eine exakte Analyse der gesellschaftlichen Wirklichkeit
und auf die sorgsame Berücksichtigung der Erfahrungen des Kampfes ihre Strategie und Taktik ausarbeiten, die Massen von ihrer Richtigkeit überzeugen und für
ihre Durchsetzung mobilisieren, können sie erfolgreich den Kampf um Frieden
und sozialen Fortschritt, um die Gestaltung der sozialistischen Gesellschaft führen.
Das ist um so notwendiger, als auch *andere*, der Arbeiterklasse und dem Sozialismus gegenüberstehende *Klassenkräfte und Parteien* verstärkt und auf lange Sicht
ihre *Strategien und Taktiken* ausarbeiten. Die politischen Repräsentanten des Imperialismus haben über einen langen historischen Zeitraum hinweg ein differenziert

---

3 Vgl. Abschnitt 4. 2. des vorliegenden Kapitels.

einsetzbares politisches Instrumentarium entwickelt, dessen Spannweite sich in der Formel von „Zuckerbrot und Peitsche" zeigt, sich von der Anwendung von aggressivster Konfrontations- und Hochrüstungspolitik bis zu verschiedenen Spielarten imperialistischer Anpassungspolitik erstreckt und je nach imperialistischer Sicht des Kräfteverhältnisses eingesetzt wird. Für die revolutionäre Arbeiterbewegung, die sich zumindest in den ersten Etappen ihres Kampfes noch nicht auf staatliche Machtpositionen stützen kann und auch später nicht selten ein für sich ungünstiges Kräfteverhältnis zu berücksichtigen hat, bedeutet das in besonderem Maße, eine kluge, vorausschauende und flexible Strategie und Taktik auszuarbeiten und durch umfassende Massenarbeit zu verwirklichen.

Die Strategie und Taktik der revolutionären Arbeiterbewegung trägt notwendigerweise *politischen Charakter*, denn die Befreiung der Arbeiterklasse kann letztendlich nur das Ergebnis ihrer eigenen *politischen* Aktion, d. h. des Kampfes um die Eroberung, Verteidigung und Festigung ihrer Macht sein. Die Strategie und Taktik dient der politischen, ideologischen und organisatorischen Formierung der Arbeiterklasse und anderer revolutionärer Kräfte und ihrer Führung durch die marxistisch-leninistische Partei. Sie weist die Grundlinie der Führungstätigkeit in einer historischen Etappe aus und ist damit ein *wesentlicher Bestandteil ihrer Gesamtpolitik*. Auf sie trifft die von W. I. Lenin formulierte Erfahrung zu, „daß in letzter Instanz eine umfassend prinzipielle Politik die einzige wirkliche praktische Politik ist".[4]

Gegenüber allgemeinen Erfordernissen, die sich aus der wissenschaftlichen Analyse geschichtlicher Entwicklungen ergeben und in der marxistisch-leninistischen Theorie verallgemeinert sind, bildet die *Strategie und Taktik eine wesentliche Konkretisierung* von Aufgabenstellungen, in denen insbesondere die konkret-nationalen Bedingungen als unmittelbarer Kampfboden der Arbeiterklasse beachtet sind. Dem entspricht auch, daß jede Partei in Verantwortung vor der Arbeiterklasse und dem eigenen Volk selbständig ihre Strategie und Taktik ausarbeitet. Zugleich ist *Strategie und Taktik ziel- und wegweisende Grundorientierung* und unterscheidet sich von situationsbedingten Entscheidungen, von sie konkretisierenden Beschlüssen auf Parteitagen, Parteikonferenzen und anderen zentralen Tagungen und Aktionsprogrammen, Fünfjahr- und Jahresplänen und ähnlichen Aufgabenstellungen, in denen sie hinsichtlich Zwischenetappen, Reihenfolge und Umfang von zu lösenden Aufgaben, Fristen und Terminen usw. ständig präzisiert wird und im Sozialismus mit staatlich-normativen Entscheidungen unmittelbare Verbindlichkeit erhält. Als eine Art *Vermittlung zwischen theoretischer Erkenntnis und praktischer Veränderung der Welt* hat politische Strategie und Taktik damit eine unersetzbare Aufgabe und ist *Grundbestandteil der umfassenden politischen Führungstätigkeit* marxistisch-leninistischer Parteien, die in ihrer Tätigkeit die Einheit von Theorie und Politik verwirklichen. Wichtige Erkenntnisse der Lehre von der politischen Strategie und Taktik und Erfahrungen bei ihrer Realisierung werden auch von re-

---

4 W. I. Lenin, Die Stellung zu den bürgerlichen Parteien, in: Werke, Bd. 12, S. 492.

volutionären Vorhutparteien und anderen progressiven Kräften in der heutigen Welt genutzt und schöpferisch angewendet.

Aufgaben der In der Einheitlichkeit des politischen Führungspro-
politischen Strategie zesses und der darin eingeschlossenen Einheit von
und Taktik Strategie und Taktik sind die Unterschiede und die
spezifischen Aufgaben von Strategie und Taktik theoretisch und praktisch zu beachten.

In der *Strategie*, die unmittelbar vom erreichten Niveau der gesellschaftlichen Entwicklung und vom Verhältnis der Klassenkräfte innerhalb des Landes und in der internationalen Arena ausgeht, werden bestimmt,
– die Hauptziele und die diesen untergeordneten Teilziele in der jeweiligen historischen, strategischen Etappe;
– die sozialen und politischen Hauptkräfte, das Verhältnis der Arbeiterklasse und des Sozialismus zu anderen Klassen, Parteien und Bewegungen und damit die (ständigen und zeitweiligen) Bündnispartner und die hauptsächlichen gegnerischen bzw. hemmenden Kräfte;
– die Hauptaufgaben und Grundrichtungen des Wirkens der Partei, die entscheidenden Kettenglieder;
– die hauptsächlichen, relativ stabilen Formen, Methoden und Mittel des Kampfes und der Tätigkeit zur Verwirklichung der Ziele.

Die Strategie ist die relativ unveränderliche, für eine Etappe des Kampfes gültige grundlegende Linie der Partei. Sie enthält die allgemeinen und grundlegenden Aufgaben, die sich im Klassenkampf „nicht verändern, falls sich das grundlegende Verhältnis der Klassen zueinander nicht verändert".[5] Das bedeutet auch: Der Kampf der revolutionären Arbeiterbewegung eines jeden Landes durchläuft im Zuge der Verwirklichung der welthistorischen Mission der Arbeiterklasse eine Reihe *strategischer Etappen*. In jeder dieser Etappen gehört es zu den Aufgaben der marxistisch-leninistischen Partei, die Bestimmung des Hauptzieles der Etappe mit dem im Programm der Partei fixierten Fernziel zu verbinden. Die Strategie ist somit unter dem Gesichtspunkt auszuarbeiten und immer wieder zu überprüfen, ob sie einen weiteren Schritt zur Verwirklichung der historischen Mission der Arbeiterklasse gewährleistet. Gleichzeitig muß die Strategie neben der allgemeinen Aufgabe der revolutionären Arbeiterbewegung stets die Besonderheiten der gegebenen historischen Etappe berücksichtigen und die besonderen, nur dieser Etappe eigenen Aufgaben und die Hauptmittel zu ihrer Lösung bestimmen.

Historische Erfahrungen belegen, daß die sorgfältige Ausarbeitung der strategischen Orientierung eine unumgängliche Voraussetzung einer sicheren, zielklaren und zugleich flexiblen Aktion im Klassenkampf und des erfolgreichen Voranschreitens beim Übergang zum Sozialismus ist. Das erwies sich besonders in den

---

5 W. I. Lenin, Über einige Besonderheiten der historischen Entwicklung des Marxismus, in: Werke, Bd. 17, S. 23.

40er und 50er Jahren in einheitlichen revolutionären Prozessen in Europa und Asien, in denen demokratische Umwälzungen unmittelbar in die sozialistische Umgestaltung hinüberwuchsen. Bereits in der ersten Etappe dieses Prozesses entstanden Keime des Sozialismus, während in der zweiten Etappe vielfach Aufgaben demokratischen Charakters weiterzuführen, zu vertiefen und zu vollenden waren. Während es aus historischer Sicht gerechtfertigt ist, die Einheitlichkeit und die Kontinuität des Prozesses des revolutionären Übergangs zum Sozialismus hervorzuheben, ist aus *strategischer Sicht* zu betonen, daß für jede Etappe ein spezifisches Hauptziel zu bestimmen war, daß exakt die spezifische Hauptaufgabe und die ihr entsprechenden konkreten Losungen festzulegen waren. Das heißt, zuerst war die strategische Orientierung konsequent auf die Durchführung demokratischer Umwälzungen zu richten, und erst nach ihrem wesentlichen Vollzug auf die ebenso konsequente Durchsetzung sozialistischer Umgestaltungen zu konzentrieren. Daraus leitet sich die allgemeine Schlußfolgerung für strategische Aufgabenstellungen marxistisch-leninistischer Parteien ab, daß die Strategie stets nach zwei Seiten hin zu optimieren ist: Sie soll einerseits so mobilisierend sein, daß die potentielle Bereitschaft der Werktätigen weitestmöglich für effektiven gesellschaftlichen Fortschritt erschlossen und in Aktion gesetzt wird. Andererseits soll sie so realistisch sein, daß sie an die Lebensinteresen der werktätigen Massen anknüpft und sie zur Triebkraft aktiven Handelns werden läßt. Diese Lehre gilt auch für Teilziele, wenn es z.B. unter den Bedingungen des jeweiligen Landes um richtige Orientierungen zur Meisterung des wissenschaftlich-technischen Fortschritts bei der weiteren Gestaltung der entwickelten sozialistischen Gesellschaft geht.

Strategische Zielbestimmungen haben stets Bedingungen wie Elemente der jeweiligen Etappe allseitig zu berücksichtigen. Mit der Gestaltung des Sozialismus auf seinen eigenen Grundlagen erhält diese Forderung eine neue Qualität, insofern jetzt das organische Zusammenwirken aller Bereiche und Seiten der sozialistischen Gesellschaft selbst zu einem Hauptziel und zu einer Voraussetzung weiterer Fortschritte überhaupt wird. Dieser Sachverhalt hat seinen Ausdruck darin gefunden, daß die hauptsächlichen Ziel- und Aufgabenstellungen ausdrücklich als *Gesellschaftsstrategie*[6] bezeichnet werden, die dann durch Teilstrategien für die ökonomische Entwicklung in Einheit mit der Sozialpolitik, für den Bereich der Wissenschaft, der Bildung usw. vervollständigt und konkretisiert wird.

Als bedeutsames *strategisches Problem* erweist sich die richtige Bestimmung der *sozialen und politischen Kräfte*, zu denen die revolutionäre Arbeiterbewegung ihr Verhältnis festzulegen hat. Eine sektiererische Unterschätzung von Bündnis- und Koalitionspotenzen anderer sozialer Kräfte verhindert die Erringung entscheidender Kräfteübergewichte in den Kämpfen für Frieden, Demokratie und sozialen Fortschritt und beeinträchtigt die Ausschöpfung von Triebkraftpotentialen bei der schöpferischen Gestaltung des Sozialismus. Aber auch eine undifferenzierte Bündnispolitik, die Spezifik, Unterschiede und Nichtübereinstimmungen

6 Vgl. Kap. 10.2. und 12. des vorliegenden Lehrbuches.

außer acht läßt, ist kaum geeignet, langfristige und stabile Bündnisse zu erreichen. In besonderer Schärfe tritt dieses Problem zum Beispiel bei der Entscheidung für einen sozialistischen Entwicklungsweg in jungen Nationalstaaten auf, in denen die soziale Differenzierung noch nicht zu einer stabilen Klassen- und Sozialstruktur und entsprechend ausgeformten stabilen sozialen Interessen geführt hat. Daraus folgt, daß sich revolutionäre Vorhutparteien in solchen Ländern mit besonderer Sorgfalt der Analyse sozialer Verhältnisse und Entwicklungstendenzen zuzuwenden und diese ihrer Strategie und Taktik zugrunde zu legen haben, um die notwendige politische Stabilität auf dem langwierigen und aus der Sicht der strategischen Aufgaben mehrstufigen Weg zum Sozialismus zu erreichen.

Von hohem Rang und großer Kompliziertheit erweist sich die Aufgabe, die *Hauptaufgaben und Hauptrichtungen* des Kampfes zur Verwirklichung der strategischen Ziele exakt zu bestimmen und sorgfältig zu formulieren. In der geschichtlichen Entwicklung erscheinen gesellschaftliche Erfordernisse meist nicht in allgemeiner Form, sondern sie treten vermittelt über spezifische, durch nationale und historische Umstände besonders ausgeprägte Widersprüche und Interessen im Alltagsbewußtsein und im gesellschaftspolitischen Denken zutage. Das können Interessen nach nationaler Befreiung, nach Grund und Boden, nach der Überwindung von Unterentwicklung, nach der Erweiterung demokratischer Rechte, im Sozialismus nach Verbesserung materieller und geistiger Lebensbedingungen, nach konsequenter Durchsetzung des sozialistischen Leistungsprinzips usw. sein. Daraus folgt, daß die Bestimmung des strategischen Etappenziels stets mit der Klärung entscheidender Kampffelder, d. h. jener Bereiche, in denen die entscheidenden Aufgaben zu lösen sind, zu verbinden ist, um die Masse der Werktätigen zielstrebig anhand ihrer Alltagserfahrungen zur politischen Sicht auf gesellschaftliche Prozesse, zur gesellschaftlichen Verantwortung und zu entsprechendem revolutionären Handeln zu führen.

In diesem Zusammenhang hat die *Auswahl und Formulierung richtiger Losungen* wesentliche Bedeutung für die politisch-ideologische Arbeit der Partei. So war es nach der Zerschlagung des Hitlerfaschismus und angesichts bitterer Erfahrungen von Millionen Werktätigen mit seiner menschenfeindlichen Politik wirksam, nicht nur eine demokratische Umgestaltung gesellschaftlicher Verhältnisse in Deutschland schlechthin zu proklamieren, sondern sie ausdrücklich als antifaschistisch-demokratischen Neuaufbau und als Schaffung solcher gesellschaftlichen Bedingungen zu charakterisieren, die gewährleisten, daß von deutschem Boden nie wieder ein Krieg ausgehen kann. In der Gegenwart erweist es sich als wichtig, die allgemeine Aufgabe der weiteren Gestaltung der entwickelten sozialistischen Gesellschaft mit massenwirksamen Losungen zu verbinden und damit wirksame Vermittlungen zwischen persönlichen und gesellschaftlichen Interessen zu schaffen, wie zum Beispiel: „Mein Arbeitsplatz ist mein Kampfplatz für den Frieden" und „Unser Hauptkampffeld ist die Einheit von Wirtschafts- und Sozialpolitik".

Die *Taktik* einer marxistisch-leninistischen Partei ist der Strategie untergeordnet, sie dient ihrer Verwirklichung. In der Taktik kommt die Politik der Partei in der jeweiligen aktuellen Situation unter Berücksichtigung der konkreten Veränderungen des Kräfteverhältnisses innerhalb einer strategischen Etappe zum Ausdruck, werden die Formen und Methoden des Kampfes und ihre zweckmäßige Kombination, wird die beste Art des Herankommens an die Lösung neuer Aufgaben bestimmt, durch die die nächsten Schritte zum strategischen Ziel getan werden können. Im Unterschied zur Strategie ist die Taktik flexibler, äußerst veränderlich, in der Regel relativ kurzfristig und wird über schnell wechselnde und mannigfaltige Formen, Mittel und Methoden realisiert. In ihrer Taktik berücksichtigen die marxistisch-leninistischen Parteien unmittelbar die Erfahrungen der Volksmassen, die Veränderungen ihres Bewußtseins, den Masseneinfluß der Partei, massenpsychologische politische Faktoren, die mitunter raschen Veränderungen in der revolutionären Bewegung, die Taktik der Bourgeoisie im nationalen und internationalen Rahmen, und sie reagieren auf Ereignisse, Schritte der gegnerischen Kräfte usw., die nicht im voraus erkennbar waren. Die Partei kann die Taktik des Kampfes nicht willkürlich bestimmen oder verändern. Die Formen und Methoden des Kampfes sind ebenfalls objektiv determiniert. Ebenso wie die Strategie ist die Taktik untrennbar mit der *Gewinnung und Erziehung der Massen* verbunden. Sie muß deshalb so angelegt sein, daß die revolutionären Kräfte Erfahrungen sammeln, die sie an die Lösung der jeweiligen strategischen Aufgabe heranführen. In Auswertung der Lehren der russischen Revolution von 1905 schrieb Lenin: „Die wirkliche Erziehung der Massen kann niemals getrennt vom und außerhalb vom selbständigen politischen und besonders revolutionären Kampfe der Masse selbst geschehen. Erst der Kampf erzieht die ausgebeutete Klasse, erst der Kampf gibt ihr das Maß ihrer Kräfte, erweitert ihren Horizont, steigert ihre Fähigkeit, klärt ihren Verstand auf, stählt ihren Willen."[7]

In der Praxis sind *Strategie und Taktik*, die sich in der Regel hinsichtlich des Allgemeinheitsgrades sowie von Zeit und Raum ihrer Gültigkeit unterscheiden, *eng miteinander verbunden*, weil die Ausarbeitung der politischen Strategie nur im Zusammenhang mit der Festlegung einer entsprechenden Taktik erfolgen kann und die Politik stets die Einheit von Strategie und Taktik verkörpert. Viele Probleme sind zudem oft gleichzeitig strategischer und taktischer Natur. So ist z.B. die Formierung eines breiten Bündnisses in jeder Etappe eine Frage der Strategie; sie weist aber zugleich zahlreiche taktische Aspekte auf, wenn es um die konkreten, teilweise zeitweiligen Formen und Methoden des Bündnisses geht.

Wissenschaftliche Grundlagen   Die Stärke und Lebenskraft der politischen Strategie und Taktik der kommunistischen und Arbeiterparteien beruhen vor allem darauf, daß sie Ausdruck der Lebensinteressen der Arbeiterklasse ist, im Marxismus-Leninismus eine feste wissenschaftliche Grundlage besitzt, selbst eine Wissenschaft ist und als solche von den marxistisch-leninistischen Parteien gehandhabt wird.

---

7 W. I. Lenin, Ein Vortrag über die Revolution von 1905, in: Werke, Bd. 23, S. 249.

Diese Strategie und Taktik wird auf der festen Grundlage aller Bestandteile des Marxismus-Leninismus, der marxistisch-leninistischen Geschichtswissenschaften und im wachsenden Maße auch weiterer Wissenschaften ausgearbeitet.

Der *dialektische und historische Materialismus* ist die philosophische Grundlage der politischen Strategie und Taktik. Seine konsequente Anwendung sichert eine objektive, materialistische Analyse der Wirklichkeit und ermöglicht wissenschaftliche Voraussicht sowie die richtige Widerspiegelung der Wechselbeziehungen von Ökonomie, Politik und Ideologie, von objektiven Bedingungen und subjektivem Faktor in der Strategie und Taktik. Er orientiert darauf, von den objektiven Bedingungen auszugehen und deren Veränderung und Entwicklung zu beachten. Mit Hilfe der materialistischen Dialektik ist es möglich, die äußerst komplizierte und widerspruchsvolle Entwicklung der Gesellschaft von einer konsequent materialistischen und revolutionären Position aus zu analysieren. Sie bewahrt die marxistisch-leninistischen Parteien vor Einseitigkeiten, Schematismus und Subjektivismus in ihren strategisch-taktischen Entscheidungen.

Unumgänglich ist auch die Anwendung der Erkenntnisse der marxistisch-leninistischen *politischen Ökonomie* für die Ausarbeitung der politischen Strategie und Taktik, liegen doch den politischen Widersprüchen und Gesetzmäßigkeiten letztlich ökonomische Widersprüche und Gesetze zugrunde. Deshalb muß der Ausarbeitung der politischen Strategie und Taktik die tiefgründige Analyse der ökonomischen Entwicklung der Gesellschaft, ihrer Widersprüche und der daraus resultierenden ökonomischen Lage der Klassen und Schichten vorausgehen. Dadurch können die marxistisch-leninistischen Parteien die Interessen der Klassen und Schichten richtig bestimmen und eine Politik ausarbeiten, die die Interessen der Arbeiterklasse und die der anderen werktätigen Schichten so miteinander verknüpft, daß ein breites Bündnis möglich wird und die Lösung der aktuellen Aufgaben mit dem Kampf um die zukünftigen Aufgaben verbunden wird.

Der *wissenschaftliche Sozialismus* ist die *unmittelbare theoretische Grundlage* für die Ausarbeitung der politischen Strategie und Taktik, denn diese muß sich auf die Kenntnis der Gesetzmäßigkeiten des revolutionären Weltprozesses, des Übergangs vom Kapitalismus zum Sozialismus, der Gestaltung der entwickelten sozialistischen Gesellschaft, seiner Formen, Triebkräfte und Etappen stützen und die marxistisch-leninistische Partei befähigen, die Arbeiterklasse zur Durchsetzung ihrer historischen Mission zu organisieren und zu leiten. Eine wichtige Aufgabe des wissenschaftlichen Sozialismus ist es, die strategischen und taktischen Erfahrungen des Kampfes der Arbeiterbewegung zu studieren und zu verallgemeinern und damit einen Beitrag zur ständigen Vervollkommnung der Lehre von der politischen Strategie und Taktik zu leisten.

Zu den unabdingbaren Grundlagen der Strategie und Taktik gehört die Beachtung von *Grundlehren der Geschichte der Arbeiterbewegung,* das heißt von verallgemeinerten nationalen und internationalen Erfahrungen, die auch die Funktion von politischen Prinzipien, von fundamentalen Verhaltensregeln erfüllen. Sie geben der Arbeiterbewegung eine richtige Orientierung und können sie auch vor Fehlern, tragischen Irrtümern und opportunistischen Abweichungen bewahren. So vermittelt die Geschichte der revolutionären Kämpfe und des realen Sozialismus in unserer Epoche der internationalen Arbeiterklasse die Grundlehre, daß der Aufbau des Sozialismus und seine weitere stabile und dynamische Gestaltung nur möglich sind, wenn die politische Herrschaft der Arbeiterklasse und ihrer Verbündeten in dieser und jener Form errichtet und auch durch die Entfaltung der sozialistischen Demokratie ständig gefestigt und gegen alle Angriffe verteidigt wird.

Zu den Vorzügen der marxistisch-leninistischen Strategie und Taktik gehört, daß sie von *wissenschaftlich begründeten Prognosen der sozialen und politischen Entwicklung* ausgehen kann. So war die wissenschaftliche Voraussicht Lenins über die Möglichkeit des Sieges des Sozialismus in einem Land von großer Bedeutung für die Ausarbeitung und Verwirklichung der Strategie und Taktik in der Großen Sozialistischen Oktoberrevolution und beim Aufbau des Sozialismus in der UdSSR. Natürlich ist es nicht möglich, den historischen Verlauf im einzelnen vorherzubestimmen. Aber durch die Erkenntnis der grundlegenden Entwicklungsrichtungen der Klassenkräfte und ihres Verhaltens gewinnt die Strategie an Sicherheit und Weitsicht. Die Voraussicht auf das Ziel des Kampfes, auf den trotz aller Schwierigkeiten möglichen Sieg der Revolution bei richtiger Bündnispolitik, bei Anspannung aller Kräfte der Arbeiterklasse fördert die schöpferischen Aktivitäten bei der Überwindung ungünstiger Zufälle und Schwierigkeiten im historischen Prozeß.

Die Strategie und Taktik einer marxistisch-leninistischen Partei entwickelt das bewußte und organisierte *Schöpfertum der Massen*, koordiniert und lenkt es auf ein einheitliches Ziel. Dieses Schöpfertum der Arbeiterklasse und ihrer Verbündeten, ihre Initiativen und Aktivitäten, die geschichtlich Neues hervorbringen, läßt keinerlei Schematismus zu und fordert, daß die politische Linie und die Mittel zu ihrer Verwirklichung ständig überprüft und vervollkommnet werden. „Die Geschichte im allgemeinen", schrieb Lenin, „und die Geschichte der Revolutionen im besonderen ist stets inhaltsreicher, mannigfaltiger, vielseitiger, lebendiger, ‚vertrackter', als die besten Parteien, die klassenbewußtesten Avantgarden der fortgeschrittensten Klassen es sich vorstellen. Das ist auch verständlich, denn die besten Avantgarden bringen das Bewußtsein, den Willen, die Leidenschaft, die Phantasie von Zehntausenden zum Ausdruck, die Revolution aber wird in Augenblicken eines besonderen Aufschwungs und einer besonderen Anspannung aller menschlichen Fähigkeiten durch das Bewußtsein, den Willen, die Leidenschaft, die Phantasie von vielen Millionen verwirklicht …"[8]

8 W. I. Lenin, Der „linke Radikalismus", die Kinderkrankheit im Kommunismus, in: Werke, Bd. 31, S. 82 f.

Die Kunst der
politischen Führung
So wie die Lehre von der politischen Strategie und Taktik keine Sammlung von feststehenden „Regeln" und „Anweisungen" für alle politischen Situationen sein kann, so dürfen auch die konkrete Strategie und Taktik und die praktische Politik nicht als eine einfache Anwendung theoretischer Leitsätze verstanden werden. Um sie erfolgreich zu verwirklichen, bedarf es der Einsicht, „daß die Politik eine Wissenschaft und Kunst ist, die nicht vom Himmel fällt, die einem nicht in die Wiege gelegt wird ...".[9] *Politische Führung* und – als ihr Kern – *politische Strategie und Taktik* erfordern die *schöpferische Umsetzung der Theorie* und die Entwicklung der *Fähigkeit*, die Massen für die Verwirklichung der ihren Interessen entsprechenden politischen Linie *zu überzeugen, zu gewinnen* und *zu organisieren.*

Die wissenschaftliche Lehre von der Strategie und Taktik vermittelt Grundprinzipien marxistisch-leninistischer Politik, die der *ständigen theoretischen Vertiefung und Bereicherung* bedürfen und in der politischen Praxis *schöpferisch angewandt* werden müssen. Die Kunst der politischen Führung besteht gerade darin, bei umfassender Kenntnis der marxistisch-leninistischen Theorie und der geschichtlichen Erfahrungen und bei genauester Berücksichtigung der Strategie und Taktik des Gegners über die *Fähigkeiten zur Führung* einer ganzen Klasse, von Millionen von Menschen zu verfügen, ständig unter den Massen zu arbeiten und die richtigen Formen und Methoden des Kampfes zu finden. Das ist vor allem bedingt durch differenzierte soziale Interessen, durch die unterschiedliche Reife in der Entwicklung der verschiedenen sozialen und politischen Kräfte, durch die Verschiedenartigkeit der politischen und Lebenserfahrungen der an der historischen Aktion beteiligten Menschen, durch die Unterschiedlichkeit der Verarbeitung dieser Erfahrungen und auch durch den dadurch und viele andere Faktoren bedingten Grad der Bewußtheit und Leidenschaft, Einsatzbereitschaft und Standhaftigkeit. Die besondere Aufgabe – die Führungskunst – der Partei besteht darin, den „gemeinsamen Nenner" in der Entwicklung der Interessen zu finden, der es ermöglicht, alle Werktätigen zur gemeinsamen Aktion zu stimulieren, und zugleich sichtbar zu machen, daß in der gemeinsamen Durchsetzung übereinstimmender Interessen auch der entscheidende Schlüssel zur Verwirklichung der spezifischen Interessen der beteiligten Klassen, sozialen Schichten und Gruppen zu finden ist. Zu den grundlegenden Erfahrungen des sozialistischen Aufbaus gehört, daß die Politik der marxistisch-leninistischen Parteien dann erfolgreich ist, wenn es ihnen gelingt, die Interessen aller sozialen und politischen Kräfte mit dem wesentlich durch die objektiven Entwicklungserfordernisse der führenden Arbeiterklasse geprägten gesellschaftlichen Gesamtinteresse zu verknüpfen und eine dynamische Wechselwirkung zwischen individuellen, kollektiven und gesellschaftlichen Interessen zu realisieren. Um diese sowohl strategische als auch taktische Aspekte aufweisenden Aufgaben zu lösen, bedarf es vielfältiger Erfahrungen jeder Partei und eines internationalistischen Verhältnisses zu den Erfahrungen der Bruderpar-

9 Ebenda, S. 66.

teien. Dazu gehört auch die Fähigkeit, schon in kleinen Anzeichen Keime des Neuen, Elemente künftiger größerer Veränderungen zu sehen. Politische Führungskunst schließt auch Mut zum vertretbaren Risiko, Entscheidungsfreudigkeit, Verantwortungsbereitschaft und Wendigkeit sowie Reaktionsfähigkeit bei der Veränderung von Bedingungen ein. „Gerade darin besteht unter anderem die Bedeutung der Parteiorganisation und der Parteiführer, die diesen Namen verdienen, daß man durch langwierige, hartnäckige, mannigfaltige, allseitige Arbeit aller denkenden Vertreter der gegebenen Klasse die notwendigen Kenntnisse, die notwendigen Erfahrungen, das – neben Wissen und Erfahrung – notwendige politische Fingerspitzengefühl erwirbt, um komplizierte politische Fragen schnell und richtig zu lösen."[10]

Die *Kunst der politischen Führung* zeigt sich auch im Vermögen, bestehende Differenzen und Widersprüche innerhalb der Bourgeoisie genau einzuschätzen und auszunutzen bzw. durch eine entsprechende Taktik eine solche politische Differenzierung zu fördern, die dem Frieden und dem sozialen Fortschritt dienlich ist. In der Gegenwart tritt ein solches Erfordernis besonders im Ringen um die Schaffung einer weltweiten Koalition der Vernunft und des Realismus hervor, die sich dem Hochrüstungs- und Konfrontationskurs maßgeblicher Kreise der USA und der NATO entgegenstellt und in klassenübergreifendem Interesse die Gesundung der internationalen Lage und die Rückkehr zur Entspannung durchsetzt.

Politische Strategie und Taktik wurzelt auch wesentlich in der umfassenden Auswertung von Erfahrungen. Die *historischen und aktuellen Erfahrungen* des Kampfes um die Verwirklichung der welthistorischen Mission der Arbeiterklasse sind nicht nur eine Grundlage für die ständige Weiterentwicklung der marxistisch-leninistischen Theorie, sie sind auch von entscheidender Bedeutung für die Ausarbeitung, Verwirklichung und das richtige Verständnis der politischen Strategie und Taktik. „Die klassenbewußten Arbeiter blicken, während sie ihre Bewegung voranführen, ständig auf den von der Arbeiterbewegung zurückgelegten Weg und denken stets von neuem darüber nach, ob dieser Weg der richtige ist und ob man etwas besser machen kann."[11]

Die internationale kommunistische Bewegung, insbesondere auch die Parteien der sozialistischen Länder haben in den letzten Jahren in der Frage der Gewinnung, Auswertung und Anwendung von Erfahrungen in der Strategie und Taktik einen bedeutsamen und fruchtbaren Lernprozeß durchlaufen. Die dabei gewonnenen Erkenntnisse betreffen die Notwendigkeit, *historische* und *aktuelle Alltagserfahrungen*, die *Erfahrungen des gesamten historischen Prozesses* (und nicht nur einzelner Etappen oder Episoden) und die *Gesamtheit der Erfahrungen* aller Klassen und Schichten zu berücksichtigen; die *eigenen, nationalen ebenso wie die internationalen Erfahrungen* gleichermaßen zu beachten wie die *Lehren aus erfolgreichen Entwicklungen*

10   Ebenda, S. 54 f.
11   W. I. Lenin, Die Einheit der Arbeiter und die „Strömungen" der Intellektuellen, in: Werke, Bd. 20, S. 293.

und *aus Niederlagen* oder Fehlern. Dabei ist sichtbar geworden, daß den marxistisch-leninistischen Positionen sowohl eine Geringschätzung von Erfahrungen als auch ein Kopieren, eine einfache Übernahme von Lösungen anderer Zeitabschnitte oder anderer Länder fremd ist. Mehr denn je stellen heute der bi- und multilaterale *Erfahrungsaustausch* und eine aufmerksame, rücksichtsvolle Haltung zu den Erfahrungen anderer Länder und Parteien eine wichtige Reserve der sozialistischen Welt dar, die in der politischen Strategie und Taktik einer Partei entsprechend den konkreten historischen und nationalen Bedingungen genutzt werden muß.

4.2. Grundprinzipien der politischen Strategie und Taktik

Die politische Führungstätigkeit der marxistisch-leninistischen Parteien bei der Verwirklichung der welthistorischen Mission der Arbeiterklasse vollzieht sich unter sehr unterschiedlichen Bedingungen in den einzelnen Ländern, Regionen und Zeitabschnitten. Eine Fülle von objektiven und subjektiven Faktoren ist zu berücksichtigen. Dementsprechend sind jeweils auch verschiedene konkrete strategische und taktische Aufgaben zu lösen, werden vielfältige Mittel und Formen der Organisation und der Tätigkeit angewandt. Für die politische Strategie und Taktik kann es deshalb weder ein allgemeines Schema oder eine Handlungsschablone geben, noch kann sie von einem internationalen Zentrum aus für alle Länder festgelegt werden.

Eine marxistisch-leninistische Partei kann sich jedoch in ihrer verantwortungsvollen und komplizierten Tätigkeit bei der politischen Führung nicht nur auf umfassende wissenschaftliche Grundlagen in Gestalt des Marxismus-Leninismus, auf verallgemeinerte Erfahrungen des Kampfes stützen, sondern auch unmittelbar auf grundlegende Prinzipien.

Grundprinzipien der politischen Strategie und Taktik – das sind allgemeine, orientierende Leitsätze politischer Führungstätigkeit, in denen die Grundinteressen und Ziele der Arbeiterklasse und des Sozialismus zum Ausdruck kommen und in denen sich Erfordernisse der allgemeinen Gesetzmäßigkeiten der sozialistischen Revolution und des sozialistischen Aufbaus widerspiegeln. Sie wurden durch die Verallgemeinerung der Erfahrungen der Arbeiterbewegung gewonnen und haben sich in der Praxis bewährt. Als grundlegende Regeln politisch-strategischen Charakters nehmen sie einen wichtigen Platz in der Theorie des wissenschaftlichen Sozialismus ein; ihre Kenntnis und vor allem ihre schöpferische Anwendung gehören zu den Voraussetzungen und Bestandteilen erfolgreicher politischer Führungstätigkeit.

Diese Grundprinzipien waren und sind auch Gegenstand von Auseinandersetzungen in der Arbeiterbewegung, in denen es um die Überwindung von hauptsächlich zwei einseitigen Auffassungen geht. So wird *einmal* das Vorhandensein solcher allgemeiner Prinzipien und ihre Rolle als wichtige Ausgangspunkte politischer Tätigkeit geleugnet, ebenso die Notwendigkeit, die eigenen und die internationalen Erfahrungen gründlich zu studieren und in der Politik von prinzipiellen Positionen auszugehen. Häufig beziehen sich solche Auffassungen auch darauf, daß die konkreten Kampfbedingungen eines Landes und einer Situation im Detail einmalig und unwiederholbar seien. Schon F. Engels bemerkte jedoch, daß dementsprechend zwar die Einzelheiten der politischen Tätigkeit „je nach den besonderen Umständen jedes Landes variieren; da aber die grundlegenden Beziehungen der Arbeit zum Kapital überall die gleichen sind und die Tatsache der politischen Herrschaft der besitzenden Klassen... überall besteht, werden die Grundsätze und das Ziel der proletarischen Politik identisch sein ..."[12] *Zum anderen* traten in der Arbeiterbewegung in einzelnen Ländern und Etappen auch Kräfte auf, die dazu neigten, bestimmte Erfahrungen zu verabsolutieren, einzelne Kampfformen in den Rang universeller Schemata zu erheben bzw. die Lösungen eines anderen Landes einfach zu kopieren. Damit wird letztlich geleugnet, daß es notwendig ist, daß die Grundprinzipien „*im einzelnen richtig modifiziert* und den nationalen und nationalstaatlichen Verschiedenheiten richtig angepaßt, auf sie richtig angewandt werden".[13] Somit erweist sich als ein Grundproblem politischer Strategie und Taktik die Meisterung der Dialektik von Internationalem und Nationalem, d. h. die schöpferische Anwendung der allgemeinen Prinzipien revolutionärer Politik unter den jeweiligen konkreten Bedingungen, was stets auch das Studium und die Verallgemeinerung der gesammelten Erfahrungen einschließt.

Anwendung der materialistischen Dialektik in der Politik

Welches sind *wichtige Prinzipien marxistisch-leninistischer politischer Strategie und Taktik,* in denen die Anwendung der materialistischen Dialektik in der Politik zum Ausdruck kommt, deren Kenntnis und Nutzung – wie geschichtliche Erfahrungen und aktuelle Kämpfe gleichermaßen belegen – von elementarer Bedeutung für die Ausarbeitung und Durchsetzung erfolgreicher Politik sind? Diese Prinzipien, die hier nur in ihren allgemeinen Grundzügen dargestellt werden und in der gesamten Theorie und Praxis des wissenschaftlichen Sozialismus zu beachten sind, sind auch für die Analyse und Wertung politischer Erscheinungen von methodischer Relevanz.

(1) Ein erstes grundlegendes Prinzip politischer Strategie und Taktik der marxistisch-leninistischen Partei und der internationalen kommunistischen Bewegung orientiert darauf, stets von einer exakten *Bestimmung des Charakters, des In-*

---

12 F. Engels, An den Spanischen Föderalrat der Internationalen Arbeiterassoziation, in: K. Marx/F. Engels, Werke, Bd. 17, S. 288.
13 W. I. Lenin, Der „linke Radikalismus", die Kinderkrankheit im Kommunismus, S. 79.

halts, der grundlegenden Widersprüche und des Entwicklungsstandes der gegebenen historischen Epoche auszugehen.[14] Das bedeutet nichts anderes, als von der Gesamtsituation in der Welt, von den im Interesse der Existenz und weiteren Entwicklung der gesamten Menschheit zu lösenden Grundaufgaben, von den gemeinsamen, vor der gesamten Arbeiter- und Befreiungsbewegung stehenden Aufgaben auszugehen und dabei in der Politik sich auf zwei Fragen zu konzentrieren: den Beitrag der eigenen Partei, des eigenen Landes zur Lösung der Lebensfragen der ganzen Menschheit exakt zu bestimmen und zu realisieren und gleichzeitig die Koordinierung der Aktionen, die Zusammenarbeit, den Dialog mit allen sozialen und politischen Kräften zu entwickeln, die in bezug auf die internationalen Grundfragen gleiche oder ähnliche Interessen bzw. Auffassungen haben. So muß in der heutigen Weltsituation am Ende des 20. Jahrhunderts die Verhinderung eines atomaren Weltkrieges und die Gewährleistung der friedlichen Koexistenz als Voraussetzung für den sozialen Fortschritt und auch für die weitere Durchsetzung der Ziele des Sozialismus und der kommunistischen Bewegung als das akuteste Problem der Menschheitsentwicklung in der politischen Strategie und Taktik einer marxistisch-leninistischen Partei umfassende Berücksichtigungen finden.

(2) Eines der wichtigsten Grundprinzipien der politischen Strategie und Taktik, nach Lenin der „Angelpunkt des Marxismus und der marxistischen Taktik"[15], ist die *allseitige Analyse der konkreten Situation, des Kräfteverhältnisses der Klassen* als Voraussetzung erfolgreicher Politik. Zur Kunst der politischen Führung gehört die Fähigkeit, die verschiedenen Faktoren des Kräfteverhältnisses zu erfassen und zu nutzen. Eine Fehleinschätzung des Kräfteverhältnisses kann zur Ausarbeitung einer falschen Strategie und Taktik führen. W. I. Lenin hat sich in zahlreichen Schriften diesem Grundproblem wissenschaftlicher Politik zugewandt und dabei die materialistische Dialektik schöpferisch angewandt. So formulierte er z. B.: „Nur die objektive Berücksichtigung der Gesamtheit der Wechselbeziehungen ausnahmslos aller Klassen einer gegebenen Gesellschaft, und folglich die Berücksichtigung der objektiven Entwicklungsstufe dieser Gesellschaft, wie auch der Wechselbeziehungen zwischen ihr und anderen Gesellschaften, kann als Grundlage für eine richtige Taktik der fortgeschrittenen Klasse dienen. Dabei werden alle Klassen und alle Länder nicht in ihrer Statik, sondern in ihrer Dynamik betrachtet..."[16]

Gestützt auf die Werke der Klassiker des Marxismus-Leninismus und die Erfahrungen des politischen Kampfes verfügen die marxistisch-leninistischen Parteien heute über erprobte Kriterien des Herangehens an die *Analyse des Kräfteverhältnisses*. Dazu gehören

---

14 Vgl. Kap. 5.1. des vorliegenden Lehrbuches.
15 W. I. Lenin, Über „linke" Kinderei und über Kleinbürgerlichkeit, in: Werke, Bd. 27, S. 320.
16 W. I. Lenin, Karl Marx, in: Werke, Bd. 21, S. 64.

– die Notwendigkeit der Beachtung des Unterschieds und der Wechselbeziehungen zwischen *innerem (nationalem) und internationalem Kräfteverhältnis*;

– das Erfordernis, die *eigenen Kräfte*, so den politisch-ideologischen, organisatorischen usw. Zustand der Arbeiterklasse realistisch einzuschätzen, d. h. die Frage zu beantworten, wie weit die Mehrheit der Arbeiterklasse der Partei folgt, welche Stellung die Massenorganisationen, besonders die Gewerkschaften einnehmen, welche ideologischen Strömungen in ihr wirken. Wesentlich ist die Analyse jener sozialen Klassen, Schichten und Gruppen sowie der sie repräsentierenden politischen Strömungen, die zur Lösung der jeweiligen Aufgaben für ein Bündnis gewonnen werden können. Wichtig ist dabei die Beachtung der spezifischen Interessen, der Traditionen und Organisationsformen der Verbündeten.

– Notwendig ist eine exakte Einschätzung der *Kräfte und Möglichkeiten des Gegners* der Arbeiterklasse, darunter auch der vorhandenen Unterschiede zwischen einzelnen Staaten, Parteien und Gruppen der Bourgeoisie.

– Wesentlich gerade auch für die Analyse des internationalen Kräfteverhältnisses ist es, die *Gesamtheit der Komponenten* (ökonomische, wissenschaftlich-technische, politische, ideologische, moralische, militärische) zu berücksichtigen und dabei die Dialektik von *quantitativen und qualitativen Faktoren* zu beachten. So hat die Entwicklung der internationalen Systemauseinandersetzung in unserer Epoche gezeigt, daß die reale Kraft und der Einfluß des Sozialismus in der Regel größer waren und sind als zum Beispiel der Anteil des Sozialismus an der Weltbevölkerung, an der Weltindustrieproduktion usw., weil hier entscheidend die qualitativen Vorzüge des Sozialismus als Gesellschaftsordnung ins Gewicht fielen.

– Zu beachten ist weiterhin, daß das Klassenkräfte- oder soziale Kräfteverhältnis kein statisches, sondern ein *dynamisches Verhältnis* ist, dessen Entwicklung und Veränderung *Tendenzcharakter* trägt. Es umfaßt rasche, zeitweilige, punktuelle Veränderungen in Teilbereichen und tiefgehende, langwirkende Tendenzen, in denen der Hauptinhalt einer Epoche, der historische Fortschritt ihren Ausdruck finden.

In dieser komplizierten Frage politischer Führungstätigkeit verbindet die marxistisch-leninistische Konzeption absolute wissenschaftliche „Nüchternheit in der Analyse der objektiven Sachlage und des objektiven Entwicklungsganges"[17] und die Einschätzung des Kräfteverhältnisses „unabhängig von unseren Sympathien und Wünschen"[18] mit der Ausarbeitung und Realisierung einer aktivierenden Politik, die darauf gerichtet ist, ein solches Kräfteverhältnis zu schaffen bzw. zu festigen, das der Sicherung des Weltfriedens und dem sozialen Fortschritt der Menschheit dienlich ist.

(3) Das ist untrennbar mit einem weiteren Prinzip verbunden: der richtigen, zeitgemäßen *Verbindung von Nationalem und Internationalem* in der Strategie und

---

17 W. I. Lenin, Gegen den Boykott, in: Werke, Bd. 13, S. 23.
18 W. I. Lenin, Rede auf dem Gesamtrussischen Verbandstag der Eisenbahn- und Schiffahrtsarbeiter, in: Werke, Bd. 32, S. 279.

Taktik.[19] Der sich heute intensivierenden dialektischen Wechselwirkung dieser beiden Seiten der gesellschaftlichen Entwicklung entspricht in der Politik die sorgsame Berücksichtigung der nationalen und der internationalen Interessen und Bedingungen, das Studium der internationalen Erfahrungen, die Bereitschaft zur effektiven Zusammenarbeit im Interesse der Lösung der gemeinsamen Aufgaben ebenso wie die Fähigkeit, die nationalen Potenzen voll zu erschließen. „Die Vertiefung des internationalen Zusammenwirkens der Kommunisten gründet sich heute auf Selbständigkeit und Eigenverantwortung jeder Partei bei der Ausarbeitung und Durchführung ihrer Politik, bei der schöpferischen Suche nach Lösungen für ihre konkreten Aufgaben unter Berücksichtigung der nationalen und internationalen Bedingungen.“[20]

(4) Zu den Grundprinzipien der politischen Strategie und Taktik gehört die enge und untrennbare *Verbindung der marxistisch-leninistischen Partei mit dem Volk, mit den Massen, mit der Arbeiterklasse und ihren Verbündeten.* Dieses für alle Etappen des Kampfes der Arbeiterklasse um die Verwirklichung ihrer historischen Mission gültige Erfordernis ergibt sich aus dem Wesen und der sozialen Orientierung der proletarischen Weltanschauung, daraus, daß die Ziele der Kommunisten und die Grundinteressen der werktätigen Massen identisch sind und mit den Interessen des sozialen, des Menschheitsfortschritts zusammenfallen. Die Strategie und Taktik orientiert in erster Linie auf die Gewinnung und Formierung der Massen für die Lösung der jeweiligen Aufgaben, das heißt auch, daß das Schicksal der Politik einer marxistisch-leninistischen Partei letzten Endes dadurch entschieden wird, wie die Arbeiterklasse und ihre Verbündeten für die bewußte und organisierte Aktion zur Durchsetzung dieser Politik und damit ihrer eigenen Lebensinteressen gewonnen werden. F. Engels wies darauf hin, wie „nutzlos eine – theoretisch großenteils richtige – Plattform ist, wenn sie nicht an die wirklichen Bedürfnisse der Leute anzuknüpfen versteht“,[21] und W. I. Lenin betonte: „... nie werden Millionen von Menschen auf die Ratschläge von Parteien hören, wenn diese Ratschläge nicht mit dem zusammenfallen, was die Erfahrungen ihres eigenen Lebens sie lehren.“[22]

Die Erfahrungen der Geschichte des Klassenkampfes, des sozialistischen Aufbaus besagen, daß es für eine marxistisch-leninistische Partei in ihrer Massenpolitik und -orientierung unter allen Umständen darauf ankommt, sich auf die Arbeiterklasse zu stützen, deren Bewußtheit und Organisiertheit zu erhöhen, deren Interessen zu vertreten, deren einheitliche Aktion zu sichern, deren Hegemonie auszuprägen. Das gilt sowohl in jenen frühen historischen Etappen und in jenen

19 Vgl. Kap. 3.2. des vorliegenden Lehrbuches.
20 Bericht des ZK der SED an den XI. Parteitag der SED. Berichterstatter: Genosse Erich Honecker, Berlin 1986, S. 90 f.
21 Engels an F. A. Sorge. Brief vom 8. 4. 1891, in: K. Marx/F. Engels, Werke, Bd. 38, S. 80.
22 W. I. Lenin, Erster Gesamtrussischer Kongreß der Bauerndeputierten ... 1917, in: Werke, Bd. 24, S. 498.

Ländern, da sich das Proletariat als Klasse erst zu formieren beginnt, als auch bei der Gestaltung der entwickelten sozialistischen Gesellschaft, da die Arbeiterklasse, geführt von der marxistisch-leninistischen Partei, die neue Gesellschaft, den Sozialismus, im breiten Bündnis mit allen sozialen und politischen Kräften des Landes gestaltet. Die untrennbare *Verbindung der Partei mit den Massen* kommt auch darin zum Ausdruck, daß die Partei die Massen nicht nur lehrt und führt, sondern auch ständig das Neue in der Aktion der Massen studiert und die dabei gewonnenen Erfahrungen verallgemeinert, d. h. von den Massen lernt. Lenin forderte von der Partei, ihre Beziehungen zu den Massen auf Offenheit und Eindeutigkeit aufzubauen, auf Übereinstimmung zwischen Wort und Tat; er betonte, daß der Begriff „Massen" in Abhängigkeit von den konkreten Bedingungen historischen Charakter trägt,[23] daß es ein *Grundgesetz aller großen Revolutionen* ist, daß die Massen an Hand ihrer eigenen Erfahrungen lernen,[24] und daß die marxistisch-leninistische Partei sich sowohl gegen eine opportunistische „Anpassung" der Partei an zeitweilige Massenstimmungen als auch gegen eine sektiererische Unterschätzung der alltäglichen Massenarbeit wendet.[25]

In enger Verbindung damit steht die prinzipielle Notwendigkeit, in jeder Situation möglichst breite Schichten der Bevölkerung um die Arbeiterklasse zu scharen und eine *optimale Breite des Bündnisses* zu erreichen. Natürlich sind die Möglichkeiten, der Inhalt und die Formen des Bündnisses in den einzelnen Etappen des Kampfes und in einzelnen Ländern sehr unterschiedlich, aber grundsätzlich ergibt sich die bereits von den Klassikern des Marxismus-Leninismus begründete und entwickelte Strategie breiter Klassen- und politischer Bündnisse aus der welthistorischen Mission der Arbeiterklasse und aus der differenzierten sozialen und politischen Struktur der Gesellschaft in unserer Zeit. Während die antikommunistischen Ideologen diesen grundsätzlichen Charakter marxistisch-leninistischer Bündnispolitik in Zweifel ziehen und sie als zeitweiliges, taktisches Manöver verleumden, zeigt die Geschichte des Kampfes der kommunistischen und Arbeiterparteien auf allen Kontinenten in den letzten Jahrzehnten: In der historischen Grundtendenz erweitert und differenziert sich das Spektrum jener sozialen Probleme und Interessen, deren Aufdeckung, Berücksichtigung und Abstimmung Gegenstand der Bündnispolitik ist; es erweitern sich die Möglichkeiten für die Schaffung außerordentlich breiter – sowohl zeitweiliger als auch langfristiger – Bündnisse, insbesondere in der Frage der Verhinderung eines atomaren Weltkrieges und der Durchsetzung der friedlichen Koexistenz; die Formen und Methoden der Realisierung der Bündnisse werden vielfältiger (Parteienkoalitionen, Volksbewegung, Abkommen, antiimperialistische Fronten usw.). Eine solche Entwick-

23 Vgl. W. I. Lenin, III. Kongreß der Kommunistischen Internationale ... 1921; in: Werke, Bd. 32, S. 498 f.
24 Vgl. W. I. Lenin, Der „linke Radikalismus", die Kinderkrankheit im Kommunismus, S. 80.
25 Vgl. W. I. Lenin, Aus Anlaß der „Profession de foi", in: Werke, Bd. 4, S. 285. f.

lung erhöht die Anforderungen an Bündnisfähigkeit, Aufgeschlossenheit, Kompromißbereitschaft, Flexibilität und Prinzipienfestigkeit der kommunistischen und Arbeiterparteien und der sozialistischen Staaten, an Dialogbereitschaft und Überzeugungskraft, an die politische Kultur der Bündnisse.

(5) Ein weiteres, von Marx und Engels bereits im Kommunistischen Manifest begründetes Prinzip politischer Strategie und Taktik[26] besteht darin, den Kampf um die Lösung der *Tagesaufgaben*, für die unmittelbaren Interessen und Bedürfnisse der Werktätigen mit Bewältigung der grundlegenden, der strategischen Aufgaben und *mit dem Kampf um das Ziel der Bewegung zu verbinden*. Hier handelt es sich um die Beherrschung der dialektischen Wechselbeziehungen zwischen Vergangenheit, Gegenwart und Zukunft der Bewegung, zwischen der programmatischen Zielstellung, der strategischen Orientierung und den unmittelbaren Tagesaufgaben. In der politischen Praxis und dabei auch in der Auseinandersetzung mit rechts- und linksopportunistischen Auffassungen kommt es stets darauf an, die Probleme des Alltags und die „große Politik" miteinander zu verknüpfen und weder eine opportunistisch-pragmatische Verabsolutierung der unmittelbaren Aufgaben noch eine abstrakte, lebensfremde Orientierung auf ferne Ziele zuzulassen oder notwendige Entwicklungsetappen zu überspringen.

Dieses sowohl für die theoretische als auch für die praktische Arbeit bedeutsame Prinzip schließt auch jene Positionen ein, die die Marxisten-Leninisten in bezug auf die dialektischen Wechselbeziehungen zwischen den Zielen (Nah-, Zwischen-, Endziel) ihres Kampfes und ihrer Tätigkeit und den Mitteln zu ihrer Erreichung vertreten. Das ist eines der zentralen Probleme revolutionärer Politik. *Ziel und Mittel* sind in der Politik untrennbar und organisch miteinander verbunden. Die Aufgabe der politischen Strategie und Taktik besteht unter anderem darin, *das Maß und die Form* dieser Verbindung entsprechend den jeweiligen historischen Umständen festzulegen. In dieser Frage haben sich die wissenschaftlich begründeten Auffassungen des Marxismus-Leninismus in der Auseinandersetzung mit zwei Arten von Entstellungen, von Verfälschungen der Wechselbeziehungen von Ziel und Mitteln herausgebildet: gegen eine rechtsopportunistische, pragmatische Anpassung an gegebene Bedingungen und die Leugnung oder Negierung der weiteren Ziele, die u. a. in der Bernsteinschen Formel „Die Bewegung ist alles, das Endziel nichts" ihren Ausdruck fand, – und gegen eine linkssektiererische, extremistische Position des „Alles oder Nichts", die häufig auch die reaktionäre Konzeption übernahm, wonach das Ziel (der Zweck) die Anwendung jeglicher Mittel erfordere und rechtfertige. Die Erfahrungen der Arbeiterbewegung besagen, daß in der Politik zur Erreichung der revolutionären Ziele vielfältige Mittel des Kampfes und der Aktion angewandt werden, daß diese Mittel stets den Zielen und ihrem Charakter untergeordnet sind, und daß nicht nur die Ziele, sondern auch die Mittel nicht willkürlich gewählt werden können. Beide können nur bestimmt werden auf der Grundlage einer Analyse der objektiven Bedingun-

---

26 Vgl. K. Marx/F. Engels, Manifest der Kommunistischen Partei, in: Werke, Bd. 4, S. 492.

gen und unter Berücksichtigung der Interessen der Werktätigen. Somit bedingt – und hier zeigt sich der moralische Aspekt des Verhältnisses von Ziel (Zweck) und Mitteln – der Humanismus der Ziele der Arbeiterklasse den humanen, demokratischen Charakter der Mittel ihres Kampfes. Die Lösung dieses komplizierten Problems der politischen Strategie und Taktik erfordert auf jeden Fall ein konkret-historisches Herangehen und kann mit abstrakten Erwägungen nicht bewältigt werden. So erhält in der heutigen weltpolitischen Situation, in der die gesamte Menschheit mit der Gefahr einer nuklearen Weltkatastrophe konfrontiert ist, die Frage nach dem Verhältnis von Ziel und Mitteln grundlegend neue, weltpolitische Aspekte: es kommt insofern zu einer grundsätzlichen Veränderung der Ziel-Mittel-Relation. Es kann z. B. keine politischen Ziele geben, die den Einsatz von Mitteln rechtfertigen würden, die zum Kernwaffenkrieg führen können; der Krieg als Mittel der Politik hat jeglichen Sinn verloren, die Realisierung der politischen Ziele der Arbeiterklasse hat vielmehr die Verhinderung eines Nuklearkrieges und die Sicherung des Weltfriedens zur Voraussetzung.[27]

(6) Ein weiteres Prinzip marxistisch-leninistischer politischer Strategie und Taktik orientiert auf die *Beherrschung aller Kampfformen und -methoden.* Die Kompliziertheit und Mannigfaltigkeit des revolutionären Prozesses und die Vielfalt und Unterschiedlichkeit der Aufgaben, vor die sich die Arbeiterklasse und ihre Partei in den einzelnen Etappen ihres langen Kampfes gestellt sehen, führen dazu, daß das Problem der Mittel, Formen und Methoden immer wieder neu aufgeworfen wird und zu bewältigen ist. Auch in dieser Frage ist ein prinzipienfestes, wissenschaftlich fundiertes und elastisches Herangehen erforderlich. Wenn es auch nicht möglich ist, im einzelnen und im voraus Kampf- und Organisationsformen zu bestimmen, sondern hier – wie wohl in keiner anderen Frage – die Marxisten-Leninisten die konkreten Bedingungen analysieren, die entsprechenden Erfahrungen studieren und ständig lernen müssen, so liegen doch ein umfangreicher Erfahrungsschatz und wichtige Lehren vor.

Politische Strategie und Taktik muß das dialektische *Wechselverhältnis zwischen Politik, Ökonomie und Ideologie* beachten und bewußt herstellen. Bereits F. Engels machte auf die Notwendigkeit aufmerksam, den Klassenkampf der Arbeiterklasse auf politischem, ökonomischem und ideologischem Gebiet im Zusammenhang zu führen.[28] Im Verlaufe ihrer Geschichte setzten sich die kommunistischen und Arbeiterparteien mit Auffassungen und Tendenzen auseinander, die, wie zum Beispiel der Ökonomismus, einzelne Seiten dieser untrennbaren Einheit vernachlässigten oder verabsolutierten. Beim sozialistischen Aufbau wird die Einheit von Ökonomie, Politik und Ideologie zu einem Prinzip der politischen Führungstätigkeit der marxistisch-leninistischen Partei.[29]

---

27 Vgl. Kap. 5.2. des vorliegenden Lehrbuches.
28 Vgl. F. Engels, Ergänzung der Vorbemerkung von 1870 zu „Der deutsche Bauernkrieg", in: K. Marx/F. Engels, Werke, Bd. 18, S. 516. f.
29 Vgl. Kap. 12. des vorliegenden Lehrbuches.

Der Marxismus-Leninismus lehrt, daß eine revolutionäre Partei ausnahmslos *alle Formen und Methoden des Kampfes und der Tätigkeit* beherrschen muß und die Bewegung weder an eine bestimmte Kampfform binden noch einzelne Formen und Methoden verabsolutieren sollte. Es ist ein Merkmal erfolgreicher, erfahrener Parteien, daß sie im Verlauf ihrer Geschichte entsprechend den inhaltlichen Anforderungen vielfältige Formen und Methoden des Kampfes anwandten und beherrschten (ökonomische, politische und theoretische, parlamentarische und außerparlamentarische, legale und illegale, friedliche und nichtfriedliche), daß sie in Gewerkschaften, Genossenschaften und anderen Organisationen wirkten, an vorhandene organisatorische Traditionen anknüpften, bestehende Organisationen umgestalteten und neue schufen, und es verstanden, sowohl anzugreifen als auch errungene Positionen zu festigen bzw. sich zeitweilig zurückzuziehen.

Die marxistisch-leninistischen Parteien gehen an die Frage der *Kampfformen historisch* heran; entsprechend den konkreten Umständen ändern sich Platz und Bedeutung einzelner Kampfformen. Eine wichtige Zäsur stellt diesbezüglich der Beginn des Aufbaus der neuen, sozialistischen Gesellschaft dar: Alte, traditionelle Kampfformen, gegen Ausbeutung und Unterdrückung in der kapitalistischen Gesellschaft gerichtet, haben ihre Funktion erfüllt, neue, die sozialistische Demokratie verkörpernde, wie die Aktivisten- und Wettbewerbsbewegung, entwickeln sich. Grundsätzlich ist es erforderlich, daß eine marxistisch-leninistische Partei zu einem raschen Wechsel der Kampfformen fähig und bereit ist, wenn es die Umstände erfordern. Es geht darum, die jeweils zweckmäßigsten Formen und Methoden zu bestimmen, d. h. jene, die die größte Breite und Schlagkraft der Bewegung sichern, den Massen verständlich und vertraut sind und effektiv die Lösung der Aufgaben sichern.

Dem Marxismus sind, wie W. I. Lenin wiederholt unterstrich, in der Frage der Kampfformen abstrakte Formeln und doktrinäre Rezepte fremd. Der Marxismus *studiert die Erfahrungen des Massenkampfes* und berücksichtigt, daß in diesem Kampf auch neue, bisher unbekannte Kampfformen aufkommen können. „Der Marxismus *lernt* in dieser Beziehung ... aus der Massenpraxis und ist weit davon entfernt, ... die Massen Kampfformen zu *lehren*, die von Stuben‚systematikern‘ ertüftelt werden."[30] Zugleich hob Lenin hervor, daß die Partei die Kampfmittel nicht dem spontanen Gang der Ereignisse überläßt, sondern sie zweckmäßig organisiert und dafür Sorge trägt, daß sie bewußt und zielstrebig angewandt werden. Die Geschichte der Arbeiterbewegung und des sozialistischen Aufbaus ist reich an Beispielen für die erfolgreiche Aufdeckung und weitere Entwicklung neuer Kampfformen: so die geniale Marxsche Einschätzung der Pariser Kommune als die „endlich entdeckte politische Form"[31] der sozialistischen Umgestaltung, die Aufdeckung der Sowjets als Keimformen der sozialistischen Staatsmacht in der UdSSR, die Entwicklung der Volks- und Nationalen Fronten seit den 30er Jahren, die Ent-

30 W. I. Lenin, Der Partisanenkrieg, in: Werke, Bd. 11, S. 203.
31 K. Marx, Der Bürgerkrieg in Frankreich, in: K. Marx/F. Engels, Werke, Bd. 17, S. 342.

faltung der Aktivisten- und Wettbewerbsbewegung und anderer Initiativen beim sozialistischen Aufbau usw.

Die Beherrschung der verschiedenen Kampfformen und Methoden findet ihren konzentrierten Ausdruck in der Fähigkeit, im revolutionären Kampf, in der politischen Tätigkeit *die Hauptkräfte zur richtigen Zeit am entscheidenden Ort, auf dem wichtigsten Gebiet, auf die Lösung der jeweiligen Hauptaufgaben und auf die Auseinandersetzung mit dem Hauptgegner* zu konzentrieren. Lenin bezeichnete die Beachtung dieser Grundregel als das „Gesetz des politischen Erfolgs"[32] im Klassenkampf und bemerkte: „Es genügt nicht, Revolutionär und Anhänger des Sozialismus oder Kommunismus überhaupt zu sein. Man muß es verstehen, in jedem Augenblick jenes besondere Kettenglied zu finden, das mit aller Kraft angepackt werden muß, um die ganze Kette zu halten und den Übergang zum nächsten Kettenglied mit fester Hand vorzubereiten ..."[33] Die grundlegende Bedeutung des „Hauptkettenglieds", einschließlich der Beachtung des Zeitfaktors in der Politik, hat sich im Verlauf des sozialistischen Aufbaus und auch in der sozialistischen Außenpolitik bis in die Gegenwart gezeigt. „Die ganze Kunst des Regierens und der Politik besteht darin, rechtzeitig zu erkennen und zu wissen, worauf wir unsere Hauptkräfte und unsere Aufmerksamkeit konzentrieren müssen."[34]

(7) Ein weiteres Prinzip der politischen Strategie und Taktik orientiert die marxistisch-leninistischen Parteien auf die Entwicklung der Bereitschaft und der Fähigkeit, in der politischen Tätigkeit *Kompromisse* einzugehen. Hier handelt es sich um eine der kompliziertesten Fragen der Theorie und Praxis der Politik.[35]

Der *politische Kompromiß*, der stets *Klassencharakter* trägt, ist eine auf ähnlichen oder übereinstimmenden Interessen und Bestrebungen unterschiedlicher oder gegensätzlicher *Klassenkräfte* (Staaten, Parteien, Organisationen) beruhende, in vielseitigen Formen realisierte, (in der Regel) zeitweilige Verständigung zwischen diesen Kräften bzw. Übereinkunft (Regelung) einer strittigen Angelegenheit, die das Moment des gegenseitigen, zweiseitigen Zugeständnisses einschließt und in der gegebenen Frage beiden Seiten einen Vorteil bringt.

Im Verlaufe der Geschichte der internationalen Arbeiterbewegung seit dem 19. Jahrhundert sind in der Frage der Zulässigkeit von Kompromissen und der Möglichkeiten ihrer Anwendung zahlreiche Auseinandersetzungen geführt und vielfältige Erfahrungen gesammelt worden. Der Kompromiß erwies sich als *ein* wichtiges Mittel im Kampf der Arbeiterklasse, das sich aus dem objektiven Kräfteverhältnis zwischen den Klassen und Staaten, der Langfristigkeit und Kompli-

---

32 W.I.Lenin, Die Wahlen zur Konstituierenden Versammlung und die Diktatur des Proletariats, in: Werke, Bd. 30, S. 248.
33 W.I.Lenin, Die nächsten Aufgaben der Sowjetmacht, in: Werke, Bd. 27, S. 265.
34 W.I.Lenin, Rede in einer Beratung der Vorsitzenden der Gouvernements- und Kreisexekutivkomitees ... 1920, in: Werke, Ergänzungsband 1917–1923, S.151.
35 Vgl. z. B. W. I. Lenin, Gegen den Boykott, in: Werke, Bd. 13; W. I. Lenin, Über Kompromisse, in: Werke, Bd. 25.

ziertheit des Kampfes zur Verwirklichung der welthistorischen Mission der Arbeiterklasse, zur Durchsetzung des sozialen Fortschritts ergibt. Die von Marx, Engels und Lenin in zahlreichen Werken entwickelte Position in dieser Frage kritisiert zwei falsche Positionen: *einmal* die opportunistische Politik „verräterischer", „fauler" Kompromisse, des Paktierens mit der Bourgeoisie, die prinzipielle Positionen der Arbeiterklasse und des Sozialismus, so die politische, ideologische und organisatorische Selbständigkeit der revolutionären Partei und grundlegende Errungenschaften und Interessen des Sozialismus preisgibt; *zum anderen* die dogmatische, linkssektiererische Ablehnung jeglicher Kompromisse aus angeblicher Prinzipientreue. „Die Aufgabe einer wahrhaft revolutionären Partei besteht nicht darin, den unmöglichen Verzicht auf jegliche Kompromisse zu proklamieren, sondern darin, *durch alle Kompromisse hindurch*, soweit sie unvermeidlich sind, zu verstehen, ihren Prinzipien, ihrer Klasse, ihrer revolutionären Aufgabe ... treu zu bleiben",[36] betonte Lenin und hob an anderer Stelle hervor: „Es gibt Kompromisse und Kompromisse. Man muß es verstehen, die Umstände und die konkreten Bedingungen jedes Kompromisses oder jeder Spielart eines Kompromisses zu analysieren."[37] Politische Kompromisse, die von den marxistisch-leninistischen Parteien, von den sozialistischen Staaten eingegangen werden, sind Ausdruck einer ehrlichen, aufrichtigen Politik. Die offene Bekundung, bei allen Kompromissen die Prinzipien, Ziele und Grundlagen des Sozialismus zu wahren, verhindert jede Mißdeutung von Kompromissen als politischer „Kuhhandel".

Die Geschichte unserer Epoche weist zahlreiche Beispiele von Kompromissen auf, die der Sache des Friedens und des sozialen Fortschritts dienten. Vielfältige Klassenkräfte, Staaten, Parteien, Organisationen nahmen daran teil; Kompromisse wurden und werden sowohl auf innenpolitischem Gebiet als auch in wachsendem Maße auf außenpolitischem, zwischenstaatlichem Gebiet eingegangen; sowohl zwischen antagonistischen Kräften als auch zwischen Verbündeten. Kompromisse treten in unterschiedlichen Formen auf: Verträge zwischen Staaten, Abkommen zwischen Parteien, Wahlbündnisse, Wirtschaftsabkommen usw. Ihr Inhalt betrifft vielfältige ökonomische, politische und auch militärische Fragen. Gerade das seit den 70er Jahren in Europa vereinbarte Vertragswerk vom Vierseitigen Abkommen über Westberlin (1971) bis zur Schlußakte der Konferenz über Sicherheit und Zusammenarbeit in Europa (Helsinki 1975) enthält eine Vielzahl von vernünftigen Kompromissen. Auf ideologisch-programmatischem Gebiet kann es keinerlei Kompromisse geben – jedoch schränkt diese Grundtatsache, wie die Erfahrungen zeigen, die Möglichkeit von kurz- oder langfristigen Kompromissen auf anderen Gebieten keineswegs ein; und auch auf dem Gebiet der notwendigen ideologischen Auseinandersetzung streben die Kommunisten zivilisierte Umgangsformen an und wenden sich gegen die ideologische Diversion. Somit erweist sich gerade die Handhabung und Einschätzung von Kompro-

---

36 W. I. Lenin, Über Kompromisse, in: Werke, S. 313.
37 W. I. Lenin, Der „linke Radikalismus", die Kinderkrankheit im Kommunismus, S. 22.

missen als „Wissenschaft und Kunst". Gilt es doch, in diesem Zusammenhang die konkreten Bedingungen exakt einzuschätzen und einen Kompromiß in die Gesamtpolitik einzuordnen, vorausschauend das angestrebte und das wahrscheinliche Resultat, aber auch die prinzipiellen Grenzen zu erfassen. Wesentlich ist die umfassende Bestimmung der jeweiligen Interessenübereinstimmung und der zweckmäßigsten Formen der Kompromisse.

Im Kampf um die Durchsetzung der friedlichen Koexistenz von Staaten unterschiedlicher Gesellschaftsordnung, in der Auseinandersetzung der beiden Systeme in der Welt, bei der Lösung dringlicher globaler Probleme, im Rahmen des Völkerrechts, besitzt die Kompromißbereitschaft aller verantwortlichen politischen Kräfte große Bedeutung. Die Kunst der zielgerichteten Anwendung vernünftiger politischer Kompromisse unter Berücksichtigung aller am Frieden interessierten Kräfte, auf der Grundlage einer Interessenkoordinierung, nimmt im Ringen um die Herausbildung einer weltweiten Koalition der Vernunft, des Realismus und des guten Willens einen zentralen Platz ein.

Zur Geschichte der strategischen und taktischen Auffassungen

Die Ausarbeitung der Lehre von der Strategie und Taktik – als Bestandteil des wissenschaftlichen Sozialismus – vollzog sich seit dem 19. Jahrhundert in untrennbarem Zusammenhang mit den wachsenden Anforderungen bei der Verwirklichung der welthistorischen Mission der Arbeiterklasse, im Prozeß der Begründung und Verallgemeinerung der Erfahrungen des Klassenkampfes der Arbeiterklasse. In den ersten Jahrzehnten der Entwicklung des Marxismus wurde dabei vorwiegend der Begriff „Taktik" im weitesten Sinne für die gesamte Politik gebraucht, d. h. darunter Strategie und Taktik verstanden.

In zahlreichen Werken von Marx und Engels sowie in grundlegenden Dokumenten der I. und II. Internationale wurden Grundfragen der Strategie und Taktik ausgearbeitet. Vor allem im „Manifest der Kommunistischen Partei" (IV. Kapitel), in F. Engels' „Revolution und Konterrevolution in Deutschland" und „Die Klassenkämpfe in Frankreich", in Marx' „Der 18. Brumaire des Louis Bonaparte" und „Der Bürgerkrieg in Frankreich", in der „Ansprache der Zentralbehörde an den Bund der Kommunisten", im umfangreichen Briefwechsel von Marx und Engels wurden die Notwendigkeit und wichtige Grundlagen sowie Grundprinzipien einer eigenen Strategie und Taktik der proletarischen Partei, insbesondere in der bürgerlich-demokratischen Revolution und bei ihrer Vertiefung und Weiterführung, behandelt. Fragen des Verhältnisses von Nationalem und Internationalem, des Bündnisses und des ökonomischen und politischen Kampfes, der revolutionären Parlamentstaktik usw. spielten dabei eine wichtige Rolle. W. I. Lenin hat später in seiner Arbeit „Karl Marx" unter der Überschrift „Die Taktik des proletarischen Klassenkampfes" wichtige strategische und taktische Erkenntnisse von Marx und Engels zusammengefaßt.

Im 20. Jahrhundert war es vor allem W. I. Lenin, der in umfassender Weise Probleme der Theorie und Praxis der Strategie und Taktik als Wissenschaft und Kunst der Führung der Massen ausgearbeitet hat. Als Bestandteil seiner Theorie von der Partei neuen Typs, von der Hegemonie der Arbeiterklasse, von der bürgerlich-demokratischen und sozialistischen Revolution sowie der nationalen und kolonialen Frage, des Kampfes gegen den imperialistischen Krieg usw. wurden in W. I. Lenins Werken alle wesentlichen Probleme der Strategie und Taktik behandelt. Eine wichtige Rolle spielen dabei in der Periode bis zur Großen Sozialistischen Oktoberrevolution solche Werke wie „Was tun?", „Zwei Taktiken der Sozialdemokratie in der demokratischen Revolution", „Der Partisanenkrieg", „Die Aufgaben des Proletariats in unserer Revolution", „Briefe über die Taktik", „Zu den Losungen", „Über Kompromisse", „Gegen den Boykott" u. a. Einen zentralen Platz als ein „Handbuch der marxistisch-leninistischen Strategie und Taktik" nimmt das Leninsche Werk „Der ‚linke' Radikalismus, die Kinderkrankheit im Kommunismus" ein. Gestützt auf die Erfahrungen der Vorbereitung und Durchführung der Großen Sozialistischen Oktoberrevolution und des Kampfes der jungen kommunistischen Parteien werden in dieser Schrift zahlreiche Fragen der politischen Theorie und Praxis behandelt, die von allgemeingültiger Bedeutung sind.

In der Folgezeit wurden – entsprechend den Erfordernissen des praktischen Klassenkampfes – Probleme der politischen Strategie und Taktik in der internationalen kommunistischen Bewegung auf zwei Ebenen weiter ausgearbeitet; einmal in der Tätigkeit der Kommunistischen Internationale und der ihr angehörenden Parteien beim Kampf gegen Imperialismus, Kolonialismus, Faschismus und Kriegsgefahr. Die Dokumente der KI enthalten im Zusammenhang mit dem Ringen um die Gewinnung der Massen, um die Politik der Einheits- und Volksfront sowie des antifaschistischen und nationalen Befreiungskampfes in den 20er, 30er und 40er Jahren zahlreiche neue strategische und taktische Lehren und Erkenntnisse. Zum anderen löste die KPdSU beim sozialistischen Aufbau in der UdSSR die historisch neue, komplizierte Aufgabe, die Wissenschaft von der Umgestaltung und Leitung aller Bereiche des gesellschaftlichen Lebens auszuarbeiten und in diesem Zusammenhang die politische Strategie und Taktik, die politische Führung der Gesellschaft durch die marxistisch-leninistische Partei weiterzuentwickeln. Einfluß, Aufgabenbereich, Verantwortung, Möglichkeiten, Mittel und Methoden strategischer und taktischer Tätigkeit der Partei nehmen in diesem Prozeß zu.

In der neuen Etappe der Verwirklichung der welthistorischen Mission der Arbeiterklasse, die nach dem 2. Weltkrieg einsetzte, wurde die marxistisch-leninistische Lehre von der politischen Strategie und Taktik wesentlich bereichert. Das widerspiegelt sich zum Beispiel in den Dokumenten internationaler und regionaler Beratungen der kommunistischen und Arbeiterparteien und vor allem in der konstruktiven Ausarbeitung vieler neuer Probleme der Strategie und Taktik des Friedenskampfes, des nationalen Befreiungs- und antimonopolistischen Kampfes. In den sozialistischen Ländern entwickelte sich die Strategie und Taktik als Kern eines umfassenden demokratischen Systems der wissenschaftlichen Leitung der Gesellschaft weiter.[38]

---

38 Vgl. Kap. 12.1. des vorliegenden Lehrbuches.

Kontrollfragen zu Kapitel 4

1. Worin bestehen Platz und Funktion der politischen Strategie und Taktik im Gesamtsystem der Führungstätigkeit einer marxistisch-leninistischen Partei?

2. Erläutern Sie den Inhalt der Leninschen Kennzeichnung der politischen Strategie und Taktik als „Wissenschaft und Kunst"!

3. Erläutern Sie an einem Beispiel aus dem Friedenskampf der Gegenwart die Wechselbeziehungen zwischen der Strategie und der Taktik einer marxistisch-leninistischen Partei!

4. Worin besteht die Bedeutung der Kategorie „Kräfteverhältnis" für die Ausarbeitung, Durchsetzung und das Verständnis der Strategie und Taktik?

5. Erläutern Sie anhand eines Beispiels Bedingungen, Zielsetzung und Ergebnisse eines Kompromisses im politischen Kampf!

TEIL II
Der Kampf für Frieden
und sozialen Fortschritt
in der Epoche des Übergangs
vom Kapitalismus zum Sozialismus

Die Verwirklichung der welthistorischen Mission der Arbeiterklasse vollzieht sich seit 1917 weltweit in der Epoche des Übergangs vom Kapitalismus zum Sozialismus, die heute durch den Kampf der Völker für die Sicherung des Friedens und durch den historischen Wettbewerb und die Auseinandersetzung von Sozialismus und Kapitalismus geprägt wird.

Haupttriebkräfte des sozialen Fortschritts sind:
- sozialistische Revolutionen und das aus ihnen hervorgegangene sozialistische Weltsystem;
- der Kampf der Arbeiterbewegung und der demokratischen Massenbewegungen in den kapitalistischen Ländern;
- nationale Befreiungsrevolutionen und die Völker der national befreiten Staaten.

5. Der Sozialismus im Kampf um die Sicherung des Weltfriedens und in der Auseinandersetzung der Systeme

Im Mittelpunkt der Epoche des Übergangs vom Kapitalismus zum Sozialismus steht die Auseinandersetzung zwischen den beiden entgegengesetzten Gesellschafts- und Weltsystemen, Sozialismus und Kapitalismus, von deren Verlauf mehr denn je die weitere Entwicklung des gesamten revolutionären Weltprozesses, darunter die erfolgreiche Entwicklung des Sozialismus selbst, sowie die Bewältigung grundlegender globaler Fragen der weiteren Menschheitsentwicklung abhängen. Dabei haben sich seit dem Übergang zu den achtziger Jahren die Bedingungen und Erfordernisse, die Inhalte und strategischen Orientierungen in dieser Auseinandersetzung sowie der gesamten internationalen Entwicklung gravierend verändert. Vor allem hat der Kampf um die Erhaltung und Sicherung des Weltfriedens einen politisch neuen Stellenwert erlangt. Dies alles stellt grundlegend neue Anforderungen sowohl an den Friedenskampf der sozialistischen Länder als auch an die qualitative Entwicklung der gesellschaftlichen Potenzen und Vorzüge des Sozialismus und bedingt zugleich die Weiterentwicklung der politischen Strategie und Taktik der marxistisch-leninistischen Parteien.

5.1. Epoche des Übergangs vom Kapitalismus zum Sozialismus
– Hauptrichtung der Menschheitsentwicklung

Weltgeschichtliche Epochen sind Zeiträume, die durch ihren Hauptinhalt ein bestimmtes Entwicklungsstadium der Menschheit charakterisieren. Zur Kennzeichnung eines Zeitraumes als Epoche ist es notwendig, den *dominierenden Zusammenhang in der Gesamtheit gesellschaftlicher Erscheinungen und Prozesse* sowie den Hauptinhalt der weltgeschichtlichen Entwicklung in einem bestimmten Zeitraum

120

aufzudecken. Dazu sind Erkenntnisse über die Entwicklung der Gesellschaftsformationen, des Klassenkampfes, des gesellschaftlichen Fortschritts sowie des konkret-historischen Kräfteverhältnisses erforderlich.[1] Den Charakter einer Epoche bestimmen erfordert vor allem, ihren Klasseninhalt zu bestimmen und exakt zu erfassen, welche Klasse die Haupttendenzen der gesellschaftlichen Entwicklung und des Fortschritts zum Ausdruck bringt, welche anderen Kräfte und sozialen Bewegungen sich dieser Klasse als Verbündete anschließen können und welche Klassenkräfte dem entgegenstehen.[2]

Hauptinhalt und Grundwiderspruch   Die gegenwärtige Epoche ist „die Epoche des Übergangs vom Kapitalismus zum Sozialismus und Kommunismus, des historischen Wettbewerbs der beiden gesellschaftspolitischen Weltsysteme, die Epoche sozialistischer und nationaler Befreiungsrevolutionen, des Zusammenbruchs des Kolonialismus, die Epoche des Kampfes der Haupttriebkräfte der gesellschaftlichen Entwicklung – des Weltsozialismus, der Arbeiterbewegung und der kommunistischen Bewegung, der Völker der national befreiten Staaten und der demokratischen Massenbewegungen – gegen den Imperialismus, gegen seine Politik der Aggression und Unterdrückung, für Frieden, Demokratie und sozialen Fortschritt."[3]

Diese Epoche wurde durch die Große Sozialistische Oktoberrevolution im Jahre 1917 eingeleitet. Die Bestimmung des *Hauptinhalts unserer Epoche* als Epoche des Übergangs vom Kapitalismus zum Sozialismus im Weltmaßstab spiegelt die geschichtlichen Prozesse, die seit der Großen Sozialistischen Oktoberrevolution der Welt das Gepräge geben, wider. Während in der vorausgehenden geschichtlichen Epoche der Imperialismus das allumfassende Weltsystem war, das sich mit Ausbeutung und Kriegen die gesamte Menschheit unterwarf, und die Gesellschaft reif für die sozialistische Revolution wurde, ist unsere Epoche *dem Charakter nach eine Übergangsepoche*, in der der Kapitalismus schrittweise durch den Sozialismus abgelöst wird. Dementsprechend ist diese Epoche vor allem durch den Kampf der beiden Gesellschaftssysteme, die Prozesse und Entwicklungstendenzen zweier Gesellschaftsformationen gekennzeichnet, der alten, historisch überlebten und der neuen, die die Zukunft verkörpert. Diese Auseinandersetzung erweist sich als ein sehr langfristiger und komplizierter Prozeß.

Im *Mittelpunkt unserer Epoche* stehen die *internationale Arbeiterklasse* und das Wichtigste, das durch sie hervorgebracht wurde: das *sozialistische Weltsystem*. Die Arbeiterklasse ist die Hauptkraft des gesellschaftlichen Fortschritts im Weltmaßstab, die durch ihre politische Aktion die Hauptrichtung der gesellschaftlichen Entwicklung bestimmt und die auf Grund ihrer objektiven geschichtlichen Lage und

---

1 Vgl. Lehrbuch Dialektischer und Historischer Materialismus, Kap. 7. 1.
2 Vgl. W. I. Lenin, Unter fremder Flagge, in: Werke, Bd. 21, S. 134.
3 Programm der Kommunistischen Partei der Sowjetunion, in: XXVII. Parteitag der KPdSU. Dokumente, Moskau 1986, S. 29.

ihrer Klasseninteressen befähigt ist, die notwendigen geschichtlichen Veränderungen gegen den Widerstand alter, historisch überlebter Klassenkräfte durchzusetzen.

Mit dem Sieg der Großen Sozialistischen Oktoberrevolution entstand unwiderruflich der Sozialismus als Gesellschaftsordnung. Es bildete sich der internationale Gegensatz zwischen Kapitalismus und Sozialismus heraus, der den *Grundwiderspruch unserer Epoche* konstituierte, das Wesen unserer Epoche charakterisiert, alle anderen Widersprüche durchdringt und die Entwicklung der Epoche von ihrer Entstehung bis zu ihrem Ende bestimmt. Dieser Grundwiderspruch nimmt konkret-historische Erscheinungsformen an, durchläuft einen historischen Entwicklungsprozeß und ist in jedem Zeitabschnitt mit weiteren spezifischen Widersprüchen verbunden. Der Widerspruch zwischen Kapitalismus und Sozialismus ist jedoch deshalb der Grundwiderspruch unserer Epoche, weil er *erstens* das Wesen dieser Epoche des Übergangs vom Kapitalismus zum Sozialismus zum Ausdruck bringt und weil nur die schrittweise Lösung dieses antagonistischen Widerspruchs den Übergang der gesamten Menschheit zum Sozialismus sichert. Die Entstehung, Entwicklung und Lösung dieses Widerspruchs fällt mit den Hauptetappen der Geschichte unserer Epoche zusammen. *Zweitens* ist der Widerspruch zwischen den beiden sozialen Systemen in der Welt ein allgemeiner, internationaler, globaler Widerspruch. *Drittens* ist dieser Widerspruch nicht auf eine Sphäre des gesellschaftlichen Lebens bezogen, er wirkt in allen Bereichen der Gesellschaft, in der Wirtschaft, der Politik, der Ideologie und der Kultur. Dieser Widerspruch hat *viertens* einen entscheidenden Einfluß auf die Entwicklung und Lösung aller anderen Widersprüche unserer Epoche, so zum Beispiel auf die Lösung des Widerspruchs zwischen dem Imperialismus und den um ihre volle Unabhängigkeit ringenden Völkern.

Entwicklungsetappen und Gesetzmäßigkeiten Die bisherige Entwicklung in unserer Epoche vollzog sich in *drei großen historischen Etappen*. Diese werden jeweils durch qualitative Kriterien der konkret-historischen Entwicklung des Grundwiderspruchs der Epoche, besonders des *Kräfteverhältnisses* zwischen Sozialismus und Imperialismus charakterisiert. Bei einer Analyse des erreichten Entwicklungsstandes im internationalen Kräfteverhältnis geht es nicht schlechthin um die statistisch erfaßbaren Bilanzen der Kräfteverteilung auf den verschiedenen Gebieten, sondern im Kern um die Fähigkeit der verschiedenen Kräfte im Weltmaßstab, auf die internationale Entwicklung politisch wirksamen Einfluß auszuüben und den internationalen Einfluß der entgegengesetzten Kräfte zu behindern oder zu verhindern.

Die *erste Etappe* dauerte *von 1917 bis Mitte der 40er Jahre*. Sie war durch den Sieg des Sozialismus in der Sowjetunion geprägt. Der Imperialismus hatte zu dieser Zeit noch den dominierenden Einfluß in der internationalen Entwicklung, hörte aber auf, das alleinherrschende System der Welt zu sein. Es entstand und erstarkte die internationale kommunistische Bewegung, es kam zu einem Aufschwung der nationalen Befreiungsbewegung und anderer demokratischer Massenbewegungen. Trotz intensiver Versuche des Imperialismus und besonders seiner aggressivsten Kräfte, des deutschen Faschismus und seiner Verbündeten, den ersten sozialistischen Staat zu beseitigen, konnte der Sozialismus nicht mehr vernichtet werden. Der barbarische Überfall des Faschismus auf die Sowjetunion endete mit der Zerschlagung seiner Urheber.

Es bildete sich die *zweite Etappe* in der Entwicklung unserer Epoche heraus, die vor allem durch die *Entstehung und Festigung des sozialistischen Weltsystems* gekennzeichnet war. In den Nachkriegsjahren zerbrach das imperialistische Kolonialsystem. Die nationale Befreiungsbewegung, die Arbeiterbewegung im Kapitalismus und die demokratischen Massenbewegungen nahmen einen Aufschwung. Die Sowjetunion und die anderen Staaten des Warschauer Vertrages erlangten unwiderruflich ein annäherndes militärisches Gleichgewicht, in dessen Folge führende Kräfte des Imperialismus zur Einsicht gelangten, daß die Politik der Stärke, des kalten Krieges und der militärischen Bedrohung gegenüber dem Sozialismus keinerlei Erfolgsaussichten mehr hat. Der Imperialismus hatte in den Nachkriegsjahrzehnten seine politische Kräfteüberlegenheit in der internationalen Arena verloren. Der Sozialismus hatte andererseits noch keinen dominierenden Einfluß in der Weltpolitik erlangt. Jedoch konnten die Hauptfragen der internationalen Entwicklung nicht mehr gegen und auch nicht mehr ohne den Sozialismus gelöst werden. Infolgedessen lenkten führende Kräfte des Imperialismus auf eine Reihe wichtiger Schritte der Entspannung ein (SALT-Verträge 1972 und 1979; Schlußakte von Helsinki 1975).

Insgesamt wurde dadurch der Übergang zu einer *dritten Etappe* in der Entwicklung unserer Epoche vollzogen, über deren Beginn unter marxistisch-leninistischen Gesellschaftswissenschaftlern unterschiedliche Auffassungen vorgetragen werden.[4] Diese neue Etappe ist gekennzeichnet durch außerordentlich widersprüchliche und dynamische Tendenzen der internationalen Klassenauseinandersetzung auf der Grundlage einer *relativen Balance in der Gesamtheit des politischen Kräfteverhältnisses zwischen Sozialismus und Imperialismus*. Der Imperialismus und besonders seine aggressivsten Kräfte begannen den bislang konzentriertesten Versuch, unter Ausnutzung von Resultaten des wissenschaftlich-technischen Fortschritts eine Gegenoffensive gegen die Kräfte des revolutionären Weltprozesses einzuleiten, vor allem den Sozialismus und seine internationale Ausstrahlung entscheidend zu schwächen, um damit doch noch eine Wende im Verlauf unserer Epoche herbeizuführen. Andererseits wachsen Stärke und Einfluß der Friedenskräfte in der Welt, deren Forderungen nach Frieden und Abrüstung gegen die aggressivsten Kräfte des Imperialismus gerichtet sind. Der Kampf um die politische Isolierung der aggressivsten imperialistischen Kräfte, um die Stabilisierung und endgültige Sicherung des Weltfriedens durch den Übergang zur Abrüstung steht

---

4 Mitunter wird der Beginn bereits in den 60er Jahren gesehen; wir gehen davon aus, daß diese Etappe mit dem Übergang zu den 80er Jahren einsetzt.

im *Mittelpunkt des Ringens um sozialen Fortschritt, um die weitere Veränderung des internationalen Kräfteverhältnisses.* Dieser Kampf führt noch nicht zur Einschränkung der internationalen Wirkungsmöglichkeiten des Imperialismus insgesamt, sondern trägt zur Schaffung von Voraussetzungen bei, um die Auseinandersetzung der beiden Systeme in die Bahnen eines friedlichen Wettstreits zu lenken.

In den Vordergrund der internationalen Auseinandersetzungen ist somit seit dem Übergang zu den achtziger Jahren der *Gegensatz zwischen dem auf atomare Hochrüstung und Weltraumrüstung gerichteten Kurs* der aggressivsten Kräfte des Militär-Industrie-Komplexes in den USA und anderen imperialistischen Ländern und den *Bestrebungen der Menschheit nach Erhaltung und Fortentwicklung ihrer Zivilisation* getreten. Er ist zum *Hauptwiderspruch unserer Zeit* geworden. Seine Lösung im Interesse der friedliebenden Menschheit ist zur absoluten Voraussetzung und auch zu einem *zentralen Inhalt der Austragung des Grundwiderspruchs* im weiteren Verlauf der Epoche geworden. Die Auseinandersetzung zwischen den beiden entgegengesetzten Systemen ist nur noch im Frieden möglich, und die Art und Weise der Systemauseinandersetzung muß zur Stabilisierung des Friedens beitragen.

Auf der Grundlage dieses Hauptwiderspruchs erfuhren die traditionellen Hauptströme des revolutionären Weltprozesses – sozialistisches Weltsystem, nationale Befreiungsbewegung, Arbeiter- und demokratische Bewegung in den kapitalistischen Ländern – eine intensive Verknüpfung mit der weltweiten Friedensbewegung und anderen allgemeindemokratischen Bestrebungen der Völker. In den *Mittelpunkt des revolutionären Weltprozesses* treten auf absehbare Zeit der Kampf um die Durchsetzung der dringendsten allgemeindemokratischen Erfordernisse: Friedenssicherung, Überwindung der Unterentwicklung, neue demokratische Weltwirtschaftsordnung, Erhaltung der Umwelt und Lösung anderer globaler Menschheitsprobleme sowie die Verteidigung und Erweiterung grundlegender sozialer und demokratischer Rechte in den kapitalistischen Ländern. Von größter Bedeutung für die weitere Entwicklung des revolutionären Weltprozesses ist die Ausprägung aller Vorzüge und Triebkräfte des Sozialismus, die Erhöhung seiner internationalen Ausstrahlung und seines Einflusses in der Welt.[5]

Die *sozialistische Gemeinschaft* konnte auf Grund ihrer initiativreichen Friedenspolitik ihre internationale Autorität bedeutend erhöhen. Gleichzeitig wurden die Länder des Sozialismus und die anderen Kräfte des revolutionären Weltprozesses vor qualitativ neue Herausforderungen zur Erhaltung und Erweiterung ihrer Wirkungsmöglichkeiten in der Weltpolitik gestellt. Hierzu zählen sowohl der neue Stellenwert der Friedensfrage als auch die dynamische Entwicklung der wissenschaftlich-technischen Revolution und die Verschärfung globaler Menschheitsprobleme. Die meisten Länder der sozialistischen Gemeinschaft sind in eine Etappe der gesellschaftlichen Entwicklung eingetreten, in der der Kampf um die volle Herausbildung der Vorzüge und Triebkräfte des Sozialismus im Zusammenhang mit dem umfassenden Übergang zur intensiv erweiterten Reproduktion und

5 Vgl. die Kap. 6–8 des vorliegenden Lehrbuches.

124

der beschleunigten Entwicklung des wissenschaftlich-technischen Fortschritts im Mittelpunkt steht.

Insgesamt sind der bisherige Verlauf unserer Epoche sowie die gegenwärtige und absehbare internationale Entwicklung durch eine Reihe von *Gesetzmäßigkeiten* gekennzeichnet, die sich als *widerspruchsvolle Tendenzen im Geschichtsprozeß* durchsetzen. Zu ihnen können gezählt werden:

1. der wachsende *internationale Einfluß des Sozialismus*, die Veränderung des internationalen Kräfteverhältnisses zugunsten des Sozialismus und aller Kräfte des sozialen Fortschritts in der Welt sowie die Vertiefung des sozialen Inhalts des revolutionären Weltprozesses;

2. die zunehmende *Bedeutung allgemeindemokratischer und die Menschheit als Ganzes berührender Probleme* für die Kräfte des revolutionären Weltprozesses und die gesamte Weltpolitik;

3. die Entwicklung der *Auseinandersetzung zwischen Sozialismus und Imperialismus zur zentralen Achse* des revolutionären Weltprozesses und der gesamten Menschheitsentwicklung, Erweiterung der Komplexität, der globalen Dimensionen und der Rolle der Politik in diesem Prozeß, der nur als friedlicher Wettbewerb der Systeme möglich ist;

4. die wachsende Rolle der *Arbeiterklasse* und ihrer revolutionären Vorhut als *Hauptkraft der Epoche.* Verbunden damit nehmen langfristig die soziale und politische *Erweiterung der Kräfte* des revolutionären Weltprozesses zu, ebenso ihre Mannigfaltigkeit und Differenziertheit, was höhere Anforderungen an ihr Zusammenwirken stellt.

5. Die *allgemeine Krise des Kapitalismus*[6] erfährt eine fortschreitende Vertiefung. Gleichzeitig bleibt der Imperialismus in der Lage, umfangreiche wissenschaftlich-technische und andere Potenzen zu entfalten. Vor allem seine reaktionärsten Kräfte setzen diese gegen den sozialen Fortschritt sowie gegen die Lebensinteressen der gesamten Menschheit gezielt ein.

5.2. Neue Bedingungen und Erfordernisse in der internationalen Politik

Die gegenwärtige Etappe in der Entwicklung unserer Epoche ist mit tiefgreifend veränderten objektiven Bedingungen und Erfordernissen für das Handeln aller Kräfte in der Weltpolitik verbunden. Die sozialistische Gemeinschaft kämpft um die weltweite Durchsetzung eines solchen *politischen Herangehens* an die internationalen Entwicklungsprozesse, das diesen neuen Erfordernissen Rechnung trägt. Sie findet darin Unterstützung bei immer mehr sozialen und politischen Kräften in der Welt, die ebenfalls ihre politisch-strategischen Orientierungen entspre-

6 Vgl. Lehrbuch Politische Ökonomie des Kapitalismus und Sozialismus, Kap. 11.

chend den heutigen Bedingungen weiterentwickeln. Vor allem die aggressivsten Kräfte im Imperialismus hingegen versperren sich diesen Erfordernissen und gefährden mit ihrer Politik die weitere Entwicklung der Menschheit als Ganzes.

Der neue Stellenwert der Friedensfrage
In den Jahrzehnten seit dem 2. Weltkrieg setzten sich in der *Entwicklung von Wissenschaft und Technik* nach und nach grundlegende qualitative Wandlungen durch, die in ihrer Gesamtheit und heutigen komplexen Ausprägung und im Zusammenhang mit den weltpolitischen Auseinandersetzungen in wachsendem Maße unsere Zeit prägen und deshalb auch zur Anwendung der Bezeichnung *„nuklear-kosmisches Zeitalter"* führten. Dadurch werden weder der Hauptinhalt noch die Entwicklungstendenzen unserer Epoche aufgehoben. Es werden jedoch dadurch zunehmend die konkreten Möglichkeiten der verschiedenen Klassenkräfte in der Welt geprägt, auf die historische Entwicklung Einfluß zu nehmen, und es werden objektiv neue Anforderungen an das politische Handeln all dieser Kräfte gestellt.

Vor allem die *Fragen von Frieden und Krieg* haben unter diesen Bedingungen eine qualitativ *neue Dimension* erlangt. Es ist ein solches Stadium der internationalen wissenschaftlich-technischen Entwicklung erreicht worden, das eine umfassende friedliche Nutzung, aber auch verheerende Vernichtungswirkungen beim militärischen Mißbrauch besonders der Kernenergie ermöglicht. Grundlegende politische Auseinandersetzungen in unserer Epoche vollziehen sich seitdem – im Anfangsstadium bereits seit Mitte der 40er Jahre – nicht mehr unabhängig von den Bedingungen und möglichen Folgen einer solchen Entwicklung des Nuklearzeitalters. Aber in der gegenwärtigen Etappe unterliegen die Auseinandersetzungen der wichtigsten sozialen und politischen Kräfte in der Welt in völlig neuen Maßstäben den neuen Erfordernissen. Das resultiert nicht zuletzt aus dem inzwischen angehäuften nuklearen Vernichtungspotential (ca. 50000 Kernsprengköpfe in der Welt – das entspricht etwa dem Äquivalent von 1 Million Hiroshima-Bomben und deren modernen Trägermitteln).

Die Hauptursache für die *Gefährdung der Menschheit* liegt aber darin, daß aggressive Kreise des Imperialismus, vor allem in den USA, eine solche Politik betreiben, die auf der Grundlage der modernen Hochrüstung auf die Erpressung und Vernichtung des realen Sozialismus abzielt. Die extremsten Kräfte unter ihnen halten einen atomaren Krieg gegen den Sozialismus für führbar und gewinnbar. Diese Politik gefährdet die menschliche Zivilisation als Ganzes. In der Gegenwart würde ein atomarer Krieg – auch bei Einsatz nur eines Teils der in der Welt vorhandenen Kernwaffenvorräte – durch die Explosiv- und Strahlenwirkung, die klimatischen, biologischen und ökologischen Folgen zur Vernichtung der gesamten Menschheit und des Lebens auf der Erde überhaupt führen.

In einem solchen Krieg könnten keinerlei politische Ziele durchgesetzt werden. Eine *Fortsetzung der Politik mit den Mitteln des atomaren Krieges* ist objektiv *nicht mehr möglich.* Auch für die Monopole wären in einem solchen Krieg weder Kriegs-

126

noch Nachkriegsprofite zu erlangen. Aus dem gegenwärtigen Entwicklungsstand der verschiedenen Komponenten des internationalen Kräfteverhältnisses ergibt sich weiterhin, daß auch jegliche Bestrebungen zur Erlangung militärstrategischer Überlegenheit, wie sie von den aggressivsten Kräften in den USA und der NATO noch immer ausgehen, keinerlei Realisierungschance besitzen, sondern nur das Niveau des annähernden militärstrategischen Gleichgewichts und damit das Niveau gleicher Unsicherheit weiter erhöhen würden. Die imperialistische Hochrüstung wird zu einer gravierenden Gefahr für die Menschheit. Sie verschärft die heutigen globalen Probleme und behindert deren Lösung. Ihre Fortsetzung erschwert Rüstungsbegrenzungs- und Abrüstungsvereinbarungen. Darüber hinaus erhöht sich die Gefahr, daß durch die Fortsetzung der Hochrüstung die Möglichkeiten der Politik eingeschränkt werden, auf die Bewahrung der internationalen Sicherheit Einfluß zu nehmen. Es erhöhen sich hierdurch vielmehr die Risiken des Ausbruchs eines Kernwaffenkrieges.

Aus all dem ergibt sich, daß *Frieden und Abrüstung* heute objektiv *im Interesse der Menschheit als Ganzes*, aller Klassen und beider Systeme liegen. Demgegenüber steht das Interesse der Rüstungskonzerne am Maximalprofit sowie der Hochrüstungs- und Atomkriegskurs der aggressivsten Vertreter des Militär-Industrie-Komplexes der USA und einiger anderer NATO-Staaten. Wenngleich die Aggressivität dem Imperialismus wesenseigen ist und letztlich im Monopol begründet liegt, wächst allmählich, selbst unter den herrschenden Kreisen im Imperialismus das Gewicht jener Kräfte, die diesen extremsten Formen der Aggressivität, die die reale Gefahr der Selbstvernichtung in sich bergen, Bedenken und Widerstand entgegenbringen. Hinzu kommt, daß bereits heute die Hochrüstung zur Hauptursache für die Vertiefung defizitärer Haushaltsbilanzen und anderer Krisenerscheinungen in vielen imperialistischen Ländern geworden ist. Es wächst also auch im Imperialismus das Interesse an Rüstungsbegrenzung und Abrüstung. Hieran knüpft die Politik der sozialistischen Gemeinschaft an. Unter den heutigen Bedingungen ist Sicherheit vor einem atomaren Krieg objektiv nicht mehr durch die Erlangung militärischer Vorteile, sondern nur noch durch die Senkung des militärstrategischen Gleichgewichts möglich. Die eigene *Sicherheit* ist deshalb objektiv *für beide Seiten* nur noch mit *politischen* Mitteln, nur noch im *Miteinander* beider Seiten, nur noch durch gemeinsame *internationale Anstrengungen* und nur noch bei Berücksichtigung der *Sicherheitsinteressen aller beteiligten Seiten* erreichbar. Die sozialistische Gemeinschaft kämpft um die weltweite Durchsetzung eines solchen politischen Herangehens. Auf dem XI. Parteitag der SED wurde betont: „Erforderlich ist der ernsthafte Wille, nicht in den Denkschablonen der Konfrontation und des Strebens nach militärischer Überlegenheit zu verharren, sondern auf neue Weise an die Dinge heranzugehen, neue Formen und Verfahren in den Beziehungen zwischen den verschiedenen sozialen Systemen, Staaten und Regionen zu finden."[7]

7 Bericht des Zentralkomitees der Sozialistischen Einheitspartei Deutschlands an den XI. Parteitag der SED, Berlin 1986, S. 10.

Widersprüchlichkeit und Ganzheitlichkeit der Welt

Die heutige Welt ist durch das Bestehen einer Vielzahl *grundlegender Widersprüche und antagonistischer Gegensätze* gekennzeichnet. Dazu gehört *erstens* der Grundwiderspruch unserer Epoche, der antagonistische Klassengegensatz zwischen den beiden Weltsystemen Sozialismus und Kapitalismus. *Zweitens* gehören hierzu die inneren Widersprüche der kapitalistischen Welt selbst: die antagonistischen Widersprüche zwischen Arbeit und Kapital, die Widersprüche zwischen den imperialistischen Staaten, zwischen den drei Hauptzentren des Imperialismus (USA, Westeuropa und Japan), zwischen den transnationalen Konzernen und der nationalstaatlichen Form der politischen Organisation der Gesellschaft. *Drittens* verschärfen sich die Widersprüche zwischen dem Imperialismus und den Entwicklungsländern, insbesondere die Probleme des Hungers, des Elends und der Unterentwicklung. *Viertens* sind eine Reihe neuer globaler Widersprüche zwischen menschlicher Zivilisation und der Natur entstanden, die sich zunehmend verschärfen: hierzu gehören die Probleme der Verschmutzung und Zerstörung der Umwelt, der Luft und der Weltmeere, die relative Erschöpfung der traditionellen Bodenschätze.

Insgesamt tragen diese Widersprüche sehr unterschiedlichen Charakter, haben unterschiedliche Ursachen und verschiedenartige Wege ihrer Lösung. Übereinstimmend ist jedoch, daß die Austragung dieser Widersprüche nur bei Sicherung des Weltfriedens möglich ist. Zugleich ist der Prozeß der Lösung dieser Widersprüche im Sinne des sozialen Fortschritts immer enger an Erfolge im Kampf um Friedenssicherung und Abrüstung gebunden.

Vor allem wächst in den gegenwärtigen und zukünftigen Auseinandersetzungen um die Lösung dieser Widersprüche das Gewicht und die Bedeutung von Problemen, die die Fortentwicklung der *Menschheit als Ganzes* berühren. Hierzu zählen der neue Stellenwert der Friedensfrage im atomaren Zeitalter, die wachsende Bedeutung weiterer globaler Menschheitsprobleme, die zunehmende Internationalisierung der Produktivkräfte, der Kommunikation und des Verkehrs und die Beschleunigung der wissenschaftlich-technischen Revolution. Die Bewältigung dieser Probleme „erfordert immer nachdrücklicher ein *konstruktives, schöpferisches Zusammenwirken der Staaten und Völker auf unserem gesamten Planeten.*"[8] Gleichzeitig entstehen die politischen, sozialen und materiellen Voraussetzungen für ein solches Herangehen. In diesen Auseinandersetzungen „bildet sich eine widersprüchliche, aber *in wechselseitigen Abhängigkeiten zusammengehörige*, in vielem ganzheitliche Welt heraus."[9] Dadurch werden die bestehenden sozialen Gegensätze in der Welt weder aufgehoben noch in ihrer Bedeutung relativiert. Aber es ergibt sich objektiv für alle grundlegenden sozialen und politischen Kräfte in der Welt das Erfordernis, den Fragen der Menschheitsentwicklung als Ganzes einen höhe-

8 XXVII. Parteitag der KPdSU. Politischer Bericht des ZK der KPdSU an den XXVII. Parteitag der KPdSU, Berlin 1986 S. 29.
9 Ebenda.

ren Stellenwert im Inhalt und in der Art und Weise ihres politischen Handelns einzuräumen.

Notwendig ist unter dem Gesichtspunkt dieser wachsenden gegenseitigen Abhängigkeit (Interdependenz) aller Staaten, Völker und beider Systeme ein in vielen Fragen *neues politisches Herangehen an die Grundprobleme der internationalen Entwicklung,* um dessen weltweite Durchsetzung die sozialistische Gemeinschaft kämpft. Im Mittelpunkt dieses politischen Herangehens muß die Suche nach gemeinsamen Wegen zur Verhinderung eines Krieges, zur Abrüstung und zur Lösung der vor der Menschheit stehenden Grundprobleme und der Fragen von zweiseitigem bzw. internationalem Interesse stehen. Das erfordert die Verwirklichung solcher Grundsätze im politischen Herangehen wie die Suche nach Kompromissen und nach einer allseitig annehmbaren Balance der Interessen bei Verhandlungen, zivilisierte Formen des miteinander Umgehens, Verhältnismäßigkeit der Mittel, d. h. angemessenes und gegebenenfalls zurückhaltendes Reagieren, Berücksichtigung der spezifischen Anliegen und Sorgen der Gegenseite bei Wahrung der eigenen Interessen. Erforderlich sind die sachliche Art und Weise der Auseinandersetzung und Darstellung von Positionen der Gegenseite, die Übereinstimmung der Art und Weise der ideologischen Auseinandersetzung mit den Erfordernissen der Friedens- und Dialogpolitik, die Berechenbarkeit der Politik und die Einheit von Wort und Tat. Unvereinbar mit den heutigen Realitäten in der Welt sind die Militarisierung der Politik, die Fortsetzung jeglicher Formen der Politik der Stärke und der Mißachtung der Interessen der anderen.

Inhalt des Kampfes um friedliche Koexistenz Die wichtigste Schlußfolgerung aus den in den achtziger Jahren tiefgreifend veränderten internationalen Bedingungen besteht darin, daß es objektiv für beide sich gegenüberstehenden Systeme keinerlei *Alternative zur friedlichen Koexistenz* gibt. Damit haben sich die objektiven Grundlagen des Kampfes um friedliche Koexistenz wesentlich erweitert. Es ergeben sich zugleich eine Reihe neuer Erfordernisse und inhaltlicher Aufgaben im Ringen um die Durchsetzung der friedlichen Koexistenz.

Dem Wesen nach bedeutet friedliche Koexistenz das *friedliche Nebeneinanderbestehen von Staaten unterschiedlicher Gesellschaftsordnung* sowie die *Entwicklung ihrer Zusammenarbeit.* Seit dem Entstehen des ersten sozialistischen Staates im Jahre 1917 war es stets ein zentrales Anliegen sozialistischer Außenpolitik, für die Durchsetzung der friedlichen Koexistenz zwischen Staaten unterschiedlicher Gesellschaftsordnung einzutreten. Der bisherige Kampf um die *Durchsetzung der friedlichen Koexistenz* durchlief *verschiedene Entwicklungsetappen.* Konnte für die junge Sowjetmacht friedliche Koexistenz mit der Übermacht imperialistischer Länder objektiv nur ein zeitweiliger Zustand, eine „Atempause" sein, so prägten sich in den Jahrzehnten nach dem 2. Weltkrieg durch die Veränderung des internationalen Kräfteverhältnisses zuungunsten des Imperialismus schrittweise die Möglichkeiten aus, die friedliche Koexistenz dauerhaft zu machen. Hierfür waren vor allem solche Faktoren ausschlaggebend wie das Entstehen und Erstarken des sozialistischen Weltsystems, der Aufschwung der nationalen Befreiungsbewegung und der Arbeiterbewegung im Kapitalismus sowie besonders die unwiderrufliche Erlangung des annähernden militärstrategischen Gleichgewichts durch die Sowjetunion und die anderen Staaten des Warschauer Vertrages. Diese Faktoren der Veränderung des internationalen Kräfteverhältnisses, insbesondere der Verlust der militärischen und politischen Kräfteüberlegenheit des Imperialismus und die Erlangung einer relativen Parität in den 60er und 70er Jahren erwiesen sich als wichtigste Bedingung dafür, daß in den 70er Jahren bestimmte Ergebnisse im internationalen Entspannungsprozeß erreicht werden konnten. Seit dem Übergang zu den 80er Jahren bildeten sich *neue Anforderungen des Kampfes um friedliche Koexistenz* heraus. In einer Reihe führender imperialistischer Länder erlangten aggressivste Kreise einen entscheidenden Einfluß in der Politik. Für die dauerhafte Durchsetzung der friedlichen Koexistenz ist es deshalb entscheidend, auf der Basis des gegenwärtig bestehenden Kräfteverhältnisses zwischen Sozialismus und Imperialismus den Einfluß dieser Kräfte zurückzudrängen, wodurch die Möglichkeit eröffnet wird, daß die an Entspannung interessierten Kräfte im Imperialismus ihren Einfluß stärken. Der Kampf um die Durchsetzung friedlicher Koexistenz richtet sich deshalb in der heutigen Zeit nicht gegen den Imperialismus als Gesamtsystem, sondern gegen seine aggressivsten Kreise und schließt zugleich die Suche nach Zusammenarbeit mit allen an Frieden und Abrüstung interessierten Kräften des Imperialismus ein. *Friedliche Koexistenz ist heute die einzig vernünftige Art und Weise der Auseinandersetzung zwischen Sozialismus und Imperialismus,* die sich allein gegen die militanten Verfechter eines atomaren Hochrüstungs- und Konfrontationskurses richtet. Heute ist friedliche Koexistenz nicht mehr nur die günstigste äußere Bedingung für den Sozialismus, sondern auf Dauer die *einzig mögliche Grundlage für die weitere innere Entwicklung beider Systeme, für die Austragung ihres historischen Wettstreits und für ihre Zusammenarbeit.* Auch der Imperialismus kann unter den heutigen Bedingungen seine Interessen auf Dauer objektiv nur noch im Rahmen der friedlichen Koexistenz realisieren. Mit der Durchsetzung der friedlichen Koexistenz ist die Austragung der Klassengegensätze zwischen beiden Systemen in einer solchen Art und Weise verbunden, die zur Sicherung des Weltfriedens beiträgt und gleichzeitig die zwar unterschiedlichen inneren Entwicklungsmöglichkeiten beider Systeme garantiert. Dieser objektive Tatbestand hat jedoch noch keinen entsprechenden Niederschlag in den politischen Strategien der herrschenden Kreise führender imperialistischer Länder zur Auseinandersetzung mit dem Sozialismus gefunden.

Bei der Politik der friedlichen Koexistenz geht es darum, solche *Prinzipien und Normen der zwischenstaatlichen Beziehungen* durchzusetzen wie: Verzicht auf den Krieg als Mittel zur Lösung strittiger Fragen zwischen den Staaten, Lösung auf dem Wege von Verhandlungen; Gleichberechtigung, gegenseitiges Verständnis und Vertrauen zwischen den Staaten, Berücksichtigung der Interessen des anderen; Nichteinmischung in die inneren Angelegenheiten und Achtung der Rechte der Völker, selbständig alle Probleme ihres Landes zu entscheiden; strikte Achtung der Souveränität und territorialen Integrität aller Länder. Auf dieser Grundlage ist die Politik der friedlichen Koexistenz auf die friedliche, gleichberechtigte, gegenseitig vorteilhafte Zusammenarbeit zwischen kapitalistischen und sozialistischen Staaten auf wirtschaftlichen, kulturellen u. a. Gebieten gerichtet und liegt damit im Interesse beider Seiten.

Bei der *friedlichen Koexistenz* handelt es sich um Beziehungen der *Klassenauseinandersetzung zwischen den zwei gegensätzlichen sozialen Systemen*. Dies ist eine objektive *Gesetzmäßigkeit unserer Epoche*. Die friedliche Koexistenz kann weder den Grundwiderspruch der Epoche noch die Gesetze des Klassenkampfes aufheben. Was sie erfordert, ist der Verzicht auf die Vorbereitung und Durchführung von Kriegen, insbesondere eines atomaren Krieges, ist die Ausschaltung militärischer Gewalt zur Lösung regionaler Konflikte. Die Beziehungen der friedlichen Koexistenz berühren somit nicht das Klassenwesen der Macht in irgendeinem Lande und sind daher für Staaten mit unterschiedlicher Gesellschaftsordnung annehmbar. Friedliche Koexistenz hebt deshalb auch zu keiner Zeit die entgegengesetzten Klasseninteressen und den Klassenkampf zwischen den beiden Systemen auf, sondern stellt die heute einzig mögliche Art und Weise deren Austragung dar. Entgegengesetzte Klasseninteressen prallen schon bei der Schaffung der internationalen Vereinbarungen für die friedliche Koexistenz aufeinander. Sowohl hierbei als auch bei allen weiteren Schritten der Zusammenarbeit, die durch Verhandlungen festgelegt werden, ist ein Ausgleich, eine Balance dieser entgegengesetzten Interessen zu finden und müssen die Interessen der jeweiligen Gegenseite berücksichtigt werden. Zugleich gibt es auf einigen Gebieten in den Beziehungen der beiden Systeme, vor allem bei der Lösung globaler Menschheitsprobleme, auch gemeinsame Interessen. Friedliche Koexistenz erfordert, die gemeinsamen Interessen an der Friedenserhaltung in den Vordergrund der politischen Beziehungen zu stellen und zur Grundlage der Zusammenarbeit zu machen. Nicht aufgehoben oder ausgeglichen werden kann das Klasseninteresse jeder Seite an der Stärkung des eigenen Systems gegenüber dem anderen und an der Erhöhung seiner internationalen Wirkung. Aber es kommt darauf an, daß diese entgegengesetzten Interessen beider Seiten allein mit friedlichen Mitteln realisiert werden.

Zusammenhang von Frieden und sozialem Fortschritt

In der Gegenwart hat sich der Zusammenhang zwischen Frieden und sozialem Fortschritt bedeutend modifiziert. Im ganzen bisherigen Verlauf unserer Epoche bestand zwischen dem Eintreten der Menschen für eine Welt des Friedens einerseits und ihren Bestrebungen nach sozialem Fortschritt (zum Beispiel nach sozialer Sicherheit, Demokratie, Freiheit, nach fortschrittlichen gesellschaftlichen Umgestaltungen) andererseits ein enger Zusammenhang. Dieser Zusammenhang ist darin begründet, daß die *Kräfte des Kampfes um sozialen Fortschritt* stets auch die *Hauptkräfte des Friedenskampfes* waren und daß die Hauptgegner jeglichen sozialen Fortschritts in der Regel jene waren, die mit ihrer Politik den Frieden am meisten bedrohten und Kriege verursachten. Die Stärkung der Kräfte der Demokratie, der nationalen Befreiung und vor allem des realen Sozialismus in unserer Epoche schränkt auch die Wirkungsfelder der aggressivsten, friedensgefährdenden Kräfte des Imperialismus ein. Andererseits bringen reale Ergebnisse im Ringen um Friedenssicherung günstige Voraussetzungen für den Kampf der Völker um sozialen Fortschritt, für Demokratie und Sozialismus mit sich. Diese allgemeinen Zusammenhänge wirken auch in der Gegenwart. Dennoch hat die geschichtliche Entwicklung heute zu einer neuen Situation geführt.

Unter den heutigen Bedingungen steht in den nichtsozialistischen Ländern sowie im weltpolitischen Rahmen die *Durchsetzung allgemeindemokratischer Erfordernisse* im Mittelpunkt des Ringens der Völker um sozialen Fortschritt: Das sind Erfordernisse des Friedens, der Überwindung der Unterentwicklung, der Gewährleistung des Schutzes der natürlichen Umwelt, von Arbeit und sozialer Sicherheit, Demokratie und Menschenrechten. Ihre Bewältigung ist mehr denn je eingeordnet in die heutigen Aufgaben des revolutionären Weltprozesses und kann langfristig Voraussetzungen für fortschrittliche gesellschaftliche Umgestaltungen und soziale Revolutionen in den heutigen nichtsozialistischen Ländern schaffen. Das *Verhältnis des Kampfes um den Frieden* und *des Kampfes um sozialen Fortschritt* ist heute durch folgende Faktoren gekennzeichnet:

Erstens: Die Verhinderung eines nuklearen Weltkrieges und die *Sicherung des Weltfriedens* bedeuten „allein" schon einen grundlegenden *Beitrag zum sozialen Fortschritt* in der Welt. Dies ergibt sich vor allem daraus, daß mit der Bewahrung des Weltfriedens zugleich die derzeit höchste Stufe des sozialen Fortschritts in unserer Epoche gesichert wird – und damit die Basis für das weitere Ringen der Völker um sozialen Fortschritt. Das ist keinesfalls eine Orientierung auf „Passivität" und „Stillstand", sondern erfordert beträchtliche Anstrengungen aller Kräfte des Friedens und des Fortschritts, um die vom USA-Imperialismus verfochtene neoglobalistische Strategie der sozialen Revanche zurückzudrängen und letztlich zu überwinden.

Zweitens: Die *Sicherung des Weltfriedens* ist heute zugleich zur *absoluten Voraussetzung für jeglichen weiteren sozialen Fortschritt* geworden. Erstmals ist heute die Situation objektiv so, daß es unter keinerlei Umständen denkbar wäre, daß sich im Ergebnis eines Weltkrieges fortschrittliche Umgestaltungen vollziehen könnten. Denn ein solcher Krieg würde das Ende der Menschheit bedeuten. Nur bei Existenz des Weltfriedens ist weiterer sozialer Fortschritt möglich.

Drittens: Der *Kampf um Friedenssicherung* und Abrüstung ist zum *zentralen Bezugspunkt* und *entscheidenden Inhalt* des weltweiten Ringens um sozialen Fortschritt geworden. Die Verwirklichung der Hauptziele des heutigen Kampfes um sozialen Fortschritt in der Welt sind eng an Ergebnisse im Ringen um Friedenssicherung und Abrüstung gebunden.

Im *Sozialismus*, der derzeit höchsten Stufe des sozialen Fortschritts in der Welt, können reale Ergebnisse im Kampf um Entspannung und Abrüstung unmittelbar

der Politik der Hauptaufgabe, der Verwirklichung der Einheit von Wirtschafts-
und Sozialpolitik und damit der weiteren Verbesserung des materiellen und kulturellen Lebensniveaus der Menschen, zugute kommen.[10]

Im *Kapitalismus* sind die Hauptforderungen der Arbeiterbewegung und anderer
demokratischer Kräfte eng mit dem Friedenskampf verbunden. So ist der imperialistische Hochrüstungskurs eine der Hauptursachen der hohen Arbeitslosigkeit
im Kapitalismus. Für 1 Milliarde Dollar werden nach einer Studie der „Daily
World" 75710 Arbeitskräfte in der Rüstungsindustrie beschäftigt, für die gleiche
Summe an Investitionen könnten aber 187299 Arbeitsplätze im Bildungswesen
oder 138939 Arbeitsplätze im Gesundheitswesen geschaffen werden. Der Macht-
zuwachs des Militär-Industrie-Komplexes ist eine der Hauptursachen für den Abbau demokratischer und sozialer Errungenschaften der Werktätigen im Kapitalismus. Der Kampf um die Verteidigung und Erweiterung sozialer und demokratischer Rechte und Freiheiten erfordert deshalb in diesen Ländern den Kampf
gegen den Einfluß der reaktionärsten Gruppierungen des Monopolkapitals und
deren politische Vertreter, gegen die Militarisierung des gesellschaftlichen Lebens und gegen den Demokratieabbau, für eine neue Variante kapitalistischer Politik und schließlich für eine demokratische Wende.[11]

Dieser enger werdende Zusammenhang zwischen Friedens- und Abrüstungs-
fragen einerseits sowie sozialen Fragen andererseits trifft in ganz besonderem
Maße für die *Entwicklungsländer* zu. So wollen die USA für das SDI-Programm über
1 Billion Dollar ausgeben. Gleichzeitig leben 600 Millionen Kinder in der Welt
unterhalb des Existenzminimums. Jährlich sterben fast 60 Millionen Menschen,
darunter täglich 40000 Kinder, an den Folgen der Unterernährung. 300 Millionen
Kinder im schulpflichtigen Alter erhalten keinerlei Bildung. Für die Kosten eines
einzigen Atom-U-Bootes mit Trident-Raketen könnten 16 Millionen Kinder ein
Jahr lang in der Schule lernen, für die Kosten einer einzigen der in den USA geplanten 100 MX-Raketen könnten 5 Krankenhäuser gebaut werden. Die Entwicklungsländer brauchten zur Befriedigung ihrer dringendsten Bedürfnisse in den
Bereichen Bildung, Gesundheitsschutz, Nahrung und Wohnungsbau jährlich zusätzlich rund 20 Milliarden Dollar. Mit weiteren 100 Milliarden Dollar könnten
rund 300 Wärmekraftwerke, 300 Erdölraffinerien, 200 Werke für synthetischen
Kautschuk, 1000 Kunstdüngerwerke, 1600 Zuckerfabriken gebaut werden. Das alles wäre möglich, wenn nur 10% der heutigen jährlichen Welttrüstungsausgaben
gekürzt würden – ein Vorschlag, den die UdSSR seit langem unterbreitet hat. Die
Überwindung der Verschuldung der Entwicklungsländer und ihre weitere wirtschaftliche und soziale Entwicklung verlangen die Beendigung des imperialistischen Hochrüstungskurses und konkrete Schritte der Abrüstung.[12]

Immer dringlicher wird die *Lösung solcher globaler Probleme* wie Gewährleistung

10 Vgl. Kap. 10.2. des vorliegenden Lehrbuches.
11 Vgl. Kap. 7.3. des vorliegenden Lehrbuches.
12 Vgl. Kap. 8.2. des vorliegenden Lehrbuches.

ausreichender Energie-, Rohstoff- und Lebensmittelressourcen, die Sicherung des
ökologischen Gleichgewichts, die friedliche Nutzung der Kernenergie sowie der
ökonomischen Ressourcen der Meere und des Kosmos. Diese Grundfragen der
weiteren Menschheitsentwicklung stehen ebenfalls im engsten Zusammenhang
mit dem Kampf um Friedenssicherung und Abrüstung.

Heute ist der *Kampf um die Durchsetzung der friedlichen Koexistenz, um reale Schritte
zur Rüstungsbegrenzung und Abrüstung selbst der Hauptbeitrag im Kampf um den sozialen
Fortschritt in der Welt. Gleichzeitig liegt dieser Kampf im Interesse der Menschheit insgesamt,
also auch im Interesse beider entgegengesetzter Gesellschaftssysteme.* Während jedoch das
Interesse am *Frieden* mit dem *Wesen des Sozialismus* übereinstimmt, ergibt sich im
Imperialismus das Interesse am Frieden aus den gegenwärtigen Dimensionen der
Gefahren, aus dem gegenwärtig erreichten internationalen Kräfteverhältnis, das
keine Chance für militärische Erfolge gegen den Sozialismus läßt, sowie aus den
konkreten Interessen nach ökonomischer und politischer Zusammenarbeit mit
den sozialistischen Ländern.

Viertens erfordert der überragende Stellenwert der Friedensfrage in unserer Zeit
keinen Verzicht auf den Kampf um einen weiteren sozialen Fortschritt. Jeder
Schritt zur *qualitativen Vertiefung des sozialen Fortschritts* in der Welt ist zugleich auch
ein *Beitrag zum Friedenskampf*, weil damit die ökonomischen, sozialen und politischen Potenzen des Friedenskampfes gestärkt und die aggressivsten Kreise des
Imperialismus zurückgedrängt werden. Vor allem die weitere qualitative Entwicklung des Sozialismus erweitert seine internationalen Möglichkeiten, für die Festigung des Friedens einzutreten. Auch die Bestrebungen der Völker in den kapitalistischen und in den Entwicklungsländern nach Verteidigung und Erweiterung
ihrer sozialen und demokratischen Rechte, nach nationaler Unabhängigkeit und
Überwindung von Unterentwicklung sind bedeutsame Beiträge im Friedenskampf.

Zu den Kräften, die heute einen *Beitrag zur Friedenssicherung* in der Welt leisten
können, gehören *nicht nur die Kräfte des sozialen Fortschritts*. Es geht darum, *alle* an
Frieden und Abrüstung interessierten Kräfte in der Welt zusammenzuführen und
ihr gemeinsames Handeln zu entwickeln. Für die Länder der sozialistischen Gemeinschaft stehen dabei zwei strategische Aufgaben in einem engen Zusammenhang: Alles zu tun für die Festigung des Friedens in der Welt, für das gemeinsame Handeln aller Kräfte des Friedens, der Vernunft und des Realismus, und alles zu tun für die weitere Stärkung des Sozialismus, für die Verbindung von
wissenschaftlich-technischem Fortschritt, ökonomischem Wachstum und sozialem Fortschritt, für die Vertiefung der politischen Stabilität und die weitere Vervollkommnung der sozialistischen Demokratie sowie die ständige Gewährleistung
der erforderlichen Verteidigungsbereitschaft.

5.3. Die Einheit von Sozialismus und Frieden und die Friedensstrategie der sozialistischen Gemeinschaft

Arbeiterklasse, Sozialismus und Frieden

Mit der *Entwicklung des Sozialismus von einer Utopie zur Wissenschaft* und der Verbindung des wissenschaftlichen Sozialismus mit der Arbeiterbewegung wurde die jahrhundertealte Sehnsucht nach einem friedlichen Zusammenleben der Völker von einem Traum zu einem *wissenschaftlich begründeten Aktions- und Kampfprogramm.* Erst mit dem Auftreten der Arbeiterklasse wurde der Kampf um den Frieden zu einer starken gesellschaftlichen Bewegung, erhielt seine Verwirklichung eine reale Perspektive. Der Kampf um den Frieden war und ist stets ein untrennbarer Bestandteil des Kampfes der Arbeiterklasse um die Verwirklichung ihrer welthistorischen Mission.[13]

Aus den grundlegend veränderten Bedingungen der internationalen Entwicklung in den 80er Jahren ergeben sich neue Schlußfolgerungen für den allgemeinen Zusammenhang von Friedensfrage und historischer Mission der Arbeiterklasse: Heute ist der *Kampf um die Sicherung des Friedens objektiv zum Dreh- und Angelpunkt des gesamten Wirkens der internationalen Arbeiterklasse geworden.* Zugleich ist der *Kampf um die Sicherung des Friedens auf qualitativ neue Weise in den Prozeß der historischen Mission der Arbeiterklasse eingeschlossen.* Nach wie vor gilt, daß die weltweite Verwirklichung der historischen Mission der Arbeiterklasse, die Durchsetzung des Sozialismus in der ganzen Welt, auch endgültig die Wurzeln von Kriegen beseitigen wird. Aber die Zeit zur Abrüstung und dauerhaften Stabilisierung des Weltfriedens drängt. Hingegen wird die Zeit, in der die beiden entgegengesetzten Gesellschaftssysteme nebeneinander bestehen, noch lange währen. Frieden muß und kann unter diesen Bedingungen bereits jetzt dauerhaft durchgesetzt werden, d. h. noch bei Bestehen des Imperialismus. Das ergibt sich sowohl aus der hohen Dringlichkeit, bei den gegenwärtigen Gefahren für die Menschheit eine Wende zum Besseren durchzusetzen, als auch aus den neuen Möglichkeiten, die im heutigen, weltweit erreichten Entwicklungsniveau des internationalen Kräfteverhältnisses und insgesamt des Entwicklungsstandes der Verwirklichung der historischen Mission der Arbeiterklasse begründet liegen.

Für den Kampf um die dauerhafte Stabilisierung des Weltfriedens hat das Gewicht des Sozialismus in der Welt die letztlich entscheidende Bedeutung. Die Länder der sozialistischen Gemeinschaft und insgesamt des sozialistischen Weltsystems sind die Hauptkraft im weltweiten Friedenskampf. Sie setzen konsequent ihr großes ökonomisches, politisches, geistiges und militärisches Potential für die Erhaltung und Festigung des Friedens ein. Frieden ist ein Wesenszug des Sozialismus. Er ist der höchste Wert in den gesellschaftlichen Bestrebungen des Sozia-

13 Vgl. Kap. 2.3. des vorliegenden Lehrbuches.

lismus. Mit der Überwindung der antagonistischen Klassengesellschaft wird letztlich auch deren Bestandteil und ständiger Begleiter, der Krieg, beseitigt, werden „die Menschen von der Geißel des Krieges befreit".[14] Die sozialistische Revolution beseitigt mit der Ausbeutung des Menschen durch den Menschen radikal und für immer die sozialen Wurzeln des Krieges. Im Sozialismus herrschen die Werktätigen unter Führung der Arbeiterklasse, deren Lebensinteressen eine Gesellschaft erfordern, „deren internationales Prinzip der *Friede* sein wird, weil bei jeder Nation dasselbe Prinzip herrscht – die *Arbeit!"*[15]

Für die *Friedenspolitik des Sozialismus gibt es somit tiefe gesellschaftliche Grundlagen:* Im Sozialismus gibt es keine Klasse, keine gesellschaftlichen Gruppen oder Personen, keine politische oder militärische Kraft, die durch Krieg, seine Vorbereitung oder durch Rüstung profitieren würde oder andere Vorteile hätte. Im Sozialismus wirkt nicht der Profit als Triebkraft, sondern das ökonomische Grundgesetz, das auf die Erhöhung des materiellen und kulturellen Lebensniveaus des Volkes abzielt. Hierzu braucht der Sozialismus Frieden und Abrüstung. Die bewußte Gestaltung der neuen gesellschaftlichen Beziehungen durch die Arbeiterklasse und ihre Verbündeten, die sozialistische Demokratie, sichert, daß diese Interessen verwirklicht werden. „Die Demokratie", schrieb Lenin, „kommt am stärksten in der Grundfrage Krieg und Frieden zum Ausdruck."[16]

Der Sozialismus bringt jedoch nicht nur im *Inneren* Grundlagen für den Frieden hervor, sondern Frieden und Entspannung waren und bleiben stets auch die günstigsten Bedingungen für die *internationale Wirkung des Sozialismus.* Bereits Lenin setzte sich mit den Trotzkischen Auffassungen, daß die Revolution durch bewaffnete Gewalt „exportiert" werden müsse, auseinander. Die entscheidende Grundlage der internationalen Wirkung des Sozialismus besteht in der umfassenden Entfaltung seiner Vorzüge. Auf dem XI. Parteitag der SED wurde als eines der vorrangigen Ziele für die internationale Politik der SED und der DDR formuliert: „Zielstrebiger Ausbau des Bruderbundes mit der Sowjetunion und den anderen sozialistischen Ländern, umfassender Beitrag zur allseitigen Stärkung und Erhöhung der Macht und der internationalen Ausstrahlungskraft des Sozialismus durch die immer vollkommenere Entfaltung seiner Vorzüge."[17]

Im Sozialismus ist der Frieden weit mehr als das bloße Ausbleiben von Kriegen. Er ist *ein neues gesellschaftliches Verhältnis* des Zusammenlebens und der kameradschaftlichen Zusammenarbeit der Völker, begründet im gesellschaftlichen Ei-

---

14 Programm der Sozialistischen Einheitspartei Deutschlands, Berlin 1976, S. 76.

15 K. Marx, Erste Adresse des Generalrats über den Deutsch-Französischen Krieg, in: K. Marx/F. Engels, Werke, Bd. 17, S. 7.

16 W. I. Lenin, Bericht über die Arbeit des Gesamtrussischen Zentralexekutivkomitees und des Rats der Volkskommissare auf der ersten Tagung des Gesamtrussischen ZEK. 2. 2. 1920, in: Werke, Bd. 30, S. 309.

17 Bericht des Zentralkomitees der Sozialistischen Einheitspartei Deutschlands an den XI. Parteitag der SED, S. 20.

gentum an den Produktionsmitteln, in den neuen sozialen Beziehungen, denn mit „dem Gegensatz der Klassen im Innern der Nation fällt die feindliche Stellung der Nationen gegeneinander".[18] Der Frieden ist eine notwendige Bedingung der ständigen Reproduktion und Entwicklung der sozialistischen und später auch der kommunistischen Gesellschaft.

Imperialismus und Kriegsgefahr

Der Marxismus-Leninismus deckt *Ursachen und Wesen des Krieges* als eine historische Erscheinung, die mit der antagonistischen Klassengesellschaft entstanden ist, auf.[19] Die Ausbeuterklassen führten und führen Kriege, um sich gewaltsam materielle Güter, Produktionsmittel sowie auch die unmittelbaren Produzenten anderer Länder anzueignen. Die verheerendsten Kriege hat der monopolistische Kapitalismus in unserem Jahrhundert verursacht. Der Drang nach Expansion und die Aggressivität haben ihre Quellen letztlich im ökonomischen Monopol. Im Ergebnis der ungleichmäßigen ökonomischen und politischen Entwicklung der imperialistischen Staaten entfesselte der Imperialismus im Kampf um die Neuaufteilung der Welt die beiden Weltkriege. Insgesamt kosteten die vom Imperialismus verursachten Kriege, darunter die beiden Weltkriege, im 20. Jahrhundert 80 Millionen Menschen das Leben.

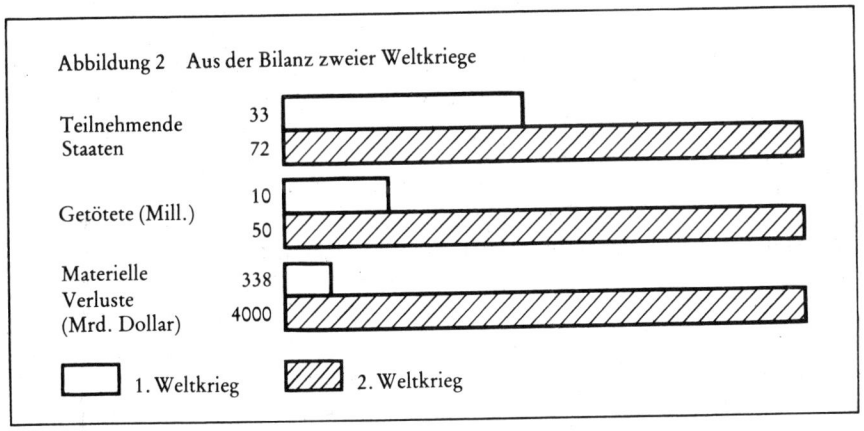

Abbildung 2   Aus der Bilanz zweier Weltkriege

Teilnehmende Staaten   33 / 72

Getötete (Mill.)   10 / 50

Materielle Verluste (Mrd. Dollar)   338 / 4000

☐ 1. Weltkrieg   ▨ 2. Weltkrieg

18   K. Marx/F. Engels, Manifest der Kommunistischen Partei, in: Werke, Bd. 4, S. 479.
19   Vgl. K. Marx, Erste Adresse des Generalrats über den Deutsch-Französischen Krieg; Die Rolle der Gewalt in der Geschichte, in: K. Marx/F. Engels, Werke, Bd. 21; F. Engels, Kann Europa abrüsten? in: K. Marx/F. Engels, Werke, Bd. 22; W. I. Lenin, Der streitbare Militarismus und die antiimperialistische Taktik der Sozialdemokratie, in: Werke, Bd. 15; W. I. Lenin, Sozialismus und Krieg, in: Werke, Bd. 21; W. I. Lenin, Über die Junius-Broschüre, in: Werke, Bd. 22; W. I. Lenin, Der Krieg und die russische Sozialdemokratie, in: Werke, Bd. 21; W. I. Lenin, Zweiter Gesamtrussischer Kongreß der Sowjets der Arbeiter- und Soldatendeputierten. 25.–26.10.1917. Rede über den Frieden, in: Werke, Bd. 26; W. I. Lenin, Seltsames und Ungeheuerliches, in: Werke, Bd. 27.

Tabelle 5   Menschenverluste durch den zweiten Weltkrieg

	Tote (Mill.)	in % der Vorkriegsbevölkerung
Polen	6,3	17,2
Jugoslawien	1,71	10,9
Sowjetunion	20,0	10,4
Deutschland	6,0	8,8
Griechenland	0,52	7,2
Österreich	0,48	7,2
Rumänien	0,46	3,4
Ungarn	0,42	3,0
Japan	2,0	2,7
Tschechoslowakei	0,4	2,7
Albanien	0,03	2,5
Niederlande	0,2	2,3
Finnland	0,08	2,2
China	10,0	2,0
Luxemburg	0,01	1,7
Frankreich	0,65	1,6
Italien	0,41	0,9
Großbritannien	0,37	0,8
Belgien	0,06	0,7
Neuseeland	0,01	0,6
Bulgarien	0,03	0,4
USA	0,5	0,4
Norwegen	0,01	0,3
Kanada	0,03	0,3
Australien	0,01	0,2
Britisch-Indien	0,02	0,1

Geschichte und Gegenwart beweisen eindringlich die marxistisch-leninistische Erkenntnis, daß *Aggressivität,* das heißt der Drang nach reaktionärer Gewaltanwendung gegen andere Völker und Staaten, das Streben nach Expansion, nach Unterwerfung und Ausplünderung anderer Staaten, der Drang nach Hegemonie und Annexion, eine *Grundeigenschaft des Imperialismus* ist und bleibt, aber Kriege und besonders Weltkriege keine unvermeidliche Gesetzmäßigkeit sind. Dies erklärt sich in erster Linie aus der *Dialektik von Ökonomie und Politik im Imperialismus.* Wie und in welchem Maße sich die aus den ökonomischen Verhältnissen, d.h. aus der Herrschaft der Monopole resultierende gesetzmäßige Eigenschaft der Aggressivität in der Politik, im politischen Handeln der herrschenden Klasse niederschlägt – das hängt ganz entscheidend ab vom realen Kräfteverhältnis im Lande und in der internationalen Arena, vom Einfluß der Kräfte des Friedens und des sozialen Fortschritts, vom Grad der Differenzierung unter den herrschenden Kreisen selbst und davon, welche Fraktion des Monopolkapitals den Haupteinfluß auf die Innen- und vor allem die Außenpolitik ausübt. Dabei nimmt Aggressivität selbst unterschiedliche Formen an. Sie zeigte sich in den letzten Jahrzehnten in der Organisierung der Konterrevolution gegen die sozialistischen Länder und alle revolutionären Kräfte, sei es mit ökonomischen, politisch-ideologischen oder auch militärischen Mitteln. Das Arsenal imperialistischer Aggressivität schließt außer der Androhung oder Anwendung von militärischer Gewalt in den internationalen Beziehungen vielfältige andere Mittel und Methoden ein. Die aggressivsten imperialistischen Kreise fördern subversive Tätigkeit in anderen Staaten, um eine Änderung der Politik der jeweiligen Regierung zu erzwingen, bzw. unterstützen die Konterrevolution zur Herbeiführung eines Umsturzes, sie ergreifen Maßnahmen des ökonomischen Drucks, wodurch die Souveränität anderer Staaten oder deren wirtschaftliche Unabhängigkeit verletzt und die Grundlagen ihres Wirtschaftslebens bedroht werden; sie hindern andere Staaten daran, ihre Naturreichtümer zu nutzen oder zu nationalisieren und verhängen Wirtschaftsblockaden; sie fördern chauvinistische, rassistische und nationalistische Propaganda, um im eigenen Volk Haß und Verachtung gegenüber anderen Völkern und Nationen zu schüren.

Die gegenwärtig *gefährlichste Wirkung imperialistischer Aggressivität* ist die durch den USA-Hochrüstungskurs weiter wachsende Bedrohung des Weltfriedens. Hierdurch wird nicht nur der Sozialismus bedroht, sondern objektiv die gesamte Menschheit. Deshalb erheben zunehmend auch einflußreiche politische Kräfte in den imperialistischen Ländern die Stimme der Vernunft gegen diese Auswüchse imperialistischer Aggressivität. Die gegenwärtig bestehende ernsthafte Bedrohung des Weltfriedens ist die Folge des Übergangs der aggressivsten Kreise des Imperialismus, besonders der USA, zu einer in ihrer Konsequenz die Menschheitsexistenz gefährdenden neuen Variante der *Globalstrategie*, die im *Kurs der Hochrüstung und Konfrontation* ihren konzentriertesten Ausdruck findet. Es handelt sich hierbei um den massivsten Versuch des USA-Imperialismus, unter Zusammenfassung aller seiner militärischen, ökonomischen und politischen Potenzen eine *Wende* im Geschichtsverlauf einzuleiten.

Die neue Globalstrategie brachte auch tiefgreifende *Veränderungen in der Militärdoktrin* des Pentagon, des USA-Kriegsministeriums, mit sich. Vor allem wurde die offizielle „Abschreckungsstrategie" der NATO, die schon seit längerer Zeit die atomare Hochrüstung mit der antikommunistischen Bedrohungslegende zu rechtfertigen sucht, mit der umfassenden Ausarbeitung direkter nuklearer *Kriegführungsstrategien* verbunden. Das wesentlichste Element dieser USA-Militärdoktrin ist das Streben nach militärstrategischer Überlegenheit, um die Konzeption des Erstschlages verwirklichen zu können. Das USA-Hochrüstungsprogramm sieht deshalb den beschleunigten *Aufbau neuer strategischer Offensivsysteme* mit großer Vernichtungskraft, hoher Treffsicherheit und kurzer Vorwarnzeit vor.

Wichtiger Bestandteil dieses USA-Hochrüstungsprogramms ist das *Weltraumrüstungsprogramm „SDI"*. Demagogisch wird erklärt, es handle sich hierbei um ein Verteidigungsprogramm. In Wahrheit wollen die aggressiven Kräfte jedoch hiermit die Sowjetunion wehrlos machen, um ohne Risiko ihre nuklearen Erstschlags-Absichten verwirklichen zu können. Außerdem könnten weltraumgestützte Laserwaffen auch direkt gegen Ziele auf der Erde eingesetzt werden. Die Verwirklichung dieses Programms würde die internationale Lage auf bedrohlichste Weise zuspitzen und destabilisieren. Es würde eine Situation entstehen, die eine Rüstungseskalation neuer Waffensysteme auslöst, deren Einsatz hauptsächlich über Computer gesteuert würde. Der Kampf gegen das friedensbedrohende SDI-Programm, *gegen die Militarisierung des Weltraums* ist deshalb heute eine Kernfrage des weltweiten Ringens um die Sicherung des Friedens. Der Kampf um die Beendigung des Rüstens auf der Erde und der Kampf um die Verhinderung der Militarisierung des Weltraums sind voneinander nicht zu trennen. Dabei liegt auf der Hand, daß die USA-Kriegsstrategien die Möglichkeiten der sowjetischen Militärtechnologie sowie insgesamt die politischen, ökonomischen, wissenschaftlich-technischen und militärischen Potenzen der sozialistischen Gemeinschaft unterschätzen. Die Sowjetunion, die selbst keinerlei militärische Überlegenheit anstrebt, würde niemals eine militärische Überlegenheit des Imperialismus zulassen. Hierzu leistet auch die DDR als zuverlässiger Bestandteil des Warschauer Vertrages ihren Beitrag. (Abbildung 3)

Es muß in Rechnung gestellt werden, daß es sich bei der neuen Variante der USA-Globalstrategie um eine Konzeption *auf lange Sicht* handelt. Diese Strategie ist keinesfalls Ausdruck wachsender Stärke des Imperialismus. In ihr kommt vielmehr der Versuch bestimmter, d.h. der aggressivsten Kreise des USA-Monopolkapitals zum Ausdruck, einen besonders reaktionären „Ausweg" aus der Vertiefung der allgemeinen Krise des Kapitalismus zu finden, verbunden mit der Zielsetzung, den Sozialismus totzurüsten und die Welt wieder nach ihrem Bilde zu formen. Die treibende Kraft dieser Politik sind die Kreise des in den USA heute dominierenden *Militär-Industrie-Komplexes*, d. h. das Rüstungskapital, Führungsspitzen der Militärs, erzkonservative Politiker und bestimmte politisch-militärische und wissenschaftlich-strategische Einrichtungen. Seit Anfang der 80er Jahre beherrscht dieser Militär-Industrie-Komplex in bisher nicht gekanntem Ausmaß die Innen- und Außenpolitik des Landes. Die größten Rüstungskonzerne wie General Dynamics, United Technologies, General Electric, Northrop, Rockwell International, Hughes Aircraft, Boeing, Lockheed, McDonel Douglas und Litton Industries sind heute eng mit dem Staat und dem Militär verflochten. Der Rüstungsprofit der Monopole, der durch den Staat auf Kosten der Steuerzahler garantiert wird, ist eine ganz entscheidende Triebkraft der Verschärfung der internationalen Situation. Die Profitrate in Konzernen des Militär-Industrie-Komplexes liegt heute nach Angaben einer Untersuchungskommission des US-Senats im Schnitt zwischen 50 und 200 %, zum Teil sogar bei 500 und vereinzelt bei 1000 % und damit weit über derjenigen in den zivilen Industriezweigen. Allein das SDI-„Sternenkriegsprogramm" soll den Elektronikkonzernen der USA bis 1994 voraussichtlich 69 Milliarden Dollar Nettoprofit bringen. Es ist aber keineswegs so, daß nur die Rüstungsproduktion hohe Profite bringen könnte. Die Ausweitung der Wirtschaftsbeziehungen auf der Grundlage einer Neubelebung des Entspannungsprozesses würde als *Alternative zum Hochrüstungs- und Konfrontationskurs* ebenfalls und

Abbildung 3   Kosten für SDI

Nach offiziellen Angaben des Pentagons und Schätzungen von Wissenschaftlern und Waffenexperten der USA wäre mit folgender Kostenexplosion für das SDI-Programm zu rechnen:

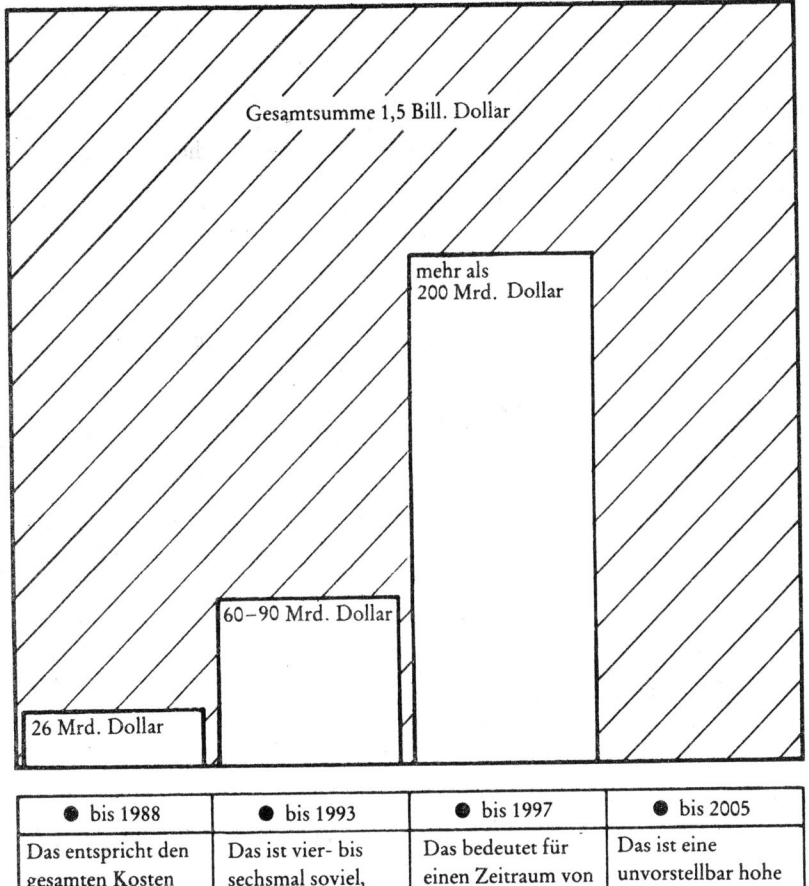

Gesamtsumme 1,5 Bill. Dollar

mehr als 200 Mrd. Dollar

60–90 Mrd. Dollar

26 Mrd. Dollar

● bis 1988	● bis 1993	● bis 1997	● bis 2005
Das entspricht den gesamten Kosten für die Entwicklung, den Einsatz und die Auswertung im Rahmen des zehnjährigen „Apollo"-Programms.	Das ist vier- bis sechsmal soviel, wie das „Manhattan"-Projekt zur Herstellung der ersten drei US-amerikanischen Atombomben nach heutigen Preisen verschlang.	Das bedeutet für einen Zeitraum von 15 Jahren viermal soviel, wie in den vergangenen 30 Jahren für die gesamte Raumfahrt der USA ausgegeben wurde.	Das ist eine unvorstellbar hohe Summe, die sich nur mit den Kosten des zweiten Weltkrieges vergleichen läßt.

nicht zuletzt im Profitinteresse der Monopole liegen. Auch die Umstellung von Rüstungsproduktion auf zivile Produktion, die damit verbundene Erschließung neuer Kapitalanlagesphären und deren staatliche Förderung könnten den Interessen der Monopole an Maximalprofiten entgegenkommen.

Tabelle 6	Arbeitslosigkeit und Rüstungsausgaben in der BRD	
	Arbeitslosigkeit* (in Tausend)	Rüstungsausgaben** (in Mrd. DM)
1980	889	48,5
1981	1272	52,2
1982	1833	54,2
1983	2258	56,5
1984	2266	57,3
1985	2304	59,7
1986	2228	60,4
1987	2412***	62,1

* Jahresdurchschnittliche Angaben der Bundesanstalt für Arbeit, Nürnberg, über die bei ihr offiziell registrierten Arbeitslosen
** Offiziell ausgewiesene Zahlen nach Kriterien der NATO
*** Stand: März 1987

Liegen der Herausbildung der Konfrontations- und Hochrüstungsstrategie und ihrer Entwicklung zur bestimmenden Strategie in den USA und der NATO somit insgesamt objektive Faktoren zugrunde, so ist dies andererseits keine unvermeidliche Tendenz der gesellschaftlichen Entwicklung. Die Erfahrungen in den 80er Jahren belegen: Die Politik der aggressivsten Kreise im Monopolkapital kann weder die innere Systemkrise „überwinden" oder einschränken, noch bringt sie dem Imperialismus in der internationalen Systemauseinandersetzung insgesamt Vorteile. Einflußreiche Kreise des Imperialismus befürworten deshalb eine andere Politik.

Vor allem in Westeuropa werden die Vorbehalte und Differenzen gegenüber der gefährlichen USA-Hochrüstungs- und Kriegspolitik stärker. Die Brechung des SALT-II-Vertrages durch die USA, ihre Bestrebungen zur Brechung des ABM-Vertrages und zur Militarisierung des Weltraums, ihre in entscheidenden Fragen destruktive Haltung gegenüber sowjetischen Abrüstungsvorschlägen sowie insgesamt zum Entspannungsprozeß, die USA-Bombardements auf Libyen im April 1986 usw. riefen Besorgnis auch bei vielen führenden politischen Kräften in Westeuropa und teilweise auch in den USA hervor. Es muß sich erst noch erweisen, ob dies zu Veränderungen in bezug auf die Hochrüstungs- und Konfrontationspolitik der USA führt. Bislang ist noch nicht gewährleistet, daß die Vereinbarung der UdSSR und der USA über eine doppelte globale Null-Lösung bei Mittelstreckenraketen, die ein großer Erfolg aller Friedenskräfte in der Welt ist, zu einem Einstieg in einen umfassenden Abrüstungsprozeß werden kann und die

Entwicklung neuer Waffen verhindert wird. Immer nachhaltiger drängen hierauf die Friedenskräfte in der ganzen Welt. Auch die Erkenntnis der herrschenden Kreise, daß eine selbständige westeuropäische Politik, die den Erfordernissen des Entspannungsprozesses Rechnung trägt, notwendig ist, entwickelt sich sehr differenziert und widersprüchlich.

Insgesamt eröffnet heute das veränderte Kräfteverhältnis in der Welt die Möglichkeit, den Imperialismus langfristig zu solchen Reaktionen zu veranlassen, denen auf der Grundlage der Prinzipien der friedlichen Koexistenz als friedlicher Wettstreit der Systeme begegnet werden kann. Dazu müssen der gegenwärtig im Imperialismus noch bestimmende Einfluß der aggressivsten Kräfte der USA und der NATO zurückgedrängt und das Zusammenwirken aller Kräfte des Friedens, der Vernunft und des Realismus, einschließlich großer Teile des Monopolkapitals und führender politischer Kräfte des Imperialismus im Ringen um die Stabilisierung des Weltfriedens entwickelt werden.

Das Friedens- und Abrüstungsprogramm des Sozialismus

Der Kampf für die Beendigung des Wettrüstens auf der Erde und seine Verhinderung im Weltall, um die Erhaltung und Festigung des Weltfriedens bildet die Hauptrichtung der internationalen Tätigkeit der Länder der sozialistischen Gemeinschaft. Die Sowjetunion und die anderen Länder der sozialistischen Gemeinschaft haben ihr Friedens- und Abrüstungsprogramm wesentlich weiterentwickelt. Auf ihrem XXVII. Parteitag schlug die KPdSU ein *umfassendes System der internationalen Sicherheit* vor. Es enthält konkrete Vorschläge für Maßnahmen auf militärischem, politischem, wirtschaftlichem und auf humanitärem Gebiet.[20] Auf der Tagung des Politischen Beratenden Ausschusses der Teilnehmerstaaten des Warschauer Vertrages in Budapest (Juni 1986) wurde einmütig die Bereitschaft erklärt, mit den anderen Ländern umfassend zusammenzuwirken, um das Wettrüsten auf der Erde zu beenden, es im Weltraum zu verhindern und zur Abrüstung überzugehen. Es wurde ein konstruktives Abrüstungsprogramm unterbreitet.[21]

Dies stand im engen Zusammenhang mit dem umfassenden *Programm der Sowjetunion zur Befreiung der Welt von Atomwaffen bis zum Jahre 2000*, unterbreitet in der Erklärung von M. Gorbatschow vom 15. Januar 1986. Dieses Programm sieht vor, in einem aus drei Etappen bestehenden Abrüstungsprozeß, der zunächst die UdSSR und die USA und später auch die anderen Nuklearmächte erfaßt, noch bis zur Jahrtausendwende die Kernwaffen in der Welt vollständig zu liquidieren. Es handelt sich hierbei um das umfassendste und weitgehendste Abrüstungsprogramm, das je von den sozialistischen Staaten unterbreitet wurde. Es ist ein Aus-

20 Vgl. XXVII. Parteitag der KPdSU, Politischer Bericht, S. 109f.
21 Vgl. Kommuniqué der Tagung des Politischen Beratenden Ausschusses der Teilnehmerstaaten des Warschauer Vertrages, in: Neues Deutschland (B) vom 12. 6. 1986, S. 2.

druck des neuen Herangehens der sozialistischen Gemeinschaft an die Fragen der internationalen Sicherheit und entspricht voll und ganz den objektiven Erfordernissen im Kampf um die Bannung der nuklearen Kriegsgefahr und den bestehenden internationalen Realitäten. Es garantiert allen Völkern und Staaten eine gemeinsame und gleiche Sicherheit. Seine schrittweise Verwirklichung ist heute ein praktikabler Weg zur Beseitigung der Kernwaffen.

Bedeutsame Friedens- und Abrüstungsvorschläge unterbreitete die UdSSR im Zusammenhang mit dem Treffen von M. Gorbatschow und R. Reagan in Reykjavik (1987). Auf der Tagung des Politischen Beratenden Ausschusses der Staaten des Warschauer Vertrages im Mai 1987 in Berlin sowie in zahlreichen weiteren Erklärungen der UdSSR und anderer sozialistischer Länder wurden die Abrüstungsinitiativen ständig konkretisiert und weiterentwickelt. Die Abrüstungsvorschläge erfassen neben den atomaren Sprengköpfen und deren Trägermitteln auch die chemischen Waffen, die konventionellen Waffen, neben den Mittelstreckenraketen auch die strategischen Raketensysteme und Raketen kürzerer Reichweite. Prinzipiell ist keines der Waffensysteme aus den Abrüstungsvorschlägen ausgeklammert. Die Staaten des Warschauer Vertrages treten für effektive militärisch vertrauens- und sicherheitsbildende Maßnahmen ein und unterstützen wirksame Kontrollmechanismen über die Realisierung erzielter Abrüstungsvereinbarungen. (Tabelle 7)

Mit ihrer konstruktiven, prinzipienfesten und zugleich flexiblen Friedenspolitik sind die Sowjetunion und die anderen sozialistischen Länder immer mehr in die *Offensive* gelangt. Den imperialistischen Kräften des Militär-Industrie-Komplexes fällt es gegenüber dieser Friedensoffensive zunehmend schwerer, die Destruktivität und Gefährlichkeit ihres Hochrüstungskurses zu verschleiern. Die sozialistischen Friedens- und Abrüstungsinitiativen wirken auf immer mehr Friedenskräfte in der Welt ermutigend und orientierend, besonders, weil viele dieser Vorschläge neue Elemente enthalten, in großem Maße auf die spezifischen Sicherheitsinteressen imperialistischer Länder eingehen, weil in ihnen Kompromißbereitschaft zum Ausdruck kommt und diese teils sogar mit einseitigen Vorleistungen (z. B. Moratorium der UdSSR für Kerntests) verbunden ist. Dadurch erhält der Prozeß des Zusammenwirkens aller Friedenskräfte in der Welt immer neue Impulse.

Die *DDR* leistet einen aktiven und *weltweit anerkannten Beitrag* im Kampf um den Frieden. *Erstens* trägt hierzu wesentlich die stabile und dynamische Entwicklung des Sozialismus in diesem Land bei. Es ist von großer Bedeutung im Friedenskampf, daß sich die DDR als leistungsfähiger, stabiler Partner in der Weltpolitik und im internationalen Wirtschaftsleben erweist und damit auch die internationale Ausstrahlungskraft des Sozialismus erhöht. Darüber entscheidet jeder Werktätige an seinem Arbeitsplatz durch entsprechende Arbeitsleistungen mit. *Zweitens* setzt die DDR konsequent ihren Kurs des internationalen Dialogs und der Zusammenarbeit fort. Auf ihrem XI. Parteitag legte die SED fest, einen wirksamen Beitrag für die Aktivierung und das gemeinsame Handeln aller Kräfte des

Tabelle 7　Bisher abgeschlossene Vereinbarungen zur Einstellung des Wettrüstens und zur Abrüstung (Auswahl)

1961　Antarktis-Vertrag (erklärt die Antarktis zum Gebiet ausschließlich friedlicher Nutzung)
1963　Vertrag über das Verbot von Kernwaffenversuchen in der Atmosphäre, im Weltraum und unter Wasser
1968　Vertrag über die Nichtweiterverbreitung von Kernwaffen (NPT)
1972　Konvention über das Verbot der Entwicklung, Produktion und Lagerung von bakteriologischen (biologischen) und Toxinwaffen sowie über ihre Vernichtung
　　　Abkommen zwischen der UdSSR und den USA über Maßnahmen auf dem Gebiet der Begrenzung der strategischen Offensivwaffen (SALT I)
　　　Vertrag über die Einschränkung der Raketenabwehrsysteme zwischen der UdSSR und den USA (ABM)
1979　Vertrag zwischen der UdSSR und den USA über die Begrenzung strategischer Offensivwaffen (SALT II)
1987　Vertrag zur Beseitigung der nuklearen Mittelstreckenraketen kürzerer und größerer Reichweite der UdSSR und der USA

Weitere Friedens- und Abrüstungsinitiativen des Sozialismus (Auswahl)
1978　Einseitige Verpflichtung der UdSSR, gegen jene Staaten, die auf den Besitz, die Produktion und die Stationierung von Kernwaffen verzichten, niemals nukleare Waffen einzusetzen
1980　Einseitiger Abzug von 20 000 sowjetischen Soldaten, 1 000 Panzern und weiterer Ausrüstung aus Mitteleuropa
1982　Moratorium der UdSSR für die Stationierung von Kernwaffen mittlerer Reichweite im europäischen Teil der UdSSR
　　　Einseitiger Verzicht der UdSSR auf den Ersteinsatz von Kernwaffen
　　　Unterbreitung eines Vertragsentwurfes über ein vollständiges und allgemeines Verbot aller Kernwaffenversuche an die 37. UNO-Vollversammlung durch die UdSSR
1983　Vorschlag der UdSSR, einen „Vertrag über das Verbot der Anwendung von Gewalt im Weltraum sowie vom Weltraum aus gegen die Erde" zu vereinbaren
　　　Verpflichtung der UdSSR, nicht als erste Satellitenabwehrwaffen in den Weltraum zu bringen
1984　Vorschlag der Staaten des Warschauer Vertrages an die NATO-Staaten zur Befreiung Europas von chemischen Waffen
1985　Unterbreitung eines „Rahmen für ein Abkommen zur Bildung einer von chemischen Waffen freien Zone in Europa" durch eine Arbeitsgruppe der SED und der SPD
　　　Einseitige Einstellung sämtlicher Kernwaffenversuche der UdSSR
1986　Umfassendes Abrüstungsprogramm der UdSSR „Völlige Befreiung der Welt von Atomwaffen bis Ende 1990" (3-Etappen-Programm)
　　　Vorschlag des XXVII. Parteitages der KPdSU zur Schaffung eines allumfassenden Systems der internationalen Sicherheit
1987　Vorschlag der UdSSR zur stufenweisen Vernichtung chemischer Waffen innerhalb von 9 Jahren

Friedens, der Vernunft und des Realismus zu leisten.[22] *Drittens* trägt die DDR auch weiterhin zuverlässig zur Verteidigungsfähigkeit des Sozialismus sowie zur Gewährleistung der Sicherheit und Stabilität an der Trennlinie zwischen den beiden entgegengesetzten Systemen in Europa bei. Die DDR ist in ihrem Kampf um die Sicherung des Friedens fest mit der Sowjetunion und den anderen Ländern der sozialistischen Gemeinschaft verbunden. Sie stimmt in jeder Beziehung mit den Friedens- und Abrüstungsvorschlägen der UdSSR überein und beteiligt sich an ihrer Verwirklichung.

Die Länder der sozialistischen Gemeinschaft lassen sich davon leiten, daß die Menschheit als Ganzes heute an einem Scheideweg ihrer Entwicklung steht. Die Fortsetzung des imperialistischen Hochrüstungskurses, besonders die Ausdehnung des Rüstens auf den Weltraum, würde die internationale Lage auf das Gefährlichste destabilisieren und die Welt immer weiter an einen atomaren Abgrund treiben. Deshalb bleibt der Kampf um die Verhinderung der Militarisierung des Weltraums im Zentrum der Friedens- und Abrüstungspolitik der sozialistischen Gemeinschaft. Unter allen Umständen gehört es zu den Grundfesten sozialistischer Friedenspolitik, keine Verletzung des *militärstrategischen Gleichgewichts* in seiner qualitativen Bestimmtheit zuzulassen. Die Staaten des Warschauer Vertrages gewährleisten jederzeit eine für die Verhinderung eines Krieges bzw. für die Abwehr eines möglichen imperialistischen Aggressors hinlängliche Struktur, Ausrüstung und Gefechtsbereitschaft. Beim gegenwärtigen Niveau des militärstrategischen Gleichgewichts kann man jedoch eher von einer „gleichen Unsicherheit" sprechen. Deshalb sehen die sozialistischen Länder nicht im militärstrategischen Gleichgewicht an sich schon eine ausreichende friedenssichernde Wirkung: das wird erst in dem Maße der Fall sein, wie es auf der Grundlage der Gleichheit und gleichen Sicherheit gelingt, das Niveau dieses Gleichgewichts zu senken, d. h. zur Abrüstung überzugehen.

Die *Militärdoktrin der Staaten des Warschauer Vertrages* stimmt voll und ganz mit den heutigen Erfordernissen des Ringens um Frieden und internationale Sicherheit überein. Sie ist eine Doktrin des Friedens und trägt ausdrücklich Verteidigungscharakter. Die Verhinderung eines Krieges und die dauerhafte Sicherung des Friedens ist der Hauptinhalt der Militärdoktrin. Ein wichtiges Ziel hierbei besteht darin, eine gegenseitige Nichtangriffsfähigkeit der gegenüberstehenden Streitkräfte in Struktur und Bewaffnung bei gleicher Sicherheit zu erreichen. Der *Sinn des Soldatseins im Sozialismus* besteht darin, den Frieden zu sichern und den Krieg durch hohe Wachsamkeit und Gefechtsbereitschaft zu bekämpfen, bevor er ausbricht. Die Fähigkeit und Bereitschaft der verbündeten Armeen des Warschauer Vertrages, den imperialistischen Aggressoren jegliche Aussicht auf einen Sieg in einem Krieg zu nehmen, sind heute wichtige Komponenten der sozialistischen Friedenssicherung.

---

22 Vgl. Bericht des Zentralkomitees der Sozialistischen Einheitspartei Deutschlands an den XI. Parteitag der SED, S. 20.

Politik des Dialogs und der Zusammenarbeit

Auf dem XI. Parteitag der SED wurde festgestellt: „Die DDR wird sich weiterhin durch eine Politik des ergebnisorientierten, sachlichen Dialogs und der Zusammenarbeit für die Gesundung der internationalen Lage und die Rückkehr zur Entspannung einsetzen."[23] Dialog und Zusammenarbeit zwischen den Staaten unterschiedlicher Gesellschaftsordnung haben auf Grund der durch die imperialistische Konfrontations- und Hochrüstungspolitik bedingten Gefahren der Vernichtung der Menschheit einen erhöhten Stellenwert im Ringen um die Sicherung des Friedens, die Rückkehr zur Entspannung und für den Übergang zur Abrüstung erlangt. Diese *Politik des Dialogs und der Zusammenarbeit* ist für die sozialistischen Länder kein Selbstzweck, sondern konsequent in ihren Kampf für eine neue Phase der Entspannung eingeordnet. Diese Politik trägt dazu bei, das gegenseitige Verständnis und Vertrauen zu vertiefen, konkrete Schritte zur Rüstungsbegrenzung, Abrüstung, zur Sicherung des Friedens und für eine gegenseitig vorteilhafte Zusammenarbeit zu entwickeln. Die SED erklärte auf dem XI. Parteitag ihre Bereitschaft, „auf der Grundlage der Gleichberechtigung und des gegenseitigen Vorteils nach neuen Formen der ökonomischen und wissenschaftlich-technischen Zusammenarbeit, beim Umweltschutz, im Bereich der Kultur, des Bildungs- und Gesundheitswesens sowie in anderen Fragen zu suchen."[24] Vorgeschlagen wurde durch die sozialistische Gemeinschaft auch die Aufnahme direkter Sachbeziehungen zwischen dem RGW und der EG sowie auch zwischen Warschauer Vertrag und NATO. Von den sozialistischen Staaten wird angestrebt, neue Möglichkeiten, neue inhaltliche Bereiche, Ebenen und Formen für die Entwicklung vielseitiger Beziehungen zu den imperialistischen Ländern und darüber hinaus zwischen den beiden Systemen zu erschließen.

Im Kampf um eine *neue Phase der Entspannung* kann die sozialistische Gemeinschaft an die positiven Erfahrungen sozialistischer wie kapitalistischer Länder aus dem Entspannungsprozeß der 70er Jahre sowie an die durch die imperialistische Hochrüstungs- und Konfrontationspolitik zwar schwer beeinträchtigten, aber noch fortbestehenden und teilweise sogar ausgebauten Grundlagen des Entspannungsprozesses anknüpfen. Gleichzeitig gestalten sich die Bedingungen und Erfordernisse einer neuen Phase der Entspannung anders als im Übergang zu den 70er Jahren. Im Mittelpunkt stehen jetzt die Erfordernisse der Abrüstung. Gleichzeitig ist sie unabdingbar mit dem zielstrebigen Ausbau der Ost-West-Beziehungen in den Bereichen Politik und Wirtschaft, Wissenschaft und Technik, Kultur und Umweltschutz, Verkehr und humanitäre Fragen verbunden. Die Entwicklung dieser Beziehungen kann die materiellen Grundlagen und das politische Vertrauen für die Ausgestaltung der neuen Phase der Entspannung stärken und die Interessen der verschiedenen Kräfte des Imperialismus an der Entspannung festi-

23 Ebenda, S. 11.
24 Ebenda.

gen. Gleichzeitig bringt dieser Prozeß neue Herausforderungen für die innere Entwicklung des Sozialismus hervor.

Die Friedenskräfte sind in den 80er Jahren wie in keinem Jahrzehnt davor erstarkt. Heute beginnt sich eine *weltweite Koalition der Vernunft und des Realismus*, d. h. das gemeinsame Handeln aller Friedenskräfte, zu formieren. Sie bildet sich auf der Grundlage des Widerspruchs zwischen dem Konfrontations- und Hochrüstungskurs der aggressivsten Kreise, besonders des USA-Imperialismus, auf der einen Seite und der überwiegenden Mehrheit der Menschheit, einschließlich beträchtlicher Kreise der Monopolbourgeoisie, auf der anderen Seite, heraus. Über unterschiedliche politische Programme, weltanschauliche Positionen, religiöse Bekenntnisse, über Klassenschranken, über Trennendes hinweg wird die Verteidigung des Friedens zum vorrangigen, gemeinsamen, einigenden Interesse. Der Einfluß dieser sich entwickelnden Koalition – sie ist keineswegs als ein festgefügtes Bündnis zu verstehen – nimmt zu, wenngleich eine Wende zur Entspannung noch nicht erreicht ist und sogar auf Grund der Fortsetzung des imperialistischen Hochrüstungskurses die Gefahren weiter zunehmen. *Zum Entwicklungsprozeß dieser Koalition der Vernunft gehören die sozialistischen Staaten, die Bewegung der Nichtpaktgebundenen, die internationale kommunistische und die sozialdemokratische Bewegung, die weltweit entstandene neue Friedensbewegung, Vertreter aller Religionen und Konfessionen und immer mehr auch kapitalistische Regierungen, Parlamente, Staaten und Vertreter der Monopolbourgeoisie.*

Bei aller Unterschiedlichkeit der friedens- und sicherheitspolitischen Forderungen und Konzeptionen bildet sich bei den Kräften der Koalition der Vernunft und des Realismus ein gemeinsamer Nenner heraus. Das betrifft die Forderungen nach Verbot der Weltraummilitarisierung, nach Einfrieren und Abbau aller Kernwaffenarsenale, nach weltweiter Abschaffung der chemischen Waffen, nach Verbot aller Kernexplosionen und nach Schaffung einer gemeinsamen Sicherheit. Die Friedens- und Abrüstungspolitik der Sowjetunion und insgesamt der sozialistischen Gemeinschaft hat seit etwa Mitte der 80er Jahre eine wesentlich größere Wirksamkeit erlangt. Es gelang in einem bestimmten Maße, die antikommunistische Bedrohungslegende zurückzudrängen. Die NATO-Konzeption der atomaren Abschreckung verliert bei immer mehr realistisch denkenden Kräften im Imperialismus an Glaubwürdigkeit. Im Prozeß der Herausbildung der weltweiten Koalition der Vernunft und des Realismus gehen die gesellschaftlichen Bewegungen der Friedensanhänger immer mehr konform mit Staaten und Staatengruppierungen, die für Entspannung und Abrüstung eintreten. Erstmals zeichnet sich die reale Möglichkeit eines Einstiegs in die nukleare Abrüstung ab. Die Durchsetzung einer generellen Wende zur Abrüstung bedarf jedoch noch eines langwierigen und intensiven Kampfes der Friedenskräfte gegen die aggressivsten Kräfte des Imperialismus.

Trotz verstärkter Gegenwirkung der aggressivsten Kräfte des Imperialismus seit Beginn der 80er Jahre *hat sich das internationale Kräfteverhältnis insgesamt gesehen auch in diesem Jahrzehnt weiter zugunsten der Kräfte des Friedens, der Demokratie und des sozialen Fortschritts in der Welt entwickelt.* Die Verfechter des Konfrontationskurses konnten wichtige Ziele, die sie mit ihrer neuen Strategie anstrebten, *nicht* erreichen. Sie konnten weder eine militärstrategische Überlegenheit über den Sozialismus erreichen, noch die Schwächung oder Destabilisierung sozialistischer Länder oder die Spaltung der Friedensbewegung. Was sie mit ihrer Politik bewirkten, ist jedoch ein weiteres Anwachsen der Gefahren für die Menschheit. Gegen diese gefährliche Politik hat sich weltweit das Gewissen der Menschheit erhoben.

Entscheidendes für die weitere Stärkung der Friedenskräfte in der Welt hängt von den Leistungen der Werktätigen der sozialistischen Länder ab. Die Bewegung „Mein Arbeitsplatz – Kampfplatz für den Frieden" in der DDR bringt dies konkret zum Ausdruck. Die *internationale Wirksamkeit der Friedenspolitik des Sozialismus steht in einem engen Wechselverhältnis zur inneren Stärkung des Sozialismus.* So mußten Anfang der 80er Jahre imperialistische Länder ihre Kreditblockade gegen die sozialistischen Länder wieder fallenlassen, weil die Einsicht wuchs, daß auf Grund der ökonomischen Stärke dieser Länder mit einem solchen Mittel Nachteile für die imperialistischen Banken und Konzerne selbst entstehen. Der Konfrontationspolitik wurden damit die Schranken gezeigt. Ebenso ist es wichtig unter Beweis zu stellen, daß der Sozialismus mit dem Hochrüstungs- und Konfrontationskurs nicht in die Knie zu zwingen ist.

Mit der Losung „Friedenskampf – jetzt erst recht" wird zum Ausdruck gebracht, daß durch die ökonomische Stärkung des Sozialismus seine internationale Ausstrahlungskraft auch als Friedenskraft wächst, den Hoffnungen der aggressivsten imperialistischen Kreise auf ein „Totrüsten" des Sozialismus praktisch der Boden entzogen wird und auch die materiellen Voraussetzungen der Verteidigungsfähigkeit geschaffen werden.

5.4. Sozialismus und Auseinandersetzung der Gesellschaftssysteme

Der welthistorische Prozeß der Auseinandersetzung der beiden entgegengesetzten Gesellschaftssysteme ist seit dem Jahre 1917 das gesetzmäßige Ergebnis der *Lösung des Grundwiderspruchs der kapitalistischen Gesellschaft* in einer wachsenden Zahl von Ländern und dessen *Neusetzung auf internationaler Ebene.* Grundlegende marxistisch-leninistische Positionen über das entgegengesetzte Klassenwesen der beiden Systeme, über die Möglichkeit und Notwendigkeit der friedlichen Koexistenz, über die entscheidende Bedeutung der ökonomischen Sphäre für das erfolgreiche Hervorgehen des Sozialismus in dieser Auseinandersetzung u. a. m. wurden durch die Geschichte bestätigt.

Nach einer über sieben Jahrzehnte währenden Auseinandersetzung der Systeme haben sich zugleich die Erkenntnisse über ihren Inhalt, ihre Bedeutung und ihren Verlauf wesentlich weiterentwickelt. Dabei konnten vereinfachte Vorstellungen über eine relativ kurzfristige Dauer dieser Auseinandersetzung, vorwiegend quantitativer Sichtweisen der Kriterien des Systemwettstreits, einseitiger Betrachtungen der Einwirkungen der Systeme oder Auffassungen von einer „gesetzmäßigen" Verschärfung der Systemauseinandersetzung überwunden werden.

Historische Leistungen für den Menschheitsfortschritt Die Durchsetzung des gesellschaftlichen Fortschritts hat sich in der Geschichte der Menschheit stets in harten Auseinandersetzungen vollzogen. Auch der Vormarsch des Sozialismus war von schweren Prüfungen, zeitweiligen Stockungen und partiellen Rückschlägen sowie auch von Krisensituationen in einzelnen Ländern begleitet. Doch in dieser *Auseinandersetzung um den historischen Fortschritt* hat der Sozialismus in seiner vergleichsweise jungen Geschichte Beispielgebendes geleistet. Er hat vor allem überzeugend nachgewiesen, daß nur er über die Voraussetzungen verfügt, um die Grundprobleme unserer Epoche im Interesse der Menschheit zu lösen und die Bedürfnisse der Menschen immer besser und allseitiger zu befriedigen.

Erstens: Der Sozialismus leistete und leistet den entscheidenden Beitrag im *Ringen um den Weltfrieden*. Wenn man bedenkt, daß der Imperialismus in der ersten Hälfte unseres Jahrhunderts gerade von deutschem und europäischem Boden aus zwei Weltkriege entfesselte, daß sich seit 1945 gerade auf europäischem Boden die beiden Weltsysteme, die beiden Militärblöcke unmittelbar gegenüberstehen und die aggressivsten Kreise des Imperialismus hier mehrfach unmittelbare Kriegsprovokationen starteten, dann erkennt man die historische Dimension mehr als 40jähriger Friedenssicherung in Europa. Bewirkt hat das in erster Linie die gewachsene ökonomische, politische und militärische Stärke des Sozialismus, besonders der UdSSR, und die beharrliche, flexible Friedenspolitik der sozialistischen Gemeinschaft.

Zweitens: Der Sozialismus hat einen gewaltigen Beitrag zum *sozialen Fortschritt in der ganzen Welt* geleistet. Er selbst stellt heute die höchste Stufe des sozialen Fortschritts dar. Die werktätigen Massen sind nicht mehr nur wie in der Vergangenheit wichtigster Träger des gesellschaftlichen Fortschritts, sondern unter Führung der Arbeiterklasse und ihrer Partei erstmals bewußter Gestalter ihres eigenen Schicksals und somit des gesellschaftlichen Fortschritts. Das Wohl des Volkes bildet den Dreh- und Angelpunkt der Politik der marxistisch-leninistischen Parteien, der sozialistischen Staaten. Indem der Sozialismus grundlegende soziale und politische Probleme, mit denen in bestimmter Hinsicht die gesamte Menschheit konfrontiert ist – wie Frieden, Arbeit, Demokratie, Umwelt –, immer besser löst, offenbart er seine historische Überlegenheit.

Drittens: Der Sozialismus hat einen gewichtigen Beitrag zur *demokratischen Umgestaltung des gesamten Systems der internationalen Beziehungen* geleistet. Mit der Herausbildung historisch neuer Beziehungen zwischen den sozialistischen Staaten und

Völkern[25] auf der Grundlage des sozialistischen Internationalismus, der Gleichberechtigung, Unabhängigkeit und gegenseitigen Interessiertheit der sozialistischen Länder stellt das sozialistische Weltsystem eine Alternative zu den zwischenstaatlichen Beziehungen im kapitalistischen Weltsystem und insbesondere zu den Prozessen der staatsmonopolistischen Integration dar. Das trifft auch für den Kampf der sozialistischen Gemeinschaft um die Gestaltung der Beziehungen zu den kapitalistischen Ländern auf der Grundlage der Prinzipien der friedlichen Koexistenz und um die Herstellung einer gleichberechtigten und gegenseitig vorteilhaften Zusammenarbeit mit den Entwicklungsländern zu.

Viertens: Das wachsende Gewicht des Sozialismus im internationalen Kräfteverhältnis hat grundlegend dazu beigetragen, für den Kampf der *nationalen Befreiungsbewegung*, der *Arbeiterbewegung* in den kapitalistischen Ländern und der *demokratischen Massenbewegungen günstigere Bedingungen und historisch neue Perspektiven zu eröffnen.*[26] Erstmals ist der Kampf dieser Triebkräfte unserer Zeit unter Bedingungen möglich, da die Gefahr eines neuen Weltkrieges gebannt werden kann und die Erfolgschancen einer Politik imperialistischer Einmischung, des Diktats, der Interventionen und Aggressionshandlungen geringer geworden sind. Für junge Nationalstaaten entstand und verstärkte sich prinzipiell die Möglichkeit, einen selbständigen, national unabhängigen, demokratischen und in einigen Ländern auch einen sozialistischen Entwicklungsweg zu gehen. Für die Arbeiterbewegung im Kapitalismus eröffnet sich – noch unter Bedingungen des staatsmonopolistischen Kapitalismus – historisch erstmals die Möglichkeit, einen Damm gegen die Verschlechterung ihrer sozialen und politischen Existenzbedingungen zu setzen, ihre sozialen und demokratischen Errungenschaften erfolgreich zu verteidigen und einen demokratischen Ausweg aus der Krisensituation und eine Wende zu demokratischem und sozialem Fortschritt zu erkämpfen. Perspektivisch werden neue Wege des Herankommens und des Übergangs (friedlicher Entwicklungsweg, breiteste demokratische Bündnisse, neue Rolle der Reformen, der Wahlen, des Parlaments usw.) zum Sozialismus und neue Mittel und Methoden seiner Verwirklichung möglich.

Fünftens: Der Sozialismus übt objektiv durch seine stabile und dynamische Entwicklung und seine Stellung und Wirkung im internationalen Kräfteverhältnis einen bedeutenden *Einfluß auf die Existenzbedingungen des Imperialismus* und dessen strategische Reaktionen aus. Dies ist eng verknüpft mit den inneren Entwicklungsprozessen des Imperialismus, mit der Zunahme seiner inneren Widersprüche und der Vertiefung seiner allgemeinen Krise. Das veränderte internationale Kräfteverhältnis eröffnet deshalb die neue Möglichkeit, schließlich den Imperialismus insgesamt zu solchen politischen Handlungen zu veranlassen, die auf der Grundlage der friedlichen Koexistenz als friedlicher Wettstreit der Systeme ausgetragen werden können.

25 Vgl. Kap. 11.2. des vorliegenden Lehrbuches.
26 Vgl. Kap. 7.1. und 8.2. des vorliegenden Lehrbuches.

Neuer Abschnitt der Systemauseinandersetzung Mit dem Übergang zu den 80er Jahren wurde ein neuer Abschnitt im weltweiten Kampf zwischen Sozialismus und Imperialismus eingeleitet. Er ist gekennzeichnet durch ein verändertes internationales Kräfteverhältnis, durch eine neuartige Gewichtung der *Felder der Systemauseinandersetzung* bzw. ihres Inhalts, durch neue allgemeine Tendenzen und Modifizierungen der Gesetzmäßigkeiten des Verlaufs der internationalen Systemauseinandersetzung sowie durch die Weiterentwicklung der politischen Strategien der verschiedenen Klassenkräfte. Diese Auseinandersetzung weist neue Tendenzen hinsichtlich ihrer globalen Wirkung, ihrer inhaltlichen Felder und deren Wechselwirkungen, der Breite und Differenziertheit der einbezogenen Kräfte sowie der Zielstrebigkeit und Entschlossenheit, der Mittel und Methoden, mit denen sie von beiden Seiten geführt wird, auf. Ein solcher Prozeß darf jedoch nicht zu verschärften internationalen Spannungen führen. Wenn es gelingt, die heutigen realen Möglichkeiten der Mobilisierung und des Zusammenwirkens aller Friedenskräfte in der Welt noch umfassender zu verwirklichen und das Kräfteverhältnis in der Welt weiter zugunsten der Kräfte des Friedens zu verändern, kann die Gefahr eines Weltkrieges für immer gebannt und die friedliche Koexistenz als politische Bedingung des Wettstreits der beiden Weltsysteme dauerhaft durchgesetzt werden.

Im *internationalen Kräfteverhältnis* bildete sich seit den 70er Jahren ein *annäherndes, relatives politisches Kräftegleichgewicht* zwischen Sozialismus und Imperialismus heraus. Der Imperialismus hatte im Verlauf der Nachkriegsjahrzehnte seine Überlegenheit im internationalen politischen Kräfteverhältnis endgültig eingebüßt. Heute ist es nicht mehr möglich, ein grundlegendes Problem der internationalen Entwicklung ohne die Mitwirkung des Sozialismus bzw. ohne die Berücksichtigung seiner Interessen zu lösen. Mehr noch, der Sozialismus konnte gerade durch seine initiativreiche Friedenspolitik seine politische Ausstrahlung bedeutend erhöhen. Dies konnte erreicht werden, obwohl die sozialistischen Länder im Gesamtdurchschnitt noch einen historisch bedingten Abstand zum ökonomischen Potential des kapitalistischen Weltsystems besitzen.

Die Hauptfrage der weiteren Veränderung des internationalen Kräfteverhältnisses besteht in der weltweiten Zurückdrängung des Einflusses der aggressivsten imperialistischen Kräfte. Das ist eng damit verbunden, wie es der sozialistischen Gemeinschaft und allen sozialistischen Ländern gelingt, ihre qualitative Überlegenheit in allen Grundfragen der gesellschaftlichen Entwicklung, die Vorzüge des Sozialismus, insbesondere hinsichtlich der wissenschaftlich-technischen Revolution, weiter zu entfalten und immer umfassender unter Beweis zu stellen.

Dabei haben sich die *inhaltlichen Hauptfragen*, die „Felder" der *internationalen Systemauseinandersetzung* modifiziert. Das jeweilige internationale Gewicht der beiden entgegengesetzten Weltsysteme *hängt* heute und in Zukunft vor allem *davon ab*

– welche Initiativen von ihnen für die Sicherung und Stabilisierung des Weltfrie-

dens und für die Bewältigung der anderen globalen Menschheitsfragen ausgehen;
– wie sie die wissenschaftlich-technische Revolution umfassend nutzen und weiter vorantreiben, die wirtschaftliche Effektivität erhöhen und die sozialen und ökologischen Probleme der wissenschaftlich-technischen Revolution bewältigen;
– wie sie ihre sozialen und humanistischen Potenzen, ihre Ausstrahlung hinsichtlich der Lebensweise und Demokratieentwicklung, ihrer Werte und Ideale, ihrer gesamten sozialen und politischen Qualität entwickeln.

Der Sozialismus kann sich in dieser Auseinandersetzung nicht nur auf seine bedeutenden historischen Errungenschaften und Leistungen stützen, sondern auch und vor allem auf die immer umfassendere Nutzung und Entfaltung seiner gesellschaftlichen Vorzüge. *Vorzüge des Sozialismus* sind jene Merkmale seiner Entwicklung, die sich in der Auseinandersetzung bzw. im Wettbewerb mit dem Imperialismus als überlegen erweisen, d. h. die im Vergleich zu den entsprechenden Entwicklungen im Imperialismus das internationale Gewicht und die internationale Ausstrahlungskraft des Sozialismus erhöhen können.[27] Aus dem bisherigen und absehbaren Verlauf der Systemauseinandersetzung ergibt sich, daß vor allem in folgenden Richtungen die weitere Ausprägung von Vorzügen des Sozialismus in der Systemauseinandersetzung an Bedeutung gewinnt:

Erstens ist der Sozialismus eine Gesellschaft des *Friedens.* Auf dieser Grundlage konnte die sozialistische Gemeinschaft eine sehr initiativreiche, international wirksame Friedenspolitik ausarbeiten und in immer umfassenderem Maße realisieren.

Zweitens erweist sich der Sozialismus als fähig, *wissenschaftlich-technischen Fortschritt, ökonomisches Wachstum und sozialen Fortschritt* als einheitlichen, wechselseitig bedingten Prozeß einer langfristigen, wissenschaftlich begründeten Gesellschaftsstrategie miteinander zu verbinden.

Drittens ist der Sozialismus eine Gesellschaft, in der nicht der Profit, sondern das *Wohl des Menschen im Mittelpunkt* steht, die Entfaltung schöpferischer Persönlichkeiten, die Entwicklung ihrer Talente und Fähigkeiten sowie ihrer demokratischen Teilnahme am gesellschaftlichen Leben.

Die *weitere Ausprägung der Vorzüge* des Sozialismus wird seine historische Überlegenheit über den Kapitalismus noch deutlicher sichtbar werden lassen. Dadurch, daß sich der Sozialismus heute in den meisten Ländern des sozialistischen Weltsystems bereits auf seinen eigenen sozialökonomischen und politischen Grundlagen entwickelt, bestehen hierfür günstigere Voraussetzungen. Andererseits vollzieht sich die Entwicklung der dem Sozialismus wesenseigenen Vorzüge und Triebkräfte auch heute keineswegs im Selbstlauf. Erforderlich ist mehr denn je eine noch *wirksamere Entfaltung und Nutzung* dieser Vorzüge und Triebkräfte. Dabei ist auch zu berücksichtigen, daß das Niveau der ökonomischen und sozialen Entwicklung in den einzelnen sozialistischen Ländern noch sehr unterschiedlich

27 Vgl. Kap. 10.2. des vorliegenden Lehrbuches.

ist und selbst die meisten Länder der sozialistischen Gemeinschaft erst am Beginn des Übergangs zur Intensivierung der Volkswirtschaft stehen. Wesentlich ist dabei, die gegenseitig vorteilhafte Zusammenarbeit, die freundschaftlichen Beziehungen und das abgestimmte, gemeinsame Auftreten dieser Länder immer effektiver zu gestalten.

Die *Strategie* der Länder der sozialistischen Gemeinschaft für die weitere *Systemauseinandersetzung* ist vor allem auf die Durchsetzung und Stabilisierung der *friedlichen Koexistenz* und des friedlichen Wettbewerbs in den Beziehungen zwischen beiden Systemen sowie auf die weitere Entfaltung der *Vorzüge des Sozialismus* in diesem Wettbewerb gerichtet. Auf dem XXVII. Parteitag der KPdSU wurde hervorgehoben: „Wir gehen davon aus, daß es die Hauptrichtung des Kampfes unter den gegenwärtigen Verhältnissen ist, würdige, wirklich menschliche materielle und geistige Lebensbedingungen für alle Völker zu schaffen, die Bewohnbarkeit unseres Planeten zu sichern und mit seinen Reichtümern hauszuhalten. Vor allem mit seinem größten Reichtum: dem Menschen selbst und seinen Möglichkeiten. Auf ebendiesem Gebiet fordern wir das kapitalistische System zu einem Wettbewerb auf, einem Wettbewerb bei dauerhaftem Frieden."[28]

Im Kampf um die Durchsetzung einer solchen komplexen und langfristigen Orientierung ergeben sich für die sozialistischen Länder neue, *höhere Anforderungen*. Sie berühren alle Grundfragen der Innen- und Außenpolitik in ihrer dialektischen Einheit. Die *dialektischen Beziehungen zwischen inneren und äußeren Faktoren* für die weitere Entwicklung des Sozialismus werden wesentlich intensiver und komplexer. Das konkrete Niveau der inneren ökonomischen, wissenschaftlich-technischen, sozialen, politischen und geistig-kulturellen Entwicklung in den sozialistischen Ländern beeinflußt bedeutend stärker die Möglichkeiten zur Bewältigung der grundlegenden Menschheitsfragen und zur Durchsetzung des weltweiten sozialen Fortschritts.

Politische Normen eines friedlichen Wettstreits

Heute gibt es keinerlei realistische Alternative mehr zu einem friedlichen Wettbewerb der beiden sozialen und politischen Weltsysteme. Da die gesellschaftlichen Gegensätze zwischen Sozialismus und Kapitalismus auch in Zukunft bestehen bleiben und sich deshalb eine Konvergenz der gesellschaftspolitischen Entwicklungen beider Systeme nicht vollziehen wird, müssen die Gegensätze so ausgetragen werden, daß hieraus nicht neue Gefahren für den Frieden, sondern vielmehr Impulse für die gemeinsame Friedenssicherung entstehen können. Hierfür wurden erstmals grundlegende Normen bzw. Regeln vorgeschlagen.[29] Ihre Durchsetzung in der Praxis der Beziehungen zwischen den beiden Systemen ist von prinzipieller Bedeutung für die politische Isolierung

---

28 XXVII. Parteitag der KPdSU. Politischer Bericht, S. 29.
29 Vgl. Der Streit der Ideologien und die gemeinsame Sicherheit, in: Neues Deutschland (B) vom 28. 8. 1987.

militant antikommunistischer, aggressiver Kräfte des Imperialismus. Zu diesen politischen Normen gehören:

Gegenseitige Anerkennung der Existenzberechtigung: Dies ist die prinzipielle Voraussetzung jeder Politik, die darauf abzielt, gemeinsam mit dem jeweiligen politischen Gegner Sicherheit zu erlangen. Dabei wird auch berücksichtigt, daß auf lange Sicht die internationale Entwicklung durch das Bestehen und Agieren zweier entgegengesetzter Gesellschafts- und Weltsysteme gekennzeichnet ist: Sozialismus und Kapitalismus.

Anerkennung der Friedensfähigkeit: Während dem Sozialismus der Frieden wesenseigen ist, bringt der Imperialismus dem Wesen nach die Tendenz zur Aggressivität hervor. Jedoch besteht schon heute eine solche reale Situation in der Welt, daß die Interessen vieler Monopole und die Systeminteressen des Imperialismus nicht wenige seiner führenden Vertreter zu der Einsicht veranlassen, ihre Politik gegenüber dem Sozialismus im Rahmen friedlicher Koexistenz zu gestalten. Allerdings ist dies noch nicht die dominierende Politik der führenden imperialistischen Staaten. Um diese politische Konzeption durchzusetzen, bedarf es vor allem der weiteren ökonomischen und politischen Stärkung des Sozialismus, der Erhöhung seiner Attraktivität und Ausstrahlung, des weiteren Anwachsens des Einflusses aller Friedenskräfte in der Welt, der Erweiterung ökonomischer und anderer Interessen des Imperialismus am Entspannungsprozeß sowie noch umfassenderer Einsichten der über Macht und Einfluß verfügenden Kräfte im Imperialismus in die Realitäten und politischen Konsequenzen des nuklear-kosmischen Zeitalters. Potentielle Friedensfähigkeit auch des Imperialismus in eine reale, dauerhafte Friedenspolitik imperialistischer Länder umzusetzen, bleibt ein realistisches Ziel des Friedenskampfes.

Entwicklungs- und Reformfähigkeit anerkennen: Im Gegensatz zu den Behauptungen rechtskonservativer und militant antikommunistischer Kräfte ist der Sozialismus keine „starre", „totalitäre" Gesellschaft, sondern er ist durch sehr dynamische Prozesse in der Entwicklung der Produktivkräfte und Produktionsverhältnisse, der sozialistischen Demokratie und Menschenrechtsverwirklichung, des geistig-kulturellen Lebens und der sozialen Beziehungen gekennzeichnet. Im Kapitalismus sind dynamische Entwicklungsprozesse durch sozialpolitische Unterschiede zwischen staatsmonopolistischen Reformen und den Bestrebungen progressiver Kräfte nach demokratischen Reformen gekennzeichnet.

Politische Vertrauensbildung: Notwendig ist, durch die gesamte politisch-strategische und politisch-ideologische Tätigkeit auf die Entwicklung des politischen Vertrauens, der Zuverlässigkeit und Berechenbarkeit in den Beziehungen zwischen den unterschiedlichen Gesellschaftssystemen hinzuwirken. Das schließt vor allem ein, durch das eigene politische Verhalten auf den Abbau von Bedrohungsängsten hinzuwirken und selbst keine ungerechtfertigten Bedrohungslegenden – wie dies einflußreiche imperialistische Kreise in bezug auf den Sozialismus handhaben – zu verbreiten. Ebenso verbietet sich die Propagierung pauschaler Feindbilder, wie dies beispielsweise in der antikommunistischen Verteufelung des realen Sozialismus als „Reich des Bösen" zum Ausdruck kommt. Diejenigen aggressivsten Kräfte des Imperialismus, die den Sozialismus durch Einsatz militärischer Mittel beseitigen wollen, erweisen sich nicht nur als Feinde des Sozialismus, sondern auch als Feinde der Menschheit und des Friedens. Sie müssen illusionslos benannt und in ihrem politischen Einfluß zurückgedrängt werden.

Kritik und Streit ohne Einmischung: Kritik an Entwicklungen im anderen Gesellschaftssystem ist ein unumgängliches und selbstverständliches Element des ideologischen Streits zwischen den Systemen. Sachliche ideologische Auseinandersetzung um Grundfragen der Menschheitsentwicklung unterscheidet sich jedoch von ideologischer Diversion, Verleumdung und Hetze. Ideologisch motivierte Vorbedingungen für die Kooperation der Systeme schaden den Interessen des Friedens. Die Entwicklung eines friedlichen Wettstreits der Systeme kann sich nur bei Gewährleistung der Nichteinmischung in die inneren Angelegenheiten anderer Staaten vollziehen.

Gesetzmäßigkeiten der Systemauseinander-setzung Die Analyse der gegenwärtigen Entwicklungstendenzen in den Wechselbeziehungen der beiden Systeme führte zur Bereicherung der Erkenntnisse über die Gesetzmäßigkeiten, die dem gesamten bisherigen und absehbaren Verlauf dieser Auseinandersetzung zugrunde liegen. Aus heutiger Sicht können dazu folgende gezählt werden:

1. Die allmähliche Veränderung des internationalen Kräfteverhältnisses zugunsten der Kräfte, die für sozialen Fortschritt, Demokratie, nationale Freiheit und Frieden kämpfen. Herausragendes Kennzeichen dieser grundlegenden Tendenz unserer Epoche ist die Tatsache, daß der Sozialismus als Hauptkraft und höchste Stufe des sozialen Fortschritts in der Welt immer deutlicher seine höhere gesellschaftliche Qualität zeigt, seine Vorzüge immer umfassender entfaltet und seine Ausstrahlungskraft, vor allem hinsichtlich der Lösung der grundlegenden Menschheitsfragen, erhöht. Auf dieser Grundlage hat sich das Gewicht des Sozialismus im internationalen Kräfteverhältnis verstärkt. Gleichzeitig verlor der Imperialismus in der Tendenz sein Übergewicht im weltweiten politischen und militärischen Kräfteverhältnis. Der Imperialismus bleibt aber in der Lage, umfangreiche neue wissenschaftlich-technische und andere Potenzen zu entfalten, die seine aggressivsten Kreise gegen die Lebensinteressen der gesamten Menschheit zur Wirkung zu bringen versuchen.

2. Der wachsende Zusammenhang von Systemauseinandersetzung und Ganzheitlichkeit der Welt. Auf der Grundlage der Internationalisierung der Produktivkräfte, der zunehmenden Bedeutung der globalen Menschheitsprobleme und vor allem des neuen Stellenwertes der Friedensfrage wachsen objektiv die wechselseitige Abhängigkeit zwischen allen Staaten und Völkern sowie die Erfordernisse und Möglichkeiten der Zusammenarbeit zwischen beiden Systemen. Gleichzeitig gehen von der Art und Weise der Beziehungen zwischen beiden Systemen die entscheidenden Impulse oder auch Hindernisse für die Bewältigung der übergreifenden

Menschheitsfragen aus. Neben dem grundlegenden Widerspruch zwischen Sozialismus und Imperialismus tritt als Hauptwiderspruch der politischen Entwicklung in der Welt der Gegensatz zwischen den aggressivsten imperialistischen Verfechtern eines Hochrüstungs- und Atomkriegskurses einerseits sowie der gesamten friedliebenden Menschheit andererseits in den Vordergrund.

3. *Die historische Modifizierung der Rolle des militärischen Faktors* in der Systemauseinandersetzung und seine tendenzielle Entwertung als Mittel des Imperialismus im Kampf gegen den Sozialismus. Mit dem wachsenden Einfluß des Sozialismus und aller Friedenskräfte in der Welt und der Herbeiführung eines militärstrategischen Gleichgewichts nehmen die Möglichkeiten zu, die aggressivsten Kräfte des Imperialismus am Einsatz direkter militärischer Gewalt zur Erweiterung ihres internationalen Einflusses und zur Austragung der Systemauseinandersetzung zu hindern. Mit den objektiven Tendenzen in der Veränderung des politischen Kräfteverhältnisses in der Welt suchen die aggressivsten imperialistischen Kräfte verstärkt nach militärischen Auswegen aus dieser Situation, zugleich ist ihnen der Einsatz bewaffneter Mittel immer mehr verwehrt, verstärken sich die Bedingungen und Einsichten auch im Imperialismus, daß die historische Auseinandersetzung mit dem Sozialismus nur auf der Grundlage des friedlichen Wettbewerbs geführt werden kann. Durch den schrittweisen Übergang zur intensiv erweiterten Reproduktion im internationalen Maßstab entstehen auch für den Imperialismus neue sozialökonomische Möglichkeiten und Erfordernisse, die Erweiterung der Profitmöglichkeiten nicht in aggressiver Expansion, sondern in der inneren ökonomischen Entwicklung der kapitalistischen Länder und in weltweiter ökonomischer Zusammenarbeit zu suchen.

4. *Die wachsende Bedeutung der qualitativen Faktoren der Produktivkraft- und Gesellschaftsentwicklung in der historischen Auseinandersetzung und im Wettbewerb der beiden Gesellschaftssysteme.* In zunehmendem Maße werden die Wirkungsmöglichkeiten der beiden Systeme, die Entfaltung ihrer Potenzen in der Auseinandersetzung von ihrer Fähigkeit zur Entwicklung der modernen Produktivkräfte bestimmt. Das schließt die zunehmende Bedeutung aller sozialen und politischen Qualitäten, Vorzüge, Werte und Ideale im Wettbewerb der Systeme ein. Konnte der Imperialismus den Sozialismus durch die ihm aufgezwungenen Belastungen von Krieg, Rüstung und Konfrontation lange Zeit an der umfassenden Entfaltung seiner gesellschaftlichen Vorzüge hindern, so zeigt die jüngere Entwicklung zunehmend die Fähigkeiten der sozialistischen Gesellschaft zur gleichzeitigen Bewältigung zweier strategischer Aufgaben: Friedenssicherung und volle Entfaltung seiner Vorzüge und Triebkräfte.

5. *Der sich vertiefende wechselseitige Zusammenhang zwischen der inneren Entwicklung jedes Systems einerseits sowie der Systemauseinandersetzung andererseits.* Die inneren Potenzen der beiden Systeme nehmen einen immer gewichtigeren Platz in der weltweiten Auseinandersetzung ein. Gleichzeitig stellen diese Auseinandersetzung und der Wettbewerb erhöhte Anforderungen an die innere Gestaltung der Systeme. So muß der Imperialismus in wachsendem Maße in seiner inneren Entwicklung das

Gewicht und die Ausstrahlung des Sozialismus im internationalen Leben in Rechnung stellen. Auch die Inhalte, Maßstäbe und zeitlichen Fristen der Entwicklung des Sozialismus werden mehr und mehr vom Wettbewerb der Systeme geprägt. Neben diesen indirekten wechselseitigen Einwirkungen der Systeme wachsen auch die Möglichkeiten der direkten Einwirkungen. Es kommt darauf an, darum zu kämpfen, daß sich diese wachsenden wechselseitigen Einwirkungen ausschließlich auf der Grundlage der Prinzipien der friedlichen Koexistenz und des friedlichen Wettbewerbs vollziehen.

6. *Zunehmende Internationalisierung der Systemauseinandersetzung.* Immer mehr erschließen Sozialismus und Imperialismus ihre Potenzen als Weltsysteme. Die Systemauseinandersetzung beeinflußt zunehmend alle Regionen in der Welt. Gleichzeitig nimmt die Mannigfaltigkeit der Wege und Formen der Entwicklungen in den beiden Weltsystemen zu. So gibt es im kapitalistischen Weltsystem sehr große Entwicklungsunterschiede zwischen den verschiedenen Ländern; viele von ihnen, die sozialökonomisch zu diesem Weltsystem gehören, beziehen in ihrer Politik antiimperialistische Positionen und gehören unterschiedlichen politischen Bündnissen an. Im Imperialismus selbst rivalisieren verschiedene Zentren untereinander. Das Entwicklungsniveau der Länder des sozialistischen Weltsystems sowie die Wege ihrer Entwicklung weisen beträchtliche Unterschiede auf. Generell werden in wachsendem Maße neue gesellschaftliche Kräfte in die sozialen Auseinandersetzungen unserer Zeit einbezogen, die ihr eigenes Profil in der internationalen Politik besitzen (z.B. Bewegung der Nichtpaktgebundenen; weltweite demokratische Kräfte und Massenbewegungen; spezifische regionale Gruppierungen; religiöse Kräfte u.a.). Weiterhin verändert sich das internationale Gewicht einer Reihe von Regionen und Ländern. Die Welt ist somit wesentlich mannigfaltiger und widersprüchlicher als dies in der Existenz der beiden Weltsysteme zum Ausdruck kommt. Es setzt sich zugleich die Tendenz fort, daß die Auseinandersetzung der Systeme zunehmend zur zentralen Achse der Menschheitsentwicklung und aller Kämpfe um den sozialen Fortschritt in der Welt wird.

7. *Die historische Ausprägung gemeinsamer Interessen von Sozialismus und allen anderen Kräften des Friedens und des sozialen Fortschritts in der Welt.* Allgemeindemokratische und die Menschheit als Ganzes berührende Grundprobleme erlangen einen wachsenden Stellenwert für alle Kräfte des sozialen Fortschritts. Gleichzeitig prägt der Sozialismus immer weiter seine Voraussetzungen und Fähigkeiten aus, für die Ziele des Friedens, des Humanismus und allgemeindemokratischer Bestrebungen in der Welt wirksame Beiträge zu erbringen.

8. *Die wachsende Rolle des subjektiven Faktors in der Systemauseinandersetzung.* Zunehmend wird die Auseinandersetzung der Systeme von beiden Seiten aus bewußter organisiert und zielgerichteter geführt. Insgesamt nehmen die Auseinandersetzungen, Diskussionen und der Dialog über die einzuschlagenden Wege und Ziele des historischen Wettstreits der Gesellschaftssysteme, über die politischen Konzeptionen, Strategien, Leitbilder und Organisationsformen zu.

Kontrollfragen zu Kapitel 5

1. Erläutern Sie die Gesetzmäßigkeiten des Verlaufs unserer Epoche anhand der gegenwärtigen weltpolitischen Entwicklungen!

2. Erläutern Sie die wichtigsten Aspekte des Zusammenhangs von Friedenskampf und sozialem Fortschritt in der Gegenwart!

3. Begründen Sie die politischen Erfordernisse des nuklear-kosmischen Zeitalters, und zeigen Sie ihre Praktizierung in der Friedenspolitik der sozialistischen Gemeinschaft!

4. Worin bestehen das Wesen und die Ziele einer Koalition der Vernunft und des Realismus?

5. In welchen realen Entwicklungsprozessen liegt unser historischer Optimismus im Kampf um die Sicherung des Friedens begründet?

6. Die sozialistische Revolution

Die sozialistische Revolution als eine wichtige Stufe im Prozeß der Verwirklichung der welthistorischen Mission der Arbeiterklasse gehört ebenso wie die nationale Befreiungsrevolution zu den grundlegenden Bewegungsformen gesellschaftlichen Fortschritts in der Epoche des Übergangs vom Kapitalismus zum Sozialismus. Als objektive Gesetzmäßigkeit im Wechsel von der kapitalistischen zur kommunistischen Gesellschaftsformation entwickelt sie sich im Rahmen der einzelnen Länder und wird durch die von einer marxistisch-leninistischen Partei geführte Arbeiterklasse und ihre Verbündeten vollzogen. Der *Hauptinhalt der sozialistischen Revolution* besteht in der Überwindung der Herrschaft der Bourgeoisie, in der Errichtung der Herrschaft der Arbeiterklasse, die an der Spitze eines breiten Bündnisses steht, in der Beseitigung der Ausbeutung des Menschen durch den Menschen, in der Schaffung des gesellschaftlichen Eigentums an den wichtigsten Produktionsmitteln, in der Durchsetzung neuer gesellschaftlicher Verhältnisse und einer neuen Lebensweise sowie eines neuen Typs internationaler Beziehungen, der mit der Sicherung des Friedens neue Bedingungen für den sozialen Fortschritt im nationalen und internationalen Maßstab hervorbringt. Der Übergang der Menschheit vom Kapitalismus zum Sozialismus umfaßt eine langandauernde weltgeschichtliche Epoche, in deren Verlauf entsprechend dem Heranreifen der inneren Bedingungen in einzelnen Ländern oder Gruppen von Ländern die sozialistische Revolution durchgeführt wird und sich schrittweise das sozialistische Weltsystem herausbildet.

6.1. Notwendigkeit und Bedingungen der sozialistischen Revolution

Die historische
Notwendigkeit

Alle bisherigen sozialistischen Revolutionen, voran die Große Sozialistische Oktoberrevolution, die einen neuen Zeitabschnitt des Kampfes der Arbeiterklasse zur Verwirklichung ihrer welthistorischen Mission einleitete, bestätigten auf diese oder jene Art die Erkenntnis von Marx und Engels, daß die revolutionären Positionen und Aktionen der Arbeiterklasse nicht auf „Ideen, auf Prinzipien, die von diesem oder jenem Weltverbesserer erfunden oder entdeckt sind", beruhen, sondern immer „allgemeine Ausdrücke tatsächlicher Verhältnisse eines existierenden Klassenkampfes, einer unter unseren Augen vor sich gehenden geschichtlichen Bewegung"[1] sind. Das bedeutet: Die sozialistische Revolution hat *objektive Ursachen*, und ihr Vollzug ist eine *wesentliche und notwendige Bedingung geschichtlichen Fortschritts*.

Es sind die dem kapitalistischen System innewohnenden *Gesetzmäßigkeiten* selbst, die zu dieser Revolution drängen. Mit der Entwicklung der Produktivkräfte wächst zugleich deren gesellschaftlicher Charakter, der vor allem in der Vergesellschaftung der Produktion und der Arbeit und in der Form von Großbetrieben zum Ausdruck kommt. Der gesellschaftliche Charakter der Produktion gerät zunehmend in Widerspruch zu den kapitalistischen Eigentumsverhältnissen. Karl Marx schrieb darüber im „Kapital": „Die Zentralisation der Produktionsmittel und die Vergesellschaftung der Arbeit erreichen einen Punkt, wo sie unverträglich werden mit ihrer kapitalistischen Hülle"[2], den kapitalistischen Produktionsverhältnissen, die daher auf revolutionäre Weise überwunden werden müssen. Der Widerspruch zwischen dem gesellschaftlichen Charakter der Produktion und der kapitalistischen Aneignung ihrer Bedingungen und Resultate ist der *Grundwiderspruch der kapitalistischen Gesellschaft*. Er entfaltet sich heute mehr denn je in vielfältigen gesellschaftlichen Widersprüchen, deren Kern der Gegensatz zwischen Bourgeoisie und Arbeiterklasse ist, und führt notwendig zur in vielfältigen Formen ausgetragenen politischen, sozialen, ökonomischen usw. Auseinandersetzung der Klassen. Die Arbeiterklasse kann ihre gesellschaftliche Stellung als ausgebeutete und unterdrückte Klasse nur aufheben, wenn sie die kapitalistischen Produktionsverhältnisse beseitigt. Der Kapitalismus bringt jene gesellschaftliche Kraft hervor, die auf Grund ihrer Stellung in der materiellen Produktion berufen und fähig ist, die Ausbeutung des Menschen durch den Menschen zu beseitigen und die neue, sozialistische Gesellschaft zu errichten. Die Voraussetzungen der sozialistischen Revolution reifen somit im Kapitalismus selbst heran.[3] Ihre histori-

---

1 K. Marx/F. Engels, Manifest der Kommunistischen Partei, in: Werke, Bd. 4, S. 475.
2 K. Marx, Das Kapital. Erster Band, in: Werke, Bd. 23, S. 791.
3 Vgl. Kap. 2.1. des vorliegenden Lehrbuches.

schen und theoretischen Studien führten Marx und Engels zur Erkenntnis, daß die schriftlich überlieferte Geschichte aller bisherigen Gesellschaft eine Geschichte von Klassenkämpfen ist, die „jedesmal mit einer revolutionären Umgestaltung der ganzen Gesellschaft endete(n) oder mit dem gemeinsamen Untergang der kämpfenden Klassen".[4] Die Geschichte hat Marx und Engels recht gegeben. Es war letztlich die *Entfaltung des grundlegenden Interessengegensatzes zwischen Lohnarbeit und Kapital*, der sich im 20. Jahrhundert zugleich in vielfältigen weiteren Widersprüchen äußerte, der die Arbeiterklasse und andere Werktätige trotz mancher Rückschläge und Niederlagen immer wieder zum Kampf um die Lösung ihrer Existenzfragen drängte und an revolutionäre Aktionen und soziale Revolutionen unterschiedlichen Charakters heranführte. In einer ganzen Gruppe von Ländern Europas und Asiens wie auch auf Kuba konnten die Völker sozialistische Revolutionen zum Erfolg führen. In den kapitalistischen Ländern wirken die Ursachen, die die Volksmassen zum Kampf für revolutionäre Veränderungen drängen, weiter. In unserer Epoche hat die Entwicklung des Imperialismus immer wieder aufs neue bewiesen, daß die kapitalistische Gesellschaft nicht fähig ist, die Lebensfragen der Völker dauerhaft und stabil im Interesse der Menschen und der Menschheit zu lösen.

Der innere Zusammenhang in der *Entwicklung von Produktiv- und Destruktivkräften im Kapitalismus* hat im Gegenteil zur weiteren Verschärfung einer Vielzahl von Widersprüchen im kapitalistischen System geführt und seinen parasitären, fortschrittsbedrohenden Charakter verstärkt. So hat in den imperialistischen Ländern die Entwicklung von Produktivkräften, besonders mit der Entfaltung der wissenschaftlich-technischen Revolution, ein Niveau erreicht, das bei vernünftiger Nutzung ausreichen würde, die grundlegenden materiellen und geistigen Bedürfnisse aller Erdbewohner zu befriedigen. Im vom Imperialismus ökonomisch beherrschten kapitalistischen Weltsystem, in der nichtsozialistischen Welt, leiden jedoch Hunderte Millionen Menschen nach wie vor Hunger, bleiben ohne systematische Bildung und gesundheitliche Betreuung und wird die Unterentwicklung vieler Länder immer deutlicher spürbar. Millionen Menschen bleibt der Zugang zu gesellschaftlich nützlicher Arbeit versperrt, oder es wird denen, die Arbeit haben, die Sicherheit des Arbeitsplatzes verwehrt. Die Wissenschaft dringt immer tiefer in die Geheimnisse der Natur ein, doch imperialistische Profitgier führt zu Mißbrauch der Erkenntnisse und zu bedenkenloser Schädigung der Natur und Zerstörung der natürlichen Umwelt des Menschen, wo immer Profit sich abzeichnet. Eben diese Profitgier bringt auch jene den imperialistischen Monpolen wesenseigene Aggressivität hervor, die nach zwei verheerenden Weltkriegen in der Gegenwart zur existentiellen Menschheitsbedrohung geführt hat. Diese Sachlage, diese *objektiven Widersprüche* sind es, die auch heute den Boden für Aktionen und Kämpfe für den sozialen Fortschritt vorbereiten.

Es ist aber auch eine *Grundlehre* der Geschichte: Wie verheerend Wirtschaftskri-

---

4 K. Marx/F. Engels, Manifest der Kommunistischen Partei, S. 462.

sen und ihre sozialen Folgen auch sein mögen, der Kapitalismus als Produktionsweise und Herrschaftssystem bricht damit nicht zusammen. Es entstehen lediglich Bedingungen, in denen revolutionäre Situationen und Aktionen heranreifen können. Dann sind *kraftvolle Massenaktionen nötig*, so hob Lenin mehrfach hervor, „um die alte Regierung zu stürzen (oder zu erschüttern), die niemals, nicht einmal in einer Krisenepoche ‚zu Fall kommt‘, wenn man sie nicht ‚zu Fall bringt‘ “.[5] Ebenso haben sich reformistische Erwartungen, daß der Kapitalismus auf dem Wege von Reformen auf rein evolutionäre Weise, ohne eine grundsätzliche Veränderung der Eigentums- und politischen Machtverhältnisse, in eine sozialistische Gesellschaft hinüberwachsen könne, nicht bestätigt. Dafür gibt es bislang in der Welt kein einziges Beispiel. Hingegen war es in der Sowjetunion und den anderen sozialistischen Ländern trotz vieler Schwierigkeiten möglich, mittels der sozialistischen Revolution zu neuen gesellschaftlichen Verhältnissen zu gelangen, in denen es weder Ausbeuter noch Ausgebeutete gibt und in denen soziale Sicherheit, Vollbeschäftigung und reale Demokratie für die Werktätigen sowie die Sicherung des Weltfriedens eine qualitativ neue Lebensweise ermöglichen. Ebenso wie die objektiven Widersprüche der kapitalistischen Ordnung wirken diese historischen Erfahrungen – wenn auch vielfach vermittelt – als Triebkraft weiterer revolutionärer Veränderung. Dabei verdeutlichen die Erfahrungen der sozialistischen Länder nachdrücklich die Erkenntnis von Marx und Engels, daß die Arbeiter in der sozialistischen Revolution nicht nur „ihre Ketten“ zu verlieren, sondern vor allem „eine Welt zu gewinnen“[6] haben.

Sozialistische Revolution und konkret-historische Bedingungen

Die allgemeine Gesetzmäßigkeit der sozialistischen Revolution setzt sich stets unter konkreten, *in vieler Hinsicht einmaligen historischen Bedingungen* durch. Marx und Engels betonten diesen Tatbestand. So drückte Engels in einem Rückblick auf Marx' 1850 geschriebene Arbeit „Klassenkämpfe in Frankreich“ aus, daß „unter dem Bann der bisherigen geschichtlichen Erfahrung ... unter damaligen Umständen für uns kein Zweifel sein (konnte), daß der große Entscheidungskampf angebrochen sei, daß er ausgefochten werden müsse in einer einzigen langen und wechselvollen Revolutionsperiode, daß er aber nur enden könne mit dem endgültigen Sieg des Proletariats ... Die Geschichte hat aber auch uns unrecht gegeben, hat unsere damalige Ansicht als eine Illusion enthüllt. Sie ist noch weiter gegangen: Sie hat nicht nur unseren damaligen Irrtum zerstört, sie hat auch die Bedingungen total umgewälzt, unter denen das Proletariat zu kämpfen hat.“[7]

5 W. I. Lenin, Der Zusammenbruch der II. Internationale, in: Werke, Bd. 21, S. 207.
6 K. Marx/F. Engels, Manifest der Kommunistischen Partei, S. 493.
7 F. Engels, Einleitung zu Marx' „Klassenkämpfe in Frankreich“, in: K. Marx/F. Engels, Werke, Bd. 22, S. 512 f.

Die *geschichtliche Umwälzung von Kampfbedingungen* ständig zu beachten gehört seit Marx und Engels zu den grundlegenden methodologischen und politischen Erfordernissen revolutionären Kampfes. Einen überzeugenden Beweis für diese Erfahrung lieferte Lenin, der die Fülle revolutionstheoretischer Erkenntnisse von Marx und Engels wie auch praktische Erfahrungen, z.B. der Pariser Kommune, auswertete und erstmals eine umfassende Theorie der sozialistischen Revolution ausarbeitete. Ausgehend von der Aufdeckung des Gesetzes der Ungleichmäßigkeit der ökonomischen und politischen Entwicklung des Kapitalismus in seinem imperialistischen Stadium gelangte er zu der wichtigen Schlußfolgerung, daß der Sieg der sozialistischen Revolution und der Aufbau des Sozialismus in einem Land oder in einigen Ländern möglich ist. Diese inzwischen durch die Praxis bestätigte Schlußfolgerung war Ausgangspunkt der Leninschen Konzeption eines revolutionären Weltprozesses. Sie enthielt vielfältige neue Schlußfolgerungen für die Theorie und Praxis der Revolution, die vor allem das realistische Verständnis der Dialektik von Nationalem und Internationalem, von objektiven Bedingungen und subjektivem Faktor und von Demokratie, nationaler Unabhängigkeit, Frieden und Sozialismus betrafen. Die neuen Erkenntnisse waren von großer Bedeutung für die Ausarbeitung und Realisierung der Strategie und Taktik der Bolschewiki bei der erfolgreichen Vorbereitung und Durchführung der *Großen Sozialistischen Oktoberrevolution.* Sie wurde zum Hauptereignis des 20. Jahrhunderts, denn sie war die erste siegreiche sozialistische Revolution. Mit ihr wurde die welthistorische Wende in der Entwicklung der Menschheit von der Jahrhunderte während Herrschaft der Ausbeuterklassen zur Ausübung der Macht durch die Arbeiterklasse und ihre Verbündeten eingeleitet. Die Oktoberrevolution hob die internationale Befreiungsbewegung auf eine neue, höhere Stufe, sie „hat der ganzen Welt den Weg zum Sozialismus gewiesen und der Bourgeoisie gezeigt, daß es mit ihrer Herrlichkeit zu Ende geht".[8]

Mit dem Charakter der *Oktoberrevolution* als Wende zu einer neuen weltgeschichtlichen Epoche sind *einige ihrer Besonderheiten,* die sich aus der Eigenart des zaristischen, vorrevolutionären Rußlands ergeben, untrennbar verbunden. Sie betreffen z.B. die relativ schnelle und unmittelbare Zuspitzung der Machtfrage und ihre kurzfristige radikale Lösung mit der Errichtung der Diktatur des Proletariats, das längere Andauern eines opferreichen Bürgerkrieges im Gefolge einer rücksichtslosen imperialistischen konterrevolutionären Intervention, aber auch den aus der Pionierrolle der jungen Sowjetmacht erwachsenden unvergleichbaren Opfermut und massenhaften Heroismus der Werktätigen der Sowjetunion beim Aufbau und bei der Verteidigung der neuen Ordnung.

Als *grundlegende Lehren von internationaler Bedeutung,* die in folgenden Revolutionen ihre Bestätigung erfahren haben, erwiesen sich vor allem: Der erfolgreiche Übergang zum Sozialismus ist nur möglich, wenn die Arbeiterklasse unter Füh-

8 W.I.Lenin, Rede auf einer Rotarmistenkundgebung auf dem Chodynka-Feld in Moskau. 2. August 1918, in: Werke, Bd. 28, S. 30.

rung einer marxistisch-leninistischen Partei einheitlich handelt und sich auf ein festes Bündnis mit den anderen Werktätigen, vor allem mit den Massen der Bauernschaft, stützt.

Der Sieg über die Bourgeoisie erfordert den entschlossenen Kampf der Massen für die Ablösung der bürgerlichen Staatsmacht und für die Errichtung eines revolutionären Staates, der seinem Wesen nach die Herrschaft der Arbeiterklasse verkörpert und die entscheidende politische Bedingung für die dauerhafte Überwindung der Ausbeutung und die allseitige Verwirklichung der Interessen der werktätigen Massen ist. Für den Sieg der Revolution ist ferner der proletarische Internationalismus unumgänglich, der einerseits der zur Macht gelangenden Arbeiterklasse im Kampf gegen die Konterrevolution die internationale Solidarität sichert und der andererseits die errungene Machtposition zu einer festen Stütze des revolutionären Weltprozesses werden läßt. Zu diesen und weiteren Lehren schrieb Lenin, „daß einige Grundzüge unserer Revolution nicht örtliche, nicht spezifisch nationale, nicht ausschließlich russische, sondern internationale Bedeutung haben".[9] In ihnen widerspiegeln sich allgemeine Gesetzmäßigkeiten der sozialistischen Revolution, die sich auf Grund jeweils spezifischer Bedingungen in jedem Lande in besonderer Weise und in vielen einmaligen Erscheinungsformen durchsetzen.

Das zeigen auch die *volksdemokratischen Revolutionen in Europa und Asien* nach der Zerschlagung faschistischer Diktaturen im zweiten Weltkrieg. Diese Revolutionen waren besonders durch den Widerspruch zwischen dem aggressiven Faschismus und den von ihm versklavten Völkern, durch den antifaschistischen Widerstandskampf der Völker und durch eine weitgreifende antifaschistische Einheits- und Volksfrontpolitik der kommunistischen Parteien charakterisiert. Das ermöglichte es, in einem einheitlichen Prozeß eine revolutionär-demokratische Umwälzung durchzuführen und diese allmählich in die sozialistische Revolution hinüberzuleiten.

Die volksdemokratischen Revolutionen begannen in der Regel mit dem *Kampf um die Errichtung der revolutionär-demokratischen Diktatur der Werktätigen unter Hegemonie der Arbeiterklasse,* einer Macht, die noch nicht die Diktatur des Proletariats verkörperte, aber den Rahmen der bürgerlichen Demokratie sprengte, d. h. die Hegemonie des Proletariats in den Machtorganen konstituierte. Auf der Grundlage dieser Volksmacht wurden sozialökonomische Umwälzungen möglich, die die ökonomischen Machtpositionen der Bourgeoisie wesentlich einschränkten und zunehmend überwanden. Diese revolutionär-demokratischen Umwälzungen (Bodenreform, Arbeiterkontrolle, Nationalisierung der Banken, von Teilen der Industrie, des Transportwesens und der Bodenschätze, Brechung des Bildungsprivilegs, Bildungsreform u a.), die sich als *Übergangsmaßnahmen zum Sozialismus* erwiesen („noch kein Sozialismus, aber schon kein Kapitalismus mehr", sondern „ein

9 W. I. Lenin, Der „linke Radikalismus", die Kinderkrankheit im Kommunismus, in: Werke, Bd. 31, S. 5.

gewaltiger Schritt zum Sozialismus"[10]), wurden ihrerseits zum Ausgangspunkt für die vollständige Lösung der Machtfrage, d. h. für die schrittweise soziale Vertiefung der revolutionär-demokratischen Diktatur der Werktätigen zur Diktatur des Proletariats, die sich auf dem Wege des Ausbaus und der Festigung der Hegemoniepositionen der Arbeiterklasse in den Machtorganen, durch die ständige Festigung der Volksmacht vollzog. Die Errichtung der Herrschaft der Arbeiterklasse wurde ihrerseits zum Ausgangspunkt für die Weiterführung, Vertiefung und Vollendung sozialökonomischer Umwälzungen, für den planmäßigen Aufbau der Grundlagen des Sozialismus.

Für die *volksdemokratischen Revolutionen* war eine *eigenartige Verflechtung* von politischer Revolution, der Lösung der Machtfrage, und sozialer Revolution, der Durchführung sozialökonomischer Umwälzungen, im Zuge eines einheitlichen revolutionären Prozesses typisch. Diese Revolution verkörperte in ihrer Gesamtheit die Übergangsperiode vom Kapitalismus zum Sozialismus, unter der Voraussetzung, daß es gelang, die revolutionär-demokratische Diktatur zur Diktatur des Proletariats zu vertiefen und die antiimperialistisch-demokratische Umwälzung kontinuierlich und auf relativ friedlichem Wege in die sozialistische Revolution hinüberzuleiten. Die Breite des Bündnisses im Inneren dieser Länder sowie die Veränderung des internationalen Kräfteverhältnisses zuungunsten des Imperialismus ermöglichten einen allmählichen und relativ kontinuierlichen Übergang zur Errichtung der politischen Herrschaft der Arbeiterklasse und zur ökonomischen Entmachtung der gestürzten Ausbeuterklassen und verhinderten in den meisten Fällen eine offene imperialistische Intervention.

Historisch *neue Formen revolutionärer Umwälzungen* entstanden in der zweiten Hälfte unseres Jahrhunderts, nachdem sich mit der Herausbildung des sozialistischen Weltsystems und mit dem Zusammenbruch des imperialistischen Kolonialsystems das internationale Kräfteverhältnis weiter zugunsten der Kräfte des sozialen Fortschritts verändert hatte. Es kam zu *antiimperialistischen Volksrevolutionen:* Sie begannen 1959 auf Kuba, in Chile wurde zu Beginn der 70er Jahre die demokratische und revolutionäre Bewegung niedergeschlagen, in Nikaragua konnten die revolutionären Kräfte trotz erbitterter konterrevolutionärer Aktivitäten, besonders des USA-Imperialismus, erste Erfolge erringen.

In einigen afrikanischen und asiatischen Ländern wurden *nationaldemokratische Befreiungsrevolutionen* mit einer sozialistischen Orientierung verknüpft, um unter Umgehung der kapitalistischen Gesellschaftsordnung schrittweise den Weg zum Sozialismus einzuschlagen. In solchen Ländern wie der VDR Äthiopien, der VDR Jemen u. a. entsteht die Möglichkeit, in einem längeren und relativ einheitlichen Prozeß an die sozialistische Umgestaltung der Gesellschaft heranzukommen.[11] Alle bisherigen Erfahrungen zeigen, daß beim Herankommen an den Sozialismus

10 W. I. Lenin, Die drohende Katastrophe und wie man sie bekämpfen soll, in: Werke, Bd. 25, S. 371.
11 Vgl. Kap. 8.3. des vorliegenden Lehrbuches.

in diesen Ländern mehrere Etappen durchlaufen werden müssen, um schrittweise unerläßliche ökonomische, soziale und geistig-kulturelle Voraussetzungen für den unmittelbaren Übergang zur neuen Gesellschaftsordnung zu schaffen. Die *Mehrstufigkeit des revolutionären Prozesses* prägt sich gegenüber den volksdemokratischen Revolutionen noch stärker aus, zeitliche Dimensionen erweitern sich, und evolutionäre Prozesse gewinnen als Element der Revolution weiter an Bedeutung. Die Perspektiven der revolutionären Prozesse in den einzelnen Ländern hängen in hohem Maße auch mit der Gesamtentwicklung des revolutionären Weltprozesses, mit dem historischen Wettbewerb zwischen Sozialismus und Imperialismus, mit den Erfolgen bei der Erhaltung und Festigung des Friedens, der Durchsetzung demokratischer Prinzipien in der internationalen Arena und der Lösung der dringenden globalen Probleme unserer Zeit zusammen.

Im letzten Jahrzehnt sind weitere, besonders mit der wissenschaftlich-technischen Revolution verknüpfte *internationale Prozesse* zur Entfaltung und zunehmend ins Bewußtsein gelangt, die wesentlichen *Einfluß auf den Übergang weiterer Völker zum Sozialismus haben werden.* Ihre weitreichendste Konsequenz besteht darin, daß der Frieden die entscheidende Grundlage für die Fortexistenz der Menschheit und erste Voraussetzungen für die Lösung aller anderen gesellschaftlichen Probleme und damit auch für weitere revolutionäre Entwicklungen geworden ist. Andere Konsequenzen betreffen die zunehmende Internationalisierung, die Herausbildung einer ganzheitlichen Welt und die Verstärkung der wechselseitigen Abhängigkeit der Länder, die revolutionäre Ereignisse in einem Land schneller zur Wechselwirkung mit anderen Ländern führen; die vor allem mit der wissenschaftlich-technischen Revolution verbundene Dynamik der Produktivkräfte und ihr wachsender Einfluß auf soziale Prozesse; die zunehmende Mannigfaltigkeit der gesellschaftlichen Kräfte im Kampf um Frieden und sozialen Fortschritt, die neue Bündnismöglichkeiten, aber auch neue Chancen für imperialistische Spaltungspolitik eröffnet; die Intensivierung des Systemwettbewerbs zwischen Sozialismus und Imperialismus unter den Bedingungen friedlicher Koexistenz.

In dieser Situation sind die revolutionären Kräfte aller Länder gefordert, jeden Schritt und jede Maßnahme ihres Kampfes, um welches nächste strategische Ziel es auch immer geht, auf seine *Konsequenzen für internationale Prozesse im Kampf um die Erhaltung des Weltfriedens* und für die Zurückdrängung imperialistischer Aggressions- und Hochrüstungspolitik hin zu prüfen. Das betrifft Fristen, Formen und Methoden, aber auch die Gesamtheit strategischer Orientierungen, hebt jedoch nicht die Grundaufgaben und die allgemeinen Gesetzmäßigkeiten der sozialistischen Revolution auf. Es ist im Gegenteil anzunehmen, daß die wissenschaftlich-technische Revolution und die Bewältigung ihrer internationalen, ihrer sozialen und geistig-kulturellen Folgen die Anzahl und die Intensität der Gründe verstärkt, die in den kapitalistischen Ländern auf eine Ablösung des Privateigentums an den Produktionsmitteln durch das gesellschaftliche Eigentum als einer Grundfrage des Übergangs vom Kapitalismus zum Sozialismus drängen.

Wann und auf welchen Wegen unter diesen sich ständig verändernden Bedingungen gesellschaftliche Widersprüche zu revolutionären Umgestaltungen führen, welche zeitlichen Ausmaße diese Prozesse annehmen werden, wie sich das Verhältnis von Reform und Revolution im Übergang vom Kapitalismus zum Sozialismus entwickeln und welche Rolle und welche Formen die Gewalt in weiteren Revolutionen einnehmen werden – das hängt im einzelnen von vielen Einflußfaktoren ab. Es bleibt jedoch die *historische Gesetzmäßigkeit* der sozialistischen Revolution und die Einsicht, daß es für ihre Durchsetzung nötig ist, die Erfahrungen der bisherigen sozialistischen Revolutionen zu studieren und zu nutzen.

Nicht wenige imperialistische Ideologen versuchen, diese Situation vor allem mit Blick auf die Friedensliebe der Arbeiterklasse und der anderen Werktätigen zu nutzen, und behaupten, daß der Friede nur erhalten werden kann, wenn die fortschrittlichen Kräfte um des Friedens willen auf weiteren revolutionären Kampf verzichten und weltweit und in jedem Land einen sozialen „status quo" akzeptieren. Abgesehen davon, daß viele imperialistische Kräfte ihrerseits nicht daran denken, ihre Politik der sozialen Revanche kampflos preiszugeben, ist gegen solche Auffassungen vor allem einzuwenden, daß Frieden und sozialer Fortschritt nach marxistisch-leninistischem Verständnis nur in dialektischer Einheit erreichbar sind. Den Verzicht auf die Werte, Zielvorstellungen und sozialen Bestrebungen und Entscheidungen eines Volkes zur Vorbedingung einer Zusammenarbeit bei der Durchsetzung internationaler Sicherheit zu machen bedeutet in Wirklichkeit, diese zu verhindern. Die Erhaltung des Weltfriedens bedingt vielmehr geradezu die Achtung des *Rechtes jedes Volkes, über die Wege und Formen seiner Entwicklung souverän zu entscheiden,* und verbietet jede Einmischung in die inneren Angelegenheiten anderer Völker.

6.2. Die sozialistische Revolution – schöpferische Aktion der Arbeiterklasse und ihrer Verbündeten

Die sozialistische Revolution ist in tiefstem Sinne eine *Volksrevolution.* Sie erfolgt im Interesse aller Werktätigen, und die Mehrheit der Werktätigen ist aktiv an ihrer Durchführung beteiligt. Nur im revolutionären Kampf verändern die Arbeiterklasse und ihre Verbündeten die Gesellschaft und sich selbst und vollziehen so den Übergang vom Kapitalismus zum Sozialismus.

Objektive Bedingungen Revolutionen waren zu allen Zeiten „Lokomotiven
und subjektiver Faktor der Geschichte", indem sie Massen zu verstärkter Aktivität führten und neuen gesellschaftlichen Erfordernissen zum Durchbruch verhalfen. Das gilt für siegreiche wie auch für solche Revolutionen, die ihre Ziele trotz wesentlicher Voraussetzungen aus diesem oder jenem Grunde nicht durchsetzten, insgesamt aber zu einer Beschleunigung

historischer Prozesse führten. Es hat aber auch zu allen Zeiten Niederlagen revolutionärer Erhebungen und historische Regression gegeben, die den beteiligten Werktätigen langwirkende Leiden und zusätzliche Not brachten, wenn die notwendigen Voraussetzungen für einen aussichtsreichen Kampf fehlten und revolutionäre Losungen sich als bloße Phrase erwiesen. Die revolutionäre Arbeiterbewegung mißt darum dem Problem der Voraussetzungen der Revolution und dem Herankommen an sie große Bedeutung bei.

Zuerst einmal sind *grundlegende objektive, materielle (materiell-technische) Voraussetzungen für den Übergang zum Sozialismus* und damit auch für die sozialistische Revolution zu beachten. Sie betreffen vor allem das Entwicklungsniveau der Produktivkräfte, die Konzentration der Produktion und den Grad der Vergesellschaftung sowie den Anteil der Arbeiterklasse an der Bevölkerung des jeweiligen Landes. Für die meisten kapitalistischen Länder Europas und die USA waren solche Voraussetzungen mit dem Übergang des Kapitalismus in sein imperialistisches Stadium gegeben, und Lenin erkannte vor allem in der Entwicklung des staatsmonopolistischen Kapitalismus „die vollständige *materielle* Vorbereitung des Sozialismus".[12]

Diese Grunderkenntnis ist in der Arbeiterbewegung in mehreren historischen Zusammenhängen in Frage gestellt worden. Erstmals im Zusammenhang mit der Oktoberrevolution, als von einigen Kräften bezweifelt wurde, ob in Rußland die nötigen *materiellen Voraussetzungen* für einen erfolgreichen Übergang zum Sozialismus gegeben seien. Rußland wies eine gewisse historische Zurückgebliebenheit auf, es gab ein Nebeneinanderbestehen von Formen hochentwickelten Monopolkapitals mit Formen des rückständigen Grundbesitzes, ein unzureichendes Niveau der Produktivkräfte und der materiellen Kultur. Lenin sah – und wurde darin durch die Geschichte bestätigt – in diesem Umstand zwar einen erschwerenden Faktor, jedoch kein unüberwindliches Hindernis für den Erfolg der Revolution, und stellte fest: „Wenn zur Schaffung des Sozialismus ein bestimmtes Kulturniveau notwendig ist ..., warum sollten wir also nicht damit anfangen, auf revolutionärem Wege die Voraussetzungen für dieses bestimmte Niveau zu erringen, und *dann* schon, auf der Grundlage der Arbeiter- und Bauernmacht und der Sowjetordnung, vorwärtsschreiten und die anderen Völker einholen."[13]

Da in den meisten sozialistischen Revolutionen in unserem Jahrhundert die materiellen Voraussetzungen entweder relativ gering entwickelt waren bzw. große Disproportionen aufwiesen, waren in den sozialistischen Ländern große Anstrengungen bis in die sozialistische Entwicklungsphase hinein notwendig, um die materiell-technische Basis des Sozialismus zu schaffen. Lenin traf eine bedeutsame revolutionstheoretische Verallgemeinerung, als er 1920 hervorhob, „daß es für Rußland in der konkreten, historisch außerordentlich eigenartigen Situation

12 W. I. Lenin, Die drohende Katastrophe und wie man sie bekämpfen soll, S. 370.
13 W. I. Lenin, Über unsere Revolution (Aus Anlaß der Aufzeichnungen N. Suchanows), in: Werke, Bd. 33, S. 464 f.

von 1917 leicht war, die sozialistische Revolution *zu beginnen,* während es für Rußland schwerer als für die europäischen Länder sein wird, sie *fortzusetzen* und zu Ende zu führen".[14]

Diese weitreichende Erkenntnis gilt auch für national befreite Staaten, die einen Entwicklungsweg mit sozialistischer Orientierung eingeschlagen haben, obwohl sie industriell noch wenig entwickelt sind und sich noch keine moderne Arbeiterklasse herausgebildet hat. Die Schaffung materiell-technischer Grundlagen des Sozialismus wird in diesen Ländern längere Zeit in Anspruch nehmen und vor allem auch an die Entwicklung günstiger internationaler Bedingungen geknüpft sein.

Für den Beginn und die erfolgreiche Durchführung der sozialistischen Revolution sind neben den materiellen Voraussetzungen *bestimmte soziale, politische, ideologische und andere objektive Bedingungen* notwendig. Wie die Erfahrungen bisheriger Revolutionen zeigen, gehören dazu vor allem die deutliche Herausbildung des Gegensatzes der Arbeiterklasse zur Bourgeoisie bzw. zu bestimmten Fraktionen der Bourgeoisie, die Zuspitzung des Klassenkampfes, die Entfaltung tiefgreifender Auseinandersetzungen um Grundfragen der gesellschaftlichen Entwicklung, die Bereitschaft großer Teile der Volksmassen zum selbständigen Handeln und die Herausbildung eines für die revolutionären Kräfte günstigen Kräfteverhältnisses, insbesondere eine Schwächung des politischen Herrschaftssystems der Bourgeoisie. Solche Prozesse, die sich in vielfältigen Formen des Klassenkampfes in den einzelnen Ländern vollziehen, können eine allgemeine Krise der alten Gesellschaft herbeiführen, in der die objektiven und subjektiven Bedingungen der sozialistischen Revolution entstehen und sich durch die Zuspitzung der Widersprüche auch eine *revolutionäre Situation* herausbilden kann.[15]

Die *objektiven sozialpolitischen Bedingungen* der sozialistischen Revolution sind vor allem jene Prozesse, die auf der Grundlage aller Kampfbedingungen unabhängig vom Willen einzelner Klassen und Parteien die Herrschaft der Ausbeuter erschüttern und die Kampfbereitschaft der Arbeiterklasse und anderer Werktätiger sprunghaft steigern. Solche Bedingungen erwachsen vor allem aus der Entfaltung des Widerspruchs zwischen Produktivkräften und Produktionsverhältnissen, ergeben sich jedoch oft auch aus nationalen, ethnischen und religiösen Widersprüchen und Konflikten, die eine revolutionäre Situation verschärfen oder auch den unmittelbaren Anlaß einer Revolution bilden können. Sie modifizieren meist auch den Revolutionsverlauf.

Die objektiven Bedingungen eröffnen die Möglichkeit der Revolution bzw. von revolutionären Veränderungen. Ob es jedoch zur Revolution kommt, das hängt wesentlich vom *Reifegrad des subjektiven Faktors* ab. Zum *subjektiven Faktor* der sozialistischen Revolution gehören vor allem: das Bewußtsein der Massen von den eigenen grundlegenden Interessen und vom Interessengegensatz zur Monopol-

---

14 W. I. Lenin, Der „linke Radikalismus" die Kinderkrankheit im Kommunismus, S. 49.
15 Vgl. W. I. Lenin, Der Zusammenbruch der II. Internationale, in: Werke, Bd. 21, S. 206.

bourgeoisie; die Bereitschaft und Entschlossenheit der Arbeiterklasse, die Interessen der Werktätigen auch gegen den Widerstand der Bourgeoisie durchzusetzen; die politische Organisiertheit der Arbeiterklasse und ihrer Verbündeten, die ein einheitliches, den eigenen Interessen dienendes Handeln und eine Konzentration der Kräfte ermöglicht; die Führung der Massen durch eine revolutionäre Partei, die im revolutionären Kampf deren Vertrauen erwirbt und fähig ist, eine wirksame Strategie und Taktik für die revolutionäre Aktion der Arbeiterklasse und aller Werktätigen auszuarbeiten und im Kampf gegen die Bourgeoisie zu verwirklichen.

Die *objektiven Bedingungen* für die sozialistische Revolution und ihr *subjektiver Faktor* entwickeln sich meist *ungleichmäßig* und zeitweise auch sprunghaft. So können sich revolutionäre Situationen sehr schnell, aber auch relativ langsam über viele Fort- und Rückschritte vermittelt entwickeln. Lenin hielt z. B. noch Anfang Januar 1917 den historisch baldigen Übergang zu einer proletarischen Revolution in Rußland für sehr unwahrscheinlich[16], analysierte dann aber Anfang März „eine ganze Reihe Umstände von weltgeschichtlicher Bedeutung"[17], die zur sprunghaften Revolutionierung und Aktivierung breiter Massen und zur russischen Februarrevolution geführt hatten, und zog Schlußfolgerungen für die Weiterentwicklung dieser Revolution. In zugespitzten Situationen, vor allem wenn die Revolution mit der Beendigung eines Krieges, mit besonders großer Not, Unzufriedenheit usw. verbunden war, vollzog sich in revolutionären Situationen auch ein rascher Reifeprozeß des subjektiven Faktors.

Eine solche rasche Entwicklung der objektiven sozialpolitischen Bedingungen und des subjektiven Faktors ist in der Situation, die in den letzten 2 bis 3 Jahrzehnten heranreifte, kaum noch anzunehmen. Die Herausbildung einer revolutionären Situation wird offensichtlich stärker Prozeßcharakter annehmen, und der subjektive Faktor wird sich – auch in komplizierter Wechselwirkung mit Kämpfen zur Sicherung des Weltfriedens und zur Lösung anderer globaler Probleme – in sehr differenzierter Weise entfalten. An die marxistisch-leninistischen Parteien der kapitalistischen Länder stellt diese neue Lage höhere Ansprüche.[18]

Das Vorhandensein objektiver Bedingungen ist für den Beginn und für den Erfolg einer Revolution allein nicht ausreichend; dafür ist die Geschichte des Klassenkampfes der Arbeiterklasse reich an Beispielen. In Deutschland z. B. waren am Ende des ersten Weltkrieges 1918/19 bestimmte objektive Bedingungen für die Durchführung einer sozialistisch orientierten Revolution vorhanden. Obwohl sich die kommunistische Partei formierte, entsprach die Reife des subjektiven Faktors insgesamt nicht den objektiven Bedingungen, und deshalb konnte die Arbeiterklasse die politische und ökonomische Macht der Großbourgeoisie nicht beseitigen. So lehren die historischen Erfahrungen: Wenn es nicht gelingt, den sub-

16   Vgl. W. I. Lenin, Ein Vortrag über die Revolution von 1905, in: Werke, Bd. 23, S. 261.
17   W. I. Lenin, Briefe aus der Ferne, in: Werke, Bd. 23, S. 311.
18   Vgl. Kap. 7.1. und 7.3. des vorliegenden Lehrbuches.

jektiven Faktor entsprechend zu entwickeln, kommt es entweder überhaupt nicht zur Revolution oder sie scheitert am Versuch, den Zugang zu sozialistischen Veränderungen zu erkämpfen. Dann bildet sich die revolutionäre Situation wieder zurück. Die herrschenden Klassen konzentrieren sich in Zeiten revolutionären Aufschwungs darauf, den Wachstumsprozeß der revolutionären Kräfte zu unterbinden und einen konterrevolutionären Ausweg zu suchen. Darum bedeuten wachsende revolutionäre Möglichkeiten in jedem Falle sprunghaft steigende Anforderungen an die revolutionären Kräfte.

Die sorgfältige Beachtung aller Bedingungen unterscheidet marxistisch-leninistische Positionen grundsätzlich von linksradikalen Auffassungen, die meinen, Revolutionen „anheizen" und „exportieren" zu können – und deswegen gern von imperialistischen Ideologen als angebliche Kronzeugen gegen die kommunistische Bewegung und die marxistisch-leninistische Theorie mißbraucht werden. Solche Positionen sind von der revolutionären Arbeiterbewegung stets scharf zurückgewiesen worden. Lenin hob dazu im Jahre 1918 hervor, daß eine solche Position „ein völliger Bruch mit dem Marxismus (wäre), denn dieser hat stets das ‚Anpeitschen' von Revolutionen abgelehnt, die sich in dem Maße entwickeln, wie die Klassengegensätze, die Revolutionen hervorrufen, immer größere Schärfe gewinnen".[19] Lenin lehnte zugleich Erwartungen ab, daß man den Termin des Ausbruchs und die Chancen des Sieges einer Revolution genau voraussagen könne. Da sich der Verlauf revolutionärer Aktionen nicht genau voraussagen läßt, muß stets mit gewissen Unwägbarkeiten gerechnet werden und sind an die politische Führung als Wissenschaft und Kunst in revolutionären Kämpfen besonders hohe Ansprüche gestellt. Politische Führung muß – je nach den Umständen – Vorsicht und Umsicht, Kühnheit und Entschlossenheit zeigen.

Triebkräfte, Hegemonie und Bündnis Seit jeher nimmt in der marxistisch-leninistischen Theorie und in der revolutionären Praxis die Frage einen zentralen Platz ein, welche *Kräfte bereit sind, den revolutionären Prozeß voranzutreiben und die Revolution aktiv durchzuführen.* Marx und Engels erkannten, daß die Arbeiterklasse der Hauptträger und ihre Partei der politische Führer der sozialistischen Revolution sein müssen, daß aber auch alle anderen Werktätigen in ihren Vollzug einzubeziehen sind und selbst Angehörige der Ausbeuterklassen ihren Platz als Werktätige in der neuen Gesellschaft finden, ihre weitsichtigsten Vertreter folglich in dieser und jener Weise auch schöpferisch an der Revolution teilnehmen können. Es hängt von vielen konkret-historischen Faktoren ab, welche Klassen, welche Gruppen einzelner Klassen und welche sozialen Schichten sich in einem gegebenen Moment des revolutionären Kampfes in einem Land am entschiedensten gegen die alte Ordnung wenden, für mehr oder weniger radikale gesellschaftliche Veränderungen eintreten und zu den konsequentesten Triebkräften gehören. Langfristig bleibt jedoch in unserer

---

19 W. I. Lenin, Seltsames und Ungeheuerliches, in: Werke, Bd. 27, S. 56.

Epoche für den revolutionären Schwung, die Ausdauer und die Konsequenz des Kampfes und letztlich für die entscheidende Wende, für den Machtwechsel im revolutionären Kampf die *soziale Hegemonie der Arbeiterklasse und die politische Führung durch eine marxistisch-leninistische Partei* entscheidend. Die Arbeiterklasse ist die einzige konsequent revolutionäre Klasse der Gesellschaft und damit objektiv die Führerin aller Werktätigen im Kampf um weiteren sozialen Fortschritt. Das bedeutet, daß die Arbeiterklasse zum Hegemon auch im antiimperialistisch-demokratischen Kampf berufen ist. Vor allem in seinem Werk „Zwei Taktiken der Sozialdemokratie in der demokratischen Revolution" hat Lenin die Erkenntnisse von der Hegemonie der Arbeiterklasse dargelegt. Der *Grundgedanke der Hegemonie* der Arbeiterklasse besteht darin, daß unter dem Einfluß der Arbeiterklasse verschiedene Klassen und Schichten ihr Handeln zur Lösung von Aufgaben vereinen, die im gemeinsamen Interesse liegen; das setzt voraus, daß der hemmende Einfluß des jeweiligen Hauptgegners auf das einheitliche Handeln zurückgedrängt und überwunden wird. Die Hegemonie erstreckt sich auf die Führung sowohl im politischen Kampf als auch in den Auseinandersetzungen auf dem Gebiet der Kultur und Ideologie. Hegemonie drückt vor allem die Fähigkeit aus, dem Kampf um die politische Macht eine breite und feste soziale Basis zu schaffen, die Hegemonie der Bourgeoisie zurückzudrängen und damit auch ihre Herrschaftspotenzen einzuschränken. Die Hegemonie der Arbeiterklasse hat sich unter den heutigen Bedingungen der wissenschaftlich-technischen Revolution auf vielen weiteren Feldern herauszubilden bzw. zu bewähren; die – sich verändernde – Arbeiterklasse bleibt das entscheidende revolutionäre Subjekt der kapitalistischen Gesellschaft.

Die Hegemonie der Arbeiterklasse wird von bürgerlichen Ideologen oft als eigenmächtiger, formaler Führungsanspruch der marxistisch-leninistischen Parteien in der Revolution verfälscht. Dem steht das revolutionäre Selbstverständnis dieser Parteien diametral gegenüber. Sie sehen ihre entscheidende Funktion darin, den Massen den Sinn ihres eigenen Kampfes verständlich zu machen und bewußt die Kämpfe um sozialen Fortschritt zu führen. Hegemonie ist zuerst ein Anspruch an die Arbeiterklasse und ihre Partei, die schwierigsten Aufgaben im revolutionären Kampf selbst zu übernehmen und die Hauptverantwortung bei der Durchsetzung der Lebensinteressen aller Werktätigen zu tragen. Hegemonie bedeutet nicht, anderen sozialen und politischen Kräften Verhaltensvorschriften zu erteilen, sondern von marxistisch-leninistischen Positionen aus Antworten auf die Fragen der dringlichsten Belange des Volkes zu geben.

Hegemonie der Arbeiterklasse äußert sich im Vermögen und in der Praxis, stabile Bündnisbeziehungen mit allen anderen fortschrittlichen und kooperationsbereiten Kräften herzustellen. Das schließt *soziale Bündnisbeziehungen*, d. h. Beziehungen der Arbeiterklasse und ihrer politischen Organisationen zu den verschiedensten sozialen Schichten und Gruppen ebenso ein wie *politische* oder *politisch-organisatorische Bündnisbeziehungen*, d. h. solche von politischen Organisationen der Arbeiterklasse zu anderen demokratischen Parteien und Organisationen. Obwohl die Unterscheidung von sozialen und politischen Bündnisbeziehungen relativ ist, gilt es sie in der Analyse revolutionärer Prozesse zu beachten. So konnte das stabile soziale Bündnis der werktätigen Klassen und Schichten in der Oktoberrevolution, das von den Sowjets verkörpert wurde, keine dauerhafte Entsprechung in einem Parteienbündnis erfahren, und es bildete sich nach kurzer Zeit ein Einparteiensystem in der UdSSR heraus. Unter anderen historischen Bedingungen hat die Schaffung eines Blocks demokratischer Parteien im Osten Deutschlands im Jahre 1945, aber z.B. auch in der chinesischen Volksrevolution, die im Jahre 1949 siegte, wesentlich zur Festigung eines fruchtbaren sozialen Bündnisses beigetragen. Die chilenische Revolution schließlich konnte ihre Anfangserfolge zu Beginn der 70er Jahre unter anderem nicht behaupten, weil die Zusammenarbeit fortschrittlicher Parteien nicht durch ein soziales Bündnis aller werktätigen Klassen und Schichten seine Fundierung fand. Daraus folgt: Die revolutionäre Arbeiterbewegung steht vor der Aufgabe, die sozialen und politischen Bündnisbeziehungen in ihrem engen Zusammenhang zu entwickeln. Für das Bündnis mit anderen demokratischen Parteien, Organisationen und Bewegungen haben kommunistische Parteien kapitalistischer Länder wichtige Erfahrungen verallgemeinert.[20]

Entscheidend für die Hegemonie der Arbeiterklasse im Bündnis ist es, im revolutionären Kampf an die *dringlichsten Lebensinteressen der Partner* anzuknüpfen und *erreichbare Alternativen* vorzuschlagen, die individuell als sinnvoll erfahren werden und persönliches Engagement und aktive Beteiligung am organisierten Kampf auslösen. Denn im geschichtlichen Prozeß – das haben alle bisherigen sozialistischen Revolutionen bestätigt – entwickelt sich der subjektive Faktor über verschiedene Reifestufen, wobei sich Erkenntnisse und Erfahrungen erster Massenaktionen als Grundlage weiterführender Einsichten erweisen. Die gründliche Auswertung und Propagierung *revolutionärer Erfahrungen* hat deshalb in der politisch-ideologischen und organisatorischen Arbeit der marxistisch-leninistischen Partei einen zentralen Platz inne. Auf diesen Zusammenhang machte Lenin nach der Großen Sozialistischen Oktoberrevolution besonders aufmerksam, als er „das grundlegende Gesetz aller großen Revolutionen" formulierte.[21]

Es ist im revolutionären Kampf notwendig, die *dringendsten und konkreten nächsten Aufgaben* der einzelnen sozialen und politischen Kräfte *mit dem Ringen um das strategische Ziel* organisch zu verbinden. Entsprechend war es den Bolschewiki in der Großen Sozialistischen Oktoberrevolution möglich, die Forderungen der Soldaten nach Beendigung des Krieges, den Wunsch der Bauern nach Boden und das Verlangen der vom Zarismus unterjochten Völker nach Selbstbestimmung aufzugreifen und so mit der sozialistischen Revolution zu verknüpfen, daß letztere die massenhafte Unterstützung der Werktätigen fand und zu einer echten Volksrevolution wurde. In analoger Weise konnten in den volksdemokratischen Revolutio-

---

20 Vgl. Kap. 7.2. des vorliegenden Lehrbuches.
21 W. I. Lenin, Der „linke Radikalismus", die Kinderkrankheit im Kommunismus, S. 80.

nen die Aktivität des antifaschistischen Kampfes und das Ringen um Frieden und nationale Unabhängigkeit mit grundlegenden sozialen Umwälzungen verflochten werden.

Kampf um Demokratie Der Kampf um Demokratie in allen Bereichen der gesellschaftlichen Entwicklung nimmt in der revolutionären Arbeiterbewegung seit jeher einen zentralen Platz ein. Dieser Kampf ist allgemeiner Ausdruck des Strebens der arbeitenden Menschen, nach Jahrhunderten sozialer Unterjochung und politischer Fremdbestimmung endlich ihr Schicksal in die eigenen Hände zu nehmen.

Die revolutionäre Arbeiterbewegung führt den *Kampf um Demokratie aus prinzipiellen Gründen*. Sie ist schon von ihrem Charakter her demokratisch, indem sie zunehmend eine Mehrheit des Volkes unmittelbar repräsentiert, indem sie sich selbst als Teil demokratischer Massenbewegungen begreift und „überall an der Verbindung und Verständigung der demokratischen Parteien aller Länder"[22] mitwirkt, indem sie Demokratie braucht, um sich selbst formieren zu können, und indem der Kampf um Demokratie eine Schule ist, in dem die Arbeiter und die anderen Werktätigen schrittweise die Notwendigkeit des entschiedenen Ringens um den Sozialismus begreifen und revolutionäre Fähigkeiten erwerben.

Für Kommunisten hatte und hat der Kampf um Demokratie stets auch eigenständigen Wert, insofern für sie Demokratie zu den unveräußerlichen politischen Grundrechten zählt. Der *Kampf um die Durchsetzung und Erweiterung demokratischer Rechte und Freiheiten* ist deshalb ein wesentliches strategisches Element in allen Etappen der revolutionären Arbeiterbewegung. In diesem Kampf knüpft sie an alle progressiven Traditionen aus den geschichtlichen Kämpfen der Volksmassen an, bewahrt und pflegt sie und arbeitet vorurteilsfrei – ohne ihre eigene Identität aufzugeben – mit allen demokratischen Bewegungen zusammen. Der antifaschistische Kampf in den dreißiger und vierziger Jahren unseres Jahrhunderts, in dem die Kommunisten über soziale, nationale, politische und weltanschauliche Unterschiede und Gegensätze hinweg mit allen nichtfaschistischen Kräften breite demokratische Volksbewegungen schufen, vermittelt dazu viele Erfahrungen.

In der Gegenwart sind die Kommunisten die entschiedensten Kämpfer gegen die Aushöhlung und den Abbau bereits erkämpfter demokratischer Rechte in den kapitalistischen Ländern. Dieser Kampf hat angesichts konservativer Gesellschaftspolitik in einer Reihe dieser Länder stark an Bedeutung gewonnen und ist in das Zentrum der *politischen Auseinandersetzungen gerückt*. Die Kommunisten decken das antidemokratische Wesen der konservativen Reaktion auf und leiten Schlußfolgerungen für den aktiven Kampf gegen sie ab. Die Kommunisten präzisieren in vielen Ländern ihre Strategie und rückten den Kampf gegen eine konservative Wende und für eine *demokratische Wende* noch auf dem Boden der staatsmonopolistischen kapitalistischen Ordnung in den Vordergrund.

22   K. Marx/F. Engels, Manifest der Kommunistischen Partei, S. 493.

Daß sich letztlich im Kampf um eine demokratische Wende auch eine *objektive Verknüpfung von Tages- und Zukunftsinteressen,* von Kampf um Demokratie und Kampf um Sozialismus offenbart, hat nichts mit willkürlichen Geschichtskonstruktionen zu tun. Sie ist historisch der Ausdruck dafür, daß im Kampf um Demokratie – und dafür gibt es eine Vielzahl historischer Tatsachen – viele Werktätige zur Einsicht gelangen, daß eine stabile und dauerhafte, eine unumkehrbare Durchsetzung demokratischer Rechte und Freiheiten letztlich nur unter sozialistischen Bedingungen, nur nach einer grundlegenden Veränderung der ökonomischen und politischen Machtverhältnisse möglich ist. Diese Einsicht verbreitet sich auch dadurch, daß die Monopolbourgeoisie versucht, den Werktätigen bereits erkämpfte Rechte wieder zu nehmen und dabei nicht nur Rechte der Arbeiter und Bauern, sondern auch der Intelligenz, der städtischen Mittelschichten und selbst von Angehörigen der nichtmonopolistischen Bourgeoisie einzuschränken. Darum kann imperialistische Politik und Propaganda den objektiven Zusammenhang des Kampfes um Demokratie, der sich auch im Kampf um den Frieden, um nationale Unabhängigkeit unterdrückter Völker und um die Lösung globaler Probleme ausdrückt, und des Kampfes um den Sozialismus zeitweise verschleiern und unterbrechen, aber nicht aufheben. Die Ursachen und Anlässe, die Menschen verschiedenster sozialer Herkunft und Zugehörigkeit, politischer Positionen und weltanschaulicher Traditionen an Aktionen und Bewegungen um Frieden, nationale Unabhängigkeit, Demokratie und sozialen Fortschritt heranführen, nehmen zu. Lenin charakterisierte bereits 1915 diese dem Imperialismus eigene Tendenz und zog die Schlußfolgerung: „Das Proletariat kann nicht anders siegen als durch die Demokratie, d. h. indem es mit jedem Schritt seiner Bewegung die demokratischen Forderungen in ihrer entschiedensten Formulierung verbindet."[23] In diesem Sinne ist der Kampf um Demokratie eine unerläßliche Voraussetzung erfolgreichen Kampfes um den Sozialismus und nähert sich objektiv diesem Kampf an.

Der organische Zusammenhang von Sozialismus und Demokratie widerspiegelt sich schließlich auch im *Volkscharakter der sozialistischen Revolution,* die nur als schöpferisches Werk breitester Volksmassen vollziehbar ist. Sie „ist eine Revolution des Volkes und für das Volk, für den Menschen, für seine Befreiung und Entwicklung."[24] Aus diesem Volkscharakter gewinnt sie ihre Kraft zur Veränderung der ganzen Gesellschaft. Aus ihm erwächst auch der Reichtum an Ideen, Initiativen und Aktionsformen. Weil die sozialistische Revolution die demokratischen Interessen der Werktätigen erstmals konsequent verwirklicht, wird die sozialistische Demokratie zur wichtigsten Triebkraft bewußter Aktivität der Arbeiterklasse und aller anderen Werktätigen beim Aufbau der neuen, sozialistischen Gesellschaft.

23 W. I. Lenin, Das Selbstbestimmungsrecht der Nationen, in: Werke, Bd. 21, S. 415.
24 M. Gorbatschow, Der Oktober und die Umgestaltung. Die Revolution wird fortgesetzt, in: Neues Deutschland vom 3. 11. 1987, S. 3.

Bestandteil des revolutionären Weltprozesses

Eine wichtige Frage der Theorie und Praxis der sozialistischen Revolution ist das richtige *Verhältnis von Nationalem und Internationalem im revolutionären Prozeß.* Im „Manifest der Kommunistischen Partei" arbeiteten Marx und Engels heraus, daß mit der kapitalistischen Internationalisierung des Marktes die internationalen Bedingungen für den Kampf der Arbeiterklasse eine große Rolle spielen. Sie hoben hervor, daß das Proletariat jedes Landes „natürlich zuerst mit seiner eigenen Bourgeoisie fertig werden"[25] muß, betonten in dialektischer Sicht aber auch, daß „vereinigte Aktion, wenigstens der zivilisierten Länder, ... eine der ersten Bedingungen seiner Befreiung"[26] ist. Damit wurde auf eine Wechselwirkung von Bedingungen hingewiesen, die seither zu den Grundfragen aller revolutionären Kämpfe gehört und ständig an Bedeutung gewonnen hat.

Das wurde besonders klar, als Lenin das Gesetz der Ungleichmäßigkeit der ökonomischen und politischen Entwicklung des Kapitalismus unter den Bedingungen des Imperialismus erkannte und die Einsicht gewann, daß der revolutionäre Übergang vom Kapitalismus zum Sozialismus kaum gleichzeitig und als „vereinte Aktion" vollzogen werden könne, sondern eher im Rahmen einer ganzen historischen Epoche erfolgen werde, in deren Verlauf entsprechend dem Heranreifen innerer Bedingungen einzelne Länder oder Gruppen von Ländern aus dem kapitalistischen System ausscheiden und den Weg zum Sozialismus beschreiten. Damit begründete Lenin weiterführende Auffassungen über einen längeren Verlauf eines *revolutionären Weltprozesses mit spezifischen Wechselwirkungen zwischen Nationalem und Internationalem.* Zu ihnen gehörte die Lehre von der möglichen und notwendigen Koexistenz von Staaten mit unterschiedlicher Gesellschaftsordnung; sie führte zu einigen neuen revolutionstheoretischen Schlußfolgerungen von großer politischer Bedeutung.

In Auseinandersetzung mit Kräften, die die neuen historischen Bedingungen nicht berücksichtigten und den Internationalismus undialektisch und vereinfacht auffaßten, bekräftigte Lenin, daß die sozialistische Revolution auf *nationalem Boden* durch die jeweiligen Völker selbst zu vollziehen sei. In diesem Zusammenhang wies er nach, daß die Arbeiterklasse das Selbstbestimmungsrecht der Nationen und Völker nicht nur zu respektieren, sondern es gegen internationale kapitalistische Willkür und Kolonialpolitik überhaupt erst konsequent durchzusetzen habe. Lenin betonte auch die marxistische Grunderkenntnis, daß man eine Revolution nicht exportieren kann und alle diesbezüglichen Versuche das Schicksal der eigenen Revolution gefährden.

Ebenso wie Lenin Ideen des „Exports" der Revolution zurückwies, wandte er sich entschieden gegen Auffassungen, daß sozialistische Revolutionen unter den neuen Bedingungen zu nationaler Absonderung führen müßten. Demgegenüber

---

25 K. Marx/F. Engels, Manifest der Kommunistischen Partei, S. 473.
26 Ebenda, S. 479.

hob er hervor, daß der kapitalistischen Internationalisierung eine stabile *internationalistische Haltung und Politik der revolutionären Kräfte* entgegenzusetzen sei. Die Oktoberrevolution war ein erstes Beispiel für eine enge Wechselbeziehung nationaler und internationaler Bedingungen und Faktoren. So wie für sie die Unterstützung durch die internationale Arbeiterklasse von großer Bedeutung war, wuchs unter ihrem Einfluß in vielen kapitalistischen Ländern die revolutionäre Massenbewegung an. Auch die sozialistische Revolution in der DDR vollzog sich in untrennbarem Zusammenhang mit dem revolutionären Weltprozeß und konnte z.B. die Erfahrungen der KPdSU und anderer Bruderparteien nutzen. Die SED betrachtet die *Wechselwirkung von Nationalem und Internationalem* als ein „Schlüsselproblem wahrhaft revolutionärer Politik" und läßt sich von der Erfahrung leiten, daß die Arbeiterklasse bei der Verwirklichung ihrer historischen Mission „sowohl die internationalen Aspekte und Zusammenhänge als auch die nationale und historische Spezifik strikt beachten" muß und als „internationalistische Kraft zugleich berufen ist, auch die wahrhaft nationalen Interessen ihrer Völker zur Geltung zu bringen".[27]

Gegenwärtig tragen alle revolutionären und demokratischen Parteien und Bewegungen eine besonders große Verantwortung für die Sicherung des Friedens und die Lösung globaler Probleme. Sowohl im Kampf um revolutionäre Veränderungen als auch bei der Weiterführung der sozialistischen Revolution in sozialistischen Ländern müssen die *internationalen Auswirkungen und Bedingungen* gründlich beachtet werden. Dieses Erfordernis erwächst in qualitativ neuer Weise auch daraus, daß *internationale Faktoren* stärker als je zuvor Einfluß auf die Wirtschaftsentwicklung, die Verwertungsbedingungen des Kapitals und die Arbeits- und Lebensbedingungen der Werktätigen eines jeden Landes nehmen. In den 50er und 60er Jahren erreichte die Internationalisierung des Wirtschaftslebens eine neue Stufe. Für den Kapitalismus wurden internationale ökonomische Integrationsprozesse und die Ausdehnung des Aktionsradius der transnationalen Monopole charakteristisch. Die Folge dieser Internationalisierungsprozesse für die Arbeiterklasse besteht darin, daß nunmehr ihre Reproduktions- und Ausbeutungsbedingungen und damit ihre Lebens- und Kampfbedingungen in wesentlichem Maße von internationalen Faktoren, die außerhalb der eigenen Kontrolle und auch der Kontrolle des jeweiligen Staates liegen, beeinflußt werden. Daraus erwachsen neue Herausforderungen für den revolutionären Kampf, und international abgestimmte strategische Orientierungen kommunistischer und Arbeiterparteien werden dringlicher denn je. Eine realistische Strategie benötigt die Arbeiterbewegung auch in bezug auf regionale imperialistische Integrationsprozesse, wie sie z.B. im Rahmen der Europäischen Gemeinschaft vor sich gehen. Diesen Herausforderungen, die objektiv bedingt sind, kann die Arbeiterbewegung nicht mit nationalstaatlichen Alternativen allein begegnen. Für die Meisterung des Verhältnisses von Nationalem und Internationalem im revolutionären Prozeß sind damit

---

27 Thesen des Zentralkomitees der SED zum Karl-Marx-Jahr 1983, Berlin 1983, S. 31.

viele neue Fragen aufgeworfen, die noch gründlicher Untersuchungen und Diskussionen und vor allem der theoretischen Verallgemeinerung weiterer Erfahrungen bedürfen.

Neue Erfordernisse ergeben sich auch für das internationale Zusammenwirken aller Kräfte, die den Kampf gegen den Imperialismus, für Frieden, Demokratie und sozialen Fortschritt führen. Die Herstellung und Festigung ihres Zusammenwirkens ist keine leichte Sache. Jede der Haupttriebkräfte der gesellschaftlichen Entwicklung in unserer Epoche besitzt ihre Spezifik, und auf Grund der sozialen, politischen und ideologischen Unterschiede geht die Entwicklung nicht ohne Spannungen, Meinungsverschiedenheiten und Abgrenzungsversuche voran, wechseln sich dauerhafte Fortschritte mit zeitweiligen Rückschlägen ab. Dennoch besagen die historischen Erfahrungen: Entgegen allen Widerständen setzt sich der gemeinsame Kampf der sozialistischen Staaten, der Arbeiterbewegung und der kommunistischen Bewegung, der Völker der national befreiten Staaten und der demokratischen Massenbewegungen auf der Grundlage der objektiv übereinstimmenden Grundinteressen immer mehr durch. Das ist und bleibt die Garantie für weitere Erfolge im nationalen und sozialen Befreiungskampf, im Ringen um Frieden und sozialen Fortschritt.

6.3. Die Lösung der Machtfrage

Die sozialistische Revolution ist die *tiefgreifendste Umwälzung der menschlichen Geschichte*. Marx und Engels betonten: „Die kommunistische Revolution ist das radikalste Brechen mit den überlieferten Eigentumsverhältnissen; kein Wunder, daß in ihrem Entwicklungsgang am radikalsten mit den überlieferten Ideen gebrochen wird.“[28] Als *soziale Umwälzung* schließt sie den ganzen Prozeß der Ablösung der kapitalistischen durch die kommunistische Gesellschaftsformation ein. Zugleich hat sie einen *Konzentrationspunkt* in der Machteroberung durch die Arbeiterklasse, die einerseits im Ergebnis vieler vorausgehender revolutionärer Kämpfe ein *Wendepunkt* zur Überwindung der alten Ordnung und andererseits *Ausgangspunkt* für sozialökonomische Veränderungen ist, die, wenn sie grundlegend und dauerhaft sein sollen, die Übernahme der politischen Macht durch die Arbeiterklasse zur Voraussetzung haben. „Der Übergang der Staatsmacht aus den Händen einer *Klasse* in die einer anderen ist das erste, wichtigste, grundlegende Merkmal einer *Revolution*, sowohl in der streng wissenschaftlichen wie auch in der praktisch-politischen Bedeutung dieses Begriffs.“[29]

---

28 K. Marx/F. Engels, Manifest der Kommunistischen Partei, S. 481.
29 W. I. Lenin, Briefe über die Taktik, in: Werke, Bd. 24, S. 26.

**Grundfrage
der Revolution**

Der Kampf um die politische Macht ist das zentrale Problem jeder sozialen Revolution. *Politische Macht* als das Vermögen einer Klasse oder sozialen Schicht (Machtsubjekt), auf der Grundlage objektiver und subjektiver Machtfaktoren, wie dem Eigentum an Produktionsmitteln, der Massenbasis, dem militärischen Potential, der Bewußtheit, Organisiertheit, Sachkenntnis, Autorität usw., ihre Bedürfnisse und Interessen partiell oder ganz, zeitweilig oder dauerhaft gegen andere Klassen und Schichten (Machtobjekte) durchzusetzen, erscheint immer in bestimmten Formen der *politischen Herrschaft*. Dies bedeutet bewußte und organisierte Nutzung der Machtfaktoren mittels eines entsprechenden politischen Systems der Gesellschaft und schließt den Einsatz von dem Typ der Macht adäquaten Mitteln und Methoden ein, um die Interessen und den Willen des Machtsubjekts durchzusetzen. Dabei ist politische Macht vor allem in der Staatsmacht konzentriert. Der Staat ist der wichtigste institutionelle Teil des Überbaus der Gesellschaft, und seine Beherrschung ist eine entscheidende Voraussetzung zur Sicherung der Klassenherrschaft und zur Umgestaltung der Gesellschaft. In der *sozialistischen Revolution* hat die *Machtfrage besonderes Gewicht*, weil ihre Lösung nicht die abschließende Konsequenz sozialökonomischer Umwälzungen, sondern vor allem Voraussetzung tiefgreifender sozialökonomischer und geistig-kultureller Umgestaltungen beim Übergang vom Kapitalismus zum Sozialismus ist.

Es gibt *kein Schema*, wie die *Ablösung der bürgerlichen Macht durch die der Arbeiterklasse* erfolgt. Bisher vollzog sich dieser Machtwechsel in vielfältigen Varianten. In der Großen Sozialistischen Oktoberrevolution erfolgte der Wechsel der Macht zu den Sowjets der Arbeiter- und Soldatendeputierten relativ kurzfristig. Diese waren in der Februarrevolution entstanden, wirkten zeitweise neben einer bürgerlichen Regierung in einer Art Doppelherrschaft und übernahmen am 7. November 1917 mit dem Sturz der Provisorischen Regierung die ungeteilte Macht. In den meisten volksdemokratischen Ländern Europas übernahm die Arbeiterklasse die volle Macht im Prozeß des Hinüberwachsens der Revolution von der antifaschistisch-, antiimperialistisch-demokratischen Etappe zur sozialistischen und im wesentlichen in relativ friedlicher Form. In Kuba erfolgte die Zerschlagung des alten Staatsapparates durch den Kampf der Rebellenarmee, als dessen Ergebnis eine spezifische Form der revolutionär-demokratischen Diktatur entstand, aus der sich später die sozialistische Staatsmacht entwickelte.

Eine Besonderheit der Zerschlagung des alten, imperialistischen Staatsapparates des deutschen Reiches bestand darin, daß die faschistische Aggressionsarmee und andere bewaffnete sowie zentrale staatliche Organe des faschistischen deutschen Imperialismus durch die Sowjetarmee und durch deren Verbündete im zweiten Weltkrieg vernichtend geschlagen bzw. aufgelöst wurden. Der aggressive und menschenfeindliche Charakter des faschistischen Staates erforderte seine endgültige und gründliche Zerschlagung durch die antifaschistisch-demokratischen Kräfte. An seine Stelle traten auf dem Gebiet der späteren DDR antifaschistisch-demokratische Machtorgane. Hier entstand eine qualitativ neue Macht, eine Form der revolutionär-demokratischen Diktatur der Arbeiter und Bauern mit Beteiligung anderer Schichten, die in der weiteren Entwicklung den Weg zur Errichtung der politischen Herrschaft der Arbeiterklasse bahnte.

Die historischen Erfahrungen lehren: Welche Mittel und Methoden die Arbeiterklasse anwenden muß und in welchem Zeitraum, über welche Etappen der Klassenkampf zur Beseitigung der politischen Herrschaft der Bourgeoisie und zur Errichtung der politischen Herrschaft der Arbeiterklasse führt, das ist abhängig von der konkreten historischen Situation in jedem Lande, von den inneren und äußeren Faktoren, die das Kräfteverhältnis beeinflussen. Dennoch weisen alle bisherigen Revolutionen auf drei *grundlegende Aufgaben* hin, die mit dem *Machtwechsel* zu bewältigen sind:

Erstens: Schaffung eines entscheidenden und stabilen Kräfteübergewichts durch ein breites Klassen- und politisches Bündnis der die Revolution tragenden Kräfte;

zweitens: revolutionäre Ersetzung des bestehenden Systems der Staatsmacht (in der Einheit von Auflösung, Umwandlung und Neuschaffung von Organen und Institutionen) durch Organe und Institutionen sozialistischen Charakters und schrittweise Herausbildung eines sozialistischen politischen Systems in seiner Gesamtheit;

drittens: Beherrschung aller Kampfformen, um die eroberten Machtpositionen im Klassenkampf zu verteidigen und ständig auszubauen.

Eroberung der politischen Macht der Arbeiterklasse erwies sich historisch vor allem als Aufgabe, einen gesellschaftlichen Zustand herbeizuführen, unter dem die an der Revolution interessierten und beteiligten Massen das *Programm, den Willen und die Entscheidungen der revolutionären Kräfte als neue Autorität* anerkennen und aktiv unterstützen. Die Arbeiterklasse mußte gemeinsam mit ihren Bündnispartnern konsequent die Leitung der gesellschaftlichen Angelegenheiten in ihre eigenen Hände nehmen und mit der Setzung neuer Normen und Prinzipien, die im Kampf der Arbeiterklasse und aller demokratischen Kräfte gewachsen waren, neue Möglichkeiten für die demokratische Mitwirkung aller Werktätigen eröffnen und verwirklichen. Entgegen ultralinken Auffassungen, die diesen Autoritätswechsel allein von einer „Entscheidungsschlacht" erwarten und ihn dann ein für allemal vollzogen sehen, besagen die Erfahrungen der bisherigen Revolutionen, daß auch der Machtwechsel einen mehr oder weniger langen *Einleitungs- und ebenso Festigungsabschnitt* hat, der durchaus mehrere Etappen gesellschaftlicher Entwicklung umfassen kann. Die Ablösung der politischen Herrschaft der Bourgeoisie durch die der Arbeiterklasse und der anderen Werktätigen ist nicht in einem einzigen revolutionären Ansturm erreichbar, sondern erfordert bestimmte *Zwischenstufen* der revolutionären Entwicklung und *Übergangsmachtverhältnisse*. Das ist vor allem dadurch bedingt, daß der Imperialismus einerseits die höchste Stufe der materiellen Vorbereitung des Sozialismus geschaffen, andererseits aber auch Bedingungen erzeugt hat, die der unmittelbaren Durchführung der sozialistischen Revolution enorme Schwierigkeiten entgegenstellen. Die imperialistische Bourgeoisie kann sich auf einen ausgebauten Herrschaftsmechanismus, auf mächtige

Streitkräfte, die mit der modernsten Kriegstechnik ausgerüstet sind, und auf einen hochorganisierten Produktionsmechanismus mit einer hohen Arbeitsproduktivität stützen. In den imperialistischen Ländern hat das Monopolkapital die entscheidenden Machtpositionen in den Massenmedien, mit deren Hilfe es die öffentliche Meinung manipuliert. Gestützt auf den Zusammenhang von Imperialismus und Opportunismus unternehmen die herrschenden Kräfte vielfältige Bemühungen, um die Arbeiterbewegung in das staatsmonopolistische System zu integrieren. All diese Tendenzen haben sich in dem Maße verstärkt, wie der Imperialismus auf die Nutzung des Staatsapparates angewiesen ist, um seinen Profit zu realisieren und die Systemauseinandersetzung mit dem Sozialismus führen zu können. Diese Sachlage hat viele marxistisch-leninistische Parteien in den imperialistischen Ländern zur Schlußfolgerung geführt, daß die Macht des Monopolkapitals in verschiedenen Formen und Etappen antiimperialistisch-demokratischen Kampfes erst eingeschränkt werden muß, ehe endgültige Machtveränderungen im sozialistischen Sinne realisierbar sind.

Marx und Engels hatten im Jahre 1850 die Idee entwickelt, „die Revolution permanent zu machen, so lange, bis alle mehr oder weniger besitzenden Klassen von der Herrschaft verdrängt sind, die Staatsgewalt vom Proletariat erobert"[30] ist. Lenin griff den Gedanken auf und arbeitete in seinem Werk „Zwei Taktiken der Sozialdemokratie in der demokratischen Revolution" ein theoretisches Konzept des Hinüberwachsens der bürgerlich-demokratischen in die sozialistische Revolution aus. Demnach kann eine von der Arbeiterklasse geführte siegreiche bürgerlich-demokratische Revolution in der Epoche des Imperialismus eine ihr entsprechende Staatsmacht hervorbringen: die revolutionär-demokratische Diktatur des Proletariats und der Bauernschaft. Diese Staatsmacht entspricht den Interessen der Arbeiterklasse und der Bauernschaft und verwirklicht konsequent Aufgaben der bürgerlich-demokratischen Revolution. Mit Hilfe der revolutionär-demokratischen Staatsmacht kann die Arbeiterklasse die Revolution weiter vorantreiben und eine günstige Ausgangslage für die Durchführung der sozialistischen Revolution schaffen. Dazu erläuterte Lenin: „Wir dürfen nicht vergessen, daß es in der gegenwärtigen Zeit kein anderes Mittel gibt noch geben kann, um den Sozialismus näher zu bringen, als die volle politische Freiheit, als die demokratische Republik, als die revolutionär-demokratische Diktatur des Proletariats und der Bauernschaft."[31] Diese Leninsche Auffassung hat sich als Leitfaden in der Vorbereitung und Durchführung der Großen Sozialistischen Oktoberrevolution, aber auch in anderen konkret-historischen Formen des revolutionären Übergangs zum Sozialismus bewährt.

Der ausgeprägte *Prozeßcharakter* mit einer oder mehreren Zwischenstufen sowie

---

30 K. Marx/F. Engels, Ansprache der Zentralbehörde an den Bund vom März 1850, in: Werke, Bd. 7, S. 248.
31 W. I. Lenin, Zwei Taktiken der Sozialdemokratie in der demokratischen Revolution, in: Werke, Bd. 9, S. 102.

Übergangsmachtverhältnissen in der revolutionären Entwicklung hebt jedoch nicht die Notwendigkeit auf, den Übergang der Staatsmacht aus den Händen einer Klasse in die einer anderen konseqent mit der Errichtung der politischen Macht der Arbeiterklasse abzuschließen. Diese *Herrschaft der Arbeiterklasse*, die sie *im Bündnis mit allen anderen Werktätigen* ausübt, wird theoretisch als *Diktatur des Proletariats* gekennzeichnet und hat in den verschiedenen Revolutionen als Sowjetmacht, Rätemacht, volksdemokratische Macht, Arbeiter- und Bauernmacht, Volksmacht usw. ihre landeskonkrete Bezeichnung gefunden. Entgegen bürgerlichen Verfälschungen, die die Diktatur des Proletariats auf eine bestimmte Staats- oder Herrschaftsform reduzieren und dann einem bürgerlichen Demokratieverständnis entgegenstellen, faßt die marxistisch-leninistische Theorie die Diktatur des Proletariats vor allem als Ausdruck eines bestimmten Klassenverhältnisses im Übergang von der kapitalistischen zur kommunistischen Gesellschaft, in dem die Masse der Werktätigen erstmals ihr Schicksal konsequent in die eigenen Hände nimmt. Lenin hob dazu hervor: „Nur eine bestimmte Klasse, nämlich die städtischen Arbeiter und überhaupt die Fabrikarbeiter, die Industriearbeiter, ist imstande, die ganze Masse der Werktätigen und Ausgebeuteten zu führen im Kampf für den Sturz der Macht des Kapitals, im Prozeß des Sturzes dieser Macht, im Kampf um die Sicherung und die Festigung des Sieges, bei der Schaffung der neuen, der sozialistischen Gesellschaftsordnung, in dem ganzen Kampf für die völlige Aufhebung der Klassen."[32]

Die Herrschaftsfunktion der Diktatur des Proletariats resultiert in erster Linie aus dem Antagonismus der sich gegenüberstehenden Hauptklassen, der Arbeiterklasse und der Bourgeoisie. Ihr in vielfältigen Formen ausgetragener Kampf kann entweder zur Festigung und Weiterentwicklung der Macht der Arbeiterklasse oder zur Wiederherstellung der Diktatur der Bourgeoisie führen. Die Diktatur des Proletariats ist somit auch *Fortsetzung des Klassenkampfes* der siegreichen Arbeiterklasse gegen die Bourgeoisie, die, solange sie noch existiert, versucht, die verlorene politische Macht wieder zu erringen. Während die neue Staatsmacht im Zuge ihrer Festigung auch immer mehr ehemaligen Angehörigen der Ausbeuterklassen die aktive Teilnahme am Aufbau der sozialistischen Gesellschaft anbietet und viele frühere Kapitalisten den Weg an die Seite der Arbeiterklasse gefunden haben, hat die neue Staatsmacht zugleich den Widerstand der unbelehrbaren Angehörigen der alten Ausbeuterklassen entschieden zu unterdrücken und die Staatsmacht selbstbewußt zur Sicherung der revolutionären Entwicklung einzusetzen. Aus dieser Differenzierung wird sichtbar, daß imperialistische Unterstellungen, Diktatur des Proletariats sei vor allem Gewaltanwendung gegenüber Klassen und Menschen, jeder Grundlage entbehren und zum Arsenal antikommunistischer Verleumdung gehören. Natürlich muß die Arbeiterklasse in der sozialistischen Revolution über eine hinreichende Gewalt verfügen, die sie im Bedarfsfall einsetzen kann. Ihr Einsatz hängt jedoch nicht von vorgefaßten Absich-

---

32 W. I. Lenin, Die große Initiative, in: Werke, Bd. 29, S. 409.

ten der Arbeiterklasse, sondern stets von realen Abläufen des Klassenkampfes ab. „Aber nicht in der Gewalt allein und nicht hauptsächlich in der Gewalt besteht das Wesen der proletarischen Diktatur. Ihr Hauptwesen besteht·in der Organisation und Disziplin ... des Proletariats", bemerkte Lenin.[33] Der Einsatz der Macht ist für Kommunisten kein Selbstzweck, und sie kann auch kein Mittel sein, unzureichende revolutionäre Aktivität der Werktätigen auszugleichen. Dazu hat Lenins folgende Erkenntnis inzwischen vielfache Bestätigung erfahren: „Die Kunst des Politikers (und das richtige Verständnis des Kommunisten für seine Aufgaben) besteht eben darin, die Bedingungen und den Zeitpunkt richtig einzuschätzen, wo die Avantgarde des Proletariats die Macht mit Erfolg ergreifen kann, damit sie während und nach der Machtergreifung auf eine ausreichende Unterstützung genügend breiter Schichten der Arbeiterklasse und der nichtproletarischen werktätigen Massen rechnen kann, wo sie nach der Machtergreifung ihre Herrschaft dadurch behaupten, festigen und erweitern kann, daß sie immer breitere Massen der Werktätigen erzieht, schult und mitreißt."[34]

Formen der Revolution Die sozialistische Revolution ist stets ein sehr *schwieriger, komplizierter und risikoreicher Prozeß,* der sich hinsichtlich seiner Formen und Dauer im voraus nicht genau bestimmen oder gar berechnen läßt. Sie ist als „Kampf lebendiger gesellschaftlicher Kräfte (zu) betrachten, die in bestimmte objektive Bedingungen versetzt sind, in bestimmter Weise wirken und mit größerem oder geringerem Erfolg die einen oder anderen Kampfformen anwenden."[35] Als konkret-historisch differenzierende Faktoren haben sich vor allem erwiesen der historische Platz und die historische Funktion der betreffenden Revolution in unserer Epoche, die Art und Weise des Zusammenhangs zwischen den Kämpfen um Frieden, nationale Unabhängigkeit, Demokratie und Sozialismus, das Wirken konkreter gesellschaftlicher Widersprüche und der Grad ihrer Zuspitzung, der Reife- und Organisationsgrad der sozialen Triebkräfte und der politischen Führungskräfte, der Klassencharakter der Machtverhältnisse, der Inhalt und die Formen des Klassenkampfes und das Vermögen der führenden revolutionären Partei, eine den gegebenen Bedingungen entsprechende Strategie und Taktik zu entwickeln. Sowohl angesichts der Fülle einwirkender Faktoren wie auch der unerschöpflichen Initiative, die von den Volksmassen in revolutionären Kämpfen entwickelt wird, wäre es sinnlos, über grundsätzliche strategische Orientierungen hinaus den konkreten Verlauf künftiger sozialistischer Revolutionen exakt voraussagen zu wollen. Alle bisherigen nationalen und sozialen Befreiungsrevolutionen brachten Einmaliges in die Schatzkammer revolutionärer Erfahrungen unserer Epoche ein und bereicherten das Instrumentarium an Formen und Methoden. Die *Vielfalt konkret-historischer Formen* bestätigt auf ihre Weise den

33 W. I. Lenin, Gruß an die ungarischen Arbeiter, in Werke, Bd. 29, S. 377.
34 W. I. Lenin, Der „linke Radikalismus", die Kinderkrankheit im Kommunismus, S. 36.
35 W. I. Lenin, Zur Einschätzung der russischen Revolution, in: Werke, Bd. 15, S. 44 f.

Volkscharakter sozialistischer Revolutionen. Es ist das historische Schöpfertum der werktätigen Klassen und Schichten, das zur Durchsetzung konkreter sozialer Interessen schließlich – auch durch Versuche, Experimente usw. – die geeignetsten Formen und Methoden findet.

Zu den Problemen strategischen Ranges, die seit der Herausbildung der revolutionären Arbeiterbewegung besonders beachtet werden, gehört die *Wahl der friedlichen oder nichtfriedlichen Form der sozialistischen Revolution. Nichtfriedliche Form* bedeutet, daß entweder die Macht mittels des bewaffneten Aufstandes ergriffen wird oder daß es im Verlaufe der Durchführung der Revolution – hervorgerufen durch Aktionen der Konterrevolution – zum Bürgerkrieg bzw. zu bewaffneten Auseinandersetzungen kommt. *Friedliche Form* bedeutet, daß den konterrevolutionären Kräften die Möglichkeit entzogen ist, der Machtveränderung mit Waffengewalt zu begegnen. Über die Möglichkeit verschiedener Formen bei der Machteroberung durch das Proletariat äußerten sich auch Marx und Engels.[36] Als Marx die Möglichkeit der friedlichen Machtergreifung erwähnte, bemerkte er zugleich, daß kaum zu erwarten sei, daß die Bourgeoisie eines Landes freiwillig und ohne Widerstand zu leisten auf die Macht und die Produktionsmittel verzichte.

Bei der Analyse des *Imperialismus* erkannte Lenin, daß der monopolistische Kapitalismus „kraft seiner grundlegenden *ökonomischen* Eigenschaften durch sehr geringe Friedfertigkeit und Freiheitsliebe und sehr große, überall wahrzunehmende Entwicklung des Militarismus"[37] gekennzeichnet ist. Ausgehend von diesen historischen Veränderungen kam Lenin zu der Erkenntnis, daß unter den damals, im und nach dem ersten Weltkrieg entstandenen sozialpolitischen Bedingungen der bewaffnete Aufstand der Hauptweg zur Eroberung der Macht durch die Arbeiterklasse sei. Lenin hat jedoch den bewaffneten Aufstand nicht verabsolutiert. Das zeigte sich besonders in der Zeit der Vorbereitung der Oktoberrevolution. In den Aprilthesen (1917) konzipierte er den Weg des friedlichen Übergangs von der bürgerlich-demokratischen zur sozialistischen Revolution. Die konkret-historische Situation war durch die Doppelherrschaft gekennzeichnet, d. h. dadurch, daß neben der bürgerlichen Regierung noch eine revolutionäre Macht in Gestalt der Sowjets existierte, die sich auf bewaffnete Formationen der Arbeiter und Soldaten stützte. Trotz aller Bemühungen der Partei der Bolschewiki konnte jedoch die Möglichkeit des friedlichen Weges der Revolution nicht realisiert werden. Den russischen Arbeitern und Soldaten blieb daraufhin nur die Möglichkeit des bewaffneten Aufstandes. Unter Führung der Partei der Bolschewiki wurde dieser Aufstand siegreich durchgeführt und innerhalb weniger Tage in den Hauptzentren des Landes die Sowjetmacht errichtet.

Neue Bedingungen entstanden nach dem zweiten Weltkrieg durch die Heraus-

---

36 Vgl. Aufzeichnungen eines Interviews, das Karl Marx einem Korrespondenten der Zeitung „The World" gewährte, in: K. Marx/F. Engels, Werke, Bd. 17, S. 641.

37 W. I. Lenin, Die proletarische Revolution und der Renegat Kautsky, in: Werke, Bd. 28, S. 237 f.

bildung des sozialistischen Weltsystems, den Zerfall des imperialistischen Kolonialsystems und das Erstarken der kommunistischen und Arbeiterparteien. In der Erklärung der kommunistischen und Arbeiterparteien der sozialistischen Länder von 1957 wird davon ausgehend festgestellt: „Die Formen des Übergangs verschiedener Länder vom Kapitalismus zum Sozialismus können unterschiedlich sein. Die Arbeiterklasse und ihre Vorhut, die marxistisch-leninistische Partei, sind bestrebt, die sozialistische Revolution mit friedlichen Mitteln durchzuführen. Die Verwirklichung dieser Möglichkeiten entspräche den Interessen der Arbeiterklasse und des ganzen Volkes, den gesamtnationalen Interessen des Landes."[38]

Für eine *Orientierung auf einen friedlichen Weg* gibt es inzwischen weitere Gründe. Sie ergeben sich vor allem aus der technischen Entwicklung des Atomzeitalters, die mit einem schwer zu kontrollierenden Einsatz von Massenvernichtungsmitteln seitens radikaler, terroristischer und konterrevolutionärer Kräfte aus einem örtlichen zu einem unaufhaltsamen regionalen und globalen Konflikt und zur Vernichtung der Menschheit führen kann. Darum ist es gebieterisch nötig, in allen nationalen und sozialen Befreiungskämpfen unserer Zeit stärker friedliche, kompromißbereitere Formen des Kampfes anzuwenden und Erfordernisse zur Herausbildung internationaler Sicherheitssysteme entschieden zu beachten. Das macht es u. a. notwendig, die Gewalt, vor allem die militärische Gewalt, als Mittel der Politik zunehmend aus den internationalen Beziehungen zu entfernen und verantwortungsbewußte Beziehungen der internationalen Zusammenarbeit durchzusetzen. Zu beachten ist in diesem Zusammenhang auch der Einfluß, den der zu jeder Abenteuererpolitik bereite Militär-Industrie-Komplex gegenwärtig auf die Innen- und Außenpolitik vieler imperialistischer Länder hat. Die revolutionäre Arbeiterbewegung hat die Klassenauseinandersetzung mit dem Imperialismus so zu führen, daß die sozialistische Revolution „Geburtshelfer" einer neuen Gesellschaft bleibt und nicht durch unbedachte Politik zu ihrem eigenen „Totengräber" wird.

Ein weiteres theoretisches und praktisches Problem war und ist für die Arbeiterbewegung das *Verhältnis von Reform und Revolution*. Bürgerliche Ideologen werden nicht müde zu unterstellen, daß die sozialistische Revolution nur mittels schroffer „revolutionärer" Brüche verwirklicht werde und die Kommunisten evolutionäre Entwicklungen und Reformen ablehnen. Für marxistisch-leninistische Parteien gibt es jedoch keine Trennung oder gar Gegenüberstellung von Revolution und Reform. Sie kämpfen bereits in der kapitalistischen Gesellschaft für demokratische Reformen, die zu qualitativen Teilveränderungen in der Gesellschaft und, solange sie nicht von der Bourgeoisie ausgehöhlt werden, an den unmittelbaren Kampf um den Sozialismus heranführen können; und sie kämpfen für die sozialistische Revolution, weil in ihr demokratische Reformen konsequent durchge-

---

38 Erklärung der Beratung von Vertretern der kommunistischen und Arbeiterparteien der sozialistischen Länder (Moskau, 14. bis 16. November 1957), Berlin 1958, S. 19.

setzt und ihre Ergebnisse endgültig gesichert werden können. In der historischen Grundtendenz ist die unmittelbare Vorbereitung und Durchführung der sozialistischen Revolution selbst mit vielen Reformen verknüpft und vollzieht sich wesentlich durch sie, wenn sie zunehmend sozialistischen Inhalt annehmen. Die Marxisten kämpfen in Theorie und Praxis gegen die pseudorevolutionäre Phrase, die den Verzicht auf soziale und demokratische Reformen im Namen der „unmittelbaren Revolution" propagiert und die radikale Zerstörung der alten Ordnung als Voraussetzung neuer Gesellschaftsgestaltung fordert. Dem steht die geschichtliche Realität vieler erfolgreicher sozialistischer Revolutionen entgegen.

Unter den neuen Bedingungen, die den revolutionären Kampf um sozialen Fortschritt in nichtsozialistischen Ländern heute beeinflussen, *nimmt die Rolle von Reformen weiter zu;* im Zusammenwirken von evolutionären und revolutionären Veränderungen gewinnen erstere an Gewicht. Die Verwirklichung der sozialistischen Revolution war und wird jedoch stets mehr sein als eine Summe von Reformen. Demokratische Reformen können an die Macht, an die sozialistische Revolution heranführen, aber niemals die revolutionäre Umgestaltung der kapitalistischen Gesellschaft ersetzen. Nur die sozialistische Revolution kann die Macht- und Eigentumsfrage im Interesse der Arbeiterklasse und aller anderen Werktätigen grundlegend und endgültig lösen.

Als wichtiges Problem bisheriger sozialistischer Revolutionen erwies sich auch, ein richtiges *Verhältnis von politischer, ökonomischer, sozialer und geistig-kultureller Umwälzung* in ihrer Abfolge und Verknüpfung entsprechend den jeweiligen Ausgangs- und Entwicklungsbedingungen zu gewährleisten. Es zeigte sich, daß keine Umwälzung eines Bereiches für sich genommen vollzogen werden kann. Ohne Lösung der Machtfrage war z.B. keine grundlegende Umgestaltung der sozialökonomischen Verhältnisse möglich, und ohne Durchsetzung einer neuen Produktionsweise konnte keine neue Lebensweise entstehen. Ohne die Schaffung neuer sozialökonomischer Verhältnisse konnte aber auch die politische Macht der Arbeiterklasse nicht fundiert, gefestigt und verteidigt werden; ohne erste Schritte zur Entfaltung einer neuen Lebensweise konnten viele komplizierte ökonomische Aufgaben nicht auf neue, sozialistische Art bewältigt werden. Insofern stehen alle Umwälzungsprozesse der sozialistischen Revolution in einem Verhältnis gegenseitiger Bedingtheit. Revolutionäre Parteien sind aber durch die Praxis auch darauf hingewiesen worden, daß es nicht möglich ist, alle Aufgaben der sozialistischen Revolution gleichzeitig und mit gleichem Nachdruck in Angriff zu nehmen. In diesem Sinne ist die entschiedene Lösung der Machtfrage Voraussetzung der ökonomischen Umgestaltung, und diese hat wiederum wichtige materielle Voraussetzungen für die Entfaltung der sozialistischen Umwälzung auf dem Gebiet der Ideologie und Kultur zu schaffen.

Die Praxis des sozialistischen Aufbaus lehrt ferner, daß die Grundfragen der Revolution konsequent zu lösen sind und nicht nach Anfangserfolgen vernachlässigt werden dürfen. Es ist eine Erfahrung, daß es auf politischem Gebiet nicht ausreicht, einen neuen Staatsapparat zu schaffen, sondern daß es um eine Neuorganisation des gesamten politischen Systems, um neue Prinzipien und Normen im Wirken aller politischen Organisationen in der sozialistischen Gesellschaft geht. Diese durchzusetzen und zur täglichen Gewohnheit der Werktätigen werden zu lassen erfordert viel Zeit und große Anstrengungen bei der Gestaltung der entwickelten sozialistischen Gesellschaft. Aus solchen und weiteren Erfahrungen gewann die SED die Erkenntnis, daß die sozialistische Revolution nicht, wie früher angenommen, mit dem Sieg der sozialistischen Produktionsverhältnisse abgeschlossen ist. Anhand der Analyse der inneren Entwicklung der DDR und auch der internationalen Klassenauseinandersetzung wurde nachgewiesen, daß die ganze Periode der Entwicklung der sozialistischen Gesellschaft zum *Gesamtprozeß der sozialistischen Revolution* gehört.

Schutz der Revolution Aus den Erfahrungen des Klassenkampfes, aus der Spezifik des Formationswechsels in unserer Zeit und dem langfristigen Nebeneinanderbestehen von Staaten mit gegensätzlicher Gesellschaftsordnung folgt, daß das *Problem des Schutzes der Revolution* große Bedeutung besitzt. Zur Aufrechterhaltung ihrer Privilegien scheuen sich die Ausbeuterklassen nicht, rücksichtslos alle verfügbaren Mittel von der ideologischen Manipulation bis zu brutalem Terror und offener militärischer Gewalt gegen die sozialistische Revolution und andere demokratische und revolutionäre Bewegungen einzusetzen. Erbitterte Auseinandersetzungen und der Einsatz konterrevolutionärer Gewalt in unterschiedlichen Formen kennzeichnen den Weg sozialistischer ebenso wie früherer Revolutionen und auch anderer demokratischer und revolutionärer Bewegungen.

Die revolutionäre Arbeiterbewegung verherrlicht revolutionäre *Gewalt* nicht. Sie wendet sie auch nicht um ihrer selbst willen an, sondern nur gegenüber volksfeindlichen Kräften in dem Maße, wie das durch deren Widerstand bedingt ist. „Die Gewalt ist wirksam gegenüber denjenigen, die ihre Herrschaft wieder aufrichten wollen. Damit ist aber auch die Bedeutung der Gewalt erschöpft ...".[39] In der Regel haben die in der Revolution unterlegenen Kräfte dann, wenn sie ein entscheidendes Kräfteübergewicht der anderen Seite erkannten, den Rückzug angetreten und sich der neuen Lage angepaßt. Das war in der Oktoberrevolution ebenso wie in den volksdemokratischen Revolutionen Europas und Asiens und in anderen Volksrevolutionen der Fall. Immer dann hingegen, wenn sich konterrevolutionäre Kräfte eines Landes der internationalen Unterstützung imperialistischer Staaten gewiß wurden, verstärkten sie den gegenrevolutionären Kampf und versuchten, wieder in die Offensive zu gelangen. Lenin sah diesen *Zusammenhang von innerer und äußerer Konterrevolution* voraus und stellte fest: Der Sozialismus „wird zuerst in einem oder einigen Ländern siegen, andere werden für eine gewisse Zeit bürgerlich oder vorbürgerlich bleiben. Das muß nicht nur Reibungen,

---

39 W.I.Lenin, Rede in der Aktivversammlung der Moskauer Organisation der KPR (B), in: Werke, Bd. 31, S. 452.

sondern auch direktes Streben der Bourgeoisie anderer Länder erzeugen, das siegreiche Proletariat des sozialistischen Staates zu zerschmettern."[40]

Die Geschichte unseres Jahrhunderts hat vielfach bestätigt, daß die Kommunisten zwar den Export der Revolution ablehnen, imperialistische Kräfte jedoch den *Export der Konterrevolution* aktiv organisieren. Die ausländische militärische Intervention gegen die junge Sowjetmacht war das erste historische Beispiel einer solchen Politik. Nachdem die junge Sowjetmacht schnell das Ausscheiden Rußlands aus dem ersten Weltkrieg durchsetzen konnte und sich in der gewonnenen Pause entgegen allen bürgerlichen Erwartungen als fähig erwies, die Volksmassen zum friedlichen Aufbau eines neuen, sozialistischen Lebens zu führen, entschieden sich alle großen imperialistischen Staaten zum militärischen Eingreifen gegen Sowjetrußland und zur direkten Unterstützung der inneren Konterrevolution. Dabei wirkten besonders zwei Motive: Die imperialistischen Monopole wollten einerseits die Milliarden Rubel, die sie den zaristischen Machthabern und der provisorischen Regierung zur Verfügung gestellt hatten, nicht verlieren. Vor allem aber wollten sie sich nicht mit der Existenz eines Landes abfinden, in dem die Arbeiter und Bauern die Macht übernommen hatten und durch ihr Beispiel auf die Werktätigen der kapitalistischen Länder und die Völker der Kolonien eine revolutionierende Wirkung ausübten. Die Völker des Sowjetlandes konnten die Sowjetmacht und die Unabhängigkeit ihres Vaterlandes behaupten. Der Bürgerkrieg und die Abwehr der Intervention brachten den Werktätigen Sowjetrußlands aber auch unerhörte Leiden und erlegten ihnen beim Aufbau eines neuen Lebens viele zusätzliche Anstrengungen auf.

Die Intervention machte deutlich, daß die *imperialistischen Kräfte, wo immer sie eine Schwäche der revolutionären Kräfte* zu erkennen glauben und *sich selbst eine Chance ausrechnen,* keine Gelegenheit und kein Mittel scheuen, verlorene Macht und verlorenen internationalen Einfluß wiederzuerlangen. Dem humanistischen Prinzip der Arbeiterklasse, den sozialen Fortschritt im Interesse der Werktätigen mit geringsten Opfern durchzusetzen, steht die Menschenverachtung imperialistischer Konterrevolution voller Verbrechen und klassenegoistischer Rücksichtslosigkeit gegenüber. Davon zeugen eine Vielzahl historischer Ereignisse, in denen versucht wurde, die sozialistischen Revolutionen in Europa, Asien und Lateinamerika, aber auch den gerechten Kampf nationaler Befreiungsbewegungen und nationaldemokratischer Revolutionen aufzuhalten. Die jahrzehntelange Aggression gegen das vietnamesische Volk und die Aggressionsakte des USA-Imperialismus gegen Kuba und Nikaragua werden im Bewußtsein der Völker verbleiben. Das gilt nicht minder für die Grausamkeiten, mit denen die revolutionären Erhebungen in den Jahren nach der Oktoberrevolution in Deutschland und anderen Ländern, darunter die Räterepubliken in Bayern und Ungarn, unterdrückt wurden. Dies gilt auch für die Zerschlagung der Spanischen Republik in den 30er Jahren,

---

40 W. I. Lenin, Das Militärprogramm der proletarischen Revolution, in: Werke, Bd. 23, S. 74.

für die Knebelung vieler nationaler Befreiungsbewegungen nach dem zweiten Weltkrieg und das Abwürgen revolutionärer Prozesse in Chile und Grenada seitens des USA-Imperialismus in den 70er und 80er Jahren.

Die Festigung der sozialistischen Gesellschaft erfordert nicht nur eine *stabile Macht der Arbeiterklasse* und aller Werktätigen und die grundlegende Umgestaltung der gesellschaftlichen Beziehungen, sondern auch die *Organisierung ihres zuverlässigen Schutzes.* „Eine Revolution ist nur dann etwas wert, wenn sie sich zu verteidigen versteht …"[41] Es ist deshalb nötig, daß bewaffnete Kräfte zum Schutz der Revolution formiert werden. In einigen sozialistischen Ländern gingen sie aus Partisanenstreitkräften hervor, in anderen wurden Volksstreitkräfte im revolutionären Prozeß neu geschaffen. Die Praxis zeigte auch die Möglichkeit, bestehende bürgerliche Armeen oder Teile von ihnen umzubilden und schrittweise zu demokratisieren. In allen Fällen war entscheidend, daß die Armeen in ihrer Aufgabenstellung und Zusammensetzung wirklichen Volkscharakter erhielten und es ablehnten, bewaffnete Gewalt gegen revolutionäre Aktionen einzusetzen, bzw. bereit waren, revolutionäre Aktionen aktiv zu unterstützen. In vielen Fällen reichte diese Bereitschaft aus, die Repräsentanten der alten Ordnung so unter Druck zu setzen, daß sie auf offene konterrevolutionäre Aktionen und die Zuspitzung zum Bürgerkrieg verzichteten. Wichtige Aufgaben hatten und haben bewaffnete Streitkräfte besonders in jungen Nationalstaaten.[42]

Volksverbundene bewaffnete Organe nehmen einen zentralen Platz beim Schutz der Revolution und ihrer Errungenschaften ein. Am wichtigsten bleibt in jeder Etappe der Revolution, ein solches politisches Kräfteübergewicht, eine solche soziale und *politische Stabilität* zu gewährleisten, daß antisozialistischen Kräften zunehmend der Boden entzogen wird. Wo *festes Vertrauen zwischen der marxistisch-leninistischen Partei, der Arbeiterklasse und allen Werktätigen* herrscht, sind auch die besten Voraussetzungen für die Sicherheit der sozialistischen Entwicklung, für hohe politische Wachsamkeit, für die Einhaltung der sozialistischen Rechtsnormen und den Schutz des sozialistischen Eigentums gegeben. Das schließt auch ein, die Tätigkeit der Justiz- und Sicherheitsorgane eng mit der Aktivität der Werktätigen zur Durchsetzung der sozialistischen Gesetzlichkeit und zur Gewährleistung von Ordnung und Sicherheit zu verbinden. Auch die Außenpolitik des sozialistischen Staates trägt dazu bei, daß Ansatzpunkte und Entfaltungschancen für konterrevolutionäre Kräfte mehr und mehr eingeengt und schließlich überhaupt genommen werden. Dazu haben sich mit der Veränderung des internationalen Kräfteverhältnisses zugunsten des Sozialismus und anderer demokratischer Kräfte neue Möglichkeiten ergeben, die aktiv genutzt werden können. Für das internationale Zusammenwirken aller progressiven Kräfte im Kampf um Frie-

---

41 W. I. Lenin, Bericht in der gemeinsamen Sitzung des Gesamtrussischen Zentralexekutivkomitees, des Moskauer Sowjets, der Betriebskomitees und der Gewerkschaften. 22. Oktober 1918, in: Werke, Bd. 28, S. 115.
42 Vgl. Kap. 8.2. des vorliegenden Lehrbuches.

den und sozialen Fortschritt erwachsen daraus neue Anforderungen und Aufgaben, die noch weiter zu durchdenken und in theoretische, programmatische und strategische Schlußfolgerungen umzusetzen sind.

In diesem Prozeß ist es wichtig, daß die revolutionären Parteien ihre *Erfahrungen austauschen* und sich auf bewährte Erkenntnisse der marxistisch-leninistischen Theorie der sozialistischen Revolution stützen. Diese hat in Siegen wie bei Rückschlägen revolutionärer Bewegungen ihre Erprobung erfahren und ist Verallgemeinerung praktischer Erfahrungen. Hier handelt es sich um einen komplizierten und langwierigen Lern- und Erkenntnisprozeß, der ständig zu neuen Einsichten führt, die in der revolutionären Praxis überprüft und gegebenenfalls korrigiert werden, wenn sie der praktischen Bewährung nicht standhalten. Die *schöpferische Anwendung und Weiterentwicklung der marxistisch-leninistischen Revolutionstheorie* hilft, in der Fülle und Vielfalt täglicher Ereignisse jene „allgemeinen Aufgaben" des Kampfes um den sozialen Fortschritt in unserer Welt zu begreifen, „die durch die *konkrete* ökonomische und politische Situation in jedem besonderen *Zeitabschnitt* des geschichtlichen Prozesses zwangsläufig modifiziert werden".[43]

Kontrollfragen zu Kapitel 6

1. Welches sind die wichtigsten Voraussetzungen einer sozialistischen Revolution?

2. Worin bestehen die historischen Aufgaben der sozialistischen Revolution?

3. Warum muß die Arbeiterklasse sozialer Hegemon und ihre marxistisch-leninistische Partei politischer Führer der sozialistischen Revolution sein?

4. Weshalb ist die Machtfrage eine Grundfrage der sozialistischen Revolution?

5. Erläutern Sie die Dialektik von Nationalem und Internationalem in der sozialistischen Revolution!

43   W. I. Lenin, Briefe über die Taktik, S. 25.

7. Der Kampf der Arbeiterbewegung und der demokratischen Massenbewegungen in den kapitalistischen Ländern

Die Arbeiterbewegung und die demokratischen Massenbewegungen in den kapitalistischen Ländern bilden wichtige Triebkräfte im weltweiten Kampf für Frieden, Demokratie und sozialen Fortschritt.[1] Ihre Aktionen – besonders in den Zentren des Imperialismus USA, Westeuropa und Japan – sind von entscheidender und weitreichender Bedeutung vor allem für die Lösung der Grundfrage unserer Zeit, die Verhinderung eines atomaren Infernos, die Beendigung des Wettrüstens und die dauerhafte Friedenssicherung. Sie nehmen nachhaltigen Einfluß auf die Gestaltung des internationalen Kräfteverhältnisses.

Für die weitere Ausarbeitung und Entwicklung der Theorie des wissenschaftlichen Sozialismus sind die Bestimmung des historischen Platzes der Arbeiterbewegung und der demokratischen Massenbewegungen und ihrer Perspektiven sowie die Analyse der neuen Kampfbedingungen und Herausforderungen, der Triebkräfte, Wege, Formen und strategischen Orientierungen im Kampf gegen den Imperialismus und für eine Wende zu demokratischem und sozialem Fortschritt von herausragender Bedeutung.

---

1 Vgl. Kap. 5. und 6. des vorliegenden Lehrbuches.

7.1. Neue Bedingungen und Herausforderungen für den Kampf der Arbeiterbewegung und der demokratischen Massenbewegungen

Die Arbeiterklasse – Die *Arbeiterklasse der kapitalistischen Länder* ist eine be-
Hauptkraft des Kampfes deutende Abteilung der internationalen Arbeiterklasse.[2] Ihre Entwicklung im Kapitalismus ist durch
zwei Grundtendenzen gekennzeichnet, die die Erkenntnisse von Marx, Engels und
Lenin über das Proletariat ihrer Zeit bestätigen und vertiefen: *erstens* durch das
zahlenmäßige Wachstum der Arbeiterklasse und *zweitens* durch die zunehmende
Differenzierung ihrer inneren Struktur. Entgegen allen bürgerlichen Behauptungen vom zahlenmäßigen „Rückgang" und dem allmählichen „Verschwinden" dieser Klasse und der Herausbildung einer „Mittelstandsgesellschaft" ist ihre Zahl in
der kapitalistischen Welt in den letzten Jahrzehnten sowohl absolut als auch im
Verhältnis zur Gesamtzahl der Erwerbstätigen gestiegen.

In den kapitalistischen Industriestaaten erhöhte sich die Zahl der zur Arbeiterklasse gehörenden Personen von ca. 158 Millionen im Jahre 1950 auf etwa
180 Millionen im Jahre 1960 und auf ca. 280 Millionen im Jahre 1985. Die verstärkte Monopolisierung des Kapitals und das Voranschreiten des wissenschaftlich-technischen Fortschritts führten somit zu einer zahlenmäßigen Verstärkung
der Arbeiterklasse. In den kapitalistischen Industrieländern belief sich 1985 der
Anteil der Arbeiterklasse an den Erwerbspersonen auf durchschnittlich
75–80 Prozent. (Abbildung 4)

Der Anteil der *Bourgeoisie* an den Erwerbstätigen beträgt in den kapitalistischen
Industrieländern durchschnittlich zwischen 2 und 3 Prozent (z. B. Frankreich ca.
5 Prozent, BRD 4 Prozent, USA 3 Prozent). Die Vertreter des Monopolkapitals
machen in den genannten Ländern oft weniger als 0,1 Prozent der Bevölkerung
aus.

Die *Mittelschichten* – lohnabhängige und selbständige – umfassen in diesen Ländern im Durchschnitt zwischen 12 und 20 Prozent der erwerbstätigen Bevölkerung. Die objektive Polarisierung der Klassenstruktur hat sich somit weiter verstärkt. Sie bildet die sozialökonomische Grundlage für die Möglichkeit der Herausbildung breiter antimonopolistisch-demokratischer Bündnisse unter Hegemonie der Arbeiterklasse.

Diese *zahlenmäßigen Proportionen* zwischen Bourgeoisie, Arbeiterklasse und Mittelschichten haben sich in den führenden kapitalistischen Industriestaaten im Zusammenhang mit der Durchsetzung des intensiven Reproduktionstyps und auf
der Grundlage eines geringen Bevölkerungszuwachses inzwischen *relativ stabilisiert.* Angesichts der weiteren Dynamik der Produktivkraftentwicklung werden
sich jedoch in *allen* Klassen und Schichten tiefgreifende Veränderungen in der inneren Struktur und Zusammensetzung vollziehen, und die soziale Mobilität zwi-

---

2 Vgl. Kap. 2.1. des vorliegenden Lehrbuches.

schen ihnen wird fortbestehen. Diese Strukturveränderungen sind vor allem eine Folge der raschen Entwicklung des wissenschaftlich-technischen Fortschritts, der neuen Stufe kapitalistischer Intensivierung und der damit verbundenen Evolution der staatsmonopolistischen Produktionsverhältnisse. Mit dem damit einhergehenden Wandel grundlegender volkswirtschaftlicher Strukturen veränderten sich auch die Proportionen zwischen den Abteilungen der Arbeiterklasse, zwischen Industrie-, Land- sowie Handels- und Dienstleistungsproletariat.

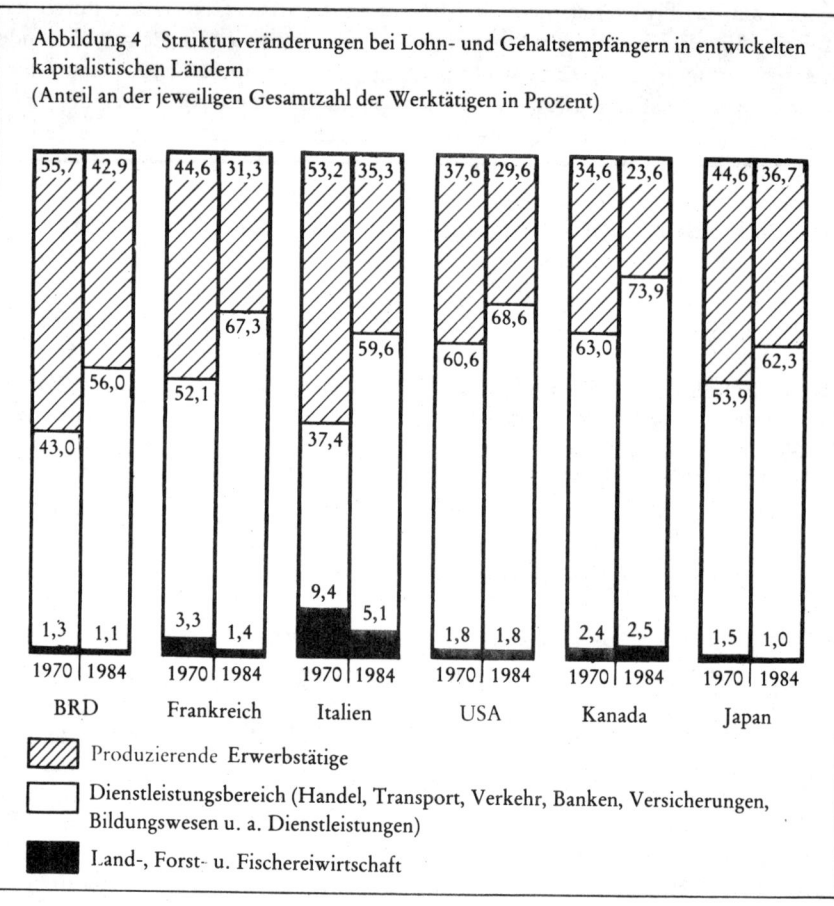

Abbildung 4 Strukturveränderungen bei Lohn- und Gehaltsempfängern in entwickelten kapitalistischen Ländern
(Anteil an der jeweiligen Gesamtzahl der Werktätigen in Prozent)

Im Jahre 1985 war die Zahl der *Lohnarbeiter im Dienstleistungssektor* (einschließlich Handel, Banken und Staatsapparat) der kapitalistischen Industrieländer mit 141,5 Millionen bereits um 14 Prozent höher als die der 123,5 Millionen in Industrie und Landwirtschaft tätigen Lohnarbeiter. Gleichzeitig nimmt der Anteil der *Angestellten* innerhalb der Lohnarbeiter beträchtlich zu und wird den der Arbeiter in den entwickelten kapitalistischen Ländern erreichen oder übertreffen. (In einigen Ländern, wie z. B. in den USA, ist das heute schon der Fall.) Die übergroße Mehrheit der Angestellten gehört jedoch heute zur Arbeiterklasse. Die Annäherungstendenzen im Charakter von Arbeiter- und Angestelltentätigkeiten sind Folge und Ausdruck der neuen Stufe der gesellschaftlichen Arbeitsteilung. In ihrem Gefolge wird die bisher dominierende Teilung in vorwiegend körperliche und vorwiegend geistige Arbeit nicht linear fortgesetzt, sondern das gesellschaftliche Arbeitsvermögen primär nach überwiegend komplizierter und nach einfacher Arbeit gegliedert, wobei der Kompliziertheitsgrad der Arbeit im gesellschaftlichen Maßstab generell zunimmt. Gleichzeitig vergrößern sich Zahl und Anteil der Arbeiter neuer, technisch führender Zweige.

Wesentliche Veränderungen vollziehen sich im *Kern der Arbeiterklasse*. Den Kern der Arbeiterklasse bilden nach wie vor die Arbeiter und Angestellten der Großbetriebe der materiellen Produktion (Industrie, Energiewirtschaft, Bauwirtschaft, Transport- und Nachrichtenwesen). Das ergibt sich aus der ökonomischen Schlüsselrolle dieser Bereiche, aus der in ihnen vorhandenen zahlenmäßigen Konzentration der Arbeiterklasse und vor allem auch aus ihrer Kampferfahrung und -aktivität. Zugleich vollzieht sich tendenziell eine Ausweitung des Kerns der Klasse über seine traditionelle Basis hinaus: mit der beschleunigten Konzentration und Internationalisierung des Kapitals in allen bedeutenden Wirtschaftszweigen wird auch außerhalb der Industrie – vor allem im Bereich der Banken und Versicherungen, des Handels und der Dienstleistungen – ein wachsender Teil der Beschäftigten in Großbetrieben konzentriert und unmittelbar vom Monopolkapital ausgebeutet. Die Arbeiter und Angestellten in den monopolistischen Großbetrieben – in Industrie, Handel und Dienstleistung – bilden in den meisten Ländern des Kapitals das Rückgrat der Arbeiterbewegung. Sie stellen auch das Gros der Mitglieder in den Gewerkschaftsverbänden.

Eine weitere wichtige Seite der Strukturveränderungen ist das tendenzielle *Wachstum des Bildungs- und Qualifikationsniveaus* der Arbeiterklasse der imperialistischen Länder. Dies ist das Resultat des Kampfes der Arbeiterbewegung und auch der wachsenden objektiven Anforderungen der Kapitalverwertung unter Bedingungen des wissenschaftlich-technischen Fortschritts. Insgesamt hat sich der Anteil der Facharbeiter und der Angelernten erhöht, während der der Ungelernten zurückgegangen ist. Diese Entwicklung geht gleichzeitig mit Tendenzen der Entwertung bisheriger beruflicher Qualifikationen, mit bildungsmäßiger Degradierung und einer zunehmenden Differenzierung und Polarisierung des Qualifikationsniveaus von Teilen der Werktätigen – kleine Gruppen hochqualifizierter Arbeiter sowie ein größer werdender Teil angelernter und ungelernter Arbeiter – einher. Chronische Massenarbeitslosigkeit und elitäre Bildungspolitik verstärken zugleich die Differenzierungs- und Dequalifizierungsprozesse. Zu einem wichtigen Element der Arbeiterklasse wurde eine umfassende und dauerhafte Armee von *Arbeitslosen und Unterbeschäftigten*.

Für die Entwicklung und Formierung der Arbeiterklasse sind die Umschichtungen in ihrem sozialen und betrieblichen Umfeld von großer Bedeutung. Das gilt vor allem für das *Anwachsen der Intelligenz* zu einer Massenschicht und deren soziale Differenzierung. Die große Bedeutung, die Wissenschaft, Technik und Bildung im Zusammenhang mit dem Umbruch in den Produktivkräften besitzen, sind die wichtigste Ursache dafür, daß die Intelligenz seit den 70er Jahren zahlenmäßig schneller gewachsen ist als die Arbeiterklasse. Die übergroße Mehrheit der *Intelligenz* in den kapitalistischen Ländern ist heute lohnabhängig und bildet eine beträchtliche Gruppe innerhalb der lohnabhängigen Mittelschichten. Ein Teil der Intelligenz nähert sich der Arbeiterklasse an, während ein anderer Teil – sozusagen die Oberschicht – zur Bourgeoisie gehört oder sich dieser annähert.

Insgesamt haben sich in den letzten Jahren die Zahl und das Gewicht der *lohnabhängigen Mittelschichten* in Staat und Wirtschaft (Teile der Intelligenz, der Staatsangestellten u. a.) erhöht. Gleichzeitig werden sie mit der zunehmenden Intensivierung und ihren sozialen Wirkungen in der kapitalistischen Gesellschaft, mit Tendenzen einer Einengung der Entscheidungsspielräume im Produktionsprozeß, mit Sozialabbau und wachsender sozialer Unsicherheit (verschärfte Konkurrenz, wachsender Druck der großen Monopole, Akademikerarbeitslosigkeit) konfrontiert. Die Arbeiterklasse steht bei der Gestaltung ihres Verhältnisses zu diesen Schichten, bei der Entwicklung ihrer Aktionseinheits- und Bündnispolitik vor neuen Anforderungen und schwierigen Aufgaben.

Die Entwicklung der Arbeiterklasse in der kapitalistischen Welt ist somit insgesamt durch ein *Wachstum* besonders *der qualitativen Faktoren* gekennzeichnet, das sich durch die wissenschaftlich-technische Revolution weiter ausprägt. Sie bildet heute in den kapitalistischen Industriestaaten die Mehrheit der Bevölkerung. Mit der wissenschaftlich-technischen Revolution vertieft sich ihre unmittelbare organische Verbindung mit der Entwicklung der modernen Produktivkräfte. Sie ist Hauptträger der sich verstärkenden Tendenz der Vergesellschaftung der Produktion, die die wesentlichste materielle Grundlage für den Übergang zum Sozialismus ist. Mit der Internationalisierung des Kapitalverhältnisses prägt sich objektiv der internationale Charakter der Arbeiterklasse weiter aus. Es nehmen ihre territoriale Mobilität und multinationale Verflechtung, ihre Allgemeinbildung, beruflichen Erfahrungen und ihre Interessenvielfalt zu. Die Zusammensetzung der Arbeiterklasse wird aber auch vielfältiger und komplizierter. Ihr Erscheinungsbild unterliegt tiefen Veränderungen. Die innere Struktur wird noch differenzierter. Die mit der wissenschaftlich-technischen Revolution einhergehende „Flexibilisierung" der Arbeit und der Arbeitszeit schafft neue Probleme für die Organisierung der Klasse. Auch das Niveau des materiellen Lebensstandards in der Arbeiterklasse ist durch vielfältige Abstufungen gekennzeichnet. Zugleich erfolgt jedoch eine *Annäherung der sozialökonomischen Grundsituation* der einzelnen Gruppen der Arbeiterklasse als vom Kapital ausgebeuteter Klasse, was ihre gemeinsamen objektiven Grundinteressen verstärkt.

Die Arbeiterklasse bleibt auch im staatsmonopolistischen Kapitalismus auf Grund ihrer objektiven sozialökonomischen Situation als Hauptantipode des Monopolkapitals und als Hauptproduktivkraft die entscheidende und konsequenteste soziale Kraft bei der Lösung der allgemeindemokratischen und revolutionären Aufgaben. Dies alles eröffnet – entgegen bürgerlichen Prophezeiungen vom Ende der Arbeiterbewegung – neue Möglichkeiten für die Entwicklung und Ausweitung dieser Bewegung.

Zur *Arbeiterbewegung der kapitalistischen Länder*, die im Klassenkampf die politischen, ökonomischen und sozialen Interessen der Arbeiter und Angestellten verficht, gehören die politischen Parteien der Arbeiterklasse, die Gewerkschaften, Jugendorganisationen, Bildungsvereine sowie Organisationen und Vereinigungen, mit denen die Arbeiterklasse zeitweilige Aktionen, Kampagnen usw. führt. In diese Bewegung der Arbeiterklasse um die Durchsetzung ihrer Interessen sind in vielfältigen Formen und Aktionen auch nichtorganisierte Arbeiter und Angestellte einbezogen.

Als politisch-ideologische Hauptkraft und revolutionäre Vorhut der Arbeiterbewegung erweisen sich die *kommunistischen Parteien*.[3] Sie stehen an vorderer Front der Klassenkämpfe und der vielfältigen Massenaktionen für die Sicherung des Friedens, gegen die Konfrontations- und Hochrüstungspolitik der aggressivsten Kreise des Imperialismus, für die Verteidigung und den Ausbau der sozialen und demokratischen Rechte der Werktätigen und im Ringen um sozialen Fortschritt. Die Ausarbeitung der strategischen Konzeptionen der kommunistischen Parteien unter den veränderten Kampfbedingungen ist unterschiedlich vorangeschritten. Zu einer Reihe von Grundfragen des Kampfes um Frieden, Demokratie und sozialen Fortschritt gibt es Diskussionen sowie verschiedene und z. T. auch entgegengesetzte Auffassungen. Die Mehrheit der kommunistischen Parteien der kapitalistischen Länder entwickelte in einem längeren Prozeß ihre Strategie und Taktik zur Lösung der unmittelbar herangereiften sowie auch der langfristigen Aufgaben weiter und ringt um neue Antworten auf die neuen Fragen und Herausforderungen. Dieser Prozeß ist aber noch keineswegs abgeschlossen. Es gelang der kommunistischen Bewegung als Ganzes in diesen Ländern, dem verstärkten Druck, den zunehmenden Isolierungs- und Zersetzungsversuchen des Imperialismus standzuhalten. Unter komplizierter gewordenen Kampfbedingungen ringen sie um Sicherung und Ausbau ihres Einflusses. Dieser Prozeß vollzieht sich in den einzelnen Ländern jedoch sehr unterschiedlich. In den 70er Jahren hatte sich allein in den kapitalistischen Industrieländern die Mitgliederzahl der kommunistischen Parteien von 2,5 Millionen auf 3,6 Millionen erhöht. Diese Entwicklung setzte sich in den 80er Jahren nicht gleichermaßen fort. Heute umfassen die kommunistischen Parteien in den kapitalistischen Industrieländern rund 3,2 Millionen Mitglieder. Dieser Rückgang ist u. a. eine Folge davon, daß in einigen Parteien der in den 70er Jahren erreichte hohe Zuwachs an Mitgliedern (z. B. Kommunistische Partei Spaniens) nicht gesichert werden konnte und es zu rückläufigen Tendenzen sowie auch zu Spaltungen von Parteien kam. Die Zusammenarbeit zwischen

---

3 Vgl. Kap. 3. des vorliegenden Lehrbuches.

den kommunistischen Parteien der verschiedenen Länder hat sich im Kampf gegen den Imperialismus, für Friedenssicherung und Abrüstung insgesamt weiter gefestigt. Der Einfluß der kommunistischen Parteien ist nicht allein an ihrer Mitgliederzahl und ihrem Wählerpotential erkennbar, sondern besonders anhand des realen, praktischen Gewichts z. B. in den Gewerkschaften, den verschiedenen Massenaktionen und Bewegungen. Angewachsen ist der Einfluß verschiedener kommunistischer Parteien in den demokratischen Bewegungen, aber auch in den Gewerkschaften, in Jugend- und Studentenverbänden.

Zur Arbeiterbewegung der kapitalistischen Länder gehören auch die *sozialistischen und sozialdemokratischen Parteien,* die in der Regel die reformistische Strömung repräsentieren und der Sozialistischen Internationale angehören. Sie üben zumeist einen großen und stabilen Einfluß auf Teile der Arbeiterklasse und der übrigen Werktätigen sowie auf verschiedene Gewerkschaftsverbände aus und stellen objektiv eine wichtige Kraft im Kampf um Frieden, Arbeit und Demokratie dar. Die Sozialdemokratie der kapitalistischen Länder ist aber eine in sich heterogene politische Bewegung, in der sich zumeist unterschiedliche Tendenzen widerspiegeln. In vielen sozialistischen und sozialdemokratischen Parteien dieser Länder verfügen die Vertreter der an der Stabilisierung des staatsmonopolistischen Kapitalismus orientierten Richtung über einen beträchtlichen Einfluß. Andererseits ist gerade in den 80er Jahren – unter Bedingungen der Zuspitzung des Konfrontations- und Hochrüstungskurses der aggressivsten Kreise des Imperialismus und des Vordringens der konservativen Kräfte im politischen System – das friedenspolitische, demokratische und antiimperialistische Potential in der Sozialdemokratie gewachsen.

Eine bedeutende Kraft der Arbeiterbewegung der kapitalistischen Länder bilden die *Gewerkschaften.* In ihnen waren im Jahre 1985 160 Millionen Arbeiter und Angestellte, davon allein in den kapitalistischen Industrieländern 98 Millionen organisiert. Der gewerkschaftliche Organisationsgrad beträgt in den entwickelten kapitalistischen Ländern im Durchschnitt 38 Prozent der Gesamtbeschäftigtenzahl. Größere Unterschiede weist der gewerkschaftliche Organisationsgrad zwischen einzelnen Ländern (z. B. USA 18,8 %, BRD 42,0 %, Norwegen 44,0 %), aber auch zwischen Wirtschaftszweigen und zwischen den verschiedenen Gruppen der Arbeiterklasse auf. Er ist in der Regel in den monopolistischen Großbetrieben, wo der Kern der Arbeiterklasse konzentriert ist, am höchsten. Der reale Einfluß der Gewerkschaften in der Arbeiterklassse ist jedoch bedeutend größer als der unmittelbare Organisationsgrad. Bei den Tarifauseinandersetzungen, den Streiks und anderen Massenaktionen unterstützt in der Regel die Mehrheit der Arbeiter die Gewerkschaften. Obwohl es in vielen kapitalistischen Ländern keine einheitliche Gewerkschaftsbewegung gibt und oftmals in den Führungen reformistische Kräfte dominieren, ist insgesamt das soziale und politische Potential der Gewerkschaften beachtlich.

Die weitere *Entwicklung des Klassenbewußtseins* in der Arbeiterklasse vollzieht sich im ständigen Kampf gegen den Einfluß der Ideologie und Politik des Antikommunismus, der geistigen Manipulation und der politischen Integration. Auch hat sich der objektive Zusammenhang zwischen Imperialismus und Opportunismus vertieft; er wirkt heute zu einem großen Teil vermittelt über den staatsmonopolistischen Herrschaftsmechanismus. Trotz der differenzierten politischen Struktur und der sehr widersprüchlichen Herausbildung von Bewußtheit und Organisiertheit in der Arbeiterbewegung und den demokratischen Massenbewegungen in den kapitalistischen Ländern haben ihre Kraft, ihr nationaler und internationaler Einfluß im letzten Jahrzehnt zugenommen.

Entwicklung   Die objektiven *Kampfbedingungen* der Arbeiterbewe-
der Kampfbedingungen   gung in diesen Ländern werden bestimmt und beein-
                                   flußt durch die historisch *neue Dimension der Krieg-
Friedens-Frage* in unserer Zeit und durch *Veränderungen des internationalen Kräfteverhältnisses* zugunsten der Kräfte des Friedens, der Demokratie, der nationalen Unabhängigkeit und des Sozialismus, die ihre wichtigste Grundlage in der Stärke und dem Einfluß des realen Sozialismus auf die Weltpolitik haben, sowie durch die weitere Entwicklung des *staatsmonopolistischen Kapitalismus*, seiner Widersprüche, vorhandenen Potenzen und der politischen Strategien des Monopolkapitals. Insgesamt betrachtet sind damit sowohl neue Möglichkeiten für den Kampf der Arbeiterklasse und ihrer Verbündeten entstanden, wie auch die weitere Entwicklung des staatsmonopolistischen Kapitalismus zugleich objektive Faktoren hervorgebracht hat, die diesem Kampf der friedliebenden, demokratischen und antimonopolistischen Kräfte entgegenwirken und ihn kompliziert und langwierig gestaltet.[4]

Von entscheidender Bedeutung für die Arbeiterklasse der kapitalistischen Länder ist die Tatsache, daß der *Einfluß der sozialistischen Länder in der internationalen Arena* und die damit verbundene Zurückdrängung der Positionen der aggressivsten Kreise des Imperialismus die Voraussetzungen ihres Kampfes langfristig verbessern. Dadurch wird objektiv das gegenrevolutionäre Potential des Imperialismus eingeschränkt und nehmen seine inneren Differenzierungen zu, was er jedoch verstärkt durch neue Versuche zur Koordinierung seiner Aktivitäten beantwortet. Zugleich werden die Kampfbedingungen der Arbeiterbewegung und der demokratischen Bewegungen in diesen Ländern künftig immer stärker von dem langfristigen historischen Wettstreit zwischen den beiden Gesellschaftssystemen Sozialismus und Kapitalismus beeinflußt werden.

Die Einwirkung des Sozialismus auf die Kampfbedingungen der Arbeiterklasse in den kapitalistischen Ländern vollzieht sich jedoch nicht nur durch die Veränderungen des internationalen Kräfteverhältnisses, sondern zugleich und mit weiteren Fortschritten bei der Gestaltung der entwickelten sozialistischen Gesellschaft immer stärker *durch die Ausprägung ihrer Vorzüge.* Hier liegt auch die große historische Verantwortung des Sozialismus für das weltweite Ringen der in-

---

4   Vgl. Kap. 5.1. und 5.2. des vorliegenden Lehrbuches.

ternationalen Arbeiterbewegung um gesellschaftlichen Fortschritt. In dem Maße, wie es dem Sozialismus gelingt, diese Vorzüge weiter zu entfalten, fördert dies langfristig in der Arbeiterklasse der nichtsozialistischen Welt das Streben nach demokratischen und sozialistischen Alternativen und nach Überwindung der monopolkapitalistischen Profitgesellschaft, macht aber zugleich die offensive Auseinandersetzung mit dem Antikommunismus noch notwendiger.

Andererseits sind die aggressivsten Kreise des Imperialismus, besonders der USA, seit Ende der 70er Jahre zu einer neuen Globalstrategie übergegangen, die vor allem im Konfrontations- und Hochrüstungskurs ihren konzentriertesten Ausdruck findet. Dadurch hat sich die internationale Lage mit dem Übergang zu den 80er Jahren erheblich zugespitzt. Dies hat tiefgreifende und nachhaltige Wirkungen auf die Kampfbedingungen der Arbeiterbewegung und der demokratischen Bewegungen in der kapitalistischen Welt. Wie nie zuvor sind sie in das weltweite Ringen um die Verhinderung eines nuklearen Infernos, um die Sicherung des Weltfriedens und die Zurückdrängung der aggressivsten Kreise des Imperialismus hineingestellt. Sie haben dabei eine bislang nicht gekannte und zugleich eine sehr *spezifische Verantwortung im Friedenskampf*, stehen sie doch dem *Militär-Industrie-Komplex* als Kern der aggressiven Kreise des Imperialismus *unmittelbar gegenüber*. Die Beendigung des Wettrüstens und die Sicherung des Friedens sind objektiv zur vorrangigsten Aufgabe der revolutionären sowie aller demokratischen und friedliebenden Kräfte in den kapitalistischen Ländern geworden. Von der Lösung dieser strategischen Aufgabe hängen auf das engste die Lösung aller anderen Kampfaufgaben – Arbeit, Demokratie, Umweltgestaltung – wie überhaupt die Perspektive der Arbeiterbewegung und der demokratischen Bewegungen ab.

Entgegen den bürgerlichen Prophezeiungen Ende der 60er und Anfang der 70er Jahre, daß der Kapitalismus sich nunmehr endgültig krisenfrei entwickeln, seine „Mängel" überwinden und wissenschaftlich-technischen in sozialen Fortschritt verwandeln werde, haben sich die ihm wesenseigenen Widersprüche vertieft. Es kam in den entwickelten kapitalistischen Ländern zu einem schnellen Voranschreiten der wissenschaftlich-technischen Revolution. Das stärkte die ökonomischen und militärischen Potenzen des Imperialismus. Gleichzeitig setzte in den 70er Jahren ein Zeitabschnitt vermehrter ökonomischer und politischer Labilität des Imperialismus ein, der auch in den 80er Jahren andauert. Das hing aufs engste zusammen mit der Verschlechterung der äußeren Existenzbedingungen des kapitalistischen Systems (Veränderung des internationalen Kräfteverhältnisses, Krise des Neokolonialismus, Widersprüche zwischen den drei Zentren des Imperialismus). Vor diesem Hintergrund kam es zu einem tiefen Einschnitt in der Entwicklung der allgemeinen Krise des Kapitalismus, zu einer *neuartigen Verflechtung* von allgemeinen und zyklischen Krisenprozessen. Die *ökonomischen Krisenprozesse* des staatsmonopolistischen Kapitalismus haben zugenommen. Davon zeugen: die regelmäßigen zyklischen Krisen (1974/75, 1980-83), die vielfältigen Strukturkrisen, die wachsende Massenarbeitslosigkeit und eine zunehmende Perspektivlosigkeit unter der jungen Generation, die Zerrüttung der internationalen

200

kapitalistischen Finanz- und Währungsbeziehungen, die gewaltigen Haushaltsdefizite, die Krisen im Energie- und Rohstoffbereich, die wachsenden Umweltprobleme. Die Hochrüstung stellt nicht nur keinen „Ausweg" aus diesen Krisenprozessen dar – wie es konservative Ideologen behaupten –, sondern sie spitzt sie erheblich zu. Das zeigen u. a. die riesigen Staatsschulden (in den USA jährlich rd. 200 Mrd. Dollar), die erheblichen Defizite in der Handelsbilanz der USA (1987 bei 400 Mrd. Dollar), die hohe Arbeitslosigkeit und die Streichung vielfältiger Sozialausgaben. (Abbildungen 5, 6; Tabellen 8, 9)

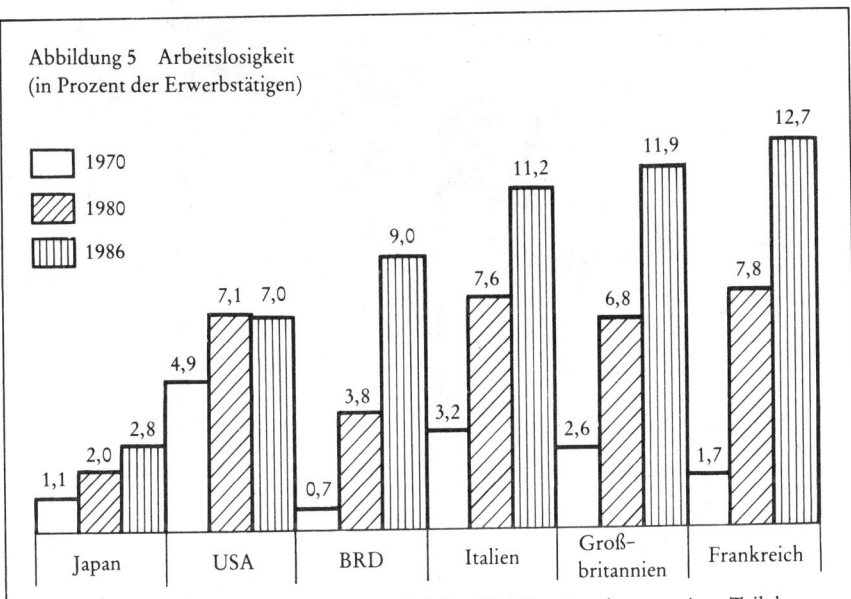

Abbildung 5   Arbeitslosigkeit
(in Prozent der Erwerbstätigen)

1970
1980
1986

Japan — 1,1 · 2,0 · 2,8
USA — 4,9 · 7,1 · 7,0
BRD — 0,7 · 3,8 · 9,0
Italien — 3,2 · 7,6 · 11,2
Großbritannien — 2,6 · 6,8 · 11,9
Frankreich — 1,7 · 7,8 · 12,7

Zu berücksichtigen ist bei dieser Statistik, daß die offiziellen Angaben nur einen Teil der Arbeitslosigkeit widerspiegeln (z. B. sind die Kurzarbeiter nicht berücksichtigt) und daß die Gewerkschaften höhere Zahlen ermitteln.

In nicht wenigen kapitalistischen Ländern haben sich Erscheinungen *politischer Labilität* vertieft. Das findet u. a. seinen Ausdruck in Krisenerscheinungen des staatsmonopolistischen Regulierungsmechanismus, in zahlreichen Regierungskrisen, in dem labilen Kräfteverhältnis zwischen den Parteien des Herrschaftssystems, im stärkeren Aufbrechen des politischen Konsens zwischen den Herrschenden und den breiten Massen (u. a. bei Friedens- und Sicherheitspolitik, Wirtschafts- und Sozialpolitik, bei einsetzendem Wertewandel). Doch ist die politische Macht der Monopolbourgeoisie in den entwickelten kapitalistischen Ländern heute nirgendwo ernsthaft gefährdet. Einflußreiche Kreise der Monopolbourgeoisie und ihre politischen Repräsentanten im konservativen Lager sind seit Ende der 70er und Anfang der 80er Jahre dazu übergegangen, mit einer langfristig angelegten Strategie einen reaktionären Ausweg aus Krisen- und Labilitäts-prozessen durchzusetzen. Der Einfluß der aggressivsten und reaktionärsten Kreise im Herrschaftssystem hat in vielen Ländern deutlich zugenommen. In den USA haben sie sogar die entscheidenden Machtpositionen unmittelbar an sich rei-ßen können.

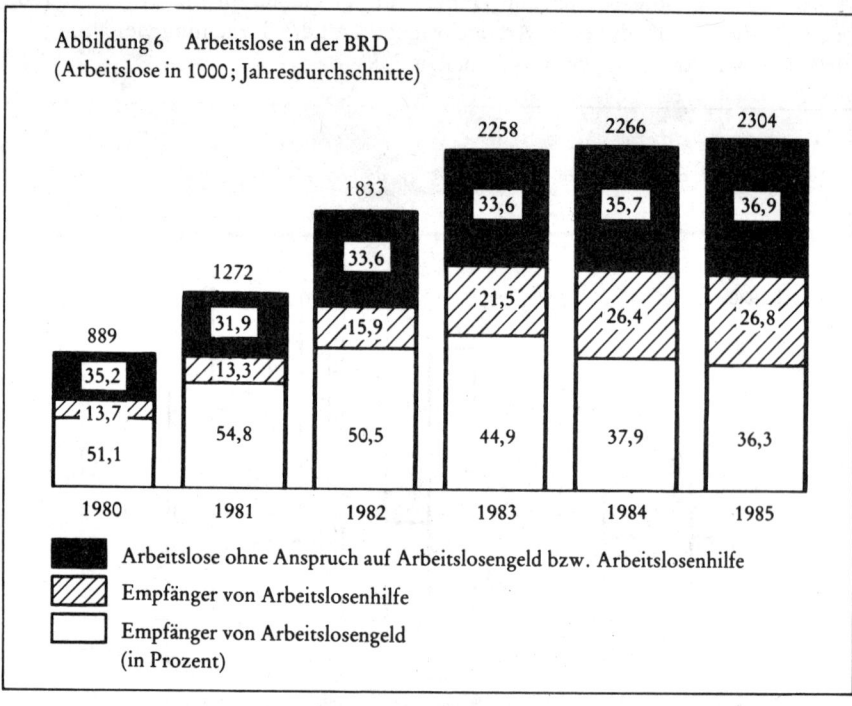

Abbildung 6 Arbeitslose in der BRD
(Arbeitslose in 1000; Jahresdurchschnitte)

■ Arbeitslose ohne Anspruch auf Arbeitslosengeld bzw. Arbeitslosenhilfe

▨ Empfänger von Arbeitslosenhilfe

□ Empfänger von Arbeitslosengeld
(in Prozent)

Die Arbeiterklasse und darüber hinaus alle Werktätigen sehen sich seit Beginn der 80er Jahre einer Offensive dieser Kreise zur Abwälzung der Hochrüstungs-und Krisenlasten auf ihre Schultern, zur Einschränkung ihrer sozialen und demo-kratischen Grundrechte, schließlich zur Brechung der Kampfkraft der Arbeiter-und besonders auch der Gewerkschaftsbewegung gegenüber. Die Arbeiterbewe-gung und alle demokratischen Kräfte stehen in dieser Situation vor der strategi-schen *Aufgabe*, einen solchen *reaktionären „Ausweg" zu verhindern*, die konservative Politik der Rechtswende zu stoppen und Voraussetzungen für einen friedlichen, sozialen und demokratischen Ausweg zu erkämpfen. Damit sind neue Anforde-rungen an ihre Alternativ-, Aktionseinheits- und Bündnispolitik gestellt. Die Ver-tiefung der Widersprüche im Kapitalismus hat zu einer Anhäufung sozialer und politischer Konfliktstoffe geführt, die die Grundlage für zunehmende Kampfbe-reitschaft bei größeren Teilen der Arbeiterklasse und für ein generelles Anwach-sen des demokratischen Protestpotentials bilden. Doch führt die Zuspitzung der

Tabelle 8   Frauenarbeitslosigkeit

Von je 100 Arbeitslosen waren im Jahre 1985 Frauen:

in Großbritannien	31
in Japan	41
in den USA	44
in der BRD	44
in Frankreich	48
in Italien	49

Bei diesen Angaben ist zu berücksichtigen, daß z. B. in Westeuropa nur 42%
der weiblichen Arbeitssuchenden als arbeitslos registriert sind.

Tabelle 9   Jugendarbeitslosigkeit

Von je 100 Arbeitslosen waren im Frühjahr 1986 Jugendliche unter 25 Jahren:

in der BRD	23
in Japan	25
in Frankreich	34
in Großbritannien	36
in den USA	38
in Italien	47

sozialen Widersprüche – wie die Praxis in den kapitalistischen Ländern zeigt –
keinesfalls automatisch zu einer Linksentwicklung in der Arbeiterbewegung. In
Abhängigkeit vom konkreten Kräfteverhältnis zwischen Kapital und Arbeit und
von der Reife des subjektiven Faktors in der Arbeiterbewegung können im Gegenteil die von Krisenerscheinungen und konservativer Staats-, Wirtschafts- und
Sozialpolitik ausgehenden negativen Faktoren die neuen Ansatzpunkte und Möglichkeiten des demokratischen Kampfes zeitweilig und auch längerfristig überla-
gern. Hinzu kommt, daß das Monopolkapital noch immer über beträchtliche und
in mancher Hinsicht auch weiter anwachsende wissenschaftlich-technische, ökonomische, politische und militärische Potenzen verfügt, die es gezielt in der Klassenauseinandersetzung einsetzt und sich damit kurz- und längerfristige Vorteile
gegenüber seinem Klassengegner verschaffen kann.

Vor allem aus der Beschleunigung des wissenschaftlich-technischen Fortschritts und der Intensivierung sollen neue Quellen zur Profitsteigerung und zur
Perfektionierung der ökonomischen und politischen Macht erschlossen und die
Arbeiterklasse und ihre Gewerkschaften diesen „Sachzwängen" untergeordnet
werden.[5] In der Tat bringt dieser Prozeß eine gewaltige Steigerung der Produktivi-

5   Vgl. Bericht des Zentralkomitees der Sozialistischen Einheitspartei Deutschlands an den
XI. Parteitag der SED. Berichterstatter: Genosse Erich Honecker, Berlin 1986, S. 12.

tät der gesellschaftlichen Arbeit und eine wachsende Profitmasse für das Kapital. Das schafft immer wieder neue Spielräume für die herrschenden Kreise. Das Monopolkapital benutzt die neuen Technologien auch gezielt zur „Wegrationalisierung" von Arbeitsplätzen, zur Intensivierung der Ausbeutung (Steigerung der Mehrwertraten), zur rapiden Erhöhung der Leistung mittels „Flexibilisierung" der Arbeitszeit, Einführung von „Leiharbeit" und von zeitweilig Beschäftigten sowie eines ausgeklügelten elektronischen Überwachungssystems und nicht zuletzt zu massiven Versuchen, gewerkschaftliche Rechte einzuschränken bzw. abzubauen (Streikrecht, Mitbestimmung, Tarifautonomie, Gewerkschaftsarbeit in den Unternehmen).

Damit sind die *Existenz- und Kampfbedingungen* der Arbeiterklasse zweifelsohne *komplizierter* geworden. Gegen diese sozialen Wirkungen des wissenschaftlich-technischen Fortschritts unter kapitalistischen Verhältnissen haben die Gewerkschaften inzwischen verstärkt den Kampf aufgenommen. Gleichzeitig entstehen durch den wissenschaftlich-technischen Fortschritt objektiv auch *neue Möglichkeiten für die Arbeiterklasse,* ihre sozialen, kulturellen und politischen Interessen im demokratischen Kampf durchzusetzen. Die Entwicklung der Kampfbedingungen wird nicht unwesentlich geprägt durch die hochgradige Konzentration und weitere Verflechtung von ökonomischer, politischer und militärischer Macht des Monopolkapitals, wodurch es gleichfalls weitere Mittel zur Niederhaltung des antiimperialistischen Kampfes erhält. Mit der Herausbildung internationaler Monopole – sie beherrschten 1986 nahezu 40 Prozent der Industrieproduktion, rund 60 Prozent des Außenhandels und mehr als 75 Prozent des technologischen Potentials der kapitalistischen Länder –, dem Vorantreiben der imperialistischen Integration (z.B. Europäische Gemeinschaft) und dem Ausbau von Militärbündnissen (z.B. NATO) steht der Arbeiterbewegung heute ein sich international organisierender und agierender Gegner gegenüber. Seine Möglichkeiten zum abgestimmten Kampf gegen die Arbeiterbewegung und den gesellschaftlichen Fortschritt sind trotz Widersprüchen und Differenzen zwischen den verschiedenen imperialistischen Machtzentren nicht zu unterschätzen. Die Arbeiterbewegung muß dieser Entwicklung durch eine entsprechende Internationalisierung ihres Kampfes Rechnung tragen. Für die Kampfbedingungen der Arbeiterklasse und der anderen demokratischen Kräfte wird die konkrete Gestaltung des *politischen Herrschaftssystems* des staatsmonopolistischen Kapitalismus immer wichtiger. Trotz politischer Labilität verfügt die Monopolbourgeoisie nach wie vor über einen straff organisierten politischen Herrschaftsmechanismus, der insgesamt noch intakt und aktionsfähig ist. Dieser wird verkörpert durch den *Staat* (d.h. vor allem Regierung, Beamtenapparat, Armee, Polizei, Justiz, Geheimdienste, Parlament, Bildungssystem), durch die mit ihm inhaltlich und organisatorisch verflochtenen politischen Apparate der *Monopolverbände* (besonders Unternehmerverbände), durch die mit der monopolkapitalistischen Ordnung verbundenen *Parteien* sowie durch den *ideologischen Machtapparat* (besonders Massenmedien). Die Monopolbourgeoisie ist mehr denn je bemüht, ihr politisches Herrschaftssystem als Ganzes weiter abzusichern, es vor dem möglichen Einfluß der demokratischen Kräfte weitgehend abzuschirmen und es den neuen Bedingungen der Systemauseinandersetzung und des Klassenkampfes im Inneren anzupassen. Dies äußert sich – bei allen Unterschieden zwischen den einzelnen kapitalistischen Ländern – vor allem in der Zentralisierung der Machtbefugnisse bei den „Regierungschefs" und im forcierten Ausbau des Repressivapparates, im zunehmenden Einfluß des Militär-Industrie-Komplexes auf die Innen- und Außenpolitik, in der Einschränkung der Rechte der Legislative sowie der demokratischen Grundrechte der Werktätigen, in der weiteren Formierung der autoritär-konservativen Kräfte und in einer politischen Rechtsentwicklung in führenden kapitalistischen Industrieländern. Diese angestrebte Rechtswende soll zugleich ideologisch durchgesetzt und „abgesichert" werden. In der neokonservativen Politik der „geistig-moralischen Wende" sollen vor allem die neuen Informations- und Kommunikationstechniken zu einer breitgefächerten Massenmanipulierung ausgenutzt werden.

Es bestätigt sich nachdrücklich die von Lenin aufgedeckte Tendenz des Imperialismus zur politischen Reaktion, zur Negierung der Demokratie. Gleichzeitig vertieft sich der „Antagonismus zwischen dem die Demokratie negierenden Imperialismus und den zur Demokratie strebenden Massen".[6] Das Verhältnis zwischen beiden Tendenzen ist nicht immer gleich, sondern stets vom sich verändernden nationalen und internationalen Kräfteverhältnis abhängig. Die *objektive Tendenz zur politischen Reaktion* ist unter den neuen strategischen Existenzbedingungen des Imperialismus jedoch ungleich mehr als früher *Gegenwirkungen* ausgesetzt. So zwingt das veränderte Kräfteverhältnis den Imperialismus zu politischen Zugeständnissen auch bei der Wahl der Formen, der Mittel und Methoden der Herrschaftssicherung. Die antidemokratische Politik einflußreicher Kreise des Monopolkapitals und seiner politischen Repräsentanten stößt auf zunehmenden Widerstand der friedliebenden und demokratischen Kräfte. Gegenwärtig sind deshalb die Möglichkeiten der Volksmassen größer geworden, einen Abbau der demokratischen Grundrechte und Freiheiten und die Errichtung einer offenen Diktatur der reaktionärsten Kräfte des Monopolkapitals zu verhindern.

Nach wie vor bewegt sich die imperialistische Herrschaftspolitik im Rahmen der von Lenin charakterisierten *zwei Grundmethoden bürgerlicher Machtsicherung*, der „Methode der Gewalt, ... der Verweigerung jeglicher Zugeständnisse an die Arbeiterbewegung" und der „Methode des ‚Liberalismus', der Schritte in der Richtung auf die Entfaltung politischer Rechte, in der Richtung auf Reformen, Zugeständnisse usw.".[7] Beide Methoden sind Bestandteile *einer* Herrschaftsstrategie zur Niederhaltung des Volkes. Sie schließen sich nicht aus, sondern durchdringen, stützen und ermöglichen sich wechselseitig. Die jeweilige Gewichtung in der Anwendung dieser beiden Grundmethoden ist engstens mit den konkret-histori-

6 W. I. Lenin, Antwort an P. Kijewski (J. Pjatakow), in: Werke, Bd. 23, S. 14.
7 W. I. Lenin, Die Differenzen in der europäischen Arbeiterbewegung, in: Werke, Bd. 16, S. 356.

schen Bedingungen verknüpft. Im Zusammenhang mit der Vertiefung systemimmanenter Widersprüche des Kapitalismus und dem Übergang führender imperialistischer Kräfte zum offenen Konfrontationskurs gegen die sozialistische Gemeinschaft ist seit der zweiten Hälfte der 70er Jahre in vielen imperialistischen Ländern eine betontere Hinwendung der Monopolbourgeoisie zu konservativen und repressiven Formen der Herrschaftssicherung und -ausübung zu verzeichnen. Aber auch unter den veränderten Bedingungen sieht sich die Monopolbourgeoisie veranlaßt, nicht prinzipiell auf die Mittel der Zugeständnisse, der Teilreformen, der Integration wie überhaupt der „getarnteren" Formen der Machtausübung zu verzichten. Dabei gibt es hinsichtlich der Auswahl und der Gewichtung der konkreten Wege, Mittel und Methoden zur Niederhaltung der Arbeiterklasse und aller Werktätigen divergierende Auffassungen unter den herrschenden Kräften. Die kommunistischen Parteien und die anderen demokratischen Kräfte beachten dies bei der Festlegung ihrer Strategie und Taktik und richten den Hauptstoß ihres Kampfes gegen die entspannungsfeindlichen, autoritären und reaktionären Kräfte des Monopolkapitals.

Die Arbeiterbewegung und die demokratischen Bewegungen in den kapitalistischen Ländern sehen sich somit tiefgreifend veränderten Existenz- und Kampfbedingungen gegenüber. In der Gesamttendenz sind diese Bedingungen in vielem heute im Vergleich zu den 70er Jahren komplizierter geworden. Zugleich bilden sich neue Ausgangspunkte und Möglichkeiten für den weiteren Kampf der Werktätigen heraus. Die neuen Bedingungen stellen für die Arbeiterbewegung und die demokratischen Bewegungen neue Aufgaben und neue Herausforderungen. Für lange Zeit rücken offensichtlich in den Mittelpunkt die Kämpfe.
– um die Verhinderung eines nuklearen Infernos und für die Sicherung des Friedens, für die Beendigung des Wettrüstens und für Abrüstung und für eine demokratische Sicherheitspolitik;
– um einen demokratischen Weg aus den vielfältigen Krisenprozessen des Kapitalismus unter besonderer Berücksichtigung einer realistischen Alternativpolitik zur Überwindung der Massenarbeitslosigkeit und zur kapitalistischen Nutzung der Technologieentwicklung;
– um die Zurückdrängung der ökologischen Krise und die Durchsetzung einer demokratischen Umweltpolitik.

7.2. Kampf um Frieden, Arbeit, Demokratie und Umwelt

Arbeiterbewegung und neue demokratische Bewegungen Vor allem in den 60er Jahren kam es zu einem regelrechten Boom bürgerlicher Theorien, in denen die Nivellierung der Klassengegensätze, das Verschwinden des Klassenkampfes und eine schrittweise Integration der Arbeiterklasse in die sich entwickelnde „moderne Industriegesellschaft" prophezeit wurden. Vielfältige Erscheinungsformen wurden als Belege dieser Thesen herangezogen. Allein – die Euphorie bürgerlicher Ideologen fand in der sozialen Wirklichkeit der kapitalistischen Welt keine Bestätigung. Das Aufbrechen tiefer zyklischer Krisen und ihre spezifische Verflechtung mit der allgemeinen Krise des Kapitalismus, die Anhäufung traditioneller und das Entstehen neuer sozialer und politischer Konfliktstoffe bilden den Hintergrund für die *Entwicklung des Kampfes der Arbeiterklasse und anderer demokratischer Kräfte seit Ende der 60er/Anfang der 70er Jahre*. Worin kommt sie zum Ausdruck? Was macht ihr Wesen und was ihre widersprüchlichen und teilweise sogar gegensätzlichen Tendenzen aus?

Erstens: Vielfältige *Streiks* sowie andere *Protest- und Kampfaktionen* der Werktätigen zur Durchsetzung ihrer unmittelbaren Interessen sind ein typisches und bestimmendes Merkmal dieser Entwicklung. Betrug die Zahl der Teilnehmer an Streiks und anderen Massenaktionen der Werktätigen allein in den entwickelten kapitalistischen Ländern von 1919 bis 1939 74 Millionen (3,7 Mill. im Jahresdurchschnitt), von 1946 bis 1960 192 Millionen (13 Mill. im Jahresdurchschnitt) und von 1961 bis 1970 368 Millionen (37 Mill. im Jahresdurchschnitt), so beteiligten sich in den 70er Jahren jährlich rund 50 Millionen an diesen Kampfaktionen, und Anfang der 80er Jahre waren es über 60 Millionen. Diese Daten zeugen vom gewachsenen Massencharakter dieser Aktionen und davon, daß im Unterschied zur ersten und zweiten Etappe der allgemeinen Krise des Kapitalismus diese Kampfaktionen heute in der Tendenz zu einem *ständigen* Faktor der Klassenauseinandersetzung geworden sind. Selbst die zyklische kapitalistische Weltwirtschaftskrise 1974/75 konnte die Aktionen der Arbeiterklasse nicht wesentlich einschränken. Anders wirkte sich die zyklische Krise 1980 bis 1983 aus, in der es zu einem Rückgang der Streikkämpfe kam. Hier äußerte sich (und äußert sich z. T. bis heute noch) vor allem die disziplinierende Wirkung der fast zehn Jahre anhaltenden bzw. steigenden Massenarbeitslosigkeit, aber auch der zunehmende politische Druck konservativer Repressionspolitik. Ungeachtet dessen gab es trotz der zyklischen Krise Kampf- und Streikbereitschaft, in vielen Ländern auch Massenaktionen.

Zu den typischen Merkmalen dieser Kämpfe gehört die zunehmende *Erweiterung ihrer sozialen Basis*. Neben der Industriearbeiterschaft sind heute – in unterschiedlicher Form und Intensität – auch andere Teile der Arbeiterklasse an diesen Kampfaktionen beteiligt. Charakteristisch ist, daß in größerem Umfang Beschäftigte der sogenannten öffentlichen Dienste wie Lehrer, Erzieher, Sozialarbeiter, Beschäftigte des Gesundheitswesens, der Massenmedien, des Verkehrs- und Transportwesens in die sozialen Auseinandersetzungen einbezogen sind.

Ein bemerkenswertes Kennzeichen dieser Entwicklung besteht ferner darin, daß neben traditionellen Streiks *vielfältige neue Kampfformen* angewandt werden. Sie zeugen davon, daß die Arbeiterklasse auch unter den schwieriger gewordenen Bedingungen eine hohe Kampfbereitschaft besitzt. Da infolge des zunehmenden Drucks des Monopolkapitals die Wirksamkeit großer gewerkschaftlicher Flächenstreiks eingeengt ist, wird eine Vielzahl anderer Formen des gewerkschaftlichen Massenkampfes praktiziert, wie z.B. Wechselstreiks, nationale Aktionstage, befristete Generalstreiks, Massendemonstrationen, Kundgebungen, Meetings. Auch aus diesem Grunde kann die Zahl der direkten Streikteilnehmer nur noch begrenzt über das Ausmaß oder gar die Qualität der Kampfaktionen und der Kampfbereitschaft aussagen. In der BRD hat beispielsweise die IG Metall erstmalig in der Tarifrunde 1981 ein taktisches Konzept der „Neuen Beweglichkeit" angewandt, d.h. organisierte Warnstreiks verbunden mit Kundgebungen, Demonstrationen, Flugblattaktionen, Informationsständen und anderen Formen der Öffentlichkeitsarbeit.

Diese Klassenkämpfe werden auch durch *Veränderungen ihres Inhalts* gekennzeichnet. *Lohnkämpfe* behalten nach wie vor ihren hohen Stellenwert, jedoch seit Mitte der 70er Jahre geht es im Unterschied zu den 50er und 60er Jahren vor allem um die Sicherung der Reallöhne gegen zunehmende Angriffe des Monopolkapitals auf den Lebensstandard der Werktätigen. Stärker in den Vordergrund gewerkschaftlicher Aktionen rückt der *Kampf gegen die Massenarbeitslosigkeit.* Weitere Forderungen sind gegen den Abbau staatlicher und betrieblicher Sozialleistungen und gegen die Intensivierung der Ausbeutung sowie gegen die Einschränkung gewerkschaftlicher und anderer demokratischer Rechte gerichtet. Auch der Inhalt der Tarifauseinandersetzungen erweitert sich vor allem im Zusammenhang mit dem raschen Voranschreiten des wissenschaftlich-technischen Fortschritts und der kapitalistischen Intensivierung. Forderungen nach Schutz vor Rationalisierungsmaßnahmen, nach Sicherung der Arbeitsplätze, menschenwürdigen Arbeitsbedingungen, nach Umschulungs- und Weiterbildungsmöglichkeiten werden verstärkt erhoben. Die Auseinandersetzungen sind unter den neuen Kampfbedingungen härter geworden. Im Zusammenwirken mit dem Staat greifen die Unternehmer verstärkt zu massenhaften Aussperrungen, zu Entlassungen, zum Polizeieinsatz. Die Erfahrungen der Klassenkämpfe zeigen, daß heute die Erringung selbst kleinerer sozialer Erfolge mehr Kampf und mehr Einsatzbereitschaft auf Seiten der Arbeiter erfordert, als dies in den 50er und 60er Jahren der Fall war. Insgesamt kommt es in diesen vielfältigen Aktionen zu einer stärkeren *Durchdringung von ökonomischen und politischen Forderungen.* Der politische Charakter der Kämpfe nimmt tendenziell zu. Bereits unmittelbare sozialökonomische Forderungen und Aktionen geraten in Kollision mit der staatsmonopolistischen Wirtschafts- und Sozialpolitik. Das Ringen um die konkrete Nutzung des wissenschaftlich-technischen Fortschritts im Kapitalismus wird diese Entwicklungsrichtung verstärken. Viele Aktionen werden heute auch durch unmittelbar politische Ursachen hervorgerufen: durch die Konfrontations- und Hochrüstungsstrategie der aggressivsten Kreise des Imperialismus, durch die konservative Gesellschafts- und Wirtschaftspolitik, durch nationale und Rassendiskriminierung.

Zweitens: Die bemerkenswerteste Entwicklungstendenz in den Auseinandersetzungen in den kapitalistischen Ländern ist seit Anfang der 80er Jahre das deutliche *Anwachsen der demokratischen Aktivitäten für Frieden, Entspannung und Abrüstung.*

Das Neue im Vergleich zu früher besteht darin, daß der Kampf gegen ein nukleares Inferno, für die Verteidigung des Friedens in vielen dieser Länder breiteste proletarische und nichtproletarische Kreise politisch sensibilisierte und zu einer Massenbewegung wurde. Es entstand eine Friedensbewegung in historisch neuer Qualität. Sie reicht in alle Klassen und Schichten der Gesellschaft. Sie umfaßt Parteilose, Kommunisten, Gewerkschaftler, Sozialdemokraten, Grüne und Alternative, Liberale, Pazifisten und selbst Konservative.

Diese bislang nicht gekannte soziale und politische Breite bedingt natürlicherweise eine große innere Differenziertheit der konkreten weltanschaulichen und ideologischen Friedensmotivationen. Charakteristisch dabei ist jedoch, daß sich immer wieder ein gemeinsamer Nenner (Konsens) durchsetzt. Mehr noch: es bilden sich immer klarer Alternativforderungen zum Konfrontations- und Hochrüstungskurs heraus. Auch die offizielle NATO-„Abschreckungsstrategie" – früher bis weit in die werktätigen Massen hinein toleriert – stößt auf immer breitere Ablehnung. Ein tiefer Wandel vollzog und vollzieht sich in den Friedens- und sicherheitspolitischen Konzeptionen sozialdemokratischer Parteien, darunter besonders auch der SPD. Vielfältig und originell sind die Kampfaktionen und -formen. Der Einfluß der Friedensbewegung, die sich in sehr unterschiedlichen Formen weiter entwickelt, auf die Öffentlichkeit, auf das innenpolitische Kräfteverhältnis und selbst auf die Politik bürgerlicher Regierungen hat sich in den 80er Jahren verstärkt.

Drittens: Seit der zweiten Hälfte der 70er, besonders aber seit Beginn der 80er Jahre bilden sich *neue demokratische Bewegungen* heraus. Es handelt sich dabei – neben der gerade charakterisierten Friedensbewegung – um Bewegungen für den Schutz der natürlichen Umwelt, um verschiedene „Alternativbewegungen", um zahlreiche Bürgerinitiativen im kommunalen und regionalen Bereich und um verschiedene Minderheitsbewegungen. Traditionelle demokratische Bewegungen wie die Frauen- und Jugendbewegungen konstituierten sich auf neuer Grundlage, erheben neue Forderungen und wenden ebenfalls viele neue Kampfformen an. Diese Bewegungen entfalten sich auf dem Hintergrund der neuen inneren und äußeren Existenzbedingungen des staatsmonopolistischen Kapitalismus und sind Ausdruck des breiter gewordenen sozialen und politischen Konfliktpotentials im Kapitalismus. Sie richten sich gegen die Atomkriegsgefahr, gegen die Bedrohung von Mensch und Natur durch Umweltzerstörung, gegen Sozialabbau und Wohnungsnot, gegen Bildungsmisere und Vermarktung des Gesundheitswesens, gegen Diskriminierungen von Frauen, Ausländern, Behinderten, ethnischen Minderheiten, gegen autoritäre staatliche Kontrolle, Bevormundung und Überwachung, gegen neofaschistische Gefahren, gegen die neokolonialistische Ausbeutung der Entwicklungsländer. Proteste verbinden sich immer häufiger schon mit konkreten demokratischen Alternativen. Bei aller Widersprüchlichkeit ihrer ideologisch-politischen Positionen – die oft kleinbürgerlich bzw. radikal-demokratisch, linkssozialistisch, christlich-humanistisch oder auch utopisch-sozialistisch beeinflußt sind – und sozialen Zusammensetzung (Dominanz lohnabhängiger Mittelschichten) stellen sie bereits heute eine bedeutende radikal-demokratische und tendenziell antimonopolistische Kraft dar.

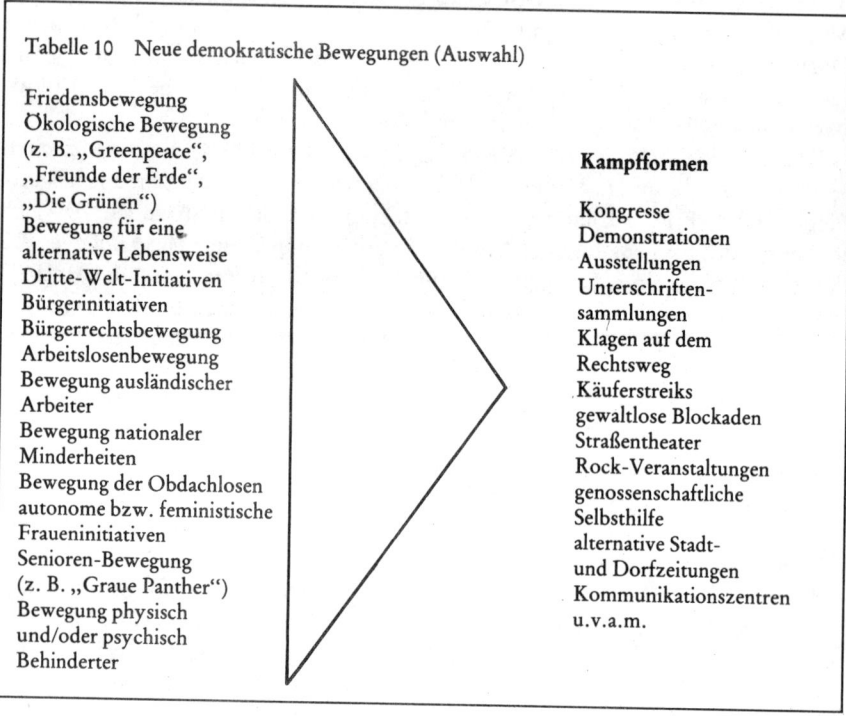

Tabelle 10 Neue demokratische Bewegungen (Auswahl)

Friedensbewegung
Ökologische Bewegung
(z. B. „Greenpeace",
„Freunde der Erde",
„Die Grünen")
Bewegung für eine
alternative Lebensweise
Dritte-Welt-Initiativen
Bürgerinitiativen
Bürgerrechtsbewegung
Arbeitslosenbewegung
Bewegung ausländischer
Arbeiter
Bewegung nationaler
Minderheiten
Bewegung der Obdachlosen
autonome bzw. feministische
Fraueninitiativen
Senioren-Bewegung
(z. B. „Graue Panther")
Bewegung physisch
und/oder psychisch
Behinderter

Kampfformen

Kongresse
Demonstrationen
Ausstellungen
Unterschriften-
sammlungen
Klagen auf dem
Rechtsweg
Käuferstreiks
gewaltlose Blockaden
Straßentheater
Rock-Veranstaltungen
genossenschaftliche
Selbsthilfe
alternative Stadt-
und Dorfzeitungen
Kommunikationszentren
u.v.a.m.

Ihre Stärkung wie überhaupt ihre Perspektiven hängen maßgeblich vom engen partnerschaftlichen Zusammenwirken mit der organisierten Arbeiterbewegung ab. Besonders im praktischen Zusammenwirken können auf beiden Seiten bestehende Vorbehalte weiter abgebaut werden. Hier liegt auch eine große Verantwortung der Kommunisten, der sie sich immer zielgerichteter stellen. In vielen kapitalistischen Ländern haben gemeinsame Aktionen von Arbeiter- und neuen demokratischen Bewegungen zugenommen.

**Gegen Rechtswende –
für demokratische
Alternativen**
In den Aktionen und Kämpfen der Arbeiterbewegung und der neuen demokratischen Bewegungen sowie in den programmatischen Aussagen von Gewerkschaftlern, Sozialisten, Sozialdemokraten, Alternativen, Grünen und Linksliberalen bildet sich ein breites Spektrum unterschiedlicher Forderungen heraus, die aber in ihrer Gesamtheit eine demokratische Alternative zur konservativen Gesellschafts- und Wirtschaftspolitik verkörpern. Auch die kommunistischen Parteien haben in den letzten Jahren ihre demokratischen Alternativprogramme entsprechend den neuen Bedingungen und Herausforde-

rungen weiterentwickelt. Besonders auf den Hauptfeldern demokratischer Alternativpolitik – Frieden, Arbeit, Demokratie, Umwelt – gibt es zahlreiche Berührungspunkte und Übereinstimmung mit den anderen demokratischen Kräften und ihren Forderungen.

Die Alternativen sind in der Regel auf die konkrete Lösung der dringendsten gesellschaftlichen Probleme im Interesse der Werktätigen orientiert. Die kommunistischen Parteien ringen darum, diese Alternativen so zu entwickeln, daß sie den breiten Massen zugänglich und verständlich werden, daß sie vor allem die Aktionseinheit der Arbeiterklasse und breite demokratische Bündnisse fördern. Sie unternehmen mit vielen anderen fortschrittlichen Kräften große Anstrengungen, damit es auch zur Erarbeitung *gemeinsamer* Alternativplattformen durch alle demokratischen Kräfte bzw. zur Abstimmung zwischen ihnen kommt. Das ist bislang aber noch selten der Fall.

Vor allem in den praktischen Aktionen und Bewegungen für Frieden und Abrüstung haben sich heute schon wichtige *Elemente einer gemeinsamen demokratischen Alternative zum Konfrontations- und Hochrüstungskurs* der aggressivsten Kreise des Imperialismus herausgebildet.

Dazu gehören solche Forderungen wie
– Einleitung einer neuen Entspannungsphase als Grundvoraussetzung internationaler und nationaler Sicherheit;
– Verhinderung einer Militarisierung des Weltraumes;
– Einstellung des Wettrüstens, effektive Abrüstungsschritte, zunächst vor allem im nuklearen Bereich;
– Kürzung der Militärausgaben und Verwendung der frei werdenden Mittel zur Schaffung von Arbeitsplätzen und für die Lösung anderer sozialer, darunter globaler Probleme (Kampf gegen den Hunger und zur Überwindung der Unterentwicklung in den Entwicklungsländern, Schutz der Umwelt u. a.);
– Alternative Sicherheitskonzepte (Ablehnung der aggressiven US-Militärdoktrin, aber auch der gefährlichen Abschreckungsstrategie der NATO, Durchsetzung einer Sicherheitspartnerschaft zwischen Ost und West mit dem Ziel der Organisierung einer gemeinsamen Sicherheit).

Wie niemals zuvor finden die Friedens- und Abrüstungsinitiativen der Sowjetunion und der sozialistischen Gemeinschaft auch bei unterschiedlichsten Kräften in der kapitalistischen Welt große Zustimmung und Unterstützung, weil sie den Lebensinteressen *aller* Völker und *aller* Menschen entsprechen und für *alle* Staaten gleiche Sicherheit anstreben.

Auf *sozial- und wirtschaftspolitischem Gebiet* stehen die Einschränkung und Überwindung der Massenarbeitslosigkeit und die Durchsetzung des Rechts auf Arbeit im Mittelpunkt. Zur Reduzierung der seit über einem Jahrzehnt permanent anhaltenden Massenarbeitslosigkeit werden Forderungen nach einem staatlichen Beschäftigungsprogramm (in der BRD z. B. verlangen der DGB und die DKP dafür die Bereitstellung von 50 Milliarden Mark u. a. durch Kürzung des Rüstungshaushaltes und durch höhere Besteuerung der Superprofite), nach Kürzung der Wochenarbeitszeit, nach Ausbau des sozialen Wohnungsbaus, des Gesundheitswesens, der öffentlichen und sozialen Dienstleistungen, des Netzes der Aus- und Weiterbildung erhoben. Mit dem raschen Voranschreiten des wissenschaftlich-technischen Fortschritts stand und steht vor der Arbeiterbewegung das Erfordernis, hierzu eine eigenständige und überzeugende Alternative zu entwickeln. Diese kann sich nicht von den Gesetzmäßigkeiten der Produktivkraftentwicklung „abkoppeln“, muß aber entgegen der primären Orientierung an der Profitlogik Interessen und Bedürfnisse der arbeitenden Menschen stärker in den Mittelpunkt rücken. Trotz beachtlicher Fortschritte bei der Ausarbeitung einer demokratischen Alternative zur kapitalistischen Nutzung der wissenschaftlich-technischen Revolution verfügt die Arbeiterbewegung in ihrer Gesamtheit Mitte der 80er Jahre noch nicht über ein geschlossenes Konzept. Wichtige Elemente und Forderungen der sich in diesen Fragen herausbildenden Alternative sind: Rationalisierungsschutzabkommen, Umschulungs- und Weiterbildungsmaßnahmen, gewerkschaftlicher Einfluß auf die sich verändernden Arbeitsbedingungen und -inhalte, Mitbestimmung bei der Einführung neuer Technologien in den Unternehmen, Einfluß auf die staatlichen Entscheidungen hinsichtlich der Technologie-, Struktur- und Investitionspolitik.

Die anstehenden sozialen Probleme drängen die Arbeiterklasse, eigene Alternativen zur *Wirtschaftspolitik* insgesamt zu entwickeln. Dabei geht es um Forderungen nach Mitbestimmungsrechten für die Werktätigen und Gewerkschaften auf den verschiedenen Ebenen der Wirtschaft, um die Erhaltung des staatlichen Sektors und seine Demokratisierung, um die Nationalisierung von Großbanken sowie bestimmter großer Monopolgruppen, um Maßnahmen für demokratische Eingriffe in die Wirtschafts- und Investitionspolitik.

Die konkreten Erfahrungen mit dem herrschenden politischen System und seinen autoritären und reaktionären Tendenzen haben bei größeren Teilen des Volkes das Bewußtsein dafür geschärft, daß der *Kampf um mehr Demokratie*, um mehr Einfluß, um mehr Mitentscheidung in Staat und Gesellschaft zu einer Kernfrage der weiteren Entwicklung in den kapitalistischen Ländern geworden ist. Die Kommunisten treten gemeinsam mit anderen progressiven Kräften für die Verteidigung der sozialen und demokratischen Grundrechte gegen die zunehmenden Angriffe der reaktionärsten Kreise des Monopolkapitals, für die volle Nutzung der Institutionen der bürgerlichen Demokratie (z. B. Verfassung, Parlament, Wahlen), für neue Formen demokratischer Mitentscheidung, für Mitbestimmung, für Bürgerinitiativen, für Volksbefragungen und Volksentscheide ein. Für Kommunisten gibt es entgegen den vielfältigen antikommunistischen Unterstellungen keine Geringschätzung der demokratischen Rechte, sie sind vielmehr an einem Höchstmaß an tatsächlichen demokratischen Rechten und Freiheiten für die Werktätigen interessiert. Das entspringt keiner Taktik, sondern dem demokratischen und humanistischen Wesen ihrer Weltanschauung und ihrer politischen Ziele sowie ihrer Verbundenheit mit allen demokratischen und humanistischen Kräften.

Die sich immer stärker zuspitzenden Umweltprobleme, die vielfach in eine ökologische Krise hinübergewachsen sind, haben auch an die Alternativpolitik der Kommunisten neue Anforderungen gestellt. Wie alle gesellschaftlichen Kräfte mußten sich auch die kommunistischen Parteien verstärkt der Ökologieproblematik zuwenden. Sie weisen auf den engen Zusammenhang zwischen monopolistischer Profitmaximierung und zunehmender Umweltgefährdung hin und entwikkeln Schritt um Schritt Alternativen für eine *demokratische Umweltpolitik*. Dazu gehören heute Forderungen nach energie- und rohstoffsparenden Technologien und nach Entwicklung von Kreislauftechnologien, nach einem umfassenden Sanierungsprogramm für die geschädigte natürliche Umwelt und einem pfleglichen Umgang mit der Natur, nach größeren Investitionen für den Umweltschutz, nach gezielter Umweltforschung, Umweltplanung und Stadtentwicklung. Ziel muß die Verbesserung der Lebensqualität der Menschen sein.

Die Durchsetzung demokratischer Alternativen – gleich auf welchem Gebiet – ist ohne vielfältige Kämpfe, ohne Veränderung des Kräfteverhältnisses in der kapitalistischen Gesellschaft und ohne demokratische Reformen nicht möglich. Die praktischen Auseinandersetzungen in verschiedenen kapitalistischen Ländern zeigen: Das Ringen um konkrete, den neuen Erfordernissen entsprechende demokratische Alternativen stärkt die Arbeiter- und die demokratische Bewegung, erhöht ihren politischen Einfluß in der Gesellschaft und schafft so allmählich günstigere Voraussetzungen, um die Rechtswende zu stoppen und Schritte hin zu einer demokratischen Wende einzuleiten. Die entscheidende Grundlage für die schrittweise Durchsetzung demokratischer Alternativen ist die Höherentwicklung der Massenkämpfe und die Entwicklung der Aktionseinheit der Arbeiterklasse und breiter demokratischer Bündnisse.

Aktionseinheit der Arbeiterklasse

Keine politische Kraft innerhalb der Arbeiterbewegung kann allein die brennenden aktuellen und die umfassenden perspektivischen Aufgaben lösen, vor denen die Arbeiterklasse steht. Nur durch Überwindung der Spaltung, durch die Zusammenarbeit kann die Arbeiterklasse als politische Kraft voll wirksam werden, kann sie ihrer Verantwortung im Kampf um Frieden, Demokratie und Sozialismus gerecht werden und können sich ihr Bewußtsein und ihre Kampfkraft bedeutend erhöhen. Die Aktionseinheit der Arbeiterklasse ist zugleich von entscheidender Bedeutung für die Herstellung und Festigung breiter demokratischer Bündnisse, wie umgekehrt demokratische Bündnisse sich fördernd auf die Aktionseinheit der Arbeiterklasse auswirken. In Theorie und Praxis lassen sich die kommunistischen Parteien davon leiten, daß für sie die Politik der Aktionseinheit nicht eine Frage der Taktik, nicht von zeitweiliger Natur, sondern ein Hauptbestandteil ihrer gesamten Strategie im Kampf um Frieden, Demokratie und Sozialismus ist. Diese Politik ist durch eine lange historische Tradition gekennzeichnet.

Die Politik der Aktionseinheit wurde bereits von Marx und Engels begründet und insbesondere in der I. Internationale (1864–1876) verwirklicht. Sie wurde von Lenin unter den neuen Bedingungen des Imperialismus weiterentwickelt. Gestützt auf die Erfahrungen der bolschewistischen Partei, half er den kommunistischen Parteien in den kapitalistischen Ländern, die nach der Großen Sozialistischen Oktoberrevolution im Kampf gegen die Spaltung der Arbeiterklasse durch den Opportunismus entstanden, eine auf die Herstellung der Aktionseinheit, insbesondere von kommunistischen und sozialdemokratischen Parteien gerichtete Politik auszuarbeiten. In einem komplizierten Prozeß sammelten die Parteien Erfahrungen im Ringen um die Aktionseinheit im Kampf gegen Imperialismus und kapitalistische Ausbeutung. Wo es gelang, die Aktionseinheit herzustellen, errang die Arbeiterklasse große Erfolge (z. B. Niederschlagung des Kapp-Putsches in Deutschland 1920, Abwehr des Faschismus in Frankreich 1934). Das Nichtzustandekommen der Aktionseinheit im Kampf gegen den aufkommenden Faschismus in Deutschland erleichterte den reaktionärsten Gruppen der deutschen Monopolbourgeoisie die Errichtung der faschistischen Diktatur (1933). Die Kommunistische Internationale unternahm große Anstrengungen, die Aktionseinheit der Arbeiterklasse auch international herzustellen. Entsprechend den seit dem Beginn der 30er Jahre veränderten Kampfbedingungen arbeitete der VII. Weltkongreß der Kommunistischen Internationale 1935 die Politik zur Herstellung der Aktionseinheit der Arbeiterklasse im Kampf gegen Faschismus und imperialistische Kriegsgefahr aus und begründete die Politik zur Schaffung einer antifaschistischen Volksfront. Ausgehend von den Beschlüssen des VII. Weltkongresses der Kommunistischen Internationale, den Erfahrungen des antifaschistischen Kampfes in Deutschland sowie anderer kommunistischer Parteien, erklärte die Brüsseler Parteikonferenz der KPD 1935 die Herstellung der Aktionseinheit aller Teile der deutschen Arbeiterklasse und die Schaffung der antifaschistischen Volksfront im Kampf für den Sturz der faschistischen Diktatur und für die Verhinderung des drohenden Krieges zur zentralen Aufgabe der KPD. Im Widerstandskampf gegen den Faschismus nahm in vielen Ländern die Aktionseinheit einen großen Aufschwung. Die vom VII. Weltkongreß der Kommunistischen Internationale ausgearbeitete Politik ermöglichte es, nach der Befreiung der Völker vom Faschismus die Einheit der internationalen Arbeiterbewegung zu stärken, in den europäischen Ländern der Volksdemokratie die Aktionseinheit der Arbeiterklasse herzustellen und zur politischen Einheit der Arbeiterklasse auf der Grundlage des Marxismus-Leninismus weiterzuführen. Das war in diesen Ländern die entscheidende Voraussetzung für die Eroberung der politischen Macht durch die Arbeiterklasse im Bündnis mit den Bauern und allen übrigen werktätigen Schichten. Auf dem Gebiet der heutigen Deutschen Demokratischen Republik führte die Aktionseinheit von KPD und SPD zu deren Vereinigung zur Sozialistischen Einheitspartei Deutschlands. Die Überwindung der Spaltung der Arbeiterklasse und die Herstellung eines festen Bündnisses mit der Bauernschaft und allen demokratischen Kräften waren Vorbedingung für den Sieg der antifaschistisch-demokratischen Umwälzung und für den Übergang zur sozialistischen Revolution in der DDR.

In den meisten kapitalistischen Ländern stellt die *Zusammenarbeit von kommunistischer und sozialdemokratischer Bewegung* als den beiden Hauptströmungen der Arbeiterbewegung den *Kern* der angestrebten Aktionseinheit dar, ohne daß sie darauf reduziert werden kann. Zunehmende Bedeutung für die Herstellung der Aktionseinheit erlangen die *Gewerkschaften*, die die breitesten und umfassendsten Klassenorganisationen der Arbeiterklasse sind. Einen wichtigen Platz im Kampf um die Aktionseinheit nehmen die christlichen Arbeiter und ihre Organisationen sowie die links von der Sozialdemokratie stehenden Arbeiter und Angestellten ein. In einer Reihe von Ländern verstärkte sich in den letzten Jahren die Tendenz zu gemeinsamen Forderungen und Aktionen größerer Teile der Arbeiterklasse, von Kommunisten, Sozialdemokraten, Christen und Parteilosen. Das trifft besonders für gewerkschaftliche Kampfaktionen, für Streiks sowie für vielfältige demokratische Massenbewegungen zu. Insbesondere in den Friedensbewegungen hat diese Zusammenarbeit bedeutend zugenommen. Dabei kommt es neben gemeinsamen auch zu koordinierten oder parallelen bzw. auch zu getrennten Aktionen mit gemeinsamen oder ähnlichen Forderungen. Auch in der Gewerkschaftsbewegung kapitalistischer Länder konnten Fortschritte bei der Herstellung der Aktionseinheit erzielt werden (u. a. in Portugal, Spanien, Italien, Finnland, Belgien sowie auf internationaler Ebene). Als sehr kompliziert und nur in einer längerfristigen Perspektive zu realisieren erweist sich die Herstellung von stabilen Aktionseinheitsbeziehungen zwischen kommunistischen und sozialistischen bzw. sozialdemokratischen Parteien. Im letzten Jahrzehnt wurden in verschiedenen Formen (u. a. gemeinsame Aktionsplattformen bis zu Regierungsbeteiligungen, gemeinsame parlamentarische Abkommen, gemeinsame Verwaltung großer Regionen, Städte und Kommunen) verstärkt Beziehungen und Kontakte zwischen diesen Parteien in Frankreich, Italien, Griechenland, Spanien, Finnland und einigen anderen Ländern realisiert. In den meisten dieser Länder konnten diese Beziehungen jedoch nicht ausgebaut und weiterentwickelt werden. Als Haupthindernisse erweisen sich immer wieder die gezielte Spaltungspolitik der Monopolbourgeoisie, aber auch Schwankungen unter Führungskräften der Sozialdemokratie sowie verschiedentlich auch eine nicht immer den neuen Anforderungen entsprechende konkrete politische Konzeption der Kommunisten.

Die Anforderungen an die ideologisch-politische Tätigkeit der kommunistischen Parteien zur Entwicklung der Aktionseinheit nehmen gerade in der Gegenwart weiter zu. Bei ihrer *Aktionseinheitspolitik* stützen sie sich auf eine Reihe praktisch bewährter – in Hauptzügen bereits von den Klassikern des Marxismus-Leninismus erarbeiteter – *Grundsätze*, die sie in Verallgemeinerung ihrer neuen Erfahrungen heute vervollkommnen und weiterentwickeln. Die wichtigsten dieser Grundsätze sind:

Erstens kämpfen die marxistisch-leninistischen Parteien für eine konsequente, revolutionäre Klassenlinie in der Arbeiterbewegung und wahren im Interesse einer starken unabhängigen Arbeiterbewegung ihre ideologische und organisatorische Selbständigkeit, sie setzen sich selbstlos für die Interessen der Werktätigen ein. Die Kommunisten treten für eine völlig gleichberechtigte Zusammenarbeit der Partner der Aktionseinheit ein und achten strikt die Selbständigkeit der sozialistischen und sozialdemokratischen Parteien.

Zweitens stellt die Politik der Aktionseinheit stets die gemeinsamen Interessen der Arbeiter und den Gegensatz zum jeweiligen Hauptgegner in den Vordergrund. Sie nutzt alle, auch die minimalsten Möglichkeiten – heute vor allem im Ringen um Frieden und Abrüstung und gegen die Abwälzung der Krisenlasten auf die Schultern der Werktätigen –, um das gemeinsame Handeln aller Arbeiter zu entwickeln. Eine solche Politik schließt notwendigerweise politische Kompromisse ein, die jedoch den gemeinsamen Interessen und Zielen der Werktätigen und ihrer Bewußtseinsentwicklung nicht widersprechen dürfen.

Drittens muß die Hervorhebung der gemeinsamen Interessen die sachliche Kritik an bürgerlichen Einflüssen und ihren Trägern in der Arbeiterbewegung einschließen. Jeder Verzicht auf die Auseinandersetzung mit dem Antikommunismus oder auf eine sachliche Kritik an der Politik und Ideologie der Sozialpartnerschaft würde letztlich dazu führen, die Arbeiterklasse politisch-ideologisch zu entwaffnen und sie in das kapitalistische System zu integrieren. Das stünde dem Wesen der Aktionseinheit und ihren Zielen diametral entgegen und würde geradezu die ideologischen und politischen Hindernisse für die Aktionseinheit stärken. Diese Auseinandersetzung dient nicht – wie es antikommunistische Ideologen behaupten – der „Schwächung" oder „Unterwanderung" der Sozialdemokratie, sondern der Stärkung ihrer friedliebenden, demokratischen und sozialen Potenzen. Ihre Kritik führen die Marxisten-Leninisten so, daß sie der Aktionseinheit keine neuen Hindernisse in den Weg legt, d. h. konkret, den Massen verständlich und von den konkreten praktischen Gemeinsamkeiten zwischen Kommunisten und Sozialisten bzw. Sozialdemokraten ausgehend. Dabei muß das Recht auf Kritik jedem Partner der Aktionseinheit zugestanden werden. Zusammenarbeit, Wettstreit um die Erfüllung der gemeinsamen Beschlüsse bzw. gemeinsamer Vereinbarungen und um Masseneinfluß sowie ideologische Auseinandersetzung bilden deshalb eine dialektische Einheit.

Viertens ist der Kampf um die schrittweise Realisierung der Aktionseinheit auf allen Ebenen der Klassenauseinandersetzung, zwischen den politischen Parteien auf allen Stufen der Organisation – von den Grundeinheiten bis zu den zentralen Parteileitungen – und in allen Formen zu organisieren. Alle Erfahrungen der Arbeiterbewegung bis in die jüngste Vergangenheit bestätigen, daß ein mechanisches Gegenüberstellen der Aktionseinheit „von unten" und „von oben" dem Kampf um die Herstellung der Aktionseinheit der Arbeiterklasse und ihrer Parteien und Organisationen abträglich ist.

Kommunisten und demokratische Bündnisse Neue Erfahrungen und Prinzipien

Die Herausbildung und Festigung demokratischer Bündnisse ist im Ringen um Friedenssicherung, um Demokratie und eine neue Umweltpolitik von erstrangiger Bedeutung. Zwar hat sich noch in keinem kapitalistischen Land ein umfassendes und stabiles Aktionsbündnis unter maßgeblichem Einfluß der Arbeiterklasse herausgebildet. Dies ist, wie alle Erfahrungen der Geschichte der Arbeiterbewegung bis in die unmittelbare Gegenwart („Linksunion" und „Union des Volkes" in Frankreich, „Historischer Kompromiß" in Italien, „Unidad Popular" in Chile u. a.) belegen, ein sehr komplizierter und langwieriger Weg.

Mit der Herausbildung einer machtvollen Friedensbewegung, mit dem Entstehen und der Ausbreitung verschiedener neuer demokratischer Bewegungen, mit der Zunahme sozialer Protestaktionen der werktätigen Massen haben sich in den kapitalistischen Ländern jedoch die *Ansätze für die Formierung demokratischer Bündnisse* erweitert. Vielfältige, zumeist punktuelle Aktionsbündnisse haben sich in nahezu allen kapitalistischen Ländern entwickelt, darunter in Portugal, Griechenland, Italien, Frankreich, Dänemark, Niederlande, aber auch in der BRD, in Belgien, den USA und Kanada. Gemeinsam mit aktiven Gewerkschaftlern, mit Sozialisten, mit Kräften aus der Friedensbewegung und den verschiedenen sozialen und demokratischen Bewegungen ringen die Kommunisten in den entwickelten kapitalistischen Ländern darum, daß der im Wachsen begriffene Kreis jener sozialen und politischen Kräfte, die sich einreihen in den Kampf um Friedenssicherung, um die Verteidigung der sozialen und politischen Rechte des werktätigen Volkes, noch viel breiter wird. Gemeinsam treten sie dafür ein, daß die demokratischen Kräfte und darüber hinaus alle am Frieden interessierten Kräfte – unbeschadet aller Differenzen, aller weltanschaulichen und ideologischen Unterschiede bzw. Gegensätze – Trennendes beiseitelegen und für die gemeinsamen Interessen als gleichberechtigte Partner handeln und ihren Einfluß in der Gesellschaft erhöhen.

Für Marxisten-Leninisten ist Bündnispolitik keine zeitweilige, „konjunkturelle" oder taktische Angelegenheit und nicht „ein vorläufiges Instrument, um langfristig den eigenen hegemonialen Anspruch durchzusetzen", und auch kein Mittel zur Durchsetzung von parteiegoistischen Zielen, für deren Realisierung sie allein zu schwach seien, wie es antikommunistische Ideologen behaupten. Bündnispolitik ist für die revolutionären Arbeiterparteien schon immer ein *fester Bestandteil ihrer Strategie in allen Etappen der Verwirklichung* der welthistorischen Mission der Arbeiterklasse gewesen.[8] Bündnispolitik kann auch nicht so verstanden werden, daß die Kommunisten die Strategie entwickeln und die potentiellen Bündnispartner dafür sozusagen als „Objekte" zu „gewinnen" sind.

Demokratische Bündnisse sind ein *Zusammenwirken* verschiedener, teilweise auch gegensätzlicher *sozialer und politischer Kräfte* zur Artikulierung und Durchsetzung punktueller oder weitreichender demokratischer Forderungen und Ziele. Ihr Kampf kann sich in gemeinsamen, parallelen, abgestimmten und auch nicht abgestimmten Aktionen und Aktivitäten vollziehen. Bündnisbeziehungen verlangen in der Gegenwart mehr denn je das Eintreten für eine gleichberechtigte partnerschaftliche Zusammenarbeit aller am Bündnis beteiligten Kräfte, in der alle gleiche Rechte und Pflichten haben und voneinander lernen. Die Kommunisten als konsequenteste demokratische und revolutionäre Kraft tragen für die Formierung und Entwicklung breiter Bündnisse eine besondere Verantwortung.

Dabei waren und sind die realen Bündnismöglichkeiten und Bündniskonstellationen unter den Bedingungen des Kapitalismus historisch unterschiedlich. Die Marxsche und Leninsche

8 Vgl. Kap. 2.2. und 6.2. des vorliegenden Lehrbuches.

Konzeption des Bündnisses der Arbeiterklasse mit den werktätigen Bauern und dem Kleinbürgertum wurde in den 30er Jahren und in der Nachkriegszeit durch die Einheitsfront-
und Volksfrontpolitik bereichert. In den 60er und 70er Jahren entwickelten die kommunistischen Parteien in den Ländern des staatsmonopolistischen Kapitalismus die Bündnispolitik
weiter zur Konzeption des Kampfes um breite antimonopolistische Koalitionen. Unter den
gegenwärtigen Bedingungen sind die objektiven Erfordernisse und auch die potentiellen
Möglichkeiten der Bündnispolitik breiter und differenzierter geworden als je zuvor in der
Geschichte der Arbeiterbewegung. In diesem Zusammenhang stellen sich eine ganze Reihe
neuer Probleme und Anforderungen an die Bündnispolitik der Kommunisten sowie auch an
all jene nichtkommunistischen Kräfte in der Arbeiter- und der demokratischen Bewegung,
die für die Herausbildung breiter demokratischer Bündnisse eintreten.

Diese neuen Anforderungen an die marxistisch-leninistische Bündnispolitik im Vergleich
zu den 60er und 70er Jahren werden in den entwickelten kapitalistischen Ländern mehr und
mehr von solchen Gesichtspunkten geprägt wie
– Vorrang der Friedensfrage auch in der Bündnispolitik, ihre Verbindung mit dem Kampf
um die Verteidigung demokratischer und sozialer Grundrechte;
– noch größere soziale und politische Breite, aber auch Differenziertheit und Dynamik der
Gesamtheit der potentiellen demokratischen Bündniskräfte;
– wachsender Stellenwert der demokratischen Massenbewegungen;
– zunehmende Verflechtung von Aktionseinheits- und Bündnispolitik;
– wachsende Möglichkeiten, daß für die Durchsetzung der allgemeindemokratischen Forderungen auch nichtkommunistische, nichtproletarische Kräfte einen bedeutenden eigenständigen Beitrag leisten;
– zunehmende Verbindung der Entwicklung demokratischer Bündnisbeziehungen mit dem
Kampf um die Einflußnahme auf die Veränderung der Innen- und Außenpolitik des imperialistischen Staates, für eine Politik des Friedens und der Abrüstung, für eine alternative
Wirtschaftspolitik, für eine Politik zu mehr demokratischer Mitentscheidung;
– wachsende Vielfalt der Formen des Zusammenwirkens unterschiedlicher sozialer und politischer Kräfte;
– zunehmende Bedeutung von Fragen der Ökologie, der Rechte der Frauen und Jugendlichen, der Lebensweise, der Persönlichkeitsentwicklung.

Die kommunistischen Parteien unternehmen gerade in jüngster Zeit verstärkt
Anstrengungen, um entsprechend ihren konkreten Kampfbedingungen ihre
Bündnispolitik weiter zu präzisieren und zu vervollkommnen. Neben bestimmten gemeinsamen Merkmalen widerspiegelt sich in der jeweils konkreten Bündnispolitik eine große Vielfalt spezifischer Züge und Gesichtspunkte. Dabei wirft
die Weiterentwicklung der bündnispolitischen Konzeptionen in Theorie und Praxis viele neue Probleme auf, die keineswegs nur kurzfristig zu lösen sind. Hierzu
gibt es in der kommunistischen Bewegung auch unterschiedliche Auffassungen.
Doch können sich heute alle Kräfte, die für breite demokratische Bündnisse eintreten und um eine den neuen Anforderungen entsprechende Bündnispolitik ringen, schon auf vielfältige neue praktische Erfahrungen stützen, die auch das Ergebnis eines breiten Diskussions- und Lernprozesses der verschiedenen politischen Kräfte sind. Dabei ist z. B. ganz offensichtlich geworden, daß der *Kampf um
Frieden, Rüstungsbegrenzung und Abrüstung zum entscheidenden Feld des Zusammenwir-*

kens sozial und politisch äußerst breiter und differenzierter Kräfte geworden ist. Die verschiedentlich geäußerte Vermutung, daß die neuen demokratischen Bewegungen nur eine vorübergehende Erscheinung seien, hat sich nicht bestätigt, wurzeln sie doch in sozialen und politischen Konfliktstoffen der kapitalistischen Gesellschaft sowie im verstärkten Engagement unterschiedlicher Klassenkräfte. Es wurde aber ebenso offensichtlich, daß die auf die Herausbildung breiter demokratischer Bündnisse orientierte Politik auch für Fortschritte bei der Entwicklung der Aktionseinheit der Arbeiterklasse selbst bedeutsam ist. Heute *durchdringen* sich Kampf um Aktionseinheit und Kampf um demokratische Bündnisse mehr als in der Vergangenheit. Es gibt kein einfaches, zeitliches Nacheinander (erst „Aktionseinheit", dann „Bündnis"), wie das früher verschiedentlich angenommen wurde. Andererseits bestätigen die praktischen Erfahrungen in kapitalistischen Ländern (z. B. in Italien, Portugal) auch, daß die Festigung und Dauerhaftigkeit demokratischer Bündnisse wesentlich davon beeinflußt wird, wie entwickelt die Aktionseinheit der Arbeiterklasse ist. Dabei kommt dem Zusammenwirken von Kommunisten und Sozialisten sowie Sozialdemokraten heute ein noch größerer Stellenwert zu.

An Bedeutung gewinnen aber auch die *Bündnisbeziehungen der Arbeiterklasse* zu ihren *potentiellen sozialen Bündnispartnern*: Bauern, städtische Mittelschichten, Intelligenz, Teile der Bourgeoisie. Sie alle werden unmittelbarer denn je von der gewachsenen imperialistischen Kriegsgefahr, aber auch von den Bestrebungen der reaktionärsten Kräfte des Monopolkapitals nach weiterem Abbau sozialer und demokratischer Rechte und in immer stärkerem Maße von den kapitalistischen Krisenwirkungen betroffen. Die Vertiefung des Widerspruchs zwischen der staatsmonopolistischen Oligarchie und der Mehrheit des Volkes, der sich in vielfältigen Erscheinungsformen äußert, bildet den Hintergrund für ein gewachsenes selbständiges Engagement dieser Schichten zur Durchsetzung ihrer Interessen. *Soziale Bündnisse* realisieren sich heute in sehr widersprüchlicher Art und Weise auch in Gestalt der vielfältigen Massenaktionen (z. B. bei Streiks, Demonstrationen, gemeinsamen außerparlamentarischen politischen Initiativen), besonders aber im Zusammenwirken von Vertretern verschiedener Klassen und Schichten in den sozialen und demokratischen Bewegungen.

Die Kommunisten orientieren verstärkt auch auf Formen des politischen Zusammenwirkens zwischen den *Parteien und Organisationen* dieser sozialen Kräfte, die im gesellschaftlichen Leben des Landes zumeist fest verwurzelt sind, sowie auf *demokratische Wahlbündnisse bzw. -koalitionen.* Den Kampf um die Linkseinheit und um die demokratische Einheit stellen sie dabei nicht mechanisch nebeneinander, sondern betrachten dies als eng miteinander verbundene Aufgaben.

Soziale und politische Bündnisse können nicht entgegengestellt werden, sondern sie bedingen sich gegenseitig und gehen oft auch ineinander über. Die praktischen Erfahrungen bei der Herausbildung demokratischer Bündnisse in den kapitalistischen Ländern zeigen, daß die günstigeren Bedingungen auch heute nicht automatisch demokratische Bündnisse hervorbringen, daß die *Bündnispolitik* der

Kommunisten und anderer Kräfte in der Arbeiter- und der demokratischen Bewegung auf nicht geringe *Gegenfaktoren, Schwierigkeiten und Hindernisse* stößt. Die nach wie vor recht widersprüchliche sozialökonomische Lage der potentiellen Bündnispartner drückt sich vor allem in ihrer kleinbürgerlichen Ideologie und Verhaltensweise und in politischen Schwankungen aus. Ihre Unzufriedenheit mit verschiedenen Seiten der staatsmonopolistischen Entwicklung kann sie gerade auch in zugespitzten Krisensituationen – vor allem wenn der Einfluß der demokratischen, fortschrittlichen Kräfte der Gesellschaft nicht stark genug ist – zu einer Wendung nach rechts veranlassen. Das drückt sich auch im Wahlverhalten von Teilen dieser Schichten in den USA, in Großbritannien, in der BRD und in einigen anderen Ländern aus. Das Monopolkapital wirkt ökonomisch, politisch und ideologisch gezielt auf diese Schichten ein, um sie auch in Zukunft als traditionelle Massenbasis zu erhalten und besonders durch antikommunistische Beeinflussung vom Bündnis mit der Arbeiterklasse abzuhalten.

Das Ringen um breite demokratische Bündnisse bleibt deshalb eine komplizierte und verantwortungsvolle Aufgabe der Kommunisten und aller anderen fortschrittlichen Kräfte der Gesellschaft. Dabei entwickeln sich in der Praxis eine Reihe wesentlicher Grundsätze, die Kontinuität und neue Qualität der Bündnispolitik der Kommunisten verdeutlichen und auch eine Grundlage für die schrittweise Lösung neu herangereifter bündnispolitischer Fragen bilden können. Zu diesen *Grundsätzen* gehören:
– das eigene aktive Engagement der Kommunisten für die Ziele der demokratischen Bewegungen und Bündnisse;
– das Zugrundelegen des gemeinsamen Nenners, der gemeinsamen Ziele;
– das Eintreten für eine gleichberechtigte partnerschaftliche Zusammenarbeit aller Kräfte des Bündnisses, in dem alle gleiche Rechte und Pflichten haben und voneinander lernen;
– das Eintreten für die Arbeiterinteressen im Bündnis;
– die Orientierung auf das wechselseitige Zusammenwirken von Arbeiterbewegung und demokratischen Bewegungen;
– das Ringen um die größtmögliche Breite der Bündnisbeziehungen;
– das Bemühen um die schrittweise Entwicklung von punktuellen zu immer umfassenderen demokratischen Bündnissen;
– die Anerkennung der Selbständigkeit der Partner im Bündnis und die Wahrung der politischen, ideologischen und organisatorischen Selbständigkeit der kommunistischen Parteien;
– die offene Darlegung der Ziele der Kommunisten gegenüber den Bündnispartnern und die Bereitschaft zum freimütigen Dialog, die Bereitschaft und Fähigkeit der Kommunisten und der anderen Bündnispartner, die geschichtlichen Erfahrungen sachlich und selbstkritisch aufzuarbeiten.

7.3. Strategische Orientierungen

Kontinuität und neue Qualität Die kommunistischen Parteien in den entwickelten kapitalistischen Ländern haben in den 60er und zu Beginn der 70er Jahre schrittweise eine Konzeption des antimonopolistisch-demokratischen Kampfes und der Perspektiven des Herankommens an den Sozialismus erarbeitet. Das betraf u. a. solche grundlegende Fragen wie die Ausarbeitung demokratischer *Alternativprogramme* in Wirtschaft, Staat und Gesellschaft: die Konzeption der *Zwischenstufen* und einer *antimonopolistischen Demokratie* als möglicher Übergangsform auf dem Weg zum Sozialismus; die Konzeption der breiten *antimonopolistischen Bündnisse*; die Fragen der *demokratischen Reformen* und ihres neuen Stellenwertes im Klassenkampf; die *Vielfalt der Kampfformen* und möglicher *neuer Wege zum Sozialismus*; den enger werdenden Zusammenhang zwischen dem *Kampf um Demokratie* und dem *Kampf um Sozialismus*.

Die Herausarbeitung bzw. weitere Präzisierung dieser strategischen Grundfragen war eine schöpferische, praktisch-politische und revolutionstheoretische Antwort auf das in den 60er Jahren tiefgreifend veränderte internationale Kräfteverhältnis, auf die umfassende Herausbildung des staatsmonopolistischen Kapitalismus und den Eintritt des Kapitalismus in die dritte Etappe seiner allgemeinen Krise. Mit dem Übergang zu den 80er Jahren entstanden für die Arbeiterbewegung in den kapitalistischen Ländern jedoch tiefgreifend veränderte Kampfbedingungen und dementsprechend wesentlich veränderte Kampfaufgaben. Die Präzisierung und Weiterentwicklung der Strategie der Arbeiterbewegung wurde objektiv erforderlich.

Das betrifft vor allem die Bestimmung des Kampfes um *Friedenssicherung und Abrüstung* als der *ersten und alles entscheidenden Grundaufgabe* im Ringen der Arbeiterklasse und ihrer Verbündeten in den kapitalistischen Ländern. Die *Alternativen* mußten *auf die neuen Hauptfelder* der Auseinandersetzung – Frieden, wissenschaftlich-technischer Fortschritt und Arbeit, Demokratie, Umwelt – konzentriert und hier konkreter ausgearbeitet werden. Diese Weiterentwicklung zeigt sich auch in der weiteren Ausarbeitung *der in jedem Land unterschiedlichen konkreten Schritte, Reformen, Zwischenstufen* in diesem neuen Kampfabschnitt, vor allem in der *Charakterisierung der „demokratischen Wende" als dem nächsten strategischen Ziel* durch eine Vielzahl kommunistischer Parteien. In diesem Zusammenhang hoben kommunistische Parteien auch hervor, daß dieser Kampf um Friedenssicherung und um eine demokratische Alternative, um eine demokratische Wende nicht schlechthin mehr gegen das gesamte Monopolkapital gerichtet ist, sondern vor allem *gegen die aggressivsten und reaktionärsten Fraktionen*. Die antimonopolistische Bündnispolitik wurde und wird weiterentwickelt zur Konzeption des Kampfes um die *Schaffung breitester demokratischer Aktionsbündnisse* auf den verschiedensten Ebenen.

Damit waren und sind eine Reihe grundlegender, objektiv gemeinsamer Probleme des demokratischen Kampfes, des *Ringens um demokratische Auswege* in den 80er Jahren aufgeworfen. Ihre Ausarbeitung durch die kommunistischen Parteien

221

erfolgt in einem langwierigen, widerspruchsvollen Prozeß und stets in Abhängigkeit von den realen politischen Kämpfen und Auseinandersetzungen und den dabei gewonnenen Erfahrungen und Erkenntnissen. Die gemeinsamen Aufgaben der Arbeiterklasse stehen in jedem Land schon auf Grund der unterschiedlichen Kräfteverhältnisse sehr *konkret und differenziert* und bedürfen deshalb der *konkreten* Analyse und der selbständigen Ausarbeitung durch die revolutionären Kräfte in jedem Land.

Angesichts der ungleichmäßigen ökonomischen und politischen Entwicklung der einzelnen kapitalistischen Länder und des unterschiedlichen Reifegrades des subjektiven Faktors sowie des eigenständigen Suchens nach neuen Antworten auf neu herangereifte Fragen ist es nicht ungewöhnlich, daß es dabei auch unter Kommunisten unterschiedliche Positionen und verschiedene Meinungen und Schlußfolgerungen strategischer, taktischer, aber auch theoretischer Art gibt.

Bei allen Unterschieden im einzelnen macht die *Programmatik* kommunistischer Parteien zumindest zweierlei deutlich: *Einmal* wird von den Parteien der Kampf um Friedenssicherung, um Entspannung und Abrüstung als die entscheidende Aufgabe von langfristiger Dauer bestimmt. *Zum anderen* wird heute mit der Orientierung auf eine „demokratische Wende" (mit diesem oder jenem spezifischen Inhalt) durch eine Vielzahl kommunistischer Parteien das *nächste strategische*, gesellschaftspolitische *Ziel* im Kampf der Arbeiterklasse umrissen.

Grundfrage der strategischen Orientierung

Das Ringen um Friedenssicherung, gegen die Forcierung des Wettrüstens durch die aggressivsten Kreise des Imperialismus und für Abrüstung steht heute im Zentrum der strategischen Orientierungen der Arbeiterbewegung. Warum hat sich das Gewicht und die strategische Bedeutung der Friedensfrage für den Kampf der Arbeiterklasse und aller demokratischen Kräfte in den imperialistischen Ländern so beträchtlich erhöht und zugleich modifiziert? *Erstens*: Die Lösung dieser Aufgabe ist heute zur *Grundvoraussetzung* dafür geworden, das *Überleben* der Menschheit, die Erhaltung menschlicher Zivilisation und damit den weiteren Fortschritt der Völker zu sichern.[9] Die Arbeiterklasse erweist sich als Hauptkraft des Friedenskampfes, besonders unter dem Gesichtspunkt seines sozialen Inhalts, als des Kampfes gegen die Rüstungsmonopole und den Militär-Industrie-Komplex. Die revolutionären Kräfte gehen davon aus, daß der Kampf um Frieden – an dem sich heute Menschen aller sozialen Klassen und Schichten, unterschiedlicher und zum Teil entgegengesetzter politischer Auffassungen, weltanschaulicher Überzeugungen und religiöser Bekenntnisse beteiligen – zugleich von übergeordnetem, allgemeinmenschlichem Interesse ist und deshalb auch ein selbständiges Kampffeld darstellt.

Zweitens: Die Durchsetzung einer Entspannung in den internationalen Beziehungen, die Beendigung des Wettrüstens und konkrete Schritte zur Abrüstung

9 Vgl. Kap. 5.2. des vorliegenden Lehrbuches.

sind für die Arbeiterklasse, für alle Werktätigen und alle demokratischen Kräfte im staatsmonopolistischen Kapitalismus heute zugleich *Voraussetzung* und *Bestandteil* für die Inangriffnahme ihrer spezifischen *sozialen, ökonomischen und politischen,* demokratisch-gesamtgesellschaftlichen Aufgaben. Der Konfrontations- und Hochrüstungskurs imperialistischer Kräfte bildet eine der wichtigsten *Quellen* für die Massenarbeitslosigkeit, die chronische Inflation, den Sozialabbau, die Reallohnbeschränkungen und die schrittweise Zurückdrängung sozialer und demokratischer Rechte. Hochrüstung deformiert in der Tendenz auch den kapitalistischen Reproduktionsprozeß und spitzt die ökonomischen Krisenprozesse und politischen Labilitätserscheinungen beträchtlich zu. Friedensfrage und soziale Frage sind deshalb heute enger denn je miteinander verbunden. Die realen Entwicklungsprozesse in imperialistischen Ländern belegen ferner, daß Konfrontations- und Hochrüstungspolitik mit Beschränkungen demokratischer Rechte und Freiheiten, mit forciertem Ausbau des Repressionsapparates, einer zunehmenden Militarisierungstendenz, dem Vordringen autoritärer Herrschaftsmethoden und der stärkeren Formierung und gesellschaftlichen Einflußnahme der rechtskonservativen Kräfte einhergehen. Das richtet sich nicht nur gegen die revolutionären und konsequent antiimperialistischen Kräfte und stößt auf deren Widerstand, sondern engt auch den Boden für die Friedensbewegung, die verschiedenen demokratischen Bewegungen sowie für das Wirken sozialreformistischer, liberaler, bürgerlich-demokratischer Kräfte und Bewegungen ein. *Auch der Kampf um Demokratie und der Kampf um Entspannung und Frieden rücken näher zusammen.* In bestimmter Hinsicht ist der Kampf um Frieden und Abrüstung, gegen zunehmende Militarisierungstendenzen heute zugleich auch zum *wesentlichsten Inhalt* und zur *aktuellsten Aufgabe* im Ringen um die *Verteidigung der demokratischen Rechte und Freiheiten* in den imperialistischen Ländern geworden.

In der Arbeiter- und der demokratischen Bewegung wird deshalb immer stärker betont, daß es heute keine durchgreifenden Erfolge im Kampf gegen die reaktionärsten Kräfte des Monopolkapitals mehr geben kann, wenn nicht die verschiedenen Kampffelder – Friedenskampf; Kampf gegen die Massenarbeitslosigkeit und für die Verteidigung der sozialen Rechte; Kampf um Sicherung der demokratischen Rechte und Freiheiten; Kampf um eine demokratische Umweltpolitik – enger koordiniert werden und dem objektiven *Primat des Friedenskampfes* Rechnung getragen wird. Dieser Kampf wird somit sowohl infolge der grundlegenden elementaren Lebensinteressen als auch der unmittelbaren ökonomischen und sozialen Bedürfnisse der Reproduktion der Arbeitskraft sowie der heutigen Notwendigkeiten zur Sicherung des bürgerlich-demokratischen Kampfbodens objektiv zur *Grundfrage der Strategie der Arbeiterbewegung* in den kapitalistischen Ländern.

Drittens: Die Verhinderung eines nuklearen Weltkrieges, die Sicherung des Weltfriedens, der Übergang zu internationaler Entspannung ist aber auch für die Verwirklichung der *langfristigen Ziele der Arbeiterbewegung* im Kampf um Demokratie und Sozialismus zur entscheidenden Frage geworden. Die revolutionäre Arbeiterbewegung sah im Frieden stets die günstigsten Bedingungen für die Verwirklichung ihrer Interessen und der aller anderen werktätigen Massen. Heute ist die *Verhinderung* eines Weltkrieges auch für die Arbeiterbewegung im Kapitalismus zur absoluten Bedingung und *Voraussetzung* für die Durchsetzung des demokratischen und sozialen Fortschritts überhaupt geworden. Sozialer und gesellschaftlicher Fortschritt ist nur noch bei Sicherung des Weltfriedens möglich. Die Arbeiterbewegung in den kapitalistischen Ländern hat auch in ihrer Programmatik diese neuen strategischen Fragen verarbeitet und begonnen, sie in praktische Politik umzusetzen.

Demokratische Wende In den Kämpfen der Arbeiterklasse, in den verschiedenen demokratischen und sozialen Bewegungen entstehen vielfältige spezifische Alternativen für eine demokratische Wende. Gemeinsam mit anderen demokratischen Kräften unternehmen auch die Kommunisten große Anstrengungen, um diese Forderungen und politischen Positionen zum Ausgangspunkt des gemeinsamen Handelns zu machen. Zugleich sind sie bemüht, anknüpfend an die verschiedenen demokratischen Alternativen, eine weiterführende und langfristige *strategische Orientierung* für diesen Kampf auszuarbeiten und sie allen demokratischen Kräften zur Diskussion zu stellen. Dies geschieht durch viele kommunistische Parteien mit der schrittweisen *Ausarbeitung einer Konzeption der „demokratischen Wende" bzw. der „Wende zu demokratischem und sozialem Fortschritt"*. Das trifft – in unterschiedlicher Form – auf die DKP, die PKP, die IKP, die Kommunistischen Parteien Griechenlands, Großbritanniens, Finnlands, Japans und der USA zu.

Es handelt sich bei dieser strategischen Orientierung um einen offensichtlich langwierigen und vor allem komplizierten Kampfabschnitt, der *noch auf dem Boden des staatsmonopolistischen Kapitalismus* liegt. Die Alternative für die Arbeiterbewegung und die gesamte demokratische Bewegung lautet nicht „Anpassung" an die vom Monopolkapital angesteuerten konservativen Wege oder „Warten" auf günstigere Möglichkeiten für antimonopolistische und revolutionäre Veränderungen. Ihre historische Verantwortung besteht unter den gegebenen Bedingungen vielmehr darin, alles zu tun für die Friedenssicherung und für eine demokratische Wende. Die kommunistischen Parteien gehen mit dieser Programmatik und politischen Praxis konsequent von den neuen Erfordernissen in diesem Kampfabschnitt – Verhinderung der reaktionärsten und aggressivsten Varianten konservativer Gesellschaftsstrategie – aus und orientieren zugleich auf die Nutzung der neuen historischen Möglichkeiten – Erkämpfung einer demokratischen Wende noch auf dem Boden des staatsmonopolistischen Kapitalismus.

Die nächsten demokratischen Forderungen und Aufgaben, denen die kommunistischen Parteien seit langem große Aufmerksamkeit widmen, werden damit jetzt zu einer *strategischen Orientierung* für einen *längeren Zeitabschnitt* zusammengefaßt. Entsprechend den konkreten Kampfbedingungen rücken dabei in jedem Land jeweils spezifische Erfordernisse und Aufgaben im Kampf um eine demokratische Wende in den Vordergrund. Auch die objektiven politischen Voraussetzungen für ihre Durchsetzung sind von Land zu Land unterschiedlich ausgeprägt. Dem grundlegenden *Inhalt* nach geht es bei dem Kampf um eine demokratische Wende um eine Wende von der Kriegsgefahr, vom imperialistischen Kurs der Konfrontation und des Wettrüstens zu einer Politik der Entspannung in den internationalen Beziehungen und der Rüstungsbegrenzung und Abrüstung. Es geht um eine Wende von der Abwälzung der Rüstungs- und Krisenlasten auf die arbeitenden Menschen und von der Einschränkung sozialer und demokratischer Rechte und Freiheiten der Werktätigen zu deren Verteidigung und allmählichen Erweiterung.

In diesem Kampfabschnitt stellt sich in der Regel noch nicht die Frage antimonopolistisch-demokratischer Umgestaltungen. Dem sozialen Wesen nach ist der Kampf für eine demokratische Wende auch nicht gegen das gesamte Monopolkapital gerichtet, sondern in diesem Ringen geht es um die schrittweise Zurückdrängung des wachsenden Einflusses der aggressivsten und reaktionärsten Kräfte des Monopolkapitals auf die Innen- und Außenpolitik, um die Schwächung und Begrenzung ihrer Machtpositionen und um eine spürbare Veränderung des Kräfteverhältnisses zugunsten der Arbeiterklasse und aller friedliebenden und demokratischen Kräfte, für ihren zunehmenden Einfluß auf die Innen- und Außenpolitik des Landes. In diesem Kampf der demokratischen und aller Friedenskräfte um die Lösung der dringendsten gesellschaftlichen Probleme kann es deshalb *perspektivisch* in imperialistischen Hauptländern zur Herausbildung einer solchen *Form*, einer solchen *Variante des staatsmonopolistischen Kapitalismus* kommen, die in ihrem Hauptinhalt nicht *vorrangig* von den aggressivsten und reaktionärsten Kräften, von den Kreisen des Militär-Industrie-Komplexes bestimmt wird. Es könnte der Einfluß anderer Fraktionen des Monopolkapitals, die auch aus Profitinteressen stärker an Beziehungen der friedlichen Koexistenz und an einer Begrenzung des Wettrüstens interessiert sind, zunehmen und damit partiell auch für die Verwirklichung der sozialen Interessen der Werktätigen wieder ein gewisser breiterer Raum entstehen. Die Überwindung der heute in mehreren imperialistischen Ländern dominierenden aggressiv-reaktionären Politikvarianten und die Durchsetzung einer realistischeren, weniger aggressiven und mehr reformoffenen Variante staatsmonopolistischer Politik könnte nur in harten Auseinandersetzungen zwischen den friedliebenden und demokratischen Kräften und den aggressivsten Kreisen des Monopolkapitals erfolgen. Dies würde eine Zurückdrängung des Einflusses vor allem des Militär-Industrie-Komplexes verlangen. Eine solche Entwicklung im staatsmonopolistischen Kapitalismus durchzusetzen könnte zugleich zu einem wichtigen Schritt auf dem Wege zu einer demokratischen Wende werden, die in ihrem sozialen und politischen Inhalt über staatsmonopolistische Politikvarianten hinausführt.

Natürlich kann eine solche Entwicklung nur von ausreichend starken und *einflußreichen Massenbewegungen* durchgesetzt werden. Wenn diese solche Alternativpositionen, eine solche Stärke und solchen eigenständigen Einfluß auf die Innen-

und Außenpolitik erlangten, um eine demokratische Wende durchzusetzen, würde das einschneidend die politische Landschaft, die Kräftekonstellation, die Bedingungen und Methoden des Regierens noch im Rahmen des staatsmonopolistischen Kapitalismus wandeln. Darauf wird in der Programmatik vieler kommunistischer Parteien imperialistischer Länder in dieser oder jener Weise hingewiesen.

In diesem Kampf um eine demokratische Wende könnten sich das Bewußtsein der Arbeiterklasse und der anderen demokratischen Kräfte weiterentwickeln und günstigere Kräfteverhältnisse für die Lösung weitergehender Aufgaben im Ringen um demokratischen und sozialen Fortschritt entstehen. Wenn die kommunistischen Parteien auch keine abstrakten Modelle über den Verlauf einer demokratischen Wende konstruieren, so gehen sie doch im Prinzip übereinstimmend davon aus, daß dieser Kampf schließlich *antimonopolistisch-demokratische Umgestaltungen* in dieser oder jener Form erfordern wird. Eine Reihe kommunistischer Parteien – wie u. a. die DKP, die KP Griechenlands, die PKP – heben hervor, daß sie in der Orientierung auf eine demokratische Wende auch den *Schlüssel* sehen, um die Tür für grundlegende antimonopolistische Umgestaltungen zu öffnen. Der Kampf um eine demokratische Wende noch auf dem Boden des staatsmonopolistischen Kapitalismus sowie um antimonopolistische Umgestaltungen der Macht- und Eigentumsverhältnisse sind verschiedene Entwicklungsstadien bzw. Reifestadien des Kampfes, die auch *fließend* ineinander übergehen können. In einem solchen Prozeß des Herankommens an den Sozialismus könnte es zur Herausbildung einer *antimonopolistischen Demokratie* in dieser oder jener Form kommen. Das wäre eine Etappe grundlegender gesellschaftlicher Umgestaltungen, in der die Arbeiterklasse und die anderen demokratischen Kräfte nach und nach über so viel politische Kraft und parlamentarischen Einfluß verfügen, daß sie eine von ihnen gemeinsam getragene *Regierungs- und Staatsmacht* erkämpfen, die im engen Zusammenwirken mit den Massenaktionen der Werktätigen grundlegende demokratisch-antimonopolistische Umgestaltungen im sozialen, wirtschaftlichen und staatlich-politischen Bereich durchsetzt, die demokratischen Alternativprogramme des antimonopolistischen Bündnisses schrittweise verwirklicht, den Widerstand der Monopolbourgeoisie überwindet und schließlich den Weg zum Sozialismus bahnt.

Die spezifischen Merkmale und Formen einer antimonopolistischen Demokratie (einer demokratischen Volksmacht) würden von Land zu Land sehr unterschiedlich sein. Die theoretisch-politische Grundlage der Strategie des Kampfes um eine antimonopolistische Demokratie bildet die schöpferische Anwendung und Weiterentwicklung der Leninschen Konzeption von der Möglichkeit der Herausbildung eines Staates der revolutionären Demokratie auf dem Weg zum Sozialismus.[10] Die kommunistischen Parteien betrachten *antimonopolistisch-demokratische*

10   Vgl. W. I. Lenin, Die drohende Katastrophe und wie man sie bekämpfen soll, in: Werke, Bd. 25, S. 368–371.

und sozialistische Umwälzung als miteinander verbundene Entwicklungsstadien in einem mehr oder minder *einheitlichen, langfristigen revolutionären Prozeß des Übergangs vom Kapitalismus zum Sozialismus.* Der Kampf der Arbeiterbewegung in den kapitalistischen Ländern zeigt nachdrücklich, daß diese „bereits zum Hauptträger des demokratischen Fortschritts, der demokratischen Erneuerung geworden ist".[11]

Kontrollfragen zu Kapitel 7

1. Welche Auswirkungen haben die Strukturveränderungen in der Arbeiterklasse auf ihr Kampfpotential?

2. Wie wirken sich die gegenwärtigen Kampfbedingungen auf die Entfaltung der Klassenkämpfe und demokratischen Massenaktionen aus?

3. Worin besteht heute der grundlegende Inhalt einer demokratischen Alternativpolitik?

4. Auf welchen Feldern entwickelt sich das Zusammenwirken von Arbeiterbewegung und neuen demokratischen Bewegungen, und welche Prinzipien ihres Zusammenwirkens bilden sich heraus?

5. Wie ist das Verhältnis von Kontinuität und neuer Qualität in den strategischen Orientierungen der revolutionären Arbeiterbewegung der kapitalistischen Länder im Kampf um Frieden und gesellschaftlichen Fortschritt?

11 Karl Marx und unsere Zeit – der Kampf um Frieden und sozialen Fortschritt. Internationale Wissenschaftliche Konferenz des ZK der SED 1983. Eröffnungsworte Erich Honeckers, Dresden 1983, S. 15; vgl. Programm der Sozialistischen Einheitspartei Deutschlands, Berlin 1976, S. 14.

8. Der Kampf der Völker Afrikas, Asiens und Lateinamerikas für Frieden, für die Festigung ihrer Unabhängigkeit und für sozialen Fortschritt

In der Epoche des Übergangs vom Kapitalismus zum Sozialismus hat der antiimperialistische nationale Befreiungskampf der kolonial unterdrückten Völker zur Beseitigung des imperialistischen Kolonialsystems geführt. Die national befreiten Staaten Afrikas, Asiens und Lateinamerikas, die einen eigenständigen Faktor der Weltpolitik bilden, kämpfen heute für den Frieden, für die Festigung der Unabhängigkeit, gegen Neokolonialismus und Unterentwicklung. Dieses Ringen um die Überwindung der ökonomischen Rückständigkeit und der Abhängigkeit vom Imperialismus sowie um die Gleichberechtigung in den internationalen Wirtschaftsbeziehungen hat globale Bedeutung erlangt und besitzt großen Einfluß auf die Veränderung des internationalen Kräfteverhältnisses.

8.1. Historischer Platz und Errungenschaften der nationalen Befreiungsbewegung

Nationale und koloniale Frage Seitdem Nationen als eine Struktur- und Entwicklungsform des gesellschaftlichen Lebens, als „ein unvermeidliches Produkt und eine unvermeidliche Form der bürgerlichen Epoche der gesellschaftlichen Entwicklung"[1] entstanden sind, existiert auch die nationale Frage. Die nationale Frage ist *untrennbar mit den grundlegenden sozialen Prozessen der jeweiligen Epoche verbunden.* Im Zeitalter des Übergangs vom Feudalismus zum Kapitalismus waren die nationalen Bewegungen vorwiegend mit den Klasseninteressen der Bourgeoisie verknüpft und somit eine Komponente der bürgerlichen Revolutionen. Die Bourgeoisie, die das progressive

1 W.I.Lenin, Karl Marx, in: Werke, Bd.21, S.61.

Prinzip der Nationalität aufstellte, war jedoch weit davon entfernt, es allen Nationen und Völkern gleicherweise zuzuerkennen. Sie benutzte vielmehr ihre im nationalstaatlichen Rahmen konstituierte Macht, um den Befreiungskampf anderer Völker zu unterdrücken, um Kolonien zu erobern und die arbeitenden Massen durch Schürung nationalistischer Vorurteile, ethnischer und religiöser Zwietracht zu spalten. So begann mit der Befreiung europäischer Völker von den Feudalfesseln zugleich die koloniale Unterjochung und Ausplünderung außereuropäischer Völker durch die Bourgeoisie. Marx und Engels, die das soziale Wesen der bürgerlichen nationalen Bewegungen und den *Zusammenhang zwischen dem Kampf für nationale Befreiung und der welthistorischen Mission der Arbeiterklasse* aufdeckten, gingen von dem Grundsatz aus, daß ein Volk, das andere Völker unterdrückt, selbst nicht frei sein kann. Sie wiesen nach, daß im Gegensatz zur Bourgeoisie, die die nationale Frage nur partiell und allein im Sinne ihrer Profitinteressen löst, die Interessen des Proletariats und die Ziele seines Befreiungskampfes unabdingbar die nationale Befreiung aller unterdrückten Völker einschließen. Dabei erhoben sie die Forderung nach Gewährung nationaler Unabhängigkeit ausdrücklich auch für die kolonial unterdrückten Völker, in denen sie natürliche Verbündete des Proletariats sahen, und wiesen den proletarischen Weg zur Lösung der nationalen Frage. Die Begründer des wissenschaftlichen Sozialismus arbeiteten die theoretischen Grundlagen und *programmatischen Leitsätze der revolutionären Arbeiterbewegung in der nationalen Frage* aus und deckten vor allem ihr Klassenwesen auf.[2]

In der Epoche des Imperialismus, als die Aufteilung der Welt unter wenige Großmächte abgeschlossen war und diese die Mehrheit der Erdbevölkerung national und kolonial unterdrückten, war der Kapitalismus „zu einem Weltsystem kolonialer Unterdrückung und finanzieller Erdrosselung der übergroßen Mehrheit der Bevölkerung der Erde durch eine Handvoll ‚fortgeschrittener Länder' geworden"[3]. Die nationale Frage war auch zu einer kolonialen Frage, zur Weltfrage der Befreiung der unterdrückten Völker der abhängigen Länder und der Kolonien vom Joch des Imperialismus geworden.

Im Jahre 1917 waren 69% der Bevölkerung und 72% des Territoriums der Erde dem imperialistischen Kolonialsystem unterworfen, das durch folgende Merkmale charakterisiert war: Erstens politische Herrschaft der imperialistischen Mächte über die betroffenen Gebiete durch direkte staatliche Unterwerfung mittels eines kolonialen Unterdrückungsapparates und die Anwendung außerökonomischen Zwangs (Tribute, willkürliche Steuern, Raub, Zwangsarbeit) oder unter dem Deckmantel formaler Selbständigkeit durch knechtende Ver-

---

2 Vgl. K. Marx/F. Engels, Reden über Polen, in: Werke, Bd. 4; K. Marx, Die britische Herrschaft in Indien, in: K. Marx/F. Engels, Werke, Bd. 9; K. Marx/F. Engels, Manifest der Kommunistischen Partei, in: Werke, Bd. 4; W. I. Lenin, Über das Selbstbestimmungsrecht der Nationen, in: Werke, Bd. 20; W. I. Lenin, Ursprünglicher Entwurf der Thesen zur nationalen und zur kolonialen Frage, in: Werke, Bd. 31.
3 W. I. Lenin, Der Imperialismus als höchstes Stadium des Kapitalismus, in: Werke, Bd. 22, S. 195.

träge und reaktionäre Marionettenregimes; zweitens Deformierung der ursprünglichen wirtschaftlichen Struktur dieser Gebiete (Zerstörung des traditionellen Reproduktionsprozesses, Raubbau, Durchsetzung von Monokulturen u. ä.) und deren Verwandlung in Rohstoff- und Agraranhängsel der imperialistischen Länder und in Absatzmärkte für deren industrielle Fertigwaren; drittens Ausplünderung durch das Finanzkapital, das die wirtschaftlichen Schlüsselpositionen in den betreffenden Gebieten an sich riß, mittels Kapitalexports, nichtäquivalenten Warenaustauschs u. a.; viertens Deformierung der sozialen und kulturellen Verhältnisse durch Konservierung rückständiger sozialer Strukturen und die einseitige Förderung reaktionärer einheimischer Ausbeuterschichten, durch Verbreitung menschenfeindlicher, besonders rassistischer Doktrinen, durch die Unterdrückung der reichen kulturellen Traditionen sowie der einheimischen Sprachen und durch die Aufrechterhaltung von Analphabetentum und Unwissenheit. Das in vielen Gebieten Jahrhunderte währende Kolonialjoch warf die Völker Asiens, Afrikas und Lateinamerikas in ihrer historischen Entwicklung weit zurück und fügte ihnen unermeßlichen ökonomischen, politischen und kulturellen Schaden zu.

Zusammenbruch des imperialistischen Kolonialsystems

Die Völker haben sich niemals mit der kolonialen Versklavung abgefunden. Die Geschichte der Kolonialexpansion und -herrschaft war zugleich die Geschichte heroischer, opferreicher Kämpfe der kolonial unterdrückten und abhängigen Völker. Jedoch konnten angesichts der ökonomischen und militärischen Überlegenheit und der raffinierten Taktik („Teile und herrsche!") der Kolonialmächte die voneinander isolierten, lokal begrenzten, in der Regel politisch nicht klar profilierten und nicht die Masse der Bevölkerung erfassenden Befreiungskämpfe lange Zeit keine dauerhaften Erfolge erringen. Erst mit dem *Sieg der Großen Sozialistischen Oktoberrevolution* in Rußland brach die *Zeit der Befreiung* für die kolonial unterdrückten und abhängigen Völker an. Eine der Kolonialmächte, das zaristische Rußland, schied aus der Reihe der Unterdrücker aus, und die Sowjetmacht bot das Beispiel der demokratischen Lösung der nationalen und kolonialen Frage auf revolutionärem Wege in den unterdrückten Randgebieten Rußlands. Die *Leninsche Nationalitätenpolitik* war ein mächtiger Impuls für die nationalen Befreiungsbewegungen, zeigte ihnen eine Perspektive und eröffnete die Möglichkeit ihrer politischen, moralischen und ökonomischen Unterstützung. Lenin hatte mit seiner Imperialismusanalyse begründet, daß sich der Übergang zum Sozialismus als langer und komplizierter Prozeß verschiedenartiger sozialer Revolutionen im Verlaufe einer ganzen Übergangsepoche vom Kapitalismus zum Sozialismus vollziehen wird, wobei sich der Klassenkampf des Proletariats in den fortgeschrittenen Ländern für den Sozialismus mit den nationalen Befreiungsbewegungen der unterdrückten Völker zu einem einheitlichen Strom des Kampfes zu vereinigen beginnt. Die *Lösung der nationalen und kolonialen Frage wurde Bestandteil des revolutionären Weltprozesses,* des Ringens der Völker für den sozialen Fortschritt. Die Solidarität der revolutionären Arbeiterbewegung mit den um ihre nationale Befreiung kämpfenden Völkern drückte die Kommunistische

Internationale mit ihrer Losung aus: „Proletarier aller Länder und unterdrückte Völker, vereinigt euch!" Lenin unterstrich die Bedeutung dieser Losung mit den Worten: „In der Tat treten wir jetzt nicht nur als Vertreter der Proletarier aller Länder auf, sondern auch als Vertreter der unterdrückten Völker."[4] Der Aufschwung der nationalen Befreiungsbewegung nach der Oktoberrevolution war ein Wesenszug der allgemeinen Krise des Kapitalismus und vertiefte sie. Immer mehr prägte die nationale Befreiungsbewegung ihren Charakter als eigenständiger revolutionärer Hauptstrom allgemein-demokratischen, antiimperialistischen Charakters im Kampf für Frieden und sozialen Fortschritt aus. Es kam zu einem stürmischen Anwachsen der nationalen Befreiungskämpfe in die Breite und Tiefe, zu einer *Krise des imperialistischen Kolonialsystems (1917–1945)*. In den Kämpfen dieser Jahre sammelte die internationale kommunistische Bewegung vielfältige Erfahrungen; immer deutlicher wurde die Kompliziertheit und Langfristigkeit sowie Mannigfaltigkeit der Prozesse der nationalen Befreiung.

Die markantesten Beispiele der Krise des imperialistischen Kolonialsystems waren die chinesische Revolution (1925/27) und der anti-japanische Befreiungskrieg des chinesischen Volkes (1937/45); die antiimperialistischen Aufstände in Korea (1919), Ägypten (1919), Persien (1920/21), Spanisch-Marokko (1921/26), Syrien (1925/26), Indonesien (1926/27), Nikaragua (1926/33), Französisch-Indochina (1930) und auf Kuba (1933); die Unabhängigkeitskriege Afghanistans (1919), der Türkei (1919/21) und Äthiopiens (1935/41); die antikolonialen Kampagnen des indischen Volkes unter Mahatma Gandhi und Jawaharlal Nehru sowie der antifaschistische Widerstandskampf der Völker Ost- und Südostasiens im zweiten Weltkrieg.

Neue soziale Kräfte, in erster Linie die nationale Bourgeoisie und in wachsendem Umfange die junge Arbeiterklasse, reihten sich in die nationale Befreiungsbewegung ein und beeinflußten maßgeblich deren weiteren Weg. Von großer Bedeutung war die Gründung erster kommunistischer Parteien in Asien, Afrika (in der Südafrikanischen Union und Nordafrika) und in Lateinamerika. Noch war aber der Imperialismus stark genug, ein Auseinanderbrechen seines Kolonialsystems zu verhindern. Lediglich dem mongolischen Volk gelang es 1921 in einer von Sowjetrußland solidarisch unterstützten Volksrevolution, als erstes ehemals abhängiges Land den Weg der sozialistischen Orientierung einzuschlagen.

Mit dem Sieg der Sowjetunion und ihrer antifaschistischen Verbündeten im zweiten Weltkrieg, der zu einer generellen Schwächung des Imperialismus als System führte und eine grundlegende Veränderung des internationalen Kräfteverhältnisses bewirkte, begann der unaufhaltsame Zerfall des imperialistischen Kolonialsystems (1945–1960). Dieser Zerfallsprozeß offenbarte sich zuerst in Ost- und Südostasien, wo die Völker Nordkoreas, Vietnams, Laos', Kampucheas und Indonesiens (1945), der Philippinen (1946), Indiens (1947) und Burmas (1948) die politische Unabhängigkeit erkämpften. Im Jahre 1949 kulminierte der heroische Kampf des chinesischen Volkes in der Ausrufung der Volksrepublik. Anfang der 50er Jahre erfaßten die Befreiungskämpfe in voller Breite den arabischen Raum (1952 Revolution in Ägypten, 1954 Beginn des Befreiungskrieges des algerischen Volkes, 1956

4 W. I. Lenin, Rede in der Aktivversammlung der Moskauer Organisation der KPR(B). 6. Dezember 1920, in: Werke, Bd. 31, S. 448.

Unabhängigkeit des Sudan und Tunesiens, 1957 Marokkos). Ende der 50er Jahre gelang es den ersten Ländern im subsaharischen Afrika, das Kolonialjoch abzuwerfen (1957 Ghana, 1958 Guinea).

In Lateinamerika und der Karibik, wo sich der Kapitalismus in deformierter und abhängiger Form entwickelt hatte, entstanden in dieser Zeit machtvolle Volksbewegungen gegen die Neokolonialmacht USA und die mit ihr kollaborierende einheimische Oligarchie. In diesen Bewegungen spielte die Arbeiterklasse bereits eine wesentliche Rolle. Allerdings konnten revolutionäre Prozesse, wie z.B. 1950/54 in Guatemala und 1952 in Bolivien, durch die direkte oder indirekte Einmischung der USA und die Inkonsequenz der einheimischen Bourgeoisie nicht ausreifen. Der Sieg der kubanischen Revolution 1959 leitete jedoch auch für Lateinamerika und die Karibik eine neue Etappe des antiimperialistischen Befreiungskampfes ein. Erstmals wurde das Herrschaftsmonopol des USA-Imperialismus in dieser Region durchbrochen, und die nationale Befreiungsrevolution wuchs in Kuba unter Führung marxistisch-leninistischer Kräfte in die sozialistische Revolution hinüber.

Die sich nach 1945 vollziehenden Entwicklungen in Asien, Afrika und Lateinamerika zeugten vom gewaltigen antiimperialistischen Potential der nationalen Befreiungsbewegung. Eine ganze Reihe von Ländern begannen freundschaftliche Beziehungen zu den Staaten des sozialistischen Weltsystems aufzunehmen. Der Befreiungskampf mündete in einigen Ländern (KDVR, VR China, DR Vietnam und Kuba) in den Aufbau des Sozialismus ein. Namentlich in Lateinamerika erhöhte sich das Gewicht der Arbeiterklasse im antiimperialistischen Kampf. Die Zahl und der Einfluß kommunistischer Parteien in Lateinamerika und in einigen Staaten Asiens und des arabischen Raums nahmen zu. Im subsaharischen Afrika begannen sich – neben der Südafrikanischen KP – marxistisch-leninistische Gruppen zu formieren. Trotz massiven Einsatzes seiner ihm noch verbliebenen erheblichen Machtmittel sah sich der Imperialismus außerstande, sein Kolonialsystem aufrechtzuerhalten und die politische Emanzipation der noch kolonialen und abhängigen Völker zu verhindern. Mit dem „Afrikanischen Jahr" 1960, in dem 17 Länder des subsaharischen Afrikas die staatliche Unabhängigkeit errangen, wurde der endgültige Zusammenbruch des imperialistischen Kolonialsystems eingeleitet. Mit der Beseitigung des portugiesischen Kolonialreiches Mitte der 70er Jahre und der Gründung der Republik Simbabwe (1980) hörte die direkte koloniale Unterdrückung (bis auf einige Restterritorien, wie z.B. Namibia sowie einige Inseln und Gebiete)[5] als internationales System auf zu existieren. Von historischer Bedeutung war der Sieg der Völker Vietnams (1975), von Laos (1973) und Kampuchea (1975).

In der historisch kurzen Frist von nur 40 Jahren entstanden auf den Trümmern der ehemals weltumspannenden imperialistischen Kolonialimperien rund 100 politisch souveräne Nationalstaaten, die (z.B. in der Bewegung der Nichtpaktgebundenen) ein stetig zunehmender Faktor im weltweiten Kampf gegen imperialistische Hochrüstungs- und Interventionspolitik, für Frieden, Demokratie und sozialen Fortschritt sind.

---

5 1986 waren noch 0,3% der Weltbevölkerung auf knapp 1% der Erdoberfläche direkter kolonialer Unterdrückung ausgesetzt. Neben Namibia betrifft dies 21 Gebiete, vorwiegend Inseln und Inselgruppen, die für die neokoloniale Strategie eine wichtige militär-logistische Rolle spielen (z.B. Puerto Rico, Guadeloupe, Martinique, Réunion, Diego Garcia sowie weitere kleinere Territorien).

232

Tabelle 11 Anteil der Länder, die nach 1917 ihre staatliche Unabhängigkeit errangen (außer sozialist. Ländern)

	Anteil am Territorium der Erde (in Prozent)	Anteil an der Weltbevölkerung (in Prozent)
1919	—	—
1939	2,4	2,1
1945	8,8	23,7
1960	21,7	30,9
1970	25,7	35,8
1980	32,8	39,6

Tabelle 12 Anzahl der Länder, die nach 1945 ihre staatliche Unabhängigkeit errungen haben

	Insgesamt	Afrika	Asien	Lateinamerika und Karibik	Ozeanien
1945–49	12	—	12	—	—
1950–60	25	22	3	—	—
1961–70	29	20	1	4	4
1971–80	25	11	5	7	2
1981–85	4	—	1	3	—
insgesamt 1945–85	95	53	22	14	6

Hauptergebnisse des nationalen Befreiungskampfes

Mit der Erringung der *politischen Unabhängigkeit* in Gestalt souveräner Staaten hatte der Kampf der kolonial unterdrückten Völker ein erstes historisch wichtiges Resultat. Die Erfolge dieser Etappe waren auch möglich durch das Erstarken des sozialistischen Weltsystems und die wachsende Unterstützung der nationalen Befreiungsbewegung durch die Sowjetunion und die sozialistischen Bruderstaaten, z.B. für Kuba, Vietnam, die arabischen Völker und eine Reihe afrikanischer Staaten. Mit dem Zusammenbruch des imperialistischen Kolonialsystems war die direkte politische Unterdrückung und koloniale Ausbeutung durch den Imperialismus beseitigt worden. Die Völker der ehemaligen Kolonien wurden *Subjekte der internationalen politischen Beziehungen.* Allerdings waren und sind bis heute zahlreiche Probleme des kolonialen Erbes (Rückständigkeit, ökonomische Abhängigkeit, Unterentwicklung und sozialökonomische Deformation) noch nicht gelöst.

Unter Bedingungen, da sich in vielen ehemals kolonialen und abhängigen Gebieten, vor allem Afrikas, noch keine neue ökonomische Basis herausgebildet hatte und kapitalistische Produktionsverhältnisse noch nicht dominierten, war in diesen Regionen im Ergebnis ihrer erzwungenen Integration in das kapitalistische

Kolonialsystem eine sehr heterogene sozialökonomische Struktur enstanden, die als *Mehrsektorenwirtschaft*[6] bezeichnet wird. Infolge ihrer in kolonialer Zeit erfolgten erzwungenen Einbeziehung in den kolonialen Typ der kapitalistischen Arbeitsteilung blieben die Entwicklungsländer untergeordneter, ausgebeuteter und abhängiger *Teil des kapitalistischen Weltwirtschaftssystems.* Aber im Gegensatz zur Zeit vor 1917, als sich ein Volk, das sich von nationaler und kolonialer Unterdrükkung befreite, wegen der alleinigen Herrschaft des Kapitals in der Welt nur in kapitalistischer Richtung entwickeln konnte, begann sich infolge des veränderten internationalen Kräfteverhältnisses die Möglichkeit abzuzeichnen, alternative Wege der gesellschaftlichen Entwicklung zu beschreiten. So entstand nach dem Zusammenbruch des imperialistischen Kolonialsystems ein kompliziertes, vielschichtiges Konglomerat von Staaten, die sich vor allem unterscheiden durch verschiedene sozialpolitische Entwicklungsrichtungen, durch die Einwirkung unterschiedlicher ideologischer, religiöser, ethnischer, kultureller, traditioneller und weiterer Faktoren; durch die ehemalige Zugehörigkeit zu verschiedenen Kolonialmächten; durch ihre kontinental-geographische Spezifik, durch ihre Ressourcenausstattung, die Größe ihres Territoriums bzw. ihrer Bevölkerung; durch ihre konkrete Position im kapitalistischen Weltwirtschaftssystem usw.

In Abhängigkeit von der konkreten politischen Kräftekonstellation und dem sozialökonomischen Entwicklungsniveau im betreffenden Land sowie von der regionalen und internationalen Lage führten die *nationalen Befreiungsrevolutionen zu unterschiedlichen politischen Ergebnissen.* Die jeweiligen Führungskräfte entschieden sich für unterschiedliche Wege der sozialen und politischen Entwicklung. Sie werden durch Hauptgruppen von Ländern repräsentiert, wobei die Grenzen zwischen diesen in sich wiederum sehr differenzierten Gruppen fließend sind, teilweise raschen Veränderungen unterliegen und die eingeschlagene Entwicklungsrichtung nicht immer stabil bleibt. Es handelt sich um folgende Hauptgruppen: Länder, die einen *kapitalistischen Weg* beschreiten, ohne daß die volle Durchsetzung des Kapitalismus in jedem Falle unabwendbar ist (das ist die große Mehrheit der national befreiten Länder); Länder, die nach der Erringung der staatlichen Unabhängigkeit eine antikapitalistische Entwicklungsrichtung einschlugen und mehr oder weniger konsequent auf eine *sozialistische Perspektive* orientieren (eine kleinere Gruppe von Ländern wie z. B. Äthiopien, Angola, Moçambique, Algerien, Afghanistan, Nikaragua); Länder, in denen der Kampf um nationale Befreiung in einem einheitlichen revolutionären Prozeß über Zwischenetappen in die *sozialistische Revolution* hinüberwuchs und die die sozialistische Gesellschaftsord-

---

6 Die ökonomische Basis der Mehrsektorenwirtschaft in Entwicklungsländern weist einen rückständigen, heterogenen, desintegrierten und deformierten Charakter auf. In dieser auch als Übergangsgesellschaft multistruktureller Natur zu charakterisierenden Basis bestehen sozialökonomisch höchst unterschiedliche Produktionsformen bzw. zu sozialökonomischen Sektoren deformierte Produktionsweisen (bzw. Misch- und Übergangsformen) über relativ lange Zeiträume nebeneinander.

nung aufbauen (wie z. B. die VR China, die KDVR, die SR Vietnam, die Republik Kuba).

Die meisten Länder *Lateinamerikas und der Karibik* nehmen eine Sonderstellung ein. Sie erkämpften in der Mehrzahl ihre Souveränität bereits im 1. Drittel des 19. Jahrhunderts, gerieten jedoch danach in neokoloniale Abhängigkeit vom USA-Kapitalismus. In diesen Ländern hat sich der Kapitalismus in abhängiger und rückständiger Form, unter direktem Einfluß des USA-Imperialismus, als herrschende ökonomische Gesellschaftsformation durchgesetzt – allerdings bei Fortexistenz von Elementen vorkapitalistischer Produktionsweisen – und in solchen Ländern wie Argentinien, Mexiko, Brasilien, Venezuela u. a. ein mittleres Entwicklungsniveau erreicht. In diesen Ländern existiert bereits eine relativ entwickelte Arbeiterklasse.

Tabelle 13   Anteil der Lohnarbeiter an der ökonomisch aktiven Bevölkerung Lateinamerikas

Jahr	Ökon. aktive Bevölkerung* Mill.	Prozent	Lohnarbeiter Mill.	Prozent
1950	54	100	26	48,1
1960	68	100	35	51,5
1970	87	100	50	57,5
1984	127	100	76	59,8

* Zur „ökonomisch aktiven Bevölkerung" zählen alle Personen, die unmittelbar oder mittelbar eine auf Erwerb gerichtete Tätigkeit ausüben oder eine solche suchen, unabhängig davon, ob der ökonomische Erlös aus dieser Tätigkeit für den Lebensunterhalt ausreichend ist oder nicht.

8.2. Der Kampf für Frieden, gegen Neokolonialismus und Unterentwicklung

Übereinstimmung der Grundinteressen

Mit dem Zusammenbruch des imperialistischen Kolonialsystems und der Entstehung politisch souveräner Nationalstaaten – „die bedeutendste Errungenschaft der revolutionären Kräfte seit dem Entstehen des sozialistischen Weltsystems"[7] – ist der Kampf der Völker der Entwicklungsländer in eine neue historische Entwicklungsetappe getreten. Die Verteidigung der politischen Souveränität sowie ihre Fundierung durch die Überwindung der ökonomischen Rückständigkeit und Abhängigkeit vom Imperialismus und der Kampf für die

7 E. Honecker, Eröffnungsrede. In: Der gemeinsame Kampf der Arbeiterbewegung und der nationale Befreiungskampf gegen Imperialismus, für sozialen Fortschritt, Bd. I, Dresden 1981, S. 13.

hierfür notwendigen internationalen Voraussetzungen in Form von Entspannung, Abrüstung, Frieden und friedlicher Koexistenz wird objektiv immer mehr zur Hauptsphäre der Auseinandersetzung mit dem Imperialismus und der einheimischen Reaktion. An diesem Kampf sind alle Völker der Entwicklungsländer – unabhängig von ihrer politischen Orientierung – beteiligt.

Auch angesichts der Entfaltung von Klassengegensätzen in den einzelnen Ländern und einer sich weiter ausprägenden Differenzierung zwischen ihnen bleibt der *Widerspruch zu neokolonialistischen, auf soziale Revanche zielenden aggressivsten imperialistischen Kräften dominierend; grundlegende Gemeinsamkeiten* der national befreiten Länder *bleiben bestimmend*. Hierzu zählen vor allem: analoge historische bzw. sozialökonomische Ausgangsbedingungen; ähnlicher Ablauf grundlegender ökonomischer Prozesse; die oftmals dramatische Verschlechterung ihrer wirtschaftlichen Grundsituation; vergleichbare Aufgaben und Probleme in ihrer sozialen und wirtschaftlichen Entwicklung u. a. Alle Entwicklungsländer sind umschlossen von kapitalistischen internationalen Produktionsverhältnissen kolonialen bzw. neokolonialen Typs. Hieraus ergibt sich die Verschärfung des grundlegenden Widerspruchs zwischen den Völkern dieser Region und den aggressivsten Kreisen des Imperialismus. Erstere sind an der weiteren Festigung der nationalen Unabhängigkeit und der konsequenten Lösung ihrer akuten Lebensprobleme interessiert. Dabei stoßen sie unvermeidlich auf die Profitinteressen internationaler Monopole. Ohne die konstruktive Lösung dieses antagonistischen Widerspruchs sind Unterentwicklung, Rückständigkeit und ökonomische Abhängigkeit dieser Länder nicht zu beseitigen. Der Antiimperialismus der national befreiten Völker tritt im Kampf für Frieden, um die Überwindung der Unterentwicklung und die Lösung weiterer globaler Probleme immer stärker in Gemeinsamkeiten des Kampfes um neue gleichberechtigte internationale Beziehungen, besonders auf politischem und ökonomischem Gebiet, hervor. Er wird immer mehr zur bestimmenden Basis ihres antineokolonialen Zusammenwirkens.

Das *gemeinsame Interesse aller Entwicklungsländer* an der Beseitigung der Gefahr eines atomaren Infernos, an Abrüstung und Entwicklung, an Überwindung von Rückständigkeit und neokolonialer Ausbeutung, an konstruktiver und gleichberechtigter Zusammenarbeit ist wesentlich mit den durchaus differenzierten nationalen Interessen verflochten. Es ergeben sich auch neue Voraussetzungen für ein gleichberechtigtes Zusammenwirken mit den sozialistischen Ländern. So werden die national befreiten Völker immer mehr zum Akteur und *aktiven Partner im Kampf für Frieden, Abrüstung und Entspannung*. In solchen Fragen wie der Schaffung atomwaffenfreier Zonen, der Nichtweiterverbreitung von Kernwaffen, im Kampf gegen militärische Interventionen, gegen die neokoloniale Stützung der inneren Konterrevolution und gegen die Politik der aggressiven Militärpakte sowie Stützpunkte des Imperialismus spielen die Völker Afrikas, Asiens und Lateinamerikas eine wichtige Rolle. Dabei kommt es in vielen Fragen, z. B. innerhalb der UNO, zu einem Zusammenwirken mit den sozialistischen Ländern. Die *Möglichkeiten des Imperialismus*, ökonomisch uneingeschränkt zu diktieren und weiter willkürlich über Rohstoffe und Energieträger der früheren Kolonien zu verfügen, wurden besonders in den 70er Jahren, z. B. durch Nationalisierungsmaßnahmen, *zurückgedrängt*. Insgesamt konnte eine *neue Situation in den internationalen politischen Beziehungen* durchgesetzt werden. Den imperialistischen Mächten gelingt es immer weniger, anderen Völkern ihren Willen aufzuzwingen und sie im Interesse des Monopolkapitals politisch zu manipulieren. Das wurde besonders in der UNO deutlich, wo die Staaten Afrikas, Asiens und Lateinamerikas über eine Stimmenmehrheit verfügen und dadurch, gemeinsam mit der sozialistischen Staatengemeinschaft, die Annahme einer Reihe wichtiger Beschlüsse ermöglichten, die auf Entkolonialisierung der internationalen ökonomischen Beziehungen im kapitalistischen Weltsystem zielen. So kodifizierte die „Charta der ökonomischen Rechte und Pflichten der Staaten" (1974) gegen den erbitterten Widerstand imperialistischer Hauptstaaten demokratische Prinzipien einer neuen internationalen Wirtschaftsordnung.

Großen Einfluß in der Weltarena erlangte die 1961 gegründete *Bewegung der Nichtpaktgebundenen*, der die Mehrzahl der Länder Afrikas, Asiens und Lateinamerikas angehört (99 Staaten, die SWAPO und die PLO, die über ca. 65% der UNO-Sitze verfügen und in denen fast die Hälfte der Weltbevölkerung lebt). „Von ihrem Wirken gehen immer wieder neue Impulse für Frieden und Entwicklung aus. Diese Länder, welche die Mehrheit der Staaten der Erde repräsentieren, wenden sich weitgehend übereinstimmend gegen Wettrüsten, äußere Einmischung in ihre inneren Angelegenheiten, gegen die Androhung und die Anwendung von Gewalt sowie gegen alle Formen des Expansionismus. Immer nachhaltiger fordern sie konkrete Maßnahmen zur Rüstungsbegrenzung und Abrüstung, insbesondere auf nuklearem Gebiet, und lehnen die Militarisierung des Kosmos ab."[8] Die Bewegung der Nichtpaktgebundenen nimmt eine hervorragende Stellung im Kampf gegen Apartheid und Rassismus ein und engagiert sich zunehmend im Friedenskampf. (Tabellen 14, 15)

Die gemeinsamen Interessen der Völker der jungen Nationalstaaten führten auch zu anderen Formen regionaler Zusammenarbeit, wie z. B. in der „Organisation der Afrikanischen Einheit" (OAU), in der „Organisation für Afro-Asiatische Völkersolidarität" (AAPSO), in der Liga der Arabischen Staaten, in der Organisation der Amerikanischen Staaten, im Lateinamerikanischen Wirtschaftssystems, im Südpazifischen Forum u. v. a. m. An den gemeinsamen Aktionen der jungen Nationalstaaten sind verschiedene Klassen und soziale Gruppen beteiligt, die unterschiedliche und z. T. gegensätzliche Ideologien, politische und religiöse Anschauungen vertreten. Diese Vielschichtigkeit und die hieraus resultierenden inneren Widersprüche sucht der Imperialismus auszunutzen, um durch Anwendung raffinierter Mittel und Methoden die Einheit und Solidarität der in der Bewegung der Nichtpaktgebundenen zusammenwirkenden Staaten zu schwächen.

---

8 Bericht des Zentralkomitees der Sozialistischen Einheitspartei Deutschlands an den XI. Parteitag der SED. Berichterstatter: Genosse Erich Honecker, Berlin 1986, S. 16.

Tabelle 14   Wachstum der Bewegung der Nichtpaktgebundenen
(Zahl der Mitgliedsländer)

1961 (Gründungsjahr)	25
Mitte der 60er Jahre	47
Mitte der 70er Jahre	87
Mitte der 80er Jahre	102

Tabelle 15   Gipfelkonferenzen der Bewegung der Nichtpaktgebundenen

   I. Gipfelkonferenz in Belgrad, 1.–6. 9. 1961, 25 Teilnehmer-, 3 Beobachterdelegationen
      Vorsitzender: Jozip Broz Tito, Präsident Jugoslawiens
  II. Gipfelkonferenz in Kairo, 5.–10. 10. 1964, 46 Teilnehmer-, 10 Beobachterdelegationen
      Vorsitzender: Gamal Abdel Nasser, Präsident Ägyptens
 III. Gipfelkonferenz in Lusaka, 8.–19. 9. 1970, 54 Teilnehmer-, 9 Beobachter-, 7 Gastdelegationen
      Vorsitzender: Kenneth Kaunda, Präsident Sambias
  IV. Gipfelkonferenz in Algier, 5.–9. 9. 1973, 75 Teilnehmer-, 20 Beobachter-, 3 Gastdelegationen
      Vorsitzender: Houari Boumédienne, Vorsitzender des Revolutionsrates und des Ministerrates der DVRA
   V. Gipfelkonferenz in Colombo, 16.–19. 8. 1976, 85 Teilnehmer-, 14 Beobachter-, 7 Gastdelegationen
      Vorsitzende: Sirimavo Bandaranaike, Premierministerin Sri Lankas
  VI. Gipfelkonferenz in Havanna, 3.–9. 9. 1979, 92 Teilnehmer-, 15 Beobachter-, 8 Gastdelegationen
      Vorsitzender: Fidel Castro, Vorsitzender des Staatsrates und des Ministerrates Kubas
 VII. Gipfelkonferenz in Delhi, 7.–12. 3. 1983, 99 Teilnehmer-, 15 Beobachter-, 10 Gastdelegationen
      Vorsitzende: Indira Gandhi, Premierministerin Indiens
VIII. Gipfelkonferenz in Harare, 1.–6. 9. 1986, 97 Teilnehmer-, 19 Beobachter-, 35 Gastdelegationen
      Vorsitzender: Robert Mugabe, Premierminister Simbabwes

Abrüstung
für Entwicklung

Die Überwindung der Unterentwicklung und Rückständigkeit – zweifellos nach der akuten Friedensbedrohung das bedeutsamste globale Problem unserer Zeit – ist ein sehr komplizierter Prozeß, in dem die imperialistische Hochrüstung und ihre vielschichtigen negativen Konsequenzen auf die Entwicklungsländer als eine entscheidende äußere Gegenkraft wirken. Die aggressive Wirtschaftspolitik des USA-Imperialismus ist das wesentlichste Hindernis auf dem Wege der Durchsetzung einer neuen, gerechten internationalen Wirtschaftsordnung. Deshalb schließt das Ringen der Entwicklungsländer um demokratische Umgestaltung der internationalen Wirtschaftsbeziehungen als äußere Voraussetzung für die Liquidierung der Unterentwicklung mit zwingender Logik den beharrlichen Kampf gegen neokoloniale Wirtschaftsstrategie, für Abrüstung, für ein umfassendes System der internationalen ökonomischen Sicherheit, für Entspannung und friedliche Koexistenz bei Anerkennung der Souveränität aller Staaten in sich ein. Letzteres beinhaltet u. a. auch das unverzichtbare Recht eines jeden Volkes, sein sozialpolitisches System ohne äußere Bevormundung frei zu wählen und sich im legitimen Kampf für staatliche Unabhängigkeit bzw. zu ihrer Verteidigung gegen neokoloniale Aggressionen auch militärischer Mittel zu bedienen.

Unabdingbar ist es, die Entwicklungsländer aus der sie ruinierenden imperialistischen Konfrontationspolitik herauszulösen. Gleichzeitig sind alle Möglichkeiten zu mobilisieren, um den wachsenden Einfluß der jungen Nationalstaaten in den internationalen Beziehungen (z. B. im UNO-Mechanismus, in der Bewegung der Nichtpaktgebundenen, in ihren regionalen bzw. kontinentalen Organisationen) für die *Gewährleistung nichtmilitärischer Formen der Systemauseinandersetzung* zu nutzen. Erfolgreicher Kampf gegen die imperialistische Hochrüstungs- und Interventionspolitik führt indes nicht automatisch zur Lösung der komplizierten Probleme der Entwicklungsländer. Aber gepaart mit gesellschaftlichen Umgestaltungen *in* den jungen Nationalstaaten ist stabile Friedenssicherung die günstigste äußere Bedingung für die Überwindung der Rückständigkeit, für Demokratie und Souveränität.

Zwischen stabiler Friedenssicherung, Abrüstung, Erhaltung der natürlichen Umwelt, Entwicklung und gesellschaftlichem Fortschritt besteht eine zwingende Logik, die von den Völkern der Entwicklungsländer immer stärker erkannt und unterstützt wird. Hiervon zeugen die Aktivitäten zahlreicher zwischenstaatlicher Organisationen der Entwicklungsländer sowie vor allem die Bewegung der Nichtpaktgebundenen. Gemeinsam mit den sozialistischen Staaten forderten die Entwicklungsländer auf der von der UNO organisierten Konferenz über „Abrüstung und Entwicklung" (August 1987 in New York), im Ergebnis realer Rüstungsreduzierung freiwerdende Mittel für die kollektive Lösung solcher globalen Probleme wie der Unterentwicklung, des Hungers, des Analphabetentums und epidemischer Krankheiten einzusetzen. Dieses wichtige Prinzip neuen Denkens „Abrüstung für Entwicklung" wurde durch die Warschauer Vertragsstaaten im Dokument der Berliner Tagung ihres Politischen Beratenden Ausschusses (28./ 29. 5. 1987) „Zur Überwindung der Unterentwicklung und zur Schaffung einer neuen internationalen Wirtschaftsordnung" nachdrücklich bekräftigt. Dort wird betont, daß ohne entschiedene Maßnahmen „zur Überwindung der Unterentwicklung weder ökonomische und politische Stabilität noch der Weltfrieden gewährleistet werden können"[9]. (Tabelle 16)

Tatsächlich häuft sich im Resultat intensivierter neokolonialer Ausplünderung

---

9 Warschauer Vertragsstaaten zur Überwindung der Unterentwicklung und zur Schaffung einer neuen internationalen Wirtschaftsordnung, in: Horizont, Berlin, 1987, Nr. 7, Dokumentation, S. 2 f.

Tabelle 16 Entwicklung des durchschnittlichen Bruttosozialprodukts pro Kopf der Bevölkerung in Entwicklungsländern und kapitalistischen Industrieländern (zu lfd. Preisen, in US-Dollar)

	1975	1980	1984
Kapitalist. Industrieländer	5 490	9 630	10 170
Entwicklungsländer insgesamt	420	830	830
darunter Afrika	260	630	540
Asien	310	630	730
Lateinamerika	970	1 960	1 740

der Entwicklungsländer unkalkulierbarer Konfliktstoff an. Die Krise in den Beziehungen zwischen Imperialismus und Entwicklungsländern gelangt an die Grenze einer alles zerstörenden Explosion. Die Unerträglichkeit eines solchen imperialistischen Systems, das zu seiner Reproduktion nicht auf die die Entwicklungsländer ruinierende Ausbeutung zu verzichten bereit ist, wird immer deutlicher. Die auch hieraus resultierende akute Gefahr für den Weltfrieden, die drohende Eskalierung regionaler Konflikte und die dramatische Verschlechterung der ohnehin komplizierten wirtschaftlichen und sozialen Lage in vielen Entwicklungsländern veranlassen auch zu Vernunft und Realismus neigende einflußreiche imperialistische Kreise zum Nachdenken. Sie spüren die wachsende Gefährdung ihrer wohlverstandenen Eigeninteressen, wenn es mißlingen sollte, das *Globalproblem Unterentwicklung* zu lösen. Im Grunde verlangt diese prekäre Krisensituation dem Imperialismus – bei Strafe des gemeinsamen Untergangs – einen Interessenausgleich auf tendenziell gleichberechtigter Grundlage und bei Respektierung der legitimen Interessen der Völker der Entwicklungsländer ab. Das erfordert, die aggressivsten Kreise des Imperialismus durch eine international koordiniert handelnde Aktionsfront zu zwingen, auf Militarismus und Neokolonialismus – die gefährlichsten Erscheinungsformen des Imperialismus – zu verzichten und sich den Bedingungen einer neuen, gerechten Wirtschaftsordnung, den Bedingungen des friedlichen Wettstreits der Systeme anzupassen. Die Ausprägung eines solchen friedensfähigen, im Kern sozialreformerisch geprägten Anpassungstyps staatsmonopolistischer Entwicklung – alternativ zum sozial-reaktionär-konservativen und damit konfrontativen Typ des Staatsmonopolismus – verlangt, den Einfluß der Entwicklungsländer in der Weltpolitik weiter zu aktivieren und das internationale Kräfteverhältnis noch stärker zugunsten der Kräfte des Friedens, der Demokratie und des Fortschritts zu verändern. Die die Entwicklungsländer schwächende neokoloniale Ausplünderung, der Militarismus und die anhaltende Konfrontation sichern dem Imperialismus weder Systemerhalt noch Sieg in der Systemauseinandersetzung, sondern führen angesichts der Schärfe der globalen Probleme unausweichlich zum Untergang der menschlichen Zivilisation.

Im Ringen um die konstruktive Lösung dieser Probleme ist von großer Bedeutung, daß sich in der öffentlichen Meinung der jungen Nationalstaaten die Einsicht in den direkten Zusammenhang durchsetzt, der zwischen der Konsolidierung der internationalen Sicherheit und der Gewährleistung einer souveränen Entwicklung der befreiten Staaten besteht. Im Maße dieses richtigen Verständnisses tragen die Völker der Entwicklungsländer durch *friedensfördernde Aktivitäten zur Einengung des Aktionsradius* aggressiver Konfrontationspolitik bei. Hierzu zählen u. a.: aktiver Kampf gegen proimperialistische Regimes, die die friedensgefährdende neokoloniale Politik unterstützen, sich zu deren Werkzeug machen, souveräne Nachbarstaaten destabilisieren und in ihren Ländern jeden demokratischen Ansatz gewaltsam unterdrücken, gegen imperialistische Militärbasen und Manöver auf ihren Territorien bzw. in ihrer Region, gegen reaktionäre Militärbündnisse bzw. ihre Einbeziehung in diese Allianzen. Dies beinhaltet gleichfalls spezifische Beiträge zur regionalen Friedenssicherung, vor allem durch: völkerrechtlich verbindliche Erklärung von atomwaffenfreien Zonen (wie z. B. in Lateinamerika im Vertrag von Tlatelolco und im „Vertrag über die Schaffung einer kernwaffenfreien Zone im Südpazifik" vereinbart) bzw. Kampf um Anerkennung solcher Zonen in Afrika, im Nahen Osten, im Indik, in Südostasien u. a. sowie das Ringen um stabile regionale Friedenszonen (z. B. in Mittelamerika und der Karibik) und ihre geographische Ausdehnung; Realisierung regionaler bzw. subregionaler Abrüstungsvereinbarungen; grundsätzliche Respektierung bestehender Grenzen (wie z. B. von der Organisation der Afrikanischen Einheit praktiziert); strikte Verpflichtung zu Gewaltverzicht bei Lösung zwischenstaatlicher Konflikte bzw. aktive Einflußnahme – unter Einschaltung der UNO – auf politische Regelung gegenwärtig mit militärischen Mitteln ausgetragener Konflikte (z. B. Konflikt zwischen Iran und Irak); Verzicht auf die Unterstützung regierungsfeindlicher und terroristischer bewaffneter Gruppierungen auf dem Territorium anderer Staaten; Verwirklichung von vertrauensbildenden Maßnahmen; Befolgung der drei nichtnuklearen Prinzipien (Nichtproduktion, Nichterwerb, Nichtstationierung von Kernwaffen); Entwicklung der auf demokratischen Prinzipien basierenden regionalen Zusammenarbeit zur Gestaltung friedlicher, gutnachbarlicher Beziehungen auf der Grundlage solcher völkerrechtlicher Grundsätze wie Nichteinmischung, Interventionsverbot, Respektierung des Selbstbestimmungsrechtes aller Völker.

Abrüstung, Entspannung und friedliche Koexistenz sind die notwendigen internationalen Bedingungen, um den Kampf der Völker der Entwicklungsländer für die Durchsetzung ihres legitimen Rechts, über die eigenen Ressourcen im Rahmen eines souverän gewählten Entwicklungsweges eigenständig zu verfügen, für die Errichtung einer neuen internationalen Wirtschaftsordnung, für die Beendigung neokolonialer Schuldknechtschaft erfolgreich zu führen. Hierbei geht es für viele Entwicklungsländer heute nicht allein um Friedenssicherung, sondern um die Beendigung neokolonialer Destabilisierungskriege (wie z. B. gegen Nikaragua, Äthiopien, gegen souveräne Staaten des südlichen Afrika, gegen Kampuchea), um die politische Schlichtung zahlreicher Konflikte, die auf ihren Territorien – durch die aggressivsten Kreise des Imperialismus initiiert – mit militärischen Mitteln ausgetragen werden. Nur nach konstruktiver Konfliktlösung und bei stabiler Friedenssicherung können die ehemals kolonial unterdrückten Völker ihre erkämpfte nationale Souveränität konsolidieren, ererbte ökonomische Rückständigkeit, massenhaftes Elend, Armut, Hunger, epidemische Krankheiten, Unwissenheit beseitigen, ihre nationalen Produktivkräfte fördern, ihre nationale Kultur, das Bildungs- und Gesundheitswesen entwickeln und die katastrophale soziale Lage des Großteils ihrer Bevölkerung verbessern.

Triebkräfte des Kampfes   Charakteristisch für die heutigen Entwicklungsländer ist ihre ungleichmäßige und deformierte sozialökonomische Entwicklung. Während sich in Lateinamerika und in einigen asiatischen Staaten die kapitalistische Produktionsweise relativ stabilisiert hat, befindet sich die Mehrzahl der Länder Afrikas und Asiens in der Etappe der Überwindung vorkapitalistischer Strukturen und der Herausbildung kapitalistischer Verhältnisse. Der Mehrsektorenwirtschaft in vielen Ländern entspricht eine unausgereifte, sehr heterogene Klassen- und Sozialstruktur, deren Entwicklung durch die anhaltende neokoloniale Ausbeutung gehemmt wird. In vielen Ländern hat die Formierung von Klassen und Nationen erst begonnen.

Unter diesen Bedingungen ist die Frage der Trieb- und Führungskräfte der sozialpolitischen Entwicklung besonders kompliziert. Die dominierende Rolle des Widerspruchs zum Imperialismus führt dazu, daß weiterhin die legitimen gesamtnationalen Interessen der befreiten Völker und Staaten, an deren Durchsetzung und Verteidigung nahezu alle sozialen Kräfte interessiert sind, die politischen Beziehungen bestimmen. In diesem Rahmen hat vor allem in der nachkolonialen Zeit der Prozeß der Herausbildung der einzelnen Klassen und sozialen Schichten eingesetzt, und es entfalten sich mehr und mehr die Klassengegensätze.

Die *Arbeiterklasse* ist auch in Afrika, Asien und Lateinamerika eine kämpferische, fortschrittsbestimmende Kraft. Während ihre Formierung als Klasse in den meisten afrikanischen Ländern erst begonnen hat, stellt sie in Lateinamerika, einschließlich des ländlichen Proletariats, bereits die Mehrheit der erwerbstätigen Bevölkerung. Zu Beginn der 80er Jahre betrug der Anteil der Arbeiterklasse an den Erwerbspersonen (Erwerbstätige plus Erwerbslose) in den Entwicklungsländern 30%. Zwar gibt es ökonomisch bzw. industriell relativ fortgeschrittene Länder wie Singapur, Südkorea, Ägypten und Algerien, in denen ein verhältnismäßig zahlreiches Proletariat existiert, demgegenüber hat es sich in anderen Ländern noch nicht einmal als „Klasse an sich" formiert. Die Mehrheit der Lohnarbeiter (darunter viele Wander- bzw. Saisonarbeiter) ist nicht in der industriellen Großproduktion beschäftigt und weist ein teilweise niedriges Bildungsniveau auf. Ein Industrieproletariat als fortgeschrittener Kern der Arbeiterklasse befindet sich erst im Entstehen. Die Mehrheit der Arbeiter gehört noch der ersten Generation an, ist in wenigen industriellen Zentren konzentriert bzw. auf kleine und mittlere Unternehmen zersplittert, noch eng mit dem Dorf und damit auch mit der kleinbürgerlich-bäuerlichen Ideologie verbunden. Wesentlich für die *Entwicklung der afro-asiatischen und lateinamerikanischen Arbeiterklasse* sind solche langfristig wirkende Faktoren wie ihre Formierung unter Bedingungen zunehmender Ausstrahlungskraft des wissenschaftlichen Sozialismus in Theorie und Praxis; es wächst die Arbeiterklasse infolge der Industrialisierung, wobei sich die Krisenprozesse der kapitalistischen Wirtschaft auf Wachstum und Struktur auswirken; es verstärken sich die politische Organisiertheit und Aktivität der Arbeiterklasse und ihr nahestehender Bevölkerungsschichten. Das zeigt sich im Wirken von über 50 kommunistischen Parteien in den Ländern Asiens, Afrikas und Lateinamerikas, in der Gründung revolutionärer Vorhutparteien, in der Schaffung von Gewerkschaften und demokratischen Massenorganisation sowie in zahlreichen Massenaktionen.

Gegenwärtig kann die Arbeiterklasse auf Grund ihrer zahlenmäßigen und politisch-organisatorischen Schwäche in den meisten Ländern Asiens und Afrikas nicht die Hegemonie im Kampf um den sozialen Fortschritt ausüben. In Lateinamerika dagegen steht sie an der Spitze des antiimperialistischen Kampfes und wird in einigen Ländern von einflußreichen kommunistischen Parteien geführt. In Afrika und Asien zeigt sich in einigen Ländern die Tendenz, daß nichtproletarische revolutionär-demokratische Führungskräfte auf Positionen der Arbeiterklasse übergehen und auch die Herausbildung ihrer Führungsrolle fördern können.

Die *Bauernschaft* bildet die überwiegende Mehrheit der Bevölkerung und ist der *wichtigste Bündnispartner* der revolutionär-demokratischen Kräfte und der Arbeiterklasse. Sie kämpfte aktiv gegen das Kolonialregime und für die nationale Unabhängigkeit und war und ist brennend an der Lösung der Agrarfrage interessiert. Obwohl in vielen Entwicklungsländern nach der Erlangung der Unabhängigkeit Agrarreformen durchgeführt wurden, lösten sie die Landfrage nicht zum Nutzen der arbeitenden Bauern. In den meisten Fällen beseitigten diese Reformen lediglich einige feudale Züge des Großgrundbesitzes und begünstigten die kapitalistische Entwicklung in der Landwirtschaft. Notwendig sind deshalb tiefgreifende Agrarreformen, sowohl zur Beseitigung aller Hemmnisse für die Entwicklung der Produktivkräfte in der Landwirtschaft und in der Industrie als auch zur Lösung des Ernährungsproblems. Nur durch die Einbeziehung der Bauernschaft in die politische Entwicklung und ihre Befreiung aus den wirtschaftlichen und geistigen Fesseln kann dem Kampf für den sozialen Fortschritt weiterhin Massencharakter gesichert werden. In Asien und Afrika ist die Position der Bauernschaft die zentrale Frage der Weiterführung des Kampfes um nationale Unabhängigkeit bzw. ihre Festigung. Die Bauernschaft ist eine mächtige revolutionäre, in der Regel spontane Kraft mit allen sich hieraus ergebenden Schwankungen, mit allen Widersprüchen in der Ideologie und Politik. Anders kann es aber auch gar nicht sein, da die überwältigende Mehrheit der Bauern in unvorstellbarer Not und Rechtlosigkeit, in zum Teil nicht überwundenen feudalen und auch vorfeudalen Verhältnissen lebt. Unter den Bedingungen einer abhängigen kapitalistischen Entwicklung setzt auch eine *zunehmende Differenzierung in der Bauernschaft* ein. In den Ländern mit kapitalistischer Orientierung bildet sich eine Dorfbourgeoisie heraus, der das Landproletariat gegenübersteht. Dazwischen befindet sich die heterogene Schicht der armen Bauernschaft. In einigen national befreiten Staaten wird (mit unterschiedlicher Konsequenz) der Weg der genossenschaftlichen Organisierung der Bauernschaft eingeschlagen, wobei an traditionelle Dorfgemeinschaften (Tansania, Äthiopien) angeknüpft wird.

Die *Feudalklasse* hat in zahlreichen Entwicklungsländern ihren ehemaligen Einfluß eingebüßt, da ihre wirtschaftliche Position durch Agrarreformen untergraben wurde. In vielen lateinamerikanischen Staaten verwandelte sie sich indes in die Klasse der Latifundistas, einen spezifischen Typ kapitalistischer Großgrundbesitzer; in einigen arabischen Erdölstaaten entstand aus ihr eine Fraktion der Finanzaristokratie, die über bedeutenden politischen Einfluß verfügt.

In den Entwicklungsländern ist die *einheimische Bourgeoisie* als Klasse gemäß ihrer jeweils konkreten Stellung im gesellschaftlichen Reproduktionsprozeß (embryonale Bourgeoisie – spekulatives Zwischenhandels- bzw. Wucherkapital; Agrar-, Handels-, Bank-, Dienstleistungs-, Industrie-, bürokratische Bourgeoisie u. a.) sehr heterogen. Ihr ökonomisches und politisches Gewicht und ihre Position in den sozialen Auseinandersetzungen sind auf Grund der ausgeprägt ungleichmäßigen Entwicklung des abhängigen Kapitalismus – von Ländern mit bereits teilweise monopolkapitalistischen bis hin zu Ländern mit vorwiegend vorkapitalistischen Strukturen und geringer kapitalistischer Entwicklung – sehr unterschiedlich. In der Regel entwickeln sich *zwei bourgeoise Kräftegruppierungen: erstens die kompradorische Gruppierung,* die mit dem Auslandskapital, mit feudalen und anderen reaktionären Gruppen in Politik und Wirtschaft verbunden ist; *zweitens die nationale Bourgeoisie,* die an einer souveränen Entwicklung des jeweiligen Landes interessierte Gruppierung, die gegen feudale Verhältnisse und gegen den Ausverkauf nationaler Interessen an das internationale Monopolkapital auftritt.

In den Kampf um nationale Befreiung war fast die gesamte einheimische Bourgeoisie einbezogen; sie nahm vielfach führende politische Positionen ein. Als nach ihrem Machtantritt differenzierter werdende Klasse ist sie dem Druck zweier antagonistischer Kräfte ausgesetzt: Auf der einen Seite stehen die Imperialisten, die ihre Positionen mit Hilfe neokolonialistischer Politik erhalten bzw. zurückgewinnen wollen, und die feudalen Kreise, die an ihren alten Privilegien festhalten; auf der anderen Seite die Massen des arbeitenden Volkes, die für eine grundlegende Verbesserung ihrer sozialen Lage kämpfen. Unter dem Druck dieser unterschiedlichen Kräfte offenbart diese Bourgeosie eine unentschlossene, schwankende und zwiespältige Haltung. Zugeständnisse an die imperialistischen Mächte und feudalen Kreise, Versprechungen und nationale Demagogie für die Volksmassen und gleichzeitige Unterdrückung ihrer demokratischen Forderungen kennzeichnen vielfach ihre Politik. Da die Widersprüche zwischen internationalen Monopolen und der nationalen Bourgeoisie – im Wesen Auseinandersetzungen um die Mehrwertverteilung – weiterbestehen und damit Voraussetzungen für die Beteiligung der nationalen Bourgeoisie am antiimperialistischen Kampf, kann sie im Kampf um die ökonomische Unabhängigkeit, gegen Neokolonialismus und Unterentwicklung weiterhin im gesamtnationalen Interesse eine wichtige Rolle spielen. Im Ringen um die Sicherung der nationalen Unabhängigkeit und um eine neue internationale Wirtschaftsordnung müssen deshalb die Potenzen verschiedener bürgerlicher, national- bzw. sozialreformistischer Varianten kapitalistischer Entwicklung, die zur Einschränkung der ökonomischen Abhängigkeit vom Imperialismus und zur partiellen Durchsetzung sozialen Fortschritts beitragen können, differenziert bestimmt werden. Hierbei ist zu berücksichtigen, daß sich die Strategie des Neokolonialismus und des Neoglobalismus keineswegs nur gegen die revolutionären Regimes richtet, die sich für eine sozialistische Perspektive ausgesprochen haben, sondern gegen alle Kräfte, die eine größere nationale Selbständigkeit, die Sicherung der Nichtpaktgebundenheit, eine demokratische Lösung der Schuldenproblematik u. a. progressive Maßnahmen zum Ziel haben.

Als Erbe des Kolonialismus, aber auch im Ergebnis neokolonialer Abhängigkeitsverhältnisse, bildete sich in vielen Entwicklungsländern eine besonders parasitäre Schicht der Bourgeoisie heraus, die sich durch die Beherrschung des Staatsapparates bzw. des staatskapitalistischen Wirtschaftssektors, den sie als ihr kollektiv-kapitalistisches Eigentum betrachtet, maßlos bereichert. Gegen diese *bürokratische Bourgeoisie* und die *Kompradoren-Bourgeoisie* richtet sich der Kampf revolutionär-demokratischer Kräfte. Andererseits sind nach wie vor die – wenn auch nur partiellen, da klassenmäßig begrenzten – progressiven Potenzen der *nationalen Bourgeoisie* ein wesentlicher Faktor im Zusammenwirken der antiimperialistischen Kräfte.

Angesichts der komplizierten sozialpolitischen Situation gewinnen zwangsläufig die in Asien und Afrika sehr zahlreichen *Zwischenschichten* (im nichtagrarischen Bereich machen sie – mit den „Randschichten" – durchschnittlich ca. 60 % der Bevölkerung aus) als Trieb- und Führungskraft an politischem Gewicht. Hierzu zählen kleinbürgerliche Kräfte (Handwerker, Kleinhändler, im Dienstleistungsbereich Fungierende), die zivile und militärische Intelligenz sowie Staatsangestellte. Im Unterschied zu den entwickelten kapitalistischen Ländern stehen sie in der Regel ihrer Vermögenslage und sozialen Stellung nach den werktätigen Massen näher als der Bourgeoisie. Der zwiespältige Charakter, der diesen Schichten anhaftet, tritt unter den Bedingungen der *Massenarmut* nicht in gleicher Weise wie in industriell entwickelten Staaten in Erscheinung. Obwohl die soziale Vielschichtigkeit und die Zwischenstellung dieses Bevölkerungsteils in der Gesellschaft ein breites Feld für unterschiedlichste politische Positionen bietet, verfügen die Zwischenschichten dieser Länder über bedeutende revolutionäre Potenzen. Die proletarischen Kräfte müssen mit den Zwischenschichten ein enges Bündnis herstellen, weil dies lebensnotwendig für die weitere Festigung der nationalen Unabhängigkeit und für Erfolge im Kampf um den sozialen Fortschritt ist. Vor allem geht es um zwei Gruppen aus den Reihen der Zwischenschichten, die eine herausragende Rolle spielen: um die *nationale demokratische Intelligenz* und die aus dem

Kleinbürgertum hervorgehenden *progressiven patriotischen Militärs.* Gerade in jenen befreiten Ländern, die die kapitalistische Entwicklungsvariante ablehnen und sich für eine sozialistische Orientierung aussprechen, stehen vornehmlich revolutionäre Demokraten, aus dem Kleinbürgertum stammende fortschrittliche Intellektuelle und Militärs an der Spitze.

Das *Militär* ist in vielen Entwicklungsländern eine relativ gebildete, dynamische und im Maßstab des ganzen Landes häufig die einzige über einen einheitlichen Machtapparat verfügende Kraft. Deshalb spielt die Armee angesichts der noch unausgereiften Sozialstruktur eine überragende Rolle in den gesellschaftlichen Auseinandersetzungen. Der Marxismus-Leninismus geht bei der Bewertung der bewaffneten Organe vor allem davon aus, daß sie sich – als Bestandteil der politischen Organisation, als Teil des Staatsapparates – in den Klassenauseinandersetzungen nicht neutral verhalten. Die Streitkräfte können, wo sie am nationalen Befreiungskampf teilgenommen haben, aus ihm hervorgegangen sind bzw. die Interessen der Volksmassen vertreten, eine progressive Entwicklung initiieren (wie z.B. in Äthiopien). Sie können aber auch als Instrument traditionell-feudaler oder bourgeoiser, mit dem Imperialismus kollaborierender Klassen handeln und demokratische Bewegungen brutal niederhalten (wie z.B. in Chile, Paraguay). Die Erfahrungen lehren, daß fortschrittliche Militärs zweifelsohne einen wesentlichen Anteil bei der Einleitung revolutionär-demokratischer Umgestaltungen auszuüben vermögen, daß dies jedoch keinesfalls die umfassende Mobilisierung und politische Organisierung der Volksmassen zum Schutz der revolutionären Errungenschaften und zur Weiterführung des revolutionären Prozesses ersetzen kann.

Aktuelle Entwicklungstendenzen verdeutlichen, daß in den Zwischenschichten wesentliche Potenzen vorhanden sind, die der nationalen Befreiungsbewegung positive Impulse verleihen können. Gleichzeitig zeigt sich, daß unter Führung dieser Kräfte eine stabile Vorwärtsbewegung nicht immer gesichert ist, daß Schwankungen und Unsicherheiten in ihren Reihen zu erheblichen Belastungen und auch zu temporären Rückschlägen in einzelnen Bereichen führen können. Angesichts der ungenügenden Entwicklung der Arbeiterklasse und von Mängeln in der Organisiertheit der Volksmassen sowie der massiven Gegenwehr einheimischer und ausländischer Reaktionäre sind jähe Wendungen künftig nicht auszuschließen. Erfolge und Fortschritte hängen wesentlich auch davon ab, wie fest sich die Führungskräfte dieser Staaten mit den sozialistischen Ländern und anderen progressiven Kräften verbünden und sich nicht auf antikommunistische Positionen drängen lassen.

Durch Rückständigkeit des Agrarsektors, Landflucht, spontane Urbanisierungsprozesse und Unfähigkeit der schwach entwickelten Industrie, Arbeitskräfte zu absorbieren, haben sich in vielen Entwicklungsländern umfangreiche sozial entwurzelte, verelendete *„Randschichten"* gebildet, deren Angehörige als Gelegenheitsarbeiter, Kleinsthändler, Diebe, Prostituierte, Bettler usw. die rasch wachsenden Slums der Großstädte bevölkern. Diese marginalisierte Stadtarmut bzw. städtische Überbevölkerung besitzt keine Produktionsmittel, ist aber auch nicht in den modernen Produktionsprozeß einbezogen und hat oft keine Möglichkeit der Integration in den Arbeitsprozeß. Gegenwärtig wachsen in den meisten Entwicklungsländern die Übergangs- und Randschichten, die häufig Gegenstand sowohl rechtsextremer als auch ultralinker Manipulationen sind, schneller als das Proletariat. Dies ist eine durch die Besonderheiten des Kapitalismus in diesen Ländern, durch die demographische Situation und durch die Auswirkungen der wissenschaftlich-technischen Revolution bedingte längerfristige Tendenz, der in den künftigen Auseinandersetzungen gebührende Aufmerksamkeit zu schenken ist.

Der *heterogenen und rückständigen ökonomischen Basis* und sozialen Struktur entsprechen *spezifische Erscheinungen in der Ideologie und politischen Struktur*. So spielen in vielen Ländern, besonders in afrikanischen, ethnische Strukturen, die teilweise die sich entwickelnde soziale Differenzierung überdecken, und auf ihrer Grundlage der *Tribalismus*, die Einengung des gesellschaftlichen Lebens auf Stammesbeziehungen, eine große Rolle. Das große Gewicht vorkapitalistischer Klassen, Schichten und gesellschaftlicher Strukturen ist der Boden dafür, daß in den Entwicklungsländern diesen Lebensverhältnissen verbundene traditionelle Ideologien, Denkweisen und religiöse Vorstellungen sehr häufig die Entwicklung maßgeblich beeinflussen.

Als Teil des Massenbewußtseins spielen die *Religionen* (vor allem die Religionen der Klassengesellschaft wie Buddhismus, Hinduismus, Islam, Christentum u. a., aber auch die Naturreligionen) in vielen Entwicklungsländern eine zentrale Rolle. Sie prägen das soziale und geistige Leben, wobei die in jedem Land spezifische Situation höchst unterschiedliche Kompositionen aufweist. Die Position religiöser Kräfte in den gesellschaftlichen Auseinandersetzungen ist ambivalent. Einerseits spielte z. B. der Katholizismus in der kolonialen Eroberung eine reaktionäre Rolle, und auch heute stehen Teile seines oberen Klerus, z. B. in einigen Ländern Lateinamerikas, auf seiten der Oligarchien, wie auch die neokoloniale Politik religiöse Gefühle mißbraucht. Andererseits formierte sich bei vielen Völkern der antikoloniale Widerstand im religiösen Gewand bzw. manifestiert sich hierin heute das Streben nach Frieden, sozialem Fortschritt und Beseitigung der Ungerechtigkeit. Dies zeigt sich gegenwärig z. B. in der Renaissance des Islam, was sowohl Ausdruck neuerwachten Selbstbewußtseins ist, aber auch der Konservierung traditioneller Sozialstrukturen dienen kann.

In zahlreichen Entwicklungsländern widerspiegeln sich die auf Lösung drängenden krassen sozialen Gegensätze in den Reihen der hierarchisch institutionalisierten Kirchen auf höchst unterschiedliche Art, woraus durchaus kontroverse Haltungen ihrer Fraktionen zu den aktuellen Aufgaben der nationalen und sozialen Befreiung (z. B. Kampf gegen das einheimische Ausbeutungssystem, gegen das rassistische Apartheid-Regime in Südafrika, für eine gerechte neue internationale Wirtschaftsordnung) resultieren. Die „plebejische Fraktion" (F. Engels) kirchlicher Würdenträger, die in den Basisgemeinden wirkt und unmittelbar mit dem massenhaften Elend, der Not und Armut konfrontiert ist, interpretiert z. B. des Evangelium diesseitsbezogen, unterstützt den Kampf der Volksmassen für ein gerechtes soziales System, einschließlich des bewaffneten Kampfes als erzwungene Reaktion auf die repressive Gewalt der autoritär herrschenden Ausbeuter. Von dieser Tendenz kündet z. B. die „Theologie der Befreiung" in Lateinamerika. Unter diesen Bedingungen ist es wesentlich, die sich in den sozialen Auseinandersetzungen engagierenden Gläubigen in ein breites Bündnis im Kampf gegen imperialistische und innere Ausbeutung, gegen Rassismus und Willkür, für Frieden, Demokratie und soziale Gerechtigkeit einzubeziehen.

Für den Großteil der Massen, der noch kein ausgeprägtes Klassenbewußtsein entwickelt hat, insbesondere für Millionen Bauern, ist der *Nationalismus*, der teilweise auch im religiösen Gewand auftritt, die Anfangsstufe des antiimperialistischen Bewußtseins. Lenin sah im Nationalismus der kolonial unterdrückten Völker eine antiimperialistische Tendenz, die die verschiedenen sozialen Schichten der Bevölkerung im Kampf gegen den Imperialismus vereint und bei der Erringung der politischen Unabhängigkeit eine bedeutende Rolle spielt. „*Jeder* bürgerliche Nationalismus einer unterdrückten Nation", schrieb Lenin, „hat einen allgemein demokratischen Inhalt, der sich *gegen* die Unterdrückung richtet, und diesen Inhalt unterstützen wir *unbedingt* ..."[10] Im Kampf um die Festigung der politischen Unabhängigkeit kommt dem antiimperialistischen Nationalismus auch heute noch eine progressive Bedeutung zu. Gleichzeitig darf die andere, die reaktionäre Seite des Nationalismus nicht übersehen werden, die von Teilen der einheimischen Bourgeoisie dazu benutzt wird, ihre eigennützigen Interessen als gesamtnationale auszugeben, eine nationale Ausschließlichkeit zu begründen, die nationale Befreiungsbewegung von anderen progressiven und revolutionären Kräften zu isolieren und progressive Umgestaltungen zu verhindern. Die Unterstützung des demokratischen Inhalts des Nationalismus schließt den Kampf gegen seine reaktionären Äußerungen ein, denn diese sind das Feld, auf dem sich die einheimischen volksfeindlichen Kräfte mit dem Imperialismus, seiner neokolonialistischen Politik und seinem Antikommunismus verbinden.

Hauptrichtungen des Kampfes gegen Neokolonialismus

Mit dem Zusammenbruch des Kolonialsystems wurde der direkte politische Einfluß des Imperialismus auf die Staaten, die aus seinen ehemaligen Kolonien und Halbkolonien hervorgingen, beträchtlich eingeengt, und ein langer und schwieriger Prozeß weiterer Veränderungen wurde eingeleitet. Führende imperialistische Staaten verstanden es jedoch, sich der *neuen Situation anzupassen.* Durch Nutzung ihrer wirtschaftlichen, wissenschaftlich-technischen, technologischen und finanziellen Kraft gelang es ihnen, die früheren Beziehungen der wirtschaftlichen Abhängigkeit der ehemaligen Kolonien in die neue Situation „hinüberzuretten" und ein *System neokolonialer Abhängigkeit, Ausbeutung und Ausplünderung* zu schaffen. Es wird immer offensichtlicher, daß die intensivierte neokoloniale Ausbeutung vom Imperialismus genutzt wird, um sich einen

10   W. I. Lenin, Über das Selbstbestimmungsrecht der Nationen, S. 415.

bedeutenden Ressourcenzuwachs für soziales Manövrieren und für die Systemauseinandersetzung zu verschaffen.

Das System des Neokolonialismus, der Ausbeutung der „Billiglohnländer" durch die transnationalen Monopole, durch nichtgleichberechtigten Handel, durch staatsmonopolistische Rohstoff-, Kredit- und Zinspolitik usw., die sich in der Gegenwart am stärksten in der Verschuldung der Entwicklungsländer in Höhe von über einer Billion Dollar äußert und auch darin, daß die imperialistischen Staaten und Monopole jährlich zwischen 200 und 400 Milliarden Dollar aus diesen Ländern herauspumpen, hat auch seine politischen und ideologischen Komponenten.[11]

Auf *politischem Gebiet* äußert sich die *Strategie der sozialen Revanche* vor allem in der Förderung reaktionärer, separatistischer, proimperialistischer sozialer Gruppen und konterrevolutionärer, religiös fanatischer Organisationen, in der Unterstützung formal unabhängiger, in Wirklichkeit aber besonders vom USA-Imperialismus abhängiger Regimes (z. B. in Südkorea, Thailand, Pakistan, Saudi-Arabien, Zaïre, Honduras, Chile) bzw. regionaler Stellvertreter (wie z. B. das rassistische Apartheid-Regime in Südafrika, Israel). Das geht einher mit massiven Destabilisierungsversuchen gegenüber souveränitätsbewußten jungen Nationalstaaten, u. a. mittels der Organisierung konterrevolutionärer Staatsstreiche, der Verhängung von Wirtschaftsblockaden, der direkten Einmischung und der politischen Erpressung. Seit Beginn der 80er Jahre setzt vor allem der USA-Imperialismus verstärkt auf die Militarisierung seiner Beziehungen zu den Entwicklungsländern, auf ihre Einbeziehung in seine fortschrittsfeindliche Konfrontations- und Hochrüstungspolitik. Mittels ihrer umfangreichen, durchweg nachteiligen Auswirkungen auf die Entwicklungsländer wird sie zum entscheidenden Entwicklungshindernis, zum Ausbeutungsmechanismus, der die jungen Nationalstaaten maßlos schädigt, ihre Unterentwicklung in all ihren Erscheinungsformen verstärkt, Tendenzen der Rekolonialisierung hervorbringt und ihre untergeordnete Position im kapitalistischen Weltwirtschaftssystem festigt.

Die *ideologische Grundposition des Neokolonialismus* ist vor allem durch verschiedene Varianten des Antikommunismus bzw. Antisowjetismus gekennzeichnet. Sie dienen insbesondere dazu, die Herausbildung eines antiimperialistisch-demokratischen Bündnisses zwischen revolutionären Demokraten und Kommunisten zu verhindern. Gleichzeitig soll der Antikommunismus die Entwicklungsländer von den sozialistischen Staaten isolieren und ihre untergeordnete Einbindung in das imperialistische System konservieren. Zu den *Hauptrichtungen* der antikommunistischen ideologischen Diversion zählen: die Diskreditierung des real existierenden Sozialismus und die Lobpreisung der „freien" Initiative des privaten „Unternehmertums"; die Begründung eines „besonderen (dritten) Entwicklungsweges", mit dem nichts anderes als ein demagogisch vom Sozialismus und Kapitalismus abgegrenzter, „verbesserter und modifizierter" Kapitalismus einge-

---

11 Vgl. Lehrbuch Politische Ökonomie des Kapitalismus und des Sozialismus, Kap. 14.

schleust werden soll; die Erklärung der Konflikte in den jungen Nationalstaaten als von der „Hand Moskaus" gesteuert; die Gegenüberstellung von proletarischem Internationalismus und nationaler Befreiung, von Kommunismus und den zumeist religiös gebundenen Werktätigen der befreiten Länder mit dem Ziel, die kommunistische Bewegung als eine den Interessen dieser Völker „fremde" Erscheinung zu verleumden. Eine andere Spielart neokolonialer Propaganda stellt souveränitätsbewußte junge Nationalstaaten in rassistischer Manier als „Hort des Terrorismus" dar, um mit diesen Lügen den USA-Staatsterrorismus gegen diese Länder (z. B. Grenada, Jamaika, Libanon, Nikaragua, Syrien, Libyen) zu rechtfertigen. Dem Antikommunismus dient auch die Verfälschung des Grundwiderspruchs unserer Epoche und seine *Ersetzung* durch den Gegensatz zwischen den „armen" und den „reichen" Völkern, zwischen „Nord" und „Süd" usw. Indem unzulässig von den Produktionsverhältnissen abstrahiert und einseitig der Entwicklungsstand der materiellen Produktivkräfte zum alleinigen Maßstab des gesellschaftlichen Fortschritts erhoben wird, verfolgt diese „Theorie" – wie auch die des „gleichen Abstandes" („Äquidistanz") von den „Supermächten" – den Zweck, den grundlegenden Unterschied zwischen dem kapitalistischen und dem sozialistischen Gesellschaftssystems zu verwischen und die Schuld des Imperialismus für Unterentwicklung und Rückständigkeit zu verdecken.

Einen wichtigen Platz nimmt auch die neokoloniale Variante extrem reaktionärer Ideologen ein, die eigentlichen *Triebkräfte der Kriegsgefahr zu verschleiern* und imperialistische Hochrüstungspolitik zu rechtfertigen. Hierzu dienen vor allem die vielfältigen Versuche, als Ursachen der Friedensbedrohung anonyme Faktoren wie z. B. die „Supermächte", den Systemantagonismus, die Technik oder sogar anthropologische Konstanten der menschlichen Natur zu präsentieren. Hierzu dient ebenfalls die verlogene These, daß für die Entwicklungsländer die Überwindung ihrer „Misere" Priorität vor der Abwendung der Gefahr eines thermonuklearen Weltkrieges genieße. Eine ähnliche fortschrittsfeindliche These verkündet: Für die Beseitigung der Rückständigkeit der Entwicklungsländer sei nicht friedliche Koexistenz zwischen Staaten verschiedener Gesellschaftsordnungen das geeignete internationale Klima, sondern vielmehr scharfe Konfrontation zwischen den „Supermächten" bzw. „Blöcken", da – so diese perfide These – beide „Supermächte" im Zustand des Sich-gegenseitig-im-Schach-Haltens weniger Möglichkeiten der Einflußnahme auf die „Dritte Welt" hätten, wodurch sich letztere, unbeeinflußt von „außen", der Lösung ihrer Probleme widmen könne.

Durch solche und andere Varianten friedensfeindlicher Positionen werden die in Kolonialismus bzw. Neokolonialismus sowie vor allem in forcierter imperialistischer Hochrüstungspolitik wurzelnden Ursachen verheerender Rückständigkeit verschleiert. Hierdurch wird insbesondere der direkte Zusammenhang zwischen imperialistischer Hochrüstung, Konfrontation, militärischer Konfliktaustragung und konservierter Unterentwicklung, Rückständigkeit sowie Abhängigkeit der Entwicklungsländer einerseits und Abrüstung, Entspannung, politischer Konfliktregelung, friedlicher Koexistenz als äußerer Voraussetzung für die Überwindung der Unterentwicklung andererseits negiert. Es wird geleugnet, daß vor allem die Entwicklungsländer auf Grund des extrem niedrigen Niveaus ihrer Produktivkraftentwicklung infolge der Einbeziehung in die imperialistische Hochrüstungspolitik am meisten leiden und die größten Opfer zu bringen haben. Es wird abgelenkt von der Tatsache, daß nahezu alle seit dem zweiten Weltkrieg infolge imperialistischer Destabilisierungspolitik militärisch ausgetragenen Konflikte auf dem Territorium von Entwicklungsländern stattfanden und diese Länder die größten menschlichen und materiellen Verluste erlitten und erleiden. Auf diese Weise sollen vor allem die nach Orientierung suchenden sozialen Kräfte in jungen Nationalstaaten irritiert, von ihren Bündnispartnern isoliert sowie im Interesse imperialistischer Hochrüstungspolitik von der internationalen Friedensfront ferngehalten werden.

Tatsächlich gefährdet aber nicht das Elend der „Dritten Welt" den Frieden der Welt, sondern vielmehr die imperialistische Konfrontationspolitik, die gleichzeitig die entscheidende Ursache für die katastrophale „Misere des Südens" bzw. das Haupthindernis auf dem Wege ihrer Beseitigung ist. Die sozialen Grundlagen der Kriegsgefahr liegen auch heute in den expansiven Ambitionen herrschender Ausbeuterklassen – gegenwärtig vor allem in der abenteuerlichen aggressiven Politik der USA-Administration. Neokoloniale „Theorien" zur Rechtfertigung imperialistischer Hochrüstungspolitik suchen zu verheimlichen, daß die jungen Nationalstaaten gerade in den 70er Jahren – im Jahrzehnt der Entspannung – bedeutende Erfolge in ihrem Kampf um nationale Befreiung und Festigung der Unabhängigkeit errangen. Zu diesen Erfolgen gehören das erfolgreiche Zurückdrängen des Auslandskapitals, vor allem aus der Rohstoff-Förderung der Entwicklungsländer, mittels umfangreicher Nationalisierungen, die ihren staatlichen Sektor stärkten; der Zusammenbruch des portugiesischen Kolonialreiches, die nationaldemokratischen Revolutionen in Äthiopien, Nikaragua und Afghanistan sowie die nationale Befreiungsrevolution gegen das rassistische Smith-Regime in Süd-Rhodesien/Simbabwe; die Inangriffnahme des Weges der sozialistischen Orientierung durch eine Reihe junger Nationalstaaten; der Ausbau gleichberechtigter, gegenseitig vorteilhafter Beziehungen zur UdSSR und anderen Staaten des sozialistischen Weltsystems, was gleichzeitig die Verhandlungspositionen vieler Entwicklungsländer gegenüber dem Auslandskapital verbesserte; die Kodifizierung demokratischer Prinzipien für eine neue internationale Wirtschaftsordnung (1974) gegen den hartnäckigen Widerstand imperialistischer Hauptstaaten.

Auf diese Erfolge reagierte der Imperialismus – besonders seit der Machtübernahme der Reagan-Administration in den USA (1981) – verstärkt mit dem Ausbau seiner konfrontativen Politik, der Androhung und Anwendung militärischer Gewalt, ökonomischer Diversion, direkter Einmischung in die inneren Angelegenheiten junger Nationalstaaten, politischer Provokation sowie massiver Stützung der inneren Konterrevolution, um diese Staaten fest in seinem ausbeuterischen System zu verankern. Obwohl der Neokolonialismus durch die wachsende politische, ökonomische und militärische Stärke der Staaten des real existierenden

Sozialismus in seinen Möglichkeiten offener militärischer Aggression eingeschränkt ist, setzt vor allem der USA-Imperialismus verstärkt auf seine abenteuer-
liche „Doktrin des neuen Globalismus", erklärt er selbst geographisch weit entfernt liegende Regionen zu „Zonen seiner vitalen Interessen" (z. B. im Nahen
Osten, im Indik, im südlichen Afrika, in Südostasien) und leitet hieraus völlig völ-
kerrechtswidrig ein Interventions-„Recht" ab.

Der Neokolonialismus – neben dem Militarismus besonders gefährliche Erscheinungsform des Imperialismus – ist und bleibt das Haupthindernis einer souveränen politischen und wirtschaftlichen wie auch einer gesellschaftlich progressiven Entwicklung der ehemals kolonialen Länder. Aber die Dialektik des historischen Fortschritts beinhaltet, daß der Neokolonialismus auch die sozialen Kräfte
mobilisiert, die in den jungen Nationalstaaten und in der internationalen Arena
den Kampf gegen ihn aufnehmen. Das moderne marxistisch-leninistische politische Denken, das verantwortungsbewußt die Überwindung der Unterentwicklung
der ehemals kolonialen und halbkolonialen Länder als Menschheitsproblem kennzeichnet, wirft die Frage der realen Möglichkeit auf, den Imperialismus zu einer
neuen internationalen Wirtschaftsordnung zu zwingen, in der der Neokolonialismus überwunden werden kann.

**Zusammenwirken
mit dem Sozialismus
und anderen
progressiven Kräften**
Das Zusammenwirken der Hauptkräfte im weltweiten Kampf für Frieden, Festigung der Unabhängigkeit und sozialen Fortschritt resultiert aus der Übereinstimmung ihrer Grundinteressen. Erich Honecker
betonte im Bericht an den XI. Parteitag der SED:
„Wir werden auch künftig die befreiten Staaten und Völker Afrikas, Asiens und
Lateinamerikas im Kampf für Frieden und sozialen Fortschritt solidarisch unterstützen."[12] Gemäß eigenen Erfahrungen sind die sozialistischen Staaten der Auffassung, daß die Zusammenarbeit mit Entwicklungsländern zu positiven Resultaten führt, wenn sie rationell und planmäßig in die eigenen Anstrengungen ihrer
Völker eingeordnet wird, die spezifischen Landesbedingungen berücksichtigt,
einen effektiven Beitrag zur Entwicklung nationaler Produktivkräfte und zur Festigung der Souveränität dieser Staaten erbringt. Aus diesem Grunde unterstützen
die sozialistischen Staaten die Bemühungen der Entwicklungsländer, ihre Ressourcen und ihr gesamtes Potential so wirksam wie möglich zur Entwicklung von
Landwirtschaft und Industrie, von Wissenschaft und Technik zu erschließen. Deshalb helfen sie u. a. bei der Erkundung von Rohstoffvorkommen, beim Bau von
Industrieanlagen und vor allem bei der Ausbildung nationaler Kader. So wurden
mit Hilfe der Staaten des Rates für gegenseitige Wirtschaftshilfe in über 100 Entwicklungsländern etwa 3 900 Industrieanlagen errichtet. Mehr als 80 000 Studenten aus über 120 Ländern Asiens, Afrikas und Lateinamerikas studieren jährlich

---

12 Bericht des Zentralkomitees der Sozialistischen Einheitspartei Deutschlands an den
XI. Parteitag der SED, S. 18.

in den Staaten des RGW, und mehr als 15 000 Bürger aus 70 Ländern erhalten hier eine Berufsausbildung. Allein in der DDR haben seit 1970 etwa 80 000 Bürger aus Entwicklungsländern eine berufliche Aus- und Weiterbildung erhalten, und nahezu 22 000 absolvierten ein Studium an Hoch- und Fachschulen. Die sozialistischen Staaten bekräftigen ihre Verpflichtung, auch künftig „aktiv eine Politik der breiten ökonomischen Zusammenarbeit mit allen Entwicklungsländern auf der Grundlage des gegenseitigen Vorteils und der vollen Gleichheit zu betreiben, um die großen Wirtschaftsprobleme, vor denen diese Länder stehen, zu lösen und deren ökonomischen und sozialen Fortschritt und die Überwindung der Unterentwicklung zu gewährleisten"[13].

Tabelle 17   Solidarische Unterstützung der um ihre nationale und soziale Befreiung kämpfenden Völker durch die DDR (Auswahl)

- Gesamtwert der 1986 geleisteten Hilfe: 2 242,8 Mill. Mark.
- 11 904 Bürger aus Entwicklungsländern begannen 1986 eine fachliche Aus- oder Weiterbildung in der DDR.
- Insgesamt qualifizierten sich 1986 29 474 Bürger aus Ländern Afrikas, Asiens und Lateinamerikas in Betrieben und Einrichtungen der DDR.
- Jährlich werden ca. 8 000 Kader aus Entwicklungsländern an Hoch- und Fachschulen der DDR ausgebildet.
- 1986 befanden sich 996 DDR-Spezialisten in Entwicklungsländern im Einsatz.
- Seit 1970 kamen ca. 7 400 Bürger aus Entwicklungsländern zur kostenlosen medizinischen Betreuung, einschließlich Krankenhausaufenthalt, in die DDR.
- 1985 beschloß die DDR, ihren freiwilligen Jahresbeitrag für Programme des UNICEF auf das 2,7fache zu erhöhen.

Die sozialistischen Staaten vertreten in ihrer internationalen Politik konsequent die Interessen unterdrückter und ausgebeuteter Völker und sind auch bereit, diese Völker bei der Abwehr konterrevolutionärer Interventionen zu unterstützen. Insbesondere vereint der Kampf für die Sicherung des Weltfriedens den realen Sozialismus, die national befreiten Staaten und die Befreiungsbewegungen. Angesichts der Größe der Aufgaben und der Gemeinsamkeit der Grundinteressen an der Erhaltung des Friedens, an internationaler Sicherheit und an der Einstellung des Wettrüstens erreicht die Zusammenarbeit mit Staaten Asiens, Afrikas und Lateinamerikas eine sehr große Breite und beschränkt sich nicht auf Länder mit sozialistischer Orientierung. Zugleich sind die Probleme des Kampfes für die Beseitigung der Unterentwicklung und für die Umgestaltung der internationalen Wirtschaftsbeziehungen auf demokratischer Grundlage auch Gegenstand des Dialogs der sozialistischen Länder, der marxistisch-leninistischen Parteien mit anderen demokratischen und progressiven politischen Kräften. Die wachsende Diffe-

---

13 Warschauer Vertragsstaaten zur Überwindung der Unterentwicklung und zur Schaffung einer neuen internationalen Wirtschaftsordnung, S. 3.

renzierung innerhalb der großen Gruppe der Entwicklungsländer stellt an die Außenpolitik der sozialistischen Staaten hohe Anforderungen. So ist es z. B. notwendig, die Bereiche koordinierten Zusammenwirkens gegen die abenteuerlichsten Kreise des Imperialismus, für Frieden, für demokratische Umgestaltungen im kapitalistischen Weltwirtschaftssystem u. a. ständig exakt zu sondieren und hierbei die Eigenständigkeit und spezifische Interessenlage der einzelnen Länder sorgfältig in Rechnung zu stellen.

8.3. Das Ringen um sozialen Fortschritt

In der gegenwärtigen Etappe des antiimperialistischen Kampfes der Völker gewinnen die sozialen Aspekte, die Fragen der Richtung des weiteren sozialen Fortschritts in den einzelnen Ländern an Bedeutung. In Abhängigkeit vom Entwicklungsniveau der Produktivkräfte, vom Charakter der dominierenden Produktionsverhältnisse und der hieraus resultierenden Sozialstruktur, von der konkreten Konstellation der Klassenkräfte, vom Einfluß der Traditionen, der ethnischen Faktoren und der Religion, vom Stand der Bewußtheit und der Organisiertheit der antiimperialistischen Kräfte vollzieht sich der Kampf um sozialen Fortschritt auf unterschiedlichen Stufen und in vielfältigen Formen. Die Erfahrungen des Kampfes nach der politischen Befreiung zeigen, wie wichtig ein realistisches Herangehen, eine allseitige Berücksichtigung dieser spezifischen Bedingungen jedes Landes und jeder Region sind. Die gesellschaftliche Praxis führte auch zur Korrektur vereinfachter Konzeptionen über die Überwindung des schweren kolonialen Erbes, über die Möglichkeiten und das Entwicklungstempo auf dem Wege sozialen Fortschritts. Zudem bringen die unterschiedlichen sozialen Klassen und Schichten und ihre politischen Organisationen ihre jeweils spezifischen Vorstellungen vom sozialen Fortschritt in die Auseinandersetzungen ein. Revolutionärdemokratische Führungskräfte gelangten zu der wichtigsten Erkenntnis, daß gesellschaftliche Umgestaltungen nur dann den Interessen ihrer Völker dienen, wenn sie aus den existierenden Bedingungen resultieren bzw. durch sie möglich werden. Vor allem sind in den befreiten Staaten für die Beseitigung der Rückständigkeit die *eigenen* Anstrengungen der Völker von herausragender Bedeutung. Es bestätigt sich, daß es notwendig ist, solche Produktionsformen zu fördern, die dem spezifischen gesellschaftlichen Entwicklungsniveau Rechnung tragen. Gerade in der Landwirtschaft haben z. B. der Familienbetrieb und der Privatsektor bei weitem nicht ihre Möglichkeiten zur Erschließung innerer Akkumulationsquellen zur Erhöhung der Agrarproduktion ausgeschöpft. Die *Differenziertheit* gesellschaftlicher Umgestaltungsprozesse in den Entwicklungsländern, in denen in der gegenwärtigen Etappe für die progressiven Kräfte allgemeindemokratische Aufgaben mit mehr oder weniger ausgeprägtem antiimperialistischen, antineokolonialistischen und antifeudalen Charakter auf der Tagesordnung stehen, folgt im Kern *zwei Haupttendenzen:* dem *kapitalistischen* Entwicklungsweg und dem der *so-*

zialistischen Orientierung, die sich ihrerseits wiederum in mannigfaltigen Erscheinungsformen konkretisieren. Trotz prinzipiell unterschiedlicher Ansätze zur Lösung der höchst komplizierten Probleme sind die übergreifenden Ähnlichkeiten zu berücksichtigen. Sie beziehen sich auf das vergleichbare historisch-sozialkulturelle Ausgangsniveau bzw. den relativ niedrigen Stand der Produktivkraftentwicklung, auf die Gesetze der Bevölkerungsentwicklung, auf strukturelle Probleme und vor allem auf die objektiv antineokoloniale Grundhaltung der Völker, woraus sich vielfältige Gemeinsamkeiten aller Entwicklungsländer – ungeachtet verschiedener Entwicklungswege – ergeben.

Der kapitalistische Enwicklungsweg Die gesellschaftliche Entwicklung der Mehrzahl der Entwicklungsländer vollzieht sich heute im Rahmen kapitalistischer Verhältnisse und wird durch die Gesetze der kapitalistischen ökonomischen Reproduktion bestimmt. In diesen Ländern entwickelt sich ein von vielfältigen vorkapitalistischen Strukturen beeinflußter, deformierter, jedoch weitgehend auf *eigener* Grundlage fußender Kapitalismus. Er prägt sich – was politische Strukturen, Mechanismen der Machtausübung, Regierungsformen, Positionen zum internationalen Monopolkapital u. a. betrifft – in sehr unterschiedlichen Erscheinungsformen aus, deren Entwicklung jedoch auf keiner durchgängigen kapitalistischen Transformation beruht, sondern gleichfalls durch noch vorhandene vorkapitalistische Strukturen beeinflußt wird. Dieser spezifische, sich in Entwicklungsländern formierende Kapitalismus vermag zwar nicht – wie keine Erscheinungsform des Kapitalismus –, die grundlegenden ökonomischen und sozialen Widersprüche zu lösen und soziale Sicherheit für die Werktätigen herbeizuführen; er hat aber in vielen dieser Länder noch nicht aufgehört, seine fortschrittlichen Potenzen auszuschöpfen. Der Fortschritt ist jedoch mit jener inneren Widersprüchlichkeit behaftet, die ihn in allen Ausbeutungssystemen kennzeichnet. Er geht einher mit der Entstehung neuer Antagonismen, die partiell oder vollständig große Teile der Bevölkerung von progressiven Ergebnissen gesellschaftlicher Entwicklung ausschließen. Unter diesen Bedingungen kann sich sozialökonomischer Fortschritt konkretisieren u. a.:
– in der mehr oder weniger dynamischen Entwicklung der Produktivkräfte bzw. im Entstehen neuer Triebkräfte und deren Stimulierung,
– im tendenziell höheren Niveau der Vergesellschaftung der Produktion,
– in dcr Entstehung und Formierung einer selbstbewußten Bauernschaft, einer sozial differenzierten Intelligenz und vor allem der Arbeiterklasse als Schöpfer und Hauptträger künftiger sozialistischer Produktionsverhältnisse,
– in der Formierung von Nationen bzw. anderen Gemeinschaften.

Im Rahmen des *kapitalistischen Entwicklungsweges* ist jedoch zu differenzieren. So gibt es Länder, deren Regierungen reaktionäre, proimperialistische Positionen einnehmen (wie z. B. Südkorea, Zaïre, Chile). Diese Regierungen verraten die Interessen ihrer Völker, sie entfalten mit Unterstützung des internationalen Monopolkapitals ihre Angriffe gegen demokratische Freiheiten, unterdrücken in vielen

Fällen brutal die patriotischen Bewegungen der Massen. Zu ihrer Herrschaftssicherung stiften sie Konflikte zwischen ethnisch und religiös verschiedenen Gruppen der Bevölkerung, betreiben sie einen Ausverkauf nationaler Ressourcen an das internationale Monopolkapital bzw. vertreten gemeinsam mit imperialistischen Staaten aktiv Systemerhaltungsinteressen, wodurch sie die von ihren Völkern errungene Souveränität aufs Spiel setzen. So kritisieren führende Politiker dieser Länder mitunter zwar verbal Institutionen, Prinzipien und Methoden des kapitalistischen Weltwirtschaftssystems, stellen sie aber tatsächlich nie in Frage. Sie wirken auf antikommunistischer Basis gemeinsam mit dem Imperialismus gegen die sozialen Bewegungen in ihren Ländern. Gegen diese Regierungen führen die fortschrittlichen Kräfte dieser Länder einen entschlossenen Kampf. Wesentlich ist, daß der Großteil der sich kapitalistisch entwickelnden Länder (wie z. B. Nigeria, Indien, die Philippinen, Argentinien, Uruguay, Mexiko u.v.a.m.) eine eigenständige nationale Entwicklung anstrebt; er wurde zum aktiven Partner im weltweiten Ringen für Frieden und Entwicklung und spielt in der Bewegung der Nichtpaktgebundenen eine tragende Rolle.

Der Weg der sozialistischen Orientierung

Bereits die Klassiker des Marxismus-Leninismus hielten es für möglich und denkbar, daß unter günstigen internationalen Bedingungen einzelne, kapitalistisch nicht oder wenig entwickelte Länder den Weg zum Sozialismus einschlagen können, ohne das kapitalistische Entwicklungsstadium zu durchlaufen.[14] Eine solche Variante des sozialen Fortschritts ist heute der Entwicklungsweg mit sozialistischer Orientierung, wie er vor allem in einigen Ländern Afrikas nach der politischen Befreiung eingeschlagen wurde. Dieser historisch neue Weg wird unter großen Schwierigkeiten beschritten, weil die sozialökonomischen Ausgangs- und Entwicklungsbedingungen der meisten dieser Länder außerordentlich ungünstig sind und weil diese Orientierung auf den erbitterten Widerstand der aggressivsten Kräfte des Imperialismus stößt.

Innerhalb dieser langfristigen Orientierung auf einen theoretisch und ideologisch unterschiedlich fundierten Sozialismus gibt es verschiedene politische *Entwicklungsformen*. So entwickeln in einigen Ländern (wie z. B. in Angola, Moçambique, Äthiopien, der VDR Jemen, Afghanistan) die politischen Führungskräfte eine Gesellschaftsstrategie, die von Grundpositionen des wissenschaftlichen Sozialismus ausgeht, und bekennen sich zur Freundschaft und Zusammenarbeit mit den sozialistischen Ländern. In anderen Ländern erfolgt eine Orientierung an einem von nationalistischen, religiösen oder sozialreformistischen Vorstellungen geprägten Sozialismusbild. Die Kompliziertheit dieser Orientierung und dieses Weges resultieren daraus, daß die objektiven und subjektiven Voraussetzungen,

---

14 Vgl. F. Engels, Nachwort (1894) zu „Soziales aus Rußland", in: K. Marx/F. Engels, Werke, Bd. 18, S. 668; W. I. Lenin, II. Kongreß der Kommunistischen Internationale, in: Werke, Bd. 31, S. 232.

die materiellen Grundlagen wie die gesellschaftliche Bewußtheit und die sozialen Triebkräfte für den Aufbau des Sozialismus noch nicht genügend herausgebildet sind, d. h., der Aufbau der Grundlagen des Sozialismus als unmittelbare Aufgabe nicht auf der Tagesordnung steht, aber bereits die Perspektive des Sozialismus als reale Möglichkeit betrachtet wird. In den Ländern mit sozialistischer Orientierung ist die Machtfrage noch nicht endgültig entschieden, es sind Unterbrechungen und Stagnationsperioden möglich. Der Weg zum Sozialismus, der durch tiefgreifende Auseinandersetzungen gekennzeichnet ist, erstreckt sich deshalb über einen langen historischen Zeitraum, in dem die nationale Befreiungsrevolution mit der konsequenten Erfüllung der allgemein-demokratischen, antiimperialistischen und antifeudalen Aufgaben die Voraussetzungen für ihr allmähliches Hinüberwachsen in die sozialistische Revolution schafft.

Angesichts der sozialökonomischen Rückständigkeit gewinnen der *subjektive Faktor* und die aktive Einwirkung des Staates auf die Entwicklungsprozesse eine erhöhte Bedeutung. Unabdingbar für den Erfolg der sozialistischen Orientierung ist die *Herausbildung revolutionärer Vorhutparteien,* die sich an Grundideen des wissenschaftlichen Sozialismus orientieren und eine realistische, wissenschaftlich fundierte Politik entwickeln und realisieren. Lenin anerkannte die Möglichkeit, daß in einem rückständigen Land erste Schritte zum Sozialismus gegangen werden können, ohne daß auf der ersten Wegstrecke bereits eine kommunistische Partei besteht. Er verband jedoch mit dieser auf einer nüchternen Analyse der sozialen Verhältnisse beruhenden Feststellung die Forderung an die politischen Führungskräfte, eine wahrhaft revolutionäre Partei zu schaffen, die die Massen mobilisiert und energisch daran arbeitet, einen proletarischen Kern als sicheres Fundament einer künftigen kommunistischen Partei herauszubilden[15]. Gegenwärtig entwickeln sich solche Parteien z. B. in Äthiopien, Moçambique, Angola, Benin, Kongo, Afghanistan und Nikaragua.

Von großer Bedeutung für den Weg dieser Länder zum Sozialismus ist der *internationale Faktor.* Nur durch ihr enges Zusammenwirken mit den sozialistischen Staaten kann die sozialistische Orientierung mittels gleichberechtigter Wirtschaftsbeziehungen zum gegenseitigen Vorteil, durch die Kaderausbildung sowie die Erfahrungsvermittlung gemäß den jeweiligen Landesbedingungen stabilisiert und die getroffene sozialpolitische Wahl dieser Völker erfolgreich verteidigt werden. Durch dieses Zusammenwirken können die Probleme, die aus der Unausgereiftheit der gesellschaftlichen Verhältnisse in diesen Staaten resultieren, gemildert, zeitweilig kompensiert und die Formierung der Klassenkräfte für die allmähliche Schaffung von Voraussetzungen für den späteren Übergang zum Sozialismus begünstigt werden. Besonders *gegen die sozialistische Orientierung* richtet sich die Politik der reaktionärsten imperialistischen Kräfte, die diese fortschrittliche Entwicklung zu destabilisieren suchen. Dies hemmt die Entwicklung dieser

---

15 Vgl. W. I. Lenin, Unterredung mit einer Delegation der Mongolischen Volksregierung, in: Werke, Ergänzungsband Oktober 1917 bis März 1923, S. 372 f.

Staaten, erfordert den Einsatz bedeutender menschlicher, materieller und finanzieller Ressourcen für die Verteidigung ihrer Errungenschaften, was erfolgreiche gesellschaftliche Umgestaltungen außerordentlich erschwert. Sie verschlechtert die wirtschaftliche und soziale Lage der Volksmassen und beschwört die Gefahr einer Entfremdung zwischen politischer Führung, dem revolutionär-demokratischen Staat bzw. der avantgardistischen Partei, und den breiten Volksmassen herauf. Die Volksmassen vermögen oft kaum, die eigentlichen Ursachen der zunehmenden Probleme zu erkennen, wodurch die Macht der fortschrittlichen Klassenallianz gefährdet und ein Klima erzeugt wird, das konterrevolutionäre Staatsstreiche begünstigt. Die Staaten sozialistischer Orientierung stellen jedoch – gestützt auf die internationale Solidarität – ihr Bestreben unter Beweis, ihren progressiven Kurs im Interesse ihrer Völker zu verteidigen und trotz aller Anfeindungen zu sichern.

Unter den schwierigen Voraussetzungen der Mehrheit der Entwicklungsländer kann der sozialistische Entwicklungsweg nur ein komplizierter, langwieriger historischer Prozeß sein, widerspruchsreicher als ursprünglich vorgestellt. Er wird sehr wahrscheinlich nur auf eine relativ kleine Gruppe der Entwicklungsländer beschränkt bleiben und kann weder durch eine maximalistische Programmatik noch durch eine künstliche Forcierung bzw. durch Überspringen notwendiger Zwischenetappen beschleunigt werden. Überhastete Schritte zur Änderung existierender sozialökonomischer Verhältnisse können leicht zur Gefahr für die Kontinuität revolutionärer Umgestaltungen werden. Wirksam sind nur solche Maßnahmen, die von der Mehrheit des Volkes verstanden und mitgetragen werden. Erfolgreiche Fortführung sozialistischer Orientierung erfordert erfahrungsgemäß wohlüberlegte Maßnahmen zur Festigung der Avantgardeparteien und des revolutionär-demokratischen Staatsapparates, zur stärkeren Einbeziehung der arbeitenden Menschen in die Regelung der staatlichen Angelegenheiten, zur Sicherung des Verteidigungspotentials, zur Konsolidierung der nationalen Ökonomie bis hin zu verstärkten internationalen Aktivitäten, die auch wirtschaftliche Beziehungen mit dem kooperationsbereiten Auslandskapital einschließen. Hierbei erweist sich das Ringen um die Festigung einer inneren Einheitsfront gegen den Neokolonialismus und seine einheimischen Kollaborateure als entscheidende Voraussetzung für die Konsolidierung der revolutionär-demokratischen Macht. Im Rahmen der sozialistischen Orientierung haben alle patriotischen Kräfte, die an der Festigung der nationalen Souveränität interessiert sind, eine echte Perspektive. Dies gilt sowohl für die Angehörigen der verschiedenen Klassen und Schichten als auch für die unterschiedlichen Nationalitäten, Stammesgruppierungen und religiösen Richtungen. Für die Sicherung einer auf den Sozialismus orientierten Entwicklung ist die Realisierung von Beziehungen der friedlichen Koexistenz gegenüber den Nachbarstaaten und die politische Lösung aller Konflikte von größter Bedeutung.

Ringen um antiimperialistische Einheitsfront

Eine der wichtigsten Voraussetzungen für die Festigung der Errungenschaften der nationalen Befreiungsbewegung, für den erfolgreichen Kampf gegen die Unterentwicklung und für den weiteren sozialen Fortschritt ist die Schaffung und Festigung eines breiten antiimperialistisch-demokratischen bzw. revolutionär-demokratischen Bündnisses, das alle sozial, religiös und ethnisch unterschiedlichen Kräfte vereint, die in der gegebenen historischen Situation an der Festigung der Unabhängigkeit interessiert sind. Dabei gilt es zu beachten, daß der gemeinsame Nenner dieses breiten Bündnisses und dieser Einheitsfront – der antagonistische Widerspruch zu Imperialismus und Neokolonialismus – unterschiedliche soziale Wurzeln aufweist, wodurch das jeweilige Herangehen an diesen Widerspruch nachhaltig beeinflußt wird. Zusammensetzung und Führung der antiimperialistischen und antineokolonialistischen Einheitsfront sind folglich keine konstanten Größen. Im Kampf um die politische Befreiung vom Kolonialjoch konnten ihr nahezu alle politischen und sozialen Kräfte angehören. Die Führung lag zumeist in den Händen der nationalen Bourgeoisie. Der Nationalismus, der damals ausgeprägt antiimperialistischen Charakter trug, war die bestimmende ideologische Strömung.

Nach der politischen Befreiung vom Kolonialismus vollziehen sich – im Zusammenhang mit der jeweiligen Grundorientierung – wesentliche Veränderungen in der sozialen Basis, in der Zusammensetzung und in der Führung des Bündnisses. Je nach dem Grad der sozialen Vertiefung des nationalen Befreiungskampfes kommt es zu einer Umgruppierung der sozialen Kräfte und zu einer Veränderung der Führungskräfte. Es bleibt jedoch – wie vor allem die Erfahrungen der 70er und 80er Jahre zeigen – die Notwendigkeit bestehen, ein breites Bündnis für die Festigung der Unabhängigkeit und gegen den Neokolonialismus, für den Frieden und gegen den Konfrontationskurs der aggressivsten Kreise des Imperialismus zu erhalten und auszubauen. Das schließt den Kampf gegen reaktionäre, durch die neokoloniale Politik unterstützte politische Gruppen ein.

Für die Festigung der antiimperialistischen Einheitsfront ist das konstruktive und vertrauensvolle *Zusammenwirken zwischen marxistisch-leninistischen und revolutionär-demokratischen Kräften* im jeweiligen Land von ausschlaggebender Bedeutung. Das erfordert, vorhandene negative Tendenzen – wie z. B. die Leugnung bzw. Ablehnung des Klassenkampfes, die Monopolisierung der Macht in den Händen kleiner politischer Gruppen oder von Einzelpersonen, die Ablehnung der demokratischen Mobilisierung der Massen und die Anwendung ausschließlich administrativer Methoden zur Machtausübung – zu überwinden. Dabei beachten die Kommunisten den spezifischen sozialen Charakter revolutionär-demokratischer Kräfte. Sie gehen von der Erkenntnis aus, daß in der Gegenwart die Bedingungen für deren Annäherung an den wissenschaftlichen Sozialismus günstig sind. Das von Lenin entwickelte Konzept der breiten antiimperialistischen Einheitsfront behält in seinem Wesen für den nationalen wie internationalen Bereich seine volle Gültigkeit.[16] Heute wirken in den Ländern Afrikas, Asiens und Lateinamerikas über 50 kommunistische Parteien. Viele von ihnen sind unter schwierigsten Bedingungen der Illegalität und des reaktionären Terrors tätig. Einige, bereits in den 20er Jahren gegründete, besitzen langjährige Erfahrungen im Kampf um den sozialen Fortschritt.[17] In nahezu der Hälfte der ehemals kolonial abhängigen Länder gibt es keine kommunistischen Parteien. Die Kommunisten sind die entschiedensten Verfechter breiter nationaler Einheitsfronten. Sie kämpfen in diesem Rahmen gegen Neokolonialismus, gegen Rückständigkeit und ökonomische Abhängigkeit, für die Rechte der Werktätigen. Sie sind den Repressalien der reaktionären Kräfte ausgesetzt. Die Kommunisten erweisen sich als dialogbereit und offen für das aktionsorientierte Zusammenwirken mit allen anderen revolutionären, demokratischen und progressiven Kräften für den Frieden, für die Souveränität und den Fortschritt ihrer Länder, für die Freundschaft zwischen allen Völkern der Erde. Gegenwärtig sind viele kommunistische Parteien dabei, demokratische Alternativvorstellungen zu realisieren und sich auf die veränderten nationalen und internationalen Kampfbedingungen einzustellen, d. h. eine solche Politik zu erarbeiten und anzuwenden, die das reale Kräfteverhältnis und die Langfristigkeit revolutionärer Veränderungen berücksichtigt.

Kontrollfragen zu Kapitel 8

1. Erläutern Sie Gemeinsamkeiten und innere Differenziertheit der national befreiten Staaten!

2. Welches sind die wichtigsten sozialen Triebkräfte im gegenwärtigen Kampf der Völker Afrikas und Asiens?

3. Wovon hängt die Wahl des Entwicklungsweges (kapitalistischer Weg oder Weg der sozialistischen Orientierung) in den national befreiten Ländern ab?

4. Worin bestehen Zielstellung und Hauptmethoden imperialistischer Politik und Strategie gegen die jungen Nationalstaaten?

5. Begründen Sie das Wechselverhältnis zwischen Friedenssicherung, Erfolgen im Kampf gegen imperialistische Hochrüstungspolitik, für friedliche Koexistenz und Lösung der Probleme der Entwicklungsländer im Sinne ihrer arbeitenden Menschen!

16 Vgl. W. I. Lenin, Ursprünglicher Entwurf der Thesen zur nationalen und zur kolonialen Frage, S. 134.
17 Vgl. Kapitel 3.2. des vorliegenden Lehrbuches.

TEIL III
Theorie und Politik zur Verwirklichung der welthistorischen Mission der Arbeiterklasse im Prozeß der Gestaltung der kommunistischen Gesellschaftsformation

Mit dem Aufbau des Sozialismus als der ersten Phase der kommunistischen Gesellschaftsformation beginnt ein qualitativ neuer Abschnitt der Verwirklichung der welthistorischen Mission der Arbeiterklasse. Der wissenschaftliche Sozialismus umfaßt in dieser Frage verallgemeinerte Erfahrungen und wissenschaftliche Erkenntnisse
– über die kommunistische Gesellschaftsformation und ihre Entwicklungsphasen als eine wichtige Grundlage der Politik der marxistisch-leninistischen Parteien;
– über das Programm und die Gesellschaftsstrategie zur Gestaltung der entwikkelten sozialistischen Gesellschaft und
– über die Dialektik von Internationalem und Nationalem, wie sie sich in diesem Prozeß im sozialistischen Weltsystem entfaltet.
Diese grundlegenden theoretischen und strategischen Probleme bilden den Hauptinhalt des die Kapitel 9 bis 11 umfassenden Teiles III.

9. Der Sozialismus – erste Phase der kommunistischen Gesellschaftsformation

Mit der Errichtung der kommunistischen Gesellschaftsformation wird die „Vorgeschichte der menschlichen Gesellschaft"[1] abgeschlossen. Bereits der Sozialismus – die erste Phase dieser Formation – erweist sich „als die Gesellschaftsordnung, die allein den Interessen und dem Wohl des Volkes dient, soziale Geborgenheit und hohen Bildungsstand, Freiheit, Demokratie und Menschenwürde für alle Werktätigen garantiert."[2] Der Sozialismus ist „eine der ganzen Menschheit offenstehende reale Möglichkeit"[3]; er hat das kapitalistische Gesellschaftssystem zum Wettbewerb um „würdige, wirklich menschliche materielle und geistige Lebensbedingungen für alle Völker"[4] unter den Bedingungen eines dauerhaften Friedens herausgefordert. Die historischen Erfahrungen seit dem Jahre 1917 zeigen, daß die Herausbildung und Entwicklung des Sozialismus einen langen historischen Zeitraum umfaßt.

9.1. Die Herausbildung der kommunistischen Gesellschaftsformation – Verwirklichung der welthistorischen Mission der Arbeiterklasse

Tiefgreifender revolutionärer Prozeß Die Ablösung der kapitalistischen durch die kommunistische Gesellschaftsformation ist ein *tiefgreifender revolutionärer Prozeß grundlegender Umgestaltungen* der ökonomischen, politischen und geistigen Verhältnisse, der Veränderung der Lebensbedingungen und der gesamten Lebensweise der Menschen. Diese Revolution unterscheidet sich grundlegend von allen vorangegangenen sozialen Revolutionen. Indem sie die Ausbeutung des Menschen durch den Menschen und die bisherige Aneignungsweise aufhebt, bricht sie mit dem „Gesetz der ganzen bisherigen Geschichte"[5]. Sie löst die Machtfrage auf prinzipiell neue Art und Weise,

1 K. Marx, Zur Kritik der Politischen Ökonomie. Vorwort, in: K. Marx/F. Engels, Werke, Bd. 13, S. 9.
2 Bericht des Zentralkomitees der Sozialistischen Einheitspartei Deutschlands an den XI. Parteitag der SED. Berichterstatter: Genosse Erich Honecker, Berlin 1986, S. 83.
3 Politischer Bericht des Zentralkomitees der KPdSU an den XXVII. Parteitag der Kommunistischen Partei der Sowjetunion. Berichterstatter: M. S. Gorbatschow, Berlin 1986, S. 10.
4 Ebenda, S. 29.
5 K. Marx, Kritik des Gothaer Programms, in: K. Marx/F. Engels, Werke, Bd. 19, S. 17.

denn nun herrscht die Mehrheit im Interesse der Mehrheit. Sie ist die tiefgehendste, allseitige Umwälzung der Menschheitsgeschichte und die erste durchgehend
internationale Umwälzung, die schrittweise von allen Völkern vollzogen wird. Sie
ist eine soziale Revolution, die auf der Grundlage einer wissenschaftlichen Theorie, durch die bewußte, zielgerichtete Tätigkeit der Volksmassen unter Führung
der marxistisch-leninistischen Partei erfolgt. Mit dem Sozialismus wird Wirklichkeit, was Karl Marx und Friedrich Engels im „Manifest der Kommunistischen Partei" über die historische Mission der Arbeiterklasse feststellten: „Die Proletarier
können sich die gesellschaftlichen Produktivkräfte nur erobern, indem sie ihre
eigene bisherige Aneignungsweise und damit die ganze bisherige Aneignungsweise abschaffen."[6]

Die neue sozialökonomische Formation ist eine *sich dynamisch entwickelnde Gesellschaft*, die sich durch das Aufsteigen vom Niederen zum Höheren, durch die zielstrebige Durchsetzung des Neuen auszeichnet. Jeder Fortschritt im Sozialismus
stellt neue Wachstumsprobleme, die konstruktiv mit der Kraft aller Werktätigen
unter Führung der marxistisch-leninistischen Partei zu meistern sind. Die historisch beispiellosen Ergebnisse, die in den vergangenen Jahrzehnten im Sozialismus unter schwierigen Ausgangs- und Entwicklungsbedingungen von den Werktätigen vollbracht wurden, waren und sind das Wesentliche, das geschichtlich Bestimmende des sozialistischen Aufbauwerkes. Die Arbeiterklasse hat unter
unterschiedlichen Bedingungen ihre Fähigkeit zur Errichtung und Verteidigung
einer neuen, dem Wohl und Glück des Volkes dienenden Gesellschaft überzeugend bewiesen. Das Beispiel des real existierenden Sozialismus ist von großem
Einfluß für die Zurückdrängung und Überwindung des Antikommunismus in seinen verschiedenen Schattierungen und wirkt nachhaltig auf die subjektiven Bedingungen des Kampfes der Völker für Frieden und sozialen Fortschritt, für den
weiteren Vollzug des Übergangs vom Kapitalismus zum Sozialismus.

Für die revolutionäre Herausbildung der kommunistischen Gesellschaftsformation hat die Klärung der Frage nach ihren Voraussetzungen große Bedeutung.
Der wissenschaftliche Sozialismus geht von der durch die Große Sozialistische
Oktoberrevolution und die anderen sozialistischen Revolutionen erhärteten Erkenntnis aus: Durch die Entwicklung der Produktivkräfte, den Vergesellschaf-
tungsgrad und die Konzentration der Produktion, die sich besonders im staatsmonopolistischen Kapitalismus verstärken, wird die „vollständige *materielle* Vorbereitung des Sozialismus"[7] herbeigeführt. Im Kampf gegen die kapitalistische
Ausbeutung und Unterdrückung, für Frieden, Demokratie und sozialen Fortschritt formiert sich unter Führung der marxistisch-leninistischen Partei die Arbeiterklasse, die berufen ist, an der Spitze aller Werktätigen mit der sozialistischen Revolution die herangereifte Umwälzung zu vollziehen. Somit entstehen

6 K. Marx/F. Engels, Manifest der Kommunistischen Partei, in: Werke, Bd. 4, S. 472.
7 W. I. Lenin, Die drohende Katastrophe und wie man sie bekämpfen soll, in: Werke,
Bd. 25, S. 370.

unter den Bedingungen des Kapitalismus die objektiven und subjektiven Voraussetzungen des Übergangs zum Sozialismus.[8]

Zugleich bestätigten die bisherigen sozialistischen Revolutionen die Erkenntnis, daß der Übergang zum Sozialismus die politische Entmachtung der Bourgeoisie und die Errichtung der Herrschaft der Arbeiterklasse im Bündnis mit anderen Werktätigen voraussetzt. Der Kapitalismus bricht auch bei Vertiefung seiner Krisen nicht automatisch zusammen; der Sozialismus entsteht nicht von selbst. Solange die Bourgeoisie die politische und ökonomische Macht besitzt, kann die Ausbeutung des Menschen durch den Menschen nicht abgeschafft, können keine sozialistischen Produktionsverhältnisse geschaffen und kann die sozialistische Umgestaltung der Gesellschaft nicht verwirklicht werden; erbittert tritt die imperialistische Bourgeoisie allen tiefgreifenden Umgestaltungen entgegen. Auch solche Regierungen, die von reformistischen Kräften geführt wurden und wiederholt (z. B. nach dem ersten und nach dem zweiten Weltkrieg) eine „Einführung des Sozialismus" versprachen, in der Tat aber die Macht des Imperialismus nicht ernsthaft antasteten, bestätigen auf ihre Art die Notwendigkeit, daß die Arbeiterklasse – um den Aufbau der sozialistischen Gesellschaft beginnen zu können – ihre eigene politische Macht errichten und die ökonomischen Kommandohöhen in Besitz nehmen muß. Die Geschichte sozialistischer Länder, die die politische Macht kühn nutzten, um noch fehlende materiell-technische Voraussetzungen des Sozialismus im Nachgang zu schaffen, beweisen die Haltlosigkeit der rechtsopportunistischen Konzeption, wonach die Arbeiterklasse mit der Errichtung ihrer Herrschaft und mit dem Beginn der sozialistischen Umgestaltung warten müsse, bis die kapitalistische Entwicklung zu einem spontanen Ausreifen der Gesamtheit der Bedingungen für die neue Gesellschaft geführt habe.[9]

Der wissenschaftliche Sozialismus setzt sich aber auch mit primitiven Auffassungen jener linksradikalen Kräfte auseinander, die die revolutionären Potenzen und die Voraussetzungen für den Sozialismus einseitig aus *ökonomischer und kultureller Rückständigkeit und Verelendung* ableiten und die Aufgabe unterschätzen, eine entwickelte materiell-technische Basis zu schaffen und die Produktivkräfte, insbesondere das kulturell-technische Niveau der Gesellschaft, rasch zu heben. Eine solche Aufgabe steht besonders vor Ländern, denen der Kapitalismus ein niedriges materiell-technisches und kulturelles Niveau hinterläßt und die zusätzliche Anstrengungen unternehmen müssen, um zuerst in Übergangsetappen wesentliche Voraussetzungen für den planmäßigen Aufbau des Sozialismus zu schaffen. Weitblickend hob Lenin hervor, daß es für solche Länder unter Umständen relativ leicht sein kann, mit der Revolution zu beginnen, „um aber das Werk fortzusetzen, braucht man hunderttausendmal mehr Umsicht, Vorsicht und Ausdauer".[10]

8 Vgl. Kap. 6.1. und 6.2. des vorliegenden Lehrbuches.

9 Vgl. W. I. Lenin, Über unsere Revolution, in: Werke, Bd. 33, S. 462–467.

10 W. I. Lenin, Tagung des Gesamtrussischen Zentralexekutivkomitees, 29. April 1918. Referat über die nächsten Aufgaben der Sowjetmacht, in: Werke, Bd. 27, S. 281.

Stufen der Reife Die kommunistische Gesellschaftsformation weist *grundlegende Merkmale* auf, die sie vom Kapitalismus prinzipiell unterscheiden und sie als neuen, allen vorangegangenen Gesellschaftsformationen überlegenen Typ der Gesellschaftsentwicklung bestimmen. Zu diesen sich schrittweise entfaltenden, den Charakter von Entwicklungstendenzen tragenden *allgemeinen Merkmalen der ganzen Formation*, die sich letztlich aus den objektiv gesetzten Entwicklungserfordernissen des Arbeitsprozesses ergeben, gehören das *gesellschaftliche Eigentum an den Produktionsmitteln* (als ein Erfordernis der maschinellen Großproduktion), d. h. ausbeutungsfreie Produktionsverhältnisse, die durch Zusammenarbeit der Werktätigen gekennzeichnet sind; die immer bessere *Befriedigung der materiellen und kulturellen Bedürfnisse* der Menschen durch die rasche Entwicklung der Produktivkräfte, durch die Vervollkommnung der Produktion auf der Basis der planmäßigen Nutzung der Errungenschaften des *wissenschaftlich-technischen Fortschritts*; die ständige *Steigerung der Arbeitsproduktivität*, Verbesserung der *Organisation der Arbeit und Erhöhung der ökonomischen Effektivität*; die Beseitigung der Ausbeutung des Menschen durch den Menschen und die *gegenseitige Hilfe und kameradschaftliche Zusammenarbeit der Werktätigen*; die bewußte und *planmäßige Organisation der Produktion* und des gesamtgesellschaftlichen Lebens, die *komplexe wissenschaftliche Leitung* nach einem Gesamtwillen; die *demokratische Aktivität* und Teilnahme der Werktätigen an der Leitung und Planung; die *Durchdringung aller Bereiche* des gesellschaftlichen Lebens *durch die marxistisch-leninistische Weltanschauung*; die wachsende *Internationalisierung, Frieden und Freundschaft* zwischen den Völkern. Der wichtigste Wesenszug aller ökonomischen, sozialen und geistig-kulturellen Umgestaltungen ist es, *immer bessere Bedingungen für die allseitige und harmonische Entwicklung der menschlichen Persönlichkeit zu schaffen.*

Die kommunistische Gesellschaftsformation kann nicht in kurzer Frist geschaffen werden; sie wächst in einem langen Prozeß ihrer Herausbildung, Gestaltung und Vervollkommnung. Die Klassiker des Marxismus-Leninismus betrachteten deshalb die kommunistische Gesellschaftsformation stets in untrennbarem Zusammenhang mit den konkreten, historisch bedingten Stufen der Reife der neuen gesellschaftlichen Verhältnisse. Vor allem in der Marxschen Arbeit „Kritik des Gothaer Programms" und in Lenins Schrift „Staat und Revolution" sind grundlegende Erkenntnisse über die Phasen der Reife der kommunistischen Gesellschaftsformation und die dialektischen Wechselbeziehungen zwischen ihnen niedergelegt. Als Lenin die genannte Marxsche Arbeit konspektierte, faßte er zusammen:

„Also: I. ‚lange Geburtswehen'

II. ‚erste Phase der kommunistischen Gesellschaft'

III. ‚höhere Phase der kommunistischen Gesellschaft'."[11]

In der bisherigen Praxis des Aufbaus der neuen Gesellschaftsordnung fand diese geniale Voraussicht ihre Bestätigung: Der Entwicklungsprozeß der kommu-

---

11 W. I. Lenin, Marxismus und Staat, Berlin 1960, S. 47.

nistischen Gesellschaftsformation nimmt seinen Anfang mit der Errichtung der Herrschaft der Arbeiterklasse und der Schaffung des gesellschaftlichen Eigentums an den wichtigsten Produktionsmitteln. Nach einer Übergangsperiode vom Kapitalismus zum Sozialismus entwickelt sich die neue Gesellschaftsformation in zwei Phasen: dem Sozialismus (die erste oder niedere Phase des Kommunismus) und dem Kommunismus (die höhere Phase). Diese Phasen oder *Stufen der Reife* sind durch den jeweiligen Stand der Produktivkräfte und der Gesamtheit der gesellschaftlichen Beziehungen objektiv bedingt. Sie sind *allgemeingültig*, d. h. in allen Ländern zu durchlaufen, während ihre Dauer und auch Unter- und Zwischenetappen in den einzelnen Ländern national-spezifisch von den konkreten Ausgangs- und Entwicklungsbedingungen abhängen.

Damit sich die neue Gesellschaft entfalten kann und in allen ihren Bereichen die ihr eigenen Gesetzmäßigkeiten und Prinzipien wirken können, muß sie eine mehr oder weniger lange Übergangsperiode vom Kapitalismus zum Sozialismus durchlaufen.[12] Diese ist unumgänglich, weil sich die sozialökonomischen Grundlagen der neuen Gesellschaft nicht im Kapitalismus entwickeln können und weil erst nach der Errichtung der Herrschaft der Arbeiterklasse die kapitalistischen Produktionsverhältnisse endgültig beseitigt und die neuen Produktionsverhältnisse planmäßig durchgesetzt werden können.

Der Sozialismus hat dem historischen Typ nach keine von der höheren Phase der kommunistischen Gesellschaftsformation verschiedene Grundlage: Es ist die Grundlage, die dem Wesen nach der gesamten Formation eigen ist und qualitativ bestimmte Reifestufen durchläuft. *Sozialismus und Kommunismus als zwei Phasen einer Gesellschaftsformation* weisen insofern gemeinsame Wesenszüge auf, die – bedingt durch die qualitativen Reifestufen – in wesentlichen Unterschieden zum Ausdruck kommen. Eine wissenschaftliche Politik muß real und nüchtern sowohl die Gemeinsamkeiten als auch die Unterschiede zwischen beiden Phasen und ihre Ursachen berücksichtigen. Erst beim schrittweisen Übergang vom Sozialismus zum Kommunismus werden diese Unterschiede allmählich aufgehoben. Im Sozialismus als der ersten Phase schaffen die Werktätigen auf der Grundlage der neuen Macht- und Eigentumsverhältnisse in einem historisch langen Prozeß tiefgreifender politischer, ökonomischer, sozialer und geistig-kultureller Wandlungen Voraussetzungen für den allmählichen Übergang zum Kommunismus.

Im Sozialismus ist die Ausbeutung des Menschen durch den Menschen beseitigt und ein Schritt auf dem Wege zur sozialen Gleichheit getan, indem die Werktätigen zu gesellschaftlichen Eigentümern der Produktionsmittel geworden sind und ihre eigene Leistung bestimmend für die Entwicklung ihres materiellen und kulturellen Lebensniveaus ist. Im Sozialismus sind die materiell-technischen, ökonomischen, sozialen und geistigen Grundlagen und Wesenszüge der neuen Gesellschaft noch nicht völlig entwickelt und noch nicht alle hemmenden Überreste der alten Gesellschaft überwunden. Es hat die Entwicklung der Produktivkräfte

12 Vgl. Abschn. 2. dieses Kapitels.

der Gesellschaft in der ersten Phase noch keinen solchen materiellen und kulturellen Reichtum hervorgebracht, daß das Prinzip „Jeder nach seinen Fähigkeiten, jedem nach seinen Bedürfnissen" verwirklicht werden kann. Die auf der Grundlage des gesellschaftlichen Eigentums an den Produktionsmitteln und der Durchführung des Prinzips der Verteilung nach der Leistung in der ersten Phase erreichte Entwicklungsstufe der sozialen Gleichheit schließt eine historisch bestimmte, durch das Niveau der Produktivkräfte bedingte soziale Ungleichheit ein.

Während der Kommunismus durch einheitliches gesellschaftliches Eigentum an den Produktionsmitteln gekennzeichnet sein wird, weist der Sozialismus zwei entwicklungsfähige Formen – das gesamtgesellschaftliche Volkseigentum und das genossenschaftliche Gemeineigentum – auf, in denen ein unterschiedlicher Grad der Vergesellschaftung der Arbeit und der Produktion sowie der Aneignung zum Ausdruck kommt. Im Sozialismus existieren befreundete Klassen und Schichten werktätiger Menschen mit Unterschieden in ihren Arbeits- und Lebensbedingungen, ihrer Lebensweise, in ihren Interessen und ihrem Arbeitseinkommen. Es bestehen im Sozialismus für einen längeren historischen Zeitraum und in den einzelnen Ländern verschieden mehr oder weniger ausgeprägte Unterschiede in den Arbeits- und Lebensbedingungen zwischen Stadt und Land, zwischen industriell und landwirtschaftlich, zwischen körperlich und geistig Arbeitenden sowie andere soziale Unterschiede, die im Kommunismus überwunden sein werden. Die beiden Phasen unterscheiden sich auch im Bildungs- und Kulturniveau sowie im Grad der Bewußtheit und Organisiertheit der Werktätigen. Auch in der Art und Weise der Leitung der gesellschaftlichen Angelegenheiten bestehen insofern Unterschiede, als im Sozialismus die wissenschaftliche Leitung der Gesellschaft politischen Charakter trägt und von den Werktätigen in erster Linie über den von der politischen Partei der Arbeiterklasse geführten sozialistischen Staat verwirklich wird. Die Gesellschaft führt zur Verwirklichung des sozialen Grundprinzips der ersten Phase „Jeder nach seinen Fähigkeiten, jedem nach seiner Leistung" eine strenge Rechnungsführung und Kontrolle über das Maß der Arbeit und der Verteilung durch.

Der Sozialismus als erste (oder niedere) Phase der kommunistischen Gesellschaftsformation hebt sich deutlich von der Übergangsperiode vom Kapitalismus zum Sozialismus ab, und er trägt zugleich sehr viele Züge des Ausreifens der neuen Gesellschaft, der Umbildung der gesellschaftlichen Verhältnisse auf ökonomischem, auf sozialpolitischem und geistig-kulturellem Gebiet. Das heißt, der revolutionäre Umwälzungsprozeß ist mit dem Abschluß der Übergangsperiode nicht beendet. Wie die bisher gemachten Erfahrungen des sozialistischen Aufbaus belegen, erfolgt die Entwicklung zum Kommunismus über die Gestaltung der entwickelten sozialistischen Gesellschaft.[13] Die strategische Orientierung auf den allmählichen Übergang zum Kommunismus ist nicht mit Abschluß der Übergangsperiode vom Kapitalismus zum Sozialismus möglich. Es gilt, in einem länge-

13   Vgl. Kap. 10.1. und 10.2. des vorliegenden Lehrbuches.

ren Zeitraum den Sozialismus so zu entwickeln, daß seine Vorzüge und Triebkräfte voll zur Wirksamkeit gelangen. Bei der Gestaltung des entwickelten Sozialismus werden, wie im Programm der SED begründet wird, grundlegende
Voraussetzungen für den allmählichen Übergang zum Kommunismus geschaffen.

System- Herausbildung und Entwicklung der neuen Gesell-
auseinandersetzung schaftsformation vollziehen sich in der Epoche des
als Bedingung Übergangs vom Kapitalismus zum Sozialismus unter
den Bedingungen der Systemauseinandersetzung mit
dem Imperialismus. Bei der Lösung aller Fragen des Aufbaus der neuen Gesellschaft sind sowohl ein kompliziertes internationales Bedingungsgefüge als auch
vielfältige internationale Erfordernisse und Verpflichtungen zu beachten. Das gilt
besonders in der Gegenwart, da die Erhaltung des Weltfriedens zum Kern jedes
weiteren sozialen Fortschritts geworden ist und die Systemauseinandersetzung
zwischen Sozialismus und Imperialismus als historischer Wettbewerb bei friedlicher Koexistenz auszutragen ist.[14]

Historisch und aktuell zeigen sich folgende Aspekte der Rolle der Systemauseinandersetzung für die Gestaltung des Sozialismus als erster Phase der kommunistischen Gesellschaftsformation:

Erstens erfolgte der Aufbau der neuen Gesellschaftsordnung bisher im erbitterten Kampf gegen die *Versuche der aggressivsten Kreise des Weltimperialismus, den Sozialismus wieder zu beseitigen* oder seinen Vormarsch einzudämmen. Die inneren Entwicklungsprozesse des Sozialismus wurden und werden hinsichtlich ihrer Formen, ihrer Methoden und ihrer Dauer auch durch die Erfordernisse der
internationalen Klassenauseinandersetzung und durch das jeweilige Kräfteverhältnis zwischen Sozialismus und Imperialismus beeinflußt. Die Arbeiterklasse
eines Landes hat beim Aufbau der neuen Gesellschaft nicht nur den Kampf gegen
die „eigene" Bourgeoisie zu führen, sondern stets auch – wie die Intervention der
kapitalistischen Mächte gegen die junge Sowjetmacht, Störaktionen der imperialistischen NATO-Mächte gegen die DDR und gegen andere sozialistische Länder
zeigten – gegen den auf seine Art und Weise „Klassensolidarität" übenden Weltimperialismus. Die geschichtlichen Erfahrungen unserer Epoche haben gezeigt,
wie notwendig es ist, stets höchste Klassenwachsamkeit zu üben.

Zweitens bedingt das längere Nebeneinanderbestehen von Staaten unterschiedlicher Gesellschaftsordnung eine *Politik der friedlichen Koexistenz.* Besonders die
deutlich gewordenen Konsequenzen des Hochrüstungs- und Aggressionskurses
imperialistischer Kräfte lassen erkennen, daß es zur Politik der friedlichen Koexistenz keine annehmbare Alternative gibt. Unter dieser Bedingung ist die allseitige
Stärkung des Sozialismus von entscheidender Bedeutung für die Sicherung des
Friedens. Deshalb orientieren die Beschlüsse des XI. Parteitages der SED auf die
weitere dynamische ökonomische und politisch stabile Entwicklung der DDR, auf

14 Vgl. Kap. 5.4. des vorliegenden Lehrbuches.

die Erhöhung der Anziehungskraft des realen Sozialismus, auf die kontinuierliche Verbesserung des materiellen und kulturellen Wohlstandes des Volkes, um zwei strategische Aufgaben gleichzeitig lösen zu können: die Erhaltung des Friedens und die weitere Gestaltung der entwickelten sozialistischen Gesellschaft.

Drittens fördert das erfolgreiche Voranschreiten des Sozialismus „den revolutionären Weltprozeß, vergrößert die Anziehungskraft und den internationalen Einfluß des Sozialismus, verbessert die Bedingungen für den Vormarsch aller revolutionären, antiimperialistischen Kräfte und stärkt den Weltfrieden".[15] Den sozialistischen Ländern ist jeder Export der Revolution wesensfremd. Durch das Beispiel der kontinuierlichen Entwicklung, aber auch durch solidarische Hilfe verwirklichen die Werktätigen der *sozialistischen Länder* eine *internationale Verpflichtung* gegenüber allen Kräften, die für die Verteidigung des bereits erreichten und den Zugewinn weiterer sozialen Fortschritts eintreten.

Viertens brachte es die Eigenart des Übergangs zum Sozialismus in unserer Epoche, d. h. der *Beginn der sozialistischen Entwicklung vorwiegend in Ländern mit mittleren bzw. relativ niedrigen materiell-technischen Ausgangspositionen* (eine Ausnahme bildeten die ČSSR und die DDR) mit sich, daß diese Länder in den ersten Jahren des Aufbaus gezwungen waren, viele Rückständigkeiten auf materiell-technischem Gebiet zu überwinden. Hinzu kam bisher die Notwendigkeit, die durch imperialistische Kriege verursachten schweren Zerstörungen zu beseitigen. Angesichts solcher Ausgangsbedingungen mußten gewaltige Kräfte aufgewandt werden, um dieses Erbe zu überwinden. Die Vorzüge der neuen Gesellschaftsordnung können deshalb erst nach einem längeren Zeitraum allseitig wirksam werden. Die Schwierigkeiten dieses Anfangs sind bis in die Gegenwart ein Hauptargument der bürgerlichen Ideologie gegen den Sozialismus. Die von der bürgerlichen Gesellschaft hinterlassenen Rückständigkeiten werden den sozialistischen Kräften angelastet, die darangingen, sie zu überwinden.

In der Gegenwart kommen die Potenzen des *Sozialismus als internationaler Gemeinschaft* immer mehr zur Geltung. Die enge und umfassende Zusammenarbeit zwischen den sozialistischen Ländern und die Festigung der Gemeinschaft der sozialistischen Staaten bilden heute eine wichtige Bedingung für die weitere erfolgreiche Gestaltung der neuen Gesellschaft in jedem einzelnen Land.[16]

Schöpferische Entwicklung der Sozialismustheorie Die Auffassungen von Sozialismus und Kommunismus haben eine lange Geschichte. Schon in den Jahrhunderten vor der Entstehung des Marxismus strebten die Menschen danach, eine bessere und gerechtere Gesellschaft zu errichten. Große Denker entwarfen Pläne für ihre Gestaltung. Aber erst mit der Entstehung der Arbeiterklasse und der Verwandlung des Sozialismus von einer Utopie in eine Wissenschaft wurde es möglich, die Zukunft der Menschheit in bestimmten Grundzügen und allgemeinen Entwicklungstendenzen wissenschaftlich zu bestimmen. Die genialen Aussagen der

15   Programm der Sozialistischen Einheitspartei Deutschlands, Berlin 1976, S. 12 f.
16   Vgl. Kap. 11.1. des vorliegenden Lehrbuches.

Klassiker des Marxismus-Leninismus über die kommunistische Gesellschaftsformation beruhten darauf, daß von der Existenz und Wirkung objektiver Gesetzmäßigkeiten der gesellschaftlichen Entwicklung ausgegangen und die Herausbildung dieser Gesellschaft als „naturhistorischer Prozeß" begründet wurde. Charakteristisch für die Entwicklung der Erkenntnisse von Marx und Engels über die kommunistische Gesellschaftsformation war, daß sie zunächst das durchgängige Merkmal der kommunistischen Entwicklung der Menschheit, die wachsende Macht der Menschen als gesellschaftliche, assoziiert tätige Individuen über ihren Arbeits- und damit gesamten sozialen Lebensprozeß umfassend begründeten. Dieser Nachweis ist vor allem in den Werken „Die deutsche Ideologie", „Grundsätze des Kommunismus", „Manifest der Kommunistischen Partei", „Grundrisse der Kritik der politischen Ökonomie" und „Das Kapital" enthalten. Marx und Engels begründeten den Kommunismus in seiner reifen Gestalt als die gesellschaftliche Alternative zum Kapitalismus. Hiervon ausgehend wurden dann die objektiv notwendigen Entwicklungsstufen abgeleitet. In den „Randglossen zum Programm der deutschen Arbeiterpartei" („Kritik des Gothaer Programms") hat Marx 1875 erstmalig seine Erkenntnisse von der ersten und einer höheren Phase der kommunistischen Gesellschaftsformation zusammenhängend dargestellt. W.I. Lenin hat in „Staat und Revolution" sowie in vielen anderen Schriften die Ideen von Marx und Engels zur Herausbildung der kommunistischen Gesellschaft gegen revisionistische und anarchistische Angriffe verteidigt und schöpferisch weiterentwickelt. Sein besonderes Verdienst besteht jedoch darin, daß er an der Spitze einer revolutionären Partei die wissenschaftliche Erkenntnis erstmals in die geschichtliche Praxis umsetzte und mit der Ausarbeitung des Programms des sozialistischen Aufbaus wesentlich bereicherte. Die seither mehr als sieben Jahrzehnte umfassenden historischen Erfahrungen bestätigen, daß nicht Hoffnungen und subjektive Wünsche, sondern exakte wissenschaftliche Untersuchungen das Fundament aller Voraussagen der Klassiker bilden. Von entscheidender Bedeutung ist hierbei die Analyse des ökonomischen Wesens, der Entwicklungstendenzen der Produktivkräfte und Produktionsverhältnisse des Kapitalismus. Sie gipfelte in der Erkenntnis, daß die Herausbildung der neuen Gesellschaftsformation zwar ein „naturhistorischer Prozeß" ist, aber keineswegs als Resultat einer automatischen Entwicklung, sondern im Kampf des Proletariats unter konkreten historischen Bedingungen entsteht und einen langen Reifeprozeß durchläuft.

Die wissenschaftlichen Erkenntnisse über die neue Gesellschaft wurden und werden von den Marxisten-Leninisten ständig vertieft und gestützt auf praktische Erfahrungen konkretisiert. In diesem Prozeß erwiesen sich die Beratungen kommunistischer und Arbeiterparteien in den Jahren 1957, 1960 und 1969 von großer Bedeutung. Sie verallgemeinerten die vorliegenden Erfahrungen des revolutionären Übergangs vom Kapitalismus zum Sozialismus in einer ganzen Gruppe sozialistischer Länder, und führten schrittweise an die Ausarbeitung der theoretischen Konzeption des entwickelten Sozialismus heran, was auch die Überwindung überholter und vereinfachter Auffassungen einschloß. Für die SED hatte in diesem Prozeß der VIII. Parteitag im Jahre 1971 besondere Bedeutung, dessen Orientierungen ihren Niederschlag im Parteiprogramm (1976) fanden. International ist die Entwicklung der Sozialismustheorie im letzten Vierteljahrhundert durch einen stürmischen Aufschwung gekennzeichnet: Umfassende wissenschaftliche Diskussionen, Beiträge vieler marxistisch-leninistischer Parteien, neue Fragestellungen und Schlußfolgerungen bringen die Einheit von Theorie und Praxis und die Tatsache zum Ausdruck, daß die marxistisch-leninistische Sozialismustheorie nichts Abgeschlossenes darstellt, sondern die Beantwortung zahlreicher neuer Fragen in Angriff nimmt. Sie betreffen sowohl den Zusammenhang von Sozialismus und Frieden, den Übergang zur intensiv erweiterten Reproduktion, die organische Verbindung der Vorzüge des Sozialismus mit den Ergebnissen der wissenschaftlich-technischen Revolution, die Dialektik von Internationalem und Nationalem, von Einheit und Mannigfaltigkeit im Sozialismus und viele andere Probleme.

9.2. Die Übergangsperiode vom Kapitalismus zum Sozialismus

Über die Übergangsperiode als unumgängliche Etappe für alle Länder, die den Sozialismus aufbauen, liegen umfangreiche historische Erfahrungen vor. Kennzeichnend für die Übergangsperiode ist das Nebeneinanderbestehen verschiedener Eigentums- und Wirtschaftsformen. Die *Hauptformen der gesellschaftlichen Wirtschaft* sind die sozialistische Produktion, die kapitalistische Produktion und die kleine Warenproduktion.[17] Den grundlegenden Wirtschaftsformen entsprechen die *sozialen Hauptkräfte* der Übergangsperiode: die Arbeiterklasse, die Bourgeoisie, das städtische Kleinbürgertum und die werktätige Bauernschaft. Der *Klassenkampf* zwischen der Arbeiterklasse, die die politische Macht erobert hat, und der politisch entmachteten, ökonomisch zunächst aber noch einflußreichen Bourgeoisie ist unvermeidlich. Letztere verfügt auch nach ihrer politischen Entmachtung noch über beträchtliche materielle und ideologische Mittel sowie traditionelle politische und geistige Einflüsse auf breite Schichten der Bevölkerung und erhält Unterstützung durch den internationalen Kapitalismus.

Hauptaufgaben der Diktatur des Proletariats Die konsequente Brechung und Unterdrückung des Widerstandes der Bourgeoise, ihre ökonomische Einschränkung, Zurückdrängung und schließliche Überwindung als Klasse ist darum die *erste Seite der Diktatur des Proletariats* in der Übergangsperiode. Durch die Diktatur des Proletariats als Fortsetzung des Klassenkampfes der Arbeiterklasse mit neuen Aufgaben und in neuen Formen[18] werden solche Bedingungen geschaffen, unter denen die Bourgeoisie als Klasse weder existieren noch sich restaurieren kann. Die planmäßige Schaffung der Grundlagen des Sozialismus ist die *zweite Seite* der Diktatur des Proletariats. Die Arbeiterklasse unter Führung der marxistisch-leninistischen Partei kann auf keinem Gebiet die kapitalistische Entwicklung einfach auf höherer Stufe fortführen, sondern muß – gestützt auf materielle und kulturelle Voraussetzungen, die bereits im Kapitalismus entstanden sind – in allen Bereichen qualitativ neue gesellschaftliche Verhältnisse durchsetzen. Beide Hauptfunktionen, die „zerstörende" und die „schöpferisch-aufbauende", sind *zwei Seiten* eines einheitlichen Prozesses. Schaffung der Grundlagen des Sozialismus bedeutet somit, auf allen Gebieten der

---

17 Vgl. Lehrbuch Politische Ökonomie des Kapitalismus und des Sozialismus, Kap. 16.
18 Vgl. W. I. Lenin, Über die Diktatur des Proletariats, in: Werke, Bd. 30, S. 77 ff.

gesellschaftlichen Entwicklung sozialistische Verhältnisse durchzusetzen, die die vom Klassenantagonismus befreite Entwicklung des Sozialismus auf seinen eigenen Grundlagen vorbereiten und ermöglichen. Das schließt auch den Kampf für neue internationale Beziehungen ein, die friedliche äußere Bedingungen für die Erfüllung der beiden Hauptfunktionen sichern.

Diktatur des Proletariats ist der traditionelle, das Klassenwesen der politischen Verhältnisse charakterisierende Ausdruck für die politische Macht der Arbeiterklasse, die sie im Bündnis mit der werktätigen Bauernschaft und anderen Schichten der Werktätigen ausübt, um den Widerstand der Ausbeuterklassen zu unterdrücken, die Ausbeutung zu beseitigen und den Sozialismus aufzubauen und zu sichern. Vor allem in Gestalt der sozialistischen Staatsmacht erfüllt die politische Herrschaft der Arbeiterklasse folgende *Hauptaufgaben*:

erstens die *Unterdrückung* des Widerstandes der Ausbeuterklassen und die Verteidigung des Landes gegen die Angriffe des Imperialismus;

zweitens die *Leitung und Organisierung* der sozialistischen Umgestaltungen in allen Bereichen des gesellschaftlichen Lebens;

drittens die *Führung* der werktätigen Bauernschaft und der anderen Schichten der werktätigen Massen, um sie dem Einfluß der Bourgeoisie zu entreißen und in den sozialistischen Aufbau einzubeziehen;

viertens die Vertiefung der *internationalen Zusammenarbeit* mit der Arbeiterklasse aller Länder im Ringen um den Frieden und den sozialen Fortschritt.

Politische Herrschaft der Arbeiterklasse bedeutet, daß diese Klasse unter Führung ihrer revolutionären Partei nach dem Sturz der politischen Herrschaft der Bourgeoisie die Leitung der Politik, der Wirtschaft und aller anderen Bereiche uneingeschränkt in ihre Hände nimmt und Demokratie und Freiheit für das werktätige Volk verwirklicht. Da sie kraft ihrer objektiven sozialökonomischen Interessenlage die einzige konsequent revolutionäre Klasse ist, teilt sie ihre Macht mit keiner anderen Klasse. Weil die Arbeiterklasse sich jedoch nur befreien kann, wenn sie alle Werktätigen in den Aufbau der neuen Gesellschaft einbezieht, und zugleich alle im Kapitalismus Ausgebeuteten und Unterdrückten sich nur zu sozialistischen Werktätigen entwickeln können, wenn sie aktiv an der revolutionären Umwälzung der gesellschaftlichen Verhältnisse mitwirken, übt die Arbeiterklasse ihre Macht im Bündnis mit der werktätigen Bauernschaft, der Intelligenz und anderen Werktätigen aus. Zum System der politischen Macht der Arbeiterklasse gehören unter Führung der marxistisch-leninistischen Partei der sozialistische Staat als Hauptinstrument der sozialistischen Umgestaltung, die Gewerkschaften, Jugend-, Frauen- und andere Organisationen der Werktätigen sowie entsprechend den konkreten nationalen Bedingungen in einigen Ländern weitere Vereinigungen wie Volks- oder Nationale Fronten sowie mit der marxistisch-leninistischen Partei verbündete demokratische Parteien.[19]

In der Übergangsperiode vom Kapitalismus zum Sozialismus ist der *Klassen-*

19 Vgl. Kap. 13.1. des vorliegenden Lehrbuches.

kampf zwischen Arbeiterklasse und Bourgeoisie *Triebkraft der gesellschaftlichen Entwicklung*. In Abhängigkeit vom nationalen und internationalen Kräfteverhältnis verläuft dieser Kampf hinsichtlich seiner Formen und Methoden unterschiedlich. Die bisherigen Erfahrungen zeigen, daß er in allen Bereichen der Gesellschaft, auf ökonomischem, politischem und ideologischem Gebiet ausgetragen wird und daß die Arbeiterklasse in nicht selten zugespitzten Auseinandersetzungen konterrevolutionäre Aktionen, ökonomische Sabotage, ideologische Diversion und andere Formen des Widerstandes der gestürzten Ausbeuterklassen zu überwinden hat, wobei der Erfolg des Kampfes entscheidend von der Konsequenz der Arbeiterklasse beim Aufbau und beim Einsatz ihrer eigenen Schutz- und Sicherheitsorgane abhängig ist. Politische Herrschaft der Arbeiterklasse bedeutet jedoch nicht nur und nicht primär gewaltsame Niederhaltung der gestürzten Bourgeoisie. Zur Aufgabe, den Widerstand der Ausbeuterklassen zu unterdrücken, schrieb W. I. Lenin, „tritt ebenso unvermeidlich – je weiter, desto mehr – die wesentlichere Aufgabe des positiven kommunistischen Aufbaus, der Schaffung neuer ökonomischer Beziehungen, der Errichtung einer neuen Gesellschaft".[20] Diese konstruktiv-aufbauende Aufgabe kommt besonders in der Entfaltung der schöpferischen Kräfte der Arbeiterklasse und in der Einbeziehung ihrer Verbündeten zum Ausdruck. In diesem Sinne bezeichnete Lenin die Diktatur des Proletariats als „besondere Form des Klassenbündnisses zwischen dem Proletariat, der Avantgarde der Werktätigen, und den zahlreichen nichtproletarischen Schichten der Werktätigen ..."[21], durch das diese Schichten aus ihren ökonomischen, politischen und geistigen Bindungen an die Bourgeoisie herausgelöst und durch die Arbeiterklasse auf den Weg des Sozialismus geführt werden. Dabei kommt dem Bündnis von Arbeitern und werktätigen Bauern erstrangige Bedeutung zu, weil ihr gemeinsamer Kampf entscheidend das Kräfteübergewicht der Arbeiterklasse über die Bourgeoisie ermöglicht und sichert. Dieses Bündnis charakterisierte Lenin deshalb als höchstes Prinzip der Diktatur des Proletariats.[22]

Mit der Errichtung ihrer politischen Herrschaft beginnen die Arbeiterklasse und alle Werktätigen ein großes schöpferisches Aufbauwerk. Im Gegensatz zur vorwiegend spontanen Gesellschaftsentwicklung im Kapitalismus werden die neuen, sozialistischen gesellschaftlichen Verhältnisse bewußt und auf der Grundlage eines einheitlichen Programms unter Führung der Partei der Arbeiterklasse gestaltet. Es ist bleibendes historisches Verdienst Lenins, erstmals ein wissenschaftlich begründetes Programm des sozialistischen Aufbaus in der UdSSR ausgearbeitet zu haben. Es hat in seinen Grundzügen allgemeingültigen Charakter. Dieses Programm, das Leitlinien für alle revolutionären Umgestaltungsprozesse

20 W. I. Lenin, Die große Initiative, in: Werke, Bd. 29, S. 408.
21 W. I. Lenin, Vorwort zur Publikation der Rede „Über den Volksbetrug mit den Losungen Freiheit und Gleichheit", in: Werke, Bd. 29, S. 370.
22 Vgl. W. I. Lenin, III. Kongreß der Kommunistischen Internationale. 22. 6. – 12. 7. 1921, in: Werke, Bd. 32, S. 513.

in der Übergangsperiode vom Kapitalismus zum Sozialismus enthält, bestimmt als Hauptaufgaben die Schaffung der materiell-technischen Basis des Sozialismus, die genossenschaftliche Umgestaltung der landwirtschaftlichen Produktion und die Durchführung der sozialistischen Kulturrevolution. Gestützt auf die dabei gesammelten Erfahrungen und unter Berücksichtigung der konkreten Bedingungen erarbeiteten und verwirklichten die marxistisch-leninistischen Parteien anderer sozialistischer Länder ihre konkrete Strategie und Taktik für die Umgestaltung der gesellschaftlichen Verhältnisse, koordinierten sie die vielfältigen Maßnahmen und bestimmten die Schwerpunkte für einzelne Zeitabschnitte innerhalb der Übergangsperiode. Seither haben Erfahrungen vieler Länder Lenins Grundideen bestätigt und zugleich bereichert.

Allgemeine Gesetzmäßigkeiten und Besonderheiten Infolge der unterschiedlichen historischen Ausgangsbedingungen, vor allem in bezug auf das zu Beginn der sozialistischen Revolution vorhandene sozialökonomische Niveau, sind die Wege zur Verwirklichung der sozialistischen Revolution sowie die Methoden und das Tempo des sozialistischen Aufbaus wie auch die konkreten Formen der Herrschaft der Arbeiterklasse in den einzelnen Ländern verschiedenartig. „Alle Nationen", schrieb Lenin, „werden zum Sozialismus gelangen, das ist unausbleiblich, aber keine auf genau die gleiche Art und Weise, jede wird zu dieser oder jener Form der Demokratie, zu dieser oder jener Abart der Diktatur des Proletariats, zu diesem oder jenem Tempo der sozialistischen Umgestaltung der verschiedenen Seiten des gesellschaftlichen Lebens etwas Eigenes beitragen."[23] Lenin hob hervor, daß dem Übergang vom Kapitalismus zum Sozialismus in allen Ländern allgemeine Gesetzmäßigkeiten zugrunde liegen und deshalb der sozialistische Aufbau überall die gleichen Wesenszüge aufweisen wird. „Der Übergang vom Kapitalismus zum Kommunismus muß natürlich eine ungeheure Fülle und Mannigfaltigkeit der politischen Formen hervorbringen, aber das Wesentliche wird dabei unbedingt das *eine* sein: *die Diktatur des Proletariats.*"[24]

Aus mehreren Gründen sind die sozialistische Revolution und der sozialistische Aufbau in allen Ländern durch *gleiche Wesenszüge* charakterisiert. *Erstens* ist die dem Sozialismus vorangehende kapitalistische Formation, in der die objektiven Voraussetzungen für den Übergang zum Sozialismus heranreifen, überall durch gleiche sozialökonomische Wesensmerkmale charakterisiert. Demzufolge sind in der sozialistischen Revolution in allen Ländern dem Wesen nach die gleichen grundlegenden Widersprüche zu lösen. *Zweitens* existieren nach der Errichtung der politischen Herrschaft der Arbeiterklasse in jedem Land die gleichen Hauptformen der Wirtschaft und wirken die gleichen Klassenkräfte: die Arbeiterklasse,

---

23 W. I. Lenin, Über eine Karikatur auf den Marxismus und über den „imperialistischen Ökonomismus", in: Werke, Bd. 23, S. 24.
24 W. I. Lenin, Staat und Revolution, in: Werke, Bd. 25, S. 425.

die Bourgeoisie, das Kleinbürgertum und die werktätige Bauernschaft. *Drittens* steht die Arbeiterklasse als die soziale Hauptkraft des revolutionären Übergangsprozesses in allen Ländern vor den gleichen Hauptaufgaben: den Widerstand der Bourgeoisie zu brechen, das Privateigentum an den Produktionsmitteln abzulösen und mit den sozialistischen Produktionsverhältnissen als Kern die Grundlagen des Sozialismus in allen Bereichen der gesellschaftlichen Entwicklung zu schaffen und zu festigen.

Ausgehend von den praktischen Erfahrungen des sozialistischen Aufbaus in der Sowjetunion und in weiteren sozialistischen Ländern formulierten die Vertreter der kommunistischen und Arbeiterparteien dieser Länder im Jahre 1957 nach kollektiver Beratung allgemeine Gesetzmäßigkeiten der sozialistischen Revolution und des sozialistischen Aufbaus. Dazu gehören:

– die Führung der werktätigen Massen durch die Arbeiterklasse, deren Vortrupp die marxistisch-leninistische Partei ist, bei der Durchführung der sozialistischen Revolution in dieser oder jener Form und bei der Errichtung der Diktatur des Proletariats in dieser oder jener Form;

– das Bündnis der Arbeiterklasse mit der Hauptmasse der Bauernschaft und anderen Schichten der Werktätigen;

– die Beseitigung des kapitalistischen Eigentums an den wichtigsten Produktionsmitteln;

– die allmähliche sozialistische Umgestaltung der Landwirtschaft;

– die planmäßige, auf den Aufbau des Sozialismus und auf die Hebung des Lebensstandards der Werktätigen gerichtete Entwicklung der Volkswirtschaft;

– die Verwirklichung der sozialistischen Revolution auf dem Gebiet der Ideologie und Kultur und die Heranbildung einer der Arbeiterklasse, dem schaffenden Volk und der Sache des Sozialismus ergebenen Intelligenz;

– die Beseitigung der nationalen Unterdrückung und die Herstellung von Gleichberechtigung und brüderlicher Freundschaft zwischen den Völkern;

– der Schutz der Errungenschaften des Sozialismus gegen die Anschläge äußerer und innerer Feinde;

– die Solidarität der Arbeiterklasse des gegebenen Landes mit der Arbeiterklasse der anderen Länder, das heißt der proletarische Internationalismus.[25]

Die Kenntnis und schöpferische Anwendung dieser allgemeinen Gesetzmäßigkeiten, die in der Zwischenzeit durch neue Erfahrungen bereichert und präzisiert wurden, hat für die Politik der marxistisch-leninistischen Parteien wachsende Bedeutung. Die Entwicklung des revolutionären Prozesses stellt diesen Parteien die Aufgabe, den konkreten Weg des Übergangs vom Kapitalismus zum Sozialismus auszuarbeiten, die effektivsten Formen des revolutionären Kampfes und des Aufbaus der neuen Gesellschaft zu bestimmen und dafür die reichen Erfahrungen der Sowjetunion und der anderen sozialistischen Länder auszuwerten. Die Kennt-

---

25 Vgl. Erklärung der Beratung von Vertretern der kommunistischen und Arbeiterparteien der sozialistischen Länder (Moskau, 14.–16. November 1957), Berlin 1958, S. 14.

nis der allgemeinen Gesetzmäßigkeiten und der Erfahrungen bei ihrer Durchsetzung hilft diesen Parteien und anderen revolutionären Kräften, in der Vielfalt der gesellschaftlichen Prozesse und Erscheinungen des Übergangs vom Kapitalismus zum Sozialismus die entscheidenden Wege, Aufgaben und Methoden herauszufinden, in ihren Beschlüssen auszudrücken und die Massen zu mobilisieren. Dies ist um so wirksamer möglich, je genauer der innere Zusammenhang und die Wechselwirkung zwischen den einzelnen gesetzmäßigen Prozessen beachtet und beherrscht werden.

Die marxistisch-leninistischen Parteien fassen den Zusammenhang zwischen den *allgemeinen Gesetzmäßigkeiten und den besonderen Formen des Übergangs vom Kapitalismus zum Sozialismus als dialektische Einheit.* Das Besondere stellt konkrete Erscheinungsformen der allgemeinen Gesetzmäßigkeiten dar, die ihrerseits aus der theoretischen Verallgemeinerung konkret-nationaler Erfahrungen gewonnen wurden. In den letzten Jahren hat sich der ideologische Kampf um die Fragen der Dialektik von Allgemeinem und Besonderem beim sozialistischen Aufbau verstärkt. So wurden z. B. nationalspezifische Unterschiede und Besonderheiten verabsolutiert und allgemeingültige Gesetzmäßigkeiten geleugnet. Schaden richten aber auch solche Auffassungen an, die die Mannigfaltigkeit der Formen beim Übergang zum Sozialismus negieren. Die Erkenntnisse über die allgemeinen Gesetzmäßigkeiten können dann erfolgreich durchgesetzt werden, wenn sie *schöpferisch* auf die *konkreten Bedingungen* eines jeden Landes *angewandt* werden. Diese ergeben sich vor allem aus dem Kräfteverhältnis zwischen Arbeiterklasse und Bourgeoisie im Inneren des Landes, aus der Stärke der Arbeiterklasse und ihrer Verbündeten, der Organisiertheit der einzelnen Klassen und Schichten, dem Niveau der ökonomischen und kulturellen Entwicklung des jeweiligen Landes und den Traditionen und Erfahrungen des Kampfes der Arbeiterklasse und ihrer Verbündeten. Den nationalen Besonderheiten entsprechen Unterschiede in den Formen, den Methoden und auch der Zeitdauer der Lösung der Aufgaben der Übergangsperiode. Wesentliche Modifikationen ergeben sich zugleich aus den internationalen Kampfbedingungen, besonders dem Entfaltungsgrad und den Erfordernissen der Systemauseinandersetzung zwischen Sozialismus und Imperialismus. In der Gegenwart haben besonders Erfordernisse, die sich aus dem Kampf um den Frieden und die Lösung weiterer globaler Probleme für den sozialen Fortschritt in einzelnen Ländern ergeben, wachsendes Gewicht erhalten.

Neue Erfahrungen zur Theorie und Praxis des revolutionären Übergangs zum Sozialismus werden gegenwärtig auch von jenen jungen Nationalstaaten erbracht, die die kapitalistische Entwicklung zu umgehen versuchen und sich für einen – über mehrere Zwischenstufen führenden – Entwicklungsweg mit sozialistischer Orientierung entschieden haben.

9.3. Die sozialistische Gesellschaft

Wesenszüge des Sozialismus Nachdem die Aufgaben der Übergangsperiode vom Kapitalismus zum Sozialismus gelöst sind, kann sich die kommunistische Gesellschaftsformation in Gestalt ihrer ersten Phase, des Sozialismus, auf eigener Grundlage entwickeln. Der grundlegende Unterschied zur Übergangsperiode wird vor allem durch die uneingeschränkte Herrschaft des gesellschaftlichen Eigentums, die umfassendere Wirksamkeit der ökonomischen Gesetze des Sozialismus, die Aufhebung der antagonistischen Klassenverhältnisse, folglich durch die Existenz einer qualitativ neuen ökonomischen und Klassenstruktur sowie durch die politisch-moralische Einheit des Volkes gekennzeichnet.

Der Sozialismus ist „die erste Form der neuen Gesellschaft"[26], die sich in einem langen Zeitraum voll entfaltet. Die sozialistische Gesellschaft ist heute bereits in einer ganzen Gruppe von Ländern errichtet. Die Erfahrungen dieser Länder bestätigen, daß die in der Übergangsperiode vom Kapitalismus zum Sozialismus begonnenen ökonomischen, politischen und geistig-kulturellen Umgestaltungen in der Phase des Sozialismus zur vollen Herausbildung seiner wesensbestimmenden Merkmale führen, daß die für den Sozialismus charakteristischen allgemeinen Gesetzmäßigkeiten in vollem Umfang wirken und daß der Aufbau des Sozialismus in allen Ländern erfolgreich nach gleichen grundlegenden Prinzipien erfolgt. Künftige sozialistische Revolutionen werden das Sozialismusbild weiter bereichern. Dabei vollzieht sich die Entwicklung des Sozialismus unter Führung der Arbeiterklasse und ihrer marxistisch-leninistischen Partei auf der Grundlage von allgemeingültigen Gesetzmäßigkeiten immer in einer national und historisch konkreten Form. Jedes Volk baut den Sozialismus in seinem Land auf – mit den entsprechenden materiell-technischen Ausgangspositionen, seinen nationalen und historischen Traditionen, den geographischen Besonderheiten und den Eigenarten der Menschen. Das internationale Wesen des Sozialismus erscheint also immer historisch konkret und in nationaler Gestalt.

Die bisher bei der Gestaltung des Sozialismus gesammelten Erfahrungen ermöglichen eine Antwort auf die Frage, was den *Sozialismus* auszeichnet und welche *Wesenszüge* ihn charakterisieren:
– Ausübung der politischen Macht durch die Arbeiterklasse unter Führung ihrer marxistisch-leninistischen Partei im Bündnis mit der Klasse der Genossenschaftsbauern, der Intelligenz und den anderen Werktätigen;
– Gesellschaftliches Eigentum in seinen beiden Formen, sozialistische Planwirtschaft und Mehrung des gesellschaftlichen Reichtums im Interesse der Arbeiterklasse und aller Werktätigen, Einsatz von Wissenschaft und Technik zugunsten und zum Nutzen der Gesellschaft;

---

26 W. I. Lenin, Referat über die Subbotniks auf der Moskauer Stadtkonferenz der KPR(B), 20. Dezember 1919, in: Werke, Bd. 30, S. 274.

- Befreiung der Werktätigen von Ausbeutung und Unterdrückung;
- Produktionsverhältnisse des bewußten Zusammenwirkens, der kameradschaftlichen Zusammenarbeit und der gegenseitigen Hilfe, breite Entwicklung der Initiative und Aktivität der Werktätigen;
- umfassende Möglichkeiten für alle, ihre schöpferischen Fähigkeiten zu entfalten, hohe Bildung zu erwerben, demokratische Rechte und Freiheiten aktiv zu nutzen, die Persönlichkeit allseitig zu entwickeln, immer bessere Befriedigung der Lebensbedürfnisse der Werktätigen, Verwirklichung des grundlegenden Prinzips „Jeder nach seinen Fähigkeiten, jedem nach seiner Leistung";
- umfassende Durchsetzung des Marxismus-Leninismus, der wissenschaftlichen Weltanschauung der Arbeiterklasse, Entfaltung des sozialistischen Patriotismus und proletarischen Internationalismus, Aufblühen der sozialistischen Nation und Annäherung an die anderen Nationen des sozialistischen Weltsystems;
- konsequente Verteidigung des Friedens.

Im Gegensatz zum Kapitalismus, in dem das Prinzip der Profitmacherei alle Seiten des gesellschaftlichen Lebens durchdringt, entsteht erstmals in der Menschheitsgeschichte mit dem Sozialismus eine Produktionsweise, deren Ziel die „Sicherung der *höchsten* Wohlfahrt und der freien *allseitigen* Entwicklung *aller* Mitglieder der Gesellschaft"[27] auf der Grundlage der ständigen Steigerung der Arbeitsproduktivität ist. Das *sozialistische Eigentum* an den Produktionsmitteln, das in zwei Hauptformen – dem gesamtgesellschaftlichen Volkseigentum und dem genossenschaftlichen Gemeineigentum – besteht, *bestimmt Inhalt und Entwicklung aller anderen Verhältnisse der sozialistischen Gesellschaft.* Diese Zusammenhänge finden ihren konzentrierten Ausdruck vor allem in der ökonomischen Strategie der marxistisch-leninistischen Parteien. Die Verbesserung des materiellen und kulturellen Lebensniveaus der Menschen erfordert ein starkes und beständiges *Wirtschaftswachstum.* „Dieses Wachstum wird immer stärker von den Wechselbeziehungen der Wirtschaft zu den verschiedenen gesellschaftlichen Bereichen beeinflußt, wobei an erster Stelle die gegenseitige Durchdringung von Wissenschaft und Produktion zu nennen ist. Das sozialistische Bildungswesen und seine weitere Entwicklung üben großen Einfluß auf die Wirtschaft aus. Andererseits leiten sich aus dem Fortschritt der modernen Produktivkräfte Anforderungen an Bildung und Weiterbildung ab. In vielfältiger Weise zeigen sich diese Zusammenhänge auf zahlreichen Gebieten bis hin zur Freizeitgestaltung. Eine Wirtschaft, deren Kraft zunehmend auf der Fähigkeit der Menschen beruht, hochmoderne Technologien zu beherrschen, braucht zu ihrem Gedeihen ein schöpferisches Klima im gesamten gesellschaftlichen Leben."[28]

27 W.I. Lenin, Materialien zur Ausarbeitung des Programms der Sozialdemokratischen Arbeiterpartei Rußlands. Bemerkungen zum zweiten Programmentwurf Plechanows, in: Werke, Bd. 6, S. 40.
28 Bericht des Zentralkomitees der Sozialistischen Einheitspartei Deutschlands an den XI. Parteitag der SED, S. 54.

Das sozialistische Eigentum an den Produktionsmitteln ermöglicht und verlangt eine wissenschaftlich begründete gesamtgesellschaftliche Leitung und Planung der Produktion – die *sozialistische Planwirtschaft*. Es ermöglicht nicht nur eine Planung der Entwicklung der Volkswirtschaft, sondern auch die Planmäßigkeit der gesellschaftlichen Entwicklung in allen anderen Lebensbereichen sowie die umfassende Verwirklichung des sozialistischen Prinzips der Verteilung nach der Leistung. Die Leitung und Planung erfolgt im Sozialismus durch den sozialistischen Staat.

Dem erreichten Stand der Entwicklung des sozialistischen Eigentums in zwei Formen entspricht die *Existenz von sozialistischen Klassen und Schichten*, die gemeinsame Grundinteressen besitzen und sich in einem gesetzmäßigen und historisch langen Prozeß annähern. Die Arbeiterklasse ist mit dem gesamtgesellschaftlichen Volkseigentum und der industriellen Großproduktion verbunden. Im Sozialismus werden wesentliche soziale Unterschiede zwischen Stadt und Land, zwischen körperlicher und geistiger Arbeit allmählich aufgehoben. In der Existenz von Klassen und sozialen Schichten kommt das Vorhandensein von Unterschieden in den Arbeits- und Lebensbedingungen zum Ausdruck.[29]

Mit der Planmäßigkeit der gesellschaftlichen Entwicklung und den neuen sozialistischen Klassenbeziehungen setzen sich zunehmend die schöpferische Aktivität der von der Ausbeutung befreiten Werktätigen, ihre persönliche und kollektive Interessiertheit an den Arbeitsergebnissen als Massenerscheinung durch. Auf dieser Basis entwickeln sich der *sozialistische Charakter der Arbeit* und der *sozialistische Wettbewerb*. Die gegenseitige Hilfe und die kameradschaftliche Zusammenarbeit der Werktätigen bestimmen zunehmend die Beziehungen zwischen den verschiedenen Arbeitskollektiven eines Betriebes, zwischen den Betrieben, zwischen allen Klassen und Schichten und schließlich zwischen den Ländern der sozialistischen Gemeinschaft.

Der *sozialistische Staat* ist „das Hauptinstrument der von der Arbeiterklasse geführten Werktätigen bei der Gestaltung der entwickelten sozialistischen Gesellschaft und auf dem Wege zum Kommunismus."[30] Die ökonomische und soziale Struktur des Sozialismus ermöglicht und erfordert eine immer breitere und intensivere Beteiligung der Volksmassen an der Lenkung und Leitung der gesellschaftlichen Angelegenheiten und damit die volle Entfaltung der *sozialistischen Demokratie*. Der demokratische Zentralismus wird als grundlegendes Organisations- und Leitungsprinzip der sozialistischen Gesellschaft umfassend wirksam.

Auf *geistig-kulturellem Gebiet* wird der Sozialismus dadurch charakterisiert, daß Wissenschaft, Bildung und Kultur dem Volke gehören und nicht mehr – wie im Kapitalismus – ein Mittel zur Sicherung des Profits und zur Erweiterung der Ausbeutung sind. Dem humanistischen Wesen des Sozialismus entspricht es, daß die Herausbildung allseitig entwickelter Persönlichkeiten sowohl Hauptziel als auch

---

29 Vgl. Kap. 14.1. des vorliegenden Lehrbuches.
30 Programm der Sozialistischen Einheitspartei Deutschlands, S. 40.

wesentliche Voraussetzung des gesellschaftlichen Fortschritts ist. „Die sozialistische Gesellschaft wird selbst um so reicher, je reicher sich die Individualität ihrer Mitglieder entfaltet, und sie schafft dafür mit ihrem Fortschreiten immer günstigere Bedingungen."[31] Alle Bereiche des gesellschaftlichen Lebens werden von der *sozialistischen Ideologie* durchdrungen; das heißt zugleich, die Überreste überholter bürgerlicher Ansichten sowie individualistische Denk- und Verhaltensweisen zu überwinden. Aus dem *internationalen Charakter* des Sozialismus erwachsen solche Merkmale wie die Herstellung enger, freundschaftlicher Beziehungen zwischen den sozialistischen Völkern, Staaten und Nationen auf der Grundlage des proletarischen Internationalismus, die Verwirklichung einer Politik des Friedens und der Völkerfreundschaft in den internationalen Beziehungen und der gemeinsame und zuverlässige Schutz der Errungenschaften des Sozialismus gegen die Anschläge des Imperialismus. Die allseitige Stärkung des Sozialismus dient besonders der Sicherung des Friedens, der Hauptfrage unserer Zeit.

Wie die Praxis der sozialistischen Länder zeigt, ist der Sozialismus voller Dynamik und vervollkommnet sich unaufhörlich. Er entwickelt sich im Kampf des Neuen mit dem Alten, über die Lösung der inneren Widersprüche. Ihm sind jegliche „Erstarrung", jeglicher Konservatismus wesensfremd. Lenin hob hervor: „Es ist aber wichtig, daß wir uns darüber klarwerden, wie grenzenlos verlogen die landläufige bürgerliche Vorstellung ist, der Sozialismus sei etwas Totes, Erstarrtes, ein für allemal Gegebenes, während in Wirklichkeit *erst* mit dem Sozialismus die rasche, wirkliche, wahrhafte Vorwärtsbewegung der Massen auf allen Gebieten des öffentlichen und persönlichen Lebens, zunächst unter Teilnahme der *Mehrheit* der Bevölkerung und später der gesamten Bevölkerung, einsetzen wird."[32]

Bei der Festlegung der Strategie und Taktik für die jeweilige Etappe der sozialistischen Entwicklung gehen die marxistisch-leninistischen Parteien der sozialistischen Länder von einer *exakten Einschätzung des erreichten politischen, ökonomischen und geistig-kulturellen Entwicklungsstandes* aus. Das ermöglicht es ihnen, vorausschauend die nächsten Schritte zu bestimmen, die Werktätigen zielgerichtet zur Verwirklichung ihrer Interessen zu befähigen und auf die Lösung der zukünftigen Aufgaben vorzubereiten. Die Praxis hat gezeigt, daß die objektiv bedingten Stufen der Herausbildung der kommunistischen Gesellschaftsformation niemals schematisch voneinander getrennt werden dürfen und daß das Grundlegende, Gemeinsame, das Sozialismus und höhere Phase verbindet und sich kontinuierlich in allen Etappen entwickelt, nicht negiert werden darf. Als schädlich erweisen sich alle subjektivistischen Tendenzen, die die ökonomisch determinierten Entwicklungsstufen zu überspringen suchen und die Aufeinanderfolge, Dauer und Spezifik einzelner Etappen und die Notwendigkeit eines schrittweisen, stabi-

31 Bericht des Zentralkomitees der Sozialistischen Einheitspartei Deutschlands an den XI. Parteitag der SED, S. 59 f.
32 Vgl. W. I. Lenin, Staat und Revolution, S. 486.

len und kontinuierlichen Vorwärtsschreitens unterschätzen. Die marxistisch-leninistische Erkenntnis über die einheitliche kommunistische Gesellschaftsformation und die Dialektik ihrer Reifestufen liegt dem Parteiprogramm der SED zugrunde.[33]

9.4. Der Übergang vom Sozialismus zum Kommunismus

**Dialektik
von Sozialismus
und Kommunismus**

Der Kommunismus wird das gesetzmäßige Resultat der Entwicklung des Sozialismus, der Aufdeckung und Realisierung der ihm innewohnenden Möglichkeiten und Triebkräfte sein. Der Übergang vom. Sozialismus zum Kommunismus wird durch das volle Erschließen und Wirksamwerden der Vorzüge und Triebkräfte des Sozialismus gewährleistet. Dieser Prozeß unterscheidet sich grundlegend vom Übergang von der kapitalistischen Gesellschaftsformation zum Sozialismus.

Während der Übergang vom Kapitalismus zum Sozialismus durch die revolutionäre Beseitigung des Kapitalismus im Klassenkampf erfolgt, weil der Antagonismus von Kapitalismus und Sozialismus ein „Hinüberwachsen" oder „friedliches Hineinwachsen" des einen in den anderen nicht zuläßt, besitzt der Prozeß des allmählichen Hinüberwachsens von der niederen zur höheren Phase der kommunistischen Gesellschaftsformation eine grundsätzlich neue Qualität. Dem historischen Typ der Produktionsverhältnisse nach erfolgt bei diesem Übergang kein qualitativer Wechsel der Produktionsverhältnisse im Sinne ihrer Wesensänderung. Bestimmend ist und bleibt das gesellschaftliche Eigentum an Produktionsmitteln mit den ihm entsprechenden Beziehungen gegenseitiger Hilfe und kameradschaftlicher Zusammenarbeit. Der Übergang vom Sozialismus zum Kommunismus wird sich auf der Basis des voll entfalteten Sozialismus vollziehen, er wird nicht durch die Beseitigung, sondern durch die weitere Festigung und den ständigen Ausbau der Errungenschaften des Sozialismus erfolgen. Die vollständige Ausschöpfung der geschichtlichen Möglichkeiten und Vorzüge des Sozialismus wird die materiellen und geistigen Bedingungen hervorbringen, die den allmählichen Übergang zum Kommunismus gewährleisten.

Ein Charakteristikum des Übergangs vom Sozialismus zum Kommunismus – die durch keine deutlichen Grenzen voneinander getrennt sind – ist die *Allmählichkeit* des Prozesses, in dem *tiefgreifende* politische, ökonomische, soziale und geistig-kulturelle *Wandlungen* zu einer neuen, höheren Stufe der kommunistischen Gesellschaftsformation führen werden. Die neue Qualität aller gesellschaftlichen Verhältnisse wird in diesem Übergang nicht durch Klassenkampfaktionen zur Veränderung der politischen und ökonomischen Macht, sondern durch das Rei-

---

33 Vgl. Kap. 11.1. des vorliegenden Lehrbuches.

fen der Gesamtheit der gesellschaftlichen Verhältnisse erreicht werden. Dementsprechend werden auch die Übergänge von der materiell-technischen Basis des Sozialismus zu der des Kommunismus und von sozialistischen zu kommunistischen gesellschaftlichen Verhältnissen fließend sein.

Die spezifischen Gesetze und Prinzipien des Sozialismus, die das Wesen und die objektive Notwendigkeit einer ersten Phase der kommunistischen Gesellschaftsformation zum Ausdruck bringen, existieren in unlöslicher Verbindung mit den Entwicklungstendenzen, die in der gesamten kommunistischen Gesellschaftsformation wirken. Das erfordert, die historische Perspektive stets vor Augen zu haben und damit auch die sich im Sozialismus schrittweise ausprägenden Wesenszüge der gesamten Formation zu beachten. Der Übergang zum Kommunismus, der neue Dimensionen und eine neue Qualität in der Produktivität der gesellschaftlichen Arbeit, in der Reife der Persönlichkeiten und ihrer sozialen Beziehungen bedingt, erfordert einen langen Zeitraum und große Anstrengungen aller Werktätigen. Dieser Übergang ist nur durch die ständige Lösung der real existierenden Widersprüche, im Kampf des Neuen gegen das Alte möglich und schließt tiefgehende Veränderungen sowie das Erreichen einer höheren Stufe der Entwicklung auf allen Gebieten des gesellschaftlichen Lebens ein.

Die höhere Phase Karl Marx gab in seinem Werk „Kritik des Gothaer Programms" in prognostischer Sicht eine grundlegende Charakteristik der höheren Phase der kommunistischen Gesellschaftsformation. „In einer höheren Phase der kommunistischen Gesellschaft, nachdem die knechtende Unterordnung der Individuen unter die Teilung der Arbeit, damit auch der Gegensatz geistiger und körperlicher Arbeit verschwunden ist; nachdem die Arbeit nicht nur Mittel zum Leben, sondern selbst das erste Lebensbedürfnis geworden; nachdem mit der allseitigen Entwicklung der Individuen auch ihre Produktivkräfte gewachsen und alle Springquellen des genossenschaftlichen Reichtums voller fließen – erst dann kann der enge bürgerliche Rechtshorizont ganz überschritten werden und die Gesellschaft auf ihre Fahne schreiben: Jeder nach seinen Fähigkeiten, jedem nach seinen Bedürfnissen!"[34]

Grundlage hierfür ist eine materiell-technische Basis, die dem neuesten Stand der wissenschaftlich-technischen Entwicklung entspricht und deren soziales Kennzeichen das Herauslösen der lebendigen Arbeit aus dem unmittelbaren Fertigungsprozeß und damit das Entstehen einer wissenschaftlich-schöpferischen Arbeitsweise ist. Der Marxismus-Leninismus als realer Humanismus begründet den Kommunismus als eine Gesellschaftsordnung, die die Fähigkeiten und Talente aller Mitglieder der Gesellschaft fördert und eine große Vielfalt in den materiellen und geistigen Bedürfnissen hervorbringt. Im Kommunismus wird weder das Ideal eines Spießers – eines engstirnigen, egoistischen Wesens – noch das Ideal eines Asketen – der Armut und Bedürfnislosigkeit propagiert – Platz haben. Mit der

34 K. Marx, Kritik des Gothaer Programms, S. 21.

Herausbildung der kommunistischen Gesellschaft entstehen solche gesellschaftlichen Beziehungen, in denen der Mensch uneingeschränkt das höchste Wesen für den Menschen ist. Der Kommunismus sichert umfassend und für immer allen Menschen Frieden, schöpferische Arbeit, Freiheit, Gleichheit und Brüderlichkeit. Offensichtlich wird der unmittelbare Übergang zur höheren Phase auch an grundlegend veränderte *internationale Bedingungen* gebunden sein, zu denen aus heutiger Sicht entscheidende Fortschritte in der Friedenssicherung, in der Überwindung der Unterentwicklung großer Regionen der Erde wie insgesamt bedeutende Erfolge des Sozialismus in der Systemauseinandersetzung gehören werden.

Im *Programm der SED* wird die *höhere Phase der kommunistischen Gesellschaftsformation* gekennzeichnet als

– klassenlose Gesellschaftsordnung, in der die Produktionsmittel einheitliches Volkseigentum und alle Mitglieder der Gesellschaft sozial gleichgestellt sein werden, in der alle Mitglieder der Gesellschaft ihre geistigen und körperlichen Fähigkeiten allseitig entwickeln und zum Wohle der Gemeinschaft einsetzen;

– Gesellschaft, in der auf der Grundlage der ständig fortschreitenden Erkenntnisse in Wissenschaft und Technik die Produktivkräfte, die Springquellen des gesellschaftlichen Reichtums, planmäßig entwickelt und mit höchster Effektivität im Interesse des Wohls der Menschen genutzt werden;

– Gesellschaft, die die Menschen in die Lage versetzen wird, kraft ihrer wissenschaftlichen Weltanschauung und ihrer geistigen Potenzen die Produktivkräfte, die Produktionsverhältnisse und das geistig-kulturelle Leben planmäßig zu entwickeln und in zunehmendem Maße zu Beherrschern der Natur und ihrer eigenen gesellschaftlichen Entwicklung zu werden;

– Gesellschaft allseitig gebildeter Menschen von hohem Bewußtsein, die die gesellschaftlichen Angelegenheiten bewußt und rationell regeln und die Produktion der Güter und Leistungen mit hoher Effektivität lenken;

– Gesellschaft, für deren Mitglieder die Arbeit zum Wohle der Gesellschaft das erste Lebensbedürfnis ist, eine Gesellschaft, in der jeder Werktätige seine Fähigkeiten mit dem größten Nutzen für das Volk anwendet;

– Gesellschaft, in der das Prinzip herrschen wird: „Jeder nach seinen Fähigkeiten, jedem nach seinen Bedürfnissen."[35]

Der Kommunismus wird sich als eine Gemeinschaft freier, schöpferischer Menschen, als ein hochentwickelter Organismus mit reichen gesellschaftlichen Beziehungen entfalten. „Die materiellen und geistigen Bedürfnisse der Menschen werden sich in Wechselbeziehung mit den materiellen Ressourcen stetig entwickeln, die individuellen Fähigkeiten, Ansprüche und Neigungen werden durch großen Reichtum und Mannigfaltigkeit gekennzeichnet sein. Ihre Entwicklung und Befriedigung setzt ein schnelles Wachstum der Produktion und bei der Beanspruchung der natürlichen Umwelt die volle Verantwortung gegenüber kommenden Generationen voraus. Mit der Entwicklung von Wissenschaft, Technik und Kultur

---

35 Vgl. Programm der Sozialistischen Einheitspartei Deutschlands, S. 74.

wachsen die geistigen Bedürfnisse. Unterschiede in den Ansprüchen, verschiedene geistige Fähigkeiten und unterschiedliche Tätigkeiten führen zu einer großen Vielfalt in den materiellen und geistigen Bedürfnissen. Der Kommunismus fördert die Fähigkeiten und Talente aller Mitglieder der Gesellschaft."[36]

Die Bedingungen und Merkmale der kommunistischen Gesellschaft auf ökonomischem, sozialem und geistigem Gebiet bilden eine untrennbare Einheit. Wissenschaftlichkeit und Realisierbarkeit der marxistisch-leninistischen Auffassung vom Kommunismus sind unmittelbar ökonomisch begründet. Das entscheidende Mittel zur Schaffung aller Bedingungen für den Kommunismus ist die Errichtung einer qualitativ neuen materiell-technischen Basis. „In der höheren Phase der kommunistischen Formation", so heißt es im Programm der Kommunistischen Partei der Sowjetunion, „wird sich der unmittelbar gesellschaftliche Charakter der Arbeit und der Produktion in vollem Maße durchgesetzt haben. Durch die endgültige Überwindung der Reste der alten Arbeitsteilung und der mit ihr verbundenen wesentlichen sozialen Unterschiede wird der Prozeß der Herausbildung der sozial homogenen Gesellschaft abgeschlossen."[37]

Charakteristisch für den Kommunismus wird die schöpferische Arbeit der Werktätigen sein, die von ihnen entsprechend ihren allseitig entwickelten Fähigkeiten geleistet wird, die ihren schweren und monotonen Charakter verloren hat, sich auf der Basis der Errungenschaften des wissenschaftlich-technischen Fortschritts entfaltet und zum ersten Lebensbedürfnis geworden ist. Diese kommunistische Arbeit wird es sein, die die materiellen und kulturellen Reichtümer zur Befriedigung der Bedürfnisse der kommunistischen Persönlichkeit schafft, d. h. solcher Bedürfnisse, die eine ständige Triebkraft der Produktion und Ausdruck der vielseitigen und differenzierten materiellen und geistig-kulturellen Interessen sind. Die antikommunistischen Ideologen unterstellen den Kommunisten, daß sie Gleichmacherei und Uniformierung sowie Nivellierung der Fähigkeiten und Bedürfnisse anstreben. In Auseinandersetzung mit derartigen vulgären Auffassungen schrieb Lenin: „Wenn die Sozialisten von Gleichheit sprechen, verstehen sie darunter stets die *soziale* Gleichheit, die Gleichheit der sozialen Stellung, keineswegs aber die Gleichheit der physischen und geistigen Fähigkeiten der einzelnen Personen."[38]

Die Herstellung dieser vollen sozialen Gleichheit wird die Entfaltung der Fähigkeiten, Neigungen, Talente und Begabungen, des ganzen Reichtums der menschlichen Persönlichkeit ermöglichen. Die kommunistische soziale Gleichheit besteht im gleichen Verhältnis aller zu den Produktionsmitteln, in der gleichen allgemeinen Teilnahme an der Arbeit entsprechend den Fähigkeiten des einzelnen, in gleichen Möglichkeiten zur Befriedigung der materiellen und kulturel-

---

36 Ebenda, S. 74 f.
37 Programm der KPdSU – Neufassung-, in: XXVII. Parteitag der KPdSU. Dokumente, Moskau 1986, S. 31.
38 W. I. Lenin, Ein liberaler Professor über die Gleichheit, in: Werke, Bd. 20, S. 140.

len Bedürfnisse und in der Teilnahme aller an der Regelung der gesellschaftlichen Angelegenheiten. Der Kommunismus wird eine hochorganisierte Gesellschaft sein, in der die gesellschaftlichen Angelegenheiten bei Teilnahme aller Werktätigen nach einem einheitlichen Plan geregelt werden. Das Ideal des Kommunismus ist weder mit Anarchie und fehlender Autorität noch mit bürokratischer Reglementierung vereinbar. Der hohe Grad der Vergesellschaftung und die Maßstäbe der Produktion, die Internationalisierung des ökonomischen und sozialen Lebens sowie der Stand der Wissenschaft und Technik wie auch die erreichte Bewußtheit der Werktätigen werden ein hohes Niveau der Leitung, Planung und Organisation erfordern und ermöglichen. Die Leitung, Planung und Organisation des ökonomischen, sozialen und geistig-kulturellen Lebens wird in der höheren Phase der kommunistischen Gesellschaft von den Organen der kommunistichen gesellschaftlichen Selbstverwaltung ausgeübt werden.

Der Kommunismus als klassenlose Gesellschaft ist die volle und endgültige Verwirklichung der historischen Mission des Proletariats. Das Erreichen dieses Ziels bedeutet aber keineswegs – wie antikommunistische Ideologen unterstellen – einen Abschluß der Geschichte, eine Stagnation, ein Ende des historischen Fortschritts. Der Fortschritt der kommunistischen Gesellschaft, der sich durch die ständige Vervollkommnung der Produktivkräfte und der Produktionsverhältnisse, in der Wechselwirkung von Produktion und Bedürfnissen, durch die Lösung der objektiven Widersprüche in der Gesellschaft und mit ihrer natürlichen Umwelt vollzieht, ist unbegrenzt und unerschöpflich. Auch im Kommunismus werden ständig neue Aufgaben erwachsen, deren Bewältigung hohe Ansprüche an das schöpferische Wirken aller Menschen stellen wird. Im Programm der KPdSU wird die allgemeine Erkenntnis zum Ausdruck gebracht, daß die Kommunisten sich nicht das Ziel stellen, „die Merkmale des vollständigen Kommunismus im einzelnen vorauszusagen. Je weiter man zum Kommunismus voranschreitet, je mehr Erfahrungen man beim kommunistischen Aufbau sammelt, desto reicher und konkreter werden die wissenschaftlichen Vorstellungen über die höhere Phase der neuen Gesellschaft."[39]

39 Programm der KPdSU, S. 32.

Kontrollfragen zu Kapitel 9

1. Erläutern Sie die Grundlagen und die wesentlichen Aspekte der Dialektik der beiden Phasen der kommunistischen Gesellschaftsformation!

2. Begründen Sie anhand des Programms der SED den Platz und die allgemeingültigen Wesenszüge des Sozialismus!

3. Woraus ergeben sich Notwendigkeit und Hauptaufgaben einer Übergangsperiode vom Kapitalismus zum Sozialismus?

4. Welchen Einfluß haben in der Gegenwart die internationalen Bedingungen auf den Prozeß der Gestaltung der ersten Phase der kommunistischen Gesellschaftsformation?

5. Begründen Sie die Existenz allgemeiner Gesetzmäßigkeiten und die Vielfalt ihrer Erscheinungsformen bei der Herausbildung der kommunistischen Gesellschaftsformation!

10. Die Gestaltung der entwickelten sozialistischen Gesellschaft

Eine Reihe sozialistischer Länder hat in den letzten Jahren zielstrebig mit der Gestaltung der entwickelten sozialistischen Gesellschaft begonnen. Das ist ein langfristiger, sehr dynamischer und komplexer Prozeß mit tiefgreifenden politischen, ökonomischen, sozialen und geistig-kulturellen Wandlungen, in dem jeder Schritt vorwärts ein Vorstoß in Neuland ist. Da der Sozialismus die erste gesellschaftliche Ordnung ist, die bewußt und planmäßig gestaltet wird, erweist es sich als große Errungenschaft, daß die marxistisch-leninistischen Parteien in Verallgemeinerung praktischer Erfahrungen Schritt um Schritt ihre Gesellschaftskonzeptionen für die Gestaltung des Sozialismus im jeweiligen Land ausarbeiten und präzisieren. Gestützt auf grundlegende Erkenntnisse über die Stufen der Herausbildung und die Dialektik der beiden Phasen der kommunistischen Gesellschaftsformation stimmen diese Gesellschaftskonzeptionen der sozialistischen Länder in wesentlichen Positionen überein. Sie werden von den Parteien in ihren Programmen dargelegt und in ihrer Gesellschaftsstrategie umgesetzt, praktisch erprobt und ständig vervollkommnet.

10.1. Der Sozialismus – eine sich dynamisch entwickelnde Gesellschaft

Prozeß tiefgreifender Wandlungen
Nachdem in einigen Ländern Europas erfolgreich der Übergang vom Kapitalismus zum Sozialismus vollzogen worden war, trat in den 60er Jahren das dringliche Bedürfnis zutage, zur weiteren Entwicklung des Sozialismus klare Auffassungen zum historischen Platz, zum sozialen Wesen, zu Entwicklungserfordernissen, zur Zeitdauer und zu spezifischen Merkmalen der

sozialistischen Gesellschaft zu gewinnen. Der Sozialismus wurde zum Gegenstand intensiver theoretischer Arbeit. In den ersten Jahren wurden vor allem einzelne Seiten, Zusammenhänge und sich herausbildende Entwicklungstendenzen untersucht; erste und zum Teil voreilige Verallgemeinerungen führten nicht selten zu Vereinseitigungen, so z. B. zu Auffassungen, daß der Sozialismus nur eine kurze Durchgangsstufe zum Kommunismus oder aber eine relativ selbständige Gesellschaftsformation sei. Um zu abgewogeneren theoretischen Positionen zu gelangen, bedurfte es erst der Verallgemeinerung vielfältiger praktischer Erfahrungen. Erst die fundierte Erkenntnis der spezifischen Erfordernisse und Wesenszüge der Entwicklung des Sozialismus unter den konkreten Bedingungen der 2. Hälfte des 20. Jahrhunderts ermöglichte die Ausarbeitung einer für die politische Strategie tragfähigen theoretischen Konzeption. Die Klassiker des Marxismus-Leninismus vermochten im Ergebnis ihrer grundlegenden Untersuchungen zwar die Notwendigkeit, den historischen Platz und einige Grundprinzipien des Sozialismus zu bestimmen[1] – und die geschichtliche Entwicklung hat ihre Vorhersagen bestätigt –, sie konnten und wollten jedoch keine konkreten politischen Leitlinien für die Ausgestaltung und Weiterentwicklung der sozialistischen Gesellschaft vorgeben. Diese mußten im Prozeß der Entwicklung des Sozialismus in der jeweiligen welthistorischen Situation selbst gefunden werden.

In diesem komplizierten Entwicklungsprozeß konnte die SED auf ihrem VIII. Parteitag (1971) Schlußfolgerungen aus der Entwicklung seit dem Beginn des sozialistischen Aufbaus ziehen, ihr Sozialismusbild wesentlich bereichern und die Grundzüge einer Konzeption zur Gestaltung einer entwickelten sozialistischen Gesellschaft vorlegen. Im Programm der SED (1976) fand diese Konzeption ihren Ausdruck und wurde als historisch langfristige Grundorientierung für die Entwicklung des Sozialismus in der DDR beschlossen.

Diese Konzeption hebt hervor, daß der Sozialismus als erste Phase der kommunistischen Gesellschaftsformation eine *spezifische sozialökonomische Qualität* besitzt, sich *auf eigenen Grundlagen* entwickelt und gewaltige historische Aufgaben zu lösen hat, die mit *tiefgreifenden Wandlungen* in allen Bereichen der Gesellschaft verbunden sind und angestrengte revolutionäre Arbeit unter Führung der Arbeiterklasse und ihrer marxistisch-leninistischen Partei erfordern. Als *Eckpfeiler dieser Konzeption* haben sich vor allem folgende Erkenntnisse erwiesen:

Erstens: Nach der Übergangsperiode vom Kapitalismus zum Sozialismus entwickelt sich der Sozialismus auf seinen *eigenen sozialökonomischen Grundlagen;* ihm sind *spezifische Merkmale, Triebkräfte, Prinzipien, Vorzüge und Werte* eigen. Zu diesen Grundlagen gehören vor allem:

– die in der Übergangsperiode geschaffene materiell-technische Basis;
– die sozialistischen Produktionsverhältnisse;
– die durch Übereinstimmung der Grundinteressen gekennzeichnete, sozialistische Klassen und Schichten aufweisende Sozialstruktur;

---

1 Vgl. Kap. 9.1. des vorliegenden Lehrbuches.

– die politische Macht der Arbeiter und Bauern, die sich besonders im Wirken des sozialistischen Staates ausdrückt;
– die Dominanz der sozialistischen Ideologie, die das geistige Leben entscheidend prägt.

Diese Grundlagen sind zu festigen und damit voll zum Wirken zu bringen, um die Potenzen der neuen Gesellschaft allseitig zu erschließen und die Voraussetzungen für einen späteren Übergang zur höheren Phase der kommunistischen Gesellschaftsformation zu schaffen. Aus dieser Erkenntnis ergab sich zwingend die Schlußfolgerung, daß der Sozialismus nicht ein kurzfristiges Durchgangsstadium sein kann, in dem spezifische Aufgaben der Übergangsperiode, wie etwa die Schaffung neuer Produktionsverhältnisse, zu Ende geführt werden und der Übergang zum Kommunismus als höherer Phase der Gesellschaftsformation bereits auf die Tagesordnung rückt.

Mit einer solchen verkürzten Sicht würde der Fortschritt des Sozialismus allein an der Überwindung des Kapitalismus und seiner Überreste in gesellschaftlichen und persönlichen Beziehungen gemessen und von den großen schöpferischen Aufgaben seiner Entwicklung abgelenkt werden. Es erwiesen sich frühere Auffassungen als unbegründet, daß die Erwartung einer kommunistischen Zukunft bereits im Sozialismus als Hauptmotiv sozialistischer gesellschaftlicher Aktivität angenommen werden könne; in vielen Fällen lenkten solche Erwartungen von der nötigen Konzentration auf die sozialismusspezifischen Aufgaben und Triebkräfte ab. Gegenüber solchen einseitigen Sichten wurde deutlich, daß der Sozialismus eine Fülle von weitreichenden und konstruktiven Aufgaben mit historischen Dimensionen zu erfüllen hat, die einerseits erst nach der Schaffung der Grundlagen des Sozialismus voll in Angriff genommen werden können und deren Lösung andererseits eine unerläßliche Voraussetzung für einen künftigen Übergang zur höheren, kommunistischen Phase darstellt.

Zweitens: Umfang und Reichweite der Aufgaben zur Höherentwicklung des Sozialismus ergeben sich vor allem aus drei eng miteinander verknüpften Erfordernissen:
– Es sind *alle Seiten und Bereiche des gesellschaftlichen Lebens,* die Produktivkräfte und Produktionsverhältnisse, die sozialen und politischen Beziehungen, die Wissenschaft und das Bildungswesen, die sozialistische Ideologie und Kultur, die Gesamtheit der Arbeits- und Lebensbedingungen sowie die Landesverteidigung planmäßig auf einem hohen Niveau zu entwickeln. Die besondere Aufgabe besteht in diesem Zusammenhang vor allem darin, von vorwiegend *extensiven zu intensiven Formen* der gesellschaftlichen Produktion und Reproduktion überzugehen und besonders die qualitativen Faktoren der Entwicklung zur Wirkung zu bringen. Aus konkret-historischen Ursachen war die Wirtschaft der Länder, die bisher den sozialistischen Weg beschritten haben, in der Übergangsperiode vom Kapitalismus zum Sozialismus durch eine vorwiegend extensiv erweiterte Reproduktion gekennzeichnet. Die Schaffung der materiell-technischen Basis des Sozialismus war mit der Notwendigkeit verbunden, neue Zweige und Betriebe, vor allem der Schwerindustrie zu schaffen sowie vom Kapitalismus überkommene Dispropor-

tionen zu überwinden oder wesentlich zu mildern. Große Anstrengungen mußten unternommen werden, um die materiell-technische Basis der sozialistischen Großproduktion in der Landwirtschaft zu schaffen. Inzwischen ist ein Entwicklungsniveau der gesellschaftlichen Produktion erreicht worden, auf dem ihr stabiles Wachstum und die Hebung des Lebensniveaus des Volkes nur durch eine breite Anwendung von Intensivierungsfaktoren gesichert werden kann. Ebenso sind die quantitativen Veränderungen in der sozialen Struktur und die strukturellen Veränderungen in der politischen Organisation, die im Übergang zum Sozialismus notwendig waren, im wesentlichen abgeschlossen; es rücken ihre qualitative Weiterentwicklung und Vervollkommnung in den Vordergrund.

– Die sozialistische Gesellschaft ist *zu einem sozialen Gesamtorganismus zu entwickeln*, in dem nicht nur das – im Kapitalismus unvermeidbare – Zurückbleiben einzelner Seiten und Bereiche der gesellschaftlichen Entwicklung aufhört, ein Hemmnis anderer Bereiche und damit des gesamtgesellschaftlichen Fortschritts zu sein, sondern in dem die Entwicklung des einen Bereiches ausdrücklich zur fördernden Bedingung und Triebkraft der Entwicklung der anderen Bereiche wird. Das erfordert – bei Beachtung vielfältiger und differenzierter Wechselwirkungen – vor allem, die der Einheit von Wirtschafts- und Sozialpolitik innewohnenden Potenzen voll zu erschließen. Zugleich wird es in der Gegenwart, da die wissenschaftlich-technische Revolution nicht nur die Wirtschaft, sondern das gesellschaftliche Leben insgesamt immer tiefgehender beeinflußt, immer wichtiger, den wissenschaftlich-technischen untrennbar mit sozialem Fortschritt zu verbinden. Aus ihrem Zusammenwirken erwachsen entscheidende Potenzen weiterer gesellschaftlichen Fortschritts. Die marxistisch-leninistischen Parteien der sozialistischen Länder orientieren deshalb auf die Verbindung der wissenschaftlich-technischen Revolution mit den Vorzügen des Sozialismus und betrachten dies als eine Schlüsselfrage weiterer sozialistischer Gesellschaftsgestaltung.

– Mit der Gestaltung der entwickelten sozialistischen Gesellschaft ist eine neue, *höhere Arbeitsproduktivität* durchzusetzen, als sie im Kapitalismus erreicht werden kann. Das ist vor allem notwendig, um eine unter kapitalistischen Verhältnissen unlösbare Aufgabe zu bewältigen, nämlich die grundlegenden Bedürfnisse aller Menschen zu befriedigen. Dies ist die entscheidende Bedingung, daß der Sozialismus im historischen Wettstreit mit dem Imperialismus den Sieg erringen kann. Lenin erkannte in der Steigerung der Arbeitsproduktivität durch die dem Sozialismus innewohnenden Möglichkeiten das entscheidende Kettenglied, um die historischen Aufgaben des Sozialismus zu erfüllen.[2] Den Weg dazu sah er darin, alle schöpferischen Kräfte der Werktätigen auf der Grundlage gesamtgesellschaftlicher Planung und Leitung zu entfalten und ein enges Bündnis von Wissenschaft und Produktion herzustellen.

Drittens: Die Bewältigung der Aufgaben, die der Sozialismus historisch zu lösen hat – im Programm der SED wird dieser Prozeß als Gestaltung der entwickelten

---

2 Vgl. W. I. Lenin, Die große Initiative, in: Werke, Bd. 29, S. 416 ff.

sozialistischen Gesellschaft charakterisiert –, erfordert eine *lange Zeitdauer* und große Anstrengungen. Die Dauer der sozialistischen Phase ist wissenschaftlich nicht vorausbestimmbar, weil sie von vielen sich verändernden Bedingungen und Faktoren abhängig ist. Zu ihnen gehören der Verlauf des historischen Wettstreits zwischen Sozialismus und Imperialismus, die Anforderungen, die sich an den Sozialismus aus der Friedenssicherung und aus der Lösung weiterer globaler Probleme ergeben, der Einfluß der wissenschaftlich-technischen Revolution auf die Maßstäbe des Sozialismus und natürlich die Dynamik der sozialistischen Gesellschaft selbst.

Viertens: Die Gestaltung der entwickelten sozialistischen Gesellschaft ist ein *revolutionärer Prozeß tiefgreifender Wandlungen* auf allen Gebieten der gesellschaftlichen Entwicklung. Sie gehen in der Produktionsweise ebenso vor sich wie in der Lebensweise und den weltanschaulichen und moralischen Auffassungen. So führt die wissenschaftlich-technische Revolution zu revolutionären Veränderungen der Produktivkräfte, die nicht weniger tiefgreifende Konsequenzen für die Entwicklung der Produktions- und der anderen gesellschaftlichen Verhältnisse haben. Insbesondere das Wirksamwerden der Schlüsseltechnologien ermöglicht den schrittweisen Übergang zu automatisierter Produktion, mit deren Fortschritt, wie Marx sagte, der Mensch Schritt für Schritt neben den Fertigungsprozeß tritt, statt wie bisher sein Hauptagent zu sein.[3]

Modernste Techniken und Technologien beginnen auch Einzug zu halten im Gesundheitswesen, in den Massenmedien, in Finanzinstitutionen und dem Dienstleistungssektor. Damit verändern sich für immer mehr Werktätige die Arbeitsbedingungen, werden herkömmliche Qualifikationen zum Teil entwertet und sind neue mehrfach im Leben zu erwerben. Schöpferische Arbeit wird ebenso zum unmittelbaren Erfordernis wie eine höhere technologische Disziplin. Die Ansprüche an gesellschaftliches Verantwortungsbewußtsein nehmen mit der Vergesellschaftung der Arbeit und der Produktion sprunghaft zu, die gesellschaftlichen Konsequenzen persönlichen Tuns oder Unterlassenes greifen weiter als je zuvor, und immer mehr Bedingungen, Einflüsse, Wechsel- und Folgewirkungen müssen beachtet werden.

In dem Maße, in dem die *Wechselwirkungen von wissenschaftlich-technischer Revolution und Gestaltung der entwickelten sozialistischen Gesellschaft* deutlicher und die Konsequenzen, die sich daraus für die marxistisch-leninistische Partei, für alle staatlichen und gesellschaftlichen Organisationen und für alle Werktätigen ergeben, bewußt werden, erschließt sich auch der Sinn der von Erich Honecker im Jahre 1978 formulierten Einschätzung: „Der vollständige Übergang unserer Volkswirtschaft auf die intensiv erweiterte Reproduktion ist keinesfalls einfacher als die Schaffung der sozialistischen Planwirtschaft."[4] Dieser Vergleich wird noch verständli-

---

3 Vgl. K. Marx, Grundrisse der Kritik der Politischen Ökonomie, Berlin 1974, S. 592f.
4 E. Honecker, Die Aufgaben der Partei bei der weiteren Verwirklichung der Beschlüsse des IX. Parteitages der SED, Berlin 1978, S. 8.

cher, wenn beachtet wird, daß die sozialistischen Länder von seiten des Imperialismus mit einer technologischen Herausforderung nie gekannten Ausmaßes konfrontiert sind. Staatsmonopolistisch forcierte Technologieförderung dient den aggressivsten Kreisen dazu, den Wettbewerb zwischen beiden gesellschaftlichen Systemen unter den extremen Bedingungen eines Wettrüstens und gleichzeitiger Restriktionen im Technologietransfer zu führen. Der Sozialismus soll an seiner vermeintlich verwundbarsten Stelle getroffen werden. Aus diesem Sachverhalt ergibt sich die zwingende Konsequenz, daß die Gestaltung der entwickelten sozialistischen Gesellschaft zugleich ein *Wettlauf mit der Zeit* ist, in dem keine Potenz verschenkt werden darf und in der Entwicklung der Produktivkräfte an wichtigen Punkten Vorsprung zu erreichen ist. Der Kampf um Spitzenpositionen in der Wissenschaft und schließlich in der Produktion erweist sich für den Sozialismus mehr und mehr als Anspruch an alle Bereiche und alle Werktätigen und läßt immer weniger Zurückhaltung, Genügsamkeit und Mittelmäßigkeit zu.

Fünftens: Die Gestaltung des Sozialismus ist sowohl durch *Einheitlichkeit* als auch durch *Mannigfaltigkeit* in den einzelnen sozialistischen Ländern gekennzeichnet. Je mehr der Sozialismus voranschreitet und je wichtiger es wird, all seine Triebkräfte zu erschließen, um so bedeutsamer wird es, die besonderen Bedingungen in jedem Land zu berücksichtigen und alle Möglichkeiten und Vorteile zu nutzen, die sich aus dem bereits erreichten Entwicklungsniveau ergeben. Karl Marx verwies darauf, „daß dieselbe ökonomische Basis – dieselbe den Hauptbedingungen nach – durch zahllos verschiedne empirische Umstände, Naturbedingungen, Racenverhältnisse, von außen wirkende geschichtliche Einflüsse usw., unendliche Variationen und Abstufungen in der Erscheinung zeigen kann".[5] Die zunehmende Vielfalt und Mannigfaltigkeit erscheint in konkreten Lösungswegen und unterschiedlichen Prioritäten, die die einzelnen Bruderparteien für die Entwicklung gleichartiger Prozesse setzen. Daraus erwächst jedoch kein Grund, Mannigfaltigkeit als Synonym für Zersplitterung oder Schwächung zu setzen. Im Gegenteil: Die Erfahrungen der Bruderparteien gestatten heute in größerem Maße als früher, die nationalen Besonderheiten und historischen Traditionen für die wirksame Erschließung der Vorzüge, Triebkräfte und Entwicklungsformen des Sozialismus zu nutzen.[6]

Die geschichtliche Praxis bestätigt zugleich, daß diese Differenzierungen auf dem Boden *zunehmender Übereinstimmung von theoretischen Positionen* und praktischer Grundorientierung bei der Lösung der wichtigsten Aufgaben erfolgen, in denen sich allgemeine Gesetzmäßigkeiten des sozialistischen Aufbaus ausdrücken. Diese Übereinstimmung äußert sich vor allem
– in der Erkenntnis, daß die Gestaltung einer entwickelten sozialistischen Gesellschaft ein gesetzmäßiger und langfristiger Prozeß ist, der sich über tiefgreifende Wandlungen in allen Bereichen der gesellschaftlichen Entwicklung durchsetzt;

5 K. Marx, Das Kapital. Dritter Band, in: K. Marx/F. Engels Werke, Bd. 25, S. 800.
6 Vgl. Kap. 11.1. des vorliegenden Lehrbuches.

– in der Einsicht, daß der Sozialismus sich nunmehr auf seiner eigenen sozialökonomischen Grundlage entwickelt;
– in der Orientierung auf die Verbindung von wissenschaftlich-technischem, ökonomischem und sozialem Fortschritt und der zunehmenden Einheit von Wirtschafts- und Sozialpolitik;
– im Übergang zur Intensivierung und der allmählichen Herausbildung des Typs der intensiv erweiterten Reproduktion;
– in der Vervollkommnung der sozialistischen Demokratie als der Hauptrichtung zur qualitativen Weiterentwicklung des politischen Systems;
– in der konsequenten Berücksichtigung der zunehmenden Verflechtung von inneren und internationalen Bedingungen und Aufgaben;
– in weitgreifenden Maßnahmen, die Einheit und Geschlossenheit der sozialistischen Gemeinschaft zu festigen und zu verteidigen sowie in Anstrengungen, die sozialistische ökonomische Integration als unerläßliche Bedingung für den Übergang zur Intensivierung und für die Beschleunigung des wissenschaftlich-technischen Fortschritts wirksamer zu entwickeln.

Die SED betrachtet die Gestaltung der entwickelten sozialistischen Gesellschaft als gesetzmäßigen und lang andauernden Prozeß in der Entwicklung der kommunistischen Gesellschaftsformation, der den Hauptinhalt ihrer ersten Phase bildet. Die Konzeption der entwickelten sozialistischen Gesellschaft bildet das theoretische Fundament des Programms und der Gesellschaftsstrategie der SED.

Das Programm der SED In ihrem 1976 angenommenen Programm bestimmt die SED ihr strategisches Ziel wie folgt: „Ausgehend von den geschichtlichen Errungenschaften, die die Arbeiterklasse und alle anderen Werktätigen unter Führung der Sozialistischen Einheitspartei Deutschlands erkämpft haben, und entsprechend den neuen gesellschaftlichen Anforderungen, stellt sich die Sozialistische Einheitspartei Deutschlands für die kommende Periode das Ziel, in der Deutschen Demokratischen Republik weiterhin die entwickelte sozialistische Gesellschaft zu gestalten und so grundlegende Voraussetzungen für den allmählichen Übergang zum Kommunismus zu schaffen."[7]

Diese Zielsetzung beruht auf den Ergebnissen und Erfahrungen des historischen Abschnitts, in den die DDR ähnlich wie andere sozialistische Länder in den 60er Jahren eingetreten war. Bereits der *VIII. Parteitag der SED (1971)* formulierte grundlegende Aufgaben zur Gestaltung einer entwickelten sozialistischen Gesellschaft und leitete eine qualitativ neue Entwicklungsetappe ein. Dieser Parteitag rückte den Sinn des Sozialismus, alles zu tun für das Wohl des Volkes, die Interessen der Arbeiterklasse und aller Werktätigen, in den Mittelpunkt der Politik der Partei. Er leistete damit einen wichtigen Beitrag zur Klarstellung des sozialen Wesens der sozialistischen Gesellschaft. Die Dokumente des VIII. Parteitages der

---

7 Programm der Sozialistischen Einheitspartei Deutschlands, Berlin 1976, S. 9.

SED bildeten ein solides wissenschaftliches Fundament für die Gestaltung der entwickelten sozialistischen Gesellschaft in den 70er Jahren. Die praktischen Erfahrungen und theoretischen Erkenntnisse der SED, der KPdSU und anderer marxistisch-leninistischer Parteien sozialistischer Länder ermöglichten es, auf dem IX. Parteitag der SED (1976) ein neues Parteiprogramm zu beschließen, das die Politik für die weitere Gestaltung der sozialistischen Gesellschaft der DDR festlegte. Es hat seither als stabile Grundorientierung der gesellschaftlichen Entwicklung seine historische Bewährungsprobe überzeugend bestanden und bot einen sicheren Ausgangspunkt und Maßstab für die Lösung aller weiteren Aufgaben.

Das Parteiprogramm der SED charakterisiert den neuen Abschnitt bei der Gestaltung der entwickelten sozialistischen Gesellschaft als einen längerfristigen revolutionären Prozeß „tiefgreifender politischer, ökonomischer, sozialer und geistig-kultureller Wandlungen"[8], der alle Bereiche des gesellschaftlichen Lebens erfaßt und dessen wesentlicher Inhalt darin besteht, „alle Vorzüge und Triebkräfte, alle Seiten und Bereiche des gesellschaftlichen Lebens, die Produktivkräfte und Produktionsverhältnisse, die sozialen und politischen Bedingungen, die Wissenschaft und das Bildungswesen, die sozialistische Ideologie und Kultur, die Gesamtheit der Arbeits- und Lebensbedingungen sowie die Landesverteidigung planmäßig auf hohem Niveau zu entwickeln".[9]

In *zehn Merkmalen* faßt das *Parteiprogramm* jene *Erfahrungen* zusammen, die die Werktätigen der DDR bis dahin bei der Gestaltung *der entwickelten sozialistischen Gesellschaft* gewonnen hatten. Sie charakterisieren grundlegende gesellschaftliche Entwicklungsprozesse und sind zugleich langfristige Zielsetzungen der Politik der SED im Prozeß der weiteren Gestaltung der entwickelten sozialistischen Gesellschaft. Für ihre Ausarbeitung erwies sich als ein sicherer theoretischer Ausgangspunkt, daß für die entwickelte sozialistische Gesellschaft alle jene Gesetzmäßigkeiten und Merkmale gelten, die für den Sozialismus überhaupt charakteristisch sind. Es ist notwendig, die Merkmale der entwickelten sozialistischen Gesellschaft in ihrer Einheit, ihrem Zusammenhang und ihrer Wechselwirkung als Ausdruck der organischen Ganzheit gesellschaftlicher Verhältnisse und Erscheinungen zu betrachten und zu verwirklichen.

Der *innere Zusammenhang der Merkmale* der entwickelten sozialistischen Gesellschaft wird vor allem vom Sinn des Sozialismus, vom ökonomischen Grundgesetz des Sozialismus bestimmt. Entsprechend der materialistischen Geschichtsauffassung bedingt die Produktionsweise des materiellen Lebens den sozialen, politischen und geistigen Lebensprozeß der Gesellschaft.[10] Die gegebenen Produktionsverhältnisse bestimmen die Struktur, die Entwicklung und auch das Ziel der Produktion in der jeweiligen Gesellschaftsformation. Bei der Charakteristik des

---

8 Ebenda, S. 19.
9 Ebenda.
10 Vgl. K. Marx, Zur Kritik der Politischen Ökonomie. Vorwort, in: K. Marx/F. Engels, Werke, Bd. 13, S. 8 f.

entwickelten Sozialismus ist der Zusammenhang zwischen dem Sinn des Sozialismus, dem ökonomischen Grundgesetz und der Hauptaufgabe von prinzipieller Bedeutung. In der Dialektik von Ziel, Weg und Mitteln widerspiegelt die Hauptaufgabe den inneren Zusammenhang zwischen dem gesellschaftlichen Eigentum an Produktionsmitteln, der kollektiven sozialistischen Arbeit und der Nutzung der Produktion für die Gesellschaft.

Dementsprechend wird in den Merkmalen die Antwort auf die Frage formuliert, welches die *grundsätzliche Zielstellung des Handelns* aller Mitglieder der Gesellschaft, aller ihrer Organisationen und Institutionen ist: „... alle materiellen, sozial-ökonomischen und politisch-ideologischen Voraussetzungen zu schaffen, damit der Sinn des Sozialismus ... auf ständig höherer Stufe verwirklicht wird ... alle Bedingungen zu schaffen, damit sich die gesellschaftlichen Beziehungen und die körperlichen und geistigen Fähigkeiten des Menschen voll entfalten können ...“[11]

Das Parteiprogramm charakterisiert grundlegende Entwicklungsprozesse der Produktivkräfte, der Produktionsverhältnisse, der sozialen und politischen Beziehungen sowie der sozialistischen Bewußtheit.[12] Es enthält zugleich jene internationalen Merkmale, die dem entwickelten Sozialismus das Gepräge geben, den „Schutz des Friedens und der sozialistischen Errungenschaften ... die ständige Festigung und Vertiefung des Bruderbundes mit der Sowjetunion und den anderen Ländern der sozialistischen Gemeinschaft.“[13]

Die Herausarbeitung der Merkmale der entwickelten sozialistischen Gesellschaft wird im *Parteiprogramm* ergänzt und vertieft, konkretisiert und erweitert durch *Ziel- und Aufgabenstellungen sowie Schwerpunktsetzungen für die Entwicklungen der wichtigsten Bereiche* des gesellschaftlichen Lebens und ihre Führung und Leitung: die ökonomische Politik, die Politik zur Gestaltung der Sozialstruktur und der politischen Organisation, zur Entwicklung von Wissenschaft, Bildungswesen und Kultur, zur Ausprägung der sozialistischen Lebensweise und zur Entwicklung der sozialistischen Nation, für die Außenpolitik und die Landesverteidigung.[14]

Um die damit verbundenen Aufgaben zu lösen, sind sowohl das Ausreifen eines jeden Bereiches der Gesellschaft als auch die Herstellung wirksamer Wechselbeziehungen zwischen ihnen notwendig, d. h. die Herausbildung und Festigung eines den Erfordernissen der entwickelten sozialistischen Gesellschaft entsprechenden *einheitlichen sozialen Organismus.* Die entwickelte sozialistische Gesellschaft wird in einem einheitlichen Reifeprozeß gestaltet, der – von den ökonomischen Grundlagen der Gesellschaft ausgehend – das gesellschaftliche Leben in seiner Gesamtheit und seine einzelnen Seiten erfaßt. Im Sozialismus ist es Ausdruck objektiver Erfordernisse, daß die planmäßige Weiterentwicklung jedes einzelnen Bereiches sowohl Resultat als auch Voraussetzung der Weiterentwick-

---

11 Programm der Sozialistischen Einheitspartei Deutschlands, S. 19, 20, 22.
12 Vgl. ebenda, S. 20 f.
13 Ebenda, S. 21.
14 Vgl. ebenda, S. 22–64.

lung aller anderen Bereiche ist. Diese innere Abhängigkeit äußert sich in den Wechselbeziehungen zwischen Produktion und Bedürfnisentwicklung sowie deren Befriedigung, zwischen Intensivierung und Produktion und Lebensweise, zwischen der Erhöhung des materiellen und kulturellen Lebensniveaus und der Entfaltung der Initiative der Werktätigen.

Von wesentlicher Bedeutung bei der Gestaltung der entwickelten sozialistischen Gesellschaft ist die Beherrschung der Wechselbeziehungen zwischen *objektiven Bedingungen und subjektivem Faktor*. Die zunehmende Erkenntnis der objektiven Gesetzmäßigkeiten, die wachsenden Leistungen von Wirtschaft, Wissenschaft und Technik und das steigende materielle und geistige Lebensniveau eröffnen neue große Möglichkeiten, den gesellschaftlichen Fortschritt zu intensivieren. Diese Möglichkeiten realisieren sich jedoch nicht automatisch, nicht spontan; ihre Verwirklichung ist an das bewußte Handeln aller gesellschaftlichen Kräfte unter Führung der marxistisch-leninistischen Partei gebunden. Die Bewußtheit und Disziplin der Werktätigen, ihre schöpferische Initiative und Organisiertheit im gesellschaftlichen Produktionsprozeß bedingen wesentlich, in welchem Tempo der Aufbau der entwickelten sozialistischen Gesellschaft voranschreitet und der spätere Übergang zum Kommunismus vollzogen werden kann.[15]

Eine wichtige Präzisierung des Parteiprogramms nahm der *X. Parteitag der SED (1981)* mit der Ausarbeitung der *ökonomischen Strategie* für die weitere Gestaltung der entwickelten sozialistischen Gesellschaft vor. Diese Strategie, die im Zentrum der Gesellschaftspolitik steht, orientiert vor allem darauf, entscheidende Fortschritte bei der Verbindung der Errungenschaften der wissenschaftlich-technischen Revolution mit den Vorzügen des Sozialismus zu erreichen. Darin liegt die Hauptreserve für ökonomisches Leistungswachstum und höhere Effektivität der Volkswirtschaft. Diese Orientierung enthält die wissenschaftliche Einsicht in die qualitativ veränderte Rolle des wissenschaftlich-technischen Fortschritts für das wirtschaftliche Wachstum. Der X. Parteitag der SED hob hervor, daß „die Möglichkeiten der wissenschaftlich-technischen Revolution unmittelbar zur Hauptreserve für Leistungswachstum und Effektivität unserer Volkswirtschaft geworden"[16] sind.

Im Zusammenhang mit dem wissenschaftlich-technischen Fortschritt hat sich das Wissen über *Maßstäbe des sozialen Fortschritts* in unserer Zeit vertieft. Die Fortschrittlichkeit einer Gesellschaft ist vor allem daran zu messen, wie sie die Gesamtheit der Produktivkräfte weiterentwickelt, die Produktionsverhältnisse vervollkommnet und in diesem Prozeß die Werktätigen die Möglichkeit erhalten, die gesellschaftlichen Verhältnisse für die Entwicklung ihrer Persönlichkeit zu nutzen. Das hat in der Klassenauseinandersetzung zwischen Sozialismus und Impe-

15 Vgl. ebenda, S. 75.
16 Bericht des Zentralkomitees der Sozialistischen Einheitspartei Deutschlands an den X. Parteitag der SED. Berichterstatter: Genosse Erich Honecker, Berlin 1981, S. 49; vgl. Kap. 15.1. des vorliegenden Lehrbuches.

rialismus prinzipielle Bedeutung erlangt und wird in den kommenden Jahren von wachsender Bedeutung für die Ausstrahlungskraft des Sozialismus sein. Mit dieser Orientierung entspricht die SED den Erfahrungen, daß sich der soziale Fortschritt der sozialistischen Gesellschaft nur auf der Grundlage einer raschen, ständigen Höherentwicklung der Produktivkräfte und eines dynamischen Wirtschaftswachstums vollziehen kann.

Die Erfahrungen der bisherigen Verwirklichung des Parteiprogramms bestätigen, daß die vielfältigen und komplizierten Aufgaben keinesfalls nur aus der Sicht innerer Entwicklungsprozesse zu begreifen und zu lösen sind. Auf das gesellschaftliche Entwicklungstempo bei der weiteren Gestaltung der entwickelten sozialistischen Gesellschaft wirken eine Vielzahl von inneren und internationalen Faktoren, die in ihrem dialektischen Zusammenhang in der Politik berücksichtigt werden müssen. Eine Reihe von globalen Problemen – wie der reale Verlauf des unmittelbaren Kampfes der beiden Gesellschaftssysteme – beeinflussen wesentlich die Maßstäbe, Kriterien, Formen und Etappen der Politik zur weiteren Entwicklung der sozialistischen Gesellschaft. Sie hat im historischen Wettbewerb beider Gesellschaftssysteme würdige, wirklich menschliche materielle und geistige Lebensbedingungen für alle Werktätigen zu schaffen, die Bewohnbarkeit unseres Planeten zu sichern, mit seinen Reichtümern hauszuhalten und damit dem sozialen Fortschritt im revolutionären Weltprozeß neue Räume zu eröffnen.[17]

10.2. Die Gesellschaftsstrategie der SED zur weiteren Gestaltung der entwickelten sozialistischen Gesellschaft in der DDR

Der XI. Parteitag der SED – Bilanz und Aufgaben

Die sozialistische Gesellschaft ist ein lebendiger, dynamischer, sich in ständiger Entwicklung befindlicher Organismus. Die Dynamik seiner Entwicklung und die sich verändernden Bedingungen verlangen, die *Gesellschaftskonzeption* und die langfristigen *programmatischen Zielstellungen* kontinuierlich in unmittelbare *gesellschaftsstrategische Orientierungen* umzuformen. In diesem Sinn hat sich die SED erfolgreich bemüht, „auf heranreifende Fragen rechtzeitig zu reagieren und kühn neue Wege zu beschreiten, um der schöpferischen Arbeit der Menschen stets freien Raum zu geben".[18] Entsprechend den konkreten

17 Vgl. Politischer Bericht des Zentralkomitees der KPdSU an den XXVII. Parteitag der Kommunistischen Partei der Sowjetunion. Berichterstatter: M. S. Gorbatschow, Moskau 1986, S. 34 f.
18 E. Honecker, Die Aufgaben der Parteiorganisationen bei der weiteren Verwirklichung der Beschlüsse des XI. Parteitages der SED, Berlin 1987, S. 25.

Kampfbedingungen und unter Berücksichtigung der Erfahrungen von Bruderparteien vermochte sie aus der Analyse des Erreichten und der neuen Erfordernisse eine wissenschaftlich fundierte Strategie und Taktik auszuarbeiten. Die SED konnte deshalb einschätzen, daß sich die auf dem VIII. Parteitag ausgearbeiteten, auf dem IX. Parteitag im Parteiprogramm zusammengefaßten und auf dem X. Parteitag mit der Darlegung der ökonomischen Strategie weiterentwickelten Orientierungen im Leben bewährt haben.[19]

Erstens erfaßte die SED die historisch neue Dimension der Krieg-Frieden-Frage und die *strategische Bedeutung der Friedenssicherung* unter neuen und komplizierten Bedingungen. So begründete sie auf der internationalen wissenschaftlichen Konferenz „Karl Marx und unsere Zeit. Der Kampf um Frieden und sozialen Fortschritt" im April 1983, daß alle politischen und gesellschaftlichen Kräfte, die den Frieden aufrichtig wollen, ungeachtet unterschiedlicher Programme, weltanschaulicher Positionen und religiöser Bekenntnisse über Klassenschranken hinweg zusammenwirken können. Dieser Forderung gemäß konnte die SED durch ihre aktive, ergebnisorientierte Politik erreichen, daß sich beide deutsche Staaten gemeinsam zur Verantwortung bekannten, daß von deutschem Boden nie wieder Krieg ausgehen darf, daß Kommunisten und Sozialdemokraten in der Frage Krieg oder Frieden immer mehr eine gemeinsame Sprache finden und daß heute eine weltweite Koalition der Kräfte der Vernunft und des Realismus bereits wohltuenden Einfluß auf die internationale Politik ausübt.[20]

Zweitens hat die auf dem Boden des Parteiprogramms erfolgte Motivierung und Aktivierung der Werktätigen bewirkt, daß die DDR seither eine bemerkenswerte *Kontinuität der ökonomischen und sozialen Entwicklung* aufweist. Ein jährliches Wachstum des Nationaleinkommens von 4 bis 5 % ermöglichte es, Werte des Sozialismus wie Frieden, Freiheit, Gerechtigkeit, schöpferische Arbeit zum Wohle aller und soziale Sicherheit nicht nur zu proklamieren, sondern auf soliden materiellen Fundamenten für *alle* Mitglieder der Gesellschaft erfahrbar und immer mehr zur Triebkraft ihrer bewußten Aktivität bei der Gestaltung des entwickelten Sozialismus werden zu lassen. Die reale Perspektive der Lösung der Wohnungsfrage als soziales Problem, die Sicherheit der gesundheitlichen Betreuung und die Verwirklichung des Rechts auf Freizeit und Erholung, der Versorgung im Alter und bei Invalidität sowie die Fürsorge des Staates für das Gedeihen der Familie tritt immer deutlicher als ein Merkmal sozialer Sicherheit hervor, wie es in der kapitalistischen Gesellschaft nicht garantiert werden kann.

Drittens gelang es mit der auf den Parteitagen begründeten ökonomischen Strategie, die *Intensivierung der Produktion zur entscheidenden Grundlage des Leistungsanstiegs* zu machen und das nötige Wirtschaftswachstum zu gewährleisten. Die intensiv erweiterte Reproduktion erweist sich mehr und mehr als der dem entwickelten Sozialismus adäquate Reproduktionstyp. Unter diesen Bedingungen war es für

19 Vgl. ebenda, S. 20 f.
20 Vgl. Kap. 5.3. des vorliegenden Lehrbuches.

die DDR wichtig, den Übergang zu einem fonds- und ressourcensparenden Typ der Reproduktion zu bewältigen und den wissenschaftlich-technischen Fortschritt zunehmend zur entscheidenden Triebkraft ökonomischen und sozialen Voranschreitens zu gestalten. Das ermöglichte es, die Position der DDR unter den 10 leistungsfähigsten Industrienationen der Welt weiter zu behaupten und bei eigenen Spitzenleistungen auf wichtigen Gebieten durch die konzentrierte Entwicklung und den zunehmenden Einsatz von Schlüsseltechnologien den Anschluß an die weltweite Beschleunigung der wissenschaftlich-technischen Revolution zu halten.

Viertens wurde das *geistige und kulturelle Leben reicher* und vielgestaltiger. Zunehmend prägen die Werte und Ideale des Sozialismus die kulturellen Leistungen. Bildung und Wissenschaft, Kunst und Literatur, die Errungenschaften des kulturellen und künstlerischen Erbes wurden immer mehr Werktätigen zugänglich gemacht, die Entfaltung ihrer eigenen Talente und Begabungen gefördert. Zu den kulturellen Errungenschaften zählen auch gewachsene weltanschauliche Bewußtheit und politische Interessiertheit der Mehrheit der DDR-Bevölkerung, hohes Bildungs- und Kulturniveau. Das drückt sich z. B. darin aus, daß die Entwicklung des einheitlichen Bildungssystems in der DDR mit seiner umfassenden Verbindung von Unterricht und produktiver Arbeit und mit seinem Auftrag, die Anlagen und Fähigkeiten eines jeden Kindes optimal auszubilden, international starkes Interesse findet.

Fünftens hat sich das politische System vor allem durch die *Entfaltung und Vervollkommnung der sozialistischen Demokratie* weiterentwickelt. Heute übt beinahe jeder dritte Bürger eine ehrenamtliche staatliche oder gesellschaftliche Funktion aus. Vor allem in der Produktion, der wichtigsten Sphäre der Arbeit und des Lebens der Menschen, hat die Mitwirkung der Werktätigen an der Leitung und Planung wesentlich zugenommen. Dabei haben insbesondere die Gewerkschaften als sozialistische Klassen- und Massenorganisationen eine ausschlaggebende Rolle gewonnen. Die demokratische Mitwirkung der Werktätigen an der Vorbereitung, am Treffen, an der Verwirklichung und Kontrolle von Entscheidungen reicht weit über die Betriebe hinaus und umfaßt alle öffentlichen Angelegenheiten. Darin widerspiegelt sich, daß in der DDR ein festes Bündnis der Arbeiterklasse mit der Klasse der Genossenschaftsbauern, der Intelligenz und den anderen werktätigen Schichten besteht.

Faßt man die auf der Grundlage des Programms der SED erreichten Ergebnisse bei der Gestaltung der entwickelten sozialistischen Gesellschaft zusammen, so zeigt sich: Das Programm und die Gesellschaftsstrategie der SED haben sich bewährt, vor allem auch, weil sie mit sich verändernden Bedingungen weiterentwickelt und präzisiert wurden. Dieser Aufgabe unterzog sich auch der *XI. Parteitag der SED (1986).* Parteitage nehmen im Leben marxistisch-leninistischer Parteien stets einen wichtigen Platz ein. Das gilt im besonderen Maße für die sozialistischen Länder. Als führende politische Kraft legen die Parteien in diesen Ländern nicht nur Rechenschaft über die eigene Entwicklung ab, sondern vor allem darüber, wie sie es verstanden haben, die gesellschaftliche Entwicklung politisch zu führen und alle Potenzen des gesellschaftlichen Fortschritts zu erschließen. Dazu konnte der XI. Parteitag der SED feststellen: „Was wir gemeinsam geschaffen haben, bestärkt uns in der Gewißheit, daß wir die Aufgaben bis 1990 und darüber hinaus bis zum Jahre 2000 ... voller Zuversicht und Elan in Angriff nehmen können und sie erfolgreich bewältigen werden."[21] Gestützt auf diese Erfahrung konnte der XI. Parteitag große Aufgaben für die nächste Etappe festlegen, die Direktive zum Fünfjahrplan mit anspruchsvollen Zielstellungen für die Entwicklung der Volkswirtschaft in den Jahren 1986–1990 beschließen, die ökonomische Strategie weiterentwickeln und insgesamt die gesellschaftsstrategische Orientierung vervollkommnen. Mit seinen Beschlüssen bekräftigte er die Kontinuität in der Politik der SED und leitete zugleich einen qualitativ neuen Abschnitt bei der weiteren Gestaltung der entwickelten sozialistischen Gesellschaft in der DDR ein. Folgende Hauptorientierung steht dabei im Zentrum: Die Politik der Hauptaufgabe in ihrer Einheit von Wirtschafts- und Sozialpolitik, die vom XI. Parteitag als Hauptkampffeld der Partei beschlossen wurde, konsequent fortzusetzen und den revolutionären Wandel der Produktivkräfte durchzusetzen, der durch die breite Einführung und ökonomisch effektive Anwendung der Schlüsseltechnologien charakterisiert wird. Dazu leitete die SED aus der Analyse veränderter Bedingungen eine Reihe von vordringlichen Aufgaben ab, deren Erledigung unverzüglich in Angriff zu nehmen ist:

Erstens gilt es, sich den *Erfordernissen zu stellen*, die aus der *neuen Etappe der wissenschaftlich-technischen Revolution* erwachsen. Die Entwicklung und schnelle Ausbreitung von Schlüsseltechnologien schaffen neue Möglichkeiten, dauerhaftes Wirtschaftswachstum durch ständig steigende Arbeitsproduktivität zu erreichen. Damit gilt es, die Fortsetzung des Kurses der Hauptaufgabe materiell zu fundieren. Nachdem es vor allem in der ersten Hälfte der 80er Jahre, ausgehend von der ökonomischen Strategie des X. Parteitages gelungen war, die Wende zur umfassenden Intensivierung zu vollziehen und einen tiefgreifenden Erneuerungsprozeß der Produktion einzuleiten, konnte und mußte nun die Aufgabe gestellt werden, „die Intensivierung unserer Wirtschaft mehr und mehr umfassend zu gestalten und ihr dauerhafte Grundlagen zu geben".[22] Dazu hat die DDR um international vergleichbare Spitzenpositionen zu kämpfen und tiefgreifende Wandlungen im System der Produktivkräfte zu vollziehen. In ihrem Ergebnis entsteht eine neue Qualität der materiell-technischen Basis des Sozialismus. Es wäre jedoch nicht richtig, diese Aufgabe auf ihren ökonomischen Gehalt zu reduzieren. Sie löst neue qualitative Prozesse in allen anderen Bereichen der gesellschaftlichen Entwicklung aus und verlangt von allen Werktätigen, von ihren Leitern und gesell-

21 Bericht des Zentralkomitees der Sozialistischen Einheitspartei Deutschlands an den XI. Parteitag der SED. Berichterstatter: Genosse Erich Honecker, Berlin 1986, S. 8.
22 E. Honecker, Die Aufgaben der Parteiorganisationen bei der weiteren Verwirklichung der Beschlüsse des XI. Parteitages der SED, S. 28.

schaftlichen Organisationen, bewußt und aktiv jene Triebkräfte freizusetzen, die eine zunehmende ökonomische Leistungskraft garantieren.

Zweitens sind konsequent jene *Produktionsverhältnisse,* jene wirtschaftsorganisatorischen Formen zu entwickeln und zu beherrschen, die den modernen Produktivkräften adäquat sind und die Erreichung des höchsten Niveaus in der Arbeitsproduktivität fördern. Das erfordert besonders eine neue Stufe in den Wechselbeziehungen von Wissenschaft und Produktion zu erreichen, die über vertragliche Direktbeziehungen, gegenseitige Verbindlichkeit, Kaderaustausch und gemeinsame Verantwortung gegenüber der Gesellschaft effektiv werden. Vor allem sind auf der Grundlage langfristiger Strategien jene künftigen wissenschaftlich-technischen Problemstellungen zu bestimmen und noch konsequenter zu bearbeiten, die den Durchbruch auf entscheidenden Gebieten der Schlüsseltechnologien in kürzester Zeit erreichen lassen und auch in den 90er Jahren und darüber hinaus eine stabile und dynamische Entwicklung der Produktion gewährleisten.[23]

Drittens sind grundlegende Veränderungen im *Inhalt und in den Bedingungen der Arbeit* zu berücksichtigen und persönlich wie gesellschaftlich zu bewältigen. So tritt in vielen Bereichen in automatisierten Fertigungssystemen der Mensch schrittweise aus dem unmittelbaren Produktionsprozeß heraus. In Dienstleistungsbereichen nimmt der Einsatz informationsverarbeitender Technik zu. Der Mensch bewährt sich damit zunehmend als Beherrscher komplizierter technischer Systeme. Daraus erwachsen vielfältige Konsequenzen für seine Bildung, sein körperliches und psychisches Leistungsvermögen, sein geistig-kulturelles Milieu, seine gesamte Lebensweise. Je mehr die schöpferischen Elemente in der Arbeit anwachsen, desto mehr ist die Entwicklung sozialistischer Persönlichkeiten mit aktiven Lebenspositionen Folge und Voraussetzung der weiteren Ausprägung des sozialistischen Charakters der Arbeit.

Viertens entstehen qualitativ neue Aufgaben für die politische Führung aus dem Umstand, daß weiterer ökonomischer und sozialer Fortschritt immer mehr die *Beherrschung und ständige Optimierung der Wechselbeziehungen aller Faktoren des ökonomischen Produktions- und Reproduktionsprozesses* sowie der verschiedenen Bereiche des gesellschaftlichen Lebens voraussetzt. Darauf zielen die mit dem Blick auf das Jahr 2000 weiter präzisierte ökonomische Strategie, aber z. B. auch weitgreifende Schlußfolgerungen für die berufliche und wissenschaftliche Aus- und Weiterbildung wie z. B. die Neuprofilierung des Hoch- und Fachschulstudiums für Ingenieure und Ökonomen.

Fünftens besteht eine Aufgabe mit qualitativ neuen Ansprüchen darin, das gesamte politische System durch die *Weiterentwicklung der sozialistischen Demokratie* zu festigen. Das schließt ein, die Wechselwirkung von einheitlicher zentraler Leitung und breitester gesellschaftlicher Aktivität effektiver zu gestalten. Das ist ein hoher Anspruch an alle staatlichen und gesellschaftlichen Organisationen und Institutionen wie an alle Werktätigen. Zugleich erwachsen aus dem neuen Stellenwert

---

23 Vgl. Kap. 15.1. des vorliegenden Lehrbuches.

der Einheit von Wirtschafts- und Sozialpolitik als Hauptkampffeld hohe Ansprüche an die weitere Entwicklung der sozialistischen Demokratie in den Betrieben bis hin zum Arbeitskollektiv, dem vor allem über den Ausbau der Rechte und Verantwortung der Gewerkschaften zu entsprechen ist.[24]

Sechstens ergeben sich Anforderungen aus der neuen Stufe der *sozialistischen ökonomischen Integration.* Langfristig lassen sich die entscheidenden Quellen zur Steigerung der Arbeitsproduktivität nur erschließen, wenn die Arbeitsteilung in Wissenschaft, Technik und Ökonomie mit der UdSSR und den anderen Staaten der sozialistischen Gemeinschaft vertieft wird. Ein wichtiger Ansatzpunkt für die dynamische Entwicklung der sozialistischen ökonomischen Integration besteht darin, die Potentiale von Wissenschaft und Technik auf das Erzielen internationaler Höchstleistungen zu konzentrieren. Koordiniert sind wichtige Aufgaben auf dem Gebiet der Hochtechnologien in Angriff zu nehmen, um im wirtschaftlichen Wettstreit mit dem Kapitalismus auf entscheidenden Gebieten schneller zur Weltspitze vorzustoßen.[25]

Siebentens ist der intensiveren *Wechselwirkung von inneren und äußeren Bedingungen, Faktoren und Erfordernissen* in der Entwicklung des Sozialismus Rechnung zu tragen. Besonders der Kampf um die Erhaltung und Sicherung des Friedens erfordert die Stärkung der sozialistischen Länder und wissenschaftlich-technische Spitzenleistungen, um das militärstrategische Gleichgewicht zu sichern und politisch nicht erpreßbar zu sein und um zugleich Beziehungen der friedlichen Koexistenz zwischen sozialistischen und kapitalistischen Staaten materiell zu fundieren.

Achtens ist bei der Lösung aller Aufgaben stärker als je zuvor der *Zeitfaktor* zu beachten. Es sind sowohl innere als auch äußere Bedingungen, die zur Aufgabenstellung führten, „den Wettlauf mit der Zeit zu bestehen, an wichtigen Punkten Vorsprung zu erzielen und dadurch hohe ökonomische und soziale Ergebnisse zu realisieren".[26] Der geschichtliche Entwicklungsprozeß hat tendenziell seit seinen Anfängen eine Beschleunigung erfahren, ein besonders hohes Tempo jedoch mit der gegenwärtigen wissenschaftlich-technischen Revolution erreicht. Unter diesen neuen Bedingungen ist eine kontinuierliche und schnelle gesellschaftliche Entwicklung nur noch möglich, wenn das Entwicklungstempo der Produktivkräfte bewußt als Zeitmaß der Gestaltung aller Lebensprozesse zugrunde gelegt wird. So steht die weitere Beschleunigung der wissenschaftlich-technischen und ökonomischen Entwicklung in direkter Wechselwirkung mit der Vervollkommnung sozialistischer Produktionsverhältnisse. Zugleich belegen Erfahrungen, daß sozialistische Produktions-, Bildungs- und andere gesellschaftliche Verhältnisse die Entwicklung der Produktivkräfte auch behindern können, wenn sie nicht rechtzeitig mit deren Entwicklungserfordernissen in Einklang gebracht werden.

24 Vgl. Kap. 13.3. des vorliegenden Lehrbuches.
25 Vgl. Kap. 11.2. des vorliegenden Lehrbuches.
26 Bericht des Zentralkomitees der Sozialistischen Einheitspartei Deutschlands an den XI. Parteitag der SED, S. 49.

In diesem Zusammenhang erweist es sich als Vorzug des Sozialismus, daß er seiner Natur nach fähig ist, politische und ökonomische Stabilität mit einem hohen Maß an Flexibilität und Reaktionsvermögen zu verbinden und auf veränderte Bedingungen einzugehen. Dementsprechend unterzieht die SED ihre Gesellschaftsstrategie einer ständigen kritischen Überprüfung, analysiert neue Bedingungen, verallgemeinert gewonnene Erfahrungen und erweist sich so als fähig, „rechtzeitig auf heranreifende Probleme zu reagieren, so mit dem Leben Schritt zu halten und sozusagen in vorbeugender Weise erkennbaren Entwicklungsproblemen zu begegnen".[27]

Einheit von Wirtschafts- und Sozialpolitik
Kernstück der Gesellschaftsstrategie der SED und deshalb ihr *Hauptkampffeld* ist die mit der Hauptaufgabe beschlossene Einheit von Wirtschafts- und Sozialpolitik. Sie ist im Wesen des Sozialismus selbst begründet und keine Ermessensfrage sozialistischer Länder. Indem in der Hauptaufgabe bei der Gestaltung der entwickelten sozialistischen Gesellschaft das Ziel der Produktion untrennbar mit den Voraussetzungen für seine Erreichung verbunden ist, kommt in ihr die Einheit von Wirtschafts- und Sozialpolitik zum Ausdruck. In diesem politischen Kurs widerspiegelt sich die Überzeugung und Erfahrung, daß historisch allein der Sozialismus in der Lage ist, wissenschaftlich-technischen und ökonomischen mit sozialem Fortschritt dauerhaft zu verbinden und uneingeschränkt für das Wohl der Menschen zu nutzen.

Einheit von Wirtschafts- und Sozialpolitik bedeutet *erstens,* daß entsprechend dem durch das ökonomische Grundgesetz des Sozialismus bestimmten Ziel der Produktion die Bedürfnisse der Menschen, ihre immer bessere Befriedigung, der Ausgangspunkt jeder wirtschaftspolitischen Entscheidung sind. Weil nur verbraucht werden kann, was produziert wurde, besteht ein *zweiter* Aspekt der Einheit von Wirtschafts- und Sozialpolitik darin, daß die Erhöhung des materiellen und kulturellen Lebensniveaus der Menschen ein stabiles Wachstum der wirtschaftlichen Leistungsfähigkeit erfordert. Es findet seinen konzentrierten Ausdruck im Wachstum des Nationaleinkommens. Eine *dritte* Seite der Einheit von Wirtschafts- und Sozialpolitik besteht schließlich in der Rückwirkung des höheren Lebensniveaus, der sozialen Sicherheit und Geborgenheit auf die wachsende Wirtschaftskraft durch die Förderung der Masseninintiative im sozialistischen Wettbewerb. Indem jeder Werktätige unmittelbar erlebt, wie sich gute Arbeit für ihn selbst und seine Familie auszahlt, daß sich im Sozialismus dank der Beseitigung der Ausbeutung des Menschen durch den Menschen seine Ansprüche an das Leben vor allem durch die eigene Arbeit erfüllen, wird er zu fleißiger Arbeit in seinem Beruf, sei es in der materiellen Produktion oder den nichtproduzierenden Bereichen, angeregt.

Im Kapitalismus ist eine Einheit von Wirtschafts- und Sozialpolitik im Inter-

---

27 Ebenda, S. 27.

esse der Werktätigen nicht möglich und können Volkswohlstand und Persönlichkeitsentwicklung nicht Ziel der Produktion sein. Eine profitorientierte Wirtschaft ist immer mit sozialen Belastungen der Werktätigen verbunden, die nur durch den Kampf der organisierten Arbeiter, insbesondere der Gewerkschaften, gemindert werden können. Lenin hob hervor, als er sich zu Potenzen, Grenzen und Mißbrauch der Wissenschaft im Kapitalismus äußerte: „Nur der Sozialismus wird es ermöglichen, die gesellschaftliche Erzeugung und Verteilung der Güter nach wissenschaftlichen Erwägungen umfassend zu verbreiten und richtig zu meistern, ausgehend davon, wie das Leben aller Werktätigen aufs äußerste erleichtert, wie ihnen ein Leben in Wohlstand ermöglicht werden kann."[28] Sozialistische Wirtschafts- und Sozialpolitik kennt nur einen Maßstab: Sie schließt *alle* Menschen ein, sie orientiert *alle* gesellschaftlichen Prozesse auf ihre Entwicklung als *allseitige* Persönlichkeiten. Darin kommen auch die im Sozialismus gesicherten Menschenrechte zum Ausdruck: „Sie sind für alle Bürger verwirklicht, niemand ist davon ausgeschlossen. Es gibt keine soziale Degradation, keine ‚Randgruppen' und ‚sozial Geächteten'. Der Sozialismus braucht alle und hat Platz für alle. Die sozialen und kulturellen Rechte sind nicht nur ‚kollektivistische Prinzipien', wie der Gegner oft behauptet, sondern reale Möglichkeiten für jeden einzelnen, ein sinnvolles Leben in sozialer Sicherheit und Geborgenheit zu gestalten."[29]

Die *Einheit von Wirtschafts- und Sozialpolitik* trägt auch dazu bei, vereinfachte Vorstellungen über die Gestaltung der sozialistischen Gesellschaft zu überwinden. Der Sozialismus kann nicht durch bloße Veränderungen des Überbaus und der Verteilungsverhältnisse entstehen und wirken, sondern setzt die Herausbildung einer neuen Produktionsweise, einer eigenen materiell-technischen Basis und eine rasche Entwicklung der Produktivkräfte voraus. Auf dem Felde der Ökonomie fallen die Entscheidungen für den planmäßigen sozialen Fortschritt; hier wird letztlich über den Sieg der neuen Gesellschaftsordnung über den Kapitalismus entschieden. Das dominierende Gewicht der *materiell-technischen Basis* bei der weiteren Entwicklung der sozialistischen Gesellschaft wird dadurch bestimmt, daß von ihrem Umfang und ihrer Wirkungsfähigkeit maßgeblich die Produktivkraft der menschlichen Arbeit abhängt.

Die ständige *Vervollkommnung der materiell-technischen Basis* besitzt für die weitere Gestaltung der entwickelten sozialistischen Gesellschaft vor allem folgende Bedeutung: *Erstens* gewährleistet sie den erforderlichen hohen Leistungsanstieg, eine höhere Qualität und Effektivität der gesellschaftlichen Produktion, der gesellschaftlichen Arbeit überhaupt und schafft damit die grundlegenden Voraussetzungen für die weitere Verwirklichung der Hauptaufgabe; *zweitens* entstehen durch sie zunehmend günstigere materiell-technische Bedingungen für die Entfaltung sozialistischer Persönlichkeiten und sozialistischer Gemeinschaftsbezie-

28 W.I.Lenin, Rede auf dem I.Kongreß der Volkswirtschaftsräte, in: Werke, Bd.27, S.408.
29 E. Honecker, Die Aufgaben der Parteiorganisationen bei der weiteren Verwirklichung der Beschlüsse des XI. Parteitages der SED, S.100.

hungen. Der wissenschaftlich-technische Fortschritt wird unter sozialistischen Bedingungen zielstrebig für die Reduzierung körperlich schwerer, gesundheitsschädigender, geistig monotoner und wenig qualifizierter Tätigkeiten, für die Anreicherung der Arbeit mit geistig-schöpferischen Elementen genutzt; *drittens* wird eine zunehmend rationellere Gestaltung der Beziehungen zwischen Gesellschaft und Natur, insbesondere zwischen sozialistischer Produktion und natürlicher Umwelt, bewirkt.

Die weitere Entwicklung der materiell-technischen Basis ist vom *wissenschaftlich-technischen Fortschritt* abhängig. Der XI. Parteitag hob hervor, daß Mikroelektronik, moderne Rechentechnik und rechnergestützte Konstruktion, Projektierung und Steuerung der Produktion mehr und mehr das Leistungsvermögen einer Volkswirtschaft bestimmen. Gleiches gilt für die weiteren Schlüsseltechnologien. Mit ihrer Nutzung „fallen die Entscheidungen über das Wachstumstempo der Arbeitsproduktivität, von denen abhängt, wie unsere Ökonomie den Bedürfnissen der Menschen, den vielfältigen inneren Erfordernissen der Entwicklung unseres Landes gerecht wird und sich in der Welt behaupten kann".[30] Die ökonomische Strategie mit dem Blick auf das Jahr 2000 ist deshalb darauf gerichtet, die Errungenschaften der wissenschaftlich-technischen Revolution noch wirksamer mit den Vorzügen des Sozialismus zu verbinden. Gerade diese Verbindung versuchen bürgerliche Ideologen in Frage zu stellen, indem sie an historisch bedingte Rückstände sozialistischer Länder in der Produktivkraftentwicklung anknüpfen und zu ihrer Überwindung dem Sozialismus – wegen seines angeblichen Defizits an eigenen Triebkräften – die Nutzung kapitalistischer Konkurrenz, ökonomischer Druckmittel und sozialer Risiken als Hebel zu höherer Effektivität und Produktivität der Arbeit vorschlagen.

Gegen solche Ratschläge gilt nach wie vor Lenins Schlußfolgerung aus den ersten Monaten des sozialistischen Aufbaus: „... der Sozialismus erfordert einen bewußten und massenhaften Vormarsch zu einer höheren Arbeitsproduktivität als unter dem Kapitalismus, und zwar auf der Basis des durch den Kapitalismus Erreichten. Der Sozialismus muß *auf seine Art,* mit seinen Methoden ... diesen Vormarsch verwirklichen."[31] Die Geschichte gab Lenin recht. Immer dann, wenn es Unsicherheiten zu den eigenständigen Prinzipien und Methoden sozialistischer Wirtschafts- und Sozialpolitik gab, hat sich das abträglich auf die gesellschaftliche Aktivität der Werktätigen ausgewirkt. Diese Erfahrung gilt es bei allen Überlegungen und Erprobungen neuer Wege, Formen und Methoden der weiteren Entwicklung des Sozialismus konsequent zu beachten.

Die Einheit von Wirtschafts- und Sozialpolitik wirkt auch im Sozialismus nicht spontan, nicht automatisch in dem Sinne, daß ökonomischer Fortschritt unter allen Bedingungen sozialen Fortschritt befördert und dieser wiederum unter allen

30 Bericht des Zentralkomitees der Sozialistischen Einheitspartei Deutschlands an den XI. Parteitag der SED, S. 49.
31 W. I. Lenin, Die nächsten Aufgaben der Sowjetmacht, in: Werke, Bd. 27, S. 238.

Umständen als Triebkraft weiterer ökonomischen Fortschritts in Erscheinung tritt. Gewiß ist der Sozialismus uneingeschränkt offen für wissenschaftlich-technischen, ökonomischen und sozialen Fortschritt; dies jedoch nicht unter allen, sondern immer nur unter *bestimmten Bedingungen* und über *bestimmte Vermittlungen*. Einheit von Wirtschafts- und Sozialpolitik ist darum zuerst ein Anspruch an die Gesellschaftspolitik marxistisch-leninistischer Parteien, jene Bedingungen zu erkennen, zu nutzen bzw. zu schaffen und jene Vermittlungen zum Wirken zu bringen, die die der Einheit von Wirtschafts- und Sozialpolitik innewohnenden Potenzen und Triebkräfte freisetzen. Insofern dürfen Wirtschafts- und Sozialpolitik nicht auf ihre Übereinstimmung reduziert werden, sondern es ist zugleich ihre jeweilige Spezifik zu beachten. Wo sie über solche Vermittlungen wie das sozialistische Leistungsprinzip, ökonomische Strategien und sozialpolitische Programme, aber auch über massenwirksame politische-ideologische Arbeit in eine sich gegenseitig ergänzende Wechselwirkung gebracht werden, erhält der gesamtgesellschaftliche Fortschritt kräftige Impulse. Diese Einheit bedingt deshalb neben einer langfristigen *ökonomischen Strategie,* wie sie der XI. Parteitag mit dem Blick auf das Jahr 2000 präzisiert hat, zugleich eine nicht minder weitgreifende *soziale Strategie und Sozialpolitik,* die die Gesamtheit der sozialen und natürlichen Lebensbedingungen der Menschen ins Auge faßt. Sie hat zu sichern, daß sich die vielfältigen ökonomischen und sozialen Ziele, Normen und Maßnahmen nicht gegenseitig aufheben, sondern einander ergänzen und in ihrer Gesamtheit stabilen sozialen Fortschritt bewirken. In diesem Sinne sind sowohl Wirtschafts- als auch Sozialpolitik im Sozialismus Ausdruck und Verwirklichung umfassender Gesellschaftspolitik und entwickeln sich als dialektische Einheit.

Die marxistisch-leninistischen Parteien der sozialistischen Länder wirken auch dahin, daß in der Wirtschafts- und Sozialpolitik nicht nur Tagesinteressen der heutigen, sondern stets auch die *Bedürfnisse künftiger Generationen,* wie auch die *Interessen anderer Völker* Berücksichtigung finden. Dies kommt in verstärkten Maßnahmen und langfristigen Programmen zum Schutz der Umwelt, in verstärkten Anstrengungen zur ressourcensparenden Produktion usw. zum Ausdruck. Die Führungsqualität marxistisch-leninistischer Parteien zeigt sich in diesem Zusammenhang in ihrem Vermögen, die Entwicklungsprobleme in den Produktivkräften und Produktionsverhältnissen und die daraus erwachsenden sozialen Erfordernisse rechtzeitig zu erkennen, die notwendigen Schlußfolgerungen zu ziehen und diese in der Praxis bei breiter demokratischer Mitwirkung der Werktätigen zu realisieren.

Die *Einheit von Wirtschafts- und Sozialpolitik* ist auch in der *konsequenten Verwirklichung des Leistungsprinzips* begründet. Das Grundprinzip des Sozialismus „Jeder nach seinen Fähigkeiten, jedem nach seiner Leistung" besagt, daß jeder Bürger das Recht und die Pflicht hat, entsprechend seinen Fähigkeiten für die Gesellschaft zu arbeiten, und daß er entsprechend der Quantität und Qualität seiner für die Gesellschaft geleisteten Arbeit entlohnt wird. Das Leistungsprinzip ermöglicht es, daß das Lebensniveau des einzelnen entscheidend von ihm selber, von seiner eigenen Arbeitsleistung für die Gesellschaft, von seinem Beitrag für den wachsenden Umfang des gesellschaftlichen Reichtums abhängt. Die leistungsabhängige Differenzierung des Arbeitslohnes weckt das individuelle und kollektive Interesse an der ständigen Steigerung der Produktion und hilft mit, daß die Werktätigen ihre Fähigkeiten und Talente für die Gesellschaft einsetzen. Damit zielt das sozialistische Leistungsprinzip auf die Übereinstimmung der gesellschaftlichen mit den persönlichen Interessen. Derjenige, der mehr für die Gesellschaft leistet, soll sich auch persönlich mehr leisten können. Das Leistungsprinzip bewirkt, daß das persönliche materielle Interesse der Werktätigen an einer gesellschaftlich nützlichen, gewissenhaften Arbeit, an ständig hohen Arbeitsleistungen für die Gesellschaft, an der Steigerung der Arbeitsproduktivität, an der Erhöhung ihrer Qualifikation wie überhaupt an der Mehrung, Sicherung und zweckmäßigen Verwendung des gesellschaftlichen Reichtums wächst. Um dieses Ziel zu erreichen, muß das soziale Grundprinzip des Sozialismus konsequent durchgesetzt werden, das heißt, es müssen mit großer Sorgfalt die Leistungen für die Gesellschaft nach Qualität und Quantität in objektiv vergleichbare Größen gesetzt werden, was außerordentlich kompliziert ist und hohe Anforderungen an die Leitungstätigkeit stellt. Das Hauptkriterium der Verteilung im Sozialismus kann nur die Leistung nach Menge und Qualität sein. Gleichmacherei jeglicher Art, Fälle von Lohnzahlungen für das bloße Erscheinen zur Arbeit und nicht für reale Leistungen, Zahlung unverdienter Prämien – all das wirkt sich sowohl auf die Produktionsergebnisse als auch auf die Moral der Menschen schädlich aus.

Die konsequente Durchsetzung des Leistungsprinzips verlangt, die *materiellen Anreize* stets mit der *Erziehung zur sozialistischen Moral*, zu einer *hohen Arbeitsdisziplin* und zur weiteren *Festigung der sozialistischen Gesetzlichkeit* zu verbinden. Ohne eine feste Staatsdisziplin, die eine hohe Arbeitsdisziplin einschließt, ohne eine straffe Durchsetzung der sozialistischen Gesetzlichkeit ist die weitere Gestaltung der entwickelten sozialistischen Gesellschaft nicht möglich. Dabei geht es vor allem darum, daß die Einhaltung des sozialistischen Rechts in allen Bereichen der Gesellschaft konsequent gesichert und immer mehr zur Gewohnheit der Bürger wird. Der sozialistische Reproduktionsprozeß, die rasche Weiterentwicklung der Produktivkräfte, die wachsende Arbeitsteilung und die vielfältigen Verflechtungen der Volkswirtschaft mit den anderen Bereichen der Gesellschaft stellen wesentlich höhere Anforderungen an Ordnung, Sicherheit und Disziplin. Daraus erwächst vor allem die Forderung an die Leiter, daß sie in ihrer Tätigkeit stets die Normen des sozialistischen Rechts beachten und durchsetzen. Die Bewegung der Werktätigen, besonders in der Volkswirtschaft eine vorbildliche Ordnung, Disziplin und Sicherheit durchzusetzen, ist Ausdruck der Tatsache, daß sie bewußt und diszipliniert ihre Aufgaben erfüllen und gegen Schluderei, Disziplinlosigkeit und Verstöße wider die Gesetze unduldsam sind.[32]

Im Zusammenhang mit der Verteilung nach Arbeitsleistung als der grundlegen-

32 Vgl. Kap. 13.2. des vorliegenden Lehrbuches.

den Form der Verteilung haben die *gesellschaftlichen Konsumtionsfonds* für die Werktätigen eine große Bedeutung. Der Einsatz der Mittel aus diesen Fonds erfolgt in der Regel auf der Grundlage sozialpolitischer Festlegungen, die von der marxistisch-leninistischen Partei, von den Gewerkschaften oder von anderen gesellschaftlichen Organisationen ausgearbeitet und vorgeschlagen werden. Sie werden durch sozialpolitische Pläne der Betriebe, Produktionsgenossenschaften, Städte usw. konkretisiert und über betriebliche und kommunale Initiativen ergänzt.

Entfaltung aller Vorzüge und Triebkräfte
Die Gestaltung der entwickelten sozialistischen Gesellschaft als revolutionärer Prozeß tiefgreifender Wandlungen in allen Bereichen der Gesellschaft erfordert die konsequente Nutzung aller Vorzüge des Sozialismus und die zunehmende Mobilisierung wie den effektiven Einsatz der schöpferischen Kräfte der Arbeiterklasse und aller Werktätigen. Es geht darum, aus den *Vorzügen, die dem Sozialismus gegenüber dem Kapitalismus eigen sind,* zunehmend Triebkraftwirkungen für die weitere Stärkung des Sozialismus zu erschließen.

Eine Vielzahl von Vorzügen des Sozialismus ist bereits bei der bisherigen Entwicklung der sozialistischen Gesellschaft zutage getreten. Auf dem XI. Parteitag der SED konnte festgestellt werden: „Im Gegensatz zur Bundesrepublik Deutschland haben wir in der Deutschen Demokratischen Republik ... unter weltoffenen Bedingungen eine Gesellschaft geschaffen, in der die Ausbeutung des Menschen durch den Menschen beseitigt ist, in der sich die schöpferischen Kräfte des Volkes voll entfalten können. Unser Volk hat aufgrund der Entwicklung der Produktivkräfte und der sozialistischen Produktionsverhältnisse einen Lebensstandard erzielt wie noch nie in seiner Geschichte. Arbeitslosigkeit ist für uns ein Begriff aus einer anderen Welt. Gewährleistet sind bei uns soziale Sicherheit und Geborgenheit, Vollbeschäftigung, gleiche Bildungschancen für alle Kinder des Volkes. Als wichtigste Aufgabe betrachten wir die Erhaltung des Friedens und damit die Aussicht auf eine gesicherte Zukunft. Kurz und gut, mit vollem Recht dürfen wir sagen, daß die herrschende Klasse, die Arbeiterklasse, im Bündnis mit den Bauern, der Intelligenz und allen Werktätigen eine Gesellschaft gestaltet hat, die sich sehen lassen kann."[33]

Die Vorzüge des Sozialismus, die objektiv existieren und sich historisch in der Systemauseinandersetzung entfalten, müssen durch eine zielstrebige Politik in der Praxis genutzt werden, um zur Grundlage starker und dauerhafter Triebkräfte sozialer Aktivität zu werden.[34]

Gesellschaftliche Triebkräfte sind all jene Faktoren und Beziehungen der gesellschaftlichen Realität, die das Handeln der Menschen, Kollektive, Klassen, Völ-

---

[33] Bericht des Zentralkomitees der Sozialistischen Einheitspartei Deutschlands an den XI. Parteitag der SED, S. 6 f.

[34] Zu den Vorzügen des Sozialismus vgl. Kap. 5.4. des vorliegenden Lehrbuches.

ker und Nationen verursachen, aktivieren und stimulieren, in eine bestimmte Richtung lenken und damit geschichtliche Veränderungen bewirken. Jene Faktoren und Beziehungen werden dann zu *Triebkräften,* wenn sie sich als *Interessen* darstellen. Die These von F. Engels: „Die ökonomischen Verhältnisse einer gegebenen Gesellschaft stellen sich zunächst dar als *Interessen*"[35] ist der methodische Schlüssel, um die Triebkraftrolle nicht nur der Produktionsverhältnisse, sondern beliebiger gesellschaftlicher Erscheinungen, sofern sie als Interessen auftreten, zu verstehen. Dem ist hinzuzufügen: Es liegt in der Natur der sozialistischen Gesellschaftsordnung, daß die ihr entsprechenden Initiativen des Individuums oder des Kollektivs der Orientierung bedürfen, und zwar nicht nur durch persönliche oder kollektive, sondern auch durch gesellschaftliche Interessen. Diese Orientierung wird durch die marxistisch-leninistische Partei und den sozialistischen Staat vermittelt. Dabei besteht die Funktion der Triebkräfte im Sozialismus gerade darin, diesen Zusammenhang zwischen individuellen, kollektiven und gesellschaftlichen Interessen herzustellen. Der Sozialismus ersetzt die kapitalistische Konkurrenz durch die Assoziation, das Handeln für gemeinsame Zwecke. Es erweisen sich gerade solche Faktoren und Zusammenhänge als Triebkräfte, die die gesellschaftliche Aktivität der Werktätigen und ihrer Kollektive zunehmend zu einem einheitlichen, planmäßigen Handeln vereinigen, welches bewußt auf die Realisierung gesamtgesellschaftlicher Ziele gerichtet ist. Damit unterscheiden sich Triebkräfte des Sozialismus in ihrer Gesamtheit grundlegend von denen des Kapitalismus, die die Menschen trennen, statt zu vereinen, und sind ihnen historisch überlegen. Anstelle des Profits, der kapitalistischen Konkurrenz, sozialer Unsicherheit und Existenzangst bringt der Sozialismus solche Triebkräfte hervor wie die Übereinstimmung der grundlegenden Interessen aller Klassen und Schichten, der gesellschaftlichen, kollektiven und individuellen Interessen, das planmäßige und solidarische Zusammenwirken der Produzenten, den sozialistischen Wettbewerb, die sozialistische Ideologie und die Bewußtheit des Handelns, die soziale Sicherheit, die Verwirklichung humanistischer Ziele u. a. m.

Die Wirkung sozialistischer Triebkräfte ist an zwei wesentliche Bedingungen gebunden. Ihre zunehmende Entfaltung in qualitativer und quantitativer Hinsicht verlangt, daß die marxistisch-leninistische Partei und der sozialistische Staat das Wesen dieser Triebkräfte *erkennen* und sie in der Leitung und Planung der gesellschaftlichen Entwicklung *bewußt ausnutzen* und stimulieren. Die SED wirkt für die Freisetzung der Triebkräfte, indem sie

– ausgehend von den objektiven Gesetzen der gesellschaftlichen Entwicklung und den inneren und äußeren Bedingungen ihrer Wirkung durch die Anwendung des Marxismus-Leninismus eine richtige Gesellschafts- und Wirtschaftsstrategie ausarbeitet und die Massen für ihre Verwirklichung mobilisiert;

– die gesamte Politik auf die Verwirklichung des Sinns des Sozialismus, auf die Durchsetzung der Interessen der Arbeiterklasse und aller Werktätigen richtet;

35 F. Engels, Zur Wohnungsfrage, in: K. Marx/F. Engels, Werke, Bd. 18, S. 274.

– auf diese Weise das Vertrauensverhältnis zwischen Partei und Volk als wichtige politische Triebkraft ständig festigt und zur Grundlage für die Wirksamkeit aller anderen politischen und ideologischen Triebkräfte macht.

Die Partei gibt den Werktätigen eine Orientierung und weckt zugleich deren Vertrauen in die eigene Kraft. Denn die Triebkräfte zeitigen dann den gewünschten Effekt, wenn auch die Massen der Werktätigen ein richtiges Verständnis der grundlegenden Zusammenhänge ihrer individuellen und kollektiven Interessen besitzen.

Die Politik hat sich in der Führung der gesellschaftlichen Entwicklung vor allem im Vermögen zu bewähren, ständig die Interessen aller Klassen, Schichten und sozialen Gruppen mit den gesamtgesellschaftlichen Interessen in Einklang zu bringen. Die Triebkräfte der sozialistischen Gesellschaft wirken um so nachhaltiger, je höher das sozialistische Bewußtsein der Werktätigen entwickelt ist, je besser die objektiven Interessen der Individuen, der Kollektive und der Gesellschaft in ihrer wechselseitigen Verflechtung verstanden werden. Darin liegt der große Vorzug dieser qualitativ neuen Triebkräfte, die im Prinzip unbegrenzt entwicklungsfähig sind, aber darin liegt auch die Schwierigkeit ihrer Ausnutzung und Entfaltung.

Triebkräfte des Sozialismus existieren nicht unabhängig von historischen und nationalen Bedingungen; sie sind *Resultat* und in einem gewissen Sinne auch *Inhalt der praktischen Lebenstätigkeit der Werktätigen.* Es sind jeweils konkrete Erfahrungen, Errungenschaften und Erfordernisse, aus denen Motive für beharrliches Arbeiten, für Initiative und Schöpfertum bei der Gestaltung des entwickelten Sozialismus erwachsen.

Kontrollfragen zu Kapitel 10

1. Weshalb ist die Gestaltung der entwickelten sozialistischen Gesellschaft ein Prozeß tiefgehender revolutionärer Wandlungen?

2. Wie hat das Programm der SED seine geschichtliche Bewährungsprobe bestanden?

3. Wodurch wird der qualitativ neue Abschnitt der weiteren Gestaltung der entwickelten sozialistischen Gesellschaft in der DDR nach dem XI. Parteitag der SED charakterisiert?

4. Warum ist die Einheit von Wirtschafts- und Sozialpolitik das Kernstück der Gesellschaftsstrategie der SED und unser Hauptkampffeld?

11. Das sozialistische Weltsystem

Im Verlaufe des von der Großen Sozialistischen Oktoberrevolution eingeleiteten Übergangs vom Kapitalismus zum Sozialismus entwickelte sich die neue, sozialistische Gesellschaftsordnung nicht nur im Rahmen einzelner Länder, sondern auch als ein Weltsystem, in dem sich ein historisch neuer Typ internationaler Beziehungen herauszubilden begann. Eingeordnet in diesen Prozeß ist ebenfalls die Veränderung der Grundlagen, des Inhalts und der Formen des nationalen Lebens, die zur Herausbildung qualitativ neuer Beziehungen zwischen den Nationen führt.

Die Entwicklung des sozialistischen Weltsystems, dem heute 15 Länder auf drei Kontinenten angehören, wird vor allem durch die innere Entwicklung dieser Länder, aber auch und in wachsendem Maße durch die Zusammenarbeit und Annäherung zwischen ihnen bestimmt. Die Politik der führenden marxistisch-leninistischen Parteien dieser Länder ist auch angesichts des Wettstreits beider Gesellschaftssysteme vor die Aufgabe gestellt, umfassend konzeptionell und praktisch zu berücksichtigen, „welche Bedeutung der Entwicklung und dem Ausbau der Beziehungen und der Zusammenarbeit zwischen allen Ländern des sozialistischen Weltsystems zukommt. Das entspricht den Interessen jedes von ihnen, dient der Festigung der Positionen des Sozialismus im Weltmaßstab und der Erhaltung des Friedens".[1]

---

1 E. Honecker, Die Aufgaben der Parteiorganisationen bei der weiteren Verwirklichung der Beschlüsse des XI. Parteitages der SED, Berlin 1987, S. 19.

11.1. Grundlagen, Wesen und Gesetzmäßigkeiten der Entwicklung des sozialistischen Weltsystems

Wichtigste Errungenschaft der internationalen Arbeiterklasse

Das sozialistische Weltsystem freier und brüderlich verbundener Völker ist das gesetzmäßige Ergebnis des Kampfes der internationalen Arbeiterklasse für die Verwirklichung ihrer welthistorischen Mission. Es verkörpert heute die neue, sozialistische Gesellschaftsordnung in ihrer staatlich organisierten internationalen Form. Es ist die größte Errungenschaft des Ringens der Arbeiterklasse und ihrer Verbündeten für den gesellschaftlichen Fortschritt seit der Großen Sozialistischen Oktoberrevolution. Die Klassiker des Marxismus-Leninismus betonten den internationalen, völkerverbindenden Charakter der von der Arbeiterklasse zu errichtenden Gesellschaft, den engen Zusammenhang von sozialer und nationaler Befreiung und die Notwendigkeit eines internationalen Bündnisses der den Sozialismus aufbauenden Völker. Die Begründer des wissenschaftlichen Sozialismus gingen auch in dieser Frage von einem konsequent dialektisch-materialistischen Standpunkt aus: „Damit die Völker sich wirklich vereinigen können, muß ihr Interesse ein gemeinschaftliches sein. Damit ihr Interesse gemeinschaftlich sein könne, müssen die jetzigen Eigentumsverhältnisse abgeschafft sein, denn die jetzigen Eigentumsverhältnisse bedingen die Exploitation der Völker unter sich ..."[2] Es war vor allem W. I. Lenin, der auf der Grundlage seiner Imperialismus- und Revolutionstheorie die Wege zur schrittweisen Formierung einer neuen Gemeinschaft der Völker in allgemeinen Zügen umriß.[3] In den vergangenen Jahrzehnten mußte die Arbeiterklasse unter Führung ihrer marxistisch-leninistischen Partei gerade bei der Entwicklung der Zusammenarbeit zwischen den sozialistischen Staaten historisch völlig neue und komplizierte Probleme bewältigen und viele Erfahrungen sammeln.

Die Herausbildung und Entwicklung des sozialistischen Weltsystems vollzog sich bisher in unserer Epoche in mehreren großen Etappen:

In einer ersten Etappe (1917–1945) entstand der Sozialismus als Gesellschaftsordnung; ein Sechstel der Erde wurde dem Herrschaftsbereich des Imperialismus entzogen. Beim Aufbau des Sozialismus in der UdSSR wurden erstmalig – in den Beziehungen zwischen den mehr als 100 Nationen und Völkerschaften dieses Landes – entscheidende Erfahrungen hinsichtlich der Regelung von Beziehungen zwischen den vom Imperialismus befreiten Völkern gesammelt. Sowohl in der Gemeinschaft der Sowjetrepubliken als auch in der Zusammenarbeit zwischen der UdSSR und der Mongolischen Volksrepublik, die nach einer antifeudalen und antiimperialistischen Volksrevolution (1921) den nichtkapitalistischen Ent-

---

2 K. Marx/F. Engels, Reden über Polen, in: Werke, Bd. 4, S. 416.
3 Vgl. W. I. Lenin, Ursprünglicher Entwurf der Thesen zur nationalen und zur kolonialen Frage, in: Werke, Bd. 31, S. 132 ff.

wicklungsweg zum Sozialismus einschlug, begann sich ein neuer Typ zwischennationaler Beziehungen zu formieren. Somit wurde in dieser Zeit das Fundament für die künftige Herausbildung des Sozialismus als ein internationales Staatensystem und damit für das sozialistische Weltsystem gelegt.

In einer weiteren Etappe (1945–1949) begann im Zusammenhang mit dem Sieg sozialistischer Revolutionen in Europa und Asien, mit dem Hinaustreten des Sozialismus über den Rahmen eines Landes der Prozeß der Herausbildung des sozialistischen Weltsystems als eines internationalen Systems souveräner sozialistischer Staaten. Unter den Bedingungen der damaligen Verschärfung des internationalen Klassenkampfes und des einsetzenden „kalten Krieges" bildete sich durch den Abschluß zumeist bilateraler Verträge über Freundschaft, Zusammenarbeit und gegenseitigen Beistand zwischen der Mehrzahl der sozialistischen Länder ein anfangs vorwiegend politisches und militärisches Bündnis heraus. Im Rahmen der sich anbahnenden Zusammenarbeit auf wichtigen Gebieten des gesellschaftlichen Lebens formierten sich schrittweise ökonomische Beziehungen – zunächst vorrangig in Gestalt wirtschaftlicher Hilfeleistungen und des Warenaustausches auf zweiseitiger Basis. Die Schaffung des Rates für Gegenseitige Wirtschaftshilfe (RGW, 1949) durch europäische sozialistische Staaten (die DDR wurde 1950 Mitglied) gab einen wesentlichen Anstoß für die Entwicklung multilateraler Wirtschaftsbeziehungen.

In einer folgenden Etappe (1949/50–Ende der 60er Jahre) bildeten sich höhere Formen der politischen, wirtschaftlichen und militärischen Zusammenarbeit vor allem zwischen sozialistischen Staaten Europas heraus. Das fand seinen Ausdruck im Abschluß des Warschauer Vertrages über Freundschaft, Zusammenarbeit und gegenseitigen Beistand (1955). Durch die Koordinierung wichtiger außen- und sicherheitspolitischer Aktivitäten gelang es, die imperialistische Politik des „Eindämmens" und des „rollback" und in deren Rahmen eine Reihe konterrevolutionärer Anschläge (z. B. 1953 gegen die DDR, 1956 gegen Ungarn, 1968 gegen die ČSSR) erfolgreich abzuwehren. Von großer Bedeutung waren die Niederlage der imperialistischen Aggression gegen die Koreanische Demokratische Volksrepublik, die siegreiche Revolution auf Kuba, die 1960/61 sozialistischen Charakter annahm und mit der der Sozialismus auf dem amerikanischen Kontinent Fuß faßte, sowie die Verteidigung dieser Revolution und des Weltfriedens während der vom US-amerikanischen Imperialismus hervorgerufenen Krise im karibischen Raum (1962).

In einer weiteren, bis in die Gegenwart reichenden Etappe (seit Anfang der 70er Jahre) kam es zu neuen Schritten der Zusammenarbeit, des Erfahrungsaustausches und der Annäherung durch den Übergang zur schrittweisen ökonomischen Integration im Bereich der RGW-Länder. Von Bedeutung sind in diesem Zeitraum der Sieg der Völker Indochinas über die amerikanischen Aggressoren und die Schaffung der Sozialistischen Republik Vietnam (1975) sowie die völkerrechtliche Verankerung der Ergebnisse des zweiten Weltkrieges und der Nachkriegsordnung in Europa (Helsinki 1975).

Anfang der 80er Jahre verstärkten die sozialistischen Länder ihren Kampf um die Formierung einer weltweiten Koalition der Vernunft und des Realismus zur Abwehr der Gefahr einer nuklearen Katastrophe. Bedeutsam ist, daß wichtige Schritte getan wurden, um einige komplizierte Entwicklungsprobleme des sozialistischen Weltsystems, die sich um die Beziehungen der Mehrheit der sozialistischen Länder zur Volksrepublik China konzentrierten, schrittweise zu lösen.

Das Programm der KPdSU faßt die Ergebnisse dieser Entwicklung zusammen: „Die Entstehung des sozialistischen Weltsystems, die Herausbildung und Festigung der sozialistischen Staatengemeinschaft führten zu einer *grundlegenden Veränderung des internationalen Kräfteverhältnisses* zugunsten der Völker, die für sozialen Fortschritt, Demokratie, nationale Freiheit und Frieden kämpfen. Die sozialistische Gemeinschaft ist heute eine Kraft mit höchster Autorität, ohne die keine einzige Frage der Weltpolitik gelöst werden kann; sie ist ein sicheres Bollwerk des Friedens auf der Erde, der konsequenteste Verteidiger gesunder, friedlicher, demokratischer Grundlagen in den internationalen Beziehungen, ist das Haupthindernis auf dem Wege der imperialistischen Reaktion."[4]

Das *sozialistische Weltsystem* – das ist die Gesamtheit souveräner Staaten, die im Ergebnis einer siegreichen sozialistischen Revolution den Weg des Sozialismus eingeschlagen haben. Diese Länder sind *objektiv miteinander verbunden* durch
– die Gleichartigkeit ihrer politischen Ordnung, für die die Herrschaft der Arbeiterklasse im Bündnis mit den anderen Werktätigen und die führende Rolle der marxistisch-leninistischen Partei kennzeichnend sind;
– die Gleichartigkeit der in ihnen herrschenden Produktionsverhältnisse, für die das gesellschaftliche Eigentum an den Produktionsmitteln charakteristisch ist;
– grundlegende gemeinsame Interessen und Ziele ihrer Völker, in deren Mittelpunkt Frieden, nationale Unabhängigkeit und Sozialismus stehen;
– den Marxismus-Leninismus als herrschende Ideologie und theoretische Grundlage der Führung der Gesellschaft. Sie entwickeln sich gesetzmäßig in Richtung einer zukünftigen Weltgemeinschaft freier und gleichberechtigter Völker.

Das sozialistische Weltsystem umfaßt Mitte der 80er Jahre *ca. 33% der Weltbevölkerung* und *über 26% des Territoriums der Erde.* Sein *Anteil an der Weltindustrieproduktion,* der 1950 etwa bei 20% lag, beträgt heute *rund 40%.* Allein die Mitgliedsländer des RGW produzieren mit einem Zehntel der Weltbevölkerung ein Drittel der Weltindustrieproduktion und rund 25% des in der Welt geschaffenen Nationaleinkommens. Das Werden und Erstarken des Sozialismus als eine internationale Gemeinschaft ist ein *historisch langfristiger, widerspruchsvoller und vielschichtiger Prozeß,* der viele neue Probleme auch der *politischen Führungstätigkeit* der marxistisch-leninistischen Parteien und der staatlichen Tätigkeit aufwirft, auf die nicht schematisch die Formen und Methoden der Führung und Leitung der inneren Entwicklung der sozialistischen Länder übertragen werden können. (Abbildung 7)

Das sozialistische Weltsystem hat sich in seiner bisherigen Geschichte, in wenigen Jahrzehnten, unter komplizierten Bedingungen und in schweren Auseinandersetzungen mit dem Imperialismus und auch in zum Teil dramatischen inneren Konflikten durchgesetzt und große historische Leistungen für den Menschheitsfortschritt erbracht. Diese bestehen vor allem im Beitrag zur Sicherung des Friedens, im unermüdlichen Kampf für die Durchsetzung der friedlichen Koexistenz, für einen neuen Typ von internationalen Beziehungen, in der Schaffung sozialer Errungenschaften und ethischer Grundwerte, in der Entwicklung einer neuen

---

4 Programm der KPdSU. Neufassung, in: XXVII. Parteitag der KPdSU. Dokumente, Moskau 1986, S. 18.

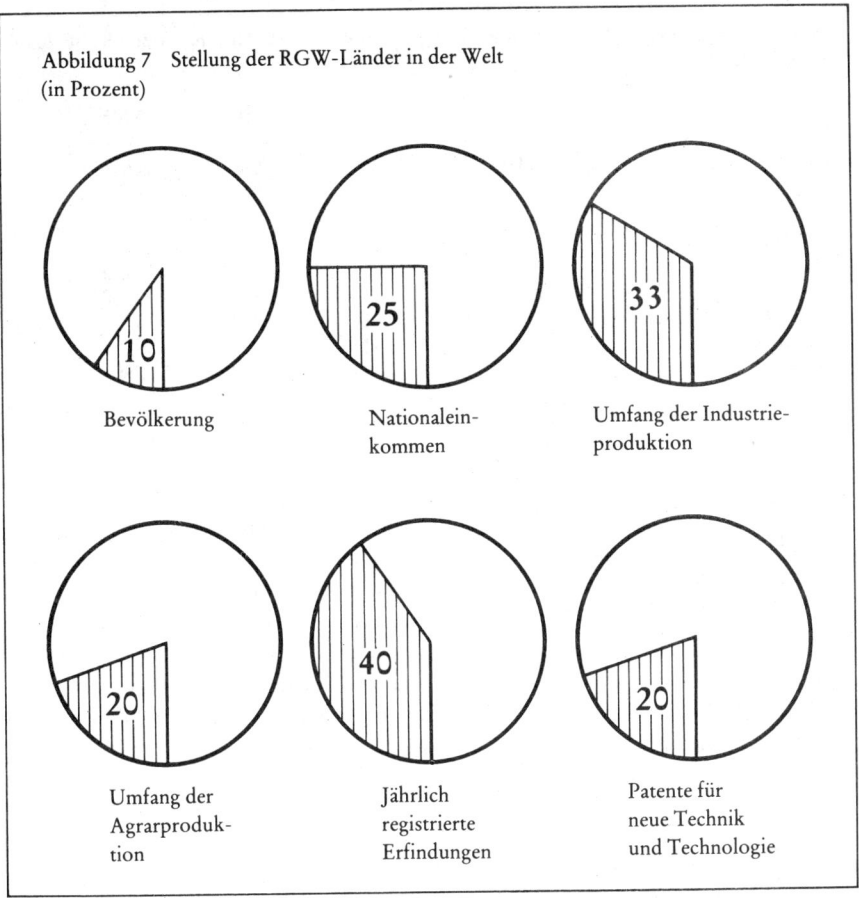

Abbildung 7   Stellung der RGW-Länder in der Welt
(in Prozent)

10
Bevölkerung

25
Nationalein-
kommen

33
Umfang der Industrie-
produktion

20
Umfang der
Agrarproduk-
tion

40
Jährlich
registrierte
Erfindungen

20
Patente für
neue Technik
und Technologie

Stufe des gesellschaftlichen Fortschritts. Das alles geschah – und geschieht – unter Bedingungen, die dadurch gekennzeichnet sind, daß das sozialistische Weltsystem offensichtlich auf lange Zeit eine große *innere Differenziertheit* aufweist. Das betrifft die sozialökonomischen Ausgangspositionen zu Beginn des sozialistischen Aufbaus und ihre Fernwirkungen, die unterschiedlichen Zeitpunkte des Übergangs der einzelnen Länder zum Sozialismus, den heutigen Entwicklungsstand der einzelnen Länder (insbesondere der materiell-technischen Basis als der entscheidenden Existenzgrundlage des Sozialismus), den Stand der Internationalisierung des ökonomischen und gesellschaftlichen Lebens in den einzelnen Ländern und Regionen, geographische, demographische u. ä. Aspekte, den Grad der Erkenntnis neuer gesellschaftlicher Erfordernisse und ihrer Umsetzung in eine den konkreten Bedingungen entsprechende Politik usw.

Tabelle 18   Erzeugung von Elektroenergie pro Kopf der Bevölkerung in den RGW-Ländern

	1960	1970	1980	1985
Bulgarien	592	2298	3931	4646
DDR	2338	3966	5904	6839
Kuba	—	572	1018	1208
Mongolei	112	439	942	1475
Polen	987	1984	3426	3702
Rumänien	416	1733	3040	3160
Tschechoslowakei	1791	3151	4750	5202
UdSSR	1364	3052	4873	5564
Ungarn	763	1408	2229	2508
Vietnam	—	—	68	87

Zu den *Besonderheiten der Formierung des sozialistischen Weltsystems* gehört, daß unter den Bedingungen der Ungleichmäßigkeit der ökonomischen und politischen Entwicklung der kapitalistischen Länder sich auch der Übergang zum Sozialismus sehr ungleichmäßig vollzog. So mußte das erste sozialistische Land, die UdSSR, sich lange Zeit in einer kapitalistischen Umkreisung entwickeln und allein – ohne sich auf die Hilfe der staatlich organisierten Arbeiterklasse anderer Länder stützen zu können – *Pionierarbeit* für die nationale und soziale Befreiung und auch für die künftige Entwicklung der sozialistischen Gemeinschaft leisten. Die Errichtung des ersten sozialistischen Staates, der unter großen Opfern errungene Sieg über den Faschismus, die friedlichen Heldentaten im Kosmos, die Herstellung und Sicherung des militärstrategischen Gleichgewichts – all das und die umfangreiche Hilfe durch das Sowjetland begünstigten die Entwicklung anderer Länder des sozialistischen Weltsystems. Ausgehend vom Bündnis mit der Sowjetunion, das für die deutschen Kommunisten seit eh und je eine prinzipielle Frage des Klassenstandpunktes war, entwickelten sich die unverbrüchliche Kampfgemeinschaft, die umfassende Zusammenarbeit zwischen SED und KPdSU, zwischen der DDR und der UdSSR.[5]

Die Differenziertheit spiegelt sich auch darin wider, daß auf Grund objektiver historischer Faktoren, aber auch infolge subjektiver Momente die Beziehungen zwischen den sozialistischen Ländern und zwischen den führenden marxistisch-leninistischen Parteien unterschiedlich ausgeprägt sind. So sind im Rahmen der *sozialistischen Staatengemeinschaft,* der heute die Mehrzahl der sozialistischen Länder angehört, die zumeist im Rat für Gegenseitige Wirtschaftshilfe und in der Organisation des Warschauer Vertrages zusammenarbeiten, besonders intensive Wechselbeziehungen entstanden; hier hat sich der neue, sozialistische Typ internationaler Beziehungen am weitesten entwickelt. Die Länder der sozialistischen Ge-

5 Vgl. Programm der Sozialistischen Einheitspartei Deutschlands, Berlin 1976, S. 9, 70.

meinschaft, darunter die DDR, orientieren sich grundsätzlich und im Interesse der Friedenssicherung und der Entfaltung der Vorzüge des Sozialismus darauf, die Beziehungen und die Zusammenarbeit zwischen *allen Ländern* des sozialistischen Weltsystems zu entwickeln und auszubauen.

Von wesentlicher Auswirkung auf Dauer und Tempo sowie Wege, Methoden und Formen der Formierung des sozialistischen Weltsystems war auch die Tatsache, daß unter den heutigen sozialistischen Ländern nur die ČSSR und die DDR zu Beginn der sozialistischen Revolution entwickelte Industrieländer waren; andere waren Agrarländer mit gering entwickelter Industrie (wie die UdSSR, die Ungarische Volksrepublik und die Volksrepublik Polen), Agrarländer (wie die Volksrepublik Bulgarien und die Sozialistische Republik Rumänien) bzw. solche Länder, die eben erst das feudale und koloniale bzw. halbkoloniale Joch beseitigt hatten (wie die Volksrepublik China, die Sozialistische Republik Vietnam u. a.). Die *historisch ererbten Unterschiede im sozialökonomischen Entwicklungsniveau* können nur schrittweise und in einem langen Prozeß überwunden werden. So vollzog sich zum Beispiel seit 1949 innerhalb der europäischen RGW-Länder die Niveauannäherung im Nationaleinkommen je Kopf der Bevölkerung von 1:3 auf 1:1,5 und in der Industrieproduktion von 1:5 auf 1:1,6. Andererseits beträgt das Verhältnis im Pro-Kopf-Nationaleinkommen zwischen solchen Ländergruppen wie der DDR und der ČSSR einerseits und der VR China und der SRV andererseits etwa 5:1. Die das sozialistische Weltsystem bildenden Länder befinden sich heute in *unterschiedlichen Etappen* ihrer Entwicklung: von der Übergangsperiode von kapitalistischen und teilweise vorkapitalistischen Verhältnissen bis hin zur Gestaltung der entwickelten sozialistischen Gesellschaft. Keinen geringen Einfluß hatte auch der Tatbestand, daß die meisten zum sozialistischen Weltsystem gehörenden Länder den sozialistischen Entwicklungsweg unter Bedingungen großer Kriegszerstörungen einschlugen und einige von ihnen im Verlaufe ihrer Entwicklung Objekt imperialistischer militärischer Aggressionen bzw. konterrevolutionärer Anschläge waren, so z. B. die KVDR (von 1950–1953) und die SRV (bis 1975). Insgesamt erfolgte der Formierungsprozeß unter ständigen Versuchen des Imperialismus, durch politischen und ökonomischen Druck, ideologische Diversion und militärische Bedrohung die Entwicklung des Sozialismus aufzuhalten bzw. zurückzudrängen. Die *imperialistische Politik* richtete bedeutenden Schaden an und zwang die sozialistischen Länder, für den Schutz und die Verteidigung des Sozialismus und des Weltfriedens umfangreiche Mittel aufzubringen, die damit der unmittelbaren Lösung der anspruchsvollen wirtschaftlichen und sozialpolitischen Aufgaben entzogen wurden.

Entwicklungstendenzen des sozialistischen Weltsystems Mit der Herausbildung des sozialistischen Weltsystems erweitern sich die *Dimensionen der Verwirklichung der welthistorischen Mission der Arbeiterklasse* und der Führungstätigkeit ihrer marxistisch-leninistischen Partei. Der in den objektiven Erfordernissen der modernen Produktivkräfte und ihrer wachsenden Internationalisierung letztendlich begründete Prozeß des internationalen Zusammenschlusses der Völker zur Beherrschung ihrer eigenen Existenz- und Entwicklungsbedingungen erreicht eine neue Stufe. Eine solche tiefgreifende Umwälzung aller nationalen und internationalen Verhältnisse im Sinne des historischen Fortschritts und im Interesse und zum Wohle des werktätigen Menschen kann nur von einer Klasse geleitet und organisiert werden, die nicht von der Aneignung fremder, unbezahlter Arbeit anderer Klassen und Völker lebt. Es ist die Arbeiterklasse, die sich auf der Grundlage eigener, gemeinsamer oder – im Sozialismus – unmittelbar vergesellschafteter Arbeit entwickelt und die – geführt von ihrer politischen Vorhut – die Fähigkeit entfaltet, auf dieser ökonomischen Grundlage alle Werktätigen des eigenen Landes im Ringen um den gesellschaftlichen Fortschritt zu vereinigen.[6] Durch die schöpferische Tätigkeit der Arbeiterklasse und ihrer Verbündeten setzt sich dieser Prozeß – wie die Klassiker des Marxismus-Leninismus voraussahen – nach der sozialistischen Revolution in mehreren Ländern in einem internationalen Bündnis sozialistischer Staaten, das für die Existenz eines jeden von ihnen lebensnotwendig ist, fort. So bildet sich der Sozialismus als ein in sich differenziertes internationales System, als Weltsystem heraus. Sowohl in der Systemauseinandersetzung mit dem Imperialismus als auch zur allseitigen Entfaltung der Vorzüge des Sozialismus und im Blick auf die künftige internationale Gemeinschaft freier Völker erwies und erweist sich die Vereinigung der Kräfte der sozialistischen Länder bei der Gestaltung der neuen Gesellschaft als eine entscheidende objektive Entwicklungsbedingung eines jeden sozialistischen Staates.

Die Festigung der *Einheit der sozialistischen Länder* in Gestalt des sozialistischen Weltsystems, die eine *Einheit in der Mannigfaltigkeit* ist, die Analyse des erreichten konkret-historischen *Entwicklungsstandes,* die Bestimmung der *effektivsten Formen der Beziehungen* zwischen den sozialistischen Ländern – das ist ein ständiges Problem der Führungstätigkeit der marxistisch-leninistischen Parteien, dessen Lösung eine hohe Verantwortung vor dem eigenen Volk und vor den gemeinsamen Interessen der sozialistischen Länder erfordert.

Die Einheit der sozialistischen Länder trägt *objektiven* Charakter. Im Prozeß der sozialistischen Revolution und des sozialistischen Aufbaus in mehreren Ländern bilden sich qualitativ bestimmte Interessen sowohl jedes einzelnen sozialistischen Landes als auch der ganzen Gemeinschaft, objektive gegenseitige Abhängigkeiten heraus, die immer deutlicher zutage treten und den Parteien und Regierungen unter dem Einfluß der Ergebnisse der wissenschaftlichen Analyse und der gesammelten Erfahrungen immer mehr bewußt werden. Diese *objektiven Grundlagen,* diese *auf verstärktes Zusammenwirken drängenden Faktoren* sind:

– der seinem sozialökonomischen Wesen nach *gleiche Typ der Gesellschaftsordnung,* den die Völker in allen sozialistischen Ländern gestalten, und die daraus resultie-

---

6 Vgl. F. Engels, Das Fest der Nationen in London, in: K. Marx/F. Engels, Werke, Bd. 2, S. 613f.

rende Gleichartigkeit der wesentlichen politischen, ökonomischen, sozialen und geistig-kulturellen Merkmale der neuen Gesellschaft, die jeweils in einer konkreten historischen und nationalen Spezifik auftreten. Diese Merkmale sind Ausdruck der wesensgleichen allgemeinen Gesetzmäßigkeiten der sozialistischen Revolution und des sozialistischen Aufbaus;[7]
– die sich schrittweise herausbildenden politischen, ökonomischen und kulturell-geistigen *Wechselbeziehungen zwischen den sozialistischen Ländern,* die mit der fortschreitenden Internationalisierung der Produktivkräfte und der internationalen sozialistischen Arbeitsteilung unter den Bedingungen des gesellschaftlichen Eigentums an den Produktionsmitteln und der politischen Herrschaft der Arbeiterklasse und ihrer Verbündeten neue, formationsspezifisch bestimmte Erfordernisse auf dem Gebiet der internationalen, zwischenstaatlichen bzw. zwischennationalen Verhältnisse im sozialistischen Weltsystem hervorbringen;
– die ökonomische, politische und ideologische Auseinandersetzung zwischen Sozialismus und Imperialismus, die heute den Charakter einer umfassenden *Systemauseinandersetzung* angenommen hat. Das schließt für den Sozialismus das *Erfordernis* ein, die Entfaltung seiner Vorzüge in den einzelnen sozialistischen Ländern mit der Vereinigung und Koordinierung der Kräfte und Aktionen auf internationalem Gebiet zu verbinden, um damit einen effektiven Beitrag im Kampf für Frieden und internationale Sicherheit und zur Verteidigung des Sozialismus zu leisten.

Somit bringen die sozialistischen Verhältnisse in jedem Land und die Entwicklungsbedingungen des Sozialismus in der heutigen Welt das *objektive Interesse und Erfordernis* nach Herstellung und Festigung eines neuen Typs internationaler Beziehungen, nach einer engen und allseitigen Zusammenarbeit der sozialistischen Länder hervor. Wie die Erfahrungen und Lehren der letzten Jahrzehnte deutlich machen, entwickeln sich diese neuen zwischenstaatlichen Beziehungen, die Beziehungen zwischen den sozialistischen Völkern und Nationen weder im Selbstlauf noch nach einem allgemeingültigen Schema. Umfangreiche Erfahrungen mußten bisher gesammelt, manches Lehrgeld mußte gezahlt und manche Fehler, Einseitigkeiten, Vorbehalte und Irrtümer müssen überwunden werden, um die zweckentsprechenden Formen und Methoden bei der Lösung von Problemen zu finden, die in der Geschichte der Menschheit bisher ohne Beispiel waren.

Charakteristisch für das sozialistische Weltsystem und seine allmähliche Formierung als eine neue internationale Gemeinschaft ist, daß es sich um eine sich historisch entwickelnde und in vielfältigen Unterschieden und Formen entfaltende Erscheinung handelt, deren innere Einheit und deren Wechselbeziehungen *objektiv determiniert* sind und durch *subjektive Faktoren realisiert und beeinflußt* werden. Zwei Aspekte sind für die *politische Führungstätigkeit* von Bedeutung.

Zum *ersten* setzt sich das sozialistische Weltsystem aus souveränen, unabhängigen Staaten mit eigenständiger Volkswirtschaft, eigenständigem politischen Sy-

---

7 Vgl. Kap. 9.2. und 10.1. des vorliegenden Lehrbuches.

stem und gesellschaftlichem Leben sowie kulturell-geistigem Profil zusammen, in denen die historischen Besonderheiten und die nationale Spezifik zum Ausdruck kommen. Diese Mannigfaltigkeit und Differenziertheit der Bedingungen und Aufgaben in ökonomischer, politischer, geistig-kultureller, geographischer, demographischer u. a. Hinsicht steht nicht im Gegensatz zur Zusammenarbeit, Annäherung und Festigung der Einheit der sozialistischen Länder. Wie die Erfahrungen der sozialistischen Staatengemeinschaft, der engen Zusammenarbeit zwischen der DDR, der UdSSR und den anderen Bruderländern belegen, ist es erforderlich, daß jedes Land entsprechend seinen konkreten Bedingungen einen schöpferischen und eigenständigen Beitrag zur Umsetzung der gemeinsamen Grundpositionen leistet. Das bedeutet auch, daß die Potenzen, Möglichkeiten und Voraussetzungen für die internationale Zusammenarbeit der sozialistischen Länder in entscheidendem Maße durch *innere* landes- bzw. nationalspezifische ökonomische, politische und ideologische Faktoren, durch den dementsprechenden Grad der Interessiertheit an bestimmten gemeinsamen Maßnahmen und Schritten bestimmt werden und deshalb auch Unterschiede im Herangehen an dieses oder jenes Problem vorhanden sind. Daraus ergibt sich auch die Schlußfolgerung, daß der wichtigste – wenn auch nicht einzige – Beitrag einer Partei und eines Landes zur Stärkung und Entwicklung des sozialistischen Weltsystems in der Gewährleistung einer stabilen und dynamischen sozialistischen Entwicklung des jeweiligen Landes und damit vor allem in einem auch in der internationalen Arena ins Gewicht fallenden Beitrag zur gemeinsamen sozialistischen Sache besteht.

Zum *zweiten* muß stets beachtet werden, daß die neuen internationalen, zwischenstaatlichen Beziehungen sozialistischer Art zu gesellschaftlichen Verhältnissen spezifischer Art gehören, die von Marx als *„Sekundäres und Tertiäres,* überhaupt *abgeleitete, übertragene,* nicht ursprüngliche Produktionsverhältnisse"[8] gekennzeichnet wurden. Das heißt, die Gesamtheit der internationalen, insbesondere zwischenstaatlichen Beziehungen muß durch eine spezifische internationale Politik, über spezifische Organisationen und Institutionen, unter Berücksichtigung von über die innerstaatlichen Bedingungen und Faktoren hinausgehenden Faktoren „vermittelt", realisiert werden. Die Gesetzmäßigkeiten der Entstehung und Entfaltung des sozialistischen Weltsystems weisen deshalb einen überaus komplizierten Durchsetzungsmechanismus auf, der sich von dem der Gesetzmäßigkeiten der inneren Entwicklung der sozialistischen Länder wesentlich unterscheidet.

Auch für die Politik der marxistisch-leninistischen Parteien der sozialistischen Länder zur Entwicklung des sozialistischen Weltsystems ist die Aufdeckung sowie die bewußte und planmäßige Ausnutzung der *objektiven Gesetzmäßigkeiten* von grundlegender Bedeutung. Der Sozialismus als erste Phase der kommunistischen Gesellschaftsformation entwickelt sich im nationalstaatlichen und im internationalen Maßstab auf der Grundlage objektiver Interessen und Erfordernisse. Die

---

8 K. Marx, Einleitung zur Kritik der Politischen Ökonomie, in: K. Marx/F. Engels, Werke, Bd. 13, S. 640.

bisher gesammelten Erfahrungen und ihre theoretische Verallgemeinerung führten zur Schlußfolgerung, daß der Entwicklung des sozialistischen Weltsystems zwei in enger Verbindung und Wechselwirkung stehende Gruppen (Arten) von Gesetzmäßigkeiten zugrunde liegen:

– die *allgemeinen Gesetzmäßigkeiten der sozialistischen Revolution und des sozialistischen Aufbaus,* der Herausbildung und Entwicklung der neuen Gesellschaftsordnung, die zuerst einmal im Rahmen der einzelnen souveränen, unabhängigen sozialistischen Länder in mannigfaltigen Formen wirken.[9] Im Ergebnis ihrer Durchsetzung entstehen mit fortschreitender Entwicklung der Gesellschaft immer mehr Gemeinsamkeiten auf wirtschaftlichem, politischem und sozialem Gebiet und in grundsätzlichen gesellschaftsstrategischen Orientierungen der führenden Parteien. Dieser Prozeß des Reifens der sozialistischen Produktionsweise im jeweiligen staatlichen Rahmen schafft auch wesentliche Voraussetzungen für *spezifische gesetzmäßige Prozesse und Zusammenhänge,* das heißt für eine neue Art von Wechselbeziehungen, die zwischen den Ländern des sozialistischen Weltsystems zu wirken beginnen.

– Diese *Entwicklungsgesetzmäßigkeiten des sozialistischen Weltsystems* als eines internationalen Systems, die letztendlich Ausdruck der internationalen Entfaltung der sozialistischen Vergesellschaftung von Produktion und Arbeit sind, bilden sich allmählich heraus. Auf Grund ihres spezifischen, sich aus der Dialektik von Nationalem und Internationalem ergebenden Charakters und Wirkungsmechanismus ist ihr *Tendenzcharakter* besonders ausgeprägt. Sie setzen sich in unterschiedlichem Tempo und unterschiedlichen Formen durch; die Qualität der Führungstätigkeit bei der Herstellung und Festigung der Zusammenarbeit zwischen den verschiedenen Bestandteilen des politischen Systems der einzelnen Länder spielt dabei eine besonders große Rolle. So sind die zwischenstaatlichen, Partei- u. a. Beziehungen zwischen den einzelnen Ländern, in den einzelnen Regionen des sozialistischen Weltsystems unterschiedlich entwickelt. Ein relativ hohes Niveau haben sie im Rahmen der sozialistischen Staatengemeinschaft erreicht.

Zu diesen Gesetzmäßigkeiten des sozialistischen Weltsystems gehören:
– die Internationalisierung des Wirtschafts- und des gesamten gesellschaftlichen Lebens auf der Grundlage der Entwicklung der modernen Produktivkräfte und ihrer wachsenden Vergesellschaftung;
– die führende Rolle der marxistisch-leninistischen Partei der Arbeiterklasse bei der Entwicklung der allseitigen Zusammenarbeit, bei der Gewährleistung der Einheit und Solidarität;[10]
– die Annäherung und die Entfaltung der sozialistischen Staaten und Nationen, ihre brüderliche Zusammenarbeit auf der Grundlage des sozialistischen Internationalismus;[11]

9 Vgl. Kap. 9.2. und 10.1. des vorliegenden Lehrbuches.
10 Vgl. Kap. 12.1. des vorliegenden Lehrbuches.
11 Vgl. Abschn. 11.2. und 11.3. dieses Kapitels.

– die internationale sozialistische Arbeitsteilung, die Entwicklung und Vertiefung der sozialistischen ökonomischen Integration und die schrittweise Herausbildung einer sozialistischen Weltwirtschaft;[12]

– ein stetiges und dynamisches Wachstum der sozialistischen Wirtschaft auf der Grundlage der Erhöhung der Effektivität der gesellschaftlichen Produktion mit dem Ziel der ständigen Verbesserung des materiellen und kulturellen Lebensniveaus der Völker;

– die schrittweise Angleichung des ökonomischen Entwicklungsniveaus;

– die gemeinsame Verteidigung des Sozialismus gegen Anschläge seiner inneren und äußeren Feinde.

11.2. Die Politik der marxistisch-leninistischen Parteien zur weiteren Entwicklung des sozialistischen Weltsystems

Dialektik von nationalen und internationalen Interessen Die marxistisch-leninistischen Parteien der sozialistischen Länder stehen vor der komplizierten Aufgabe, nicht nur die inneren, nationalen, landesspezifischen Bedingungen und Erfordernisse, die eigenen Traditionen, Erfahrungen und Bedürfnisse, die spezifischen, vor allem nationalen Interessen aufzudecken, zu erkennen und in der gesamten Politik zu berücksichtigen, sondern gleichermaßen die gemeinsamen, allgemeinen, internationalen, mehrere oder alle sozialistischen Länder betreffenden Interessen und Aufgaben. Das *Hauptproblem der Politik* besteht vor allem darin, die verschiedenen und mannigfaltigen, allgemeinen und spezifischen, internationalen und nationalen Interessen und daraus resultierende Aufgaben klassenmäßig richtig und immer effektiver miteinander zu verbinden. Das schließt auch ein, jene spezifischen – das heißt, die sich in der Regel von den in der Innenpolitik angewandten unterscheidenden – Mittel, Formen und Methoden zu finden und ständig weiterzuentwickeln, die der Lösung der internationalen Aufgaben am besten entsprechen.

Die Geschichte der Herausbildung des sozialistischen Weltsystems in den letzten Jahrzehnten macht deutlich, daß vielfältige und teilweise schmerzvolle Erfahrungen gesammelt werden mußten, um zu einem wissenschaftlichen, abgewogenen Verständnis der *komplizierten Interessendialektik* im sozialistischen Weltsystem und zu einer Politik zu gelangen, die bei der Gestaltung des Sozialismus die Interessen des eigenen Landes mit den Interessen der anderen sozialistischen Länder und denen der sozialistischen Gemeinschaft als Ganzes wirksam und auf demokratische Weise verbindet. Heute erweist sich die Bereitschaft und Fähigkeit der

---

12 Vgl. Lehrbuch Politische Ökonomie des Kapitalismus und des Sozialismus, Kap. 30.

Parteien und Regierungen zur Koordinierung der Interessen ihrer Länder als ein Schlüsselproblem erfolgreicher Innen- und Außenpolitik.

Die komplizierte und vielschichtige Interessendialektik innerhalb des sozialistischen Weltsystems spiegelt sich auch darin wider, daß in der Sprache von Wissenschaft und Politik unterschiedliche – wenn auch untrennbar miteinander verbundene – Begriffe gebraucht werden, um die verschiedenen Ebenen, Erscheinungsformen und Aspekte des dialektischen Wechselverhältnisses von Internationalem und Nationalem zum Ausdruck zu bringen und zur Ausarbeitung und Verwirklichung der politischen Strategie und Taktik zu nutzen. So widerspiegeln die Begriffe „National" und „International" in verallgemeinerter Form eine Gesamtheit gesellschaftlicher Erscheinungen unter dem Gesichtspunkt ihres *Zusammenhangs mit der inneren und äußeren Entwicklung von Nationen.* Zum anderen wird damit das internationale, sich aus der welthistorischen Mission der Arbeiterklasse und den allgemeingültigen Grundlagen und Merkmalen des Sozialismus ergebende *Wesen* dieser Gesellschaft und seine konkret-historische, unabdingbare *nationalstaatliche Entwicklungs- und Erscheinungsform* zum Ausdruck gebracht. Eine in politischer Hinsicht wesentliche Ebene ist die des Verhältnisses von *Allgemeinem, Besonderem und Einzelnem* im sozialistischen Weltsystem, die grundlegende Aspekte des Verhältnisses von Internationalem und Nationalem einschließt und in der Politik vor allem auch in der Dialektik von *gemeinsamen und (länder)spezifischen* Interessen ihre Widerspiegelung findet. Schrittweise entwickelt sich auch – insbesondere in der sozialistischen Staatengemeinschaft – die Dialektik *von Ganzem* (die Gemeinschaft als internationale Existenzform) *und Teil* (das jeweilige souveräne Land, das dieser Gemeinschaft auf freiwilliger Grundlage angehört).

Erstrangige Bedeutung für die weitere Entwicklung des sozialistischen Weltsystems – auch in der internationalen friedlichen Auseinandersetzung der Systeme – hat das tiefgründige Verständnis der Tatsache, daß nationale und internationale, gemeinsame und spezifische Interessen *objektiv bedingt* sind und sich *historisch entwickeln,* ihrem Wesen nach *Klasseninteressen* sind, sozialistischen Charakter tragen und in erster Linie in der Form *staatlicher* Interessen sozialistischer Länder wirken. Mit der Gestaltung der entwickelten sozialistischen Gesellschaft in einer Reihe sozialistischer Länder Europas zeigt sich sowohl eine zunehmende Gleichartigkeit in den grundlegenden Entwicklungsprozessen und Aufgaben als auch eine wachsende Vielfalt in den objektiven und subjektiven Bedingungen, unter denen im jeweiligen Land die Aufgaben gelöst werden müssen. Viele Aufgaben des sozialistischen Aufbaus besitzen infolge der Entwicklung der Produktivkräfte, der zunehmenden Internationalisierung der Systemauseinandersetzung sowie der daraus resultierenden Erfordernisse der politischen, ökonomischen, wissenschaftlich-technischen und kulturellen Zusammenarbeit zugleich nationale und internationale Aspekte. All diese und andere Faktoren bedingen die untrennbare Einheit, die Wechselwirkung und Verflechtung von Internationalem und Nationalem, von gemeinsamen und spezifischen Interessen. Auch die praktischen Erfahrungen belegen, daß jegliche Trennung, schematische Gegenüberstellung oder Überbetonung einer der Seiten dieser Einheit letztendlich sowohl negative Auswirkungen für die innere Entwicklung in einzelnen Ländern haben als auch der gemeinsamen Verantwortung des Sozialismus in der Systemauseinandersetzung abträglich sind.

Jedoch hebt die wachsende Verflechtung und gegenseitige Beeinflussung von inneren und internationalen Aufgabenstellungen sowie die objektive Ausprägung der gemeinsamen politischen und ökonomischen Grundinteressen aller sozialistischen Länder die Unterschiede in spezifischen nationalen Interessen zwischen sozialistischen Ländern, die *Existenz und die Unterschiede von gemeinsamen und spezifischen Interessen* dieser Länder keineswegs auf. Allgemeines, Besonderes und Einzelnes sowie die Wechselbeziehungen zwischen ihnen werden im Zuge der Entwicklung des sozialistischen Weltsystems in ihren Wechselbeziehungen immer reicher. Das *Allgemeine* im sozialistischen Weltsystem ist das im Zuge der sozialistischen Revolution in den einzelnen Ländern entstandene, objektiv existierende *Gemeinsame* in den Entwicklungsprozessen, Aufgaben und Interessen dieser Länder. Es ist Ausdruck der *Verwirklichung allgemeiner Gesetzmäßigkeiten* der sozialistischen Revolution und des sozialistischen Aufbaus sowie der Herausbildung des sozialistischen Weltsystems. In ihm verkörpert sich die sozialökonomische Grundqualität des Sozialismus als Gesellschaftsordnung, die Gleichartigkeit der sozialökonomischen, politischen und ideologischen Grundlagen dieser Ordnung. Daraus und aus gleichen bzw. ähnlichen äußeren Entwicklungsbedingungen und Erfordernissen in der jeweiligen historischen Etappe – heute insbesondere bei der Friedenssicherung, der Meisterung des wissenschaftlich-technischen Fortschritts und der Entfaltung der Vorzüge des Sozialismus in der Systemauseinandersetzung – ergeben sich *gemeinsame, internationale Interessen*, die sowohl wesentlich den Hauptinhalt des nationalen bzw. nationalstaatlichen Interesses und der entsprechenden Politik jedes sozialistischen Landes prägen als auch – auf freiwilliger Grundlage und auf dem Wege der Vereinbarung und Abstimmung – in kollektiven Formen (RGW, Warschauer Vertrag usw.) in gemeinsamen politischen, ökonomischen u. a. Aktionen auf wesentlichen Gebieten der Politik realisiert werden. Wesentlich ist, daß jeder einzelne sozialistische Staat in seiner wirtschaftlichen, sicherheitspolitischen u. a. Tätigkeit sowohl spezifische als auch gemeinsame Interessen realisiert: Die souveränen sozialistischen Staaten können ihre spezifischen staatlichen Interessen in der Zusammenarbeit mit anderen sozialistischen Staaten nur realisieren, wenn sie gemeinsam, als kollektive Interessenträger wirken. In praktisch-politischer Hinsicht werden in der Regel auch die internationalen, die gemeinsamen Interessen nicht nur über die nationalstaatlichen Organisationsformen und Leitungsebenen realisiert, sie werden auch durch die spezifischen Bedingungen und Interessen des jeweiligen Landes modifiziert. Insofern ist das *Nationale* stets auch eine *konkrete Erscheinungsform des Internationalen*.

Die *spezifischen Interessen* eines Landes ergeben sich sowohl aus den jeweiligen historischen Ausgangsbedingungen, die über einen langen Zeitraum wirken und reproduziert werden, aus dem im einzelnen (Dauer, Formen, Resultate) sehr unterschiedlichen Verlauf der sozialistischen Entwicklung als auch aus der objektiven Mannigfaltigkeit im Prozeß der Höherentwicklung des Sozialismus. Das betrifft im einzelnen solche Faktoren des *Besonderen und Einzelnen* wie die jeweilige volkswirtschaftliche und soziale Struktur, den Platz im System der internationalen Arbeitsteilung, die konkrete Position in der Systemauseinandersetzung mit dem Imperialismus, kulturelle, ethnische, geographische, demographische, klimatische, territoriale u. a. Bedingungen, die einem Lande (oder einer Region, einer Gruppe von Ländern) eigen sind. Daraus ergeben sich spezifische Interessen jedes einzelnen sozialistischen Staates und damit auch Interessenunterschiede zwischen den Staaten und ein unterschiedlicher Grad der Interessiertheit einzelner sozialistischer Staaten an ganz bestimmten Formen der ökonomischen Zusammenarbeit, an bestimmten Abkommen und koordinierten Aktionen. Daraus ergeben sich ferner objektive Widersprüche in einzelnen Fragen und Unterschiede im Herangehen an die Lösung konkreter Aufgaben der Zusammenarbeit. Ungenügende Berücksichtigung dieses Sachverhalts, aber auch ungenügende Bereitschaft und Fähigkeit, die Dialektik von allgemeinen, gemeinsamen und spezifischen Interessen zu beachten, zu meistern und als Triebkraft zur Entwicklung und Festigung des sozialistischen Weltsystems zu nutzen, kann zu zeitweiligen Komplikationen in den Beziehungen führen.

Die *Meisterung der Interessendialektik in der Politik* der marxistisch-leninistischen Parteien erweist sich als eine Kernfrage bei der weiteren Festigung des sozialistischen Weltsystems, bei der Entfaltung der Vorzüge und Triebkräfte des Sozialismus. Dabei geht es vor allem um zwei Grundprobleme: *erstens* um die sachliche, allseitige und verantwortungsbewußte Aufdeckung der Gesamtheit der Bedingungen und Interessen, getragen von der Verantwortung vor dem eigenen Volk und für die Gesamtentwicklung des Sozialismus und für den menschlichen Fortschritt; *zweitens* um die Entwicklung solcher demokratischer, effektiver Formen, Methoden, Prinzipien (gegenseitige Konsultationen, Erfahrungs- und Meinungsaustausch), die entsprechend den Traditionen des sozialistischen Internationalismus und sozialistischen Patriotismus nationale Verantwortung und internationale Verpflichtungen verbinden.[13] Die Geschichte hat auf vielfältige Weise die Leninsche Voraussicht bestätigt, „daß nur größte Beachtung der Interessen der verschiedenen Nationen Konflikten den Boden entzieht, das gegenseitige Mißtrauen beseitigt, die Furcht vor irgendwelchen Intrigen beseitigt und – besonders bei Arbeitern und Bauern, die verschiedene Sprachen sprechen – das Vertrauen schafft, ohne das weder friedliche Beziehungen zwischen den Völkern noch eine halbwegs erfolgreiche Entwicklung alles dessen, was es an Wertvollem in der modernen Zivilisation gibt, überhaupt möglich sind".[14]

13 Vgl. Bericht des Zentralkomitees der SED an den XI. Parteitag der SED. Berichterstatter: Genosse Erich Honecker, Berlin 1986, S. 91.
14 W. I. Lenin, Interview für den Korrespondenten des „Observer" ..., in: Werke, Bd. 33, S. 372.

Hauptrichtungen und Formen der Zusammenarbeit Im bisherigen Verlauf der Entwicklung des sozialistischen Weltsystems haben sich, gestützt auf die gesammelten Erfahrungen und entsprechend den jeweiligen Erfordernissen und Möglichkeiten vielfältige Methoden, Richtungen und Organisationsformen des Zusammenwirkens der sozialistischen Länder herausgebildet. Die Zusammenarbeit, die besonders im Rahmen der sozialistischen Staatengemeinschaft, im Rat für Gegenseitige Wirtschaftshilfe und in der Organisation des Warschauer Vertrages ein hohes Niveau erreicht hat, erfolgt in zwei eng miteinander verflochtenen *Hauptrichtungen: erstens* innerhalb der sozialistischen Gemeinschaft, des sozialistischen Weltsystems, beim Aufbau und der Festigung der neuen, sozialistischen Gesellschaft und *zweitens* im Kampf um die Sicherung des Friedens, in der Systemauseinandersetzung. Das Zusammenwirken umfaßt – im einzelnen in unterschiedlichem Umfang – schrittweise *alle wichtigen Bereiche des gesellschaftlichen Lebens* – Politik, Wirtschaft, Wissenschaft, Kultur, Ideologie, Militärwesen – und wird in *mannigfaltigen Organisationsformen* sowohl durch die Zusammenarbeit von staatlichen, gesellschaftlichen, wirtschaftlichen Institutionen und Organisationen der einzelnen Staaten als auch im Rahmen spezieller, durch sozialistische Länder geschaffener Formen wie internationale Wirtschaftsvereinigungen, zwischenstaatliche ökonomische Organisationen usw. realisiert. Außerdem nehmen die vielfältigen direkten Verbindungen zwischen Betrieben, zwischen den Werktätigen und zwischen ihren Kollektiven zu.

Charakteristisch für die heutige Entwicklungsetappe ist, daß sich schrittweise die Zusammenarbeit zwischen *allen* sozialistischen Ländern vertieft, daß hierbei eine wachsende Vielfalt der Formen und Wege zum Ausdruck kommt und daß diese Zusammenarbeit im einzelnen unterschiedlichen Umfang und unterschiedliche Qualität aufweist. Es kommt hinzu, daß auch bei wachsenden Gemeinsamkeiten in Grundfragen der gesellschaftlichen Entwicklung die Differenziertheit der Bedingungen und Aufgaben auf internationalem Gebiet zunimmt und daß das Zusammenwirken auf der Grundlage des sozialistischen Internationalismus, die Abstimmung und Koordinierung der Friedenspolitik untrennbar mit dem eigenständigen Beitrag und der spezifischen Verantwortung jedes einzelnen sozialistischen Landes und jeder marxistisch-leninistischen Partei verbunden sind.

Sowohl aus dem Charakter der sozialistischen Gesellschaft als auch aus der Spezifik der Beziehungen zwischen den sozialistischen Ländern als politische Beziehungen ergibt sich, daß die *Zusammenarbeit zwischen den marxistisch-leninistischen Parteien* das *Kernstück* des gesamten Systems der zwischenstaatlichen, gesellschaftlichen Beziehungen im sozialistischen Weltsystem ist. Die Parteien tragen angesichts der Kompliziertheit der internationalen Beziehungen eine große historische Verantwortung. In diesem Zusammenhang betonte der XI. Parteitag der SED: „Von der effektiven Zusammenarbeit der marxistisch-leninistischen Parteien in den Bruderländern hängt wesentlich ab, wie es gelingt, die Anziehungskraft und den internationalen Einfluß des Sozialismus zu erhöhen, die gesellschaftspolitischen Aufgaben seiner Entwicklung zu bewältigen und zur Sicherung des Weltfriedens beizutragen."[15]

Die Zusammenarbeit der Parteien gestaltet sich immer vielfältiger und ergebnisreicher: Sowohl bi- als auch multilateral geht es um den Erfahrungsaustausch und die Verallgemeinerung der Erfahrungen, um kollektive theoretische Arbeit, um die Erarbeitung und Abstimmung gemeinsamer Grundpositionen zu Fragen der Gesellschaftsstrategie, insbesondere der sozialistischen ökonomischen Integration, der internationalen Politik und auf ideologischem Gebiet. Eine entscheidende Rolle spielt die Zusammenarbeit der Parteien bei der Sicherung und Vervollkommnung der Arbeit des Rates für Gegenseitige Wirtschaftshilfe und der Organisation des Warschauer Vertrages. Zu den bewährten Formen der Zusammenarbeit gehören: regelmäßige zwei- und mehrseitige Treffen von General- bzw. Ersten Sekretären der Parteien, bi- und multilaterale Beratungen von Partei- und Regierungsdelegationen, internationale Beratungen kommunistischer und Arbeiterparteien, Teilnahme an Parteitagen der Bruderparteien, Beratungen der Sekretäre der Zentralkomitees der Parteien zu verschiedenen Fragen der Parteiarbeit, Kontakte zwischen lokalen und Betriebsparteiorganisationen.

Eine zentrale Stellung in den Beziehungen der sozialistischen Länder nimmt die *ökonomische* und *wissenschaftlich-technische Zusammenarbeit* ein.[16] Diese Zusammenarbeit wird über eine Vielzahl von Formen realisiert, zu deren wichtigsten gehören: der Außenhandel, die Plankoordinierung, die Spezialisierung und Kooperation in der Produktion, die Finanzhilfe, die wissenschaftlich-technische Zusammenarbeit, die gemeinsame Errichtung großer volkswirtschaftlicher Objekte usw. In der heutigen Entwicklungsetappe der sozialistischen Staatengemeinschaft ist die weitere Vertiefung der *sozialistischen ökonomischen Integration* von lebenswichtiger Bedeutung. Seit dem Ende der 60er und dem Anfang der 70er Jahre erlangte sie auf Grund des Reifegrades der sozialistischen Produktionsweise und der Zusammenarbeit der Mitgliedsländer des RGW den Charakter einer allgemeinen Gesetzmäßigkeit der Entwicklung des Sozialismus und des sozialistischen Weltsystems. Im Komplexprogramm des RGW (1971), das am Anfang eines langen historischen Prozesses steht, wird die sozialistische ökonomische Integration gekennzeichnet als „ein von den kommunistischen und Arbeiterparteien und den Regierungen der Mitgliedsländer des RGW bewußt und planmäßig gestalteter Prozeß der internationalen sozialistischen Arbeitsteilung, der Annäherung ihrer Wirtschaften und der Herausbildung einer modernen hocheffektiven Struktur der nationalen Wirtschaften, der schrittweisen Annäherung und Angleichung ihres ökonomischen Entwicklungsniveaus, der Herausbildung tiefgehender und stabiler Verbindungen in den Hauptzweigen der Wirtschaft, Wissenschaft und Technik, der Erweiterung und Festigung der internationalen Macht dieser Länder so-

---

15 Bericht des Zentralkomitees der SED an den XI. Parteitag der SED, S. 90.
16 Vgl. ebenda, S. 13f.

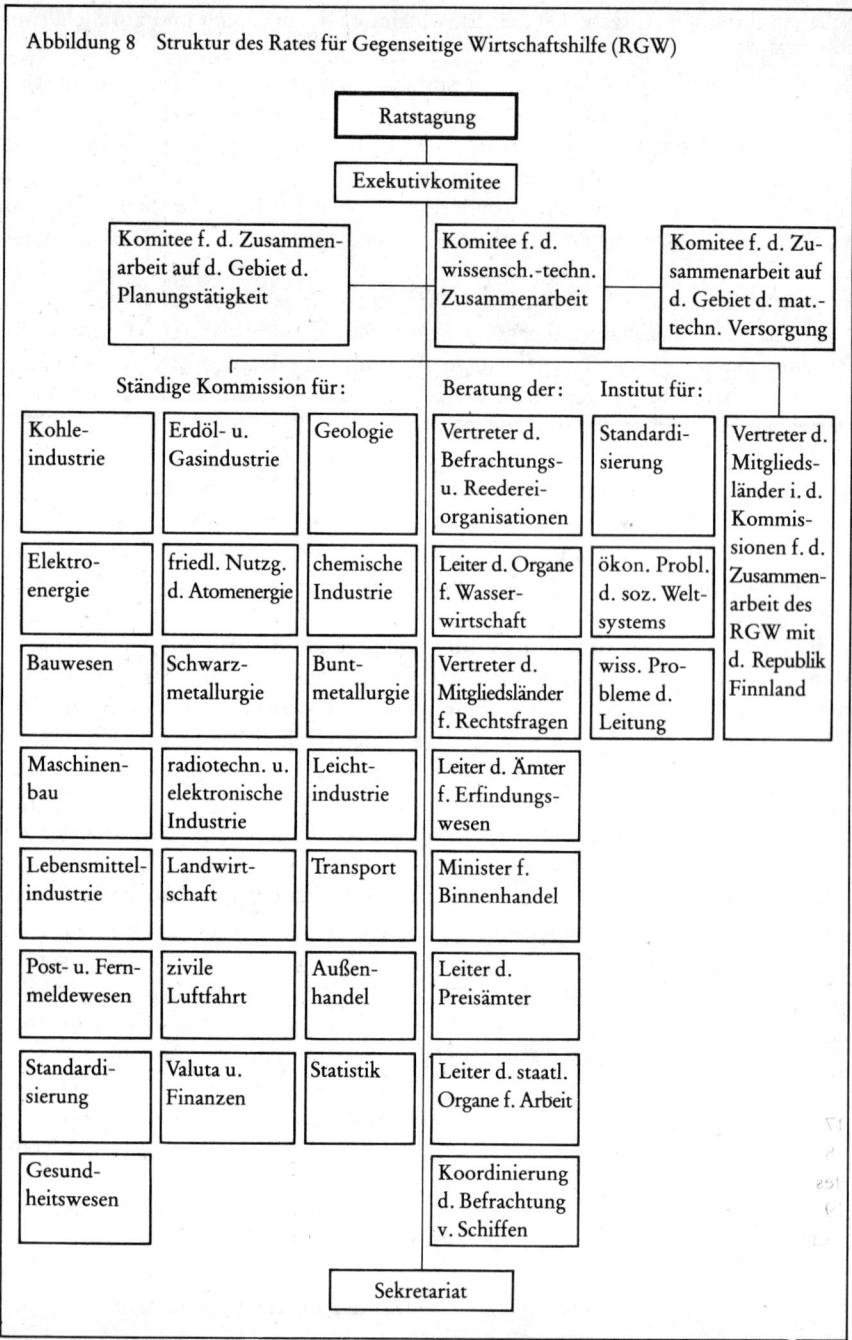

Abbildung 8   Struktur des Rates für Gegenseitige Wirtschaftshilfe (RGW)

wie der Vervollkommnung der Ware-Geld-Beziehungen".[17] Die sozialistische ökonomische Integration ist die konkret-historische Form, in der sich in der heutigen Etappe die internationale sozialistische Vergesellschaftung von Produktion und Arbeit vollzieht. Die Zusammenarbeit der an diesem Prozeß teilnehmenden Länder erfolgt auf der Grundlage des sozialistischen Internationalismus entsprechend den Prinzipien der Achtung der staatlichen Souveränität und Integrität der Interessen, der Nichteinmischung in die inneren Angelegenheiten, der vollen Gleichberechtigung, des gegenseitigen Vorteils und der kameradschaftlichen Hilfe. Die SED geht davon aus, daß die weitere Vertiefung der sozialistischen ökonomischen Integration eine entscheidende Bedingung für die stabile ökonomische und soziale Entwicklung der DDR ist und immer mehr zu einem unverzichtbaren Wachstums- und Intensivierungsfaktor wird.[18] (Abbildung 8)

Mit der *Wirtschaftsberatung des RGW auf höchster Ebene* im Juni 1984[19] wurde eine qualitativ neue Etappe des sozialistischen Integrationsprozesses eingeleitet, in deren Mittelpunkt der wirksame Beitrag für den Übergang zur Intensivierung der Produktion und zur Beschleunigung des wissenschaftlich-technischen Fortschritts steht. Der engen Verbindung der Vorzüge des Sozialismus mit den Errungenschaften der wissenschaftlich-technischen Revolution diente das auf der 41. (außerordentlichen) Tagung des RGW im Dezember 1985 angenommene Komplexprogramm des wissenschaftlich-technischen Fortschritts der Mitgliedsländer des RGW bis zum Jahre 2000,[20] das eine abgestimmte und auf einigen Gebieten einheitliche wissenschaftlich-technische Politik im RGW verkörpert und darauf zielt, die Arbeitsproduktivität entscheidend zu steigern und den spezifischen Produktionsverbrauch entschieden zu senken, auf wichtigen Gebieten von Wissenschaft und Technik Spitzenpositionen in der Welt zu erreichen, Schlüsseltechnologien beschleunigt zu entwickeln und anzuwenden und die technisch-ökonomische Unabhängigkeit der Mitgliedsländer des RGW auf strategisch entscheidenden Gebieten zu sichern. Dieser Zielsetzung dienen auch weitere bilaterale Abkommen, so u. a. das „Programm der Zusammenarbeit bis zum Jahre 2000 zwischen der DDR und der UdSSR in Wissenschaft, Technik und Produktion".[21]

Auf der Grundlage der Erfahrungen und Erfordernisse entstehen im Prozeß der sozialistischen ökonomischen Integration *neue Formen* des Zusammenwirkens der sozialistischen Länder. Dazu gehören in jüngster Zeit in den Beziehungen zwischen der UdSSR und der DDR u. a. die Entwicklung von Direktbeziehungen zwi-

17 Dokumente des RGW, Berlin 1971, S. 15.
18 Über die sozialistische ökonomische Integration vgl. Lehrbuch Politische Ökonomie des Kapitalismus und des Sozialismus, Kap. 30.
19 Vgl. Wirtschaftsberatung auf höchster Ebene vom 12.–14. 6. 1984 in Moskau. Dokumente, Berlin 1984; Einheit, Heft 7/1984, S. 589 ff.
20 Vgl. Komplexprogramm des wissenschaftlich-technischen Fortschritts der Mitgliedsländer des RGW bis zum Jahre 2000. Grundsätze, in: Neues Deutschland (B) vom 19.12.1985.
21 Vgl. Programm der Zusammenarbeit bis zum Jahre 2000 zwischen DDR und UdSSR in Wissenschaft, Technik und Produktion, in: Neues Deutschland (B) vom 8.10.1984.

schen Kombinaten, Betrieben und Vereinigungen beider Länder, die Bildung gemeinsamer Kollektive von Spezialisten, die Zusammenarbeit auf dem Gebiet der Aus- und Weiterbildung von Leitungskadern usw.

Wesentlich ist dabei, daß die sozialistische ökonomische Integration durch eine enge Wechselwirkung von Ökonomie, Politik und Ideologie gekennzeichnet ist: Da sie sich auf der Grundlage selbständiger sozialistischer Staaten vollzieht, hängt sie in erster Linie vom Inhalt und Charakter ihrer politischen Zusammenarbeit ab; die sich entwickelnde ökonomische Integration festigt die Gesamtheit der Beziehungen zwischen den sozialistischen Ländern. Von besonderer politischer Bedeutung ist die Tatsache, daß die sozialistischen Länder keine Autarkie im Rahmen der Weltwirtschaft anstreben, sondern ausgehend von der Existenz einer (zwar widerspruchsvollen) Weltwirtschaft mit zwei unterschiedlichen Weltwirtschaftssystemen eine aktive Konzeption zur Entwicklung intersystemarer ökonomischer Beziehungen als Element des friedlichen Wettstreits der Systeme vertreten.

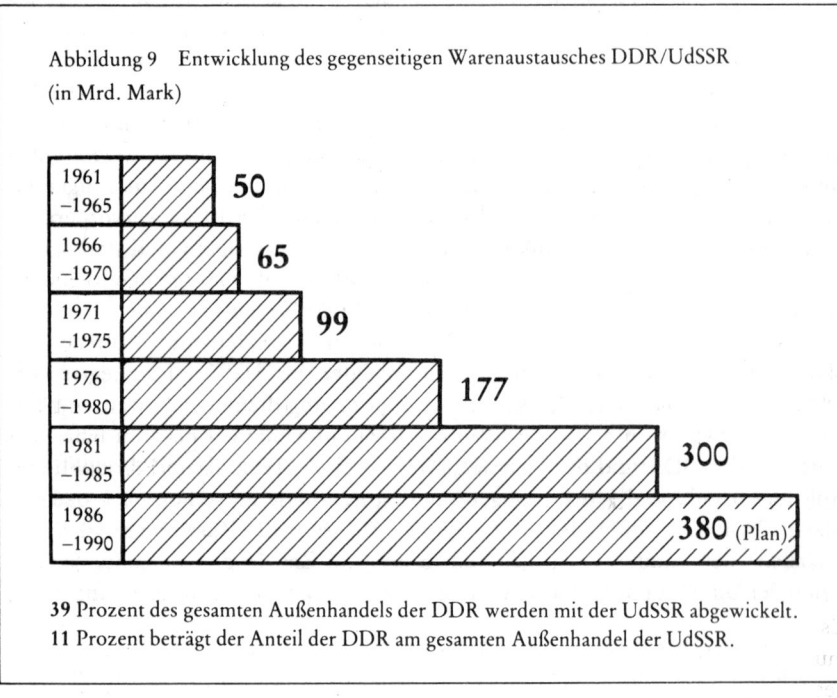

Abbildung 9   Entwicklung des gegenseitigen Warenaustausches DDR/UdSSR (in Mrd. Mark)

1961–1965   50
1966–1970   65
1971–1975   99
1976–1980   177
1981–1985   300
1986–1990   380 (Plan)

39 Prozent des gesamten Außenhandels der DDR werden mit der UdSSR abgewickelt.
11 Prozent beträgt der Anteil der DDR am gesamten Außenhandel der UdSSR.

Die *Koordinierung der Außenpolitik der sozialistischen Länder,* die *Organisation ihrer kollektiven Verteidigung* und die Durchsetzung ihrer *abgestimmten Friedensstrategie* ist eine weitere Seite der politischen *Zusammenarbeit,* die in den Beziehungen der Länder der sozialistischen Staatengemeinschaft einen hohen Stand erreicht hat. In dieser politischen Zusammenarbeit spielt die *Organisation des Warschauer Vertrages* (geschaffen 1955) eine entscheidende Rolle bei der kollektiven Gewährleistung des Friedens und der Sicherheit der sozialistischen Völker und bei der Festigung ihrer Zusammenarbeit und brüderlichen gegenseitigen Hilfe beim sozialistischen Aufbau. Diese Doppelfunktion kommt auch in den Vertragsbestimmungen zum Ausdruck, in denen sich die Teilnehmerstaaten u. a. dazu verpflichten:

– sich in den internationalen Beziehungen der Androhung oder Anwendung von Gewalt zu enthalten, internationale Streitfragen mit friedlichen Mitteln zu lösen und sich im Geiste aufrichtiger Zusammenarbeit an allen internationalen Handlungen zu beteiligen, deren Ziel die Gewährleistung des Weltfriedens und der Sicherheit, die allgemeine Abrüstung und das Verbot der Kernwaffen sowie der anderen Massenvernichtungswaffen ist (Artikel 1 und 2);

– sich im Falle des bewaffneten Überfalls auf einen oder mehrere Teilnehmerstaaten des Vertrages sofortigen Beistand, einschließlich der Anwendung von militärischer Gewalt, zu leisten (Artikel 4);

– sich im Geiste der Freundschaft und Zusammenarbeit für die Weiterentwicklung ihrer politischen, wirtschaftlichen und kulturellen Beziehungen einzusetzen (Artikel 8).

Das oberste Führungsorgan der sozialistischen Bündnisorganisation ist der *Politische Beratende Ausschuß*, der über alle wesentlichen Fragen der Zusammenarbeit berät und verbindliche Beschlüsse faßt. Der Mechanismus der Zusammenarbeit der Vertragsstaaten wurde ständig vervollkommnet, so u. a. mit der Bildung des Komitees der Verteidigungsminister (1969), des Komitees der Außenminister und des Vereinigten Sekretariats (1976), einer multilateralen Gruppe von Vertretern der Teilnehmerstaaten für operative gegenseitige Information und einer Kommission zu Fragen der Abrüstung aus Vertretern der Ministerien für Auswärtige Angelegenheiten und für Verteidigung zum Meinungs- und Informationsaustausch über Fragen der Rüstungsbegrenzung und Abrüstung, besonders auf nuklearem Gebiet, einschließlich der Erörterung von Initiativen der verbündeten Staaten und der Ausarbeitung gemeinsamer Vorschläge auf diesem Gebiet (1987).

Das *Vereinte Kommando der Streitkräfte* des Warschauer Vertrages koordiniert vor allem die Militärpolitik, gewährleistet die Ausbildung der Vereinten Streitkräfte sowie die Standardisierung ihrer Bewaffnung. Durch die Verlängerung der Gültigkeit des Warschauer Vertrages im April 1985 „wurde die Entschlossenheit demonstriert, unser Bündnis als Zentrum der außenpolitischen Koordinierung, als zuverlässigen Schutzschild gegen alle Angriffe und Erpressungsversuche des Imperialismus zu festigen".[22] Die *Militärdoktrin* der Teilnehmerstaaten des Warschauer Vertrages (1987) „ist die Grundlage für das Wirken des Warschauer Vertrages und widerspiegelt die Gemeinsamkeit der auf Verteidigung gerichteten militärisch-politischen Ziele seiner Teilnehmerstaaten sowie ihrer nationalen Militärdoktrinen".[23]

22 Bericht des Zentralkomitees der SED an den XI. Parteitag der SED, S. 13.
23 Über die Militärdoktrin des Warschauer Vertrages, in: Neues Deutschland (B) vom 30./31. 5. 1987.

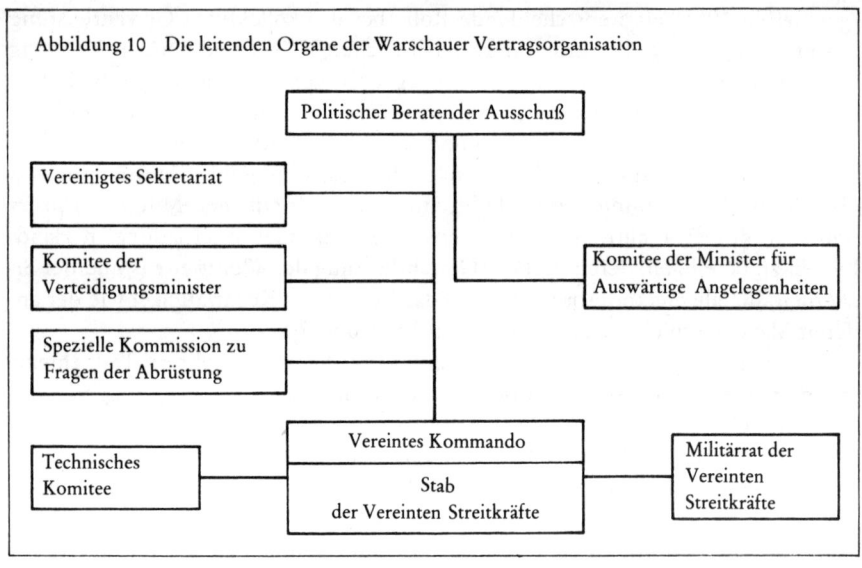

Abbildung 10   Die leitenden Organe der Warschauer Vertragsorganisation

Politischer Beratender Ausschuß

Vereinigtes Sekretariat

Komitee der
Verteidigungsminister

Komitee der Minister für
Auswärtige Angelegenheiten

Spezielle Kommission zu
Fragen der Abrüstung

Technisches
Komitee

Vereintes Kommando

Stab
der Vereinten Streitkräfte

Militärrat der
Vereinten
Streitkräfte

Von den Warschauer Vertragsstaaten sind seit der Bildung dieses politischen Bündnisses souveräner Staaten immer wieder neue und vielfältige Initiativen zur Gewährleistung von Frieden und Sicherheit in der Welt sowie zur Entspannung der internationalen Lage und zur Abrüstung ausgegangen. Hierzu gehört vor allem das von der Sowjetunion unterbreitete Programm zur Befreiung der Welt von allen Massenvernichtungswaffen bis zum Jahr 2000 und zur Schaffung eines komplexen, allumfassenden Systems der internationalen Sicherheit. Es ist ein Ergebnis der abgestimmten Friedensstrategie der Staaten der sozialistischen Gemeinschaft und findet ein immer stärker und breiter werdendes weltweites Echo aller am Frieden und am gesellschaftlichen Fortschritt interessierten Kräfte und Bewegungen. Die Zusammenarbeit bei der Sicherung des Friedens und der Erhöhung des weltpolitischen Einflusses des Sozialismus umfaßt heute in kollektiven, gemeinsamen, parallelen und spezifischen, multilateralen und zweiseitigen Formen alle sozialistischen Länder.

In den letzten Jahren sind gegenseitiges Verständnis und Vertrauen und die Bereitschaft gewachsen, bei der Gestaltung der gegenseitigen Beziehungen das Gemeinsame in den Vordergrund zu rücken und über unterschiedliche Positionen und Meinungsverschiedenheiten hinweg, wie sie in bestimmten Fragen zwischen einzelnen Ländern bestehen, die gegenseitigen Beziehungen konstruktiv zu gestalten. Die Erfahrungen haben auch gezeigt, daß die gemeinsamen außenpolitischen Zielsetzungen um so wirkungsvoller durchgesetzt werden können, je größer der eigenständige Beitrag jedes einzelnen sozialistischen Landes ist.

In den Beziehungen zwischen den sozialistischen Ländern gewinnt auch die Zusammenarbeit auf *kulturell-geistigem Gebiet* an Gewicht. Sie erweist sich als ein wesentliches Mittel der Annäherung der Völker, der gegenseitigen Bereicherung ihres geistigen Lebens und fördert die Entwicklung von Kultur, Wissenschaft, Technik und Sport. Das Zusammenwirken erstreckt sich von koordinierten Forschungen in den Natur-, Gesellschafts- und technischen Wissenschaften, über den Austausch von Studenten und Spezialisten bis zur Zusammenarbeit auf verschiedenen künstlerischen Gebieten, in den Massenmedien, im Sport, im Tourismus usw. Durch das internationale Zusammenwirken wurde ein Prozeß von wahrhaft historischen Dimensionen eingeleitet, in dessen Rahmen sich auch die direkten Kontakte und Verbindungen zwischen den Werktätigen verstärken. In der unmittelbaren ökonomischen und wissenschaftlich-technischen Zusammenarbeit bei der Verwirklichung des Komplexprogramms, als Waffenbrüder der Armeen der Warschauer Vertragsorganisation, in der kulturellen Zusammenarbeit und im Erfahrungsaustausch, im Zusammenwirken der gesellschaftlichen Organisationen, in den Einrichtungen des Tourismus usw. lernen sie sich immer mehr persönlich kennen und als Klassenbrüder schätzen.

Sozialistischer Patriotismus und Internationalismus Die sozialistischen Länder und ihre führenden marxistisch-leninistischen Parteien gestalten ihre Zusammenarbeit und entwickeln ihre Beziehungen auf einer formationsspezifisch bestimmten, historisch neuen Grundlage und nach Prinzipien, die den Interessen der Völker und friedlichen internationalen Beziehungen entsprechen. Die zutiefst demokratischen Prinzipien, in der Anfangsetappe des sozialistischen Weltsystems in ihren Grundlagen formuliert und dann ständig anhand der gesammelten Erfahrungen präzisiert, werden in einem nicht unkomplizierten Prozeß schrittweise durchgesetzt und finden heute in der Vielfalt der Beziehungen zwischen den Ländern des sozialistischen Weltsystems eine breite und mannigfaltige Realisierung.

Diese Beziehungen werden von *gemeinsamen Klassenzielen* getragen: Der *sozialistische Internationalismus* als Grundprinzip für die Gestaltung der internationalen Beziehungen zwischen den sozialistischen Staaten beruht auf der Gemeinsamkeit der grundlegenden Interessen und Ziele der Völker dieser Staaten – Sozialismus und Frieden – und widerspiegelt sich in der gegenseitigen brüderlichen Hilfe und Solidarität im gemeinsamen Schutz der Errungenschaften des Sozialismus. Eingeschlossen darin ist die konsequente Verwirklichung der Prinzipien der souveränen *Gleichheit und Gleichberechtigung, der Unabhängigkeit und Selbständigkeit, der Nichteinmischung und der Freiwilligkeit* sowie der *Verantwortung* gegenüber dem *eigenen Volk* und dem *Sozialismus als Ganzem.* In der Gesamtheit dieser Prinzipien, die sich heute in ihrer ganzen Vielfalt und auch in unterschiedlicher Gewichtung (z. B. in der sozialistischen Staatengemeinschaft einerseits und zu bzw. zwischen einigen anderen sozialistischen Staaten andererseits) ausprägen, kommen auf spezifische Weise die Einheit von Sozialismus, Demokratie und nationaler Unabhängigkeit sowie die Vorzüge des Sozialismus als internationaler Gemeinschaft zum Ausdruck. Gerade wegen seines Demokratismus vermag der vom Sozialismus hervorgebrachte neue Typ der internationalen Beziehungen auch eine wachsende Ausstrahlungskraft auf die Völker in den Entwicklungsländern auszuüben, die gemeinsam mit den sozialistischen Staaten und anderen gesellschaftlichen Kräften für die weitere Demokratisierung der internationalen Beziehungen, für eine neue internationale Wirtschaftsordnung kämpfen. Entgegen den Behauptungen bürgerlicher Ideologen, unter den Bedingungen der schrittweisen Vereinigung materieller und geistiger Potentiale der sozialistischen Bruderländer werde die staatliche Souveränität immer mehr eingeschränkt, erweitern sich dadurch in der Praxis das Feld und die Mittel ihrer souveränen Entscheidungen. Die konsequente Verteidigung und Stärkung der nationalen Unabhängigkeit und Souveränität der sozialistischen Staaten, die Selbständigkeit bei der Wahl der effektivsten Wege und Methoden beim Aufbau des Sozialismus, die strikte Achtung der Gleichberechtigung und Nichteinmischung in die inneren Angelegenheiten der Bruderländer ist notwendige Bedingung ihrer freiwilligen und brüderlichen Zusammenarbeit und setzt die Klassensolidarität zwischen ihnen voraus. Nationale Unabhängigkeit und Klassensolidarität sind im Sozialismus organisch miteinander verbunden. In diesem Sinne erinnerte M. Gorbatschow in seiner Grußansprache auf dem XI. Parteitag der SED im Zusammenhang mit der übereinstimmenden Forderung der marxistisch-leninistischen Bruderparteien der sozialistischen Länder nach einem neuen Herangehen an die Fragen der Entwicklung ihrer gegenseitigen Beziehungen daran, daß F. Engels in weiser Voraussicht schrieb: „... internationale Vereinigung kann nur zwischen *Nationen* bestehen, deren Existenz, Autonomie und Unabhängigkeit in inneren Angelegenheiten daher schon in dem Begriff Internationalität eingeschlossen sind."[24]

Der *sozialistische Internationalismus,* in dem der proletarische Internationalismus in den Beziehungen zwischen den sozialistischen Staaten und Nationen zum Ausdruck kommt, ist untrennbar mit dem *sozialistischen Patriotismus* verbunden und in wachsendem Maße verflochten, denn beide entspringen derselben Quelle – den Klasseninteressen und -zielen der Arbeiterklasse.[25] Der sozialistische Patriotismus wurzelt in den politischen, ökonomischen und ideologischen Grundlagen der sozialistischen Gesellschaft, übernimmt alles Fortschrittliche und Demokratische in den Traditionen des jeweiligen Landes und bringt vor allem das objektive Interesse der führenden Arbeiterklasse am Aufblühen des sozialistischen Vaterlandes, den Stolz auf das Erreichte und die revolutionären Traditionen zum Ausdruck. Sozialistischer Patriotismus und Internationalismus reflektieren jeweils auf spezifische Weise in seiner Ganzheit das *dialektische Verhältnis* von allgemeinen Gesetzmäßigkeiten und nationalen Besonderheiten, *von internationalen und nationalen Interessen* bei der Gestaltung des Sozialismus. So äußert sich im sozialistischen Internationalismus als dem Allgemeinen die brüderliche Solidarität der Arbeiter-

---

24 F. Engels an Laura Lafargue. Brief vom 20.6.1893, in: K. Marx/F. Engels, Werke, Bd. 39, S. 87.
25 Vgl. Programm der Sozialistischen Einheitspartei Deutschlands, S. 66 ff.

klasse aller Nationen, die das Wesen des proletarischen Internationalismus ausmacht. Zugleich äußert sich das national Besondere dieses Internationalismus in der freien und souveränen Entwicklung der sozialistischen Staaten, Nationen und Völkerschaften, in der selbständigen Wahl der Wege und Formen der Gestaltung des Sozialismus, in den patriotischen Leistungen des Volkes zur Stärkung des sozialistischen Vaterlandes.

Damit wird auch – wie W. I. Lenin vorausschauend betonte – in einem Lande ein „Höchstmaß" für die internationale Entwicklung und Festigung des Sozialismus getan, wird ein Beitrag zur gemeinsamen Sache des Sozialismus und der Friedenssicherung geleistet.[26] Auch im sozialistischen Patriotismus äußert sich Allgemeines als Klasseninhalt sowie Formationsbestimmtheit des sozialistischen Vaterlandes, während sich das national Besondere dieses Patriotismus im Verhältnis zu den sozial-ethnischen und natürlichen Existenz- und Entwicklungsbedingungen des jeweiligen Landes manifestiert. In diesem Sinne sind die Marxisten-Leninisten Patrioten und Internationalisten zugleich. Sie teilen weder den bornierten nationalistischen Standpunkt, der die internationalistischen Klassenaufgaben auf den engen nationalen Rahmen zu beschränken sucht, noch sind sie Anhänger eines abstrakten Internationalismus, dem der Kampf für die Verteidigung der nationalen Interessen der Völker fremd ist. Für die Vertiefung des sozialistischen Patriotismus und Internationalismus bleibt auch heute wesentlich, internationalistische Politik niemals von ihrer patriotischen Seite zu trennen, ohne jedoch den Internationalismus, der stets vielfältige Erscheinungsformen der Hilfe und solidarischen Unterstützung für andere Völker aufweist, darauf zu reduzieren.

Die Entwicklung von sozialistischem Patriotismus und Internationalismus in ihrer dialektischen Einheit ist heute mehr denn je eine wichtige und spezifische *politisch-ideologische Führungsaufgabe* jeder marxistisch-leninistischen Partei und des gesamten politischen Systems. Die organische Verbindung von nationalen und internationalen Interessen in der Praxis, die Entfaltung von Patriotismus und Internationalismus als ideologische Triebkräfte der neuen Gesellschaft und als sozialistische Wertorientierung der Werktätigen erfolgen nicht im Selbstlauf, noch sind sie einfach gegeben. Unabdingbar sind die *ideologische Vermittlung* der beiden Seiten durch die dem Marxismus-Leninismus eigenen Prinzipien und eine umsichtige, realistische politisch-ideologische Führungs- und Erziehungsarbeit, die sich der komplizierten Dialektik von Nationalem und Internationalem immer wieder neu stellt und sowohl die Potenzen eines jeden sozialistischen Landes (und damit des sozialistischen Patriotismus) als auch des Sozialismus als internationaler Gemeinschaft und als Weltsystem voll erschließt.

Die Bedeutsamkeit dieser Aufgabe ergibt sich auch aus der Tatsache, daß die sozialistischen Länder in vielfältigen Formen mit der Ideologie des *bürgerlichen Na-*

---

26 Vgl. W. I. Lenin, Die proletarische Revolution und der Renegat Kautsky, in: Werke, Bd. 28, S. 293; ders., Die große Initiative, in: Werke, Bd. 29, S. 417; ders., Die Aufgaben des Proletariats in unserer Revolution, in: Werke, Bd. 24, S. 60.

tionalismus, der mit proletarischem Internationalismus und sozialistischem Patriotismus unvereinbar ist, konfrontiert sind. Hier handelt es sich sowohl um Überreste und Nachwirkungen der in der bürgerlichen Gesellschaft über Jahrhunderte hinweg im Massenbewußtsein tiefverwurzelten nationalistischen Ideologie als auch um Einflüsse der antisozialistischen Propaganda; in einzelnen Fällen können nationalistische Erscheinungen als Reaktionen auf Mängel und Fehler in der politisch-ideologischen Führungstätigkeit auftreten. Der bürgerliche Nationalismus hat in bezug auf das sozialistische Weltsystem vielfältige Gesichter: charakteristisch sind Leugnung des Klassenwesens jeglicher nationaler Verhältnisse sowie die These von der Unvereinbarkeit nationaler Interessen mit dem proletarischen Internationalismus, der Interessen der einzelnen sozialistischen Staaten mit den Erfordernissen der Entwicklung des sozialistischen Weltsystems. Vor allem konservative und antisowjetische Kräfte versuchen mit der These von einem „sowjetischen Hegemonialverband" die objektiven Grundlagen der Einheit der sozialistischen Länder zu leugnen, die Beziehungen zwischen den sozialistischen Ländern zu stören, das sozialistische Weltsystem zu spalten und einzelne Länder zu isolieren.

11.3. Entwicklung der Nationen im Sozialismus

Die Lösung der nationalen Frage Im Zuge der sozialistischen Revolution und des sozialistischen Aufbaus sind die Arbeiterklasse und ihre Verbündeten auch mit der Aufgabe konfrontiert, die nationalen Verhältnisse und in vielen Ländern auch zwischennationale Beziehungen auf sozialistischer Grundlage umzugestalten und zu erneuern. Die Erfahrungen zeigen, daß dies eine der kompliziertesten Aufgaben der Arbeiterklasse ist, von deren richtiger Lösung in vieler Hinsicht der Erfolg des gesamten Aufbaus der neuen Gesellschaft abhängig ist.

Worin besteht die sozialistische Lösung der nationalen Frage?

Erstens erfolgt auf der Grundlage der politischen Herrschaft der Arbeiterklasse, des gesellschaftlichen Eigentums an den Produktionsmitteln und eines breiten Bündnisses der Arbeiterklasse mit allen werktätigen Klassen und Schichten die Formierung und Festigung eines qualitativ neuen Typs der nationalen Gemeinschaft: der von der Arbeiterklasse geführten sozialistischen Nation (bzw. Völkerschaft); es wird die kapitalistische Klassenspaltung der Nation beseitigt, und es werden stabile Grundlagen für die sozialistische nationale Einheit, für die allseitige Entwicklung aller Nationen und ethnischen Gruppen des jeweiligen Landes als Gemeinschaften sozialistischen Charakters geschaffen.

Zweitens erfolgt die Befreiung der Nationen von Unterdrückung und Ausbeutung durch andere Nationen; es wird ihre politische Gleichberechtigung herbeigeführt, es werden das Recht der Nationen auf Selbstbestimmung verwirklicht und alle nationalen Privilegien bzw. Beschränkungen aufgehoben; es werden Maßnahmen eingeleitet, um die ökonomische und kulturelle Gleichheit der Nationen, die schrittweise Angleichung ihres Entwicklungsniveaus zu erreichen.

Drittens geht es um die konsequente Durchsetzung von Beziehungen der freundschaftlichen Zusammenarbeit und gegenseitigen brüderlichen Hilfe der befreiten Nationen, um wahrhaft internationalistische Beziehungen zwischen den Völkern, um die Durchsetzung des sozialistischen Internationalismus und um die Überwindung der Ideologie des bürgerlichen Nationalismus. K. Marx und F. Engels sahen die Klassengrundlagen und den sozialen Inhalt der Lösung der vom Kapitalismus hinterlassenen nationalen Frage voraus, als sie schrieben: „In dem Maße, wie die Exploitation des einen Individuums durch das andere aufgehoben wird, wird die Exploitation einer Nation durch die andere aufgehoben. Mit dem Gegensatz der Klassen im Innern der Nation fällt die feindliche Stellung der Nationen gegeneinander."[27]

Für die *Politik der marxistisch-leninistischen Parteien* ergeben sich aus den bisherigen Erfahrungen der sozialistischen Länder einige wichtige Schlußfolgerungen: (1) Als von grundlegender Bedeutung für die Lösung der nationalen Frage erweist sich das Wirken einer revolutionären Partei, die – streng nach Klassenkriterien aufgebaut – Angehörige aller Nationalitäten des jeweiligen Landes vereinigt und in Ideologie, Organisationsaufbau und Tätigkeitsprinzipien zutiefst internationalistischen Charakter trägt. (2) Die Lösung der nationalen Probleme wird durch die Gesamtheit der politischen, sozialökonomischen und kulturellen Umgestaltungen gewährleistet, sie bedarf aber zugleich einer spezifischen, eigenständigen Politik (spezieller Maßnahmen, Schritte und Organisationsformen), die vor allem in Ländern, in denen mehrere Nationen oder nationale Gruppen leben (wie UdSSR, ČSSR, SFR Jugoslawien, SR Vietnam, SR Rumänien) als *Nationalitätenpolitik* entwickelt wird. (3) Auch nach der grundlegenden Lösung der nationalen Frage, wie sie von der Ausbeutergesellschaft hinterlassen wurde, gilt es in der sozialistischen Gesellschaft, die nationalen Beziehungen aufmerksam und zielgerichtet zu beachten und zu entwickeln (in der Standortverteilung der Wirtschaft, der Kaderpolitik, im Bildungswesen und in der Kulturpolitik, in der ideologischen Arbeit usw.). (4) In Abhängigkeit von der Struktur und dem Entwicklungsstand der zwischennationalen Beziehungen und von weiteren historischen Faktoren (Stand der Nationenbildung zu Beginn der sozialistischen Revolution, Nationalitätenstruktur des Landes usw.) sind die jeweiligen Aufgaben, Formen und Methoden der Politik zur Entwicklung der sozialistischen nationalen Verhältnisse in den einzelnen Ländern unterschiedlich.

Umfassende Erfahrungen von internationaler Bedeutung wurden auf dem Gebiet der sozialistischen *Lösung der nationalen Frage in der UdSSR* gesammelt. Unmittelbar nach dem Sieg der Oktoberrevolution nahm der Rat der Volkskommissare am 2. November 1917 die historische „Deklaration der Rechte der Völker Ruß-

---

27 K. Marx/F. Engels, Manifest der Kommunistischen Partei, in: Werke, Bd. 4, S. 479.

lands" an, die die freie Entwicklung aller Völker Rußlands, ihre Gleichberechtigung und ihr Recht auf Selbstbestimmung garantierte und den Grundstein für ihr internationalistisches Bündnis legte. Die von der Kommunistischen Partei geführte Arbeiterklasse sicherte auf der Grundlage des proletarischen Internationalismus durch die Ausarbeitung spezifischer Formen des nationalstaatlichen und nationalterritorialen Aufbaus das feste Bündnis zwischen den Völkern Sowjetrußlands. Über die Entwicklung eines militärisch-politischen, ökonomischen und diplomatischen Bündnisses kam es am 30. Dezember 1922 auf dem I. Sowjetkongreß der UdSSR zum freiwilligen Zusammenschluß der RSFSR, der USSR (Ukraine), der BSSR (Belorußland) und der Föderation Transkaukasischer Republiken und damit zur Bildung eines Unionsstaates. Entscheidend für die weitere Entwicklung und Festigung des Bündnisses sozialistischer Völker war, daß die Herstellung der politischen Gleichheit mit der schrittweisen Überwindung der Ungleichheit in der ökonomischen und kulturellen Entwicklung einherging und die entwickelten Völker – insbesondere das russische – den weniger entwickelten umfassende Hilfe erwiesen. In allen Gebieten des Landes bildete sich eine einheimische Arbeiterklasse heraus, die zum Kristallisationskern der Formierung sozialistischer nationaler Gemeinschaften wurde.

Entsprechend dem unterschiedlichen Ausgangsstand vollzog sich diese Entwicklung in verschiedenen Formen: So erfolgte die Umwandlung kapitalistischer Nationen – z. B. der russischen und der ukrainischen – in sozialistische Nationen; eine Reihe Völkerschaften – z. B. die Kasachen –, die unter dem Kapitalismus die ersten Schritte zur Nationwerdung getan hatten, entwickelten sich zu sozialistischen Nationen. Es kam auch zur Vereinigung verschiedener Stämme und anderer ethnischer Gruppen zu Völkerschaften sozialistischen Typs; viele kleine ethnische Minderheiten, die früher zum Aussterben verurteilt waren, erhielten unter der Sowjetmacht Entfaltungsmöglichkeiten durch die ökonomische Entwicklung ihrer Territorien, die Ausarbeitung einer Schriftsprache und die Pflege ihrer Traditionen und Bräuche. Heute leben in der UdSSR über 100 Nationen, Völkerschaften und andere ethnische Gruppen brüderlich zusammen. Ausdruck für den erreichten Stand ist die Tatsache, daß sich die Nationen in ihrer sozialen Zusammensetzung sowie im wirtschaftlichen und kulturellen Niveau immer mehr annähern, immer einheitlicher werden, was zur Festigung des einheitlichen multinationalen Unionsstaates führt; die nationalen Republiken, deren materielles und geistiges Potential gestärkt wird, werden in ihrer national-ethnischen Zusammensetzung immer vielfältiger. Diese Entwicklungsprozesse werden auch durch die Besonderheiten der politischen Organisation des Landes, durch den nationalstaatlichen Aufbau (sozialistischer Föderalismus) gefördert, zu dessen Merkmalen das Bestehen von 15 Unionsrepubliken, 20 autonomen Republiken, 8 autonomen Gebieten und 10 nationalen Kreisen sowie ihre Vertretung in den obersten Macht- und Leitungsorganen der UdSSR, vor allem im Nationalitätensowjet des Obersten Sowjets der UdSSR usw. gehören.

In der *Deutschen Demokratischen Republik* ist die Herausbildung und Entwicklung einer Nation neuen Typs, der *sozialistischen deutschen Nation,* ein gesetzmäßiger Prozeß beim Übergang vom Kapitalismus zum Sozialismus, ein Ergebnis tiefgreifender Veränderungen der Grundlagen des nationalen Lebens durch die sozialistische Revolution und den Aufbau der sozialistischen Gesellschaft und zugleich ein historisch langfristiger Prozeß, der von der SED planmäßig geleitet wird.[28] Die entscheidende Voraussetzung für die Bildung der sozialistischen deutschen Nation war die Errichtung der politischen Macht der Arbeiterklasse in der DDR, die deren Wesenszüge prägt. Die sozialistische deutsche Nation ist eine neue sozialethnische Gemeinschaft, in welcher an die Stelle des die kapitalistische Nation prägenden antagonistischen Klassengegensatzes eine stabile Gemeinschaft befreundeter sozialistischer Klassen und Schichten getreten ist, die von der Arbeiterklasse und ihrer marxistisch-leninistischen Partei geführt wird. Sie umfaßt das Volk der DDR, ihre politische Daseins- und Entwicklungsform ist der souveräne sozialistische deutsche Staat auf dem Territorium der DDR, ihre ökonomische Grundlage bildet die sich auf dem sozialistischen Eigentum an Produktionsmitteln dynamisch und stabil entwickelnde sozialistische Volkswirtschaft. In ihr ist der Marxismus-Leninismus die herrschende Ideologie. Es entwickelt sich eine sozialistische Nationalkultur, welche das fortschrittliche und humanistische Erbe der deutschen Geschichte und die Errungenschaften der Weltkultur in sich aufnimmt. Es wächst das sozialistische Nationalbewußtsein, sozialistischer Patriotismus und proletarischer Internationalismus prägen sich weiter aus und verbinden sich organisch miteinander. Konsequent wird die Auseinandersetzung mit allen bürgerlich-nationalistischen Konzeptionen wie der vom „Offenhalten der deutschen Frage" sowie mit nationalistischen Vorurteilen und nationaler Überheblichkeit im Bewußtsein der Menschen geführt.

Die sozialistische Nation in der DDR ist untrennbarer Bestandteil der Gemeinschaft sozialistischer Nationen. Ihre Bürger sind in ihrer übergroßen Mehrheit deutscher Nationalität, während die Bürger sorbischer Nationalität gleichberechtigt an der Gestaltung des Sozialismus teilnehmen und ihre besonderen sprachlichen und kulturellen Interessen wahrnehmen können. Auch die weitere Entwicklung der sozialistischen Nation in der DDR ist durch die Tendenzen des Aufblühens und der Annäherung an die anderen sozialistischen Nationen charakterisiert. Mit der Herausbildung der sozialistischen deutschen Nation in der DDR, die fest im Bruderbund der sozialistischen Staatengemeinschaft verankert ist, hat das Volk der DDR sein Recht auf sozialökonomische, staatliche und nationale Selbstbestimmung verwirklicht und friedliche Beziehungen zu den anderen Völkern durchgesetzt. Damit wurde die nationale Frage, wie sie der deutsche Imperialismus mit seiner volksfeindlichen und aggressiven Politik nach innen und außen stets verschärft hat und die für die kapitalistische deutsche Nation in der BRD fortbesteht, in der DDR endgültig gelöst.

---

28 Vgl. Programm der Sozialistischen Einheitspartei Deutschlands, S. 56 ff.

Entfaltung und Annäherung sozialistischer Nationen

Die Erfahrungen bei der Herausbildung des sozialistischen Weltsystems besagen, daß auf Grund des erreichten Entwicklungsstandes der Produktivkräfte und der Gesamtheit der gesellschaftlichen Verhältnisse sowie des Reifegrades ihrer Internationalisierung die *sozialistische Nation* (im Rahmen eines Nationalstaates bzw. in multinationalen Staaten) eine gesetzmäßige *Struktur- und Entwicklungsform* der sozialistischen Gesellschaft ist. Jede sozialistische Nation besitzt spezifische, mit ihren sozialökonomischen und sozialpolitischen Wesenszügen organisch verschmolzene unwiederholbare national-ethnische Züge – so eine eigene Sprache, Beziehungen zum Territorium, Besonderheiten der Kultur und der sozialen Psyche, der Sitten, Gebräuche und Lebensgewohnheiten –, die der sozialistischen Gesellschaft des jeweiligen Landes ein unverwechselbares Kolorit verleihen. Zugleich wirken objektiv Prozesse der Internationalisierung, verstärken sich Gemeinsamkeiten in den Grundlagen und Grundprozessen aller sozialistischen Länder, erfolgt die Zusammenarbeit zwischen ihnen.

Die *Politik der marxistisch-leninistischen Parteien* muß deshalb stets die dialektische Einheit zweier sich wechselseitig bedingender und einander durchdringender *Tendenzen in den sozialistischen nationalen Verhältnissen und Beziehungen* berücksichtigen: (1.) die Entfaltung und das allseitige Aufblühen jeder Nation, die Entwicklung ihrer geschichtlichen Potenzen, und (2.) ihre wachsende Annäherung auf dem Wege der engen Zusammenarbeit, der allmählichen Angleichung des ökonomischen, sozialen und kulturellen Entwicklungsniveaus.

Diese beiden Tendenzen, die in ihrer Wechselwirkung bei einem bestimmten Entwicklungsgrad den Charakter einer *allgemeinen Gesetzmäßigkeit des Sozialismus* erlangen, sind die historische Fortsetzung der zwei Tendenzen in den nationalen Verhältnissen des Kapitalismus.[29] In einer neuen sozialen Qualität sind sie auf Grund der Beseitigung des Antagonismus zwischen den Klassen und Nationen von jenen in Inhalt und Folgen grundsätzlich unterschieden. Die Annäherung der sozialistischen Nationen erfolgt auf demokratischem Wege, auf den Grundlagen der Gleichberechtigung, Freiwilligkeit und der brüderlichen Zusammenarbeit. Dabei ist für die sozialistischen Nationen (und Völkerschaften), die wesensgleiche ökonomische, soziale und andere Grundlagen und Interessen besitzen, nicht das bestimmend, was sie in ihrem Entwicklungsstand sowie in sozialer, kulturell-geistiger usw. Hinsicht unterscheidet; entscheidend ist für sie das ständig zunehmende Gemeinsame, das sie unter dem Einfluß der sozialistischen Verhältnisse und der Einheit ihrer Grundinteressen und Ziele verbindet und ihr Aufblühen ermöglicht. Auf diesen Grundlagen erwachsen auch aus den nationalspezifischen Entwicklungsprozessen Beiträge, die das Leben sozialistischer Nationen und Völkerschaften bereichern. Die Entwicklung der nationalen Gemeinschaften sozialistischen Typs führt somit nicht zur Abgrenzung der Menschen nach nationalen

---

29 Vgl. W.I.Lenin, Kritische Bemerkungen zur nationalen Frage, in: Werke, Bd.20, S.12.

Merkmalen, sondern wird zu einer Triebkraft der Annäherung und der wechselseitigen Bereicherung der Nationen. Mit voranschreitender sozialistischer Entwicklung im Rahmen einer Nation (oder eines sozialistischen Landes) nehmen auf politisch-ideologischem, ökonomischem und geistig-kulturellem Gebiet die Gemeinsamkeiten und damit die Faktoren, die die Annäherung fördern, zu. Die stetige Annäherung ist wiederum wichtige Voraussetzung für den Fortschritt jeder sozialistischen Nation. Die Annäherung, die einen langen und vielschichtigen, die ganze sozialistische Phase andauernden Prozeß umfaßt, bedeutet deshalb weder eine Aufhebung der nationalen Unterschiede, der Staatsgrenzen (zwischen souveränen sozialistischen Staaten) noch ein Verschmelzen der Nationen. Das wird – nach den heutigen Erkenntnissen – erst auf der Grundlage des voll entfalteten Kommunismus im Weltmaßstab auf die Tagesordnung rücken. Dieser neuartige Annäherungsprozeß sozialistischer Nationen ist heute und in Zukunft offensichtlich auch verbunden mit einer Zunahme der Mannigfaltigkeit und neuen Differenzierungen, die W. I. Lenin voraussah.[30] Vereinfachte, mechanistische Vorstellungen von einem Anwachsen alles Gemeinsamen bei gleichzeitiger Verringerung aller Unterschiede zwischen den sozialistischen Ländern gehen an der Wirklichkeit vorbei.

Die gesetzmäßigen Prozesse des Aufblühens und der Annäherung sozialistischer Nationen wirken heute sowohl *innerhalb sozialistischer Staaten* – vor allem in jenen, die mehrere Nationen, Völkerschaften oder nationale Gruppen vereinen – als auch *zwischen souveränen sozialistischen Staaten.* Dabei unterscheiden sich Formen und Methoden sowie das Tempo der Durchsetzung dieser Prozesse innerhalb sozialistischer Nationalitätenstaaten einerseits und auf der Grundlage souveräner sozialistischer Staaten andererseits wesentlich voneinander. Dieser Unterschied ist von großer theoretischer und praktisch-politischer Bedeutung.

Ein historisches Beispiel für die *erste Entwicklungsform* der Entfaltung und Annäherung sozialistischer Nationen ist die UdSSR. Im Rahmen des multinationalen Sowjetstaates, eines Föderativstaates, in dem naturgemäß die internationalen Annäherungsprozesse stärker ausgeprägt waren und sind, entstand im Ergebnis der erfolgreichen Schaffung der sozialistischen Gesellschaft und nach der Überwindung der Klassen- und der nationalen Antagonismen eine neue historische, soziale und internationale Gemeinschaft von Menschen – das *Sowjetvolk.* Es ist eine alle Klassen und Schichten, alle Nationen und Völkerschaften umfassende Gemeinschaft von Menschen, die ein gemeinsames Vaterland – die Sowjetunion – besitzen; es ist gekennzeichnet durch ein gemeinsames Territorium, eine einheitliche, auf dem gesellschaftlichen Eigentum an den Produktionsmitteln basierende Wirtschaft, eine ihrem Inhalt nach sozialistische Kultur, nationale Sprachen und eine Sprache des zwischennationalen Verkehrs, die russische, einen föderativen Staat und ein gemeinsames Ziel – den Kommunismus. Es wäre aber falsch anzu-

---

30 Vgl. W. I. Lenin, Das Hauptwerk des deutschen Opportunismus über den Krieg, in: Werke, Bd. 21, S. 272.

nehmen, daß bereits heute in der UdSSR die Nationen verschmelzen oder an Bedeutung verlieren. Im Rahmen des Sowjetvolkes gehen ein weiteres Aufblühen, eine intensive wirtschaftliche und soziale Entwicklung der Nationen und Völkerschaften vor sich, die den Prozeß der Annäherung auf der Grundlage der Gleichberechtigung, der brüderlichen Zusammenarbeit und der Freiwilligkeit beschleunigen.[31] Wie bereits die Klassiker des Marxismus-Leninismus voraussahen, ist der Prozeß der Überwindung der nationalen Unterschiede ein langfristiger, komplizierter Prozeß, in dem die sozial-klassenmäßigen Unterschiede früher verschwinden werden als viele national-ethnische.

Bei der Entwicklung und Annäherung sozialistischer Nationen *auf der Grundlage der Zusammenarbeit zwischen souveränen sozialistischen Staaten* wurden und werden vor allem im Rahmen der sozialistischen Staatengemeinschaft in Europa vielfältige Erfahrungen gesammelt. Die politische Organisationsform, in deren Rahmen hier die Annäherung vonstatten geht, ist ein Bündnis selbständiger und souveräner Staaten. Die sozialistischen Nationen werden meist durch souveräne Staaten repräsentiert, und Entscheidungen bzw. Vereinbarungen über die zwischennationale Zusammenarbeit werden als souveräne staatliche Akte wirksam. Das heißt auch, daß die konkreten Formen und das Tempo der Annäherung (im dialektischen Verhältnis zur Entfaltung der jeweiligen nationalen Verhältnisse) bestimmt werden von den objektiv bedingten Interessen der jeweiligen sozialistischen Staaten und ihrer Bereitschaft und Fähigkeit, in dieser oder jener Form und in diesem oder jenem Umfang an der Zusammenarbeit mitzuwirken. Es ist natürlich, daß in einem solchen komplizierten Prozeß Interessenunterschiede zum Ausdruck kommen und Widersprüche auftreten, die durch die beteiligten Länder gemeinsam gelöst werden müssen. Die Erfahrungen zeigen, daß sich in einem langen und vielgestaltigen Prozeß, der im einzelnen nicht gleichmäßig verläuft und vielfach noch den Charakter einer Tendenz trägt, insbesondere fundiert in der sozialistischen ökonomischen Integration die Annäherung der sozialistischen Nationen und Länder vollzieht. Das geschieht in drei Richtungen: durch die sich *intensivierende Zusammenarbeit* zwischen souveränen sozialistischen Staaten auf immer mehr Gebieten des gesellschaftlichen Lebens; durch das Anwachsen *gemeinsamer Grundzüge,* von *Ähnlichkeiten* im gesellschaftlichen Leben und in der Gesellschaftspolitik im Rahmen einer Mannigfaltigkeit der Entwicklung; durch die allmähliche und langfristige *Angleichung des sozialökonomischen Entwicklungsniveaus* der sozialistischen Länder.

31   Vgl. Programm der KPdSU, S. 57 ff.

Kontrollfragen zu Kapitel 11

1. Wodurch werden die Wechselbeziehungen zwischen den sozialistischen Ländern bedingt und bestimmt?

2. Nennen Sie Beispiele für die Annäherung der Staaten der sozialistischen Gemeinschaft!

3. Welche spezifischen Erfordernisse muß die Politik der marxistisch-leninistischen Parteien in den Beziehungen zwischen den sozialistischen Staaten berücksichtigen?

4. Welche Schlußfolgerungen ergeben sich aus den dialektischen Wechselbeziehungen zwischen sozialistischem Patriotismus und sozialistischem Internationalismus für den sozialistischen Staatsbürger?

5. Wodurch ist die neue Stufe der Entwicklung der sozialistischen Staatengemeinschaft seit Mitte der 80er Jahre gekennzeichnet, und vor welchen neuen Aufgaben stehen der RGW und die Warschauer Vertragsorganisation?

TEIL IV
Politische Führungsprozesse
in der entwickelten sozialistischen Gesellschaft

Ein Wesensmerkmal des Sozialismus besteht darin, daß er eine von der Arbeiterklasse und ihrer marxistisch-leninistischen Partei geführte, demokratisch organisierte Gesellschaft ist. Probleme der *politischen Führung* nehmen daher im *wissenschaftlichen Sozialismus* einen wichtigen Platz ein. Gestützt auf gesellschaftstheoretische, programmatische und strategische Erkenntnisse werden im folgenden Teil
– Wesen und Hauptaufgaben der politischen Führung,
– das politische System und die sozialistische Demokratie sowie
– Probleme der politischen Führung in einigen ausgewählten Bereichen der Gestaltung der entwickelten sozialistischen Gesellschaft unter Berücksichtigung der Erfahrungen vor allem der DDR behandelt.

12. Politische Führung der sozialistischen Gesellschaft durch die Arbeiterklasse und ihre marxistisch-leninistische Partei

Mit der sozialistischen Gesellschaft bildet sich ein neuer Typ gesellschaftlicher Entwicklung heraus.[1] Diese vollzieht sich jetzt nicht mehr spontan, als Resultante einander widerstrebender Tendenzen, im Klassenkampf, sondern bewußt und planmäßig, im Einklang mit den objektiven Gesetzmäßigkeiten der gesellschaftlichen Entwicklung. Die Arbeiterklasse und ihre marxistisch-leninistische Partei besitzen – wie Geschichte und Gegenwart der sozialistischen Gesellschaft zeigen – jene Voraussetzungen, Erfahrungen und Potenzen, um die Führung aller gesellschaftlichen Kräfte zu übernehmen. Diese Führungstätigkeit – Ausdruck der weiteren Verwirklichung der welthistorischen Mission der Arbeiterklasse – trägt Klassen- und damit politischen Charakter. Die Arbeiterklasse und ihre marxistisch-leninistische Partei durchlaufen einen langen und komplizierten Lernprozeß, um sich die Kenntnisse und Fähigkeiten anzueignen, die für die Lösung der welthistorisch neuen Aufgabe, eine ganze Gesellschaft bewußt und planmäßig zu gestalten, notwendig sind. Fragen der politischen Führung gehören zu den zentralen Problemen des wissenschaftlichen Sozialismus. Dieser ist gemeinsam mit der politischen Ökonomie des Sozialismus und dem dialektischen und historischen Materialismus Grundlage weiterer, spezifischer Leitungswissenschaften.

---

1 Vgl. Kap. 9.1. des vorliegenden Lehrbuches.

12.1. Notwendigkeit, Wesen und Hauptaufgaben der politischen Führung

Der politische Charakter der Leitung
Im Rahmen der umfassenden wissenschaftlichen Leitung der sozialistischen Gesellschaft, die durch ein ganzes System staatlicher und nichtstaatlicher Organisationen und Institutionen und – entsprechend dem Prinzip des demokratischen Zentralismus – bei wachsender aktiver Teilnahme der Werktätigen ausgeübt wird, nimmt die politische Führung (die politische Leitung) durch die marxistisch-leninistische Partei der Arbeiterklasse einen zentralen Platz ein. „Die Aufgabe der Partei besteht darin", so heißt es im Programm der SED, „die gesellschaftliche Entwicklung in der Deutschen Demokratischen Republik auf der Grundlage einer wissenschaftlich fundierten Strategie und Taktik politisch zu leiten."[2]

Die *Notwendigkeit einer politischen Führung* der sozialistischen Gesellschaft durch die Arbeiterklasse und ihre marxistisch-leninistische Partei sowie der *politische Charakter der gesamten Leitungstätigkeit* in allen Bereichen des gesellschaftlichen Lebens von der Ökonomie bis zur Kultur und Bildung ergibt sich grundsätzlich daraus, daß in der modernen Gesellschaft, bei Existenz von Klassen und Staaten, die Leitung gesellschaftlicher Prozesse niemals klassenneutral ist. Leitung wird stets durch die jeweiligen Produktions- und Machtverhältnisse bestimmt. Ihre Ziele, ihr Inhalt, ihre Prinzipien und Methoden sind den Interessen jener Klassen bzw. sozialen Kräfte untergeordnet, die ökonomisch herrschen und die Staatsmacht ausüben. Leitungstätigkeit dient offen oder verschleiert, mittel- oder unmittelbar der Durchsetzung von Klassen- und anderen sozialen Interessen, ist auf politische Machtverhältnisse (ihre Stabilisierung, Veränderung) bezogen, zielt auf die Entwicklung der Gesellschaft bzw. einzelner Bereiche in eine ganz bestimmte sozialpolitische Richtung.

Karl Marx befaßte sich mehrfach mit Fragen der Leitung gesellschaftlicher Prozesse und erläuterte: „Alle unmittelbar gesellschaftliche oder gemeinschaftliche Arbeit auf größerm Maßstab bedarf mehr oder minder einer Direktion, welche die Harmonie der individuellen Tätigkeiten vermittelt und die allgemeinen Funktionen vollzieht, die aus der Bewegung des produktiven Gesamtkörpers im Unterschied von der Bewegung seiner selbständigen Organe entspringen."[3] Marx deckte auch auf, daß *Leitung im Kapitalismus* eine spezifische Funktion des Kapitals ist und eine „möglichst große Produktion von Mehrwert, also möglichst große Ausbeutung der Arbeitskraft durch den Kapitalisten" zu sichern hat. Damit werde gesellschaftliche Leitung im Kapitalismus ihrer Form nach notwendig „despotisch" und trete den Arbeitern und anderen Werktätigen als „Autorität des Kapitali-

---

2 Programm der Sozialistischen Einheitspartei Deutschlands, Berlin 1976, S. 65.
3 K. Marx, Das Kapital. Erster Band, in: K. Marx/F. Engels, Werke, Bd. 23, S. 350.

sten ..., als Macht eines fremden Willens, der ihr Tun seinem Zweck unterwirft"[4], gegenüber. Leitung im Kapitalismus kann darum, soviel Reformversuche zu ihrer Modernisierung auch vorgenommen werden, nie wirklich im gesamtgesellschaftlichen Interesse wirken, ist dem Profitprinzip unterworfen und durch Ausschluß der beherrschten Klassen und sozialen Schichten charakterisiert. Das alles setzt der planmäßigen Leitung im Kapitalismus enge Grenzen.

Demgegenüber ist *Leitung in der sozialistischen Gesellschaft* durch den Sinn des Sozialismus und damit durch das gesamtgesellschaftliche Interesse determiniert und erfordert den Übergang zur bewußten und planmäßigen Organisation der gesellschaftlichen Entwicklung. Dieser neue Typ gesellschaftlicher Leitung ist durch Wirkungsbedingungen grundsätzlich neuer Art gekennzeichnet: Leitung muß – in verschiedenen Formen – im Rahmen eines sozialistischen Staates *einheitlich und gesamtgesellschaftlich* sein und *bedarf eines Zentrums.* Friedrich Engels bemerkte: „Nur eine Gesellschaft, die ihre Produktivkräfte nach einem einzigen großen Plan harmonisch ineinandergreifen läßt, kann der Industrie erlauben, sich in derjenigen Zerstreuung über das ganze Land anzusiedeln, die ihrer eignen Entwicklung und der Erhaltung resp. Entwicklung der übrigen Elemente der Produktion am angemessensten ist."[5] Gesellschaftliche Leitung im Sozialismus muß *alle Bürger einbeziehen, demokratisch sein,* denn „die Gesellschaft kann sich selbstredend nicht befreien, ohne daß jeder einzelne befreit wird". Dazu sei – wie Engels schrieb – eine Produktionsweise durchzusetzen, „in der einerseits kein einzelner seinen Anteil an der produktiven Arbeit ... auf andre abwälzen kann; in der andrerseits die produktive Arbeit ... jedem einzelnen die Gelegenheit bietet, seine sämtlichen Fähigkeiten, körperliche wie geistige, nach allen Richtungen hin auszubilden und zu betätigen".[6] Diesem Erfordernis entspricht das Leitungsprinzip des demokratischen Zentralismus.

Über Erfordernisse einheitlicher und demokratischer Leitung der Gesellschaft hatten bereits vor Marx und Engels utopische Sozialisten ebenso wie bürgerliche Reformer nachgedacht. Die historische Praxis zeigte damals wie heute, daß Systeme gesellschaftlicher Leitung, die die Interessen aller Bürger erfassen, nicht einfach mittels logischer Regeln konstruiert oder mittels Nutzung moderner Informations- oder Kommunikationstechniken gestaltet werden können. Erforderlich ist vielmehr, *soziale Bedingungen und politische Verhältnisse* zu schaffen, unter denen *gesellschaftliche Entwicklung* überhaupt *erkennbar, beherrschbar* und durchgängig *leitbar* wird. Erst mit der Errichtung der politischen Herrschaft der Arbeiterklasse in der sozialistischen Revolution werden jene Grundlagen geschaffen, die die wissenschaftlich begründete *Führung und Leitung* im Rahmen der gesamten Gesellschaft *möglich* und im Interesse der weiteren Durchsetzung der welthistorischen Mission der Arbeiterklasse *notwendig* machen.

4 Ebenda, S. 350 f.
5 F. Engels, Anti-Dühring, in: K. Marx/F. Engels, Werke, Bd. 20, S. 276.
6 Ebenda, S. 273 f.

Zu diesen *neuen Grundlagen gesellschaftlicher Leitung* gehören im Sozialismus:
– als *sozialökonomische Grundlage das gesellschaftliche Eigentum an den wichtigsten Produktionsmitteln,* den Naturreichtümern usw. Bereits im Kapitalismus vertieft sich immer mehr der Widerspruch zwischen der objektiven Tendenz der modernen Produktion, insbesondere der industriellen Großproduktion, die nach Leitung und Planung drängt, und dem Privateigentum an den Produktionsmitteln und seiner Herrschaft im gesamtgesellschaftlichen Maßstab. Die *moderne Produktion,* deren gesamtgesellschaftliche Dimensionen zunehmen, bringt die objektive Tendenz zur Zentralisierung und zur zielgerichteten Leitung im gesamtgesellschaftlichen Maßstab hervor. Erst die sozialistische Gesellschaft jedoch vermag jene Struktur der Produktionsverhältnisse zu schaffen, die der objektiven Tendenz entspricht, alle Wirtschaftszweige und die ganze Gesellschaft zu einem einheitlichen Ganzen zu verbinden und allmählich alle Werktätigen zu assoziierten Produzenten zu machen;
– als *sozialpolitische Grundlage* die auf dem gesellschaftlichen Eigentum an den Produktionsmitteln beruhende nichtantagonistische *Klassen-, Sozial- und Interessenstruktur,* die bei führender Rolle der Arbeiterklasse die Möglichkeit schafft, sowohl die gemeinsamen Grundinteressen als auch die differenzierten, unterschiedlichen Interessen der Klassen, Schichten usw. zu berücksichtigen und im Leitungsprozeß immer wieder neu zur Herstellung der Übereinstimmung von gesellschaftlichen, kollektiven und individuellen Interessen zu gelangen. Unter den neuen sozialpolitischen Bedingungen, unter denen die Menschen durch Beziehungen der kameradschaftlichen Zusammenarbeit und gegenseitigen Hilfe miteinander verbunden sind, ist es möglich, gemeinsame gesellschaftliche Ziele zu erarbeiten und sie mit gemeinsamen Anstrengungen zu erreichen. Charakteristisch für die sozialistische Leitung ist in diesem Zusammenhang, daß sie auf die immer umfassendere Entfaltung der Initiative der Arbeiterklasse und der anderen Werktätigen, auf die Freisetzung neuer Triebkräfte schöpferischen Handelns orientiert;
– als *theoretische Grundlage der Marxismus-Leninismus* und weitere Gesellschafts- und Naturwissenschaften, die die Menschen mit der Kenntnis der Gesetzmäßigkeiten der Entwicklung ausrüsten, die dialektisch-materialistische Methode der exakten Analyse der Bedingungen und Erfordernisse vermitteln sowie gerade in der Gegenwart zahlreiche wissenschaftliche und technische Mittel und Verfahren zur Bewältigung der Aufgaben der Leitung der Gesellschaft unter den Bedingungen der wissenschaftlich-technischen Revolution zur Verfügung stellen.

Das *Wirksamwerden dieser Grundlagen ist durchgängig* an eine *allgemeine Voraussetzung* gebunden: an die *Führung der gesellschaftlichen Entwicklung durch die Arbeiterklasse und ihre marxistisch-leninistische Partei.* Die Arbeiterklasse ist kraft ihrer objektiven Klassenlage und durch das Wirken ihrer Partei als einzige soziale Kraft fähig, mit ihrem eigenen auch das gesamtgesellschaftliche Interesse zu erkennen, es in realistische Ziele und gesellschaftsstrategische Orientierungen umzusetzen und zusammen mit den anderen Werktätigen zu verwirklichen. Lenin betonte die

Fähigkeit und Pflicht der Arbeiterklasse, „die ganze Masse der Werktätigen" nicht nur im Kampf für den Sturz der kapitalistischen Macht und die Sicherung und Festigung des revolutionären Sieges *zu führen*, sondern auch „bei der Schaffung der neuen, der sozialistischen Gesellschaftsordnung, in dem ganzen Kampf für die völlige Aufhebung der Klassen".[7]

Leitung behält somit *im gesamten Entwicklungsprozeß des Sozialismus Klassencharakter* und ist *Ausdruck der Verwirklichung politischer Macht*. Das drückt sich auch darin aus, daß die Arbeiterklasse, geführt von ihrer marxistisch-leninistischen Partei, durch ihre zielstrebige und vertrauensvolle Bündnispolitik alle anderen sozialen und politischen Kräfte in die Leitung der gesellschaftlichen Angelegenheiten einbezieht und diese ihrerseits die führende Rolle der Arbeiterklasse und ihrer marxistisch-leninistischen Partei anerkennen.

Mit der politischen Führung der sozialistischen Gesellschaft durch die Arbeiterklasse und ihre Partei kann Leitung erstmalig auch einen *konsequent wissenschaftlichen Charakter* erhalten, da das Aufdecken von Entwicklungserfordernissen nicht mehr durch eigennützige Klasseninteressen behindert wird. Erstmals können alle wissenschaftlichen Erkenntnisse in den Dienst der gesellschaftlichen Entwicklung gestellt werden.

In dieser Einheit von sozialen und theoretischen Komponenten können *politische Führung der sozialistischen Gesellschaft und auf ihrer Grundlage wissenschaftliche Leitung dieser Gesellschaft* bestimmt werden als die auf der Erkenntnis und Ausnutzung objektiver gesellschaftlicher Gesetze beruhende und auf Ergebnisse der Wissenschaften gestützte zielgerichtete, planmäßige und komplexe Einwirkung der Arbeiterklasse und ihrer Verbündeten auf die gesamte Gesellschaft bzw. einzelne ihrer Sphären. Sie erfolgt durch ein ganzes System von staatlichen und gesellschaftlichen Institutionen und Organisationen, die von der marxistisch-leninistischen Partei geführt werden und in der politischen Organisation der sozialistischen Gesellschaft untereinander verbunden sind.[8]

Die wichtigste Aufgabe der *gesellschaftlichen Leitung* im Sozialismus ist die *Entfaltung der bewußten Aktivität der Klassen und Schichten*, der Kollektive und der Werktätigen nach einem Gesamtplan. Die *politische Führung* durch die marxistisch-leninistische Partei wird oft auch als *Kern der gesellschaftlichen Leitung* der sozialistischen Gesellschaft bezeichnet. Sie ist der höchste Ausdruck des Klassenwesens und des politischen Charakters dieser Leitung.

In jedem sozialistischen Land bildet sich das Leitungssystem in einem langen Prozeß heraus und wird ständig weiter vervollkommnet. Die Geschichte des sozialistischen Aufbaus zeigt ein ständiges Suchen nach den besten Lösungen, die den Bedingungen des jeweiligen Landes entsprechen, sowie vielfältige Diskussionen über das Ziel sozialistischer Leitung, über die jeweiligen Erfordernisse des demokratischen Zentralismus als grundlegendes Leitungsprinzip, über Platz,

7 W. I. Lenin, Die große Initiative, in: Werke, Bd. 29, S. 409.
8 Vgl. Kap. 13.1. des vorliegenden Lehrbuches.

Funktionen und Wechselbeziehungen der marxistisch-leninistischen Partei, des sozialistischen Staates, der Gewerkschaften usw. im Leitungssystem und vor allem über die besten, effektivsten Formen und Methoden der Einbeziehung der Werktätigen in die Leitung. Bei der weiteren Gestaltung der entwickelten sozialistischen Gesellschaft werden die Aufgaben der Leitung immer komplizierter und vielfältiger.

Politische Führung durch die Arbeiterklasse Der Aufbau des Sozialismus und die weitere Gestaltung der entwickelten sozialistischen Gesellschaft erfolgen in allen sozialistischen Ländern unter Führung der Arbeiterklasse und ihrer marxistisch-leninistischen Partei. Wie die historischen Erfahrungen zeigen, gibt es keine andere soziale und politische Kraft, die diese tiefgreifende revolutionäre Umwälzung aller gesellschaftlichen Verhältnisse führen kann. Die führende Rolle der Arbeiterklasse und ihrer marxistisch-leninistischen Partei ist eine *allgemeine*, in ihrem Wesen *politische Gesetzmäßigkeit* der sozialistischen Gesellschaft. Die *Durchsetzung dieser Gesetzmäßigkeit* ist *abhängig erstens* von der ständigen und allseitigen Höherentwicklung der Arbeiterklasse, *zweitens* von der Festigung der Partei und ihrer Kampfkraft und *drittens* von der Gestaltung stabiler, lebendiger Wechselbeziehungen zwischen der Partei, der Klasse und den werktätigen Massen.

Die Führungstätigkeit der marxistisch-leninistischen Partei geht von der Erkenntnis aus, daß weder die Gesellschaft als Ganzes noch ein Teilgebiet des gesellschaftlichen Lebens ohne ein *politisches Herangehen*, ohne die Bestimmung des politischen Inhalts und der politischen Wirkung der zu treffenden Maßnahmen zu leiten ist. „Ohne politisch richtig an die Sache heranzugehen", betonte deshalb W. I. Lenin, „wird die betreffende Klasse ihre Herrschaft nicht behaupten *und folglich* auch ihre *Produktionsaufgabe* nicht lösen können."[9] Politisches Herangehen bedeutet, daß im gesamten Leitungsprozeß die Interessen der Arbeiterklasse und ihrer Verbündeten verwirklicht werden, daß an die Lösung jeder Aufgabe vom Standpunkt dieser Interessen aus herangegangen wird; es bedeutet zu sichern, daß die Zielsetzungen und Entscheidungen den Gesetzmäßigkeiten der gesellschaftlichen Entwicklung entsprechen, die Tagesaufgaben im Einklang mit der Perspektive gelöst werden, daß die Übereinstimmung der verschiedenen Interessen bei Vorrang der gesamtgesellschaftlichen Interessen hergestellt wird, daß diese Interessenübereinstimmung sich spürbar im Leben der Menschen niederschlägt und dort zur sozialen Erfahrung werden kann; daß alle Leitungsentscheidungen der allseitigen Stärkung der Arbeiter-und-Bauern-Macht dienen und daß die Werktätigen immer umfassender in die Entscheidung, Durchführung und Kontrolle der staatlichen und gesellschaftlichen Angelegenheiten einbezogen werden. Indem die objektiven Interessen der Arbeiterklasse, mit denen die

---

9   W. I. Lenin, Noch einmal über die Gewerkschaften, die gegenwärtige Lage und die Fehler Trotzkis und Bucharins, in: Werke, Bd. 32, S. 74.

Grundinteressen der anderen Werktätigen übereinstimmen, den zentralen Ausgangs- und Zielpunkt der politischen Führung der sozialistischen Gesellschaft bilden, realisiert die marxistisch-leninistische Partei die Dialektik von Ökonomie, Politik und Ideologie, in der der Politik das Primat zukommt. Das politische Herangehen schließt sowohl Fragen der inneren Entwicklung der sozialistischen Länder als auch die internationalen Beziehungen untereinander und gegenüber nichtsozialistischen Ländern ein.

Die marxistisch-leninistischen Parteien können sich in ihrer politischen Führungstätigkeit auf die Erfahrungen und Erkenntnisse stützen, die die internationale kommunistische Bewegung und jede einzelne Partei in Jahrzehnten bei der Ausarbeitung und Verwirklichung der politischen *Strategie und Taktik* des Kampfes für Demokratie, Frieden und sozialen Fortschritt gesammelt haben.[10] Die *politische Führung hat im Sozialismus jedoch neue Möglichkeiten und Aufgaben, neue Mittel und Organisationsformen*, in erster Linie die sozialistische Staatsmacht. Die Klasseninteressen der Arbeiterklasse haben die Dimension eines *Gesellschaftsinteresses* angenommen; die Grundinteressen der Klasse der Genossenschaftsbauern, der Intelligenz und anderer sozialer Gruppen erweisen sich immer mehr als identisch mit den Interessen der Arbeiterklasse. Der aktive, eigenständige und schöpferische Beitrag der Verbündeten der Arbeiterklasse zur Gestaltung des Sozialismus ist selbst zum objektiven Klasseninteresse der Arbeiterklasse geworden. Die politische Strategie und Taktik hat die Dimension einer *Gesellschaftsstrategie* angenommen, die auf die komplexe Führung des Umgestaltungsprozesses in allen gesellschaftlichen Bereichen gerichtet ist.

Die SED hebt in ihrem Programm hervor, daß die Arbeiterklasse ihre revolutionäre und schöpferische geschichtliche Mission nur zu erfüllen vermag, „wenn ihre Partei als bewußter und organisierter Vortrupp, als ihre höchste Klassenorganisation ihren Führungsaufgaben gerecht wird"[11], und daß die Partei ihrer Führungsrolle nur gerecht werden kann, wenn es ihr gelingt, „den Einfluß der Arbeiterklasse in allen Lebensbereichen zu verstärken".[12] Politische Führung – als Kern der wissenschaftlichen Leitung – bedeutet vor allem, die Interessen der Arbeiterklasse, die zugleich die Grundinteressen des ganzen Volkes zum Ausdruck bringen und die mit den Interessen des Menschheitsfortschritts voll in Übereinstimmung stehen, zu verwirklichen.

Die *Arbeiterklasse als soziale und politische Hauptkraft* der sozialistischen Gesellschaft verwirklicht ihre Führungsfunktion – mit der Partei als Vorhut – vor allem durch ihre revolutionär-verändernde Aktion, mit der sie die gesellschaftliche Entwicklung im Übergang vom Kapitalismus zum Sozialismus und Kommunismus entscheidend prägt und vorantreibt. Diese gesellschaftsprägende Rolle der Arbeiterklasse tritt in der sozialistischen Revolution in breitem Maße hervor und entfal-

---

10 Vgl. Kap. 4. des vorliegenden Lehrbuches.
11 Programm der Sozialistischen Einheitspartei Deutschlands, S. 65 f.
12 Ebenda, S. 37.

tet sich im langfristigen Prozeß der weiteren Gestaltung der entwickelten sozialistischen Gesellschaft.

Sie bewährt sich vor allem in der *Ausübung der politischen Macht*. Diese erhält ihre qualitativ neue Stabilität und Effektivität daraus, daß ihr das Klasseninteresse der Arbeiterklasse zugrunde liegt, daß sie sich auf eine in der Großproduktion und in den Kämpfen der Arbeiterbewegung geschichtlich gewachsene starke Organisiertheit stützen kann und die Klasse in der vergesellschafteten Produktion gesamtgesellschaftliche Verantwortung wahrnehmen und an der Leitung gesellschaftlicher Angelegenheiten teilnehmen kann. Die Führungsrolle der Arbeiterklasse auf politischem Gebiet tritt in vielfältigen Formen hervor.[13] Der in der DDR wie in anderen sozialistischen Ländern auch verfassungsmäßig fixierte Grundsatz der führenden Rolle der Arbeiterklasse und ihrer marxistisch-leninistischen Partei (z. B. Artikel 1 der Verfassung der DDR) wird u. a. durch einen hohen Anteil von Arbeitern, Mitgliedern der SED und des FDGB in den Volksvertretungen, den staatlichen Leitungen, im Staats- und Wirtschaftsapparat gewährleistet. In der Volkskammer der DDR sind ca. 75% der Abgeordneten von ihrer sozialen Herkunft und nahezu 50% von ihrer gegenwärtigen Tätigkeit her Arbeiter. 70% der Generaldirektoren der zentralgeleiteten Kombinate, über 75% der Offiziere der NVA, über 70% der Staatsanwälte und nahezu 65% der Richter entstammen der Arbeiterklasse. Arbeitskollektive nehmen vor allem über ihre Gewerkschaftsorganisationen Einfluß auf die Auswahl von Abgeordneten und ihr Wirken in den Volksvertretungen. Sie delegieren klassenbewußte und politisch aktive, meist junge Arbeiter zur hauptamtlichen Tätigkeit in die Institutionen des Staatsapparates und sichern auch auf diesem Weg, daß die politische Macht konsequent am Interesse der Arbeiterklasse und aller Werktätigen orientiert ist. In starkem Maße tritt die gesellschaftsgestaltende Rolle der Arbeiterklasse im Wirken der Gewerkschaften hervor, aber auch im Wirken der Kampfgruppen der Arbeiterklasse zum Schutz der DDR.

Von besonderem Gewicht ist die Rolle der Arbeiterklasse als *soziale Hauptkraft* des gesellschaftlichen Fortschritts.[14] Sie kommt darin zum Ausdruck, daß sie eng mit dem sozialistischen Volkseigentum verbunden ist und den größten Teil des materiellen Reichtums der Gesellschaft produziert. Letztlich hängt von ihrem Einsatz – und dem der Genossenschaftsbauern – ab, wie die Ergebnisse des wissenschaftlich-technischen Fortschritts ökonomisch realisiert und im Kampf für die Steigerung der Arbeitsproduktivität genutzt werden. Die Arbeiterklasse ist in der Neuererbewegung, im sozialistischen Wettbewerb und durch die aktive Teilnahme an der Leitung und Planung unter Führung der Parteiorganisationen eine aktive Kraft des wissenschaftlich-technischen Fortschritts. In diesem Prozeß bilden sich „immer stärker Schöpfertum, Initiative, Kollektivität, Drang nach Bildung, gesellschaftliches Verantwortungsbewußtsein, gegenseitige Hilfe und kul-

---

13 Vgl. Kap. 13. des vorliegenden Lehrbuches.
14 Vgl. Kap. 14.1. des vorliegenden Lehrbuches.

turvolle Lebensweise"[15] aus. Damit bildet die Arbeiterklasse Eigenschaften aus, festigt ihre marxistisch-leninistische Weltanschauung und entwickelt sozialistische Werte und Ideale, die mehr und mehr die Grundlage bilden, auf der sich die schrittweise Annäherung der Klassen und Schichten vollzieht. Die maßstabsetzende Rolle der Arbeiterklasse setzt sich zunehmend auch im *geistig-kulturellen Bereich*, in der *sozialistischen Lebensweise*[16] und in der *Gestaltung von neuartigen internationalen Beziehungen*, im weltweiten Kampf um Frieden und sozialen Fortschritt[17] durch.

Die Erfahrungen des sozialistischen Aufbaus in verschiedenen Ländern lassen in bezug auf die Realisierung der Rolle der Arbeiterklasse folgende Grunderkenntnisse hervortreten:

Erstens: Hauptbedingung und Hauptausdruck der Verwirklichung dieser führenden Rolle bei der Errichtung der neuen, sozialistischen Gesellschaft ist die *weltanschaulich-zielsetzende und politisch-organisierende Wirksamkeit der marxistisch-leninistischen Partei*. Partei und Klasse bilden im Führungsprozeß auf den verschiedenen Ebenen eine organische Einheit. Die Mehrheit der Mitglieder der Partei gehört zur Arbeiterklasse bzw. entstammt ihr, und die Partei berät sich ständig mit parteilosen Arbeitern und anderen Werktätigen. Im Unterschied zu vielen bürgerlichen und kleinbürgerlichen Parteien der kapitalistischen Gesellschaft gibt es keinen Widerspruch zwischen dem Klassencharakter der Partei und ihrer sozialen Basis. Nicht zufällig besteht eine Hauptangriffsrichtung der Gegner des Sozialismus darin, einen Keil zwischen Partei und Klasse zu treiben und mit der verleumderischen These von der „Diktatur der Partei" zu versuchen, die sozialistischen Verhältnisse zu entstellen.

Zweitens: Die führende Rolle der Arbeiterklasse und ihrer Partei ist weder eine „Anmaßung", noch ist sie der Gesellschaft „von außen" aufgezwungen. Sie ist das Ergebnis eines langen, opferreichen historischen Prozesses, in dem verschiedene soziale und politische Kräfte und Parteien der Prüfung durch die Geschichte unterzogen wurden. Sie ist gleichermaßen ein objektives Erfordernis der Entwicklung der sozialistischen Gesellschaft, in der die Interessen dieser Klasse umfassend verwirklicht werden und in der diese Klasse gemeinsam mit ihren Verbündeten ihre schöpferischen Kräfte voll entfalten kann. Entscheidend für die Verwirklichung der welthistorischen Mission der Arbeiterklasse bleibt auch im Sozialismus, daß die Stärke dieser Klasse auf ihrer Führung durch die marxistisch-leninistische Partei beruht und die Kraft und die Unbesiegbarkeit der Partei in ihrer engen und unlösbaren Verbundenheit mit der Klasse und dem ganzen werktätigen Volk wurzeln. Eine stabile und kontinuierliche Vorwärtsentwicklung der sozialistischen Gesellschaft ist dann gesichert, wenn die Partei an alle grundlegenden und alltäglichen Entscheidungen stets klassenmäßig herangeht, in der Durch-

---

15 Programm der Sozialistischen Einheitspartei Deutschlands, S. 37 f.
16 Vgl. Kap. 16.1. des vorliegenden Lehrbuches.
17 Vgl. Kap. 5.3. des vorliegenden Lehrbuches.

setzung der Interessen der Arbeiterklasse und aller Werktätigen ihren Klassenauftrag sieht und am wachsenden Wohl der Werktätigen den Erfolg jeder Maßnahme mißt – und wenn die Arbeiterklasse das Programm und die Beschlüsse der Partei als Grundgesetz ihres Handelns auffaßt und sich in jeder Situation fest um die Partei schart.

Drittens: Die Verwirklichung der führenden Rolle der Arbeiterklasse und ihrer Partei ist ein objektiv bedingter, gesetzmäßiger Prozeß. Aber auch bei der Gestaltung der entwickelten sozialistischen Gesellschaft ist es kein spontaner, automatischer Prozeß; es müssen ständig entsprechende Bedingungen gegeben sein bzw. durch die Führungstätigkeit der Partei geschaffen werden. Die Arbeiterklasse und ihre Partei entwickeln sich in der historischen Aktion, im Ringen um die Lösung der ökonomischen, wissenschaftlich-technischen, sozialen, politischen und geistig-kulturellen Aufgaben. In ihren Reihen findet ein ständiger politischer, ideologischer und organisatorischer Reifeprozeß statt. Für die SED ist die feste Einheit mit der Arbeiterklasse eine unerschütterliche Maxime ihrer Politik. „Als bewußter und organisierter Vortrupp der Arbeiterklasse der Deutschen Demokratischen Republik hat sich die Sozialistische Einheitspartei Deutschlands beim erfolgreichen Aufbau des Sozialismus zu einer starken und großen marxistisch-leninistischen Kampfpartei entwickelt. Sie wird ihre Reihen klassenmäßig weiter stärken, denn nur die zutiefst in ihrer Klasse verwurzelte Partei vermag die revolutionäre Arbeiterklasse zur Erfüllung ihrer historischen Mission als Schöpfer der neuen Gesellschaft zu befähigen.“[18]

Die *Tätigkeit der Partei*, die für die Verwirklichung der welthistorischen Mission der Arbeiterklasse stets und grundsätzlich von entscheidender Bedeutung war,[19] erlangt in der sozialistischen Gesellschaft eine *neue Qualität*. Das ergibt sich aus der historisch neuen, aus dem Wesen und der Art und Weise der Herausbildung der kommunistischen Gesellschaftsformation resultierenden Rolle und Qualität des subjektiven Faktors der gesellschaftlichen Entwicklung. Die marxistisch-leninistische Partei ist das politische, ideologische und organisatorische Führungszentrum der sozialistischen Gesellschaft. Das ist kein subjektiver Anspruch, sondern durch geschichtliche Erfahrungen bestätigtes Erfordernis: In der Tätigkeit der *Partei als höchste Erscheinungsform der Bewußtheit* vereinigen sich Umsetzung der Theorie in die politische Bewegung, notwendige Auswertung der dabei gewonnenen praktischen Erfahrungen sowie schöpferische Weiterentwicklung der Theorie. Diese spezifische Verbindung von Theorie und Praxis als Grundlage der wissenschaftlichen Führung und Leitung ist eine *erste* wichtige Funktion der marxistisch-leninistischen Partei. Die Partei ist zugleich eine Kraft, die die *Einheitlichkeit und Organisiertheit der Entwicklung* der sozialistischen Gesellschaft entsprechend den grundlegenden Interessen und Zielen der Arbeiterklasse und des Sozialismus, in Richtung auf die Entfaltung eines einheitlichen sozialen Organismus si-

18 Programm der Sozialistischen Einheitspartei Deutschlands, S. 70.
19 Vgl. Kap. 3.1. des vorliegenden Lehrbuches.

chert. Dies ist eine *zweite* wichtige Funktion der Partei. „Politik – das ist die Einheit der ideell-theoretischen und praktisch-organisatorischen Arbeit der Partei bei der politischen Leitung der gesellschaftlichen Entwicklung im Sozialismus."[20]

Hauptbestandteile der politischen Führung
Im Verlaufe des sozialistischen Aufbaus haben sich in der umfassenden, vielfältigen, historisch und sozial konkreten *Führungstätigkeit* der marxistisch-leninistischen Parteien der sozialistischen Länder einige *Hauptrichtungen und -bestandteile* herausgebildet. Dazu gehören:

Erstens: Die *Ausarbeitung* (und ständige Überprüfung sowie Präzisierung und Weiterentwicklung) einer wissenschaftlichen, den Interessen der Arbeiterklasse und aller anderen Werktätigen entsprechenden, die gegebenen objektiven und subjektiven Bedingungen, Möglichkeiten und Erfordernisse berücksichtigenden *Strategie und Taktik.* Es handelt sich um die grundlegende und langfristige Orientierung, die mit der *Gesellschaftsstrategie* für die Gesamtentwicklung des jeweiligen Landes, für die Innen- und Außenpolitik, für alle staatlichen, wirtschaftlichen und gesellschaftlichen Organe und Organisationen gegeben wird. Sie ist auf die Entfaltung aller gesellschaftlichen Verhältnisse im Sinne ihrer organischen Ganzheit gerichtet. Diese umfassende und komplizierte Aufgabe erfordert heute mehr denn je intensive wissenschaftliche Arbeit des Kollektivs der Parteiführung und zahlreicher wissenschaftlicher Institutionen, um die sich häufig rasch verändernden Bedingungen und die Entwicklungstendenzen, das Kräfteverhältnis, die Stimmung der Massen usw. einzuschätzen und daraus entsprechende strategische und taktische Schlußfolgerungen abzuleiten. Diese erste Hauptrichtung der politischen Führungstätigkeit spiegelt sich vor allem in den Beschlüssen der Parteitage, Parteikonferenzen und Plenartagungen der Zentralkomitees der marxistisch-leninistischen Parteien wider.

Zweitens: Die *Mobilisierung* der Arbeiterklasse und aller Werktätigen für die Verwirklichung der gemeinsam erarbeiteten und in den grundlegenden Beschlüssen gestellten Aufgaben. Das umfaßt eine umfangreiche Arbeit zur *Erläuterung der Beschlüsse,* zu ihrer *Konkretisierung* für jedes Kollektiv, zur *Überzeugung* der Werktätigen von der Notwendigkeit, der Richtigkeit und vom Nutzen der vorgesehenen Maßnahmen, zur *Entfaltung der Initiative und Schöpferkraft,* zur Schaffung der entsprechenden Bedingungen. Bei der Gestaltung der entwickelten sozialistischen Gesellschaft ist diese politische Führungstätigkeit besonders auf die Einbeziehung aller Bürger in die Lösung der Aufgaben und damit auf die Entfaltung der sozialistischen Demokratie, auf die Festigung des Bündnisses aller Klassen und Schichten und damit auf die Festigung der politisch-moralischen Einheit der Bevölkerung gerichtet.

20   E. Honecker, Fragen von Wissenschaft und Politik in der sozialistischen Gesellschaft, in: Revolutionäre Theorie und geschichtliche Erfahrungen in der Politik der SED, Berlin 1987, S. 60 f.

Drittens: Die *Auswahl,* die *Vorbereitung,* der *Einsatz* und die ständige *Qualifizierung der Kader,* insbesondere der Leitungskader auf allen Ebenen der Gesellschaft. Die Arbeit mit den Kadern, ihre ständige politische und fachliche Aus- und Weiterbildung ist sowohl Bestandteil als auch wesentliche Voraussetzung einer wirksamen politischen und Leitungstätigkeit. Lenin forderte, daß auf verantwortungsvollen Posten „nicht nur unzweifelhaft treu ergebene, sondern wirklich gebildete und außerordentlich fähige Leute, ... begabte Leute"[21] arbeiten sollen.

Viertens: Die gewissenhafte *Kontrolle* und Überprüfung der Durchführung der politischen Linie, der Realisierung der gefaßten Beschlüsse ist ein weiterer wichtiger Bestandteil politischer Führungstätigkeit. Diese Arbeit, die in vielfältigen Formen geleistet wird (sowohl im Rahmen des Führungs- und Leitungsprozesses als auch über spezielle Kontrollorgane), ist auch wesentlicher Bestandteil des Systems der sozialistischen Demokratie; dabei geht es sowohl um die kritische Analyse der erreichten Resultate, um die Aufdeckung vorhandener Reserven als auch und vor allem um Schlußfolgerungen für die weitere Arbeit.

Fünftens: Ein eigenständiger Bereich politischer Führungstätigkeit ist die *politische Agitation und Propaganda,* die sowohl schriftlich als auch mündlich über die Massenmedien usw. durchgeführt wird. Die politisch-ideologische Arbeit dient der Vermittlung der marxistisch-leninistischen Weltanschauung an die Werktätigen sowie der Erläuterung neuer Aufgaben und Ereignisse. Ideengehalt und Prinzipienfestigkeit, Lebensverbundenheit, Differenziertheit und Vielfalt der Formen sind Bedingung für die erfolgreiche Lösung dieser massenpolitischen Aufgabe.

Sechstens: Angesichts des Umfangs des sozialistischen Aufbaus mit vielfältigen politischen, ökonomischen, kulturellen u. a. Aufgaben, Organisationsformen und Leitungsinstitutionen erweist sich die *Koordinierung* aller Elemente des politischen Systems als eine spezifische Seite gesamtgesellschaftlicher Führung. Es geht darum, die Kräfte und Initiativen zusammenzufassen, die Übereinstimmung von gesellschaftlichen, kollektiven und persönlichen Interessen zu fördern und eine hohe Effektivität des Zusammenwirkens der verschiedenen Bereiche, Organisationen und Institutionen durchzusetzen.

Über diese Hauptrichtungen der Führungstätigkeit verwirklicht die marxistisch-leninistische Partei bei der Gestaltung der entwickelten sozialistischen Gesellschaft ihre grundlegenden politischen, theoretisch-ideologischen, ideologisch-erzieherischen und organisatorischen Funktionen.

Neue Herausforderungen an die Führungsrolle der Partei
Es ist eine wichtige Erfahrung des sozialistischen Aufbaus, daß sich mit dem Voranschreiten und der Festigung der neuen Gesellschaft die *Anforderungen an die Führungstätigkeit* der marxistisch-leninistischen Partei *erhöhen,* daß die *Dimensionen ihrer Aufgaben sich erweitern* und daß dementsprechend ihre *Rolle und Verantwortung zunehmen.* Das Programm der SED hebt daher

---

21 W. I. Lenin, XI. Parteitag der KPR(B), in: Werke, Bd. 33, S. 285.

die folgende allgemeine Gesetzmäßigkeit des historischen Prozesses in unserer Epoche hervor: „Je weitreichender und komplizierter die Aufgaben der Leitung und Planung aller Seiten und Formen der gesellschaftlichen Prozesse werden, desto mehr erhöht sich die Rolle der politischen Führung der Gesellschaft durch die marxistisch-leninistische Partei."[22]

In den Beschlüssen des XI. Parteitages der SED hat diese Erkenntnis eine erneute Bestätigung erfahren. Er hat auf Grund wesentlich veränderter innerer und internationaler Bedingungen und angesichts erreichter Fortschritte in der Festigung der sozialistischen Gesellschaft der DDR einen qualitativ neuen Abschnitt bei der weiteren Gestaltung der entwickelten sozialistischen Gesellschaft eingeleitet.[23] Das war und ist auch mit neuen *Herausforderungen an die Führungstätigkeit* der marxistisch-leninistischen Partei verbunden, die sich vor allem aus den innen- und außenpolitischen Konsequenzen der Friedenssicherung, den Erfordernissen zur Durchsetzung des Typs der intensiv erweiterten Reproduktion und der Meisterung des wissenschaftlich-technischen Fortschritts, aus der Weiterentwicklung der sozialistischen ökonomischen Integration und aus der Notwendigkeit ergeben, die komplexe politische Führung auf die weitere Realisierung der Einheit von Wirtschafts- und Sozialpolitik zu konzentrieren.

Darin kommen in konkret-historischer Form einige *allgemeine Faktoren* zum Ausdruck, aus denen sich das *Anwachsen der Führungsrolle der marxistisch-leninistischen Partei* ergibt. Dazu gehören:

Erstens und vor allem die erweiterten *Maßstäbe*, die neuen *Dimensionen* sowie die zunehmende *Kompliziertheit* der Entwicklung des Sozialismus in den 80er Jahren. Die Konzentration der politischen Führungstätigkeit auf das Hauptkampffeld der Einheit von Wirtschafts- und Sozialpolitik, auf die Verbindung der Errungenschaften des wissenschaftlich-technischen Fortschritts mit den Vorzügen des Sozialismus, auf die intensiv erweiterte Reproduktion bringt die Notwendigkeit eines entsprechenden Typs der politischen Führungstätigkeit hervor, der leistungsorientiert ist, der Vervollkommnung der Leitung, Planung und ökonomischen Stimulierung dient, die Durchsetzung des wissenschaftlich-technischen Fortschritts vor allem im Rahmen der Kombinate sichert und umfassend die dem Sozialismus eigenen Triebkräfte freisetzt;

zweitens die neuen Möglichkeiten, den Sozialismus als *einheitlichen sozialen Organismus* weiter zu gestalten. Sie erfordern einen hohen Grad und eine neue Stufe an *Komplexität der politischen Führung.* Dabei geht es darum, daß jede Entscheidung in jedem gesellschaftlichen Bereich dazu beiträgt, den Sinn des Sozialismus durchzusetzen. Die Fortführung der Einheit von Wirtschafts- und Sozialpolitik erweist sich auch als Hauptkettenglied komplexer politischer Führung;

drittens die Tatsache, daß die sozialistische Gesellschaft das Werk des organisierten Handelns der Massen ist und im Zuge ihrer weiteren Gestaltung die Werktäti-

---

22 Programm der Sozialistischen Einheitspartei Deutschlands, S. 65.
23 Vgl. Kap. 10.2. des vorliegenden Lehrbuches.

gen noch wirksamer in die Leitung der gesellschaftlichen Angelegenheiten einbezogen werden. Es erweitern sich die Aufgaben der Partei, die *soziale Aktivität der Massen zu organisieren und zu koordinieren*, sie vom Standpunkt der Gesamtinteressen der Gesellschaft auf die Lösung wissenschaftlich begründeter Ziele zu lenken. Neue Anforderungen ergeben sich dabei für die Führungstätigkeit der Partei aus der Aufgabe, die Übereinstimmung von gesellschaftlichen, kollektiven und persönlichen Interessen durchzusetzen, die schöpferischen Potenzen aller Klassen und Schichten zu entfalten und die sozialistische Kommunalpolitik zu verwirklichen. Die weitere Entwicklung der sozialistischen Demokratie bringt neue Ansprüche an Massenverbundenheit und Führungskunst der Partei hervor;

viertens die zunehmende Bedeutung der *marxistisch-leninistischen Theorie und der Bewußtheit der Werktätigen*. Da der Aufbau der neuen Gesellschaft ein bewußt gestalteter Prozeß ist, werden gerade unter den komplizierten Bedingungen gegen Ende des 20. Jahrhunderts hohe Anforderungen an die theoretische Reife der Partei gestellt, d. h. an ihre Fähigkeit, die Theorie schöpferisch anzuwenden und zu entwickeln, neue Fragen vorausschauend aufzuwerfen und zu beantworten und die ideologische Arbeit als Herzstück der gesamten Parteiarbeit so zu organisieren, daß Initiative und Schöpferkraft der Werktätigen voll zur Entfaltung kommen. Das von W. I. Lenin formulierte Entwicklungsgesetz großer revolutionärer Umwälzungen findet seine Bestätigung: „Je größer der Schwung, je größer das Ausmaß der geschichtlichen Aktionen, desto größer die Zahl der Menschen, die an diesen Aktionen teilnehmen ... je tiefer die Umgestaltung, die wir vollbringen wollen, desto mehr muß man Interesse und bewußte Einstellung zu ihr wecken, muß man immer neue und neue Millionen und aber Millionen von dieser Notwendigkeit überzeugen"[24];

fünftens die Erfordernisse zur Festigung der sozialistischen Staatengemeinschaft. Die *Meisterung der Dialektik von Nationalem und Internationalem*, insbesondere die Organisierung einer effektiven Zusammenarbeit der Parteien und Länder bei der weiteren sozialistischen ökonomischen Integration, bei der Erschließung der Potenzen jedes Landes für die Gesamtentwicklung und auch bei einer wirksamen patriotischen und internationalistischen Erziehung stellen neue Aufgaben an die gesamte Führungstätigkeit[25];

sechstens die *neue Stufe* des *internationalen Wettstreits der Systeme und des Friedenskampfes*. Jedes einzelne sozialistische Land ist gefordert, *seinen* Beitrag zur Friedenssicherung, zur Abrüstung, zu einer weltweiten Koalition der Vernunft zu leisten. Der Komplex neuer Anforderungen an die marxistisch-leninistischen Parteien reicht von Fragen der Dialogpolitik gegenüber sozialistischen und sozialdemokratischen Parteien über eine aktive Politik der friedlichen Koexistenz gegenüber imperialistischen Staaten bis zu neuen Problemen der Außenwirtschaftsbeziehun-

---

24 W. I. Lenin, VIII. Gesamtrussischer Sowjetkongreß. Bericht über die Tätigkeit des Rats der Volkskommissare, in: Werke, Bd. 31, S. 494f.
25 Vgl. Kap. 11.2. des vorliegenden Lehrbuches.

gen. Auf diesen Gebieten sind in der Führungstätigkeit Weitsicht, Standhaftigkeit, Flexibilität und Wachsamkeit gleichermaßen gefordert.[26]

Das Anwachsen der Führungsrolle der marxistisch-leninistischen Partei ist somit *objektiv bedingt* und ein *gesetzmäßiges Erfordernis* der weiteren Gestaltung der entwickelten sozialistischen Gesellschaft. Die Erfahrungen der sozialistischen Länder zeigen, daß dieser Prozeß nicht spontan, im Selbstlauf erfolgt; er vollzieht sich im tagtäglichen Ringen der Partei, ihrer Grundorganisationen und Mitglieder um die Lösung der Aufgaben. Die marxistisch-leninistischen Parteien der sozialistischen Länder sind in der Regel zahlenmäßig große Parteien mit Grundorganisationen in allen wichtigen Bereichen der Gesellschaft. Die Erhöhung der Anforderungen an ihre Führungstätigkeit ist in erster Linie ein Problem der Qualität der Arbeit, d. h. der Verbesserung der Führungstätigkeit, der Aktivität, Qualifikation und Massenverbundenheit aller Organisationen und Mitglieder. In diesem Sinne bedeutet wachsende Führungsrolle der Partei auch nicht Gängelung oder Bevormundung anderer Organisationen und Institutionen des politischen Systems der sozialistischen Gesellschaft. Politische Führung ist Voraussetzung und Bestandteil des Gesamtprozesses der Erhöhung der Rolle des subjektiven Faktors, der Entfaltung der sozialistischen Demokratie und damit auch der Qualifizierung der Eigenverantwortung z. B. der staatlichen Organe, der Gewerkschaften und anderer Organisationen.

12.2. Instrumente und Prinzipien des politischen Führungsprozesses

Im Verlaufe des sozialistischen Aufbaus haben die marxistisch-leninistischen Parteien in der politischen Führungstätigkeit umfangreiche Erfahrungen gesammelt, sie in vielen Dokumenten (Programmen, Statuten usw.) verallgemeinert und durch den internationalen Erfahrungsaustausch bereichert. Sie befinden sich auch heute in der Frage der *Formen, Methoden, Instrumente und Prinzipien* – kurz: eines wissenschaftlichen, massenverbundenen und effektiven Arbeitsstils – in einem ständigen Lernprozeß.

Drei grundlegende Erkenntnisse sind für das Verständnis des *Arbeitsstils der Partei* wesentlich: *Erstens* dienen alle Formen, Methoden und Instrumente der politischen Führung der Realisierung der Interessen der Arbeiterklasse und ihrer Verbündeten, der Lösung der grundlegenden ökonomischen, wissenschaftlich-technischen, kulturellen u. a. Aufgaben. Insofern ist die Politik der Partei immer *konkret-inhaltlich determiniert*, auf die Führung ganz bestimmter Bereiche gerichtet, so als Grundorientierung für die gesamte Gesellschaft (als Gesellschaftspolitik), für einzelne Sphären und Bereiche (z. B. als Innen- und Außenpolitik, Wirt-

---

26 Vgl. Kap. 5.2. bis 5.4. des vorliegenden Lehrbuches.

schafts-, Agrar-, Technik-, Kultur-, Sicherheits-, Bildungs- usw. Politik) und in bezug auf einzelne Klassen und soziale Gruppen (Bündnis-, Frauen-, Jugendpolitik usw.). *Zweitens* existieren, da es in der politischen Führung immer um die weitere Realisierung der welthistorischen Mission der Arbeiterklasse, um die Entfaltung und Organisierung der Initiative der Massen geht, *allgemeingültige Prinzipien* der Führung der sozialistischen Gesellschaft durch die Partei. Sie sind eine Weiterführung und Konkretisierung der Grundprinzipien der politischen Strategie und Taktik[27] unter Bedingungen, da sich deren gesamtgesellschaftlicher, Massen- und konstruktiver Charakter qualitativ ausgeprägt hat. *Drittens* entwickeln sich die Formen, Methoden und Instrumente der politischen Führung dynamisch. Sie werden in den einzelnen Ländern durch spezifische Erfahrungen und Erfordernisse sowie nationale Traditionen eigenständig geprägt. Erfolgreicher politischer Führungstätigkeit in sozialistischen Ländern ist jeglicher Schematismus fremd.

Vertrauensverhältnis Partei – Arbeiterklasse – werktätige Massen Wie in allen vorangegangenen Etappen der Verwirklichung der welthistorischen Mission der Arbeiterklasse, so sind auch in der sozialistischen Gesellschaft und bei ihrer weiteren Gestaltung die Wechselbeziehungen zwischen marxistisch-leninistischer Partei, Arbeiterklasse und werktätigen Massen ein für den Erfolg der Sache des Sozialismus wichtiges *politisches Grundverhältnis*.[28] Von seiner Festigkeit werden Stabilität und Dynamik der sozialistischen Gesellschaft und die Lösung der ökonomischen, wissenschaftlich-technischen, kulturellen u.a. Aufgaben entscheidend determiniert. Insofern bildet das Vertrauensverhältnis von Partei und Volk eine wichtige *politische und ideologische Triebkraft.*

Dementsprechend widmen sich marxistisch-leninistische Parteien in ihrer politischen Führungstätigkeit der Entwicklung und Festigung der Massenarbeit und Massenverbundenheit als täglicher Aufgabe aller Organisationen und Mitglieder. Das Statut der SED fordert, „die Verbundenheit mit den Massen unaufhörlich zu festigen, ihnen den Sinn der Politik und der Beschlüsse der Partei zu erläutern, sie von der Richtigkeit der Politik der Partei zu überzeugen, sie für deren Durchführung zu gewinnen und von den Massen zu lernen."[29] Auf dem XI. Parteitag der SED konnte eingeschätzt werden: „Partei und Volk sind bei uns durch tiefes Vertrauen verbunden, handeln gemeinsam zum Wohle des Volkes und haben bewiesen, daß sie in solcher Gemeinsamkeit allen Anforderungen der Zeit gerecht werden."[30] Geschichtliche Erfahrungen belegen aber auch, daß durch eine Loslösung der Partei von der Arbeiterklasse und den werktätigen Massen, durch eine Lockerung der wechselseitigen Beziehungen und durch Vertrauensverlust, durch unge-

27 Vgl. Kap. 4.2. des vorliegenden Lehrbuches.
28 Vgl. Kap. 3.1. des vorliegenden Lehrbuches.
29 Statut der Sozialistischen Einheitspartei Deutschlands. Berlin 1976, S. 7.
30 Bericht des Zentralkomitees der SED an den XI. Parteitag der SED, S. 7f.

nügende Beachtung der Stimmung und Meinung der Massen und ungenügende Entwicklung der sozialistischen Demokratie Gefahren für den Sozialismus entstehen können. Das steht zumeist in engem Zusammenhang mit Bestrebungen der Gegner des Sozialismus, mit der verleumderischen These von der „Diktatur der Partei" das Vertrauensverhältnis zwischen Partei und Volk zu lockern und dabei Erscheinungen des Bürokratismus, des Subjektivismus und des Widerspruchs zwischen Wort und Tat auszunutzen.

Auch und gerade für die sozialistische Gesellschaft gilt, daß die Partei Teil der Klasse ist, sich aus den bewußtesten Vertretern der Arbeiterklasse und aller Werktätigen zusammensetzt, in ihrer Politik und ihrem Handeln den Interessen der Werktätigen gültigen Ausdruck verleiht und dadurch fähig ist, den Kampf der Massen zu führen. Das fordert von der Partei, immer und überall als Sachwalter der Interessen und Bedürfnisse des werktätigen Volkes zu wirken, kameradschaftliche Beziehungen zu allen Bürgern herzustellen, die Erfahrungen der Werktätigen zu nutzen, den Menschen mit Achtung zu begegnen und sich feinfühlig gegenüber ihren Anliegen zu verhalten. In der sozialistischen Gesellschaft prägen sich im *Vertrauensverhältnis von Partei und Volk* einige *neue Aspekte* aus, es zeigen sich neue Möglichkeiten und Aufgaben.

So schaffen *zum ersten* die für die sozialistische Gesellschaft typische Entwicklung der *marxistisch-leninistischen Parteien zu Massenparteien*, zu Parteien der Arbeiterklasse und des werktätigen Volkes, ihre soziale Zusammensetzung und ihre Organisiertheit in allen wesentlichen Lebensbereichen gute Möglichkeiten einer umfassenden Lebens- und Massenverbundenheit. *Zum zweiten* hat bei der Gestaltung der entwickelten sozialistischen Gesellschaft die *Übereinstimmung der Interessen von Partei, Arbeiterklasse und der Masse der Werktätigen,* die dem Vertrauensverhältnis von Partei und Volk objektiv zugrundeliegt, *zugenommen.* Als entscheidende Faktoren für das wachsende Vertrauensverhältnis erweisen sich immer mehr, daß sich der Sinn des Sozialismus – alles zu tun für das Wohl des Volkes – immer umfassender im persönlichen Leben des einzelnen, als reale soziale Erfahrung darstellt; daß im Sozialismus unter allen Bedingungen das Recht auf Arbeit gesichert wird und daß dabei immer mehr die sinnvolle, schöpferische Ausgestaltung der Arbeitsinhalte realisiert wird; daß Erfolge im Ringen um den Frieden, um die wachsende internationale Autorität und Ausstrahlungskraft des Sozialismus von wesentlichem Einfluß sind; daß die enge und vertrauensvolle Einbeziehung der Werktätigen in Entscheidungsprozesse von besonderer Bedeutung für die Entwicklung ihrer Schöpferkräfte ist. *Zum dritten* ist in der sozialistischen Gesellschaft *das gesamte politische System*, d. h. eine Vielzahl von staatlichen und nichtstaatlichen Organen, Institutionen und Organisationen *Rahmen und Instrument* der Festigung des Vertrauensverhältnisses von Partei und Volk. So übt fast jeder von den über 2,3 Mill. Mitgliedern und Kandidaten der SED eine oder mehrere ehrenamtliche Funktionen außerhalb seiner Parteiorganisation aus, darunter nahezu 770.000 in gewerkschaftlichen Funktionen und mehr als 280.000 in den Leitungen des Jugendverbandes und als Zirkelleiter im FDJ-Studienjahr.

Tabelle 19	Verteilung der Parteikräfte der SED (in Prozent, Stand: Ende 1986)
Industrie	26,5
Bauwirtschaft	3,3
Land- und Forstwirtschaft	6,4
Verkehrs-, Post- und Fernmeldewesen	5,2
Handel	4,8
sonstige Zweige der produzierenden Bereiche	2,0
dienstleistende Wirtschaft	1,3
kulturelle und soziale Einrichtungen	11,8
staatliche Verwaltungen und gesellschaftliche Organisationen	21,3
Wohnparteiorganisationen	17,4

Das Vertrauensverhältnis von Partei und Volk ist keine statistische Größe und trägt keinen formalen oder deklarativen Charakter. Es wird in der täglichen Praxis durch eine richtige, prinzipienfeste und massenverbundene, den Interessen und Bedürfnissen der Massen entsprechende politische Führung, in der Beschlüsse und Handlungen, Wort und Tat eine Einheit bilden, realisiert. „Die Partei ist der Vortrupp der Klasse", betonte Lenin 1917, „und ihre Aufgabe besteht keineswegs darin, den durchschnittlichen Zustand der Masse widerzuspiegeln, sondern darin, die Massen zu führen."[31]

Ständige Stärkung der Kampfkraft
Die marxistisch-leninistischen Parteien in den sozialistischen Ländern stehen nicht „neben" oder „über" der Gesellschaft, sondern sind fest im gesellschaftlichen Leben verwurzelt und stellen ihre ganze Kraft in den Dienst am Volk. Eine marxistisch-leninistische Partei ist ein lebendiger Organismus, der bewußte und organisierte Vortrupp der Arbeiterklasse und aller Werktätigen. Die Effektivität

Tabelle 20	Entwicklung des Mitgliederstandes der SED	
Jahr	Parteimitglieder insgesamt (Mitglieder u. Kandidaten)	Anteil der Arbeiter (in Prozent)
1958	1 472 932	33,8
1963	1 652 085	33,8
1967	1 769 912	45,6
1971	1 909 859	56,6
1976	2 043 697	56,6
1981	2 202 277	57,7
1986	2 304 121	58,1

31 W. I. Lenin, Rede zur Agrarfrage, 14. (27.) Nov. 1917, in: Werke, Bd. 26, S. 318.

ihrer Arbeit, die Wirksamkeit ihrer Führungstätigkeit, ihre Kampfkraft hängen entscheidend vom *Zustand des innerparteilichen Lebens, von der ideologischen und organisatorischen Einheit der Partei, von der politischen und ideologischen Reife der Mitglieder, von ihrer bewußten Disziplin und Aktivität und von einem effektiven,* sich auf die zweckentsprechenden Formen und Methoden der Tätigkeit der Organisationen stützenden *Arbeitsstil* ab. Die Erfahrungen des sozialistischen Aufbaus zeigen, daß zwischen der innerparteilichen Entwicklung und der Kampfkraft der marxistisch-leninistischen Partei sowie der Stabilität und Dynamik der Gesellschaft ein enger Zusammenhang und eine direkte Wechselwirkung bestehen. (Tabelle 20)

Welches sind wichtige Faktoren des *innerparteilichen Lebens,* von denen die *Kampfkraft der Partei* und der Einfluß und die Wirksamkeit ihrer Politik *abhängen?*

Dazu gehört die *Zusammensetzung der Partei in sozialer, altersmäßiger, bildungsmäßiger u. a. Hinsicht.* So gehörten z. B. der SED im Jahre 1987 über 2.324.000 Mitglieder und Kandidaten an, das ist jeder 5. Bürger der DDR im Alter über 18 Jahre. Wie andere Bruderparteien, so orientiert die SED – nach den Prinzipien der individuellen Auswahl und Aufnahme – auf die qualitative Stärkung der Partei bei nur geringfügigem zahlenmäßigem Wachstum. Ständig achtet sie auf ihre soziale Zusammensetzung, sichert einen dem Wesen der Partei entsprechenden Anteil von Arbeitern in der Partei und gleichzeitig eine aufgabengerechte Mitgliedschaft von Vertretern der Klasse der Genossenschaftsbauern und der sozialistischen In-

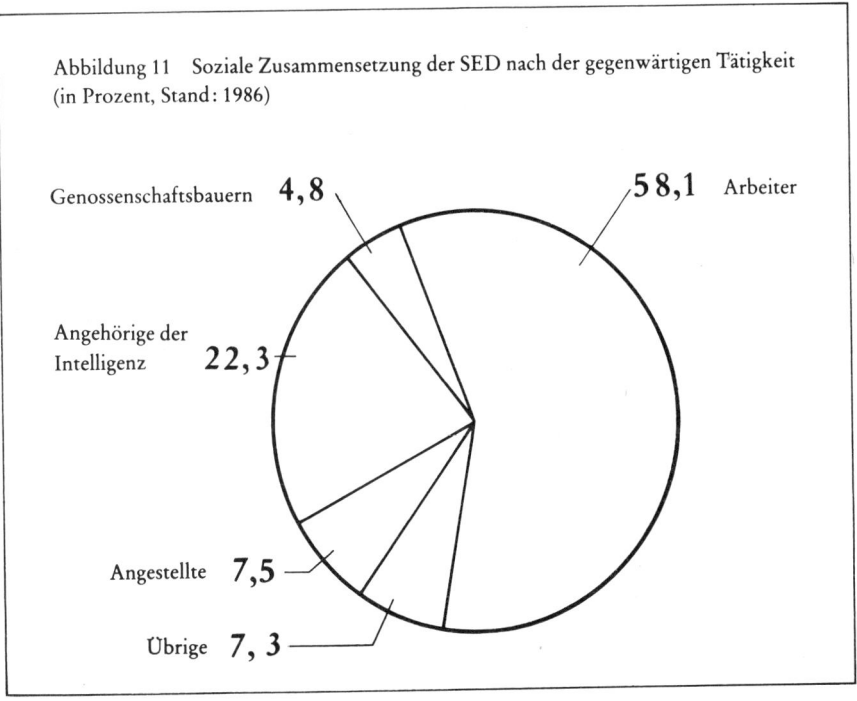

Abbildung 11   Soziale Zusammensetzung der SED nach der gegenwärtigen Tätigkeit (in Prozent, Stand: 1986)

Genossenschaftsbauern   **4,8**

58,1   Arbeiter

Angehörige der Intelligenz   **22,3**

Angestellte   **7,5**

Übrige   **7,3**

telligenz. Die soziale Zusammensetzung wird auf jedem Parteitag eingeschätzt und die Reproduktion der Mitgliedschaft politisch geführt. Dabei werden auch eine auf die Zukunft gerichtete altersmäßige Zusammensetzung und der Frauenanteil beachtet. Die Zusammensetzung der Partei muß es ihr in bestmöglicher Weise gestatten, ihre wachsende Führungsrolle in allen gesellschaftlichen Bereichen zu gewährleisten. Dazu dient eine den grundlegenden Veränderungen in der Struktur der Volkswirtschaft Rechnung tragende Verteilung der Parteikräfte, so vor allem in den Zentren der Arbeiterklasse und heute in jenen Reproduktionsabschnitten, wo Schlüsseltechnologien entwickelt und produktiv angewandt werden. In zunehmendem Maße spiegelt sich die qualitative Entwicklung der Partei auch in der Bildung und Qualifizierung der Mitglieder und Kandidaten wider, die neben der allgemeinen und beruflichen Bildung durch ein breit gefächertes System von politischen Bildungsmaßnahmen und ein weitverzweigtes Netz von Parteischulen gesichert wird. (Abbildungen 11, 12)

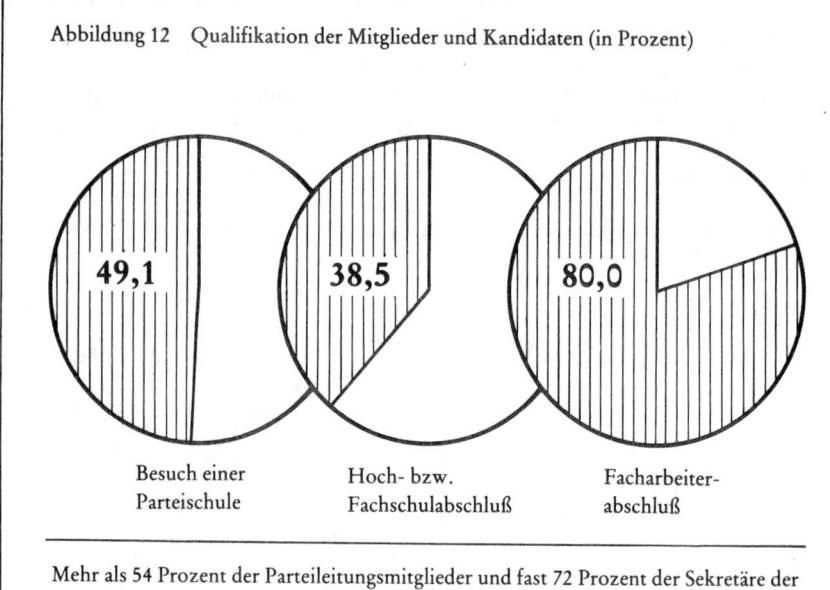

Abbildung 12   Qualifikation der Mitglieder und Kandidaten (in Prozent)

49,1

38,5

80,0

Besuch einer
Parteischule

Hoch- bzw.
Fachschulabschluß

Facharbeiter-
abschluß

Mehr als 54 Prozent der Parteileitungsmitglieder und fast 72 Prozent der Sekretäre der Grundorganisationen absolvierten eine Hoch- oder Fachschule.

Zu den Voraussetzungen für die Erhöhung der Kampfkraft der Partei gehört ferner die *Entfaltung eines regen innerparteilichen Lebens*. In Abhängigkeit von den jeweiligen Aufgaben und Kampfbedingungen der Partei sind hierbei viele Aspekte zu berücksichtigen. Zuerst einmal ist es das Statut der Partei, das alle wesentlichen Fragen der innerparteilichen Entwicklung regelt und in dem jahrzehnte-

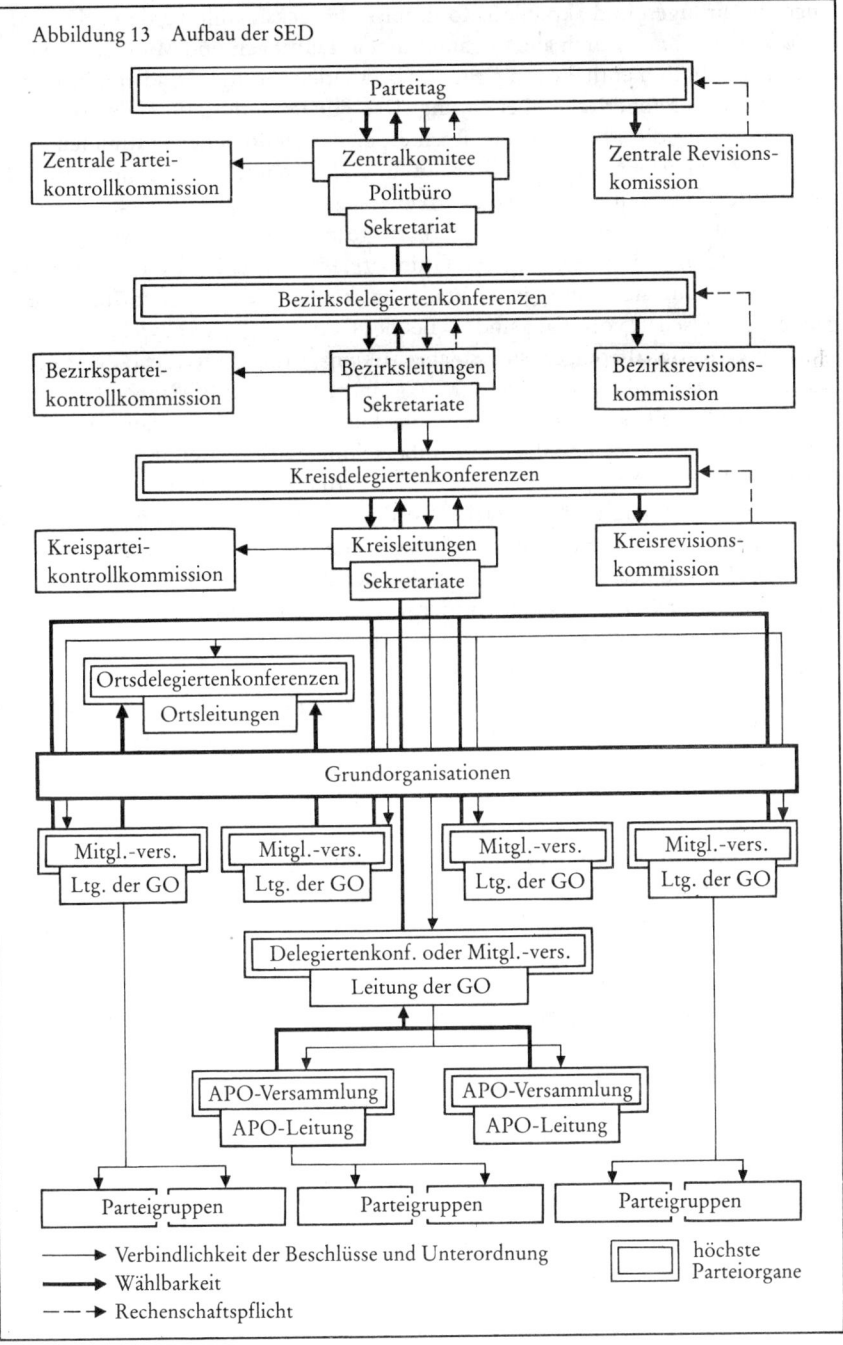

Abbildung 13   Aufbau der SED

Parteitag

Zentrale Partei-kontrollkommission

Zentralkomitee
Politbüro
Sekretariat

Zentrale Revisions-komission

Bezirksdelegiertenkonferenzen

Bezirspartei-kontrollkommission

Bezirksleitungen
Sekretariate

Bezirksrevisions-kommission

Kreisdelegiertenkonferenzen

Kreispartei-kontrollkommission

Kreisleitungen
Sekretariate

Kreisrevisions-kommission

Ortsdelegiertenkonferenzen
Ortsleitungen

Grundorganisationen

Mitgl.-vers.
Ltg. der GO

Mitgl.-vers.
Ltg. der GO

Mitgl.-vers.
Ltg. der GO

Mitgl.-vers.
Ltg. der GO

Delegiertenkonf. oder Mitgl.-vers.
Leitung der GO

APO-Versammlung
APO-Leitung

APO-Versammlung
APO-Leitung

Parteigruppen

Parteigruppen

Parteigruppen

⟶ Verbindlichkeit der Beschlüsse und Unterordnung
⟹ Wählbarkeit
--→ Rechenschaftspflicht

höchste
Parteiorgane

365

lange Erfahrungen und aktuelle Erfordernisse berücksichtigt werden.[32] Die *strikte Einhaltung des Statuts* durch alle Organisationen, Leitungen und Mitglieder, die Beachtung der in ihm enthaltenen Kriterien und Orientierungen sind von großer politischer und erzieherischer Bedeutung. Das gilt besonders für jene Abschnitte des Statuts, die die Pflichten und Rechte der Parteimitglieder bestimmen. Ganz besonders bedeutsam – auch als Vorbild für andere politische Organisationen der sozialistischen Gesellschaft – ist die *Anwendung des Prinzips des demokratischen Zentralismus*, „das alle Bedingungen und Vorzüge enthält, durch einheitliches Handeln vom Zentralkomitee bis zu den Grundorganisationen die Kräfte zu vervielfachen und sie auf die Lösung jener Fragen zu konzentrieren, die im Interesse der ganzen Gesellschaft vorrangig sind".[33] Bei der Gestaltung der entwickelten sozialistischen Gesellschaft prägen sich solche Merkmale innerparteilichen Lebens immer mehr aus wie die kollektive Beratung und das kollektive Ringen bei der Erfüllung der Parteibeschlüsse, die freimütige, konstruktive Erörterung aller Parteiangelegenheiten, die umfassende Einbeziehung der Parteimitglieder in die Beratung, Durchführung und Kontrolle der Parteibeschlüsse. Immer stärker entwickeln sich kritische und selbstkritische Positionen zur Ausschöpfung der eigenen Reserven und zur Erhöhung der Ansprüche an politische Haltung, persönliches Vorbild und gesellschaftliche Aktivität der Parteimitglieder, Kollektivität der Leitung und persönliche Verantwortlichkeit auf allen Ebenen, tiefes Verständnis für die Gesamtpolitik der Partei. (Abbildung 13)

Die – demokratisch zustandegekommene und sich demokratisch festigende – *politisch-ideologische und organisatorische Einheit und Geschlossenheit der marxistisch-leninistischen Partei*, „als ein freiwilliger Kampfbund gleichgesinnter Kommunisten"[34], die Einheit des Willens und des Handelns aller Parteimitglieder ist entscheidende Voraussetzung für die Kampfkraft der Partei. Es ist kein Zufall, daß ein ständiges Angriffsziel der antikommunistischen Propaganda und Diversion gegen den Sozialismus die marxistisch-leninistischen Parteien, ihr innerparteiliches Leben und ihre gesellschaftliche Rolle sind. Die antikommunistischen Kräfte verfolgen in dieser Frage eine zweifache „Argumentation": Sie „träumen" von einer vom Fraktionskampf geschwächten, sich auf die Diskussion politischer und ideologischer Fragen beschränkenden, organisatorisch labilen Organisation – und verleumden die heutigen marxistisch-leninistischen Parteien der sozialistischen Länder als undemokratisch, diktatorisch, „starr" und überholt.

Stufen des Führungsprozesses

Politische Führung der sozialistischen Gesellschaft durch die Arbeiterklasse und ihre marxistisch-leninistische Partei – das ist ein komplizierter, dynamischer, *vielstufiger Prozeß theoretischer und praktischer Arbeit*, der Orientierung, Organi-

---

32 Vgl. Kap. 3.1. des vorliegenden Lehrbuches.
33 Bericht des Zentralkomitees der SED an den XI. Parteitag der SED, S. 85.
34 Programm der Sozialistischen Einheitspartei Deutschlands, S. 68.

sierung, Mobilisierung der Arbeiterklasse und aller Werktätigen zur Durchsetzung ihrer Interessen, der bewußten Gestaltung der sozialistischen Gesellschaft, in dem vielfältige Instrumente, Formen und Methoden (sowohl sozialpolitischer als auch technisch-organisatorischer Art) angewandt werden.

Analysiert man diesen Führungsprozeß, so lassen sich – in Verallgemeinerung umfangreicher Erfahrungen der Bruderparteien der sozialistischen Länder – eine Reihe grundlegender allgemeiner Instrumente hervorheben, die in der Tätigkeit der Partei, bei der Verwirklichung ihrer Funktionen miteinander eng verflochten sind, in Wechselwirkung stehen, ineinander übergehen und – auch wenn eine bestimmte Aufeinander- bzw. Stufenfolge existiert – ständig genutzt werden. In ihnen wird das dialektische Wechselverhältnis von Theorie und Politik durch die marxistisch-leninistische Partei konkret realisiert.

Ein *erstes* grundlegendes Instrument der Führungstätigkeit der marxistisch-leninistischen Partei ist die *marxistisch-leninistische Gesellschaftstheorie.* Politisch-konzeptionelle Arbeit und Entscheidungsvorbereitung schließt stets eine umfangreiche, zielgerichtete und kollektive theoretische Tätigkeit der Parteiführung und zahlreicher wissenschaftlicher Institutionen und Kräfte ein. Sie hat sich besonders beim Heranreifen neuer geschichtlicher und strategischer Entwicklungsabschnitte zu bewähren. Dabei geht es um die Erschließung der Gesamtheit der vorhandenen wissenschaftlichen Erkenntnisse über die Gesetzmäßigkeiten, Triebkräfte und Bedingungen der sozialistischen Gesellschaft und der internationalen Entwicklung, um die schöpferische Anwendung der Theorie bei der Analyse neuer Erfordernisse, Bedingungen und herangereifter Widersprüche und das intensive Studium und die theoretische Verallgemeinerung der im eigenen Lande und durch die Bruderparteien gesammelten Erfahrungen. So wurde in der Zeit seit Ende der 70er und Anfang der 80er Jahre durch gründliche theoretische Arbeit, in der sich Parteifunktionäre, Leitungskader der Wirtschaft sowie Gesellschafts- und Naturwissenschaftler vereinten, ein wichtiger Beitrag zur Vervollkommnung der Wirtschaftsstrategie, zur Wende zur umfassenden Intensivierung der Produktion geleistet.[35]

Einen bedeutsamen Platz nimmt in der politischen Führungstätigkeit als grundlegende Positions- und Zielbestimmung, in der die marxistisch-leninistische Gesellschaftstheorie schöpferisch angewandt ist – das *Parteiprogramm* ein. Seine Aufgabenstellungen tragen langfristigen, relativ stabilen, rahmensetzenden und konzeptionellen Charakter und stellen die Verbindung mit weitergehenden Zielsetzungen und damit auch mit dem Endziel der Bewegung her.[36] Das Parteiprogramm der SED wurde auf dem IX. Parteitag auf der Basis einer gründlichen wissenschaftlichen Vorarbeit und nach umfassender Diskussion angenommen und hat sich – wie auch der XI. Parteitag der SED (1986) feststellte – als Fundament politischer Führungstätigkeit bewährt. Wesentlich ist auch, daß das Pro-

---

35 Vgl. Bericht des Zentralkomitees der SED an den XI. Parteitag der SED, S. 26f.
36 Vgl. Kap. 3.1. und 10.1. des vorliegenden Lehrbuches.

gramm die schöpferische weitere Arbeit zu theoretischen und gesellschaftsstrategischen Fragen förderte und sich – entsprechend seinem spezifischen Platz im Instrumentarium politischer Führung – nicht die Aufgabe stellte, auf Fragen
konkreteren Charakters Antwort zu geben.

Auf der Grundlage des Parteiprogramms erweist sich die *Gesellschaftsstrategie* der
marxistisch-leninistischen Partei, die die Gesamtheit der strategischen Aufgaben,
Mittel und Wege umfaßt, als ein wichtiges und unersetzbares Instrument politischer Führungstätigkeit. In der Gesellschaftsstrategie, die mit den programmatischen Aussagen der Partei außerordentlich eng verflochten ist, prägt sich der auf
die Führung der gesamten Gesellschaft gerichtete konstruktive Charakter der politischen Strategie und Taktik der Partei vor allem nach Abschluß der Übergangsperiode vom Kapitalismus zum Sozialismus immer mehr aus. Für eine nächstlie-
gende, überschaubare Etappe wird die Grundlinie, das Gesamtkonzept des Handelns aller gesellschaftlichen Kräfte in den wesentlichen Bereichen, in der Innen-
und Außenpolitik bestimmt. Die SED hat ihr Parteiprogramm durch die Ausarbeitung der ökonomischen Strategie auf ihrem X. Parteitag und durch die Beschlußfassung zu den wichtigsten Aufgaben für den qualitativ neuen Abschnitt
der gesellschaftlichen Entwicklung, der mit dem XI. Parteitag eingeleitet wurde,
entsprechend den neuen Bedingungen wesentlich präzisiert. Diese Gesellschaftsstrategie, in deren Zentrum die ökonomische Strategie steht, orientiert auf die Lösung zweier strategischer Grundaufgaben, die sich wechselseitig bedingen – alles
zu tun für die Sicherung des Friedens und gleichzeitig weiterhin die entwickelte
sozialistische Gesellschaft auch unter veränderten Bedingungen zu gestalten.
Kern der ökonomischen Strategie ist die Einheit von Wirtschafts- und Sozialpolitik. Zugleich schließt die Gesellschaftsstrategie *Teilstrategien*, d.h. langfristige Konzeptionen zur Entwicklung einzelner Bereiche, so z.B. des sozialistischen Bildungssystems, ein.

Der Verwirklichung der Gesellschaftsstrategie dient die konkrete *Gesellschaftspolitik*, in der, relativ genau für konkrete Zeiträume festgeschrieben, die Entwicklung der Teilbereiche der Gesellschaft, der einzelnen Klassen, sozialen und demographischen Gruppen sowie das zielgerichtete Zusammenwirken der verschiedenen Gesellschaftsbereiche im Sinne der Realisierung des sozialen Sinns des
Sozialismus festgelegt sind. Das geschieht in der Regel in solchen Dokumenten
und Formen wie Plänen, Maßnahme- und Kampfprogrammen, Direktiven usw.

Eine *Schlüsselposition* in der politischen Führung der sozialistischen Gesellschaft
nimmt die *politische Massenarbeit* der marxistisch-leninistischen Partei und anderer
Bestandteile des politischen Systems ein. Das Ziel der politisch-theoretischen,
strategischen und gesellschaftspolitischen Tätigkeit der Partei ist letztendlich die
Entfaltung der *sozialen Aktivität* der Arbeiterklasse und aller Werktätigen zur Realisierung der gesellschaftlichen und ihrer eigenen Interessen. Der Erfolg der politischen Führungstätigkeit auf ihren verschiedenen Ebenen muß in der Endkonse-
quenz an den Ergebnissen des zielgerichteten schöpferischen Wirkens der Werktätigen gemessen werden. Damit ist die soziale Aktivität sowohl Resultat der

zielgerichteten politischen Führung als auch die entscheidende Quelle für weiterführende theoretische Erkenntnisse sowie strategische und gesellschaftspolitische Konsequenzen.

In diesem Sinne steht im Mittelpunkt der politischen Massenarbeit die *politisch-ideologische Arbeit*, ist Parteiarbeit in erster Linie *Arbeit mit den Menschen*. Ein hoher Wirkungsgrad der politischen Massenarbeit wird dann erreicht, wenn sie einen reichen politischen und weltanschaulichen Ideengehalt besitzt, im Zentrum der politischen Führungstätigkeit der Parteiorganisationen steht, nicht dem Selbstlauf überlassen und lebensverbunden, differenziert sowie in ansprechenden Formen durchgeführt wird. Das vielgliedrige System der politischen Organisation des Sozialismus schafft die Voraussetzungen, die unterschiedlichen ideellen Bedürfnisse und gesellschaftlichen Erfahrungen der Werktätigen durch eine differenzierte Arbeitsweise zu berücksichtigen und so alle Werktätigen zu erreichen. Dabei haben die Massenmedien die von Lenin in klassischer Form formulierte Grundaufgabe, als kollektiver Propagandist, Agitator und Organisator zu wirken.

Politische Führungstätigkeit als *politische Massenarbeit* bringt eine Vielzahl von *Erfahrungen* bezüglich der *Prinzipien, Formen und Methoden* hervor, orientiert sich an den aktuellen Erfordernissen des Kampfes und berücksichtigt spezielle politische Traditionen des jeweiligen Landes und der jeweiligen Partei.

Eine wesentliche Rolle im gesamten politischen Führungsprozeß spielt das Prinzip des *demokratischen Zentralismus*. Über die Einheit von zentraler Beschlußfassung durch demokratisch gewählte Leitungen und schöpferischer, disziplinierter Umsetzung auf allen Ebenen wird gesichert, daß die Gesellschaftspolitik der marxistisch-leninistischen Partei überall realisiert wird. In diesem Sinne ist der demokratische Zentralismus die Vorbedingung für die Vertretung der gesellschaftlichen Gesamtinteressen, deren Realisierung sich als Grundlage für die Durchsetzung der objektiven Übereinstimmung von gesellschaftlichen, kollektiven und individuellen Interessen erweist.

Die SED wie auch die anderen Bruderparteien ringen bei der weiteren Gestaltung der entwickelten sozialistischen Gesellschaft um die ständige Qualifizierung der politischen Führungstätigkeit und eines *effektiven Arbeitsstils*. Die politische Praxis unterstreicht die Notwendigkeit, bei der Führung der sozialistischen Gesellschaft stets von einer konkreten Analyse der jeweiligen Situation auszugehen, die Erfahrungen, den Rat und die Meinung der Parteimitglieder und der anderen Werktätigen zu berücksichtigen, Theorie und Praxis eng miteinander zu verbinden, keine Vorsätze zu fassen oder Versprechungen abzugeben, die nicht zu erfüllen sind, das Beschlossene aber durch einheitliches Handeln, mit Energie, Festigkeit und Entschlossenheit zu verwirklichen. In ihrer Tätigkeit führt und lehrt die Partei die Massen und lernt zugleich von ihnen, achtet ihr Wort und berücksichtigt ihre Interessen. Die Erfahrungen der Arbeiterklasse und der anderen Werktätigen finden in den Beschlüssen der marxistisch-leninistischen Partei ihren wissenschaftlichen Ausdruck. Kollektivität der Leitung, anspruchsvolle und zugleich reale Aufgabenstellungen, Wissenschaftlichkeit und Lebensnähe gehören zum Führungsstil der marxistisch-leninistischen Partei. Zu den wichtigsten Prinzipien der politischen Führung der sozialistischen Gesellschaft durch die marxistisch-leninistische Partei gehört der Kampf gegen Subjektivismus und Bürokratismus, gegen Selbstlauf und Mißachtung der realen Bedingungen.

In der politischen Führungstätigkeit spielen zum Beispiel eine wesentliche Rolle: das persönliche Beispiel der Parteimitglieder in der Arbeit und im gesamten täglichen Leben unter der Losung „Wo ein Genosse ist, da ist die Partei"; die Verstärkung der Arbeit der Grundorganisationen als das unmittelbare Bindeglied der Partei zu allen Werktätigen; die Schaffung von anspornenden Beispielen, der Erfahrungsaustausch und die Leistungsvergleiche; die Durchsetzung des leistungsfördernden Motivs „Mein Arbeitsplatz – mein Kampfplatz für den Frieden"; die Verstärkung der ehrenamtlichen Arbeit; die stärkere Beachtung der Komplexität der Leitung gesellschaftlicher Prozesse; die Entfaltung des konstruktiven demokratischen Mitwirkens aller Bürger nach dem bewährten Grundsatz „Arbeite mit, plane mit, regiere mit!"; die immer engere Verbindung der Lösung der aktuellen Tagesfragen, der Plan- und Wettbewerbsaufgaben mit der langfristig konzipierten strategischen Arbeit.

Kontrollfragen zu Kapitel 12

1. Worin bestehen die objektiven Ursachen für die Führungsrolle der Arbeiterklasse und ihrer marxistisch-leninistischen Partei in der sozialistischen Gesellschaft?

2. Was verstehen wir unter politischer Führung der sozialistischen Gesellschaft durch die Arbeiterklasse und durch ihre marxistisch-leninistische Partei?

3. Warum sind in der Gegenwart an die Führungstätigkeit der SED qualitativ neuartige Anforderungen gestellt?

4. Warum ist die enge Einheit von Partei und Volk eine entscheidende Triebkraft der sozialistischen Gesellschaft?

5. Erläutern Sie an einem Beispiel die Hauptstufen des politischen Führungsprozesses bei der Gestaltung der entwickelten sozialistischen Gesellschaft!

13. Das politische System des Sozialismus und die Entfaltung der sozialistischen Demokratie

Das politische System des Sozialismus ist Machtinstrument und Organisationsform der Arbeiterklasse und aller anderen Werktätigen. Durch sein Wirken realisiert das souveräne Volk seine Lebensinteressen, vereinen sich die gesellschaftliche Aktivität der Bürger, ihre Ideen und Initiativen zur effektiven Gestaltung der entwickelten sozialistischen Gesellschaft. Das politische System verkörpert die politische Macht der Arbeiterklasse und ihrer Verbündeten und ist in seinem Gesamtwirken Ausdruck sozialistischer Demokratie.[1] Zum politischen System des Sozialismus mit der marxistisch-leninistischen Partei als Zentrum und führender Kraft gehören alle staatlichen und gesellschaftlichen Organisationen und Institutionen, die an seiner Entwicklung mitwirken. Es bildet sich in der Übergangsperiode vom Kapitalismus zum Sozialismus heraus, entwickelt sich in der Wechselwirkung von Allgemeinem und Besonderem in den einzelnen sozialistischen Ländern in vielfältig differenzierten Formen und wird zunehmend der tatsächliche „Repräsentant der ganzen Gesellschaft".[2] In diesem geschichtlichen Prozeß tritt die Überlegenheit der sozialistischen Demokratie als wahrer Volksherrschaft über die bürgerliche Demokratie immer deutlicher zutage.

---

1 Der hier gebrauchte Begriff „politisches System" stimmt im wesentlichen mit dem in anderen Publikationen gebrauchten Begriff „politische Organisation" überein.
2 F. Engels, Anti-Dühring, in: K. Marx/F. Engels, Werke, Bd. 20, S. 262.

13.1. Das politische System der sozialistischen Gesellschaft – Verkörperung der sozialistischen Demokratie

Politisches System neuen Typs In der sozialistischen Revolution erobern sich die früher ausgebeuteten Klassen und Schichten das Recht, ihre Interessen und Bedürfnisse als die in der Gesellschaft allein bestimmenden mittels ihrer eigenen politisch-staatlichen Macht unter Führung der Arbeiterklasse und ihrer Partei zu verwirklichen. Zu diesem Zweck schaffen sie ihr *eigenes politisches System* und setzen demokratische Freiheiten in der Einheit von Rechten und Pflichten durch, zu denen viele vorangegangene Generationen nur utopische Ideale entwickeln oder im Rahmen bürgerlich-demokratischer Verhältnisse nur beschränkte Fortschritte erreichen konnten. Da das politische System des Sozialismus seine Struktur und seine Funktionen nicht mehr aus klassenegoistischen, profitorientierten und konkurrenzgeprägten Kriterien ableitet, sondern das gesamtgesellschaftliche und damit das Interesse aller Bürger zum Maß seines Aufbaus und Wirkens hat, kann es erstmals auch gesellschaftsorientiert, bürgerfreundlich, rationell und auf die sich wandelnden Aufgaben hin dynamisch gestaltet sein. Die aus diesem Vorzug erwachsende Stabilität des politischen Systems des Sozialismus ist eine unverzichtbare Errungenschaft, die bei der Gestaltung der entwickelten sozialistischen Gesellschaft weiter ausgeprägt wird.

Entsprechend den konkret-historischen Bedingungen weist das politische System *in jedem sozialistischen Lande spezifische Züge* auf. Sie resultieren vor allem aus den sozialökonomischen Verhältnissen des jeweiligen Landes und der sich daraus ergebenden Klassenstruktur, aus dem Reifegrad der Klassen und Schichten, dem Klassenkräfteverhältnis, dem Umfang und der Intensität der Bündnisbeziehungen zwischen der Arbeiterklasse und den anderen Werktätigen, dem Tempo und den Wegen des Herankommens an die sozialistische Revolution und des Verlaufs der Revolution, der Schärfe des Klassenkampfes in der Übergangsperiode vom Kapitalismus zum Sozialismus, den historischen und nationalen Traditionen und dem Einfluß des Marxismus-Leninismus sowie der verschiedenen Strömungen der bürgerlichen Ideologie in den einzelnen Klassen und Schichten, aber auch aus internationalen Bedingungen.

Das entspricht der Leninschen Voraussicht, daß jedes Land „zu dieser oder jener Form der Demokratie, zu dieser oder jener Abart der Diktatur des Proletariats ... etwas Eigenes beitragen"[3] wird. Solche Unterschiede betreffen den Staatsaufbau (z. B. als einheitlicher oder als föderativer Staat), das System der politischen Parteien, d. h. das Wirken einer oder mehrerer Parteien, Anzahl, Spezifik und Funktionen der gesellschaftlichen Organisationen sowie die Formen der so-

---

3 W. I. Lenin, Über eine Karikatur auf den Marxismus und über den „imperialistischen Ökonomismus", in: Werke, Bd. 23, S. 64.

zialistischen Demokratie. So existieren in zahlreichen sozialistischen Ländern breite gesellschaftspolitische Vereinigungen bzw. Bewegungen in Gestalt Nationaler (Vaterländischer) Fronten. In einigen sozialistischen Ländern wirken an der Seite der marxistisch-leninistischen Partei der Arbeiterklasse weitere demokratische Parteien.

Wie Erfahrungen aus den letzten Jahren zeigen, nimmt die objektiv bedingte *Differenziertheit und Mannigfaltigkeit in der konkreten Gestaltung* und im Wirken des politischen Systems weiter zu. So vertieft sich in der DDR die vertrauensvolle Zusammenarbeit der SED mit vier befreundeten Parteien, entfaltet sich die Arbeit der Nationalen Front als wirksame Form des Bündnisses aller politischen Kräfte und als Träger vielfältiger Bürgerinitiativen und erweitern sich zum Beispiel die Aufgabenbereiche der Gewerkschaften, der Vereinigung der gegenseitigen Bauernhilfe als Klassen- und Massenorganisationen der Arbeiter bzw. Genossenschaftsbauern in den Betrieben, Genossenschaften und Arbeitskollektiven sowie die weiterer gesellschaftlicher Organisationen bei der Ausübung der ökonomischen und politischen Macht wie bei der Wahrnehmung spezifischer Interessen.

Gleichzeitig verstärken sich *im Aufbau, in den Funktionen und im Wirken der politischen Systeme* der sozialistischen Länder *Übereinstimmungen im Grundlegenden.* Fußend auf dem Wirken allgemeiner Gesetzmäßigkeiten des sozialistischen Aufbaus betreffen sie vor allem die führende Rolle der Arbeiterklasse und ihrer marxistisch-leninistischen Partei; die Verwirklichung des Bündnisses der Arbeiterklasse mit der Klasse der Genossenschaftsbauern und den anderen werktätigen Schichten; die auf dem gesellschaftlichen Eigentum an den Produktionsmitteln basierende Einheit von Wirtschafts- und Sozialpolitik, die mit zunehmender sozialer Stabilität die politische Stabilität der sozialistischen Gesellschaft fundiert; die wachsende Rolle des sozialistischen Staates als Hauptträger der politischen Macht und als Hauptinstrument des sozialistischen Aufbaus; die Entwicklung und Vervollkommnung der sozialistischen Demokratie als Hauptrichtung der Entfaltung des politischen Systems; die Durchsetzung des demokratischen Zentralismus als grundlegendem Organisations- und Leitungsprinzip; die Festigung der sozialistischen Gesetzlichkeit; die wachsende Aktivität der gesellschaftlichen Organisationen in den Betrieben und Arbeitskollektiven, den Territorien und Kommunen als Schulen der Demokratie und des Sozialismus; die zunehmende Einheitlichkeit des politischen Systems und das immer engere Zusammenwirken der staatlichen und gesellschaftlichen Organisationen und Institutionen.

Als lebendiger sozialer Organismus erfüllt das politische System in der sozialistischen Gesellschaft *zwei grundsätzliche, untrennbar verbundene Funktionen:* Es ist, politisch geführt durch die marxistisch-leninistische Partei der Arbeiterklasse, *Instrument zur wissenschaftlichen Leitung der Gesellschaft* und ermöglicht den Werktätigen und befähigt sie, *bewußt und aktiv* an der Leitung der politischen Macht *mitzuwirken,* die von ihnen selbst ausgeht. Damit *repräsentiert es die politische Macht der Arbeiterklasse* als eine politische Macht, die erstmals gegenüber den werktätigen Massen keine besonderen und eigennützigen Interessen verfolgt, sondern – von ihnen selbst geschaffen – auch Vollstrecker des gemeinsamen Willens der Werktätigen ist. Dieser *neue Charakter der politischen Macht* prägt zugleich die *historisch neue Qualität des politischen Systems* des Sozialismus:

– Es ist in seinem gesamten Wirken am *Sinn des Sozialismus*, am Wohl des Volkes und seinem Fortschritt *orientiert.* Es schließt keinen Bürger aus und entwickelt sich nicht zu Lasten einzelner Gruppen. Es zielt ausdrücklich auf die allseitige Entwicklung sozialistischer Persönlichkeiten und läßt keine Praktiken zu, die staatliches und gesellschaftlich-organisatorisches Wirken auf technologisch-administrative Verfahren und Mechanismen reduzieren. Es ist von seinem Charakter her mit Bürokratismus ebenso wie mit kleinbürgerlich-anarchistischer Regel- und Disziplinlosigkeit unvereinbar. Diese grundsätzliche Eigenschaft erlaubt es historisch erstmalig, daß alle Organisationen und Institutionen – staatliche wie gesellschaftliche – zusammenwirken und gemeinsam ihre übereinstimmenden wie auch ihre sich ergänzenden besonderen Interessen verwirklichen.

– Die *gemeinsamen und die spezifischen Interessen der Werktätigen*, zwischen denen es objektiv keine antagonistischen Gegensätze mehr gibt, werden bei Berücksichtigung der sozialen Struktur der Gesellschaft in differenzierter Weise wahrgenommen. Das ist, wie historische Erfahrungen besagen, vor allem in dem Maße möglich, wie diese Interessen in einem vielgestaltigen demokratischen Prozeß ermittelt, als gesellschaftliches Interesse ausgedrückt und gemeinsam verwirklicht werden, wie jeder einzelne garantierte Rechte und Möglichkeiten besitzt, an der Vorbereitung, Realisierung und Kontrolle der Entscheidungen teilzunehmen, wie jeder Bürger mit der Teilnahme an diesem Prozeß zugleich seine spezifischen persönlichen Bedürfnisse und Interessen auf optimale Weise befriedigen kann, und wie die aktive, verantwortungsbewußte Mitarbeit jedes Bürgers an der Leitung von Staat und Gesellschaft zu einer alltäglichen Gewohnheit wird. Damit kommt es zu einem neuen Verhältnis des Staates, aber auch der Parteien und gesellschaftlichen Organisationen zu den Volksmassen. Es setzt jener geschichtliche Prozeß ein, in dem der Mensch seine eigenen Kräfte „als *gesellschaftliche* Kräfte erkannt und organisiert hat und daher die gesellschaftliche Kraft nicht mehr in Gestalt der *politischen* Kraft von sich trennt".[4]

– Es treten *neue Funktionen und Aufgaben* in den Vordergrund wie die Leitung und Organisation des gesamten gesellschaftlichen Lebens in der Einheit von Wirtschafts- und Sozialpolitik, die Koordinierung der Entwicklung aller Bereiche der Gesellschaft, die Organisation des Zusammenwirkens aller staatlichen und gesellschaftlichen Organisationen und Institutionen, die Durchsetzung eines neuen Typs internationaler Beziehungen, das aktive Mitwirken an der Lösung globaler Probleme usw.; der schöpferische Charakter politischen Wirkens im Sozialismus wird für alle Bürger zunehmend erfahrbar.

– Im Sozialismus sind die *Rechte und Pflichten* der gesellschaftlichen Organisationen wie auch der einzelnen Bürger nicht nur gesetzlich fixiert, sondern *staatlich*

4 K. Marx, Zur Judenfrage, in: K. Marx/F. Engels, Werke, Bd. 1, S. 370.

garantiert und ökonomisch wie sozial fundiert. In der sozialistischen Gesellschaft macht Demokratie nicht vor dem Werktor halt. Gerade eine Reihe von Kompetenzerweiterungen für die Gewerkschaften, aber auch der örtlichen Volksvertretungen gegenüber den in ihren Territorien wirkenden Kombinaten, Betrieben usw. zeigen in letzter Zeit beispielhaft, daß für die demokratische Mitwirkung der Werktätigen nicht nur schlechthin ein Platz eingeräumt und zugebilligt wird, sondern dazu ausdrücklich alle notwendigen Voraussetzungen und Bedingungen geschaffen werden. Die sozialistische Demokratie durchdringt alle Bereiche des gesellschaftlichen Lebens.

– Auf der Grundlage seines gesellschaftsumfassenden Wirkens ist das politische System auch durch eine stark ausgeprägte *Einheitlichkeit und Gemeinsamkeit im Wirken aller seiner Bestandteile* gekennzeichnet. Sie schließt Widersprüche keineswegs aus, ist aber im Unterschied zu bürgerlichen politischen Systemen, in denen eine Organisation in der Regel wesentliche Anstrengungen anderer im Klassenkampf zu paralysieren sucht, durch wechselseitige Unterstützung und Ergänzung charakterisiert. Unter diesen Bedingungen gibt es keinen Grund dafür, daß einzelne Organisationen und Institutionen andere als „Konkurrenten" zu verdrängen suchen.

– Das politische System des Sozialismus ist als wirkliche Interessenvertretung des Volkes *unbegrenzt zu qualitativer Weiterentwicklung fähig und verpflichtet.* Es braucht sich nicht wie das imperialistische Herrschaftssystem gegenüber progressiven gesellschaftlichen Entwicklungen abzugrenzen und muß sich nicht kritischen Ideen gegenüber verschließen. Vielmehr ist das politische System wie alle Bereiche der sozialistischen Gesellschaft tiefgreifenden Wandlungen unterworfen und in ständiger Entwicklung begriffen. Lenin verwies auf den Zusammenhang der politischen mit anderen Sphären der Gesellschaft: „Im Leben aber wird der Demokratismus nie ‚für sich genommen', sondern er wird mit anderen Erscheinungen ‚zusammengenommen', er wird seinen Einfluß auch auf die Ökonomik ausüben, *ihre* Umgestaltung fördern, dem Einfluß der ökonomischen Entwicklung unterliegen usw. Das ist die Dialektik der lebendigen Geschichte."[5] Mit anderen Worten: Die Verwirklichung der ökonomischen Strategie des Sozialismus ist ohne ständige Entwicklung des politischen Systems und die schöpferische Mitwirkung der Werktätigen undenkbar; deshalb ist sie mit der qualitativen Vervollkommnung der sozialistischen Demokratie untrennbar verbunden.

In der DDR werden Vorzüge, die im demokratischen Charakter des politischen Systems angelegt sind, immer umfassender genutzt. Die Bürger der DDR wissen, daß in allen Bereichen des gesellschaftlichen Lebens ihre *Sachkenntnis,* ihre berufliche *Erfahrung* und ihre Fähigkeiten ebenso gefragt sind wie ihr gesellschaftliches *Verantwortungsbewußtsein.* Rund 11,6 Millionen Bürger gehören Parteien und Massenorganisationen an. „Heute übt nahezu jeder dritte Bürger eine ehrenamtliche staatliche oder gesellschaftliche Funktion aus. Die immer umfassendere Einbeziehung aller Bürger in die Lösung öffentlicher Angelegenheiten gehört zu den be-

5 W. I. Lenin, Staat und Revolution, in: Werke, Bd. 25, S. 466.

Tabelle 21   Mitarbeit der Bürger in gesellschaftlichen Gremien – 1986 –

– Volksvertretungen	
Volkskammer und örtliche Vertretungen	7812
Abgeordnete	206752
– Nationale Front der DDR	
Ausschüsse	19100
Mitglieder	388000
– Mitglieder der Ständigen Kommissionen der örtlichen	
Volksvertretungen	409989
Davon sind: Abgeordnete	164163
Nachfolgekandidaten	59574
berufene Mitglieder	186252
– Schöffen	52961
– Konfliktkommissionen	
Kommissionen	27831
Mitglieder	250567
– Schiedskommissionen	
Kommissionen	5552
Mitglieder	55911
– Arbeiter-und-Bauern-Inspektion	
Kommissionen	20353
Volkskontrollausschüsse	7370
Mitglieder in Kommissionen, Ausschüssen u. Komitees	280180
– Volksbildung	
Elternbeiräte	5861
Mitglieder	101409
Elternaktive	100951
Mitglieder	509118
– Freier Deutscher Gewerkschaftsbund	
Vertrauensleute	343012
Kulturobleute	333487
Sportorganisatoren	290138
Bevollmächtigte für Sozialversicherung	331219
Arbeitsschutzobleute	318129
– Frauenkommissionen	11131
Mitglieder	84593
– Jugendkommissionen	5864
Mitglieder	30703
– Zentrale ständige Produktionsberatungen	2152
Mitglieder	16454
– Arbeiterkontrolleure	112774
– Neuereraktive	11857
Mitglieder	71239
– Verband der Konsumgenossenschaften der DDR	
Verkaufsstellenausschüsse	14933
Ehrenamtliche Funktionäre in den Verkaufsstellenausschüssen	151430

deutendsten demokratischen Traditionen unseres Staates."[6] Lenins Vorhersage wird bestätigt, wonach die sozialistische Gesellschaft sich stützen kann auf „die Macht des ganzen gewaltigen Vorrats an Energie und Talenten des sogenannten ‚einfachen Volkes', der Arbeiter und Bauern".[7] (Tabelle 21)

Die *Wirklichkeit der sozialistischen Demokratie* widerlegt alle bürgerlichen Unterstellungen, daß sie durch „Suprematie der Partei" und „Allmacht des Staates" gekennzeichnet sei. Sie widerlegt aber auch Behauptungen und Praktiken konservativer Kräfte in kapitalistischen Ländern, daß unter den Bedingungen der wissenschaftlich-technischen Revolution nur noch eine elitäre Minderheit politische Entscheidungen verantwortungsgerecht wahrnehmen kann, während der Masse der Bevölkerung auf Grund angeblich mangelnder Qualifikation die Befähigung abgesprochen wird, an der Leitung der Gesellschaft mitzuwirken. Mit solchen Argumenten soll vor allem verborgen werden, daß die herrschenden Kreise im Imperialismus nicht gewillt und auf Grund ihres Herrschaftssystems auch nicht fähig sind, der breiten Masse der Werktätigen das Recht auf Arbeit, auf Bildung, auf echte politische und ökonomische Mitbestimmung zu gewähren. Damit bleiben die in kapitalistischen Ländern ständig strapazierten Grundrechte formal, begrenzt und beliebig mißbrauchbar.

Demokratischer Zentralismus
Das *Wesen der sozialistischen Demokratie* äußert sich im demokratischen Zentralismus, dem *grundlegenden Organisations- und Leitungsprinzip* der sozialistischen Gesellschaft; es verbindet die zentrale Leitung und Planung in den Grundfragen der gesellschaftlichen Entwicklung mit der schöpferischen Initiative aller Bürger und schafft den organisatorischen Rahmen für das gemeinsame Handeln aller Klassen, Schichten und sozialen Gruppen und ihrer Organisationen und Institutionen. Indem mittels des demokratischen Zentralismus die gemeinsamen und die spezifischen Interessen aller sozialen und politischen Kräfte der sozialistischen Gesellschaft erfaßt und zu einem gesamtgesellschaftlichen Interesse und Willen geformt werden, wird es möglich, die vielfältigen Initiativen und Aktivitäten der Bürger in einen einheitlichen Strom gesellschaftlichen Fortschritts zu lenken und ihr gemeinsames Handeln nach einheitlichem Plan und übereinstimmenden Prinzipien zu organisieren.

Das Prinzip des demokratischen Zentralismus entstand und entwickelte sich bereits im Kampf der revolutionären Arbeiterbewegung gegen den Kapitalismus. Nach der Eroberung der Macht durch die Arbeiterklasse wird dieses Prinzip zum grundlegenden Organisations- und Leitungsprinzip, weil die sozialistische Gesellschaft nur durch die Initiative der Massen selbst geschaffen werden kann. Der de-

6   Bericht des Zentralkomitees der Sozialistischen Einheitspartei Deutschlands an den XI. Parteitag der SED. Berichterstatter: Genosse Erich Honecker, Berlin 1986, S. 74.
7   W. I. Lenin, Durch den Zusammenbruch des Alten Verängstigte und für das Neue Kämpfende, in: Werke, Bd. 26, S. 401.

mokratische Zentralismus ist wissenschaftlicher Ausdruck der Auffassungen der Arbeiterklasse über Demokratie und Organisiertheit, über Freiheit und Disziplin und somit „bewährte Grundlage für den Aufbau, das Zusammenwirken und die Tätigkeit aller Organe der sozialistischen Staatsmacht.[8]

Die Erfahrungen des sozialistischen Aufbaus zeigen, daß der Förderung der Initiative und Aktivität der Massen dann am besten entsprochen wird, wenn zugleich die notwendige, anerkannte staatliche Autorität vorhanden ist, um die Durchsetzung der Interessen der Arbeiterklasse und aller Werktätigen zu garantieren. Das gesellschaftliche Eigentum an den Produktionsmitteln erfordert und ermöglicht die bewußte, planmäßige Organisation der Produktion und der gesamten Gesellschaft. Damit trägt die sozialistische Gesellschaft der Tatsache Rechnung, daß die modernen Produktivkräfte nur durch die planmäßig vereinten Anstrengungen der Menschen effektiv genutzt werden können. „Entsprechend dem Leninschen Prinzip des demokratischen Zentralismus wird die *zentrale Leitung und Planung* immer mehr auf die *sachkundige Entscheidung in den Grundfragen* konzentriert. Die *Eigenverantwortung und Initiative der örtlichen Staatsorgane, der Kombinate und Betriebe, der Genossenschaften und Institutionen* bei der Verwirklichung der staatlichen Aufgaben werden gefördert. Die Zusammenarbeit zwischen den örtlichen Staatsorganen, den Städten, Gemeinden und Gemeindeverbänden sowie zwischen ihnen und den Kombinaten und Betrieben, den gesellschaftlichen Organisationen und den Ausschüssen der Nationalen Front erschließt bedeutende Reserven, die zum Wohle der Werktätigen eingesetzt werden."[9] Eröffnen die staatlichen Pläne neue Aufgaben und Möglichkeiten für die Masseninitiative, so stellen die wachsende Aktivität der Werktätigen und ihr Leistungswille immer höhere Anforderungen an die Qualität der Leitung und Planung, an ihre Wissenschaftlichkeit und gesellschaftliche Wirksamkeit.

Imperialistische Ideologen verfälschen das Wesen des demokratischen Zentralismus, indem sie Demokratie und Zentralismus undialektisch gegenüberstellen. Sie unterschlagen dabei den Charakter der politischen Willensbildung im Sozialismus, insbesondere die Tatsache, daß zentrale Entscheidungen und Pläne objektive Erfordernisse zur Durchsetzung der Interessen der Massen ausdrücken und unter aktiver Mitwirkung der Werktätigen zustande kommen. Sozialistische staatliche Leitung ist daher selbst Ausdruck des schöpferischen Handelns der Massen bei der Herausbildung und Durchsetzung des gesamtgesellschaftlichen Willens als einer Grundbedingung der gesellschaftsgestaltenden Rolle des sozialistischen Staates. Die zentrale staatliche Leitung wird weder durch die demokratische Initiative der Massen „aufgehoben", noch kann sie ohne die Mitwirkung der Werktätigen sachgerecht ausgeführt werden. Sie ist Ausdruck dieser Initiative und zugleich Voraussetzung ihrer einheitlichen und effektiven Orientierung. „Die umfassende gesellschaftliche Aktivität der Arbeiter, Genossenschaftsbauern, der

8   Programm der Sozialistischen Einheitspartei Deutschlands, Berlin 1976, S. 41.
9   Ebenda, S. 42 f.

Intelligenz und der anderen Werktätigen, die mit hoher politischer Verantwortung und Sachkenntnis an der Leitung und Planung der gesellschaftlichen Entwicklung mitwirken, ist ein charakteristisches Merkmal des entwickelten Sozialismus."[10]

Das politische System der DDR

In der DDR wurde eine demokratische Organisation der Gesellschaft geschaffen, die in ihren Prinzipien wie in ihrem tagtäglichen Funktionieren „der bürgerlichen Demokratie, dem bürgerlichen Liberalismus weit überlegen ist".[11] Dieses politische System gewährleistet die Ausübung der Staatsmacht durch das Volk und zum Wohle des Volkes. Es verkörpert damit die Volkssouveränität (Artikel 1 der Verfassung der DDR).

Kern des politischen Systems der DDR ist die Sozialistische Einheitspartei Deutschlands, die führende und lenkende Kraft der gesamten sozialistischen Gesellschaft. Sie verwirklicht, ausgerüstet mit der wissenschaftlichen Theorie des Marxismus-Leninismus, die politische Führung der gesellschaftlichen Prozesse, legt die Strategie und Taktik, die Grundlinie der Innen- und Außenpolitik entsprechend den konkreten Kampfbedingungen und unter Berücksichtigung der eigenen sowie der Erfahrungen der Bruderparteien fest und leitet die schöpferische Arbeit des ganzen Volkes bei der weiteren Gestaltung der entwickelten sozialistischen Gesellschaft.[12]

In der DDR wie auch in einigen anderen sozialistischen Ländern verwirklicht die marxistisch-leninistische Partei ihre führende Rolle im politischen System in enger *Zusammenarbeit mit anderen befreundeten Parteien der Werktätigen.* Diese leisten unter anderem durch ihre Vertreter in den Organen der Staatsmacht einen eigenständigen Beitrag zur gesellschaftlichen Entwicklung. „Mit der Demokratischen Bauernpartei Deutschlands, der Christlich-Demokratischen Union Deutschlands, der Liberal-Demokratischen Partei Deutschlands, der National-Demokratischen Partei Deutschlands wissen wir Kampfgefährten an unserer Seite, die wie wir nur ein Ziel kennen, für das Wohl und die Interessen des ganzen Volkes tätig zu sein."[13]

Umfassendstes Element des politischen Systems der DDR ist der *sozialistische Staat als Machtapparat und Massenorganisation* der von der Arbeiterklasse und ihrer marxistisch-leninistischen Partei geführten Werktätigen. Er ist ihr Hauptinstrument zur Gestaltung der entwickelten sozialistischen Gesellschaft mit spezifisch staatlichen Mitteln, entsprechend dem Prinzip des demokratischen Zentralismus

---

10 Ebenda, S. 21.
11 E. Honecker, Die Aufgaben der Parteiorganisationen bei der weiteren Verwirklichung der Beschlüsse des XI. Parteitages der SED, Berlin 1987, S. 6.
12 Vgl. Kap. 10.2. und 12.1. des vorliegenden Lehrbuches.
13 Bericht des Zentralkomitees der Sozialistischen Einheitspartei Deutschlands an den XI. Parteitag der SED, S. 78.

auf breitester gesellschaftlicher Basis und durch zunehmende Teilnahme der Werktätigen an seiner Tätigkeit. Die Arbeiterklasse übt im Bündnis mit der Klasse der Genossenschaftsbauern, der sozialistischen Intelligenz und allen anderen Werktätigen ihre politische Macht durch *demokratisch gewählte Volksvertretungen* aus. Die Volkskammer als oberstes Machtorgan der DDR, Bezirks- und Kreistage, Stadtverordneten- und Stadtbezirksversammlungen sowie Gemeindevertretungen bilden das einheitliche System der Volksvertretungen der DDR. Von ihnen werden die wichtigsten Fragen der staatlichen, wirtschaftlichen, sozialen und kulturellen Entwicklung, die zur Kompetenz der entsprechenden Volksvertretungen gehören, beraten und entschieden und mittels ihrer *vollziehend-verfügenden Organe* (den Räten) verwirklicht. Als Organe der Staatsmacht bilden die Volksvertretungen die Grundlage des gesamten Systems der staatlichen Leitung. Alle anderen Organe arbeiten auf der Grundlage ihrer Gesetze und Beschlüsse, werden von ihnen oder in ihrem Auftrag bzw. unmittelbar durch die Bürger gebildet, von ihnen kontrolliert und sind ihnen rechenschaftspflichtig.

Im politischen System der DDR kommt den *gesellschaftlichen Organisationen und den Vereinigungen der Werktätigen* eine wesentliche Rolle zu. Als Interessenvertreter bestimmter Gruppen von Werktätigen wirken sie entsprechend den in ihren Statuten festgelegten Aufgaben an der Leitung staatlicher und gesellschaftlicher Angelegenheiten, an der Lösung der politischen, wirtschaftlichen, sozialen und kulturellen Fragen mit. Vor allem die *Gewerkschaften* als die umfassendste Klassen- und Massenorganisation der Arbeiterklasse nehmen durch umfassende Mitbestimmung in Staat, Wirtschaft und Gesellschaft die Interessen der Arbeiter, Angestellten und Angehörigen der Intelligenz wahr. Auch andere gesellschaftliche Massenorganisationen (Freie Deutsche Jugend, Demokratischer Frauenbund Deutschlands, Kulturbund der DDR, Vereinigung der gegenseitigen Bauernhilfe) nehmen durch die Tätigkeit ihrer Organe, durch ihre Vertreter in den gewählten Machtorganen und durch ihre enge Zusammenarbeit mit den Staats- und Wirtschaftsorganen maßgeblich an der Leitung und Planung der Volkswirtschaft und des sozialen und kulturellen Lebens, an der aktiven Gestaltung der sozialistischen Gesellschaft teil.

Wichtige Aufgaben bei der Organisierung der gesellschaftspolitischen Aktivität aller Werktätigen und der Zusammenarbeit aller politischen Kräfte erfüllt die *Nationale Front der DDR*. In dieser Volksbewegung findet das umfassende Bündnis aller Werktätigen und ihrer Organisationen und Vereinigungen einen organisierten Ausdruck. Als Träger der Wahlen zu den Volksvertretungen erfüllt die Nationale Front wesentliche Aufgaben beim Zustandekommen der Machtorgane des sozialistischen Staates.

In enger Zusammenarbeit mit den Staatsorganen nehmen auch *Genossenschaften, Verbände, Gesellschaften und eine Vielzahl anderer Vereinigungen von Werktätigen*, vor allem auf wissenschaftlichem, technischem, kulturellem und sportlichem Gebiet (z. B. Kammer der Technik, Bund der Architekten, URANIA, Künstlerverbände, Sportvereinigungen usw.), an der Leitung und Gestaltung staatlicher und gesellschaftlicher Angelegenheiten teil. Wachsende Bedeutung erlangen im politischen Leben der sozialistischen Gesellschaft die *Arbeitskollektive*, in denen unter Führung der Parteiorganisationen die Werktätigen, vor allem über ihre Gewerkschaftsorganisationen, an der Beratung und Entscheidung staatlicher und gesellschaftlicher Angelegenheiten, an der Leitung und Planung der Produktion und der sozialen Entwicklung und zahlreichen anderen Fragen mitwirken.

Von wesentlicher Bedeutung für das Funktionieren des politischen Systems des Sozialismus sind das sozialistische Recht sowie politische Traditionen.

Das politische System der DDR hat seine gegenwärtige Gestalt in der revolutionären Umgestaltung der ökonomischen und politischen Machtverhältnisse während der Übergangsperiode vom Kapitalismus zum Sozialismus und der folgenden Gestaltung der entwickelten sozialistischen Gesellschaft, im Prozeß der Ausübung der Funktionen der Diktatur des Proletariats erhalten.

1. Die Entwicklung eines neuen politischen Systems in der antifaschistisch-demokratischen Umwälzung (1945–49) auf dem Territorium der späteren Deutschen Demokratischen Republik begann unter besonderen Umständen. Durch die bedingungslose Kapitulation war der Herrschaftsapparat der deutschen Monopolbourgeoisie weitestgehend zerschlagen worden. Das Deutsche Reich war als staatlicher Herrschaftsmechanismus und als territorialer Rahmen eines politischen Systems untergegangen. Wesentliche staatliche Funktionen gingen für längere Zeit an die Besatzungsmächte über. In dieser Situation orientierte die KPD in ihrem Aufruf vom 11. Juni 1945 auf die Schaffung einer neuen, antifaschistisch-demokratischen Ordnung, die ihrem Wesen nach einer revolutionär-demokratischen Diktatur der Arbeiter und Bauern entsprechen sollte. Die Aktionseinheit von KPD und SPD, ihre Vereinigung zur SED (April 1946) und ihr Zusammenwirken mit allen antifaschistischen Kräften ermöglichten wichtige Schritte zu einem neuen politischen System. Mit der Christlich-Demokratischen Union und der Liberal-Demokratischen Partei Deutschlands bildeten KPD und SPD am 14. Juli 1945 einen Demokratischen Block, der sich trotz vieler Differenzen im einzelnen als tragfähige Grundlage einer neuen, erstmals die große Mehrheit des Volkes umfassenden politischen Ordnung bewährte. Diese Ordnung erhielt starken Kraftzuwachs vor allem durch die Schaffung einheitlicher demokratischer Massenorganisationen, deren wichtigste, wie die Gewerkschaften, der Jugendverband usw. sich später ebenso wie die 1948 gegründete Demokratische Bauernpartei Deutschlands sowie die im gleichen Jahr geschaffene National-Demokratische Partei Deutschlands dem Demokratischen Block anschlossen. Das ermöglichte, von unten nach oben antifaschistisch-demokratische Staatsorgane aufzubauen. Eine breite demokratische Basis erhielt der neu konstituierte Staatsapparat durch Wahlen zu Vertretungsorganen. Im September 1946 fanden Wahlen zu den Gemeindevertretungen und im Oktober zu den Kreis- und Landtagen statt. Zu den wichtigsten Machtorganen, die nach diesen Wahlen gebildet wurden, gehörte die Deutsche Wirtschaftskommission (DWK). Mit der Justizreform, durch die der alte Justizapparat aufgelöst und neue Justizorgane geschaffen wurden, wurde eine im Dienste des Volkes stehende und dem gesellschaftlichen Fortschritt dienende Rechtspflege möglich. Für die Entwicklung des politischen Systems war die Herausbildung seiner eigenen ökonomischen und klassenmäßigen Grundlagen von herausragender Bedeutung. Durch die von der Enteignung der Nazi- und Kriegsverbrecher (Volksentscheid in Sachsen 1946) ausgehende Schaffung des Volkseigentums an den Produktionsmitteln und die für die Gestaltung des Bündnisses mit den

werktätigen Bauern unumgängliche demokratische Bodenreform wurde mehr und mehr der Reaktion der Boden entzogen und die neue Basis der Gesellschaft entwickelt. Mit der demokratischen Schul- und Hochschulreform konnten ein wesentlicher Schritt zur Brechung des Bildungsprivilegs der gestürzten Ausbeuterklassen vollzogen und die Revolution auf dem Gebiet der Ideologie und Kultur eingeleitet werden.

2. Zu einem Markstein in der Entwicklung des politischen Systems wurde die Gründung der DDR am 7. 10. 1949 als Arbeiter-und-Bauern-Staat. Die Provisorische Volkskammer wurde die legitime Volksvertretung des neuen Staates und beschloß die Verfassung der Deutschen Demokratischen Republik. Mit ihr wurden erstmals die gesellschaftlichen Voraussetzungen fixiert, daß die Arbeiterklasse im Bündnis mit den werktätigen Bauern, der Intelligenz und den anderen werktätigen Schichten tatsächlich und uneingeschränkt die Staatsmacht ausüben konnte. Bestimmungen über die Bindung der Staatsgewalt an das Volk, das Recht und die Pflicht jedes Bürgers zur Mitgestaltung auf allen Ebenen des gesellschaftlichen Lebens und die Charakterisierung der Volksvertretungen als tragende staatliche Machtorgane und Verkörperung der Einheit von Beschlußfassung, Durchführung und Kontrolle verdeutlichten die neue Qualität des politischen Systems. Der konsequente Demokratismus der politischen Ordnung der Deutschen Demokratischen Republik ermöglichte es zugleich, daß sie im weiteren unter Führung der Arbeiterklasse und ihrer marxistisch-leninistischen Partei Funktionen der Diktatur des Proletariats übernehmen und erfolgreich verwirklichen konnte. Weitere wichtige Schritte bei der Gestaltung des politischen Systems der sozialistischen Gesellschaft und seiner Hauptrichtung, der Entfaltung der sozialistischen Demokratie waren: Die Aufnahme von Vertretern der Massenorganisationen in die gemeinsamen Kandidatenlisten der Nationalen Front für die Wahlen zu den Volksvertretungen (1950), die territoriale Neugliederung der DDR durch den Wegfall der Länder und die Bildung der Bezirke sowie die Neuordnung der Kreise (1952), die Entwicklung der Nationalen Front zur breiten sozialistischen Volksbewegung und die Schaffung vielfältiger Formen der Mitwirkung der Werktätigen in der materiellen Produktion, in der Rechtsprechung, im Bildungswesen und im Handel. Maßgeblich bestimmt wurde die Herausbildung des neuen politischen Systems durch die weitere sozialistische Umgestaltung der ökonomischen Verhältnisse. In der Landwirtschaft wurden sozialistische Produktionsverhältnisse durch die Bildung der Landwirtschaftlichen Produktionsgenossenschaften geschaffen. Somit hatte das politische System der DDR in Gestalt seiner Grundstruktur seine Ausprägung erfahren, es waren Grundsätze seiner ständigen Entwicklung fixiert.

3. Mit der Gestaltung der entwickelten sozialistischen Gesellschaft erfuhren die bewährten Grundstrukturen des politischen Systems entsprechend den veränderten gesellschaftlichen Verhältnissen, den inneren und äußeren Bedingungen quantitative und qualitative Wandlungen. Diese Periode ist insbesondere durch die Ausgestaltung der verfassungsrechtlichen Grundlagen der sozialistischen Gesellschaft gekennzeichnet. (Verfassung der DDR vom 8. April 1968 in der Fassung des Gesetzes zur Änderung und Ergänzung der Verfassung vom 7. Oktober 1974.) Die auf dem VIII. Parteitag der SED formulierte Hauptaufgabe der wirtschaftlichen und sozialen Entwicklung in der DDR orientierte alle staatlichen und gesellschaftlichen Organisationen und Institutionen darauf, alle Vorzüge und Triebkräfte des Sozialismus zum Wohle des Menschen voll zur Wirkung zu bringen. Das gesamte System der staatlichen Leitung und Planung wurde entsprechend den neuen Anforderungen qualifiziert. Das Zusammenwirken der staatlichen und gesellschaftlichen Organisationen konnte effektiv gestaltet und in seiner Struktur ausgebaut werden. Davon ausgehend konnte der IX. Parteitag der SED (1976) im Programm vor allem auf die qualitative Festigung des sozia-

listischen Staates auf dem Wege der Vervollkommnung der sozialistischen Demokratie orientieren. Die Stabilität des politischen Systems in der DDR ermöglichte es zugleich, allen gesellschaftlichen Organisationen umfassende Wirkungsmöglichkeiten einzuräumen.

13.2. Der sozialistische Staat – Hauptinstrument und umfassende Organisation der von der Arbeiterklasse geführten Werktätigen

Das Wesen des sozialistischen Staates wird durch seinen Klasseninhalt und seine historischen Aufgaben bestimmt. Im Programm der SED heißt es: „Die Politik der Sozialistischen Einheitspartei Deutschlands ist auf die weitere allseitige Stärkung des sozialistischen Staates der Arbeiter und Bauern als einer Form der Diktatur des Proletariats gerichtet, die die Interessen des ganzen Volkes der Deutschen Demokratischen Republik vertritt. Er ist das Hauptinstrument der von der Arbeiterklasse geführten Werktätigen bei der Gestaltung der entwickelten sozialistischen Gesellschaft und auf dem Wege zum Kommunismus."[14] Wesensgleich bestimmt Artikel 1 der Verfassung der DDR den sozialistischen Staat als „politische Organisation der Werktätigen in Stadt und Land unter Führung der Arbeiterklasse und ihrer marxistisch-leninistischen Partei". Damit bekennt sich der sozialistische Staat offen zu seinem Klassencharakter, in dem sich zugleich die Interessen aller Klassen und Schichten der sozialistischen Gesellschaft widerspiegeln.

Hauptinstrument im politischen System   Der spezifische Platz des sozialistischen *Staates* und seine Bedeutung als *Hauptinstrument im politischen System* ergeben sich vor allem aus folgenden Faktoren:

– Der sozialistische Staat verkörpert mit seiner Verfassung, seinen gewählten Organen und seinem leistungsfähigen Apparat die Vereinigung aller politischen und sozialen Kräfte der Werktätigen unter Führung der Arbeiterklasse und ihrer Partei zur verbindlichen und planmäßigen organisierten Verwirklichung ihrer gemeinsamen Grundinteressen. Der sozialistische Staat ist die einzige politische Form, in der und mittels der die politischen Kräfte des Volkes ihren gemeinsamen Grundinteressen den Charakter allgemeinverbindlicher und mit den spezifischen Mitteln staatlicher Macht auch durchsetzbarer Normen und Richtlinien geben können.

– Der sozialistische Staat ist – gestützt auf die politische Führung der sozialistischen Gesellschaft durch die marxistisch-leninistischen Partei[15] – dasjenige Instrument, mit dem die Werktätigen unter Führung der Arbeiterklasse und ihrer Partei die gesellschaftliche Entwicklung leiten, die Grundaufgaben zur Gestaltung

---

14 Programm der Sozialistischen Einheitspartei Deutschlands, S. 40.
15 Vgl. Kap. 12.1. des vorliegenden Lehrbuches.

der entwickelten sozialistischen Gesellschaft verwirklichen, das gemeinsame Handeln aller gesellschaftlichen Kräfte organisieren und zugleich den erforderlichen Schutz der sozialistischen Ordnung gewährleisten. Dazu ist politische Orientierung allein nicht ausreichend; es sind staatlich organisierte Formen nötig, die durch vorausschauende Planung, Koordinierung und durch praktische Organisation des arbeitsteiligen Handelns der Klassen, Schichten und Gruppen die gesellschaftlich notwendigen Ergebnisse herbeiführen und dabei die Einsatzbereitschaft und Tatkraft der Bürger fordern.

– Der sozialistische Staat ist die im Auftrag der staatstragenden politischen Kräfte wirkende Organisation für die effektive Nutzung, die Festigung und den Schutz des gesellschaftlichen sozialistischen Eigentums. Vor allem durch die Verwirklichung der Hauptaufgabe in ihrer Einheit von Wirtschafts- und Sozialpolitik setzt der Staat die schöpferischen Kräfte der Werktätigen frei und entwickelt ihr Verantwortungsbewußtsein als sozialistische Eigentümer.

– Der sozialistische Staat setzt, garantiert und entwickelt durch das Recht die Verhaltensregeln, Normen und Maßstäbe, die für die zunehmend bewußte sozialistische Gesellschaftsgestaltung sowie die wachsende Organisiertheit des gesellschaftlichen Handelns und für alle staatlichen Organe, Bürger sowie für die anderen Bestandteile des politischen Systems gleichermaßen verbindlich sind.

– Das Wirken des sozialistischen Staates in allen Bereichen der gesellschaftlichen Entwicklung ist das hauptsächliche Feld zur Verwirklichung und Entfaltung sozialistischer Demokratie. Die Beratung der Grundfragen der Staatspolitik mit den Werktätigen, ihre Einbeziehung in die Arbeit der staatlichen Organe, besonders der Volksvertretungen, die staatliche Gewährleistung der verfassungsmäßigen Rechte aller Bürger und die Wahrnehmung durch diese als staatsbürgerliche Pflicht stehen im Zentrum sozialistischer Demokratie. Sie sind zugleich unerläßliche Voraussetzung für die Tätigkeit aller gesellschaftlichen Organisationen der Werktätigen, die nur im Zusammenwirken mit dem sozialistischen Staat die Interessen ihrer Mitglieder effektiv verwirklichen können. Indem der sozialistische Staat die selbständige, bewußte demokratische Aktivität der Werktätigen fordert und fördert, arbeitet er stets auch an seiner eigenen Festigung und Weiterentwicklung.

– Der sozialistische Staat ist das wichtigste Instrument zur Gestaltung internationaler Beziehungen, besonders der freundschaftlichen Zusammenarbeit mit den Bruderstaaten. Er organisiert und realisiert entscheidende Aufgaben der politischen und wirtschaftlichen Zusammenarbeit der sozialistischen Länder, muß aber vor allem auch den Rahmen setzen und Bedingungen sichern für das internationale Wirken von gesellschaftlichen Organisationen und für die direkte Zusammenarbeit von Betrieben, Einrichtungen und Arbeitskollektiven.

– Der sozialistische Staat ist das hauptsächliche Instrument zum Schutz und zur Sicherung der sozialistischen Gesellschaftsordnung. (Tabelle 22)

An der *Lösung der Aufgaben*, für die der *sozialistische Staat* die Hauptverantwortung trägt, sind in zunehmendem Maße und mit jeweils spezifischen Aktivitäten auch nichtstaatliche, gesellschaftliche Organisationen und Kollektive, d. h. *alle Be-*

Tabelle 22   Wie in der DDR ein Gesetz entsteht

Grundlagen für Gesetze	– von der Partei der Arbeiterklasse erkannte objektive Gesetzmäßigkeiten und festgelegte Aufgaben in Beschlüssen – Analyse des geltenden Rechts
Recht zur Einbringung von Gesetzesvorlagen –Gesetzesinitiativen– (an das Präsidium der Volkskammer)	– die Abgeordneten und Fraktionen der Volkskammer – die Ausschüsse der Volkskammer – der Staatsrat – der Ministerrat – der Freie Deutsche Gewerkschaftsbund
Verfahren der Beratung	
Beratung von Gesetzesentwürfen	– im Ministerrat (nach Abstimmung zwischen den zuständ. zentralen Staatsorganen) – in den Ausschüssen der Volkskammer – durch den Bundesvorstand des FDGB oder andere zentr. Leitungen von Massenorganisationen – mit Arbeitskollektiven, örtl. Staatsorganen usw. (insbesondere durch die Ausschüsse und Abgeordneten)

Beratung und Beschlußfassung durch die Volkskammer	Regelfall:	in Einzelfällen:
	Beratung u. Beschlußfassung in *einer* Tagung der Volkskammer	Beratung u. Beschlußfassung in der Volkskammer über die öffentliche Diskussion des Gesetzesentwurfs öffentl. Diskussion des Gesetzesentwurfs: Änderungsvorschläge Beratung u. Beschlußfassung in der Volkskammer

Verkündung der Gesetze	durch den Vorsitzenden des Staatsrates innerhalb eines Monats im Gesetzblatt der DDR
Inkrafttreten	am 14. Tag nach Verkündung, soweit im Gesetz nichts anderes bestimmt ist

standteile des politischen Systems beteiligt. Deren unverzichtbare Aktivität bliebe jedoch weitgehend wirkungslos, wenn sie sich nicht auf die organisierte und organisierende Kraft der Staatsautorität stützen könnte, die nichts anderes ist als die verbindliche Autorität der gemeinsamen politischen Macht der Werktätigen unter Führung der Arbeiterklasse und ihrer Partei.

Aus den Aufgaben, die der *sozialistische Staat* bei der Gestaltung der sozialistischen Gesellschaft wahrzunehmen hat, ergibt sich auch die Notwendigkeit seiner *Festigung und Weiterentwicklung.* Zeitweilige Vorstellungen, daß bereits im Sozialismus umfassend staatliche Aufgaben vollständig an gesellschaftliche Organisationen übertragen werden könnten, haben sich in der historischen Praxis nicht bewährt. Die Praxis lehrt vielmehr nachdrücklich, daß vor allem die Zunahme gesamtgesellschaftlicher Aufgaben, das Anwachsen ihrer Komplexität und Kompliziertheit besonders unter den Bedingungen hoher, mit dem Tempo des wissenschaftlich-technischen Fortschritts weiter ansteigender Dynamik der gesellschaftlichen Entwicklung die zunehmende Aktivität aller Bestandteile des politischen Systems und besonders die allseitige Festigung und Stärkung des sozialistischen Staates bedingen.

Als objektive Gründe für die *wachsende Rolle des sozialistischen Staates* treten besonders hervor:

– Erfordernisse, die sich aus der Notwendigkeit ergeben, die sozialistische Gesellschaft immer stärker als einheitlichen Gesamtorganismus zu gestalten. Für den Staat erwachsen dabei eine Fülle qualitativ neuer Aufgaben, besonders bei der optimalen Verflechtung verschiedener gesellschaftlicher Prozesse;[16]

– Anforderungen, die sich aus der neuen Stufe in der Zusammenarbeit mit den Bruderländern, insbesondere der Sowjetunion, ergeben;[17]

– Konsequenzen, die aus dem Kampf um den Frieden und die Lösung weiterer globaler Probleme erwachsen;[18]

– neue Triebkräfte gesellschaftlicher Aktivität, die sich aus dem bereits erreichten Entwicklungsstand des Sozialismus selbst ergeben. Die politisch-moralische Einheit der Klassen und Schichten, die Erfahrung der Werktätigen, daß ihr Wort ebenso wie ihre Tat gebraucht werden, der wachsende Bildungsstand und viele andere Faktoren bewirken eine wachsende Bereitschaft der Bürger, über die unmittelbaren Interessen hinaus nicht nur irgendeinen, sondern den bestmöglichen und für die Gesellschaft wirksamsten Beitrag zu ihrer weiteren Entwicklung zu leisten. Das stellt viele neue Anforderungen an die Arbeitsweise und den Arbeitsstil staatlicher Organe, um auf qualitativ höherer Stufe die dialektische Einheit von politischer Macht und Demokratie zu festigen, die für den Sozialismus kennzeichnend ist.

Die Hauptrichtung, in der sich die sozialistische Staatsmacht entwickelt, ist die *weitere Entfaltung und Vervollkommnung der sozialistischen Demokratie.* Dabei wird die in vielfältigen Formen erfolgende Mitwirkung der Bürger an der Leitung des Staates und der Wirtschaft sowie die Erhöhung ihrer Qualität und Effektivität immer mehr zum bestimmenden Merkmal des politischen Lebens in der sozialistischen Gesellschaft.

---

16 Vgl. Kap. 10.1. des vorliegenden Lehrbuches.
17 Vgl. Kap. 11.1. des vorliegenden Lehrbuches.
18 Vgl. Kap. 5.2. des vorliegenden Lehrbuches.

| Funktionen des sozialistischen Staates | Der sozialistische Staat wirkt entsprechend den objektiven Gesetzen des Sozialismus und auf der Grundlage der Beschlüsse der marxistisch-leninistischen Partei leitend, planend und regulierend. In den |

Aufgaben des sozialistischen Staates spiegeln sich politisch bestimmte nationale und internationale, ökonomische, soziale, geistig-kulturelle u. a. Erfordernisse wider, deren komplexe Lösung die Wahrnehmung bestimmter Funktionen durch den sozialistischen Staat bedingt. Diese *Funktionen sind die Hauptrichtungen der Tätigkeit des sozialistischen Staates,* die der Verwirklichung der politischen, ökonomischen, sozialen und kulturellen Ziele der Arbeiterklasse und ihrer Verbündeten dienen und in denen sich sein Klassenwesen ausdrückt. In ihrer konkreten Ausgestaltung verändern sich diese Funktionen entsprechend den jeweils zu lösenden spezifischen Aufgaben, der erreichten Entwicklungsstufe der sozialistischen Gesellschaft und der internationalen Klassenauseinandersetzung.

Im allgemeinen werden diese Funktionen in innere und äußere unterteilt. Diese Unterscheidung ist relativ; charakteristisch ist heute eine wachsende Wechselwirkung und Verflechtung zwischen beiden Gruppen von Funktionen. Zu den *inneren Funktionen des sozialistischen Staates* gehören:
– die wirtschaftlich-organisatorische Funktion;
– die Funktion der planmäßigen Entwicklung der Wissenschaft;
– die kulturell-erzieherische Funktion;
– die Funktion der Erhaltung und des Schutzes der natürlichen Umwelt;
– die Funktion des zuverlässigen Schutzes der sozialistischen Staats- und Rechtsordnung, des sozialistischen Eigentums und der Rechte und Freiheiten der Bürger sowie der Unterbindung antisozialistischer Aktionen.

Die *wirtschaftlich-organisatorische Funktion* besteht darin, die Produktivkräfte der sozialistischen Gesellschaft rasch und planmäßig zu entfalten, den gesamten volkswirtschaftlichen Organismus auf den Weg der umfassenden und dauerhaften Intensivierung zu führen und damit die Befriedigung der wachsenden materiellen und kulturellen Bedürfnisse der Menschen zu gewährleisten. Da mit dieser Funktion unmittelbar die materielle Existenz und Entwicklung der gesamten Gesellschaft gewährleistet und gestaltet wird, ist sie letztlich die entscheidende Funktion. Im Mittelpunkt der Tätigkeit der staatlichen Organe der DDR steht die Verwirklichung der vom X. Parteitag der SED beschlossenen und vom XI. Parteitag der SED präzisierten ökonomischen Strategie, die auf die rasche Erhöhung der wirtschaftlichen Leistungskraft der DDR, auf eine höhere Arbeitsproduktivität und Effektivität durch Wissenschaft und Technik, auf die entscheidende Verbesserung des Verhältnisses von Aufwand und Ergebnis zielt. Alle Organe des Staates, insbesondere seine wirtschaftsleitenden, haben die politische Aufgabe, die Initiative der Werktätigen zu fördern, die Bürger und ihre Kollektive in die Leitung, Planung, Durchführung und Kontrolle aller entscheidenden Maßnahmen einzubeziehen, eine hohe Staatsdisziplin durchzusetzen und die sozialistische Gesetzlichkeit zu festigen.

In Übereinstimmung mit den ökonomischen Ergebnissen wird die *Sozialpolitik* des sozialistischen Staates verwirklicht. Sie erlangt in der *Tendenz den Rang einer selbständigen Funktion*. In die wirtschaftlich-organisatorische Funktion des sozialistischen Staates ist die Kontrolle über das Maß der Arbeit und das Maß des Verbrauchs – entsprechend der für die Gesellschaft erbrachten Leistung – sowie die systematische Erhöhung des planmäßigen Einsatzes des gesellschaftlichen Konsumtionsfonds für die Verwirklichung der sozialpolitischen Aufgaben eingeschlossen.[19]

Die Funktion der *planmäßigen Entwicklung der Wissenschaft* hat sich als neue selbständige Staatsfunktion herausgebildet.[20] Die Verbindung der Vorzüge der sozialistischen Gesellschaft mit den Erfordernissen der wissenschaftlich-technischen Revolution ist zu einer erstrangigen politischen Aufgabe geworden. Die Erschließung aller Potenzen und Vorzüge des Sozialismus zur raschen Steigerung der Arbeitsproduktivität auf dem Wege der umfassenden und dauerhaften Intensivierung der Produktion, der Anwendung von Schlüsseltechnologien und die Erreichung wissenschaftlich-technischer Höchstleistungen, aber auch die Erfordernisse einer komplexen, vorausschauenden Leitung der Gesellschaft als sozialer Gesamtorganismus haben die Rolle und Bedeutung von Wissenschaft und Technik bedeutend erhöht.

Die *kulturell-erzieherische Funktion* des sozialistischen Staates besteht in der allseitigen Entwicklung des Bildungs- und Kulturniveaus des Volkes, der sozialistischen Verhaltensweisen der Menschen und damit der Entfaltung sozialistischer Persönlichkeiten. Ein hohes Bildungs- und Kulturniveau wird in zunehmendem Maße Voraussetzung für die Lösung vieler anderer Aufgaben. Die Vermittlung und schöpferische Aneignung des Marxismus-Leninismus und der Grundfragen der Politik der Partei, verbunden mit dem kompromißlosen Kampf gegen alle Erscheinungen des Antikommunismus, sind dabei Kernstück der weltanschaulichen Bildung und klassenmäßigen Erziehung. Diese Aufgaben löst der sozialistische Staat mit seinen Bildungseinrichtungen und kulturellen Institutionen. Zu den Aufgaben auf geistig-kulturellem Gebiet gehören auch die Entwicklung der sozialistischen Arbeitskultur, die Pflege des humanistischen Kulturerbes und seine Aneignung durch die Werktätigen und die Förderung der sozialistischen Kunst, die in ihrer Gesamtheit ein reiches geistig-kulturelles und sinnerfülltes Leben sozialistischer Werktätiger ermöglichen.[21]

Einen eigenständigen Rang haben der *Schutz und die Gestaltung der Umwelt* erhalten. Das rasche Wachstum der Produktivkräfte, vor allem die mit der wissenschaftlich-technischen Revolution verbundenen strukturellen Wandlungen in der Volkswirtschaft, deren wachsender Bedarf an neuen Roh- und Werkstoffen und an Energie bewirken und erfordern auch ein neues Verhältnis der Gesellschaft

19 Vgl. Kap. 14.2. des vorliegenden Lehrbuches.
20 Vgl. Kap. 15.1. des vorliegenden Lehrbuches.
21 Vgl. Kap. 16.2. des vorliegenden Lehrbuches.

zum Umgang mit den natürlichen Reichtümern und Ressourcen. Der Schutz, die Nutzung und der pflegliche Umgang mit den dem Volke gehörenden Naturreichtümern, Bodenschätzen und natürlichen Ressourcen, die immer schon eine spezifische Seite der wirtschaftlich-organisatorischen Tätigkeit waren, haben nunmehr auch im Interesse kommender Generationen eine solche Bedeutung erlangt, daß der sozialistische Staat einen wesentlichen und zunehmenden Teil seiner Tätigkeit auf die Lösung dieses komplexen Problems des Verhältnisses von Natur und Gesellschaft konzentrieren muß.

Die Funktion des *zuverlässigen Schutzes der sozialistischen Staats- und Rechtsordnung*, des sozialistischen Eigentums und der Rechte und Freiheiten der Bürger umfaßt eine vielseitige staatliche und damit verbundene gesellschaftliche Tätigkeit zur Sicherung und Festigung der sozialistischen Gesetzlichkeit. Mit der Beseitigung der Ausbeuterklassen – einer wesentlichen Aufgabe des gesellschaftlichen Umgestaltungsprozesses in der Periode des Übergangs vom Kapitalismus zum Sozialismus – ist die Funktion der Unterdrückung des unvermeidlichen Widerstands der gestürzten Ausbeuterklassen in sozialer und politischer Hinsicht im wesentlichen erfüllt. Die Erfahrungen der sozialistischen Länder belegen jedoch, daß auch nach Abschluß der Übergangsperiode vom Kapitalismus zum Sozialismus und der damit verbundenen Beseitigung der Ausbeuterklassen konterrevolutionäre Aktivitäten einzelner Gruppen, die durch reaktionäre imperialistische Kräfte initiiert und unterstützt werden, möglich sind. Die Konfrontationspolitik der aggressivsten Kreise des Imperialismus kann zu schnellen Wendungen und Zuspitzungen führen, in deren Gefolge die Wiederbelebung und Aktivierung antisozialistischer Kräfte in sozialistischen Ländern möglich ist. Die sozialistische Staatsmacht muß deshalb – auch im Interesse der Stabilisierung friedlicher internationaler Beziehungen – entschieden alle Aktionen konterrevolutionärer und antisozialistischer Elemente gegen die neue Gesellschafts- und Staatsordnung unterbinden.

Auf *internationalem Gebiet* besteht die wichtigste Aufgabe in der Friedenssicherung und damit in der Schaffung der günstigsten äußeren Bedingungen für die weitere Gestaltung der entwickelten sozialistischen Gesellschaft. Die *äußeren Funktionen* des sozialistischen Staates sind:

– der Kampf für Frieden und Abrüstung, für friedliche Koexistenz aller Staaten mit unterschiedlicher Gesellschaftsordnung und für die Lösung weiterer globaler Probleme durch gleichberechtigte Kooperation;

– die allseitige Festigung der freundschaftlichen Zusammenarbeit mit den anderen sozialistischen Ländern;

– die solidarische Unterstützung des Kampfes der Völker Asiens, Afrikas und Lateinamerikas gegen Neokolonialismus und Unterentwicklung, für Frieden, nationale Unabhängigkeit und sozialen Fortschritt.

Angesichts der Anhäufung von nuklearen Massenvernichtungsmitteln und des Hochrüstungs- und Konfrontationskurses der reaktionärsten Kräfte der USA und ihrer Verbündeten, der damit im Zusammenhang stehenden Gefahr der Vernichtung der Menschheit in einem globalen atomaren Krieg, ist der *Kampf für Frieden und Abrüstung zur entscheidenden äußeren Funktion* des sozialistischen Staates geworden. Darum koordinieren die sozialistischen Staaten in wachsendem Maße ihre Anstrengungen, um in diesem Kampf eine grundlegende Wende zur friedlichen Koexistenz und zur allgemeinen Sicherheit aller Staaten durchzusetzen. Auf die Sicherung des Weltfriedens ist die *Schutzfunktion* des sozialistischen Staates ausgerichtet. Zu diesem Zwecke organisiert und leitet er „die Landesverteidigung sowie den zuverlässigen Schutz der sozialistischen Ordnung und des friedlichen Lebens der Bürger"[22] und entwickelt die Bereitschaft und Fähigkeit der Werktätigen zur Verteidigung der sozialistischen Errungenschaften und das Zusammenwirken der Streitkräfte der Staaten des Warschauer Vertrages. Diese Funktion verwirklicht der sozialistische Staat vor allem durch volksverbundene Armee-, Polizei- sowie Staatssicherheitsorgane, durch Kampfgruppen der Arbeiterklasse und Organe der Zivilverteidigung sowie durch wirksame Justizorgane. Alle staatlichen Organe „wahren die Souveränität der DDR und erteilen allen Versuchen der imperialistischen Staaten, Anschläge auf diese zu unternehmen, in welcher Form das auch geschehen mag, eine Abfuhr".[23] Hierzu leisten auch die gesellschaftlichen Organisationen ihren spezifischen Beitrag.

Eine weitere Funktion des sozialistischen Staates besteht in der ständigen Festigung der *freundschaftlichen Zusammenarbeit der sozialistischen Länder.*[24] Sie umfaßt zunehmend alle Bereiche des gesellschaftlichen Lebens. Im Zentrum stehen gemeinsame Initiativen zur Sicherung des Weltfriedens und die zielstrebige Vertiefung der sozialistischen ökonomischen Integration. Die konkrete Realisierung dieser politischen Linie geschieht über die Tätigkeit der Staatsorgane der beteiligten Länder. Im Mittelpunkt der ökonomischen Tätigkeit steht die Vertiefung der ökonomischen und wissenschaftlich-technischen Zusammenarbeit und die Erhöhung des Niveaus der Zusammenarbeit im Rat für Gegenseitige Wirtschaftshilfe. Im „Komplexprogramm des wissenschaftlich-technischen Fortschritts der Mitgliedsländer des RGW bis zum Jahre 2000" wurden die Grundsätze des weiteren Zusammenwirkens fixiert.

In der *Zusammenarbeit mit jungen Nationalstaaten* und in der *solidarischen Hilfe für die Völker Asiens, Afrikas und Lateinamerikas,* die im Kampf gegen Neokolonialismus und Unterentwicklung stehen, sehen die sozialistischen Staaten Aufgaben zu gegenseitigem Vorteil, indem sie vor allem die eigenen Anstrengungen der national befreiten Staaten unterstützen, ihre Ressourcen und ihr gesamtes Potential so effektiv wie möglich zur Entwicklung von Landwirtschaft und Industrie sowie von Wissenschaft und Technik zu nutzen.[25]

Die Funktionen des sozialistischen Staates werden in wachsendem Maße gemeinsam mit den anderen Bestandteilen des politischen Systems wahrgenommen.

---

22 Programm der Sozialistischen Einheitspartei Deutschlands, S. 41.
23 Ebenda.
24 Vgl. Kap. 11.2. des vorliegenden Lehrbuches.
25 Vgl. Kap. 8.2. des vorliegenden Lehrbuches.

Der internationale Aspekt der Tätigkeit der marxistisch-leninistischen Partei, der gesellschaftlichen Organisationen usw. erweitert sich.

Die Volksvertretungen Die Volksvertretungen sind die höchsten Organe der sozialistischen Staatsmacht, *demokratisch gewählte Machtorgane*, durch die die Arbeiterklasse im Bündnis mit den Genossenschaftsbauern, der Intelligenz und den anderen werktätigen Schichten die politische Macht ausübt. In ihnen ist die Einheit von Volkssouveränität und Staatssouveränität verkörpert. Sie stehen an der Spitze des einheitlichen Systems der sozialistischen Staatsmacht. Alle anderen Staatsorgane, die Organe des Staatsapparates (Ministerrat und örtliche Räte), die Justizorgane, Schutz- und Sicherheitsorgane sowie die Organe der Landesverteidigung leiten ihre Kompetenz aus der Arbeit der Volksvertretungen ab. In ihrer Tätigkeit verwirklichen die Volksvertretungen als *arbeitende Körperschaften* durch ihre Räte und Kommissionen, durch das Wirken der Abgeordneten in den Wohngebieten (Wahlkreisen) und Betrieben die *Einheit von Beschlußfassung, Durchführung und Kontrolle*. Die Mitarbeiter des Staatsapparates sind der Volksvertretung für ihre Tätigkeit verantwortlich und rechenschaftspflichtig.

Die *sozialistischen Volksvertretungen unterscheiden* sich grundsätzlich von *bürgerlich-parlamentarischen Körperschaften*. Im Gegensatz zu diesen sind die sozialistischen

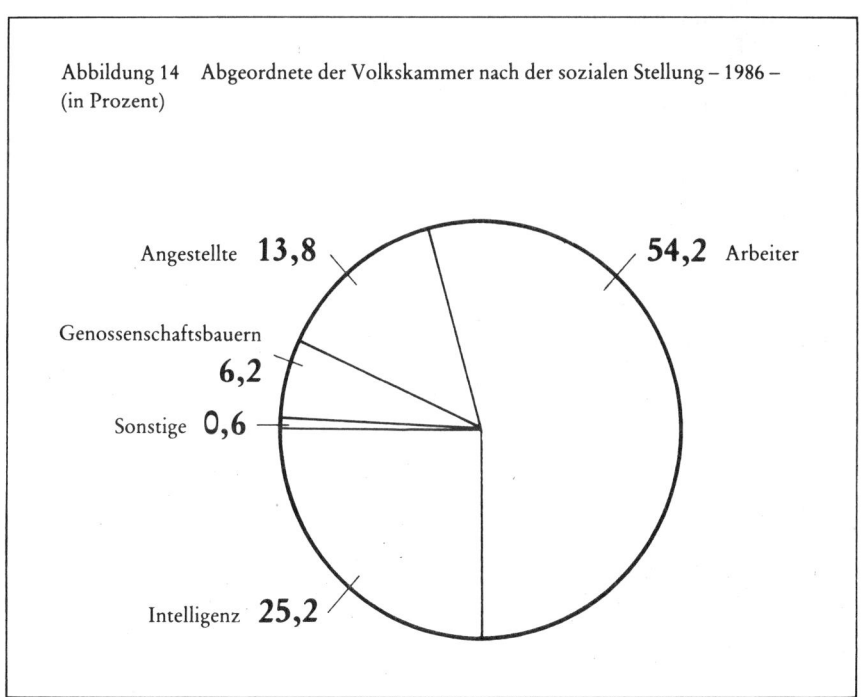

Abbildung 14   Abgeordnete der Volkskammer nach der sozialen Stellung – 1986 –
(in Prozent)

Angestellte **13,8**   **54,2** Arbeiter

Genossenschaftsbauern
6,2

Sonstige **0,6**

Intelligenz **25,2**

Abbildung 15

Volksvertretung Zahl der Abgeordneten	Von den Abgeordneten sind			
	Arbeiter und Angestellte	Mitglieder von LPG	Frauen	Jugendliche bis 25 Jahre
	Prozent			
Bezirkstage und Stadtverordnetenversammlung von Berlin, Hauptstadt der DDR (1986) **3 235**	81	13	41	20
Kreistage und Stadtverordnetenversammlungen der Stadtkreise (1986) **27 783**	83	13	43	22
Gemeindevertretungen und Stadtverordnetenversammlungen der kreisangehörigen Städte (1984) **171 059**	70	25	37	15
Stadtbezirksversammlungen (1984) **4 175**	96	1	41	23
Örtliche Volksvertretungen insgesamt **205 929**	72	23	38	16

Volksvertretungen durch folgende Merkmale charakterisiert: Die *Abgeordneten* werden vor ihrer Wahl in einem demokratischen Verfahren ausgewählt und in den Arbeitskollektiven geprüft. Dadurch ist gewährleistet, daß die besten Vertreter der Arbeiterklasse und der anderen Werktätigen, die sich durch hohe Leistungen in der Arbeit, durch gesellschaftliche Initiative und eine enge Verbundenheit mit dem werktätigen Volk auszeichnen, als Abgeordnete die Interessen der Werktätigen wahrnehmen. Die Abgeordneten sind ihren Wählern gegenüber rechenschaftspflichtig, erhalten Wähleraufträge und berichten regelmäßig über die Erfüllung der ihnen übertragenen Aufgaben. Die Werktätigen haben das Recht, die Abberufung von Abgeordneten vorzuschlagen, wenn diese ihren Verpflichtungen nicht oder nur ungenügend nachkommen. (Abbildungen 14, 15)

Wirksamkeit und Autorität der Abgeordneten hängen nicht zuletzt davon ab, wie sie aktiv an der *Entscheidungsfindung* und bei der *Lösung von Problemen* beteiligt sind. Dazu bedarf es vielfältiger Informationen, über die die Abgeordneten, in ihrer großen Mehrheit ehrenamtlich tätige Bürger, in der Regel nicht in der gleichen Weise wie viele Mitarbeiter der Staatsorgane, Fachleute und Spezialisten in staatlichen Leitungsfunktionen, verfügen. In der Verantwortung der Räte und ihrer Fachorgane liegt es deshalb, den Abgeordneten rechtzeitig aufbereitete Materialien zur Verfügung zu stellen, damit sie als Volksvertreter effektiv wirksam werden können. Die staatlichen Organe, die Leiter der Kombinate, Betriebe und Einrichtungen und die Vorstände der Genossenschaften sowie die Arbeitskollektive sind verpflichtet, die Abgeordneten bei der Wahrnehmung ihrer Aufgaben zu unterstützen. Die Abgeordneten sind, soweit es die Wahrnehmung ihrer Aufgaben als Abgeordnete erfordert, von der beruflichen Arbeit freigestellt.

Die Entfaltung der sozialistischen Demokratie ist untrennbar mit der wachsenden Rolle der Volksvertretungen als gewählte Machtorgane verbunden. Um die Wirksamkeit und Ausstrahlungskraft der Volksvertretungen zu erhöhen, orientiert die SED darauf, daß sie sich inhaltlich auf die Lösung aller mit der Hauptaufgabe zusammenhängenden Probleme konzentrieren und dabei schöpferisch und eigenverantwortlich die vielfältigen örtlichen Möglichkeiten, Bedingungen und Reserven nutzen.

Sozialistische Kommunalpolitik

Zu den bedeutsamen Erfahrungen der gesellschaftlichen Entwicklung der letzten Jahre in der DDR zählt, daß eine lebensverbundene Kommunalpolitik sich als *wichtige Triebkraft der gesellschaftlichen Entwicklung* erweist. Sozialistische Kommunalpolitik ist als Bestandteil der einheitlichen sozialistischen Staatspolitik und als spezifischer Ausdruck der Einheit von Wirtschafts- und Sozialpolitik darauf gerichtet, das gesellschaftliche und geistig-kulturelle Leben, die Arbeits- und Lebensbedingungen in den Städten und Gemeinden bürgerfreundlich zu gestalten und zu verbessern. „Unter unseren Bedingungen ist Kommunalpolitik im besten Sinne des Wortes Politik für und mit der Gemeinschaft. Jeder Bürger kann unmittelbar auf die Entscheidungen von örtlichem Belang Einfluß nehmen."[26]

In das Zentrum der Kommunalpolitik rückt mehr und mehr die Aufgabe, „durch gezielte und wohldurchdachte territoriale Rationalisierung die örtlichen Bedingungen für die immer bessere Nutzung von Wissenschaft und Technik zu schaffen".[27] Die wichtigste Voraussetzung dafür ist eine wirksame *Zusammenarbeit zwischen den örtlichen Staatsorganen und den Kombinaten, Betrieben, Genossenschaften und Einrichtungen*, um alle Reserven für die Leistungs- und Effektivitätsentwicklung der Volkswirtschaft zu erschließen. Zu diesem Zweck werden Kommunalverträge und Vereinbarungen abgeschlossen. Besonders deutlich tritt die Notwendigkeit intensiven Zusammenwirkens von zentralgeleiteten Institutionen und örtlichen Räten im Bauwesen hervor, um das Wohnungsbauprogramm in der Einheit von Neubau, Rekonstruktion, Modernisierung und Erhaltung zu verwirklichen. Auf dem Lande gewinnt die Zusammenarbeit von Landwirtschaftlichen Produktionsgenossenschaften und Gemeinderäten an Bedeutung, um das Dorf zu einem anziehenden Zentrum landwirtschaftlicher Produktion und bäuerlichen Lebens zu gestalten und auf der Grundlage von Ortsgestaltungskonzeptionen sein Antlitz zu verschönern. „Wo das Dorf ein echtes Zuhause ist, macht die Arbeit mehr Freude, und das stimuliert hohe Leistungen. Wir unterstützen die Initiativen der LPG und VEG, verstärkt materielle und finanzielle Mittel für die Entwicklung der Dörfer, insbesondere für die Lösung der Wohnungsfrage, einzusetzen."[28] Insbesondere mit dem *Gesetz über die örtlichen Volksvertretungen* in der Deutschen Demokratischen Republik vom 4. Juli 1985 wurden Regelungen beschlossen, um unter breiter Einbeziehung der Werktätigen die Möglichkeiten der Territorien für Leistungswachstum und Bürgerwohl noch intensiver zu nutzen.

Das zunehmende Gewicht der Kommunalpolitik ergibt sich auch daraus, daß sie unmittelbar auf die wachsenden Bedürfnisse der Werktätigen zu reagieren hat. In den Territorien leben und arbeiten die Bürger, gestalten ihre Arbeits- und Lebensbedingungen, reproduzieren ihre Arbeitskraft. Hier erfolgt ihre direkte Einbeziehung in die Leitung des Staates, vor allem über ihren Kontakt mit den staatlichen Organen, mit ihren Leitern und Mitarbeitern. Es ist eine Erfahrung, daß die Haltung der Bürger zum sozialistischen Staat, ihre Bereitschaft zur Mitarbeit, ihr Engagement für die Gestaltung der entwickelten sozialistischen Gesellschaft wesentlich von der staatlichen Leitungtätigkeit auf örtlicher Ebene bestimmt wird, davon, wie die Interessen der Werktätigen durch die Tätigkeit der örtlichen Staatsorgane verwirklicht werden. Die Einheit von Wirtschafts- und Sozialpolitik realisiert sich in besonderer Weise in der auf das Wohlbefinden der Bürger gerichteten sozialistischen Kommunalpolitik.

---

26 Bericht des Zentralkomitees der SED an den XI. Parteitag der SED, S. 75.
27 E. Honecker, Die Aufgaben der Parteiorganisationen bei der weiteren Verwirklichung der Beschlüsse des XI. Parteitages der SED, S. 82.
28 Ebenda, S. 66.

Höhere Ansprüche an die Kommunalpolitik ergeben sich ferner durch die vielfältiger und intensiver werdenden geistig-kulturellen Interessen der Werktätigen. In jeder Stadt und jeder Gemeinde, in allen Kreisen und Bezirken können z. B. viele Möglichkeiten genutzt werden, um die Bürger und besonders die Jugend mit den Traditionen und Zeugnissen der Geschichte und der Kulturentwicklung ihrer Heimat vertraut zu machen und ihre aktive Mitarbeit bei der Pflege und sinnvollen Nutzung dieses Erbes zu fördern.

Sozialistische Rechtsordnung und Gesetzlichkeit Das sozialistische Recht ist als Gesamtheit staatlich festgelegter Normen ein wichtiges Instrument, um die Entwicklung und den Schutz der sozialistischen Gesellschafts- und Staatsordnung zu gewährleisten und die grundlegenden Erfordernisse der gesellschaftlichen Entwicklung verbindlich durchzusetzen. Dazu werden die sozialistischen Eigentumsverhältnisse und die anderen wesentlichen gesellschaftlichen Verhältnisse rechtlich normiert und die grundlegenden Interessen der Arbeiterklasse und aller anderen Werktätigen zum verbindlichen Gesetz erhoben.

Die Besonderheit rechtlicher Normen gegenüber anderen, z. B. denen der sozialistischen Moral, besteht darin, daß sie durch die Machtmittel des Staates im Interesse der Bürger wie der Gesellschaft konsequent durchgesetzt werden. „Das sozialistische Recht ist Ausdruck der Macht der Arbeiterklasse. Es dient der Verwirklichung der Interessen der Werktätigen, dem Schutz der sozialistischen Ordnung und der Freiheit und Menschenwürde der Bürger."[29] Die auf der Grundlage und in Übereinstimmung mit den Forderungen des sozialistischen Rechts vom Staat aufgestellte und geschützte *Ordnung* der gesellschaftlichen Verhältnisse bildet die *Rechtsordnung*. Ihr planmäßiger Ausbau „entsprechend dem Reifegrad der sozialistischen Gesellschaft und die Gewährleistung der Rechtssicherheit sind fester Bestandteil der Politik der Sozialistischen Einheitspartei Deutschlands."[30] Grundlegende Fragen, die das Leben der Bürger berühren, werden vor ihrer Entscheidung und zu ihrer Präzisierung öffentlich beraten oder in einem sachkundigen Kreis zur öffentlichen Diskussion gestellt. Die Bevölkerungsdiskussion grundlegender Gesetze ist in den sozialistischen Staaten bewährte demokratische Tradition. Die umfassende Einbeziehung der Werktätigen in die Vorbereitung der Rechtssetzung ist Ausdruck der Vertiefung des demokratischen Charakters der sozialistischen Gesetzgebung. Bei der Vervollkommnung des sozialistischen Rechts auf allen Gebieten gilt es, die grundlegende Forderung durchzusetzen, die Gesetze und Verordnungen für die Bürger verständlich und überschaubar zu gestalten, damit die Rechtsnormen mehr und mehr zu Normen des alltäglichen Verhaltens der Bürger werden. (Tabelle 23)

Das schließt die *Rechtspropaganda und Rechtserziehung* ein. „Die Erziehung zur

29 Programm der Sozialistischen Einheitspartei Deutschlands, S. 75.
30 Ebenda.

Tabelle 23	Mitwirkung der Bürger der DDR an der Rechtsprechung	
	1971	1986
Schöffen	48 736	52 961
Schiedskommissionsmitglieder	55 502	55 911
Konfliktkommissionsmitglieder	196 483	250 567

freiwilligen Einhaltung der sozialistischen Rechtsnormen, zum Schutze des sozialistischen Eigentums, ... zu bewußter Disziplin und hoher Wachsamkeit gehört zu den wichtigsten Aufgaben der staatlichen Organe und der gesellschaftlichen Organisationen sowie eines jeden Bürgers."[31] Die Tatsache, daß das sozialistische Recht Ausdruck der Interessen und des Willens der Arbeiterklasse und aller Werktätigen ist, bietet die Möglichkeit, in immer größerem Umfange die Werktätigen selbst in den Kampf um die Durchsetzung und bewußte Einhaltung des sozialistischen Rechts einzubeziehen. „Je mehr wir in Verhältnisse eintreten, die feste und sichere Machtverhältnisse sind, ... desto nachdrücklicher muß die entschiedene Losung der Verwirklichung größerer revolutionärer Gesetzlichkeit in den Vordergrund gerückt werden ...",[32] betonte Lenin. Sozialistische Gesetzlichkeit bedeutet Einhaltung und Durchführung der Gesetze durch alle staatlichen Organe, Staats- und Wirtschaftsfunktionäre, gesellschaftliche Organisationen und Bürger. Die Hauptmethode zur Gewährleistung der sozialistischen Gesetzlichkeit ist *Überzeugung und Erziehung.* Der Kampf um die weitere Festigung der sozialistischen Gesetzlichkeit ist Bestandteil der politischen Führungstätigkeit der marxistisch-leninistischen Partei. „Enge Verbundenheit mit den Werktätigen, Aufrichtigkeit, Konsequenz und Gerechtigkeit im Umgang mit den Menschen, eine wissenschaftliche Arbeitsweise, strikte Beachtung der Gesetze und hohe Staatsdisziplin sollten heute überall zum Berufsethos eines Funktionärs unseres Arbeiter-und-Bauern-Staates gehören."[33]

Eine wichtige Aufgabe bei der systematischen und exakten Kontrolle über die tatsächliche Durchführung der Beschlüsse der Partei und über die konsequente Einhaltung der sozialistischen Gesetzlichkeit erfüllt die *Arbeiter-und-Bauern-Inspektion,* das umfassende staatliche und gesellschaftliche Kontrollorgan der DDR. Über 200.000 Werktätige sind Mitglieder in den Kommissionen, Ausschüssen und Komitees dieses Kontrollorgans und tragen dazu bei, die Leitung und Planung zu vervollkommnen sowie Staatsdisziplin und sozialistische Gesetzlichkeit zu festigen.

Bei der Ausgestaltung der sozialistischen Rechtsordnung kommt der *Verwirkli-*

31 Ebenda.
32 W. I. Lenin, IX. Gesamtrussischer Sowjetkongreß. 23.–28. Dezember 1921, in: Werke, Bd. 33, S. 161.
33 Bericht des Zentralkomitees der SED an den XI. Parteitag der SED, S. 75.

chung der Menschenrechte eine elementare Bedeutung zu. Sie entsprechen dem Wesen der sozialistischen Gesellschaftsordnung und sind auf den Sinn des Sozialismus orientiert. Menschenrechte sind die in der Verfassung und anderen Gesetzen fixierten Rechtsnormen, die das grundlegende Verhältnis zwischen den Bürgern und ihrem sozialistischen Staat ausdrücken, sie regeln die Grundrechte und Grundpflichten der Bürger in der sozialistischen Gesellschaft. Mit den in der Verfassung fixierten Grundrechten realisiert die DDR auch die sich aus völkerrechtlichen Vereinbarungen ergebenden Pflichten. In ihrem Inhalt und Umfang gehen die Menschenrechte in der sozialistischen Gesellschaft weit über den gegenwärtig völkerrechtlich fixierten Status hinaus. Die neue Qualität sozialistischer Menschenrechte basiert auf der Freiheit von Ausbeutung, auf der Macht der Werktätigen und gewährleistet in der Einheit von Wirtschafts- und Sozialpolitik die Selbstverwirklichung des Menschen.

Mittels der Grundrechte wird nicht nur die Möglichkeit der Bürger juristisch normiert, ihre Lebensverhältnisse zu gestalten und ihre Persönlichkeit zu entwickeln, sondern die Bürger werden auf ein Handeln im Interesse der Entwicklung der sozialistischen Gesellschaft orientiert. Die Inanspruchnahme der Grundrechte, so zum Beispiel die Realisierung des Rechts auf Mitbestimmung und Mitgestaltung, auf Arbeit und auf Bildung sowie der anderen Rechte ist in diesem Sinne eine hohe moralische Verpflichtung für jeden Bürger. In diesem Sinne bilden *Grundrechte und Grundpflichten* der Bürger eine dialektische Einheit. Die Inanspruchnahme der Rechte setzt die *Erfüllung der staatsbürgerlichen Pflichten* voraus. Grundrechte und -pflichten der Bürger bilden ein einheitliches System, das politische, sozialökonomische, kulturell-ideologische und persönliche Rechte und Freiheiten umfaßt. Gerade in der Fixierung und Realisierung sozialer und kultureller Grundrechte drückt sich das Wesen der sozialistischen Gesellschaftsordnung und ihre Überlegenheit gegenüber der kapitalistischen Ordnung aus. „Der sozialistische Staat garantiert allen Bürgern die politischen Freiheiten und sozialen Rechte: das Recht auf Arbeit, auf Erholung, auf unentgeltliche Bildung und Schutz der Gesundheit, auf die materielle Sicherung im Alter und im Falle von Krankheit oder Verlust der Arbeitsfähigkeit; die Gleichberechtigung der Bürger unabhängig von rassischer oder nationaler Zugehörigkeit, von Weltanschauung, religiösem Bekenntnis und sozialer Stellung. Er garantiert gleiches Recht für Männer und Frauen in allen Bereichen des staatlichen, wirtschaftlichen und kulturellen Lebens."[34]

---

34 Programm der Sozialistischen Einheitspartei Deutschlands, S. 56.

13.3. Vielfalt gesellschaftlicher Organisiertheit

Gesellschaftliche Organisationen der Werktätigen

Einen wichtigen Platz im Wirken des politischen Systems der sozialistischen Gesellschaft nehmen eine Vielzahl gesellschaftlicher Organisationen ein. In der DDR bestehen über 80 solcher gesellschaftlicher Organisationen. Zählt man die Einzelgewerkschaften des FDGB, die Verbände des DTSB, die Gesellschaften des Kulturbundes usw. gesondert, sind es über 200. In ihnen schließen sich die Werktätigen auf freiwilliger Basis zur Wahrnehmung ihrer politischen, ökonomischen, kulturellen, beruflichen und sportlichen Interessen zusammen. Die gesellschaftlichen Organisationen im Sozialismus fördern die Mitarbeit ihrer Mitglieder an der Erfüllung gesellschaftlicher und staatlicher Aufgaben. Über die gesellschaftlichen Organisationen nehmen die Bürger an staatlichen Willensbildungsprozessen teil und wirken mit ihren spezifischen Möglichkeiten an der Lösung staatlicher Aufgaben mit. Auch durch die Entfaltung der ehrenamtlichen Tätigkeit sind diese Organisationen Schulen der sozialistischen Demokratie. Ihre politisch-ideologische und geistig-kulturelle Tätigkeit trägt zunehmend zur Gestaltung einer sinnerfüllten neuen Lebensweise bei.[35]

Tabelle 24   Entwicklung der Mitgliederzahlen ausgewählter gesellschaftlicher Organisationen der DDR (in Mill.)

	1971	1986
FDGB	7,24	9,45
FDJ	1,8*	2,3**
DFD	1,3	1,5
Kulturbund	0,19	0,27
VdgB	0,20*	0,60
KDT	0,19	0,28
DSF	3,5	6,2
DTSB	2,2	3,6**
GST	0,46*	0,66**
DRK	0,51***	0,68**
VKSK	0,97	1,4
Konsum	4,12	4,59
Volkssolidarität****	1,61	2,12

*   1975   ***   1970
**   1985   ****   Mitglieder und Freunde der Volkssolidarität

Einen bedeutenden Platz im politischen System der sozialistischen Gesellschaft nehmen die *Gewerkschaften* ein. Als Klassen- und Massenorganisationen der herr-

35   Vgl. Kap. 16.2. des vorliegenden Lehrbuches.

schenden und führenden Arbeiterklasse dient ihre Tätigkeit der Sicherung und ständigen Erhöhung des Einflusses der Arbeiterklasse auf die gesellschaftliche und staatliche Entwicklung. Wie auch alle anderen Organisationen sind die Gewerkschaften organisatorisch selbständig. Die marxistisch-leninistische Partei, die sozialistischen Gewerkschaften und der sozialistische Staat sind die bestimmenden Organisationsformen zur Ausübung der politischen Macht der Arbeiterklasse. Sie gehen weder ineinander über, noch sollen sie sich verselbständigen. Von diesem Standpunkt aus wandte sich auch W.I.Lenin entschieden gegen eine „Unabhängigkeit" der Gewerkschaften von Partei und Staat im Sozialismus und verurteilte eine solche Konzeption als ideologische Verteidigung der bürgerlichen Demokratie.[36] Es war vorauszusehen, daß auch unter den Bedingungen des Sozialismus Widersprüche zwischen den wirtschaftsleitenden Organen in den Betrieben und den Gewerkschaften sowie zwischen den Gewerkschaften und dem sozialistischen Staat auftreten können. Die Mittel, Methoden und Formen der Lösung dieser Probleme im Sozialismus sind wesentlich anders als im Kapitalismus. Gehört zu den wirksamsten Mitteln im Kampf gegen kapitalistische Ausbeutung der Streik, so ist diese Form des Kampfes für den Schutz und die Durchsetzung der Interessen der Werktätigen im Sozialismus nicht nur kein geeignetes Mittel, sondern eine letztlich gegen die Interessen der Arbeiterklasse gerichtete Kampfform.

Im Sozialismus sind in den Gewerkschaften als umfassender Massenorganisation der Arbeiterklasse in der Regel fast alle Arbeiter und Angestellten sowie die Mehrheit der Angehörigen der Intelligenz organisiert. Deshalb ist es deren ureigenstes Anliegen, die Werktätigen zu befähigen, ihrer Rolle als Schöpfer der neuen gesellschaftlichen Verhältnisse immer besser gerecht zu werden. Sie haben großen Anteil an der Verbreitung des Marxismus-Leninismus, der Festigung des Klassenbewußtseins sowie der Vertiefung des proletarischen Internationalismus und der antiimperialistischen Solidarität. Aus diesem Grund bezeichnete sie Lenin als eine Schule der Verwaltung, der Wirtschaftsführung, des Kommunismus.[37] Eine der wichtigsten Aufgaben der Gewerkschaften ist die *Organisierung des sozialistischen Wettbewerbs*. Er ist die breiteste Bewegung der Werktätigen zur Wahrnehmung ihrer Interessen als sozialistische Eigentümer und Ausdruck ihres Schöpfertums. Sein Hauptinhalt ist der Kampf um die Erfüllung der Planaufgaben. In seiner Führung werden solche von W.I.Lenin entwickelte Prinzipien schöpferisch angewandt wie: die Öffentlichkeit, der ständige Vergleich der Ergebnisse, die praktische Wiederholung der besten Leistungen im Massenumfang sowie die materielle und moralische Anerkennung. Immer ist das konkrete, abrechenbare ökonomische Ergebnis das entscheidende Kriterium des Wettbewerbs. Diese Prinzi-

---

36 Vgl. W.I.Lenin: Der „linke Radikalismus", die Kinderkrankheit im Kommunismus, in: Werke, Bd.31, S.33.
37 Vgl. W.I.Lenin, Über die Gewerkschaften, die gegenwärtige Lage und die Fehler Trotzkis, in: Werke, Bd.32, S.2.

pien werden entstellt, wenn Erscheinungen von Schematismus und Schablone eine Formalisierung der Wettbewerbsführung bewirken und z. B. Wichtiges und weniger Wichtiges gleicherweise nach einem „Punktesystem" bewertet wird. Einen bedeutenden Platz innerhalb des sozialistischen Wettbewerbs nimmt die Neuererbewegung ein, die als kollektive Tätigkeit sich zur Hauptform der Mitwirkung der Werktätigen bei der Lösung der Aufgaben des Planes Wissenschaft und Technik und bei der Einführung von Schlüsseltechnologien entwickelt. Der sozialistische Wettbewerb hat eine bewußtseinsfördernde und persönlichkeitsbildende Wirkung. Im Wettbewerb entwickeln die Werktätigen immer stärker solche Eigenschaften wie Streben nach höheren Leistungen, Schöpfertum, Verantwortungsbewußtsein, Diszipliniertheit, Kollektivgeist und Drang nach Bildung. Zugleich werden sozialistische Denk- und Verhaltensweisen gefördert und überlebte, den sozialistischen Grundsätzen widersprechende Erscheinungen durch kollektive Erziehung und Selbsterziehung überwunden. Ausdruck der politischen Reife der Arbeiterklasse ist die Bewegung „Sozialistisch arbeiten, lernen und leben". In dieser Bewegung wird die Arbeiterklasse immer besser befähigt, die Werktätigen bei der Gestaltung der entwickelten sozialistischen Gesellschaft zu führen. (Abbildungen 16, 17)

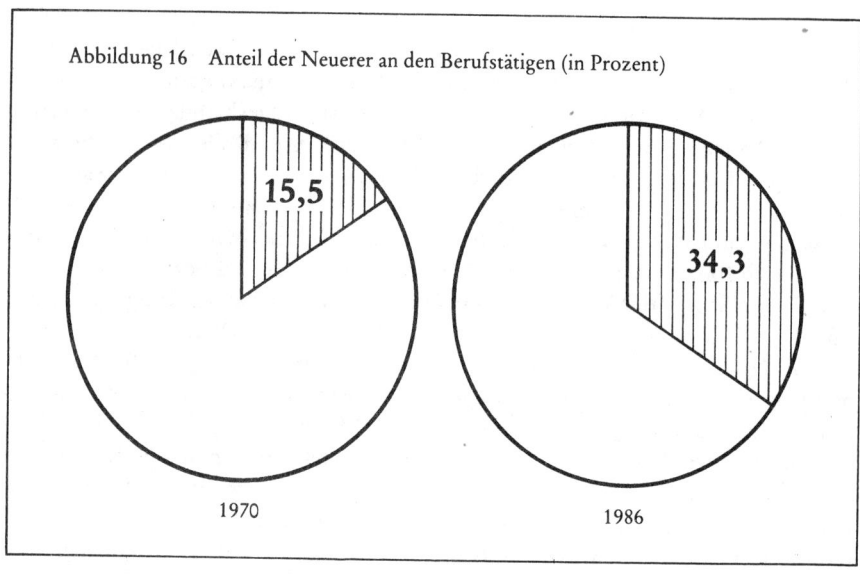

Abbildung 16   Anteil der Neuerer an den Berufstätigen (in Prozent)

15,5

34,3

1970

1986

Der Sinn des Sozialismus, alles für die Interessen der Arbeiterklasse und für das Wohl des gesamten werktätigen Volkes zu tun, bestimmt Inhalt und Ziel gewerkschaftlicher Tätigkeit. So wirken die Gewerkschaften aktiv bei der *Durchführung der verschiedenen sozialpolitischen Maßnahmen* mit und arbeiten eng mit den staatlichen Organen zusammen. Das betrifft die Fragen der Verbesserung der Wohn-

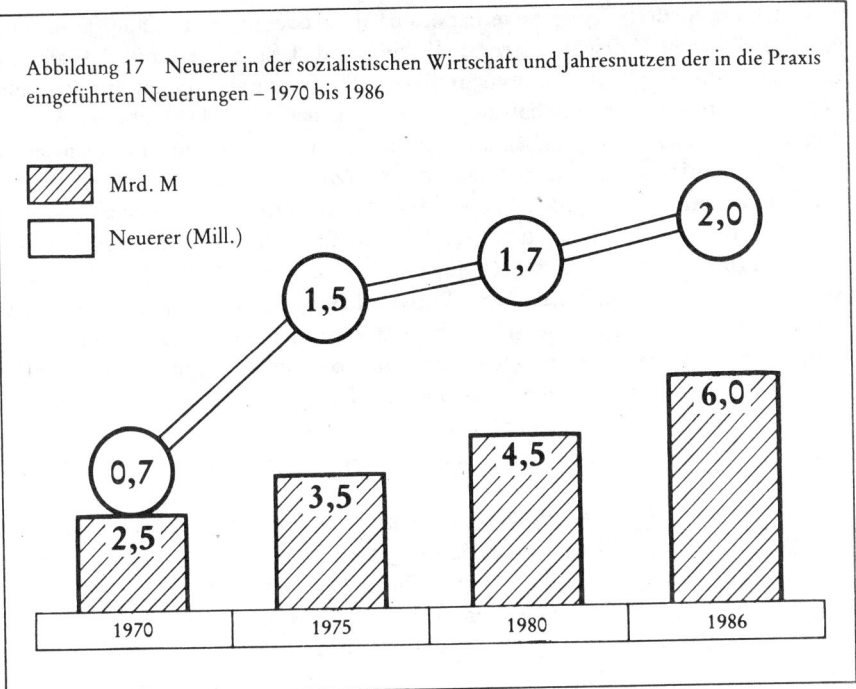

Abbildung 17   Neuerer in der sozialistischen Wirtschaft und Jahresnutzen der in die Praxis eingeführten Neuerungen – 1970 bis 1986

verhältnisse, der Arbeiterversorgung in den Betrieben und der Gestaltung der Arbeitskultur, Probleme der Berufs- und Weiterbildung, Fragen der Lohnpolitik, der Sozialversicherung, des Urlaubs und der Erholung, Probleme der Unterstützung der werktätigen Frauen usw. Auf dem XI. Parteitag der SED fand die Arbeit der Gewerkschaften in der DDR eine hohe Würdigung. Gestützt auf die langjährigen Erfahrungen wurde beschlossen, „die weitere Entwicklung der sozialistischen Demokratie in den Betrieben bis hin zum Arbeitskollektiv vor allem über den Ausbau der Rechte und der Verantwortung der Gewerkschaften zu vollziehen. Deshalb verdienen die Plandiskussion, die Arbeit mit dem Betriebskollektivvertrag, die Tätigkeit der Vertrauensleute und ihre Vollversammlungen große Aufmerksamkeit."[38] Der XI. FDGB-Kongreß (1987) griff diese Orientierung auf und forderte von allen Mitgliedern, die umfassenden Rechte und Pflichten in Staat, Wirtschaft und Gesellschaft nachdrücklicher wahrzunehmen.

Eine große Rolle im Leben der sozialistischen Gesellschaft spielt der *Jugendverband*, die Freie Deutsche Jugend. Er ist die einheitliche sozialistische Massenorganisation der Jugend, die Jugendliche aller Klassen und Schichten vereint. „Die Sozialistische Einheitspartei Deutschlands unterstützt die Freie Deutsche Jugend als aktiven Helfer und als Kampfreserve der Partei. Sie sieht die wichtigste Auf-

38   Bericht des Zentralkomitees der SED an den XI. Parteitag der SED, S. 76.

gabe des sozialistischen Jugendverbandes darin, klassenbewußte Kämpfer für den gesellschaftlichen Fortschritt herauszubilden und dafür zu wirken, daß alle Jugendlichen die Möglichkeiten nutzen, Arbeit, Studium und Freizeit, ihr gesamtes Leben sinnvoll zu gestalten, daß sie zu aktiven Erbauern und standhaften Verteidigern des Sozialismus und Kommunismus werden."[39] Die Jugendorganisation richtet ihre Tätigkeit besonders darauf, die Aktivität und Initiative der Arbeiterjugend zu fördern und bei jedem jungen Arbeiter den Stolz zu entwickeln, der führenden Arbeiterklasse anzugehören und für die Erfüllung ihrer historischen Mission zu kämpfen. Als sozialistische Jugendorganisation wirkt der Jugendverband zielstrebig bei der Ausarbeitung und Verwirklichung der Jugendpolitik der Partei und des Staates mit, denn die grundlegenden Interessen der Jugend stimmen objektiv mit der durch die Partei wissenschaftlich begründeten Politik zur Entwicklung der sozialistischen Gesellschaft überein. Der Jugendverband bietet und erschließt vielfältige Möglichkeiten, damit die junge Generation eine ihren spezifischen Interessen entsprechende Tätigkeit auf den verschiedensten Gebieten entfalten und mitgestalten kann. Dafür leisten der sozialistische Staat und die Betriebe eine großzügige materielle und organisatorische Unterstützung. In den Jugendkollektiven und -brigaden, im Berufs- und Studentenwettbewerb, in der Bewegung junger Rationalisatoren und Erfinder, bei der Messe der Meister von Morgen und in anderen Formen werden Schöpfergeist und Tatendrang gefördert. Eine interessante und sinnvolle Freizeitgestaltung auf den Gebieten der Kunst und Literatur, des Kulturwettstreits, des Sports und der Spartakiadebewegung, der Jugendtouristik u. a. weckt Fähigkeiten und Talente und läßt den Sinn des Sozialismus für die Jugend erlebbar werden.

Ein wichtiges Erfordernis in allen Bereichen der Tätigkeit der sozialistischen Jugendorganisation ist die politisch-ideologische Arbeit. Sie ist darauf gerichtet, klassenbewußte, gebildete, initiativreiche und schöpferische junge Menschen zu erziehen, die bei der weiteren Gestaltung der entwickelten sozialistischen Gesellschaft unter allen Bedingungen ihren Mann stehen, ihr Vaterland lieben und bereit sind, es zu verteidigen. An den Universitäten, Hoch- und Fachschulen sieht der Jugendverband sein besonderes Anliegen darin, jeden Studenten mit der Politik der Partei der Arbeiterklasse und den Idealen der Arbeiterklasse vertraut zu machen und seine Eigenschaften als Kämpfer für die Meisterung des wissenschaftlich-technischen und sozialen Fortschritts auszubilden, d. h. Liebe zur Wissenschaft, Verantwortung vor der Gesellschaft, Bereitschaft zu intensiver geistiger Arbeit und Kühnheit im Denken, zur Selbstüberwindung bei Mißerfolgen usw. auszuprägen. Die *Tätigkeit im Jugendverband* ist für die Jugend eine wichtige *Schule der sozialistischen Demokratie*. Die Einbeziehung der jungen Menschen in die Mitgestaltung der gesellschaftlichen Prozesse fördert ihr Verantwortungsbewußtsein und den Stolz auf das Selbstgeschaffene und trägt wesentlich zur Herausbildung und Entwicklung des sozialistischen Bewußtseins bei.

39 Programm der Sozialistischen Einheitspartei Deutschlands, S. 44.

Der Mannigfaltigkeit kollektiver und individueller Interessen in der sozialistischen Gesellschaft entspricht eine *Vielzahl weiterer gesellschaftlicher Organisationen*, in denen auch historisch bewährte Traditionen fortgeführt werden. Alle diese demokratischen Organisationen, Verbände, Vereinigungen usw. leisten ihren spezifischen Beitrag zur Gestaltung der sozialistischen Gesellschaft und nehmen einen geachteten Platz in ihr ein. Ein charakteristischer Zug ihres Wirkens im Sozialismus ist, daß sie sich wechselseitig ergänzen und unterstützen und auch dadurch eine hohe gesellschaftliche Wirksamkeit erreichen, während im Kapitalismus ihr Wirken durch einen „Vereinspluralismus" nicht selten zersplittert und so gesamtgesellschaftlich unwirksam gemacht wird.

Nationale Front und Parteienbündnis

In der DDR wie in den meisten anderen sozialistischen Ländern wirken *sozialistische Volksbewegungen*. Ihre allgemeine Funktion besteht darin, allen Bürgern unabhängig von ihrer Zugehörigkeit zu den verschiedenen Klassen und Schichten, zu politischen Parteien und gesellschaftlichen Organisationen, von ihrer weltanschaulichen Überzeugung, ihrem religiösen Bekenntnis und ihrer beruflichen Stellung die Möglichkeit zur Mitwirkung an allen grundlegenden gesellschaftlichen Prozessen zu eröffnen. So entwickelt die Nationale Front der DDR „enge Gemeinschaftsbeziehungen in den Wohngebieten der Städte und Gemeinden. Ihre massenpolitische Arbeit ist eine wichtige Bedingung für die ständige Entwicklung der sozialistischen Demokratie, für die planmäßige Verbesserung der Arbeits- und Lebensbedingungen der Bürger und die Verschönerung der Städte und Gemeinden sowie für ein vielseitiges geistig-kulturelles Leben."[40]

Die *Nationale Front in der DDR* ist Träger der Wahlen zur Volkskammer und zu den örtlichen Volksvertretungen. Sie unterbreitet den Wählern die Wahlvorschläge der von den Arbeitskollektiven geprüften und von den Parteien und Massenorganisationen nominierten Kandidaten und stellt den Wahlaufruf zur Diskussion. Die Nationale Front ist die Basis der politischen Massenarbeit der Abgeordneten der Volksvertretungen in den Wahlkreisen und Wohngebieten. Die über 19 000 Ausschüsse der Nationalen Front, denen über 380 000 Mitglieder angehören, initiieren und organisieren die gesellschaftlichen Initiativen der Bürger und fördern so die Wahrnehmung staatsbürgerlicher Verantwortung. Sie helfen mit, das vertrauensvolle Verhältnis zwischen den Abgeordneten und der Bevölkerung zu festigen und zu vertiefen. Sie fördern das gesellschaftliche Leben in den Hausgemeinschaften und die Entwicklung sozialistischer Persönlichkeiten. Mit der Bürgerinitiative „Schöner unsere Städte und Gemeinden – Mach mit!" trägt die Nationale Front zur Lösung der Aufgaben des Volkswirtschaftsplanes und zur schönen und kulturvollen Gestaltung der Städte und Dörfer bei.

Die Zusammenarbeit mehrerer Parteien unter Führung der marxistisch-leninistischen Partei ist ein Merkmal des politischen Systems der sozialistischen Gesell-

40 Ebenda.

schaft in der DDR wie auch in einigen anderen sozialistischen Ländern (so in der Volksrepublik Polen, der ČSSR, der Volkrepublik Bulgarien, in der Volksrepublik China, der Koreanischen Demokratischen Volksrepublik, der Sozialistischen Republik Vietnam). Das *Wirken der mit der SED befreundeten Parteien ist auf die Wahrnehmung der gesellschaftlichen Mitverantwortung gerichtet.* In der Demokratischen Bauernpartei Deutschlands, der Christlich-Demokratischen Union, der Liberal-Demokratischen Partei Deutschlands und der National-Demokratischen Partei Deutschlands hat die SED politische Bündnispartner, die ihre über 430 000 Mitglieder (Stand: 1986) und die ihnen nahestehenden Schichten für die Erfüllung der volkswirtschaftlichen und beruflichen Aufgaben aktivieren, sie zur konstruktiven Mitarbeit in den Ausschüssen der Nationalen Front anregen.[41] Das schöpferische Zusammenwirken der Parteien und Massenorganisationen in der Nationalen Front und im Demokratischen Block ist für die Entwicklung und Festigung der sozialistischen Staats- und Rechtsordnung und für die weitere Erhöhung der gesellschaftlichen Wirksamkeit der sozialistischen Demokratie von wesentlicher Bedeutung. Es ist ein unumstößliches Prinzip der Zusammenarbeit der SED mit den befreundeten Parteien, „alle grundsätzlichen Fragen der Innen- und Außenpolitik miteinander zu beraten und die notwendigen Vereinbarungen zu ihrer Realisierung zu treffen".[42] Wesentliches Element des Bündnisses der SED mit den anderen Parteien ist das Zusammenwirken in der Volkskammer, im Staatsrat und in der Regierung. Diese gemeinsame Regierungsverantwortung ist Ausdruck einer bewährten demokratischen Tradition und hat eine weite Perspektive. „Für die Wahrnehmung ihrer Mitverantwortung ergeben sich für die Angehörigen der befreundeten Parteien aus der Realisierung unserer Wirtschafts- und Sozialpolitik, insbesondere des Wohnungsbauprogramms, der Aufgaben im Handel, bei Reparaturen und Dienstleistungen sowie in anderen Bereichen große Möglichkeiten."[43]

**Entfaltung
der sozialistischen
Demokratie**

Die Orientierung im Programm der SED, „die sozialistische Staats- und Rechtsordnung allseitig zu festigen und die sozialistische Demokratie breit zu entfalten" besitzt auch im qualitativ neuen Abschnitt der gesellschaftlichen Entwicklung in der DDR, den der XI. Parteitag der SED einleitete, grundlegende Bedeutung. Die Weiterentwicklung zeigt sich sowohl in der konkret-historischen Betonung oder Funktionserweiterung einzelner Bestandteile des politischen Systems als auch in der Ausprägung seiner Wesenszüge und Prinzipien. Die SED rückte auf ihrem XI. Parteitag drei Aufgaben mit übergreifender Bedeutung in das Zentrum: den Charakter der Volksvertretungen als arbeitende Körperschaften verstärkt zu entwickeln, die Rechte und die Verantwortung der

---

41 Vgl. Kap. 14.3. des vorliegenden Lehrbuches.
42 E. Honecker, Die Aufgaben der Parteiorganisationen ..., S. 91.
43 Bericht des Zentralkomitees der SED an den XI. Parteitag der SED, S. 78.

Gewerkschaften in den Betrieben bis hin zum Arbeitskollektiv zu erweitern und das Wirken des demokratischen Zentralismus effektiver zu gestalten.

Als gemeinsame Nenner dieser und weiterer Aufgaben zur Vervollkommnung der sozialistischen Demokratie treten besonders hervor:

– die *Entfaltung des Klassenwesens* der sozialistischen Staatsmacht. Die Einheit von Demokratie und Sozialismus hat sich seit der Errichtung der sozialistischen Staatsmacht zunehmend als historisch neuartiges Verhältnis von politisch-staatlicher Macht und Demokratie zu bewähren. Die Rolle der Arbeiterklasse als sozialer Hauptkraft, die auch den größten Teil des gesellschaftlichen Reichtums schafft, muß sich folglich in der Vervollkommnung des politischen Systems adäquat ausdrücken und sein Klassenwesen bestimmen. Im gesamten Prozeß der Gestaltung der entwickelten sozialistischen Gesellschaft wird deshalb die Macht der Arbeiterklasse als eine politische Macht gefestigt, die gegenüber den werktätigen Massen keine eigenmächtigen Interessen verfolgt, sondern selbst Vollstrecker der gemeinsamen Interessen aller Werktätigen ist;

– die steigenden Anforderungen an *schöpferische, konstruktive, sachliche und wirksame Mitarbeit aller Bürger* an allen wichtigen Angelegenheiten der Gesellschaft. Die Betonung, daß vor allem das Mitwirken an der Vorbereitung von Entscheidungen zu verstärken ist, zielt darauf, bereits in dieser Phase die rationellsten Wege, Methoden, Verfahren, Mittel und Lösungen herauszufinden, die dem Gesamtprozeß schon vom Ansatz her ein bestmögliches Ergebnis sichern;

– das Wirken des demokratischen Zentralismus zunehmend so zu gestalten, daß die Werktätigen und alle anderen Bürger durch *klare, eindeutige, im erforderlichen Maß materiell und finanziell bilanzierte Entscheidungen* zu aktivem Handeln angeregt werden und höchstmögliche Sicherheit gewinnen, mit ihrer persönlichen Aktivität wirksam zum gesellschaftlichen Fortschritt beizutragen, und daß alle individuellen, örtlichen und betrieblichen Ideen, Initiativen und Erfahrungen der Bürger schnellstmöglich zentral aufgegriffen, verallgemeinert und in der Weiterentwicklung von Direktiven, Normen usw. verarbeitet werden. Im effektiven Funktionieren dieser Wechselwirkung ist eine wesentliche qualitative Reserve zur weiteren steigenden Leistungsfähigkeit des politischen Systems gegeben;

– die *Erhöhung der Kompetenz und Wissenschaftlichkeit* im Wirken aller Bestandteile des politischen Systems. Das erfordert, das Zusammenwirken von professioneller und ehrenamtlicher Tätigkeit weiter zu optimieren und zu höchstmöglicher Sachkenntnis durch allgemeine Qualifizierung wie durch die regelmäßige Heranziehung von Spezialisten zu gelangen. Zeitweilig auftretende Tendenzen, das massenhafte Schöpfertum gegenüber professioneller Kompetenz abzuwerten, sind ebenso zurückzudrängen wie bisweilen vorhandene vereinfachte Vorstellungen und Forderungen, die spezialisierte professionelle Ausübung staatlicher und gesellschaftlicher Tätigkeit durch eine unmittelbare, direkte Leitung gesellschaftlicher Angelegenheiten durch alle Bürger zu ersetzen;

– die stärkere Nutzung der Potenzen, die aus dem *Zusammenwirken der einzelnen Bestandteile des politischen Systems* erwachsen. Sie ergeben sich aus gemeinsamem

Wirken zur Verwirklichung übereinstimmender Interessen. Stärker als bisher sind Triebkräfte zu erschließen, wenn die Wahrnehmung spezifischer Interessen der einzelnen Organisationen, die in der Regel auf besonders hohe Sachkenntnis, auf umfassende Erfahrung und stabil motivierte Einsatzbereitschaft gestützt ist, noch rationeller mit den gesamtgesellschaftlichen Interessen und untereinander verknüpft werden. Die Wahrnehmung spezifischer Interessen umfaßt das Gesamtfeld gesellschaftlicher Entwicklung. In ihrem Vergleich, der auch das Austragen von Widersprüchen einschließt, kommt es in der Regel zu optimierten Entscheidungen. Dieser in der geschichtlichen Praxis des Sozialismus zunehmend wirksame Wettbewerbsmechanismus um bestmögliche Lösungen ist es vor allem, der eine Opposition – wie im bürgerlichen politischen System üblich – im Sozialismus überflüssig und widersinnig macht. Das gilt für die Gestaltung des politisch-staatlichen Bereichs der sozialistischen Gesellschaft ebenso wie für die Gesamtheit von gesellschaftlichen Organisationen;

– das gründliche *Auswerten von Erfahrungen*, die unter den konkret-nationalen Bedingungen in anderen sozialistischen Ländern gewonnen werden. Die Entwicklung des politischen Systems, die weitere Entfaltung der sozialistischen Demokratie ist gerade in den letzten Jahren, in denen die sozialistische Gesellschaft ihre historischen Potenzen zunehmend entfaltet, durch viele neue Erfahrungen, Erscheinungen und Tendenzen in den einzelnen sozialistischen Ländern gekennzeichnet. Gewonnene Einsichten werden präzisiert und neue konzipiert, das sozialistische Demokratieverständnis wird vertieft und erweitert. Für jedes sozialistische Land ergeben sich aus diesem Prozeß viele neue Anregungen und Denkanstöße, die in die theoretische Analyse der eigenen Entwicklung einfließen und die Sicht bei der Ausarbeitung und Verwirklichung der eigenen Gesellschaftsstrategie erweitern.

Wie die sozialistische Gesellschaft insgesamt ist auch ihr politisches System *in ständiger Entwicklung begriffen.* Dazu hat es sich in der Führungstätigkeit marxistisch-leninistischer Parteien bewährt, den Zusammenhang von sozialer und politischer Stabilität stets bewußt durchzusetzen und sich zugleich konsequent den Forderungen zu stellen, die sich aus wissenschaftlich-technischer und ökonomischer Dynamik für das Wirken des politischen Systems ergeben. Auf dieser Grundlage ist es möglich, die der sozialistischen Demokratie innewohnenden Potenzen und Triebkräfte immer stärker zu erschließen.

Kontrollfragen zu Kapitel 13

1. Worin besteht die neue Qualität des politischen Systems des Sozialismus gegenüber dem politischen System der kapitalistischen Gesellschaft?

2. Warum ist die Entfaltung der sozialistischen Demokratie die Hauptrichtung der Entwicklung des politischen Systems des Sozialismus?

3. Wie werden die Funktionen des sozialistischen Staates auf örtlicher Ebene realisiert?

4. Welche Aufgaben haben die gesellschaftlichen Organisationen der Werktätigen im Sozialismus?

5. Wie trägt die FDJ-Organisation zur Entwicklung der sozialistischen Demokratie bei?

14. Die Sozialpolitik bei der Gestaltung der entwickelten · sozialistischen Gesellschaft

Die sozialistische Sozialpolitik nimmt in der Gesamtpolitik zur weiteren Gestaltung der entwickelten sozialistischen Gesellschaft einen zentralen Platz ein. Die sozialistische Gesellschaft ist vielfältig sozial differenziert. Sie politisch zu führen erfordert auch, die Einheit und Differenziertheit der sozialen Verhältnisse und die darin begründeten differenzierten sozialen Interessen gut zu kennen und die Entwicklung aller Klassen, Schichten und anderen sozialen Gruppen so zu leiten, daß die schöpferischen Potenzen aller Werktätigen freigesetzt und zu wirksamen Triebkräften der Gesellschaftsgestaltung werden. Die Entfaltung aller sozialistischen Klassen, Schichten und sozialen Gruppen, ihre kameradschaftliche Zusammenarbeit und gegenseitige Hilfe sowie ihre schrittweise Annäherung unter Führung der marxistisch-leninistischen Partei auf dem Boden der Ideale der Arbeiterklasse und des Sozialismus ist eine Gesetzmäßigkeit. Sozialistische Sozialpolitik in diesem umfassenden Sinne ist damit auch untrennbar mit der Weiterführung der Bündnispolitik der marxistisch-leninistischen Partei verbunden.

14.1. Soziale Verhältnisse im Sozialismus

Die Gestaltung der entwickelten sozialistischen Gesellschaft ist ein Prozeß, der auch auf sozialem Gebiet mit tiefgreifenden quantitativen und vor allem qualitativen Wandlungen verbunden ist. Diesem Prozeß liegen qualitativ neue soziale Verhältnisse zugrunde, die sich in der Übergangsperiode vom Kapitalismus zum Sozialismus herausgebildet haben und im Sozialismus auf eigenen Grundlagen weiterentwickelt werden. Marxistisch-leninistische Sozialpolitik hat Errungenschaften und weitere Perspektiven in der planmäßigen Gestaltung sozialistischer sozialer Verhältnisse zu beachten.

Soziale Struktur Die sozialistische Gesellschaft, in der die vom Kapitalismus überkommenen sozialen Gegensätze (Antagonismen) bereits aufgehoben und zu sozialen Unterschieden reduziert worden sind, bleibt *vielfältig sozial strukturiert*. Diese Struktur umfaßt als Kern und Grundlage die *Klassen und die sozialen Schichten* (Arbeiterklasse, Klasse der Genossenschaftsbauern, Intelligenz und andere soziale Schichten), aber auch *weitere soziale Gruppierungen* wie Stadt- und Landbevölkerung, Arbeitskollektive, demographische Gruppen wie Jugend, Frauen, Rentner, die *sozialen Gruppen innerhalb der Klassen und Schichten* sowie soziale Gemeinschaften vom Typ der Nationen und Völkerschaften.[1]

Den gewichtigsten Platz in der sozialen Struktur der sozialistischen Gesellschaft nimmt *die Arbeiterklasse* ein. Es ist durch mehrere Gründe bedingt, daß die Arbeiterklasse in den sozialistischen Ländern nicht nur die zahlenmäßig stärkste bzw. eine schnell wachsende Klasse ist, sondern auch jene soziale Kraft, die der gesellschaftlichen Entwicklung in entscheidendem Maße Ziel und Richtung wie auch historisches Veränderungsvermögen verleiht.

Erstens ist die Arbeiterklasse, geführt von ihrer marxistisch-leninistischen Partei, der *wichtigste Träger der politischen Macht* und allein fähig, alle Werktätigen der sozialistischen Gesellschaft stabil zum gemeinsamen Handeln zu vereinen. Beim Aufbau und der weiteren Gestaltung des Sozialismus verwirklicht die Arbeiterklasse ihre welthistorische Mission.[2]

Zweitens ist sie *am engsten mit dem gesamtgesellschaftlichen Eigentum an den Produktionsmitteln*, dem Volkseigentum verbunden. Dank dieser engen Verbindung mit den volkseigenen Produktionsmitteln realisiert und reproduziert die Arbeiterklasse gemeinsam mit ihren Verbündeten die grundlegenden ökonomischen Existenzbedingungen des Sozialismus und trägt die Hauptverantwortung dafür, daß dieses Eigentum an den Produktionsmitteln im Interesse der weiteren Gestaltung der sozialistischen Gesellschaft effektiv genutzt wird.

Die Arbeiterklasse ist *drittens* die *wichtigste Produktivkraft, der Hauptproduzent des Nationaleinkommens* und *des materiellen Reichtums der sozialistischen Gesellschaft.* Ihre fortschrittsgestaltende Rolle erfüllt die Arbeiterklasse vorwiegend durch ihr schöpferisches Handeln zur effektiven Nutzung und Vervollkommnung der modernen Produktivkräfte in der Industrie und in anderen Bereichen der Volkswirtschaft. Sie wirkt in allen Bereichen der Volkswirtschaft und des gesellschaftlichen Lebens. Die Rolle der Arbeiterklasse als Hauptproduktivkraft äußert sich zugleich darin, daß sie unmittelbar mit dem führenden Zweig der Produktion, der maschinellen Großproduktion, verbunden ist, und zumeist in der Industrie, der wichtigsten Sphäre der Volkswirtschaft, arbeitet. So sind nahezu 50 % aller Arbeiter der DDR Industriearbeiter. Die Konzentration der Arbeiterklasse in den sozialistischen Großbetrieben, in der DDR gefördert durch die Kombinatsbildung, ist Aus-

1 Vgl. Kap. 11.3. des vorliegenden Lehrbuches.
2 Vgl. Kap. 2.2. des vorliegenden Lehrbuches.

druck für den hohen Grad der Vergesellschaftung der Arbeit bei den Industriearbeitern. Diese Entwicklungstendenz wird auch für die kommenden Jahre bestimmend sein. Die *Industriearbeiter* als *sozial* und *politisch einflußreichste Gruppe*, als *Kern der Arbeiterklasse,* tragen in schöpferischer Zusammenarbeit mit den Wissenschaftlern und Ingenieuren eine besonders hohe Verantwortung für die Schaffung und Vervollkommnung der modernen Technik und Technologie.

Viertens ist die Arbeiterklasse der sozialistischen Länder durch gemeinsame Klasseninteressen, durch den gemeinsamen Kampf gegen den Imperialismus und zur Sicherung des Weltfriedens, durch das gemeinsame Ziel, die Errichtung der neuen, ausbeutungsfreien Gesellschaft, durch den proletarischen Internationalismus und auch durch ihre revolutionären Parteien *mit der Arbeiterklasse der Länder des Kapitalismus und der national befreiten Staaten verbunden.* Daraus erwächst eine große *internationale Verantwortung und Verpflichtung,* aber auch ein hohes Maß an solidarischer Unterstützung.

Die genannten grundlegenden Wesenszüge der Arbeiterklasse kennzeichnen ihre objektive Stellung im Produktions- und Reproduktionsprozeß, als *politische und soziale Hauptkraft* der sozialistischen Gesellschaft und charakterisieren sie als eine führende, machtausübende, produktionsmittelbesitzende und produzierende Klasse. Diese Wesenszüge bedingen zugleich *die gesellschaftliche Führungsrolle der Arbeiterklasse* in der sozialistischen Gesellschaft und stellen besonders hohe Ansprüche an ihre politische und geistig-kulturelle Aktivität.[3] Dabei dürfen Differenzierungen in den Arbeits- und Lebensbedingungen und der gesellschaftlichen Aktivität zwischen verschiedenen Gruppen der Arbeiterklasse nicht übersehen werden. Sie sind objektiv bedingt und in der konkreten Politik zu beachten, mindern jedoch nicht die gesellschaftliche Rolle der Gesamtklasse innerhalb der sozialistischen Gesellschaft.

Einen wichtigen Platz bei der Gestaltung der entwickelten sozialistischen Gesellschaft nimmt *die Klasse der Genossenschaftsbauern* ein. Dieser Platz ergibt sich vor allem aus Rolle und Funktion des genossenschaftlichen Eigentums an den Produktionsmitteln, aus den Unterschieden im Entwicklungsstand der Produktivkräfte und der sozialistischen Produktionsverhältnisse in Industrie und Landwirtschaft. Während die Arbeit der Arbeiterklasse unmittelbar auf dem gesamtgesellschaftlichen Volkseigentum basiert, ist die Arbeit der Genossenschaftsbauern mit dem genossenschaftlichen Gemeineigentum verbunden, woraus auch spezifische Interessen resultieren. Die Genossenschaftsbauern sind in den sozialistischen Ländern, die die entwickelte sozialistische Gesellschaft gestalten, eine moderne sozialistische Klasse, die das genossenschaftliche sozialistische Eigentum immer ergebnisreicher nutzt und entfaltet. Die genossenschaftliche Form des sozialistischen Eigentums an den Produktionsmitteln hat sich in den meisten Ländern des realen Sozialismus in der Landwirtschaft und in anderen Bereichen bewährt. Diese Form besitzt große Potenzen, die es für den weiteren ökonomischen, sozia-

3 Vgl. Kap. 12.1. des vorliegenden Lehrbuches.

len und geistig-kulturellen Fortschritt zu fördern gilt. Sie entfalten sich vor allem in der genossenschaftlichen Organisation der Arbeit, in der genossenschaftlichen Kollektivität und Kooperation, im stetigen Anstieg der Produktivkräfte in der Landwirtschaft, in wachsender Bildung und Qualifizierung sowie in zunehmender Persönlichkeitsentwicklung der Genossenschaftsbauern.

Wie die Arbeiterklasse sind auch die Genossenschaftsbauern eine produzierende, besitzende und – als Bündnispartner der Arbeiterklasse – machtausübende Klasse. Als Miteigentümer des Volkseigentums und als an der staatlichen Machtausübung beteiligte Klasse nehmen die Genossenschaftsbauern an der gesamtgesellschaftlichen Leitung und Planung teil. Ihre genossenschaftlichen Betriebe sind Teil der sozialistischen Volkswirtschaft, ihre Arbeit trägt unmittelbar gesellschaftlichen Charakter und ist Bestandteil der im Maßstab der gesamten Gesellschaft geplanten Arbeit. Sie tragen eine hohe gesellschaftliche Verantwortung für die stabile Versorgung der Bevölkerung mit qualitativ hochwertigen Nahrungsmitteln und der Industrie mit Rohstoffen aus der landwirtschaftlichen Produktion. Zugleich ergibt sich aus dem genossenschaftlichen Eigentum die spezifische Eigenverantwortlichkeit der genossenschaftlichen Kollektive für die Organisation der Arbeit in den LPG und in den kooperativen Einrichtungen, an denen die LPG beteiligt sind, sowie für die Gestaltung der Arbeits- und Lebensbedingungen. Für die Genossenschaftsbauern ist wie für andere sozialistische Werktätige zutreffend, daß sich die Art der Erlangung und die Größe des Anteils am gesellschaftlichen Reichtum aus eigener Arbeit, aus ihren für die Gesellschaft erbrachten Leistungen ergibt. Mit dem spezifischen Verhältnis der Genossenschaftsbauern zu den Produktionsmitteln sind jedoch auch Besonderheiten in der Anwendung des Leistungsprinzips verbunden. So erfolgt die Verteilung in den LPG im Rahmen staatlicher Vorgaben auf Grund kollektiver Beschlußfassung in der Gesamtmitgliederversammlung der Genossenschaften. Eine spezifische Form des Einkommens ergibt sich zusätzlich aus dem Bestehen einer persönlichen Hauswirtschaft.

Die bedeutendste soziale Schicht der sozialistischen Gesellschaft ist die *sozialistische Intelligenz*, deren Angehörige berufsmäßig hochqualifizierte, vorrangig komplizierte schöpferische und leitende geistige Arbeit ausüben. Zu ihr gehören Wissenschaftler, Ärzte, Lehrer, Künstler, Ingenieure usw. Im Zusammenhang mit der wachsenden Rolle der Wissenschaft in der Produktion und in allen Bereichen des gesellschaftlichen Lebens wächst die Intelligenz auch zahlenmäßig an. Der größte Teil der Intelligenz arbeitet in volkseigenen Betrieben und Institutionen, ein weiterer Teil in landwirtschaftlichen Produktionsgenossenschaften oder ist freiberuflich tätig. Insofern hat die Intelligenz kein spezifisches, von den beiden Grundklassen unterschiedenes Verhältnis zum Eigentum an den Produktionsmitteln. Sie übt Funktionen aus, deren Inhalt und Zielrichtung von der Arbeiterklasse, ihren Idealen und Zielen bestimmt werden. Zugleich ist sie eine besondere soziale Schicht, weil sie infolge der überwiegend ausgeführten komplizierten geistigen Arbeit, die oft mit leitender oder besonderer gesellschaftlicher Verantwortung verknüpft ist, Besonderheiten hinsichtlich ihres Platzes im System der gesellschaftlichen Arbeitsteilung, der Rolle in der gesellschaftlichen Organisation der Arbeit und des spezifischen Charakters und Inhalts der Arbeit aufweist, denen auch bestimmte spezifische Interessen entsprechen. Für das soziale Wesen der sozialistischen Intelligenz ist typisch, daß sie vor allem aus der Arbeiterklasse und der Klasse der Genossenschaftsbauern hervorgeht und unlösbar mit allen anderen Werktätigen verbunden ist. Sie trägt mit großen Leistungen in Wissenschaft und Technik, Bildung, Gesundheitswesen und Kultur zum gesellschaftlichen Fortschritt in unserer Zeit wesentlich bei.

Auch *andere soziale Schichten* nehmen einen wichtigen Platz in der sozialen Struktur des Sozialismus ein. So leisten genossenschaftliche und private *Handwerker*, vertragsgebundene und private *Händler* und andere *Gewerbetreibende* einen wesentlichen Beitrag für die Versorgung der Bevölkerung wie auch bei der Komplettierung volkswirtschaftlicher Kooperationsketten. Gerade dieser Platz im gesellschaftlichen Produktions- und Distributionsprozeß ist es, der das Gewicht dieser Schichten ausmacht und in der Regel an Bedeutung weiter wachsen läßt. So sind in der DDR z. B. in über 80000 privaten Handwerksbetrieben und mehr als 2700 Produktionsgenossenschaften des Handwerks rund 423000 Werktätige beschäftigt.

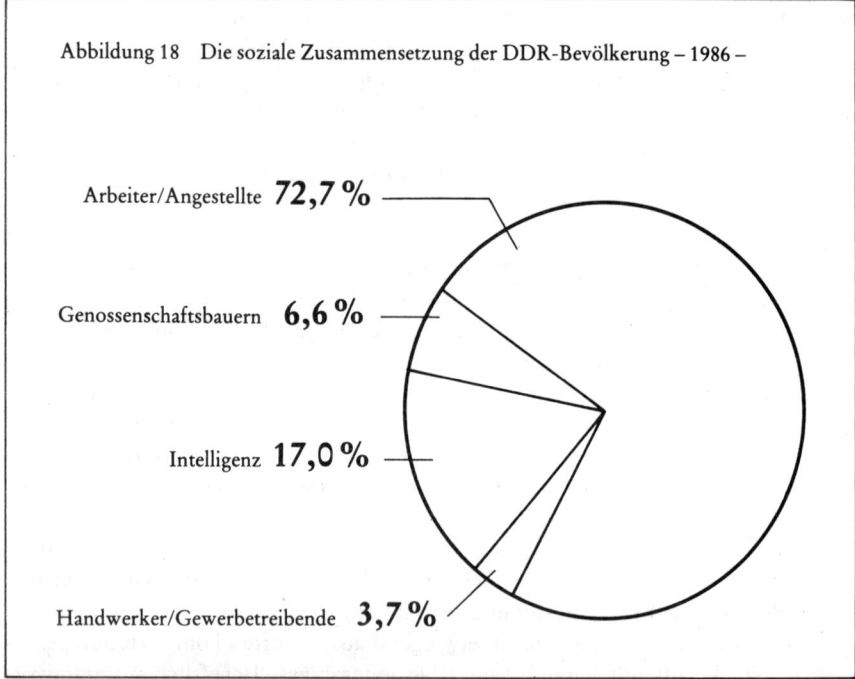

Abbildung 18   Die soziale Zusammensetzung der DDR-Bevölkerung – 1986 –

Arbeiter/Angestellte **72,7 %**

Genossenschaftsbauern **6,6 %**

Intelligenz **17,0 %**

Handwerker/Gewerbetreibende **3,7 %**

In den *Beziehungen der Klassen und Schichten im Sozialismus* ist nicht mehr das, was sie voneinander trennt oder unterscheidet, das Hauptsächliche und Bestimmende, sondern das, was ihnen objektiv gemeinsam ist, sie im Bündnis vereint und allmählich annähert. Die auf sozialistischen Produktionsverhältnissen beruhende Sozialstruktur ist frei von antagonistischen Widersprüchen; die langfristige Grundtendenz ihrer Entwicklung besteht in der Verringerung sozialer Unterschiede, mit der letztlich ihre künftige Aufhebung vorbereitet wird. Die Klassen und Schichten der sozialistischen Gesellschaft sind durch das sozialistische Wirtschaftssystem, das gesellschaftliche Eigentum, die kollektive Arbeit nach einem einheitlichen Plan und durch die Teilnahme an der Leitung der Gesellschaft miteinander verbunden. Ihnen ist die Verteilung des Anteils am gesellschaftlichen Reichtum nach dem Leistungsprinzip ebenso gemeinsam wie die Gleichheit der politischen Rechte und Pflichten, die im Sozialismus zum ersten Male eine reale Gleichheit für alle ist. Die Klassen und Schichten im Sozialismus unterscheiden sich allerdings auch noch deutlich – wenn auch in abnehmendem Maße – gemäß der Leninschen Bestimmung[4] nach dem Verhältnis zu den Produktionsmitteln, der Rolle in der gesellschaftlichen Organisation der Arbeit sowie der Art der Erlangung und der Größe des Anteils am gesellschaftlichen Reichtum. Für die sozialistische Gesellschaft ist somit charakteristisch, daß bei aller Bedeutsamkeit der tiefgehenden sozialen Veränderungen es noch Klassen gibt, die die Grundlage der mannigfaltigen sozialen Beziehungen und Unterschiede in der Gesellschaft bilden, also der bestimmende Teil ihrer sozialen Struktur sind.

Zur Vorhersage und Bewertung der Existenz bzw. der Rolle von Klassen im Sozialismus hat es in der Entwicklung der marxistisch-leninistischen Theorie mehrere Erkenntnisstufen gegeben.

Marx und Engels gingen davon aus, daß mit der revolutionären Überwindung der kapitalistischen Ausbeutungsverhältnisse alle zu Arbeitenden werden. Im weiteren würden dann die sozial bedingten Unterschiede zwischen körperlicher und geistiger Arbeit, zwischen Hand- und Kopfarbeitern vollständig zu überwinden sein. In seinen Ausführungen zur kommunistischen Gesellschaftsformation in der „Kritik des Gothaer Programms" ging Marx auf die Kompliziertheit und Langfristigkeit des Prozesses der Herausbildung der klassenlosen Gesellschaft ein; er unterschied zwischen der Aufhebung der Klassen und der vollständigen Überwindung der alten Teilung der Arbeit.[5] Diese Auffassung wurde von Lenin aufgegriffen. Aus der Marxschen Annahme folgerte er, daß die allmähliche Aufhebung der Klassenverhältnisse in der Übergangsperiode vom Kapitalismus zum Sozialismus einsetze.

Der konkrete Verlauf der sozialistischen Revolution, ihr Erfolg vorerst nur in einem Lande mit einer zahlenmäßig kleinen Arbeiterklasse, jedoch quantitativ dominierender Bauernschaft, und weitere neue historische Bedingungen und Erfahrungen führten dann zur Änderung einer ganzen Reihe von Auffassungen zum Sozialismus.[6] Mit der Begründung der

---

4 Vgl. W. I. Lenin, Die große Initiative, in: Werke, Bd. 29, S. 410.
5 Vgl. K. Marx, Kritik des Gothaer Programms, in: K. Marx/F. Engels, Werke, Bd. 19, S. 21.
6 Vgl. W. I. Lenin, Über das Genossenschaftswesen, in: Werke, Bd. 33, S. 460.

Neuen Ökonomischen Politik und vor allem mit seiner Schrift „Über das Genossenschaftswesen" setzte Lenin einen theoretischen Klärungsprozeß in Gang, der die konkretere und realistischere Betrachtung sowohl der Entwicklungsstufen des Sozialismus als auch der Perspektiven der Klassen betraf. Auf der Grundlage Leninscher Ideen und in Verallgemeinerung wichtiger Erfahrungen des sozialistischen Aufbaus in der UdSSR bis Mitte der 30er Jahre wurde die Erkenntnis gewonnen bzw. vertieft, daß die Warenproduktion und damit das Wertgesetz, die Klassen und der Staat weiter existieren werden. In dieser Zeit reifte auch die Erkenntnis von den zwei Formen des gesellschaftlichen Eigentums an den Produktionsmitteln, die auf lange Sicht die sozialökonomische Struktur der Sowjetgesellschaft bestimmen sollten, wenngleich die praktische Durchsetzung der Konzeption auf große Hindernisse stieß. In der folgenden Zeit ging es dann um die Beantwortung der Frage, ob Warenproduktion und Existenz von Klassen Muttermale der alten Gesellschaft und damit der neuen Gesellschaftsformation gegenüber letztlich äußerlich und fremd oder ob sie ihr wesenseigen seien. Letzteres erwies sich als die der sozialistischen Wirklichkeit entsprechende wissenschaftliche Verallgemeinerung. Das bedeutete zugleich, daß durch das volle Ausreifen der genannten gesellschaftlichen Erscheinungen, darunter der sozialistischen Klassen und Schichten, die grundlegenden Voraussetzungen für den allmählichen Übergang zum Kommunismus geschaffen werden. In einem nicht unkomplizierten Entwicklungsprozeß gelangte das marxistisch-leninistische Denken zu diesen Erkenntnissen, wobei zum Beispiel die theoretischen Verallgemeinerungen des XXIV. Parteitages der KPdSU und des VIII. Parteitages der SED von besonderer Bedeutung waren.

Seither haben die führenden Parteien der sozialistischen Länder Erfahrungen zur Frage gewonnen, was Entwicklung der Warenproduktion, der Klassen und Schichten und ihrer Beziehungen usw. im Sozialismus praktisch bedeutet und welche politischen Maßnahmen unter Berücksichtigung nationaler Bedingungen und neuer Erfordernisse, die aus der Dynamik des wissenschaftlich-technischen Fortschritts erwachsen, dem entsprechen müssen. Die Erfahrung lehrt vor allem, daß alle sozialistischen Klassen und Schichten unter Führung der Arbeiterklasse und ihrer Partei aktive Gestalter ihrer eigenen und der gesamtgesellschaftlichen Entwicklung sind und im Sozialismus eine dauerhafte und gesicherte Perspektive haben.

Charakteristisch für die neuen sozialen Verhältnisse sind auch der qualitativ neue Platz und die zunehmende Bedeutung von *Arbeitskollektiven*. Zu ihnen zählen Belegschaften von Kombinaten und Betrieben, Brigaden, Abteilungen, Produktionsgenossenschaften, aber auch spezielle Arbeitsgemeinschaften, Neuererkollektive, Überleitungskollektive usw. Häufig sind in ihnen Werktätige aus verschiedenen sozialen Gruppierungen zu gemeinsamer Arbeit als dem wichtigsten Aktivitätsfeld der sozialistischen Gesellschaft vereint; die Arbeitskollektive sind damit auch ein wichtiges Vermittlungsglied zwischen den Klassen und Schichten sowie zwischen Gesellschaft und Persönlichkeit. Ihre neue Qualität im Sozialismus tritt aber auch darin hervor, daß sie nicht wie im Kapitalismus vom außerbetrieblichen gesellschaftlichen Leben fast völlig abgetrennt werden, sondern in einer Art Doppelfunktion sowohl Grundzellen sozialer Struktur und Organisation als auch eine Wirkungsebene des politischen Systems sind. In ihnen entwickeln sich in Gestalt der Beziehungen der gegenseitigen Hilfe und kameradschaftlichen Zusammenarbeit wesentliche Elemente der neuen, sozialistischen Lebensweise. Durch fixierte Rechte und Pflichten, über ihre Funktion im sozialistischen Wahlsystem und in anderen Formen wirken sie an der lebendigen Gestaltung und Vervollkommnung der sozialistischen Demokratie im Alltag mit.

Arbeitskollektive sind in der Regel in ihrer Zusammensetzung, vor allem aber in ihren Interessen und Zielen relativ beständig. Es gibt bereits viele Kollektive, die in sich Arbeiter, Vertreter der Intelligenz und Genossenschaftsbauern zu gemeinsamer Arbeit vereinen. Die Arbeitskollektive und die gegenseitigen Beziehungen zwischen ihnen sind keine Alternative zu den Klassenbeziehungen, sondern ergänzen und vertiefen sie.

Entwicklung und Annäherung der Klassen und Schichten

Die sozialen Verhältnisse der sozialistischen Gesellschaft sind wesentlich durch *Entwicklung und Annäherung* der Klassen und Schichten charakterisiert. In dieser dialektischen Einheit tritt als gesetzmäßiger Zusammenhang hervor, daß die Entfaltung aller sozialistischen Klassen und Schichten Voraussetzung ihrer schrittweisen, historisch insgesamt langfristigen Annäherung ist und diese wiederum eine unerläßliche Wirkungsbedingung für die beständige Entwicklung der einzelnen Klassen und Schichten darstellt. Dabei wird im Sozialismus die quantitative Zunahme bzw. Abnahme der Zahl von Angehörigen einzelner Klassen immer mehr von der qualitativen Weiterentwicklung der Klassen und Schichten abgelöst, während zugleich die Annäherung immer weniger in der Überwindung von Ungleichheiten hervortritt, die aus der kapitalistischen Gesellschaft herrühren, sondern sich immer stärker in einer wechselseitigen Ergänzung und Bereicherung der Klassen und Schichten bei der Bewältigung von gemeinsamen und spezifischen Aufgaben äußert.

In jenen sozialistischen Ländern, die bei der Gestaltung der entwickelten sozialistischen Gesellschaft bereits merkliche Fortschritte erreicht haben und in denen intensives Wirtschaftswachstum schrittweise zur Grundlage der ökonomischen Reproduktion wird, tritt mehr und mehr eine *Stabilisierung* der herausgebildeten *zahlenmäßigen Proportionen* der Klassen- und Schichtstruktur in den Vordergrund. Es zeigt sich eine starke Tendenz zur Reproduktion der Klassen- und Sozialstruktur in den gegebenen Größenverhältnissen. In der DDR z. B. sind einige soziale Prozesse, die in der Übergangsperiode begannen und sich in den ersten Jahren der Gestaltung des Sozialismus auf seinen eigenen Grundlagen fortsetzten, im wesentlichen vollzogen und nicht mehr fortsetzbar. Das betrifft z. B. das zahlenmäßige Wachstum der Arbeiterklasse, die enormen quantitativen Wachstumsraten der Intelligenz, die zahlenmäßige Verringerung der Klasse der Genossenschaftsbauern und der zur sozialen Schicht der genossenschaftlichen und privaten Handwerker und Gewerbetreibenden gehörenden Werktätigen sowie das zahlenmäßige Wachstum der Stadtbevölkerung auf Kosten der Landbevölkerung. In den Vordergrund der sozialen Entwicklung tritt nunmehr ein Prozeß, in dem sich die bereits geformten sozialistischen Grundlagen und Grundeigenschaften der Klassen und Schichten, ihre sozialökonomischen, politischen und ideologischen Gemeinsamkeiten, ihr bewährtes Bündnis weiter festigen und ihre besonderen Fähigkeiten und Eigenschaften für die Sicherung des erforderlichen ökonomischen Wachstums zielstrebig genutzt werden. Durch die Sozial- und auch durch die damit verbundene Bündnispolitik wird dieser Prozeß kräftig gefördert. Das betrifft besonders die Ausbildung jener qualitativen Eigenschaften, mittels derer die Klassen und Schichten als Subjekte des wissenschaftlich-technischen, ökonomischen und sozialen Fortschritts handeln. Es rücken Aufgaben in den Vordergrund, solche sozialstrukturellen Bedingungen weiter auszuprägen bzw. zu schaffen, die das Leistungsvermögen, die Leistungsbereitschaft, die gemeinsamen und spezifischen Interessen, alle produktiven Fähigkeiten und Kenntnisse der Klassen und Schichten zur Sicherung des erforderlichen ökonomischen Wachstums und zur Lösung weiterer Aufgaben bestmöglich fördern.

Für die *Weiterentwicklung der Arbeiterklasse* hat die SED in ihrem Programm wichtige Orientierungen beschlossen. Sie „vollzieht sich vor allem im Kampf für die Steigerung der Arbeitsproduktivität, für die Verwirklichung der wissenschaftlich-technischen Revolution, im sozialistischen Wettbewerb, in der Neuererbewegung, in der aktiven Teilnahme der Arbeiter an der Leitung und Planung und an der weiteren Vervollkommnung der sozialistischen Demokratie."[7] Die geschichtliche Praxis zeigt, daß vor allem im Ringen um die Meisterung des wissenschaftlich-technischen Fortschritts der Anteil jener Arbeiter zugenommen hat, die qualifizierte manuelle und vielseitige geistig-schöpferische Arbeit leisten und für die die Gemeinschaftsarbeit mit den Konstrukteuren, Technologen und Ökonomen ständige Produktionsbedingung ist. Damit werden „Grenzen" zwischen der Arbeiterklasse und der Intelligenz fließender, ohne jedoch schon aufgehoben zu werden. Die reale Weiterentwicklung tritt auch zutage in wachsender beruflicher Qualifikation (was einzelne gegenläufige Tendenzen zeitweiliger weiterer Differenzierung keineswegs ausschließt), in zunehmender politischer Qualifikation und ausgeprägter politischer Motivation, etwa in der Losung „Mein Arbeitsplatz ist mein Kampfplatz für den Frieden", und in der Festigung einer Klassenmoral, die sich immer stärker in Schöpfertum, Initiative, gesellschaftlicher Verantwortlichkeit, in gegenseitiger Hilfe und kulturvoller Lebensweise ausdrückt. Zugleich trägt die unmittelbare Kooperation und Gemeinschaftsarbeit von Facharbeitern, Meistern, Ingenieuren und Wissenschaftlern als eine Bedingung hoher Leistungen im Produktionsprozeß dazu bei, wesentliche Unterschiede zwischen Berufen, in denen vorwiegend körperliche bzw. geistige Arbeit geleistet wird, schrittweise zu überwinden.

Bei der weiteren Gestaltung der entwickelten sozialistischen Gesellschaft ergeben sich höhere Ansprüche auch an die *Klasse der Genossenschaftsbauern*. Die objektive, ökonomisch begründete Notwendigkeit zur Weiterentwicklung der Klasse der Genossenschaftsbauern leitet sich primär aus den neuen Bedingungen und

---

7 Programm der Sozialistischen Einheitspartei Deutschlands, Berlin 1976, S 37.

Erfordernissen des ökonomischen Wachstums ab. Insbesondere die weitere Intensivierung der Agrarproduktion erfordert und ermöglicht ein neues Niveau in der Entfaltung der produktiven Kräfte der Klasse der Genossenschaftsbauern, die unter den Bedingungen der DDR die Hauptproduktivkraft der Landwirtschaft ist. Neben allgemeinen Notwendigkeiten in der Erweiterung der fachlichen und politischen Qualifikation schließt die weitere Entwicklung der Klasse der Genossenschaftsbauern die Reproduktion ihrer klassenmäßigen Besonderheiten ein. Ihre *soziale Reproduktion* umfaßt vor allem folgende wechselseitig verbundene Aspekte: die Reproduktion der klassenspezifischen Existenzgrundlagen, insbesondere durch die erweiterte Reproduktion des genossenschaftlichen Eigentums, die Festigung der LPG als politisch-soziale Gemeinschaften und durch die Reproduktion der dörflichen Existenzweise der Genossenschaftsbauern; die Reproduktion solcher bäuerlichen Traditionen, Erfahrungen und Eigenschaften wie des sprichwörtlichen Bauernfleißes, der engen Verbundenheit mit Boden und Tier, des sparsamen Wirtschaftens und des sorgfältigen Umgangs mit dem genossenschaftlichen Eigentum als notwendige Bestandteile der produktiven Fähigkeiten und sozialistischen Denk- und Verhaltensweisen der Genossenschaftsbauern; die personelle Reproduktion der genossenschaftlichen Eigentümer und Produzenten in jedem genossenschaftlichen Kollektiv als notwendige Bedingung der Existenz und erweiterten Reproduktion des genossenschaftlichen Eigentums, der allseitigen Nutzung seiner Potenzen und der Weitergabe progressiver bäuerlicher Traditionen im Wechsel der Generationen.

Auf dem XI. Parteitag der SED, der die Landwirtschaft als leistungsfähigen Teil der Volkswirtschaft der DDR würdigte, wurde festgestellt: „Die Klasse der Genossenschaftsbauern in der DDR verkörpert jahrzehntelange Erfahrungen erfolgreicher sozialistischer Entwicklung. Voll ist sie sich der Tatsache bewußt, daß die weitere Entfaltung der Vorzüge des Sozialismus auch die Perspektive der sozialistischen Landwirtschaft und der Bauern gewährleistet."[8]

Wachsende Anforderungen stellt die Entwicklung des Sozialismus auch an die *Intelligenz*. In Forschungs- und Entwicklungsbereichen fallen die wichtigsten Entscheidungen über Tempo und Ergebnisse des wissenschaftlich-technischen Fortschritts, denn letztendlich haben heute alle wesentlichen Fortschritte in Technik und Produktion ihren Ursprung in solider wissenschaftlicher Forschungsarbeit. „Noch zu keiner Zeit hatte unsere Wissenschaft solche Perspektiven und Möglichkeiten. Zugleich erwachsen ihr neue Aufgaben, die für jeden Wissenschaftler eine Herausforderung an das Niveau und das Tempo ihrer Lösung sind."[9] In den ersten Jahren sozialistischer Entwicklung hat sich die Intelligenz mit neuen Anforderungen vor allem quantitativ entwickelt und wuchs in der DDR auf etwa 17 % der Berufstätigen an.

---

8 Bericht des Zentralkomitees der Sozialistischen Einheitspartei Deutschlands an den XI. Parteitag. Berichterstatter: Genosse Erich Honecker, Berlin 1986, S. 38.
9 Ebenda, S. 56.

In der künftigen Entwicklung stehen auch in diesem Bereich qualitative Prozesse im Vordergrund. Das betrifft zuerst jene Tendenz, daß mit dem allgemeinen Anstieg an Bildung und Qualifikation sich auch das Ausgangsmaß für das Bildungs- und Qualifikationsniveau der Intelligenz erhöht. Die Verwischung traditioneller Grenzlinien z. B. zwischen Arbeiterklasse und Intelligenz ist so verbunden mit dynamischen Prozessen des Entstehens neuer Differenzierungen auf höherem Entwicklungsniveau. Weitere Prozesse, in denen sich die sozialistische Intelligenz höherentwickelt, sind die Verflechtung von Wissenschaft und Produktion und das Eindringen der Wissenschaft in den Produktionsprozeß selbst, die Intensivierung der wissenschaftlichen Arbeit durch die verstärkte Nutzung moderner Informationsmethoden und neuer Informationstechniken und die Kompetenzerweiterung für Angehörige der Intelligenz im Kampf um den Frieden und die Lösung anderer globaler Probleme. Diese Prozesse bedingen Gewichtsverlagerungen, veränderte Proportionen und auch neue soziale Differenzierungen innerhalb der Intelligenz, erhöhen insgesamt jedoch ihre Verpflichtung, gestützt auf ihre besondere Qualifikation mit großen Leistungen in Wissenschaft und Technik, Bildung, Gesundheitswesen und Kultur zum gesellschaftlichen Fortschritt in unserer Zeit beizutragen.[10]

Aus der Erkenntnis, daß die Ausbreitung von Hochtechnologien die Bedeutung des Handwerks nicht einengt, sondern ihm neue Wirkungsfelder eröffnet, folgt schließlich die Konsequenz, auch das *genossenschaftliche und private Handwerk* sowie andere *private Gewerbetreibende* als sozialistische soziale Gruppen weiter zu fördern und ihren Beitrag zur Gestaltung der entwickelten sozialistischen Gesellschaft zu erhöhen.

Auf der Grundlage der dargestellten Klassenentwicklung vollzieht sich die *Annäherung der Klassen und Schichten* als historisch dominierender Prozeß der weiteren Gestaltung der Sozialstruktur. „Dieser Prozeß wird mit der Vervollkommnung der sozialistischen Produktionsverhältnisse, der Höherentwicklung der Produktivkräfte in Stadt und Land, der Vervollkommnung der sozialistischen Demokratie, der Hebung des Bildungsniveaus, mit der Zunahme der geistigen Arbeit im Reproduktionsprozeß und der weiteren Verbesserung der Arbeits- und Lebensbedingungen einherschreiten."[11] Seine Maßstäbe erwachsen nicht aus irgendwelchen abstrakten, unhistorischen sozialen Zielen, sondern vor allem aus politischen und ökonomischen Kriterien der Entwicklung der modernen Produktivkräfte. Das vor allem deshalb, weil die letztlich entscheidende Grundlage für die Annäherung sowie für eine spätere Aufhebung der Klassen und Schichten das Wachstum und ein hohes Niveau der gesellschaftlichen Produktivkräfte und der Arbeitsproduktivität sind.

Die Annäherung der Klassen und Schichten vollzieht sich in komplexer und dynamischer Weise. Sie wird über folgende Hauptprozesse vorangeführt:

10 Vgl. Programm der Sozialistischen Einheitspartei Deutschlands, S. 39.
11 Ebenda, S. 39.

Erstens geht es darum, die weitreichenden politischen, sozialökonomischen und geistigen *Gemeinsamkeiten*, die sich in der bisherigen Entwicklung der sozialistischen Gesellschaft zwischen den Klassen und Schichten herausgebildet haben, weiter zu festigen.

Zweitens ist es notwendig, ein den Erfordernissen der Erhöhung der Leistungsfähigkeit und des Leistungsverhaltens der Klassen und Schichten entsprechendes Verhältnis von *Reduzierung, Überwindung und Reproduktion* sozialer Unterschiede zu entwickeln.

Drittens wird es im Interesse effektiver Entfaltung qualitativer Wachstumsfaktoren immer notwendiger, die *spezifischen Fähigkeiten, Kenntnisse und Interessen* der einzelnen Klassen und Schichten gezielt zu entfalten und sie somit als starke soziale Triebkräfte hoher Arbeitsleistung, ökonomischen Wachstums und der Entfaltung sozialistischer Lebensweise zu nutzen. Der Prozeß der Annäherung ist deshalb eng verflochten mit der Reproduktion klassen- bzw. schichtspezifischer Besonderheiten in den Existenzbedingungen, Fähigkeiten und in den Eigentümlichkeiten des sozialen Profils.

Die Erfahrungen bei der Gestaltung des entwickelten Sozialismus machen darauf aufmerksam, daß der objektiv notwendige Leistungszuwachs in allen Bereichen des gesellschaftlichen Lebens eine konsequente Durchsetzung des *sozialistischen Leistungsprinzips* bedingt und damit die bewußte Nutzung und auch Reproduktion leistungsfördernder sozialer Unterschiede zwischen und innerhalb der Klassen und Schichten verlangt. All das vollzieht sich, vom Standpunkt der sozialen Beziehungen her gesehen, auf der Basis der Annäherung der Klassen und Schichten und einer weiterbestehenden sozialen Differenziertheit durch eine Wirtschafts- und Sozialpolitik, die leistungsfördernd in der Arbeit und im politischen Bereich wirkt. Ein solches Herangehen verhindert Erscheinungen sozialer Über- oder Unterprivilegierung und vermeidet Unterforderungen hinsichtlich der materiellen und geistigen Potenzen der verschiedenen sozialen Gemeinschaften. Die Aufgabe, die Potenzen verschiedener sozialer Kräfte voll auszuschöpfen und weiterzuentwickeln, ist nur zu lösen, wenn allerorts eine gründliche Analyse der Bedingungen für die Entfaltung gesellschaftlicher Aktivität erfolgt, wenn die Entscheidungsfindung, das Erläutern und Realisieren beschlossener Aufgaben die unterschiedlichen Handlungsbedingungen der verschiedenen sozialen Gemeinschaften berücksichtigt. Gerade dies ist unmittelbare Aufgabe sozialistischer Sozial- und Bündnispolitik.

14.2. Inhalt, Aufgaben und Erfahrungen sozialistischer Sozialpolitik

Sozialistische Sozialpolitik hat – als zentraler und integrierender Bestandteil der Gesamtpolitik der herrschenden Arbeiterklasse und ihren Verbündeten – die Gestaltung sozialer Verhältnisse, das Handeln und die Beziehungen der Klassen und Schichten, ihrer Organisationen und Institutionen zur Durchsetzung ihrer sozialen Interessen und Ziele zum Gegenstand. Sie umfaßt die Gesamtheit der politischen Orientierungen, der Maßnahmen und Methoden der Partei der Arbeiterklasse, des sozialistischen Staates, der Gewerkschaften und anderer politischer Parteien und Organisationen zur Gestaltung der sozialen Verhältnisse. Sozialistische Sozialpolitik zielt vorrangig auf ein bewußtes und aktives Handeln aller Klassen und Schichten zur planmäßigen Hebung des materiellen und geistigen Lebensniveaus, zur Ausprägung der sozialistischen Lebensweise und zur Gestaltung einer dem jeweiligen Entwicklungsstand der Gesellschaft entsprechenden Sozialstruktur und Persönlichkeitsentwicklung und bedingt und schafft soziale Sicherheit für alle Werktätigen. In diesem Sinne ist in der sozialistischen Sozialpolitik die klassische „soziale Frage" der Arbeiterklasse – die organische Verbindung des unmittelbaren Kampfes um die Verbesserung der Arbeits- und Lebensbedingungen mit dem Kampf um die Errichtung der eigenen politischen Herrschaft – dialektisch aufgehoben, verkörpert sich in ihr der Sinn des Sozialismus. Deshalb wird sozialistische Sozialpolitik oft auch als umfassende Gesellschaftspolitik charakterisiert.

Sozialpolitik wird stets im Wechselverhältnis mit anderen Bereichen der Gesellschaft und ihrer politischen Führung, insbesondere mit der Wirtschaftspolitik, wirksam. Als strategisches Prinzip zur Gestaltung und Verwirklichung sozialistischer Sozialpolitik hat sich in der DDR die vom VIII. Parteitag der SED geforderte Beachtung der Einheit von Wirtschafts- und Sozialpolitik erwiesen.[12] Sie ist darauf gerichtet, den gesetzmäßigen Zusammenhang zwischen Produktion und Bedürfnissen der Menschen immer unmittelbarer als Triebkraft gesellschaftlichen Fortschritts wirksam werden zu lassen. Einheit von Wirtschafts- und Sozialpolitik bedeutet – wenn die bereits behandelte Vielfalt dialektischer Wechselbeziehungen beider auf eine knappe Formel reduziert wird –, wissenschaftlich-technischen und ökonomischen Fortschritt stets mit dem Ziel zu verbinden, soziale Aufgaben zu lösen, soziale Beziehungen zu entwickeln, soziale Unterschiede zu mindern und soziale Triebkräfte freizusetzen und somit soziale Stabilität und gesellschaftlichen Fortschritt zu sichern.

Im Programm der SED werden folgende Ziele sozialistischer Sozialpolitik besonders betont:
– die Sicherung und die schrittweise Erhöhung des materiellen und geistig-kultu-

12 Vgl. Kap. 10.2. des vorliegenden Lehrbuches.

rellen Lebensniveaus auf der Grundlage eines hohen Entwicklungstempos der sozialistischen Produktion, der Erhöhung der Effektivität des wissenschaftlich-technischen Fortschritts und des Wachstums der Arbeitsproduktivität;
– die Gestaltung einer im wesentlichen einheitlichen sozialistischen Lebensweise;
– die Erhöhung der ökonomischen und sozialen Wirksamkeit des wissenschaftlich-technischen Fortschritts im Prozeß der Intensivierung;
– die Verbindung des Wachstums der Produktion und der Effektivität mit der
Verbesserung der Arbeits- und Lebensbedingungen;
– die weitere Entwicklung der Klassen und Schichten und die Minderung wesentlicher sozialer Unterschiede bei konsequenter Durchsetzung des sozialistischen Leistungsprinzips;
– die Entwicklung einer umfassenden gesellschaftlichen Aktivität, insbesondere
zur Erhöhung der wirtschaftlichen Leistungsfähigkeit.[13]

Die an diesen Zielen orientierte Sozialpolitik hat sich in ihrer untrennbaren
Einheit mit der Wirtschaftspolitik in der DDR gut bewährt. „Die Tatsache, daß
die DDR nun schon über anderthalb Jahrzehnte eine kontinuierliche ökonomische und soziale Entwicklung gewährleistet, darf man zu Recht als ein historisches Zeugnis dafür bezeichnen."[14] Entsprechend beschloß der XI. Parteitag der
SED, den Kurs der festen Einheit von Wirtschafts- und Sozialpolitik fortzufüh-
ren. Er hielt es jedoch zugleich für erforderlich, ihren Stellenwert in der Gesellschaftsstrategie weiter zu erhöhen, und erklärte sie ausdrücklich zum „Hauptkampffeld". Das ergibt sich besonders aus dem nur dem Sozialismus eigenen Vermögen – und der daraus erwachsenden historischen Verantwortung und
Dringlichkeit –, wissenschaftlich-technischen, ökonomischen und sozialen Fortschritt so miteinander zu verbinden, daß er zum Wohle der Menschen und
nicht – vermittelt über kapitalistische Profitprinzipien – zu ihrem Schaden wirkt.
Komplizierter werdende Bedingungen, vor allem aus der Systemauseinandersetzung erwachsend, veranlassen die SED nicht, Abstriche an der konsequenten
Durchführung der Hauptaufgabe in der Einheit von Wirtschafts- und Sozialpolitik vorzunehmen, sondern die Anstrengungen zur Erschließung der ihr innewohnenden Triebkräfte zu steigern.

Die Verallgemeinerung bisheriger Praxis sozialistischer Sozialpolitik läßt einige
Erfahrungen hervortreten:
Erstens: Das *Maß, der Umfang und die zeitliche Reichweite* der Wirkungsfelder, auf
denen sozialpolitische Maßnahmen realisiert werden können, ergeben sich aus
der *ökonomischen Leistungskraft* des jeweiligen Landes. Das heißt, daß das Wachstum
an Leistungsfähigkeit in der Volkswirtschaft wesentlich das Möglichkeitsfeld für
weitere soziale Fortschritte bestimmt. Die auf dieser Einsicht fußenden Anstrengungen der Arbeiterklasse und aller anderen Werktätigen haben starke Trieb-

---

13 Vgl. Programm der Sozialistischen Einheitspartei Deutschlands, S. 19–22.
14 Bericht des Zentralkomitees der SED an den XI. Parteitag der SED, S. 25.

kräfte für die weitere Gestaltung der entwickelten sozialistischen Gesellschaft ausgelöst und helfen auch, vereinzelte Vorstellungen zu überwinden, daß der Sozialismus allein schon durch eine „gerechtere Verteilung" seine Vorzüge gegenüber dem Kapitalismus demonstrieren könne.

Zweitens: Es gibt keine einseitige oder automatische Wechselwirkung zwischen wirtschaftlichem Zuwachs, sozial-politischen Maßnahmen und zunehmender gesellschaftlicher Aktivität von Werktätigen. Die Verbesserung der Arbeitsbedingungen, der Wohnverhältnisse, der Einkommen, der gesundheitlichen Betreuung usw. stellen neue, günstigere Bedingungen für erhöhte gesellschaftliche Aktivität der Werktätigen dar. Es sind neue objektive Möglichkeiten; zur Wirklichkeit werden sie erst durch vermittelnde Glieder. Das Wichtigste dieser Vermittlungsglieder ist die *kontinuierliche politisch-ideologische und organisatorische Tätigkeit der marxistisch-leninistischen Partei, des Staates, der Gewerkschaften, der mit der SED verbündeten Parteien sowie anderer Massenorganisationen.* Gerade in dieser Hinsicht sind noch weitere Anstrengungen nötig, um den bereits erreichten sozialen und geistig-kulturellen Fortschritt in eine Beschleunigung des wissenschaftlich-technischen Fortschritts und vor allem in die Erhöhung seiner Effektivität umzusetzen.

Drittens: Veränderte Arbeits- und Lebensbedingungen, wie sie durch sozialpolitische Maßnahmen erreicht werden, stellen *neue Ansprüche an das Niveau politischer Führungstätigkeit.* Letztere wird dann wirksam, wenn es im Inhalt und in den Formen politischer Massenarbeit gelingt, die neuen Arbeits- und Lebensbedingungen für die Erreichung höherer gesellschaftlicher Aktivität zu nutzen, konkrete und anspruchsvolle Initiativen zu organisieren und ihre Durchsetzung straff zu leiten. Die ökonomischen Initiativen der Werktätigen sind dort am größten, wo das politische Gewicht der täglichen und persönlichen Planerfüllung massenwirksam und überzeugend erläutert sowie in den praktischen Erfahrungen erlebbar wird.

Viertens: Ein falsches Verständnis sozialpolitischer Maßnahmen seitens einzelner Werktätiger kann auch zu gesellschaftswidrigen Verhaltensweisen führen. So kann der Grundzusammenhang aus dem Blickfeld geraten, daß die Verbesserung des materiellen und geistig-kulturellen Lebensniveaus *nur das Werk der Werktätigen selbst* sein kann. Wo die eigene Leistung nicht den beanspruchten Ergebnissen sozialistischer Sozialpolitik entspricht, kann die Selbsttäuschung entstehen, daß in erster Linie andere für die Verbesserung der Lebenslage des Betreffenden zuständig und verantwortlich seien, und es können unbegründete soziale Forderungen, einseitiges Konsumverhalten und parasitäre Erscheinungen hervortreten. Verletzungen der Einheit von Wirtschafts- und Sozialpolitik können aber auch in anderer Hinsicht zu negativen Folgen führen. Wenn die fleißige Arbeit und der Leistungszuwachs ohne einsichtigen Grund zu keiner Verbesserung der Arbeits- und Lebensbedingungen führt oder auf wichtigen Gebieten gar eine Verschlechterung eintritt, dann bilden sich sozialistische Triebkräfte zurück, entstehen mit der Unzufriedenheit von Werktätigen Spannungsfelder und können gesellschaftliche Konflikte ausbrechen.

Tabelle 25   Zur Verwirklichung des sozialpolitischen Programms der DDR
(Auswahl)

1972	Maßnahmen zur Förderung der berufstätigen Mütter, der jungen Ehen und der Geburtenentwicklung Erhöhung der Renten- und Sozialfürsorgesätze für 3,4 Mill. Bürger
1973	Maßnahmen zur Verbesserung der medizinischen Betreuung aller Bürger sowie der Arbeits- und Lebensbedingungen der Mitarbeiter des Gesundheits- und Sozialwesens
1975	Erhöhung des Mindesturlaubs von 15 auf 18 Tage für über 1,5 Mill. Werktätige, für Schichtarbeiter auf 21 Tage
1976	Erhöhung des Schwangerschafts- und Wochenurlaubs von 18 auf 26 Wochen, Möglichkeit des bezahlten Babyjahres für berufstätige Mütter bei Geburt des zweiten und jeden weiteren Kindes
1979	Neugestaltung des Erholungsurlaubs (für 6,7 Mill. Werktätige erhöht sich der Urlaub um mindestens drei Arbeitstage)
1981	Erhöhung der Löhne für über 5 Mill. Werktätige; Erhöhung des Lehrlingsentgelts auf 105,– M bis 220,– M; Staatliche Ausbildungsbeihilfe für alle Schüler der 11. und 12. Klassen der erweiterten Oberschulen (110,– M bzw. 150,– Mark); staatliche Stipendien für alle Studenten an Universitäten, Hoch- und Fachschulen; Erweiterung der Kreditgewährung an junge Eheleute; Erhöhung des Kindergeldes für jedes 3. und weitere Kind
1984	Erhöhung der Mindestrenten auf 300,– Mark bis 370,– Mark
1985	Erweiterung der Fahrpreisermäßigungen für alle Eisenbahnfahrten für Kinder und Jugendliche (unentgeltliche Beförderung von Kindern bis zum vollendeten 6. Lebensjahr; Hälfte des Fahrpreises für Jugendliche bis 16 Jahre)
1986	Erhöhung des zinslosen Kredits für junge Eheleute auf 7000,– Mark bei Erhöhung der Altersgrenze auf 30 Jahre; Gewährung des bezahlten Babyjahres bereits nach Geburt des ersten Kindes; bezahlte Freistellung zur Pflege erkrankter Kinder für verheiratete berufstätige Mütter mit zwei Kindern
1987	Erhöhung des staatlichen Kindergeldes (1. Kind: auf 50,– M, 2. Kind: 100,– M, 3. und jedes weitere Kind: 150,– M monatlich)
1988	Verlängerung des Jahresurlaubs für alle werktätigen Frauen ab vollendetem 55. Lebensjahr und für alle werktätigen Männer ab vollendetem 60. Lebensjahr um 5 Arbeitstage.

Die genannten Erfahrungen bestätigen, daß sozialistische Sozialpolitik, die ihrerseits wesentlich von der ökonomischen Entwicklung abhängig ist, zugleich wesentliche Determinanten für die Politik auf allen anderen Gebieten setzt und alle Bereiche der Gesellschaft durchdringt. Sie ist nicht Ergänzung oder Korrektur der Gesamtpolitik, sondern insgesamt verpflichtet, zunehmend alle wesentlichen Bedingungen zu schaffen, damit sich die sozialen Beziehungen zwischen den Klassen und Schichten, in den Arbeitskollektiven usw. und die körperlichen und geistigen Fähigkeiten jedes Menschen entfalten können. Dieses weitgreifende, langfristige Ziel sozialistischer Sozialpolitik schließt natürlich Differenzierungen in ihrer konkreten Umsetzung nicht aus, sondern bedingt sie ausdrücklich. Unterschiedliche Ausgangsbedingungen einzelner Klassen und Schichten, aber auch von Individuen im materiellen und kulturellen Lebensniveau lassen sich nicht kurzfristig überwinden und erfordern differenzierte Schritte zu ihrer schrittweisen Überwindung und zur langfristigen sozialen Annäherung. Aber auch unterschiedlich wachsende Anforderungen an einzelne Klassen, Schichten, Kollektive, Individuen usw. rufen Differenzierungen in der Entwicklung sozialer Verhältnisse hervor und bedingen zentral, aber auch territorial, kommunal und betrieblich jeweils konkrete politische Entscheidungen.

Sozialistische Sozialpolitik ist wissenschaftlich fundiert und ständig Gegenstand intensiver theoretischer Arbeit. Sie kann im Sozialismus nicht auf pragmatische, durch klassenegoistische Interessen bestimmte, beliebig wechselnde Maßnahmen und Methoden reduziert werden, sondern hat in den Klasseninteressen der Arbeiterklasse einen die Grundinteressen aller sozialistischen Klassen und Schichten einschließenden objektiven Ausgangspunkt und entsprechend stabile Kriterien und Maße für ihre Verwirklichung. Ihre wissenschaftliche Grundlage bildet der Marxismus-Leninismus in der Einheit seiner Bestandteile. Auf diesem Fundament werden weitere Wissenschaften wie die Soziologie, die Demographie, die Arbeitswissenschaft, die Arbeitsmedizin, die Rechtswissenschaft usw. in wachsendem Maße genutzt. Die Kenntnis sozialer Gesetze, ihrer Wirkungsbedingungen, ihrer Wirkungsmechanismen und ihrer Erfordernisse ist somit Bestandteil der Sozialpolitik als Einheit von theoretischer und praktisch-organisatorischer Tätigkeit. Die wissenschaftliche Begründung der zu lösenden sozialpolitischen Aufgaben ist Voraussetzung dafür, daß die Sozialpolitik den objektiven Erfordernissen entspricht und daß Subjektivismus und Oberflächlichkeit vermieden werden. So ergibt sich aus der Komplexität der gesellschaftlichen Entwicklung, daß ökonomische Leistungskraft den Rahmen für Sozialpolitik bildet, diese jedoch durch soziale Aktivität und Energie unmittelbare und tiefgreifende Rückwirkung auf die ökonomische Entwicklung ausüben kann. Als Einheit praktisch-organisierter Tätigkeit und politisch-ideologischer Einflußnahme hat Sozialpolitik stets einen materiellen und ideellen Effekt. So können einerseits sozialpolitische Ziele, wie z. B. die Annäherung der Klassen nicht durch sozialpolitische Maßnahmen allein verwirklicht werden, andererseits schließen solche Maßnahmen wie z. B. der Wohnungsbau als soziales Problem zugleich materielle sowie ethische, rechtliche und pädagogische Zielstellungen ein.

Von besonderem Gewicht für sozialistische Sozialpolitik ist, zunehmend den weitgreifenden Zusammenhang von *wissenschaftlich-technischer und sozialer Entwicklung* zu beachten. Mit der wissenschaftlich-technischen Revolution reifen, wie der XI. Parteitag der SED hervorhob, „auch neue Voraussetzungen heran, die Stellung der Werktätigen im Produktionsprozeß zu verändern, ihnen interessantere schöpferische Aufgaben zu übertragen, ihre Arbeitsbedingungen immer günstiger zu gestalten, wie das eines sozialistischen Betriebes würdig ist."[15] Es sind ständige Aufmerksamkeit und große Anstrengungen nötig, um diese Voraussetzungen

---

15 Ebenda, S. 49.

auch zu nutzen, denn neue soziale Bedingungen treten nie als einfaches Beiwerk wissenschaftlich-technischen Fortschritts hervor. Darum sind bei neuen wissenschaftlich-technischen Aufgaben soziale Ziele bereits als Wirkungsbedingung vorzugeben, in neue technische Prozesse einzuordnen und dort, wo neue technische Prozesse nicht sofort und unmittelbar in gewünschtem Maße sozialen Erfordernissen gerecht werden können, durch ergänzende Maßnahmen zu gewährleisten.

Die grundsätzliche sozialistische Position in diesem Zusammenhang besteht darin, daß der Mensch unter den Bedingungen der wissenschaftlich-technischen Revolution mit seiner Arbeit, seinen Fähigkeiten und seinen Bedürfnissen im Mittelpunkt der gesellschaftlichen Entwicklung bleibt und in zunehmendem Maße zum bewußten Gestalter seiner sozialen Beziehungen, darunter auch seiner Beziehungen zur Technik wird. Sozialistische Sozialpolitik muß diese Zusammenhänge stets beachten und nach Maßgabe der ökonomischen Möglichkeiten so verwirklichen, daß die Ergebnisse der wissenschaftlich-technischen Entwicklung für die Arbeiter und alle Werktätigen zur stetigen Verbesserung der Lebensbedingungen führen und damit zugleich zu neuen ökonomischen und gesellschaftlichen Leistungen stimulieren und motivieren. Für die demokratische Aktivität der Werktätigen ist hier ein wichtiges Bewährungsfeld gegeben. Hier besteht auch eine besondere Verantwortung der Gewerkschaften, die ihren Einfluß geltend zu machen haben, daß der Einsatz von Schlüsseltechnologien überall und ohne Ausnahmen zur weiteren Verbesserung der Arbeits- und Lebensbedingungen genutzt wird. Sozialistische Sozialpolitik durchdringt alle Entwicklungsprozesse der sozialistischen Gesellschaft. Daraus folgt, daß sie umfangreiche Aufgaben zu bewältigen hat zur Lösung der *Wohnungsfrage,* im *Gesundheits- und Sozialwesen,* in der *Sozialversicherung,* zur *Entwicklung von Urlaub und Erholung,* zur *Förderung der Familie,* zur *Gestaltung* und zum *Schutz der Umwelt,* zur *Entwicklung der Einkommen* und auf anderen Gebieten. (Abbildung 19)

Diese und andere Aufgabenstellungen weisen grundlegende Gemeinsamkeiten auf. Anliegen der verschiedenen Maßnahmen ist es, dazu beizutragen, *soziale Sicherheit für alle Bürger* zu gewährleisten und weiter auszubauen, um die in der Verfassung verankerten, darauf gerichteten grundlegenden Menschenrechte in ihrer Gesamtheit zu verwirklichen.[16] Soziale Sicherheit reduziert sich im Sozialismus daher nicht auf ein System von Maßnahmen zur Sicherung des einzelnen Bürgers in Not- und Wechselfällen des Lebens. Vielmehr geht es um die weitere Gestaltung solcher Bedingungen, die eine gleichberechtigte Entwicklung aller Bürger ermöglichen, die der Ausprägung sozialistischer Lebensweise, der Persönlichkeitsentwicklung und der Selbstverwirklichung des Menschen dienen. Diesen Vorzug unserer Gesellschaft jedem erlebbar und bewußt zu machen gewinnt um so mehr an Gewicht, als in imperialistischen Ländern soziale Existenzunsicherheit für Millionen zum Alltag geworden ist, die in Dauerarbeitslosigkeit, Sozialabbau und damit verbundener wachsender „neuer Armut" sowie in der Beschneidung erkämpf-

16 Vgl. Kap. 16.3. des vorliegenden Lehrbuches.

Abbildung 19   Zuwendungen für die Bevölkerung aus
Mitteln des Staatshaushaltes (Auswahl) (in Mrd. Mark)

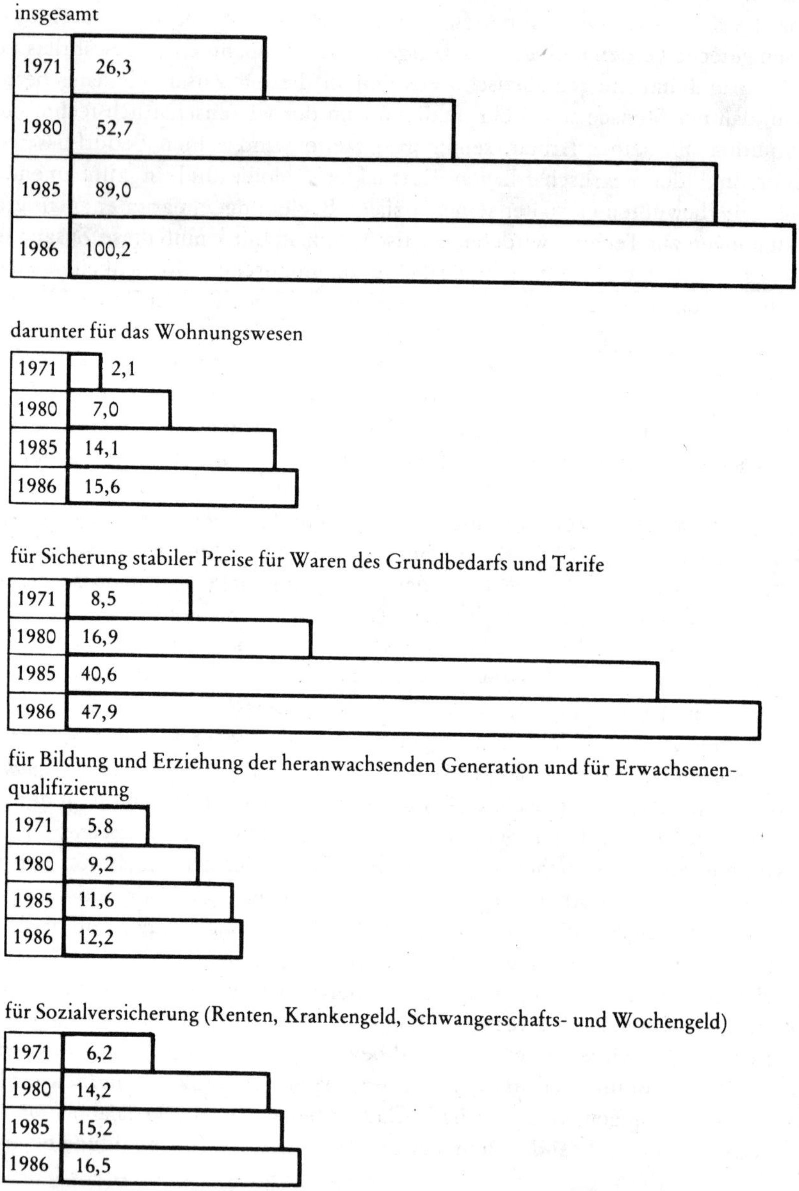

insgesamt

1971	26,3
1980	52,7
1985	89,0
1986	100,2

darunter für das Wohnungswesen

1971	2,1
1980	7,0
1985	14,1
1986	15,6

für Sicherung stabiler Preise für Waren des Grundbedarfs und Tarife

1971	8,5
1980	16,9
1985	40,6
1986	47,9

für Bildung und Erziehung der heranwachsenden Generation und für Erwachsenen-
qualifizierung

1971	5,8
1980	9,2
1985	11,6
1986	12,2

für Sozialversicherung (Renten, Krankengeld, Schwangerschafts- und Wochengeld)

1971	6,2
1980	14,2
1985	15,2
1986	16,5

ter demokratischer Rechte und Freiheiten Ausdruck findet. Wenn heute in der DDR soziale Sicherheit zum Alltag gehört, dann deshalb, weil mit den sozialistischen Macht- und Eigentumsverhältnissen die Ursachen für solche Erscheinungen ein für allemal beseitigt wurden.

Die verschiedenen Maßnahmen sind gleichermaßen darauf gerichtet, ein *hohes Wachstum der Produktion und ihrer Effektivität* zu gewährleisten, um die Arbeits- und Lebensbedingungen der Werktätigen und aller Bürger kontinuierlich weiter zu verbessern. Es gehört zu den historischen Errungenschaften, daß sich das Lebensniveau aller Klassen, Schichten und sozialen Gruppen entsprechend dem erreichten Produktivitäts- und Effektivitätsniveau der Gesellschaft stetig erhöht, daß sich alle Bürger, unabhängig von Fähigkeiten und Fertigkeiten, von der Familiengröße und -situation, vollwertig ernähren, kleiden sowie bilden können, daß sie gesundheitlich betreut und Wohnungsprobleme schrittweise gelöst werden. Das gebietet eine wirtschaftliche Tätigkeit, die sich an den vorhandenen, sich reproduzierenden und erweiternden Bedürfnissen orientiert. Die grundlegenden Entscheidungen und Aufgabenstellungen der SED und des sozialistischen Staates hinsichtlich des Wohnungsbaus, der Produktion hochwertiger Konsumgüter, der Sicherung einer bedarfsgerechten Versorgung in den verschiedenen Preisgruppen und andere Entscheidungen mehr tragen dem Rechnung. Dabei kommt der in der DDR seit mehr als einem Vierteljahrhundert verfolgten Gewährleistung stabiler Verbraucherpreise für Waren des Grundbedarfs, für Mieten, Tarife und Dienstleistungen entscheidendes Gewicht zu.

Die weitere Hebung des materiellen und kulturellen Lebensniveaus ist unmittelbar mit der *konsequenten Verwirklichung des Prinzips „Jeder nach seinen Fähigkeiten, jedem nach seiner Leistung" verbunden* – auch das gehört zum Grundanliegen sozialistischer Sozialpolitik. Dem entspricht eine an den Plan und die Steigerung der Arbeitsproduktivität gebundene leistungsorientierte Lohnpolitik. Konsequente Verwirklichung des Leistungsprinzips erfordert sowohl eine exakte Leistungsbewertung wie auch einen beruflichen Einsatz, der es dem Werktätigen ermöglicht, sein vorhandenes und sich entwickelndes Bildungspotential und Leistungsvermögen, sein Wissen und seine Fähigkeiten voll im gesellschaftlichen und persönlichen Interesse zu nutzen. Genaue Kenntnis des Leistungsvermögens des einzelnen und des Arbeitskollektivs, anspruchsvolle, leistungsfördernde und -fordernde Aufgaben sind daher ein wesentlicher Aspekt der Durchsetzung des Leistungsprinzips und des damit verfolgten sozialen Anliegens. Dabei geht die Partei in ihren Orientierungen davon aus, daß angesichts des erreichten Niveaus der Befriedigung materieller Grundbedürfnisse (z. B. auf dem Gebiet der Ernährung) sich wachsendes Einkommen mit Veränderungen in der Bedürfnisstruktur verbindet, z. B. zugunsten hochwertiger industrieller Konsumgüter, geistig-kultureller Güter sowie Dienstleistungen.

Sozialistische Sozialpolitik ist auf die Herausbildung der für die Lösung der gestellten Aufgaben erforderlichen *sozialen Aktivität* gerichtet, darauf, Initiative, Leistungsbereitschaft und Leistungsverhalten der Werktätigen und ihrer Kollektive so zu fördern, daß die dem Sozialismus wesenseigenen sozialen Triebkräfte sich voll entfalten können. Über die Einheit von Wirtschafts- und Sozialpolitik werden Bedingungen und Beziehungen wirksam, die das Handeln der Individuen und Kollektive stimulieren und in die erforderliche Richtung der Verbindung von ökonomischem und sozialem Fortschritt lenken. Dafür liefern Tausende von Vorschlägen in der Plandiskussion, Wettbewerbsverpflichtungen, Neuereraktivitäten und vieles andere mehr ständig neue Beweise.

Sozialer Fortschritt beruht auf der Sorge der Gesellschaft um die Entwicklung des einzelnen, auf der kameradschaftlichen Zusammenarbeit, Hilfe und gegenseitigen Unterstützung ebenso wie auf der Verantwortung des einzelnen für die gesellschaftlichen Belange, auf der Wahrnehmung der sich daraus für den einzelnen ergebenden Pflichten. Die zielgerichtete Orientierung sozialer Aktivitäten auf die ökonomischen Schwerpunkte und die wachsende Bewußtheit der Werktätigen, die Festigung dem Sozialismus entsprechender Wertorientierungen, Überzeugungen, Motivationen und Haltungen sind grundlegende Bedingungen für die Verwirklichung der einer sozialistischen Gesellschaftsstrategie immanenten Einheit von ökonomischem und sozialem Fortschritt.

14.3. Sozialistische Bündnispolitik

Ziele und Erfahrungen Einen wichtigen Platz bei der Durchsetzung sozialistischer sozialer Verhältnisse und bei der Verwirklichung sozialistischer Sozialpolitik hat die Bündnispolitik der Arbeiterklasse und ihrer marxistisch-leninistischen Partei. Die Festigung und Entwicklung eines stabilen Bündnisses der Arbeiterklasse mit der Klasse der Genossenschaftsbauern, mit der sozialistischen Intelligenz und anderen Gruppen von Werktätigen ist eine wesentliche Voraussetzung für die Gestaltung der entwickelten sozialistischen Gesellschaft. Die SED zählt die Herausbildung und stete Entwicklung des engen Bündnisses aller Klassen und Schichten, die Mobilisierung aller sozialen und politischen Kräfte und die Förderung ihres vertrauensvollen Zusammenwirkens zu ihren bedeutendsten geschichtlichen Leistungen.

Bündnispolitik ist auch im Sozialismus Ausdruck des Bestrebens von Klassen und Schichten, zur Durchsetzung ihrer Ziele die Kräfte zu gemeinsamem Handeln zu vereinen. Dabei hat Bündnispolitik im Sozialismus ihre objektive Grundlage in der weitgehenden und langfristigen Übereinstimmung der grundlegenden Interessen aller Klassen und Schichten, die ihrem Bündnis eine stabile Grundlage verleihen, aber auch hohe Anforderungen an seine ständige Bewährung und Weiterentwicklung stellen. Denn ein stabiles Bündnis hat in der Interessenübereinstimmung nur eine Grundlage, die erst in vielfältigen Bündnisbeziehungen zur lebendigen politischen Praxis, zum ständig erfahrenen sozialen Wert und schließlich zur dauerhaften Triebkraft weiteren gemeinsamen Handelns wird. *Bündnisbe-*

ziehungen entfalten sich *in den verschiedensten Bereichen* der sozialistischen Gesellschaft und treten hervor sowohl in den sozialen Beziehungen der Klassen, Schichten und sozialen Gruppen als auch in der von wachsendem Vertrauen getragenen Zusammenarbeit der Parteien und Massenorganisationen im Demokratischen Block, in der Nationalen Front der DDR, in den Volksvertretungen und in allen wesentlichen Bereichen des politischen Systems,[17] aber auch im Zusammenwirken von Bürgern aller Klassen und Schichten, unterschiedlicher sozialer Stellung und Herkunft, verschiedener Weltanschauung und religiöser Bekenntnisse überall dort, wo gesellschaftliche Aufgaben zu lösen sind.

Die *Ziele sozialistischer Bündnispolitik* ergeben sich aus den Gesamtaufgaben der Entwicklung des Sozialismus und ihrer historisch-konkreten Umsetzung in landeskonkreten Gesellschaftsstrategien und damit gesetzten Schwerpunkten. Damit sind Bündnisbeziehungen im Sozialismus nicht taktischer Natur, sondern Ausdruck der immer wieder bestätigten Grunderfahrung: der Sozialismus ist für alle da und braucht die Tat aller, und alle Klassen und Schichten haben einen *eigenständigen Beitrag* für die Entwicklung der sozialistischen Gesellschaft zu erbringen, der durch eine andere Klasse oder Schicht nicht mit gleicher geschichtlicher Effektivität erbracht werden kann. „Interessenvertretung des ganzen Volkes durch die Arbeiterklasse und ihre Partei", so konnten auf dem XI. Parteitag der SED jahrzehntelange Erfahrungen verallgemeinert werden, „schließt bei uns die unverwechselbaren eigenen Beiträge unserer Bündnispartner in den verschiedensten gesellschaftlichen Lebensbereichen ein."[18] So geht es in der Bündnispolitik der marxistisch-leninistischen Partei im Sozialismus vor allem darum,
– den jeweils notwendigen Beitrag jedes Bündnispartners aus der Sicht der gesamtgesellschaftlichen Erfordernisse und ausgehend von der gemeinsamen Verantwortung zu bestimmen;
– das effektive demokratische Zusammenwirken zu organisieren;
– die spezifischen Traditionen und Erfahrungen aller Bündnispartner zu erschließen, zu nutzen und in den gemeinsamen Erfahrungsschatz der sozialistischen Gesellschaft einzubringen.

Es kommt vor allem darauf an, möglichst viele Potenzen, die der bewußten Zusammenarbeit von Klassen, Schichten und sozialen Gruppen in der sozialistischen Gesellschaft innewohnen, systematisch zu erschließen und als Triebkräfte für die weitere Erhöhung des Leistungswillens, des Leistungsvermögens, des gesellschaftlichen Engagements der Arbeiterklasse und ihrer Bündnispartner wirksam werden zu lassen. Um die Initiative der Bündnispartner auf jene Felder zu lenken, auf denen sie am wirksamsten ihre Beiträge zur weiteren Gestaltung der entwickelten sozialistischen Gesellschaft in der DDR einbringen können, finden regelmäßig Beratungen der Repräsentanten der SED mit denen der befreundeten Parteien und der Nationalen Front in der DDR statt. Es gehört zu den erprobten

17 Vgl. Kap. 13.3. des vorliegenden Lehrbuches.
18 Bericht des Zentralkomitees der SED an den XI. Parteitag der SED, S. 77.

und bewährten Methoden politischer Führungstätigkeit der SED, daß *auf allen Ebenen* mit den jeweiligen Leitungen der Parteien der Bündnispartner Fragen der täglichen Arbeit und solche, die weit in die Zukunft reichen, vertrauensvoll beraten und gemeinsam Schlußfolgerungen gezogen werden.

Der weiteren Entwicklung der Bündnisbeziehungen können einige beim sozialistischen Aufbau in der DDR *bewährte Prinzipien* zugrundegelegt werden, wie:

– die *führende Rolle der Arbeiterklasse und ihrer marxistisch-leninistischen Partei* im Bündnis zu verwirklichen und auszuprägen. Diese historisch bedingte und bewiesene Fähigkeit zur Führung[19] wird von allen Bündnispartnern anerkannt. Die marxistisch-leninistische Partei wirkt konsequent für die Interessen der Arbeiterklasse und aller Werktätigen und vermag damit die Aktivitäten aller Klassen und Schichten in einen einheitlichen Strom sozialen Fortschritts zu lenken;

– allen Klassen und Schichten sowie jedem Bürger, unabhängig von seiner sozialen Herkunft, seinem religiösen oder weltanschaulichen Bekenntnis, breiteste Möglichkeiten zur *aktiven und eigenständigen Mitwirkung* bei der Gestaltung der entwickelten sozialistischen Gesellschaft zu sichern. Dabei hat sich bewährt, an die progressiven Traditionen aller Klassen und Schichten anzuknüpfen, die spezifischen Fähigkeiten und Fertigkeiten der einzelnen sozialen und politischen Gemeinschaften wie auch Bürger besonders zu fordern und zu fördern und verschiedene Motive gesellschaftlicher Verantwortung und gemeinsamen Handelns zur Wirkung gelangen zu lassen. Das schließt die Beachtung sowohl der gesellschaftlichen Gesamtinteressen wie auch der spezifischen Interessen der Bündnispartner ein;

– alle grundsätzlichen politischen Entscheidungen *mit den Bündnispartnern gründlich zu beraten*, gemeinsam nach den besten Lösungen, Wegen und Methoden zu suchen, sich vorurteilsfrei und kritisch zu allen Vorschlägen zu verhalten und den Anteil aller Partner gebührend zu würdigen. Dazu gehört auch die wechselseitige Teilnahme an Parteitagen, Gewerkschafts-, Bauern-, Frauen-, Jugend- und anderen Kongressen und regelmäßiger Erfahrungsaustausch, der nicht nur einzelne gemeinsame Aktionen, sondern auch die Entwicklung der Bündnisbeziehungen selbst zum Gegenstand hat;

– Bündnisbeziehungen *in allen Bereichen der gesellschaftlichen Entwicklung* zu realisieren. So haben sich in den vergangenen Jahren eigenständige Beiträge der verschiedenen Bündnispartner u. a. besonders im Kampf um Frieden, um die Schaffung einer breiten internationalen Koalition der Vernunft, verschiedene Formen des Dialogs und der Zusammenarbeit mit politisch, sozial und weltanschaulich gleichartig oder ähnlich interessierten Partnern in anderen Ländern entwickelt;

– die verschiedenen Bündnisaktivitäten immer stärker aus der Sicht und im Rahmen *gesamtgesellschaftlicher Erfordernisse* zu entwickeln. Dazu hat sich bewährt, stets die Einheit von Politik, Ökonomie und Ideologie zu beachten und den Einfluß der wissenschaftlichen Weltanschauung der Arbeiterklasse zu erhöhen;

19 Vgl. Kap. 12.1. des vorliegenden Lehrbuches.

– das Bündnis zwischen der Arbeiterklasse und der Klasse der Genossenschaftsbauern als den *Kern aller Bündnisbeziehungen* und als wichtige politische Grundlage der sozialistischen Gesellschafts- und Staatsordnung ständig zu festigen.

Für den Erfolg der Bündnispolitik ist es außerordentlich wichtig, daß die Partei der Arbeiterklasse Prinzipienfestigkeit mit der Fähigkeit verbindet, ihren Verbündeten mit Geduld und Einfühlungsvermögen zu helfen, die eigenen schöpferischen Kräfte zu entfalten und all das zu stärken, was ihre Übereinstimmung mit den gesellschaftlichen Interessen erhöht. „Die Interessenvertretung des ganzen Volkes durch die Arbeiterklasse und ihre Partei schließt die Beiträge ihrer Bündnispartner ein. Indem wir auch künftig die Bedingungen dafür schaffen, daß sich jedem Bürger, unabhängig von sozialer Herkunft, weltanschaulichem oder religiösem Bekenntnis, breite Möglichkeiten für aktives Mitwirken an der Lösung gesellschaftlicher Belange erschließen, verwirklichen wir dieses grundlegende Prinzip unserer Politik und erbringen damit einen auch über die Grenzen unseres Landes hinaus anerkannten Beitrag zur Bereicherung des Erfahrungsschatzes des Marxismus-Leninismus."[20]

Tabelle 26   Mitarbeit der mit der SED befreundeten Parteien – 1985 – (ausgewählte Fakten)

45 418 Mitglieder befreundeter Parteien wirken als gewählte Volksvertreter (von den 500 Abgeordneten der Volkskammer haben 208 das Mandat der DBD, CDU, LDPD, NDPD; von den 3 172 Abgeordneten der Bezirkstage haben 1 268 das Mandat dieser Parteien)

24 394 weitere Mitglieder befreundeter Parteien sind als Nachfolgekandidaten oder berufene Bürger in Volksvertretungen und ihren Kommissionen tätig

10 109 Mitglieder der DBD, CDU, LDPD, NDPD üben Funktionen als Mitglieder des Staatsrates, des Ministerrates, der Räte der Bezirke und Kreise, als Oberbürgermeister und Bürgermeister, als Stadt- und Gemeinderäte aus

18 360 Mitglieder befreundeter Parteien sind Richter, Schöffen bzw. Mitglieder von Schieds- und Konfliktkommissionen

  9 089 Mitglieder befreundeter Parteien arbeiten als Leiter von und in volkseigenen oder genossenschaftlichen Betrieben, Einrichtungen des Gesundheits- und Sozialwesens und kultureller Institutionen

---

Den unterschiedlichen geschichtlichen Bedingungen und Traditionen sowie der differenzierten sozialen Struktur der sozialistischen Gesellschaft entspricht die *Mannigfaltigkeit der konkreten Formen und Methoden der Bündnispolitik.* Auf politischem Gebiet realisieren sich die Bündnisbeziehungen in der Tätigkeit einer Vielzahl von Organisationen und Institutionen staatlichen und gesellschaftlichen Charakters, so in den Volksvertretungen, die immer größere Teile der Bevölkerung in die staatliche Leitungstätigkeit einbeziehen, im Wirken der Massenorganisationen

---

20 E. Honecker, Die Aufgaben der Parteiorganisationen bei der weiteren Verwirklichung der Beschlüsse des XI. Parteitages der SED, Berlin 1987, S. 91.

und (in den meisten sozialistischen Ländern) in den Nationalen Fronten sowie in der Zusammenarbeit mehrerer Parteien in einigen sozialistischen Ländern. Auch der Reichtum des geistig-kulturellen Lebens in der sozialistischen Gesellschaft bezeugt das tief verwurzelte Bündnis. In diesem Sinne schließt jede grundsätzliche Maßnahme der gesellschaftlichen Entwicklung bei der Gestaltung des entwickelten Sozialismus Aspekte der Bündnispolitik ein.

In ihren konkreten Formen und Methoden ist Bündnispolitik stets auch von der Gesamtentwicklung der sozialistischen Gesellschaft abhängig. So erlangte sie in der DDR insbesondere mit dem durch den VIII. Parteitag der SED eingeleiteten Kurs der Hauptaufgabe in der Einheit von Wirtschafts- und Sozialpolitik qualitativ neue Züge. Diese Politik eröffnete allen gesellschaftlichen Kräften für die Wahrnehmung staatsbürgerlicher Mitverantwortung eine weitreichende Perspektive. Sie ließ die spezifische Verantwortung jeder Klasse und sozialen Schicht für die gesellschaftliche Entwicklung schärfer hervortreten, machte aber auch die Bedingungen dafür deutlicher, die mit der stabilen Wirtschafts- und Sozialpolitik hierfür eröffnet wurden. Das Wissen aller Klassen, Schichten und sozialen Gruppen, aber auch der einzelnen Bürger um Platz, Verantwortung, Pflichten, Rechte und Ansprüche im Sozialismus hat viele neue Überlegungen und Initiativen, Aktionen und Bewegungen ausgelöst und Erfahrungen hervorgebracht, die der Wirtschafts- und Sozialpolitik weitere kraftvolle Impulse vermittelt haben. Die erfolgreiche Zusammenarbeit der Arbeiterklasse mit ihren Bündnispartnern widerlegt in der Praxis die imperialistischen Lügen, daß marxistisch-leninistische Bündnispolitik nur von zeitweiligen, von „machtpolitischen" Erwägungen diktiert oder nur für Länder mit einer zahlenmäßig schwachen Arbeiterklasse von Bedeutung sei. Der Leitsatz sozialistischer Politik: „Für alle Werktätigen – mit allen Werktätigen" ergibt sich aus der welthistorischen Mission der Arbeiterklasse, die gesamte Gesellschaft von Ausbeutung, Rechtlosigkeit und Unterdrückung zu befreien.

Bündnis mit den Genossenschaftsbauern Die Festigung der Zusammenarbeit zwischen den beiden Grundklassen der sozialistischen Gesellschaft, der führenden Arbeiterklasse und der Klasse der Genossenschaftsbauern, ist das Kernstück der Bündnispolitik auch bei der Gestaltung der entwickelten sozialistischen Gesellschaft. Sie wird sich „mit der Einführung industriemäßiger Produktionsmethoden und der Vervollkommnung der sozialistischen Produktionsverhältnisse in der Landwirtschaft sowie durch die Verflechtung der Landwirtschaft mit den anderen an der Nahrungsgüterproduktion beteiligten Zweigen der Volkswirtschaft vertiefen."[21] Die Hauptaufgaben dieses Bündnisses ergeben sich aus den eng miteinander verknüpften Zielen, in der Land- und Nahrungsgüterwirtschaft die Produktion und deren Effektivität systematisch zu erhöhen, um eine stabile, sich stetig verbessernde Versorgung der Bevölkerung mit hochwertigen Nahrungsmitteln und der Industrie mit Rohstoffen zu sichern; die

21 Programm der Sozialistischen Einheitspartei Deutschlands, S. 38.

Lebensbedingungen des Dorfes denen der Stadt anzunähern, um die wesentlichen Unterschiede zwischen Stadt und Land allmählich zu überwinden."[22]

Diese Aufgabe kann die Klasse der Genossenschaftsbauern nicht allein lösen; sie verlangt die enge Zusammenarbeit von Arbeitern, Bauern und Angehörigen der Intelligenz unter Führung der Arbeiterklasse. In ihrer Politik sichert die marxistisch-leninistische Partei die Einordnung der Landwirtschaft in den Gesamtprozeß der ökonomischen und sozialen Entwicklung und weckt die Verantwortung dafür, daß die Entfaltung einer modernen und hochproduktiven Landwirtschaft Angelegenheit aller Werktätigen ist. Dabei läßt sich die Partei von den Prinzipien des Leninschen Genossenschaftsplanes leiten und geht von der Erfahrung aus, daß beide Formen des sozialistischen Eigentums in der Landwirtschaft große Entwicklungspotenzen besitzen und auch das genossenschaftliche Eigentum breiten Raum für die Einführung industriemäßiger Produktionsmethoden bietet. Im Programm der SED wird hervorgehoben, daß Arbeiter und Genossenschaftsbauern miteinander und füreinander arbeiten. „Die Arbeiterklasse hilft den Genossenschaftsbauern bei der Entwicklung der sozialistischen Lebensweise auf dem Lande. Die Genossenschaftsbauern verbessern durch ihre Leistungen das materielle und kulturelle Lebensniveau des ganzen Volkes und zugleich ihr eigenes Leben."[23]

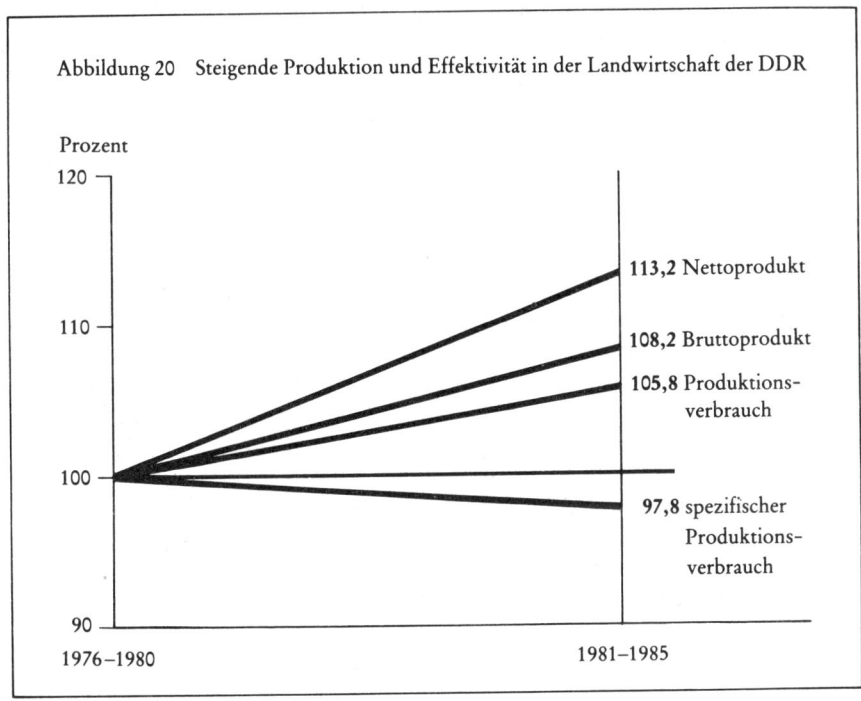

Abbildung 20   Steigende Produktion und Effektivität in der Landwirtschaft der DDR

Prozent

120 —

113,2 Nettoprodukt

110 —

108,2 Bruttoprodukt

105,8 Produktionsverbrauch

100 —

97,8 spezifischer Produktionsverbrauch

90 —

1976–1980   1981–1985

22   Vgl. ebenda, S. 30.
23   Ebenda, S. 38.

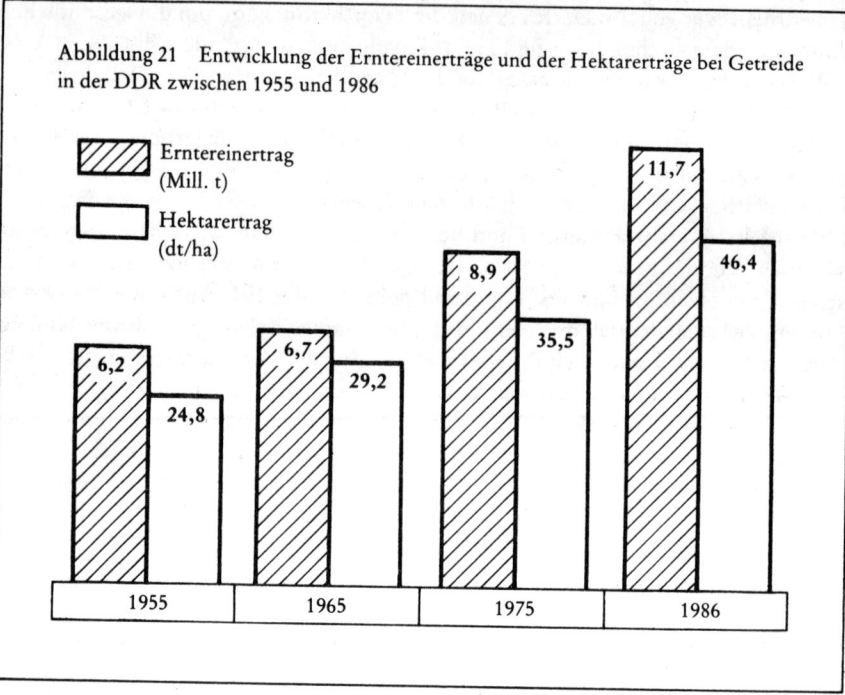

Abbildung 21 Entwicklung der Ernteeinerträge und der Hektarerträge bei Getreide in der DDR zwischen 1955 und 1986

Ernteeinerträg (Mill. t)

Hektarertrag (dt/ha)

Die politische Zusammenarbeit ist darauf gerichtet, die Genossenschaftsbauern zur Lösung ihrer wachsenden Aufgaben zu befähigen und ihre Bewußtheit und politische Aktivität als sozialistische Klasse zu erhöhen. Dazu vermittelt die Partei der Arbeiterklasse in engem Zusammenwirken mit der Demokratischen Bauernpartei Deutschlands (DBD) und der Vereinigung der gegenseitigen Bauernhilfe (VdgB) als sozialistischer Massenorganisation der Genossenschaftsbauern und -gärtner den Genossenschaftsmitgliedern die marxistisch-leninistische Weltanschauung mit dem Ziel, daß die Bauern die Bedeutung ihrer Arbeit für die Stärkung des Sozialismus und für die Erhaltung des Friedens erkennen. Die Partei hilft den Bauern, die ihrer Arbeit zugrunde liegenden gesellschaftlichen Zusammenhänge tiefer zu verstehen und die Prozesse beherrschen zu lernen, die zum Abbau der wesentlichen sozialen Unterschiede zwischen Stadt und Land führen.

Die Führung der Arbeiterklasse in diesem Bündnis spiegelt sich darin wider, daß sie der Klasse der Genossenschaftsbauern – insbesondere angesichts der zunehmenden Spezialisierung und Kooperation der Produktion in der Landwirtschaft – ihre Erfahrungen übermittelt und den Bauern hilft, ihre spezifischen Kenntnisse und Erfahrungen in diesen Prozeß einzubringen und voll zu nutzen. Dafür ergeben sich zunehmend günstigere Bedingungen, insofern die direkten Kooperationsbeziehungen zwischen Industrie und Landwirtschaft immer enger werden, aber auch daraus, daß die Arbeiterklasse in der Landwirtschaft selbst zahlenmäßig anwächst. Solche Zentren der Arbeiterklasse, wie sie z. B. in der DDR in Form der Kreisbetriebe für Landtechnik, der Agrochemischen Zentren und der Volkseigenen Güter bestehen, wirken wesentlich auf das Tempo des wissenschaftlich-technischen Fortschritts auf dem Lande ein und demonstrieren die sozialen Fortschritte und Vorzüge, die sich aus industriell betriebener Produktion ergeben. Mit der erfolgreichen Organisierung verschiedener kooperativer Einrichtungen, der Verstärkung des gesellschaftlichen Charakters der Arbeit und der zunehmenden Qualifizierung vollziehen sich tiefgreifende Veränderungen innerhalb der Klasse der Genossenschaftsbauern. Bei Bewahrung solcher positiven traditionellen Eigenschaften wie dem Eigentümerbewußtsein, der subtilen Kenntnis des Bodens als wichtigster Produktionsgrundlage, der Naturverbundenheit und der entwickelten Gemeinschaftlichkeit in der Genossenschaft und im Dorf prägen sich immer stärker auch neue Eigenschaften aus, die für die sozialistische Persönlichkeit typisch sind. So fördert die Einführung industriemäßiger Produktionsmethoden in der Landwirtschaft die Herausbildung eines neuen Typs von Produzenten. Diese vereinigen ihre traditionellen bäuerlichen Erfahrungen, ihre politische Bewußtheit mit einer technischen, agrarbiologischen und ökonomischen Qualifikation und sind zur Ausübung mehrerer Berufe befähigt. Das ist ein Typ des Bauern, der nach Inhalt und Organisation der Arbeit, Qualifikation, Spezialisierung und Disponibilität Ähnlichkeiten mit qualifizierten Industriearbeitern aufweist.

Bündnis mit der sozialistischen Intelligenz

Aus der Einheit von Sozialismus, Wissenschaft und Kultur folgt gesetzmäßig, daß die Rolle der Intelligenz bei der Gestaltung der entwickelten sozialistischen Gesellschaft weiter anwächst und sich höhere Ansprüche an die Bündnispolitik der Partei der Arbeiterklasse mit der sozialistischen Intelligenz ergeben. „Die sozialistische Intelligenz wird mit großen Leistungen in Wissenschaft und Technik, Bildung, Gesundheitswesen und Kultur zum gesellschaftlichen Fortschritt unserer Zeit wesentlich beitragen", erklärt die SED in Übereinstimmung mit den Erfahrungen anderer sozialistischer Länder in ihrem Programm und tritt dafür ein, „die Bedingungen für das schöpferische Wirken der Wissenschaftler, Lehrer, Ärzte, der Kunstschaffenden und anderer Angehörigen der Intelligenz zielstrebig zu entwickeln und ihren Anteil an der werktätigen Bevölkerung planmäßig zu erhöhen.[24]

Die Spezifik des Bündnisses der Arbeiterklasse mit der Intelligenz tritt vor allem in folgendem Zusammenhang zutage: Die Arbeiterklasse kann nur im engen Bündnis mit der Intelligenz die organische Verbindung der Errungenschaften der wissenschaftlich-technischen Revolution mit den Vorzügen des Sozialismus herstellen und ein dem Sozialismus gemäßes reiches geistig-kulturelles Leben entwickeln. Andererseits können die schöpferischen Leistungen der Intelligenz nur unter Führung der Arbeiterklasse der Gesellschaft zum Wohle gereichen. Die Ar-

24 Ebenda, S. 39.

beiterklasse schafft gemeinsam mit den Genossenschaftsbauern den größten Teil der materiellen Voraussetzungen für die Tätigkeit der Intelligenz, gibt ihr soziale Sicherheit und die politisch-moralische Gewißheit, daß ihre wissenschaftlichen und künstlerischen Ergebnisse nicht zu antihumanen Zwecken mißbraucht werden.

Die marxistisch-leninistischen Parteien sehen ein wichtiges Anliegen ihrer Intelligenzpolitik darin, besonders jene Eigenschaften und Wertvorstellungen der Intelligenz, die ihre besten Vertreter seit Jahrhunderten im Kampf für wissenschaftlichen und sozialen Fortschritt auszeichnen, zu fördern wie: Forscherdrang und Entdeckergeist, wissenschaftliche Gründlichkeit und Genauigkeit, Arbeitsethos und Berufsstolz, humanistische Gesinnung, Weltoffenheit, entschiedene Ablehnung reaktionärer Ignoranz, Kultiviertheit im öffentlichen Leben und persönlichem Umgang. In zeitgemäßer Form gehören diese Eigenschaften und Werte zum Charakter und zum Erscheinungsbild der sozialistischen Intelligenz, die sich zudem durch feste sozialistische Klassenpositionen und eine politisch motivierte Leistungsbereitschaft auszeichnet. Die marxistisch-leninistischen Parteien sozialistischer Länder fördern das Bestreben der Angehörigen der Intelligenz, in ihrer Arbeit von den gesamtgesellschaftlichen Erfordernissen auszugehen und die gesetzmäßigen Zusammenhänge von Politik, Ökonomie, Wissenschaft, Bildung und Kultur zu berücksichtigen. Dabei spielen in der DDR solche Organisationen wie der Kulturbund, die Kammer der Technik, wissenschaftliche Gesellschaften und andere Organisationen eine große Rolle. Es gibt mehrere gewichtige Gründe, die wissenschaftlich-technischer Arbeit im Sozialismus einen neuen Stellenwert verleihen.[25]

Sie liegen *erstens* in der *neuen Qualität der gesellschaftlichen Verhältnisse selbst*, in ihren spezifischen Gesetzmäßigkeiten und Triebkräften. Wissenschaft und Technik können nicht zu Profitzwecken und borniertem Machtmißbrauch verwertet werden, sie sind weder Mittel noch Gegenstand von Ausbeutung des Menschen durch den Menschen. Die Wissenschaft und ihre Anwendung sind derart konstitutiv in das Gesellschaftsganze als Produktivkraft, Leitungsinstrument und Element der Kultur eingeflochten, daß mit ihnen keine anderen Ziele als die gesamtgesellschaftlichen verfolgt werden können. Die auf ständig höherer Ebene zu vollziehende Vereinigung von Wissenschaft und Sozialismus gewährleistet die humanistische Zweckbestimmung des wissenschaftlich-technischen Fortschritts, schafft den Freiraum für die dem Wohl des Volkes dienende Entwicklung und Anwendung von Wissenschaft und setzt Schranken gegen deren antihumanistische Verwertung. Es handelt sich hier jedoch nicht um eine vom bewußten Handeln unabhängige Zwangsläufigkeit. Durch die Politik der Partei, insbesondere auch durch ihre Wissenschafts-, Kultur- und Intelligenzpolitik und das aktive Handeln der Werktätigen werden die im Wesen der Gesellschaft selbst liegenden Garantien zu gesicherten sozialen Tatbeständen.

25 Vgl. Kap. 15.1. des vorliegenden Lehrbuches.

Zweitens gibt es *Garantien staatlich-rechtlicher Art,* die ebenfalls von bündnispolitischer Relevanz sind. Der sozialistische Staat und seine Institutionen organisieren und schützen die Entwicklung und Verwendung von Wissenschaft und Technik für humanistische Ziele. Artikel 17 der Verfassung der DDR enthält zu diesem Zweck drei eng miteinander verbundene Grundsätze. Zuerst wird als Aufgabe festgelegt: „Die Deutsche Demokratische Republik fördert Wissenschaft, Forschung und Bildung mit dem Ziel, die Gesellschaft und das Leben der Bürger zu schützen und zu bereichern." Sodann wird der hauptsächliche Lösungsweg für diese Aufgabe bestimmt: „Dem dient die Vereinigung der wissenschaftlich-technischen Revolution mit den Vorzügen des Sozialismus." Dieser Orientierung entspricht schließlich auch die eindeutige Festlegung in Artikel 17, Absatz 3: „Jeder gegen den Frieden, die Völkerverständigung, gegen das Leben und die Würde des Menschen gerichteter Mißbrauch der Wissenschaft ist verboten." Es handelt sich hier nicht nur um Postulate mit hoher politisch-moralischer Verbindlichkeit, sondern um unmittelbar geltendes Recht, und dem entspricht die tagtägliche Praxis staatlicher Leitung, Wissenschaft und Technik in hohe ökonomische Ergebnisse umzusetzen und das ökonomische Wachstum für die soziale Entwicklung im weitesten Sinne des Wortes zu verwenden.

Drittens steht die *Wissenschaft als gesellschaftliche Institution* des Sozialismus selbst für ihren *humanistischen Charakter* ein. Hier handelt es sich sozusagen um „innerwissenschaftliche" Garantien, um Selbstkontrollen über Inhalt, Ziele und Methoden wissenschaftlich-technischer Arbeit. Zum einen liegen sie in der politisch-weltanschaulichen Haltung, im Ethos des sozialistischen Wissenschaftlers und Ingenieurs, der nicht bedenkenlos irgendwelche Entdeckungen und Erfindungen hervorbringt oder Verwertungen anstrebt, sondern seine Arbeit bewußt den Kriterien des sozialistischen Humanismus und der ökonomischen Effektivität unterstellt, dem also das eigene Gewissen vorschreibt, seine Fähigkeiten für das Wohl des Volkes einzusetzen. Die geistige Verfassung der wissenschaftlich-technischen Kollektive ist von der sozialistischen Ideologie geprägt, von einer kritisch-konstruktiven Atmosphäre des Ringens um Ergebnisse, die wegen ihrer Qualität und Effektivität dem Volk nützen. Zum anderen liegen wichtige Garantien in dem praktizierten Prinzip des demokratischen Zentralismus bei der Leitung und Planung von Wissenschaft und Technik. Dieses Prinzip entspricht am besten den Entwicklungsnotwendigkeiten der Wissenschaft, weil es die zentrale Planung und die Orientierung der Wissenschaft an gesamtgesellschaftlichen Interessen mit der Verantwortung und Eigeninitiative der wissenschaftlichen Institutionen und Kollektive sowie der einzelnen Wissenschaftler verbindet. Durch die maßgebliche Mitbestimmung der Wissenschaftler beim Festlegen von Zielen, Schwerpunkten und Projekten von Forschung und Entwicklung fließen die eigenen Intensionen der Wissenschaftler in die staatlichen Pläne ein. Diese „innerwissenschaftlichen" Aspekte erlangen gerade dadurch reales Gewicht, daß sie im Konsens mit den gesellschaftlichen Gegebenheiten und Erfordernissen stehen. Auch hier herrscht kein Automatismus. Dieser Konsens ist ein ständiger Prozeß des In-Übereinstimmung-Bringens der Interessen der wissenschaftlich-technischen Intelligenz mit den Interessen der Gesellschaft durch die Führungstätigkeit der Partei, vor allem durch eine überzeugende ideologische Arbeit.

Die Festigung des Bündnisses zwischen der Arbeiterklasse und der Intelligenz führt mit zunehmender Entfaltung des Sozialismus dazu, daß sich allmählich die wesentlichen sozialen Unterschiede zwischen ihnen verringern. Die völlige Aufhebung dieser sozialen Unterschiede ist erst in der höheren Phase der kommunistischen Gesellschaftsformation möglich. Lenin sah voraus, daß die Intelligenz bis weit in den Kommunismus hinein eine eigenständige soziale Schicht bleibt. Bereits im Sozialismus reichert sich jedoch die Tätigkeit der Arbeiter und Genossenschaftsbauern wesentlich mit Elementen der geistigen Arbeit an, während gleichzeitig ein wachsender Teil der technischen Intelligenz unmittelbar in Produktionskollektive von Arbeitern und Genossenschaftsbauern integriert wird.

Festigung der politisch-moralischen Einheit Neue Züge gewinnt auch das Bündnis der Arbeiterklasse mit anderen sozialen Gruppen der Bevölkerung. In der Zusammenarbeit mit den Handwerkern, den Einzelhändlern und anderen Gewerbetreibenden orientiert die SED darauf, daß diese durch die ständige Steigerung ihrer volkswirtschaftlichen Leistungen und durch vielfältige Initiativen, besonders im Dienstleistungsbereich, aktiv an der weiteren Gestaltung der entwickelten sozialistischen Gesellschaft teilnehmen.

Die umfassende Einbeziehung *aller Bürger* in die gesellschaftliche Entwicklung fördert ihr staatsbewußtes Wirken und ihr persönliches Engagement in den Kämpfen unserer Zeit. Das schließt ein, ausgehend von *sachlichen, verfassungsgemäßen und konstruktiven Beziehungen zwischen Staat und Kirche,* auch alle religiös gebundenen Bürger ebenso wie kirchliche Amtsträger für die gemeinsame Bewältigung wichtiger Lebensfragen, besonders die Sicherung des Friedens zu gewinnen. Die in der Verfassung garantierte gleichberechtigte und gleichverpflichtende Mitarbeit der Gläubigen am Leben der sozialistischen Gesellschaft verwirklicht sich in dem Maße, in dem sie selbst aktiv daran teilnehmen. Dabei prägt sich bei kirchlichen Amtsträgern und christlichen Kreisen das loyale staatsbürgerliche Bewußtsein weiter aus und wächst das Vertrauen in die Richtigkeit der Innen- und Außenpolitik der DDR und die Übereinstimmung mit der aktiven Friedenspolitik der sozialistischen Länder.

Die neuen Beziehungen zwischen den Klassen und Schichten im Sozialismus finden ihre Widerspiegelung in der Festigung der *politisch-moralischen Einheit des werktätigen Volkes.* In ihr drückt sich die gesetzmäßige Übereinstimmung der entscheidenden politischen und ökonomischen Interessen und Ziele der Klassen und Schichten im Sozialismus aus, die auf den sozialistischen Produktionsverhältnissen und der Befreiung von der Ausbeutung beruht. Diese wachsende Einheit im Denken und Handeln der Bürger hat ihre feste Grundlage in der Macht der Arbeiterklasse, die diese im Bündnis mit der Klasse der Genossenschaftsbauern, der sozialistischen Intelligenz und den anderen werktätigen Schichten ausübt. Politisch-moralische Einheit des Volkes bedeutet jedoch nicht, daß sämtliche Interessen aller Klassen und Schichten übereinstimmen. Solange Klassen und soziale Schichten existieren, wirken neben den einheitlichen Grundinteressen noch spezifische Interessen der einzelnen Klassen und Schichten. Aus ihnen können sich – z.B. bei der Festlegung des Anteils der einzelnen Klassen und Schichten an der Verwendung des Nationaleinkommens – Widersprüche und Konflikte nichtantagonistischer Art ergeben. Die Politik der marxistisch-leninistischen Parteien in den sozialistischen Ländern berücksichtigt daher stets sowohl die Interessen des gesamten Volkes als auch die Interessen der ihm angehörenden Klassen und sozialen Schichten und lenkt sie in gemeinsame Bahnen. Die Herausbildung und Festigung der politisch-moralischen Einheit ist ein Prozeß, der ohne Auseinandersetzung mit Traditionen der Ausbeutergesellschaft wie auch mit vereinfachten Auffassungen vom Sozialismus nicht erfolgreich verlaufen kann. Darum fördern die marxistisch-leninistische Partei und der sozialistische Staat die Erziehung und Selbsterziehung in den Arbeitskollektiven und gesellschaftlichen Einrichtungen, um die politisch-moralischen Wertvorstellungen des Sozialismus zur Norm der Angehörigen aller Klassen und Schichten und ihrer Beziehungen zueinander auszuprägen.

Kontrollfragen zu Kapitel 14

1. Wodurch ist die Entwicklung der Sozialstruktur bei der weiteren Gestaltung der entwickelten sozialistischen Gesellschaft gekennzeichnet?

2. Wie vollzieht sich die soziale Annäherung der Klassen und Schichten?

3. Warum ist sozialistische Sozialpolitik ein zentraler Bestandteil marxistisch-leninistischer Gesellschaftspolitik?

4. Worin bestehen Ziele und Hauptinhalte der Bündnispolitik der Arbeiterklasse und ihrer marxistisch-leninistischen Partei bei der weiteren Gestaltung der entwickelten sozialistischen Gesellschaft?

5. Warum wachsen bei der weiteren Gestaltung der entwickelten sozialistischen Gesellschaft die Anforderungen an die sozialistische Intelligenz und worin bestehen diese Anforderungen?

15. Wissenschafts-, Technik- und Bildungspolitik bei der Gestaltung der entwickelten sozialistischen Gesellschaft

Wissenschafts-, Technik- und Bildungspolitik der marxistisch-leninistischen Partei und des sozialistischen Staates als Teil der Gesamtpolitik befassen sich mit der komplexen Führung dieser Bereiche aus der Sicht der gesamtgesellschaftlichen Entwicklung. Sie bestimmen die Hauptziele, -aufgaben und -richtungen und setzen die Maßstäbe für das Entwicklungstempo von Wissenschaft, Technik und Bildung. Im Zentrum steht die Schaffung der Voraussetzungen, um durch die bewußte Nutzung aller Vorzüge und Triebkräfte des Sozialismus den wissenschaftlich-technischen Fortschritt zu beschleunigen und seine ökonomische und soziale Wirksamkeit zu erhöhen. Das Wesentliche in der politischen Führung ist auch auf diesen Gebieten die zielstrebige Entfaltung der schöpferischen Aktivität der Werktätigen.

15.1. Grundzüge der Wissenschafts- und Technikpolitik

Die sozialistische Revolution eröffnet der Wissenschaft die Perspektive, die ihr *innewohnende fortschrittsfördernde und humanistische Funktion* voll zu entfalten.[1] Das gesellschaftliche Eigentum an den Produktionsmitteln und die politische Macht der Arbeiterklasse und ihrer Verbündeten schaffen die Möglichkeit, wissenschaftliche Errungenschaften und auf ihrer Grundlage modernste Technik ausschließlich zum Wohle des Volkes einzusetzen. Erstmalig in der Geschichte stellt sich eine Gesellschaftsordnung das Ziel, den Reichtum der Wissenschaft zum Gemeingut des Volkes zu machen. Bereits im Jahre 1920 betonte Lenin, daß man die kommunistische Gesellschaft nicht aufbauen kann, ohne die Industrie und die Landwirt-

1 Vgl. Programm der Sozialistischen Einheitspartei Deutschlands, Berlin 1976, S. 45.

schaft „auf moderner, nach dem letzten Wort der Wissenschaft errichteter Grundlage"[2] wiederherzustellen. Seither hat die Entwicklung des Sozialismus bewiesen, daß allein auf seiner Grundlage Wissenschaft und Technik mächtige Instrumente des weltweiten Ringens um sozialen Fortschritt zu sein vermögen und ihrem jahrhundertelangen Mißbrauch für eigensüchtige Ziele durch Ausbeuterklassen ein Ende gesetzt werden kann. Es ist eine – inzwischen geschichtliche Realität gewordene – Grundüberzeugung des Marxismus-Leninismus, daß nur der Sozialismus in der Lage ist, *wissenschaftlich-technischen mit sozialem Fortschritt untrennbar zu verbinden.* Gerade darauf zielt die mit der Hauptaufgabe beschlossene Einheit von Wirtschafts- und Sozialpolitik als Kernstück der Gesellschaftsstrategie zur Gestaltung des entwickelten Sozialismus.[3] Das bedeutet auch, daß der Kampf um die Meisterung von Wissenschaft und Technik, um höhere Arbeitsproduktivität niemals Selbstzweck sein darf, sondern daß diese Mittel und Voraussetzung für progressive Veränderungen in der Lebensweise der Menschen, für einen stabilen und dauerhaften gesellschaftlichen Fortschritt sein müssen.

Einheit von Sozialismus und Wissenschaft
In der DDR konnten eine leistungsfähige Wissenschaft und eine entwickelte Technik geschaffen werden. Das ermöglichte dem XI. Parteitag der SED die Einschätzung: „Die Wissenschaftler unseres Landes haben mit bedeutsamen Ergebnissen zum hohen Leistungsanstieg unserer Volkswirtschaft, zur Entwicklung moderner Produktivkräfte und zur Bereicherung des geistig-kulturellen Lebens beigetragen ... Wir können sagen, daß die Wissenschaft der Deutschen Demokratischen Republik mit der Zeit geht. Ihre Ziele leitet sie aus unseren gesellschaftlichen, insbesondere den ökonomischen Erfordernissen der Stärkung des Sozialismus ab. Sie nimmt aktiv teil am weltweiten Prozeß, die Grenzen der Erkenntnisse in Naturwissenschaft und Technik immer weiter hinauszuschieben. Noch zu keiner Zeit hatte unsere Wissenschaft solche Perspektiven und Möglichkeiten."[4]

Tabelle 27   Für Wissenschaft und Technik eingesetzte Mittel 1971 bis 1985 (in Mrd. Mark)

1971–1975	1976–1980	1981–1985
24	31	42

2   W. I. Lenin, Die Aufgaben der Jugendverbände, in: Werke, Bd. 31, S. 278.
3   Vgl. Kap. 10.2. des vorliegenden Lehrbuches.
4   Bericht des Zentralkomitees der Sozialistischen Einheitspartei Deutschlands an den XI. Parteitag der SED. Berichterstatter: Genosse Erich Honecker, Berlin 1986, S. 55 f.

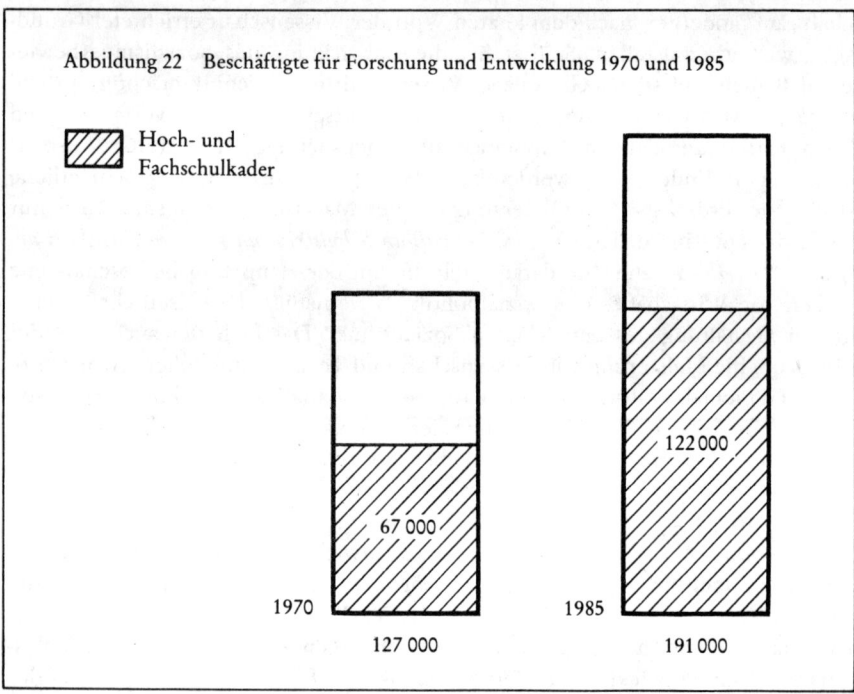

Abbildung 22   Beschäftigte für Forschung und Entwicklung 1970 und 1985

Hoch- und
Fachschulkader

122 000

67 000

1970

127 000

1985

191 000

Woraus erwachsen diese Möglichkeiten und Perspektiven, die einen hohen *Anspruch an die Entwicklung aller Wissenschaften* im Sozialismus begründen und *für jeden Wissenschaftler eine große Herausforderung* an Niveau und Effektivität seiner Arbeit sind?

Erstens erwachsen sie aus der *Natur des Sozialismus selbst*, der die wissenschaftliche Erkenntnis der Gesetzmäßigkeiten der gesellschaftlichen Entwicklung voraussetzt, die stets auch die Wechselwirkung zur Natur einschließt, und der sich nur durch eine darauf basierende, wissenschaftlich fundierte Führung und Leitung der Gesellschaft entwickeln kann. Das ständige Erkenntnisinteresse der sozialistischen Gesellschaft erweist sich als starke Triebkraft. Eine solche Wirkung ergibt sich aber auch daraus, daß im Sozialismus Zweck und Resultat wissenschaftlicher Arbeit unmittelbar auf den gesellschaftlichen Fortschritt ausgerichtet sind. Das durch die politische Führungstätigkeit der marxistisch-leninistischen Partei und das einheitliche Wirken des sozialistischen Staates verkörperte objektive Interesse der Arbeiterklasse und aller Werktätigen ermöglicht und sichert, daß Ergebnisse des wissenschaftlich-technischen Fortschritts nicht mehr für Raubkriege, für Kolonialpolitik und die Unterdrückung werktätiger Massen mißbraucht werden, sondern uneingeschränkt zum Wohle des Volkes in allen Bereichen und Sphären des gesellschaftlichen Lebens Eingang finden. Sozialistische Wissenschaft kann sich so allseitig als schöpferische, gesellschaftsgestaltende

442

Kraft bewähren. Das Bewußtsein der Wissenschaftler, in der sozialistischen Gesellschaft gebraucht zu werden und gegen den Mißbrauch von Forschungsergebnissen gesellschaftlich gesichert zu sein, erweist sich als wichtige Erfahrung und als starkes Motiv hohen persönlichen Einsatzes.

Zweitens erweist sich die im Sozialismus gegebene *Übereinstimmung der Grundinteressen aller Werktätigen* als neue Potenz wissenschaftlichen, technischen, ökonomischen usw. Fortschritts. In der sozialistischen Gesellschaft sind solche aus der Natur der kapitalistischen Gesellschaft und ihrem Konkurrenzmechanismus erwachsenden Konflikte und Verhaltensweisen wie gesellschaftliche Isolierung, Mißbrauch wissenschaftlicher Ergebnisse usw. nicht nur im wesentlichen überwunden, sondern werden mehr und mehr durch bewußte, immer mehr gesamtgesellschaftliche, d. h. auch den Rahmen des eigenen Landes überschreitende gemeinschaftliche Arbeit ersetzt. Sozialistische Gemeinschaftsarbeit entwickelt sich auf verschiedenen Ebenen. Sie vollzieht sich zwischen Wissenschaftlern in Forschungsakademien, in Hochschuleinrichtungen, in Kombinaten und staatlichen Einrichtungen. Sie entfaltet sich im Zusammenwirken von Wissenschaftlern, Technikern, Ökonomen, Soziologen, Produktionsarbeitern, zwischen Forschern, Entwicklern und Anwendern. Sie tritt in spezifischer Weise auch im interdisziplinären Zusammenwirken von Natur-, Technik- und Gesellschaftswissenschaftlern hervor. Immer mehr wissenschaftlich-technische Aufgaben erfordern, daß von Beginn an nicht nur ökonomische, sondern auch soziale, ökologische, geistig-kulturelle Wirkungen beachtet werden.

Aus der historischen Verpflichtung des Sozialismus, die wissenschaftlich-technische Revolution rationell zu meistern und eine humanistische Nutzung ihrer Ergebnisse zu sichern, erwachsen wichtige Aufgaben auch für die Gesellschaftswissenschaftler. Sie haben an der Erarbeitung theoretischer Grundlagen für die Beherrschung und Gestaltung aller gesellschaftlichen Bereiche und Prozesse mitzuwirken und Varianten und Lösungswege für heranreifende ökonomische, soziale, kulturelle und ideologische Aufgaben vorzuschlagen. Dabei gewinnen theoretische Arbeiten zu den Bedingungen der Durchsetzung der ökonomischen Strategie der Partei, zur weiteren Gestaltung der Leitung und Planung der Volkswirtschaft sowie zu Entwicklungstendenzen, Gesetzmäßigkeiten und Triebkräften des Sozialismus als einheitlichem sozialem Organismus an Gewicht. Sie können nur im Zusammenwirken vieler wissenschaftlicher Disziplinen mit der erforderlichen Kompetenz gelöst werden. Für den einzelnen Wissenschaftler heißt das, sich nicht auf zunehmend stärker spezialisierten Forschungs- und Lehrgebieten einzugrenzen, sondern immer das gesellschaftliche Ganze im Auge zu behalten und bewußt gesamtgesellschaftliche Verantwortung wahrzunehmen.

Drittens erweist sich die *Planbarkeit sozialistischer Wissenschafts- und Technikentwicklung* als wesentliche Potenz. Die starke gesellschaftliche Relevanz von Wissenschaft und Technik für alle anderen Bereiche der Gesellschaft und damit das Gewicht richtiger Zielbestimmungen und Aufgabenstellungen erfordern dringlich ihre einheitliche Führung und planmäßige Einordnung in alle gesellschaftlichen

Prozesse. Das gilt im gesamtgesellschaftlichen Rahmen ebenso wie in den Kombinaten, Betrieben und anderen Einrichtungen. Die dazu erforderliche Planung reicht von prognostisch-erkundender Tätigkeit über langfristig-strategische Arbeiten und verbindliche Pläne zur Durchführung wissenschaftlicher Arbeiten bis hin zur systematischen Erfassung von notwendigen Voraussetzungen, Bedingungen und Folgewirkungen aus bzw. in anderen Bereichen der gesellschaftlichen Entwicklung. In dieser Komplexität können im Kapitalismus Konsequenzen wissenschaftlich-technischer Entwicklung zwar symptomatisch erkannt, aber nicht gesellschaftlich beherrscht werden. Wissenschaftler erzielen in der kapitalistischen Gesellschaft durchaus bedeutende Leistungen; diese können jedoch oft nicht in entsprechenden sozialen Fortschritt umgewandelt werden. Im Kapitalismus ist wissenschaftlich-technischer Fortschritt verbunden mit zunehmender Ausbeutung, Arbeitsplatzvernichtung und Verstärkung sozialer Unsicherheit. Der Widerspruch zwischen den Möglichkeiten einer allseitigen Nutzung der Wissenschaft zur Entwicklung der Produktivkräfte und der einseitigen Nutzung der Wissenschaft im Interesse des Monopolkapitals, die dazu führt, daß moderne Technologien sich gegen den Menschen kehren, zu Destruktivkräften werden, verschärft sich in den entwickelten kapitalistischen Ländern.

Erst der Sozialismus hat auf der Grundlage neuer Eigentums- und Machtverhältnisse die Voraussetzungen zur planmäßigen Entwicklung und Nutzung der. Ergebnisse der Wissenschaft. In der Praxis erweist sich diese komplexe Planung als komplizierte Aufgabe, zumal die Dynamik in der Entwicklung der Produktivkräfte ständig zur Veränderung von Wirkungsbedingungen führt. Mitunter werden deshalb Auffassungen geäußert, daß rasche Veränderungen innerer und äußerer Reproduktionsbedingungen vor allem Flexibilität und Reaktionsschnel-

---

Tabelle 28   Konzentration des wissenschaftlich-technischen Potentials auf folgende Hauptrichtungen – (1986–1990)

- Beschleunigte Entwicklung und Anwendung der Mikroelektronik
- Verstärkte Anwendung der modernen Rechentechnik
- Entwicklung durchgängig automatisierter Produktionslinien für eine flexible Produktion
- Verfahren, Technologien und Ausrüstungen zur Senkung des Energieverbrauchs und für die Veredelung der Braunkohle
- Neue Lösungen zur umfassenden Nutzung aller in den Rohstoffen enthaltenen Komponenten
- Verstärkte Nutzung der Biotechnologie
- Entwicklung hochwertiger, von der Bevölkerung gefragter Konsumgüter
- Neue komplexe Lösungen zur Erhöhung der Hektarerträge und Steigerung der Tierleistungen
- Entwicklung moderner Baumethoden und -verfahren
- Neue wissenschaftlich-technische Lösungen für das Verkehrs- und Nachrichtenwesen
- Entwicklung abproduktarmer und -freier Technologien und Verfahren
- Erhaltung, Förderung und Wiederherstellung der Gesundheit

ligkeit erfordern und deshalb eine längerfristige Planung unmöglich sei. Erfahrungen belegen jedoch: Sollen z. B. neue Erzeugnisse und Technologien den Weltstand bestimmen oder mitbestimmen, müssen vorausschauend Bedürfnisse und Bedarf, die Entwicklungsrichtungen von Wissenschaft und Technik sowie die erforderlichen Ressourcen analysiert und beachtet werden. Erst von hier aus ergeben sich klare Vorstellungen, wann und wo wissenschaftliche Leistungen zu erbringen sind, was zugleich stimulierender wirkt als bloße Nachentwicklungen. Die Planung auf dem Gebiet von Wissenschaft und Technik hat deshalb auch in wachsendem Maße Fernwirkungen zu beachten, weil mit steigender Komplexität zunehmend Nebenwirkungen auftreten, die nicht außer Kontrolle geraten dürfen. (Tabellen 28, 29, 30)

Tabelle 29   Patentanmeldungen aus der DDR

1971–1975	1976–1980	1981–1985
22 971	26 741	49 780

Tabelle 30   Durch Anwendung wissenschaftlich-technischer Ergebnisse und Maßnahmen der wissenschaftlichen Arbeitsorganisation eingesparte Arbeitszeit

Jahr	Mill. Stunden	1980 = 100
1975	188,2	45
1980	422,1	100
1981	492,4	117
1982	510,4	121
1983	550,6	130
1984	618,8	147
1985	617,4	146

Viertens ist ein Merkmal sozialistischer Wissenschafts- und Technikpolitik, daß sie *direkt auf sozialen Fortschritt zielt* und Vermittlungen zu ihm hin immer weniger dem Zufall überläßt. Das betrifft zuerst zielstrebige Veränderungen in *Inhalt und Charakter der Arbeit.* Von Anbeginn hat die sozialistische Gesellschaft alle Anstrengungen unternommen, die Arbeit der Werktätigen menschenwürdig zu gestalten. Für die allseitige Ausprägung des sozialistischen Charakters der Arbeit und progressiver Arbeitsinhalte sind die materiellen Arbeitsbedingungen von entscheidender Bedeutung. Bei allen widersprüchlichen Tendenzen und noch nicht sofort zu lösenden Problemen eröffnen auf diesem Gebiet gerade die modernen Schlüsseltechnologien und alle damit zusammenhängenden Rationalisierungsvorhaben weitreichende Perspektiven, durch weitere Übertragung menschlicher Arbeitsfunktionen an Maschinen schwere körperliche und gesundheitsschädigende Arbeit abzubauen und die geistigen Elemente zu verstärken. In flexiblen automatischen Produktionssystemen ergeben sich neue Möglichkeiten, aufgegliederte Arbeitsoperationen zusammenzuführen, die Arbeit interessanter, abwechslungsreicher und schöpferischer zu gestalten. Dies vollzieht sich jedoch nicht im Selbstlauf. Die Erfahrungen besagen, daß bereits in Forschung, Entwicklung und technologischer Gestaltung der Produktionsprozesse die entscheidenden Weichen gestellt werden. Deshalb ist stets ein einheitlich motiviertes, verantwortungsbewußtes Herangehen notwendig, um bei Neuerungsprozessen zugleich auch progressive Arbeitsprozesse zu gestalten.

Damit unterscheidet sich sozialistische wesentlich von kapitalistischer Wissenschafts- und Technikpolitik, die wissenschaftliche Zielsetzungen und die Verantwortung von Wissenschaftlern aus Konkurrenzgründen oftmals bewußt auf den unmittelbaren Arbeitsbereich zu reduzieren und aus der Verantwortlichkeit für die gesellschaftlichen Konsequenzen ihrer Ergebnisse herauszuhalten versucht.

Fünftens orientiert sozialistische Wissenschafts- und Technikpolitik auf die *internationale Zusammenarbeit der Länder im RGW*. Es ist inzwischen bestätigte Erfahrung, daß die durchgängige Meisterung des wissenschaftlich-technischen Fortschritts nur in enger Gemeinschaft mit der UdSSR und anderen sozialistischen Ländern erfolgen kann. Die wachsenden Dimensionen der Aufgaben in Wissenschaft und Technik, die zunehmenden Prozesse der Spezialisierung und Arbeitsteilung erfordern objektiv die Kooperation im internationalen Maßstab. Von besonderer Bedeutung ist das langfristige Programm der Zusammenarbeit zwischen der DDR und der UdSSR auf dem Gebiet von Wissenschaft, Technik und Produktion bis zum Jahre 2000. Es ist besonders darauf gerichtet, die Zusammenarbeit auf den Gebieten der Mikroelektronik, der Datenverarbeitung, der Rekonstruktion und Modernisierung von Produktionskapazitäten in beiden Ländern, der Produktion neuer Erzeugnisse mit Weltniveau und hoher Energie- und Materialökonomie sowie auf dem Gebiet der Versorgung der Volkswirtschaft mit Roh- und Brennstoffen zu verstärken. Im Rahmen der sozialistischen ökonomischen Integration wird die DDR die wissenschaftlich-technische Zusammenarbeit mit allen RGW-Ländern erweitern und vertiefen. Dies erfordert die strikte Erfüllung der übernommenen Verpflichtungen und eigene hohe Leistungsbeiträge, die sich an den internationalen Maßstäben orientieren.

Sechstens erwachsen gewichtige *neue Herausforderungen* an sozialistische Wissenschafts- und Technikpolitik aus dem *internationalen Kampf um Frieden und sozialen Fortschritt*. Die wissenschaftlich-technische Revolution hat einen bedeutenden Stellenwert in den verschiedenen Gesellschaftsstrategien erhalten: Die aggressiven imperialistischen Kräfte bauen vor allem darauf, durch Neuerungen in der Militärtechnik das militärische Kräftegleichgewicht zu ihren Gunsten zu verändern, die sozialistischen Länder in ein weiteres Wettrüsten zu verwickeln und sie mit Embargopolitik und anderen Maßnahmen von der internationalen Arbeitsteilung auszuschließen. Dies wird im zivilen Bereich ergänzt durch die Orientierung, mittels höherer Produktivität und neuer Technologien entsprechende Vorteile auf den internationalen Märkten zu erlangen, die Expansionsfähigkeit zu erhöhen und die sozialistischen Länder zu erpressen. Der Sozialismus kann dieser Herausforderung nur durch eine Politik begegnen, die sich auf ein stabiles materiell-technisches und ökonomisches Fundament stützt. So ist heute noch die Beherrschung der wissenschaftlich-technischen Revolution im Militärwesen eine der entscheidenden Bedingungen für die Verteidigungsfähigkeit des Sozialismus und für die Sicherung des militärstrategischen Kräftegleichgewichts. In neuen Erzeugnissen und Verfahren materialisierte wissenschaftlich-technische Höchstleistungen fördern die internationale Zusammenarbeit mit den dafür interessierten kapitalistischen Kreisen und eröffnen dem Handel zum gegenseitigen Vorteil große Perspektiven. Maßgeblich wird dadurch auch die Politik des konstruktiven Dialogs positiv beeinflußt. Nicht zuletzt ist die Einheit von wissenschaftlich-technischem Fortschritt, ökonomischem Wachstum und sozialem Fortschritt ein bedeutender Faktor der Erhöhung des internationalen Gewichts und der Beispielwirkung des Sozialismus.

Die SED hat der Entwicklung von Wissenschaft und Technik in ihrer Führungstätigkeit stets einen wichtigen Platz eingeräumt. Besonders seit dem VIII. Parteitag ist es gelungen, in allen Klassen und Schichten das Bewußtsein eigener Verantwortung für die Entwicklung von Wissenschaft und Technik zu festigen und Potenzen sozialistischer Gemeinschaftsarbeit zu erschließen. Es hat sich in der DDR insgesamt eine Atmosphäre herausgebildet, in der die Anstrengungen und Leistungen von Wissenschaftlern und Technikern gesellschaftliche Anerkennung und hohe Wertschätzung finden. Das hat es ermöglicht, trotz mancher komplizierter Bedingungen, wie sie z. B. auch durch imperialistische Versuche zur wissenschaftlichen Isolierung sozialistischer Länder, zur technologischen Blockade usw. verursacht wurden, auf wesentlichen Abschnitten mit dem internationalen Tempo der wissenschaftlich-technischen Revolution Schritt zu halten und selbst Spitzenpositionen zu erreichen.[5]

Neue Anforderungen an die politische Führungstätigkeit

Die wissenschaftlich-technische Revolution ist im letzten Jahrzehnt *in eine neue Etappe eingetreten* und beschleunigt ihr Tempo wie ihre Breitenwirkung weiter. Das verlangt von den sozialistischen Ländern, „mit der wachsenden Dynamik der Produktivkräfte Schritt zu halten und im Wettlauf mit der Zeit an wichtigen Punkten Vorsprung zu erzielen."[6] Das erfordert zugleich „die Springquellen der Wissenschaft für unsere ökonomische Kraft, für den gesellschaftlichen Reichtum und den sozialen Fortschritt immer reicher fließen

5 Vgl. ebenda, S. 26 f.
6 E. Honecker, Die Aufgaben der Parteiorganisationen bei der weiteren Verwirklichung der Beschlüsse des XI. Parteitages der SED, Berlin 1987, S. 29.

zu lassen."[7] Die *Maßstäbe zur Lösung dieser Aufgaben* ergeben sich aus der Produktivkraftentwicklung selbst. Sie erwachsen jedoch auch aus Erfordernissen des internationalen Kampfes um Frieden und sozialen Fortschritt. Für den qualitativ neuen Abschnitt bei der Gestaltung der entwickelten sozialistischen Gesellschaft resultieren daraus zwei grundsätzliche Folgerungen.

Erstens erwachsen eine noch höhere Verantwortung und noch entschiedenere Konsequenzen aus dem Sachverhalt, daß *nur der Sozialismus* die revolutionäre Entwicklung der Produktivkräfte in der Gegenwart und Zukunft *allseitig zu beherrschen und zum Wohle aller Menschen zu nutzen* vermag. Das wesentliche Problem in diesem Zusammenhang besteht darin, daß die wissenschaftlich-technische Entwicklung neben Potenzen für den sozialen Fortschritt immer auch Möglichkeiten seiner Gefährdung, nichtkalkulierbare Risiken und schwer vorausschaubare Nebenwirkungen enthält. Der Kapitalismus kann die Technik im einzelnen beherrschen. Er verfügt jedoch durch die Dominanz des Profitprinzips über keine eigenen hinreichenden Bewertungskriterien und Maße, um Wissenschaft und Technik in ihrem gesellschaftlichen Entwicklungsprozeß zu beherrschen. Dieses Maß- und Bewertungskriterium ist erst mit der sozialistischen Maxime gegeben, auch im wissenschaftlich-technischen Bereich alles zu tun für das Wohl des Volkes, für die Interessen der Arbeiterklasse, der Genossenschaftsbauern, der Intelligenz und der anderen Werktätigen. Aus diesem Umstand erwächst angesichts der Beschleunigung des wissenschaftlich-technischen Fortschritts, der mit traditionellen kapitalistischen und mit national begrenzten Mitteln und Methoden nicht sozial beherrschbar ist, für die sozialistischen Länder die historische Verpflichtung, möglichst schnell, allseitig und nachdrücklich zu demonstrieren, wie wissenschaftlich-technische und soziale Entwicklung sich ergänzen. Das ist eine der Hauptaufgaben, die der Weltsozialismus im historischen Wettstreit mit dem Imperialismus zu leisten hat, indem er eine für alle Menschen verständliche soziale Alternative zu der ständigen Drohung im Kapitalismus zeigt, daß der Mensch zum Gefangenen und Opfer wissenschaftlich-technischen Fortschritts wird statt ihn zu beherrschen.

Aus diesem Zusammenhang ergibt sich *zweitens* die Aufgabe, nicht nur die längerfristigen Konsequenzen des wissenschaflich-technischen Fortschritts in Gestalt einer sozialen Alternative im Auge zu haben, sondern *bereits heute weltweit* das *Zusammenwirken* aller an der Entwicklung von Wissenschaft und Technik Beteiligten über Systemgrenzen, verschiedene politische Standpunkte und weltanschauliche Orientierungen hinweg herbeizuführen, um unter allen Umständen zu sichern, daß kein bewußter Mißbrauch und auch keine leichtfertigen Fehlentwicklungen von Wissenschaft und Technik zu einer Existenzgefährdung der Menschheit führen. Das gilt nicht nur für atomare Rüstungen, wie z. B. das SDI-Programm der USA, sondern auch für Prozesse der friedlichen Nutzung der Kernenergie, für moderne chemische Verfahren, die Biotechnologie, die genetische Forschung u. a. m. Da die marxistisch-leninistischen Parteien der sozialistischen

---

7 Ebenda.

Länder von gesamtgesellschaftlichen Interessen ausgehen, ist auch ihre Position zu globalen Problemen durch eine klassenmäßig geprägte humanistische Verantwortung gekennzeichnet. Sie sehen es als ihre Pflicht an, auch auf dem Gebiet von Wissenschaft und Technik aktiv zur Durchsetzung internationaler Sicherheit beizutragen. Sie haben dafür die besten Voraussetzungen, weil *Sozialismus und Wissenschaft eine Einheit* bilden.

Die marxistisch-leninistischen Parteien der sozialistischen Länder werden ihren Aufgaben bei der *politischen Führung der Prozesse auf dem Gebiet von Wissenschaft und Technik* vor allem dadurch gerecht, daß sie
– ausgehend von ihren programmatischen Zielen und von erkannten Tendenzen in der wissenschaftlich-technischen Entwicklung die Hauptaufgaben wissenschaftlich-technischer Arbeit bestimmen und in die Gesellschaftsstrategie einordnen;
– den Beitrag aller Bereiche der gesellschaftlichen Entwicklung zum Voranschreiten auf dem Feld von Wissenschaft und Technik erarbeiten;
– Inhalte, Formen und Methoden der politisch-ideologischen Arbeit unter der wissenschaftlich-technischen Intelligenz festlegen und ständig präzisieren;
– eine gesamtgesellschaftliche Atmosphäre schaffen, in der alle Klassen und sozialen Gruppen zum wissenschaftlich-technischen Fortschritt aktiv beitragen und allen wissenschaftlich-technischen Leistungen, die zum Fortschritt der Gesellschaft führen, Anerkennung gezollt wird.

Die SED hat in den achtziger Jahren eine bedeutende Arbeit geleistet, um die Hauptaufgaben und Schwerpunkte wissenschaftlich-technischer Arbeit zu bestimmen. Ausdruck dafür ist die „Konzeption zur langfristigen Entwicklung der naturwissenschaftlichen, mathematischen und technischen Grundlagenforschung im Bereich der Akademie der Wissenschaften der DDR und des Ministeriums für Hoch- und Fachschulwesen für den Zeitraum 1986 bis 1990 und darüber hinaus bis zum Jahre 2000". Sie geht davon aus, daß sich international revolutionäre Veränderungen und Entwicklungen der Produktivkräfte vollziehen. Das Tempo, in dem Innovationen hervorgebracht werden, erhöht sich bedeutend, ihre Ausbreitungsgeschwindigkeit sowie die Reichweite neuer wissenschaftlich-technischer Erkenntnisse nehmen enorm zu. Damit wird im Kampf um hohes Wirtschaftswachstum, um spürbare Fortschritte bei der Steigerung der Arbeitsproduktivität die Bewältigung der wissenschaftlich-technischen Revolution immer mehr zur *Schlüsselfrage*. Das veranlaßte die SED, entscheidende technologische Durchbrüche und neue Verfahren unter dem Begriff *Schlüsseltechnologien* zusammenzufassen und den einheitlichen Kampf um ihre Meisterung zu organisieren. Während in den vergangenen Jahrzehnten die Produktivitätssteigerung hauptsächlich den unmittelbaren materiellen Produktionsprozeß betraf und beeinflußte, machen es die Schlüsseltechnologien möglich, die Bereiche der Produktionsvorbereitung, der Zirkulation, der Transport-, Umschlags- und Lagerprozesse sowie das Planungssystem, die Banken und die Verwaltung einzubeziehen. Damit vollzieht sich durch Anwendung der Wissenschaft ein grundlegender Wandel von Technik, Technologie und Produktionsverfahren, der historisch mit dem Übergang von der Manufaktur zur maschinellen Industrie vergleichbar ist. „Auf diesem Felde fallen die Entscheidungen über das Wachstumstempo der Arbeitsproduktivität, von denen abhängt, wie unsere Ökonomie den Bedürfnissen der Menschen, den vielfältigen inneren Erfordernissen der Entwicklung unseres Landes gerecht wird und sich in der Welt behaupten kann."[8]

Mit der Orientierung, die Schlüsseltechnologien zu beherrschen, *auf wichtigen Gebieten durch Spitzenleistungen Vorsprung zu erzielen*, um hohe ökonomische und soziale Ergebnisse zu erreichen, bestimmt die SED ihre Positionen zur Entwicklung der modernen Produktivkräfte. Mit dem Blick auf das Jahr 2000 faßte sie gleichzeitig fundamentale Beschlüsse zur weiteren Entwicklung, Produktion und Anwendung von Schlüsseltechnologien, die den technologischen Wandel der Volkswirtschaft beschleunigen. Diese klare Orientierung ist Bestandteil der Konzeption der entwickelten sozialistischen Gesellschaft; sie ist ein Beispiel dafür, wie die marxistisch-leninistische Partei aufgrund tiefschürfender Analysen neu heranreifende gesellschaftliche Entwicklungstendenzen erfaßt und konkrete Schlußfolgerungen ableitet.

Die entscheidenden Voraussetzungen dafür, daß die Wissenschaft ihrer neuen Rolle und Verantwortung gerecht wird, werden in den Forschungs- und Entwicklungsabteilungen von Kombinaten sowie in den wissenschaftlichen Einrichtungen geschaffen. Das erfordert, auch die *wissenschaftlich-technische Arbeit selbst zu intensivieren*. Eine zentrale Frage dabei ist die nach dem Niveau der Ziel- und Aufgabenstellungen. Sie sind am Welthöchststand zu orientieren, und es ist eine größere Anzahl von Spitzenleistungen mit geringerem gesellschaftlichem Aufwand anzustreben. Ausgangspunkt dafür ist der schonungslose Vergleich der Erzeugnisse, Verfahren und des Aufwands mit dem internationalen Stand und seiner Tendenz. Anspruchsvolle Ziele und Aufgaben motivieren und stimulieren zudem ein hohes Leistungsverhalten, hinter dem sich oft ein breites Spektrum von Bedürfnissen, Interessen und Neigungen verbirgt, Neues auf dem Fachgebiet hervorzubringen, die eigenen Fähigkeiten unter Beweis zu stellen, sich als Persönlichkeit zu bestätigen, Freude am Erkennen und Lösen neuer Probleme u. a. Eine vorrangige Aufgabe der Leitungtätigkeit besteht darin, politisch auf die Ziel- und Aufgabenstellungen so Einfluß zu nehmen, daß sich in ihnen die objektiven und von der Partei formulierten Maßstäbe widerspiegeln und Mittelmaß nicht zugelassen wird. Dazu gehört, daß längerfristig angelegte stabile Grundorientierungen den entsprechenden Stellenwert erhalten, um eine relativ kontinuierliche Arbeitsweise zu gewährleisten, und so alle motivbildenden Faktoren zur Geltung gebracht werden können.

Zur Intensivierung der wissenschaftlich-technischen Arbeit zählt auf Grund des wachsenden Vergesellschaftungsgrades die Formierung starker und stabiler Wissenschaftspotentiale, die *Konzentration der Kräfte* auf die Schwerpunktvorhaben so-

8   Bericht des Zentralkomitees der SED an den XI. Parteitag der SED, S. 49.

wie die Entwicklung der *sozialistischen Kollektivität*. Eine weitere Voraussetzung für die Intensivierung der wissenschaftlich-technischen Arbeit und für die weitere Erhöhung des Beitrages von Wissenschaft und Technik zur Stärkung der Leistungskraft der Volkswirtschaft ist schließlich die *Anwendung der wirtschaftlichen Rechnungsführung* in Forschung und Entwicklung. Sie zielt darauf, in der materiellen Produktion nicht nur neue Erzeugnisse zu entwickeln, sondern zugleich die Qualität der Ergebnisse zu erhöhen und den Aufwand zu senken. Damit wird das Leistungsverhalten ökonomisch stimuliert und das ökonomische Herangehen an die Aufgaben der Wissenschaft gefördert.

Eine nicht minder wichtige Bedingung ist ein *schöpferisches, vorwärtsdrängendes geistig-politisches Klima*, in dem die Bereitschaft vorherrscht, um hohe Leistungen zu ringen und das eigene Leistungsvermögen so effektiv wie möglich auszuschöpfen. Eine solche Atmosphäre bedarf der zielgerichteten Organisation der wissenschaftlich-technischen Arbeit, die durch das politisch-ideologische Wirken der Parteiorganisationen, der staatlichen Leiter und der Massenorganisationen gefördert wird. Dazu gehören u. a. die möglichst genaue Aufschlüsselung der Gesamtaufgaben des Kollektivs, die sachbezogene Anwendung der Leninschen Wettbewerbsprinzipien, die leistungsgerechte Stimulierung, die Entwicklung einer schöpferischen wissenschaftlichen Diskussion sowie das Niveau der Organisation der Arbeit.

Die gegenwärtige wissenschaftlich-technische Entwicklung führt nicht nur in Industrie und Landwirtschaft, sondern auch in der Volksbildung, im Gesundheitswesen und in anderen gesellschaftlichen Bereichen zu tiefgreifenden Wandlungen. Damit erfahren *Wechselwirkungen zwischen Wissenschaft und Praxis* eine bedeutende Intensivierung. Besonders gilt dies jedoch für das *Verhältnis von Wissenschaft und Produktion*. Da die Leistungskraft der sozialistischen Volkswirtschaft und das Wissenschaftspotential der Gesellschaft sich zunehmend in wechselseitiger Abhängigkeit entwickeln, hat die SED die enge Verbindung von Wissenschaft und Produktion in den Rang eines entscheidenden Kettengliedes erhoben. Ihre Notwendigkeit ergibt sich vorrangig aus der Tatsache, daß die Wissenschaft immer mehr der Produktion vorausgeht, aus ihr richtungs- und maßstabsetzende Impulse erhält und zur *unmittelbaren Produktivkraft* wird. Der Hauptteil der Steigerung der Arbeitsproduktivität wird durch die Nutzung wissenschaftlicher Erkenntnisse erbracht. Zugleich ist es erforderlich, die Aufnahmebereitschaft und die Aufnahmefähigkeit der Produktion für die Erkenntnisse der Wissenschaft zu erhöhen und damit ihre technologische Anwendung zu ermöglichen. Deshalb ist die effektive Verbindung von Wissenschaft und Produktion ein Prozeß enger Wechselbeziehungen, dessen objektiven Erfordernissen zum Beispiel der XI. Parteitag der SED mit dem Beschluß über die Grundsätze der ökonomischen Beziehungen zwischen den Kombinaten, der Akademie der Wissenschaften und den Einrichtungen des Hochschulwesens entsprach.

Der wissenschaftlich-technische Fortschritt erfordert und ermöglicht im Sozialismus ein *massenhaftes wissenschaftlich-technisches Schöpfertum* nicht nur der Angehörigen der Intelligenz, sondern auch und in wachsendem Maße der Arbeiterklasse, der Genossenschaftsbauern und der anderen Werktätigen. W. I. Lenin sah in diesem Zusammenhang im Sozialismus eine neue Organisation der Arbeit als das Werk „freiwillig, bewußt, vereint schaffender Menschen, die sich der fortgeschrittenen Technik bedienen".[9] Natürlich leisten Wissenschaftler und Ingenieure den Hauptbeitrag für den Leistungsanstieg von Wissenschaft und Technik. Aber die Errungenschaften des wissenschaftlich-technischen Fortschritts werden zugleich durch die Tätigkeit der anderen Werktätigen materialisiert, wodurch es letztlich möglich ist, in immer größeren Maßstäben die Wissenschaft zur unmittelbaren Produktivkraft zu machen. Es darf auch nicht übersehen werden, daß die Ergebnisse wissenschaftlicher Entdeckungen oder Lösungen oft in die traditionelle materiell-technische Basis einfließen. Dadurch werden die Produktionserfahrungen der Werktätigen nicht generell entwertet, sondern sogar zur Voraussetzung für den wissenschaftlich-technischen Fortschritt. So erweist sich z. B. die Einbeziehung der dafür fähigen Produktionsarbeiter in frühe Phasen der Produktionsvorbereitung als unentbehrlich. Die Praxis bestätigt, daß schon bei der Themenfindung, bei der Beratung von Ideen und technischen Lösungen die Sicherheit der Ingenieure in der Entscheidung für Vorzugsvarianten erhöht wird. Produktionsarbeiter als die Anwender neuer Verfahren sind in der Regel gut in der Lage, ökonomische Effekte und soziale Wirkungen sachkundig zu beurteilen. In ähnlicher Weise eröffnet der wissenschaftlich-technische Fortschritt auch der Neuererbewegung im Rahmen des sozialistischen Wettbewerbs neue Perspektiven. Auffassungen, wonach automatisierte Produktionsprozesse die Neuerertätigkeit einschränken würden, haben sich nicht bestätigt. Sowohl beim reibungslosen Ablauf, bei der Wartung und vorbeugenden Instandhaltung wie bei der Rationalisierung von Transport-, Umschlag- und Lagerprozessen bieten sich enorme Möglichkeiten für die kollektive Neuererbewegung. In Zusammenarbeit mit Wissenschaftlern, Ingenieuren und Technikern haben sich Jugendforscherkollektive entwickelt und gleichzeitig den Beweis erbracht, daß der wissenschaftlich-technische Fortschritt ein großes Bewährungsfeld der Jugend ist.

Diese und andere vielfältige Formen massenhaften wissenschaftlich-technischen Schöpfertums widerlegen die Behauptungen bürgerlicher Ideologen, daß die revolutionären Umwälzungen in Wissenschaft und Technik mit ihren Sachzwängen die Rolle der Arbeiterklasse in der materiellen Produktion und damit im gesellschaftlichen Leben vermindern würde. Der Sozialismus stellt seine Überlegenheit auch dadurch unter Beweis, daß der *wissenschaftlich-technische Fortschritt* immer mehr zur *Angelegenheit des ganzen Volkes* wird. Jedoch darf nicht vorausgesetzt werden, daß entsprechende Initiativen und Formen im Selbstlauf entstehen und sich entwickeln. Deshalb ist es erforderlich, sie politisch-ideologisch gründlich vorzubereiten, sie politisch zu führen und zu organisieren. Entsprechend der entscheidenden Rolle der Wissenschaft ist es vor allem notwendig, die richtigen

9 W. I. Lenin, Die große Initiative, in: Werke, Bd. 29, S. 417.

Kampfpositionen zur Erfüllung anspruchsvoller Aufgaben zu entwickeln, um politisch motiviertes Denken und Handeln zu prägen. Dies ist ein hoher Anspruch an die politisch-ideologische Arbeit, weil die ideologischen Triebkräfte im Gesamtsystem der Triebkräfte des Sozialismus eine Schlüsselrolle einnehmen. Im allgemeinen herrscht unter den Werktätigen große Aufgeschlossenheit gegenüber der Beschleunigung des wissenschaftlich-technischen Fortschritts. Die Erfahrungen zeigen, daß Neuerungen zu tiefgreifenden Veränderungen in der Arbeitsweise, in den Arbeitsbereichen, in der Qualifizierung sowie in den Arbeits- und Lebensbedingungen führen. Die politisch-ideologische Arbeit muß sich deshalb auch darauf einstellen, an die Erwartungshaltungen und individuellen Interessen der Werktätigen anzuknüpfen, sie zu berücksichtigen und in Übereinstimmung mit den gesellschaftlichen Interessen zu bringen. Dabei ist die abgestimmte und komplexe Zusammenarbeit zwischen den Parteiorganisationen, den staatlichen Leitungen und Massenorganisationen, insbesondere den Gewerkschaften von ausschlaggebender Bedeutung, um in der ganzen Gesellschaft eine Atmosphäre zu schaffen, die wissenschaftlich-technische Entwicklung fordert und fördert.

15.2. Grundzüge der Bildungspolitik

Arbeiterklasse und Bildungspolitik Durch die Erkenntnis der dialektischen Einheit der Veränderung der Umwelt und der Veränderung der Menschen, die durch die aktive Tätigkeit der Menschen vermittelt wird, begründeten Marx und Engels zwei wesentliche Prinzipien der sozialistischen Theorie der Bildung und Erziehung,[10] durch die sich diese von allen anderen Bildungs- und Erziehungstheorien unterscheidet: das Prinzip der Einheit von *Erziehung und Klassenkampf* und das Prinzip der *Selbsttätigkeit*. Ausgehend von diesen Prinzipien gelangten Marx und Engels zu der Schlußfolgerung, daß die revolutionäre Erziehung der Arbeiterklasse für und durch den Klassenkampf eine zentrale politische Führungsaufgabe der Partei der Arbeiterklasse ist. Auf diesen Positionen aufbauend, hat Lenin eine umfassende Konzeption der revolutionären Erziehung der Arbeiterklasse und ihrer Bündnispartner beim sozialistischen Aufbau ausgearbeitet. Unter „Erziehung" wird die unter Führung der marxistisch-leninistischen Partei – insbesondere in der revolutionären Praxis – sich vollziehende zielgerichtete Ausprägung jener Persönlichkeitseigenschaften und -fähigkeiten verstanden, die zur Erfüllung der jeweils herangereiften strategischen Aufgaben bei der Verwirklichung der welthistorischen Mission der Arbeiterklasse erforderlich sind.

Die SED hat ihrer Bildungspolitik sowohl bei der Schaffung der Grundlagen der sozialistischen Gesellschaft als auch bei der Gestaltung der entwickelten sozialisti-

---

10 Vgl. K. Marx, Thesen über Feuerbach, in: Werke, Bd. 3, S. 533 f.

Tabelle 31   Zahl einklassiger Landschulen auf dem Gebiet der DDR

1945/46	4 114
1949/50	668
1955/56	54
1959/60	2
1960/61	—

Tabelle 32   Schüler je Klasse an den POS

1960	28,0
1965	27,6
1970	27,7
1975	26,2
1980	22,6
1986	20,7

Tabelle 33   Ausgaben des Staatshaushaltes für das Bildungswesen (in Mrd. Mark)

1950	1,1
1960	3,6
1970	5,8
1980	9,8
1986	13,0

Tabelle 34   Ausbildungsstand der Berufstätigen in der sozialistischen Wirtschaft

	insgesamt (in 1000)	Hochschul- abschluß (in %)	Fachschul- abschluß (in %)	Meister- oder Facharb.abschl. (in %)
1971	3 982,3	7,0	12,1	80,9
1980	6 017,9	8,3	15,2	76,5
1986	6 705,9	8,9	15,8	75,3

schen Gesellschaft die Erkenntnisse der Klassiker des Marxismus-Leninismus über die *allseitige Entwicklung der Persönlichkeit*, über die Beziehungen zwischen *Schule und Gesellschaft*, über die *Verbindung von Unterricht und produktiver Arbeit*, über die *polytechnische Bildung*, über das Verhältnis von *Bildung und Ideologie* sowie über die Verantwortung der gesamten Gesellschaft für die *Erziehung der Jugend* zugrunde gelegt. Die *gegenwärtige Bildungsstrategie der SED* ist in der Einheit von Kontinuität und Dynamik ein fester Bestandteil ihrer Gesellschaftsstrategie. „Bei der Ausarbeitung der Konsequenzen für Bildung und Erziehung aus der weiteren Gestaltung der entwickelten sozialistischen Gesellschaft, eingeschlossen die Ansprüche aus der wissenschaftlich-technischen Revolution, ist davon auszugehen, daß die Gesamtheit der Erfordernisse beachtet werden muß, wie sie sich aus der Entwicklung der Produktion, der Wissenschaft, der sozialistischen Demokratie, der Entfaltung des geistig-kulturellen Lebens ergeben."[11]

Gestützt auf die bisherigen *Erfahrungen und Leistungen des einheitlichen sozialistischen Bildungssystems* der DDR, das zu den weltweit anerkannten Errungenschaften des sozialistischen Aufbaus gehört, sind auch auf dem Gebiet der Bildung und Erziehung weitere tiefgreifende Wandlungen zu vollziehen. Diese erstrecken sich von der Niveauerhöhung der Allgemeinbildung über neue Anforderungen an die Berufs-, Fachschul- und Hochschulausbildung bis zur Weiterbildung und Qualifizierung auf allen Bildungsstufen. Auf qualitativ neue Weise sind auch solche Aufgaben zu lösen wie die Entdeckung und Förderung von gesellschaftsbedeutsamen Begabungen und Talenten, die Ausprägung eines politisch motivierten Leistungsverhaltens und die Formung solcher moralischen Züge des Menschen, die die Vorzüge und Triebkräfte des Sozialismus zunehmend wirksam werden lassen. Insgesamt hat sozialistische Bildung wesentlich beizutragen, daß die Menschen ihre Fähigkeiten allseitig entfalten und ihr Leben inhaltsreich und kulturvoll gestalten können.[12] (Tabellen 31, 32, 33, 34)

Neue Anforderungen an Bildung und Erziehung

Im Prozeß der weiteren Gestaltung der entwickelten sozialistischen Gesellschaft verstärken sich die Wechselbeziehungen von ökonomischer Leistung, Befriedigung der Bedürfnisse, hoher Bildung und Qualifikation, sozialistischer Ideologie und Moral sowie staatsbürgerlicher Bewußtheit. Im Gegensatz zur Meinung bürgerlicher Theoretiker, daß mit der wissenschaftlich-technischen Revolution die Rolle des Menschen hinter die der Technik zurücktritt, betont die marxistisch-leninistische Theorie, daß auch unter den Bedingungen der wissenschaftlich-technischen Revolution der Mensch selbst die größte Produktivkraft bleibt. Aus dieser Maxime ergibt sich für sozialistische Bildungspolitik die Aufgabe, klare und zukunftsweisende Antworten darauf zu geben, über welches Wissen und Können der Mensch verfügen, welche Fähigkeiten und Fertigkeiten er besitzen, welche politischen und weltanschaulichen Überzeugungen, moralischen und charakterlichen Eigenschaften, welche Persönlichkeitsqualitäten er haben muß, um den qualitativ neuen Abschnitt der entwickelten sozialistischen Gesellschaft mitzugestalten.

Ein *erstes* großes Aufgabengebiet stellt die *Profilierung von Inhalt und Niveau der Allgemeinbildung* dar. Sie wird umso notwendiger, je mehr die Menschen durch ihr Schöpfertum zu wirklichen Beherrschern der gesellschaftlichen und ihrer eigenen Verhältnisse werden. Berufliche Meisterschaft, soziale Aktivitäten im Bereich der Arbeit, die Tätigkeiten im Rahmen der Teilnahme an der Machtausübung sowie im geistig-kulturellen Leben bedingen mehr denn je eine hohe Allgemeinbildung.

---

11 Bericht des Zentralkomitees der SED an den XI. Parteitag der SED, S. 61.
12 Vgl. Programm der Sozialistischen Einheitspartei Deutschlands, S. 22.

Darin eingeschlossen ist die Aufgabe, das Wissen über die Gesetzmäßigkeiten der gesellschaftlichen Entwicklung im internationalen und nationalen Rahmen zu vertiefen und die Einordnung der eigenen Tätigkeit in die Kämpfe und Wandlungen unserer Zeit bewußt zu machen. Das ist wesentlicher Bestandteil der Entwicklung des sozialistischen Bewußtseins und der Herausbildung handlungsbestimmender sozialistischer Motive. Verantwortung für das Ganze, Aufgeschlossenheit für das Neue, Leistungsbereitschaft, Risikofreude, Mut zu Veränderungen und hohe Aktivität haben ihre tieferen Wurzeln in politischen Einsichten und Überzeugungen.

Angesichts des Stellenwertes der umfassenden Intensivierung für die Volkswirtschaft und die gesamte Gesellschaft erhält die *Vermittlung ökonomischer Kenntnisse* höheres Gewicht. Es geht vor allem darum, die gesellschaftliche Bedeutung der eigenen Arbeitsaufgaben zu erkennen, Denken und Handeln in die volkswirtschaftlichen Zusammenhänge einzuordnen sowie die ökonomischen Konsequenzen zu beachten. Noch mehr aber verlangen die objektiven Erfordernisse, von vornherein die richtigen ökonomischen Maßstäbe an die eigene Arbeit anzulegen und den voraussichtlichen ökonomischen Nutzen zu bewerten. Die differenzierte Ausprägung dieser Fähigkeiten und auch deren oftmalige Unterschätzung unterstreichen die Notwendigkeit der ständigen Vervollkommnung der gezielten ökonomischen Propaganda.

Ein *zweites* komplexes Aufgabenfeld ist die Entwicklung der *Berufsbildung* und der *beruflichen Weiterbildung.* Aufgrund der sich vollziehenden stürmischen Entwicklung der Produktivkräfte und damit im Zusammenhang der technischen Grundlagen der Produktion, werden einer lebenslangen Tätigkeit nur auf einem bestimmten Gebiet immer deutlichere Grenzen gesetzt. Die *berufliche Disponibilität* wird zu einem dringenden Erfordernis. Voraussetzung dafür ist ein ausgewogenes Verhältnis zwischen allgemeiner und beruflicher Grundlagenbildung sowie beruflicher Spezialbildung. Die „rasche Entwicklung in Wissenschaft, Technik und Produktion stellt höhere Anforderungen an die Beherrschung von grundlegenden Theorien und wissenschaftlichen Denk- und Arbeitsweisen, an die Verfügbarkeit der grundlegenden Kenntnisse über Gesetzmäßigkeiten auf dem Gebiet der Mathematik, Naturwissenschaften und Technik sowie der Gesellschaftswissenschaften, an die Fähigkeit zu selbständigem, schöpferischem Lernen und Arbeiten."[13] Das gilt im gleichen Maße hinsichtlich des technischen Grundlagenwissens bei der Anwendung der Mikroelektronik, der Informatik wie überhaupt der Automatisierung ganzer Produktionsprozesse. Aus diesen Gründen ist zum Beispiel auch die verstärkte Hinwendung zu einer soliden Grundlagenbildung einer der wichtigsten Aspekte der Hochschulpolitik der Partei.

Auch in den Bereichen der unmittelbaren materiellen Produktion wird die *Grundlagenbildung* immer mehr zur Voraussetzung der beruflichen Disponibilität, und sie ermöglicht ein gesichertes Spezialwissen. Außerdem verstärkt der zunehmende Anlagencharakter der Produktion die Notwendigkeit der technischen

---

13   Bericht des Zentralkomitees der SED an den XI. Parteitag der SED, S. 62.

Grundlagenbildung, weil die ablaufenden Prozesse ein Mindestmaß an Verständnis ihrer inneren Zusammenhänge erfordern. Dem entspricht die Bildungspolitik der Partei, indem z. B. ab 1986 in die Berufsausbildung das komplexe Fach Grundlagen der Automatisierung integriert wurde.

Angesichts der dynamischen Entwicklung der Wissenschaft und des Wissens über die Gesetzmäßigkeiten in Natur und Gesellschaft reicht Bildung auf der Grundlage der Vermittlung und Aneignung von Kenntnissen allein nicht aus. Die höheren Anforderungen an Bildung und Qualifikation machen es notwendig, zugleich die entsprechenden *Fähigkeiten und Fertigkeiten* zu entwickeln, *neue Erkenntnisse zu gewinnen* bzw. sie in der Arbeit und im Leben schöpferisch anzuwenden. Nach wie vor muß der einzelne, gleich auf welchem Gebiet er tätig ist, über einen großen Fundus von gesicherten Kenntnissen und Faktenwissen verfügen, um den Gegenstand seiner Tätigkeit zu meistern. Zugleich wird immer bedeutsamer die Fähigkeit, Kenntnisse selbständig zu gewinnen und sie in die entsprechenden Zusammenhänge zu bringen. Die selbständige Aneignung von Wissen wird auch deshalb zu einer der wichtigsten Fähigkeiten, weil ein nicht geringer Teil einmal erworbener Kenntnisse schnell veraltet und im Berufsleben ständig erneuert werden muß. Beginnend bei den allgemeinbildenden Schulen, über die Berufsausbildung, Fach- und Hochschulbildung bis zu den verschiedenen Weiterqualifizierungseinrichtungen der Praxis, ist der Entwicklung dieser Fähigkeit noch größere Aufmerksamkeit zu schenken. Die Vermittlung eines modernen *Methodenwissens* ist wichtiger Bestandteil der Bildungspolitik.

Im Rahmen des einheitlichen sozialistischen Bildungswesens hat die *berufliche Weiterbildung der Werktätigen* einen hohen Stellenwert. Die Dynamik der Produktion, der wachsende Grad der Ausstattung mit modernen Arbeitsmitteln sowohl in der Produktionsvorbereitung als auch in der Produktionsdurchführung bedingen vielfältige Weiterbildungserfordernisse. Dabei steht die Weiterbildung im Prozeß der Arbeit und im Beruf im Vordergrund. Es kommt darauf an, auf die rasch wechselnden Anforderungen zu reagieren und die Werktätigen zu befähigen, diesen in möglichst kurzen Fristen zu entsprechen. Dabei ist es zugleich notwendig, im Rahmen der Weiterbildungsveranstaltungen z. B. an den Hochschulen und der Kammer der Technik Bildungsvorlauf zu schaffen. Die Entwicklung der Bereitschaft zur Weiterbildung ist eine wichtige Aufgabe der politisch-ideologischen Arbeit. Gleichermaßen ist zu sichern, daß die Werktätigen rechtzeitig auf neue Situationen vorbereitet und bereits beim Entwurf neuer Technologien, Anlagen und Arbeitsplätze einbezogen werden.

Ein *drittes* Aufgabengebiet betrifft die immer wirksamere Einbindung der *Fach- und Hochschulausbildung* in die Meisterung der wissenschaftlich-technischen Revolution. „Vorrangiges Anliegen der Universitäten, Hoch- und Fachschulen muß es sein, den notwendigen Bildungsvorlauf für die weitere Gestaltung der entwickelten sozialistischen Gesellschaft zu schaffen. Dementsprechend ist das Studium so zu vervollkommnen, daß die praxisverbundene Aneignung fundierter, fortgeschrittenster Grundlagen- und Spezialkenntnisse mit einer gründlichen politischen und weltanschaulichen Bildung einhergeht. Die selbständige wissenschaftliche Arbeit der Studenten als eine tragende Säule unserer Bildungskonzeption ist weiter zu fördern."[14]

Auf allen Gebieten menschlicher Tätigkeit, insbesondere aber in der wissenschaftlichen Arbeit, sind *Problemsensibilität und Problembewußtheit* mehr denn je gefragt. Dahinter verbirgt sich die Fähigkeit, originelle Ideen selbständig zu suchen und zu finden, Probleme zu erkennen, zu bewerten und zu lösen. Im verstärkten Maße ergibt sich dies u. a. aus der praktischen Situation, daß Effektivität und Breitenwirkung der Basistechnologien davon abhängen, wie in den Kombinaten und Betrieben die richtigen Anwendungskonzeptionen, einschließlich der Produktions- und Arbeitsorganisation gefunden werden. Es geht vor allem darum, durch eigene Leistungen in Forschung und Entwicklung die relevanten Probleme für die Anwendung auf die konkreten Bedingungen zu erschließen, praxisorientiert zu lösen und in die Praxis zu überführen. Die erfolgreiche Beherrschung dieser Prozesse gehört zu den wichtigsten Merkmalen der organischen Verbindung der Vorzüge des Sozialismus mit den Errungenschaften der wissenschaftlich-technischen Revolution.

Mit zunehmenden Vergesellschaftungsprozessen, mit vertiefter Arbeitsteilung und Spezialisierung wachsen die Anforderungen an die kooperative und interdisziplinäre Zusammenarbeit von Angehörigen aller Klassen und sozialen Schichten sowie der verschiedenen Disziplinen und Berufe in Form der *sozialistischen Gemeinschaftsarbeit.* Darauf ihre Absolventen vorzubereiten und sie zur interdisziplinären Arbeit zu befähigen, ist eine wichtige Aufgabe der Hoch- und Fachschulen. Es geht vor allem darum, die Detailaufgaben in das komplexe Ganze einzuordnen und sich dafür verantwortlich zu fühlen. Dies erfordert sowohl ein solides disziplinäres Wissen, als auch Grund- und Überblickskenntnisse zu benachbarten Disziplinen. Entscheidend ist, daß der einzelne fähig ist, in einem interdisziplinär zusammengesetzten Kollektiv zu arbeiten, dessen Vorzüge zu nutzen und zugleich selbst einen aktiven Beitrag zum Gesamterfolg zu leisten. Eine wichtige Voraussetzung für die Befähigung zu interdisziplinärer Arbeit an den Hochschulen und Universitäten ist, daß die Einheit der Wissenschaften in der Lehre demonstriert und ein höchstmöglicher Grad der Synthetisierung von Wissen in Übungen und Praktika angestrebt wird. Insbesondere bei der geistigen Vorwegnahme komplexer wissenschaftlich-technischer Lösungen muß von den Beteiligten das Objekt der Tätigkeit von vornherein als Ganzes betrachtet werden, d. h. in der Einheit und Wechselwirkung technischer, technologischer, ökonomischer, sozialer und natürlicher Komponenten. Denn die Errungenschaften der wissenschaftlich-technischen Revolution führen auch im Sozialismus nicht automatisch zu den erforderlichen ökonomischen und sozialen Wirkungen. Darum besteht eine Aufgabe darin, die erwähnten Komponenten nicht im Nachhinein wissenschaftlich-technischen Lösungen hinzuzufügen, sondern sie als einen Ausgangs-

14 Ebenda, S. 59.

punkt und immanenten Bestandteil von Anfang an einzubeziehen. Dies erfordert die Entwicklung der Fähigkeit zum komplexen Erfassen der Aufgaben, zum komplexen Herangehen sowie entsprechende Denk- und Verhaltensweisen.

Tabelle 35a Hochschuleinrichtungen der DDR nach Arten und Größenklassen (= Anzahl der Direktstudenten) – Stand: 1987 –

Arten	Anzahl	bis 500 Direktstud.	501 bis 1000	1001 bis 2500	2501 bis 5000	5001 bis 10000	über 10000
Universitäten	6				2	3	1
Techn. Universitäten und Hochschulen	9			5	2	1	1
Ingenieurhochschulen	9		4	5			
Med. Akademien	3		3				
Landwirtschaftliche Hochschulen	2	2					
Ökonomische Hochschulen	2			2			
Pädagog. Hochschulen und DHfK	10	1	1	8			
Künstlerische Hochschulen	11	9	2				

Tabelle 35b Studierende im Hoch- und Fachschulstudium der DDR

	1950	1955	1960	1965	1970	1975	1980	1986
Zahl der Hochschulstudenten (in 1000)	30,0	75,1	99,9	111,6	143,2	136,9	130,0	131,6
Anteil der weiblichen HS-Studenten (in %)	19,2	25,5	25,2	26,1	35,4	48,2	48,7	50,3
Zahl der Fachschulstudenten (in 1000)	21,0	85,3	126,0	113,6	167,2	156,4	171,8	160,4
Anteil der weiblichen FS-Studenten (in %)	25,0	28,0	28,6	30,5	48,6	65,3	71,9	71,7

Qualifizierung, Weiterbildung und Kaderpolitik

Die sozialistische Gesellschaft ist objektiv daran interessiert, die von den Werktätigen angeeignete Bildung und berufliche Qualifikation voll auszuschöpfen. Das ist eine wesentliche Aufgabe zur Entfaltung der Triebkräfte des Sozialismus. Von der effektiven Nutzung der angeeigneten Kenntnisse und Fähigkeiten und der Entwicklung aller Talente und Begabungen hängt es wesentlich ab, wie Wissenschaft und Technik der umfassenden Intensivierung weiter zum Durchbruch verhelfen und somit dem Wohl des Volkes dienen. Deshalb werden im Sozialismus die Möglichkeiten zum Erwerb hoher Bildung und Qualifikation zielgerichtet erweitert und vervollkommnet. Dies ist ein hoher Anspruch an die politische Führung sowohl im gesamtgesellschaftlichen Rahmen als auch in den Kombinaten, Betrieben und Bildungseinrichtungen.

Von großer Bedeutung ist, die sich verändernden Anforderungen an *Bildung und Qualifikation* möglichst frühzeitig zu prognostizieren. Es ist Aufgabe der politischen Führungstätigkeit, daraus regelmäßig Schlußfolgerungen für entsprechende Bildungsstrategien und rechtzeitige Qualifizierungsmaßnahmen abzuleiten und in Kader- und Bildungsprogramme umzusetzen. Tiefgründige Analysen der Entwicklung von Wissenschaft und Technik lagen z. B. der Ausarbeitung der Konzeption zur Aus- und Weiterbildung der Ingenieure und Ökonomen in der DDR zugrunde, die generelle Bedeutung für das gesamte Hochschulwesen in den nächsten Jahren besitzt. Eine tragende Säule dieser Konzeption ist die selbständige wissenschaftlich-produktive Arbeit der Studenten. Auch für die Gestaltung der Volksbildung hat der XI. Parteitag der SED weitreichende Schlußfolgerungen gezogen, indem er besonders darauf orientierte, Fähigkeiten zum schöpferischen Lernen und Arbeiten zu entwickeln, Grundlagen für ein elementares Verständnis der Informatik und informationsverarbeitenden Technik zu schaffen und Schüler im Zusammenwirken mit den Betrieben und der Berufsausbildung an Probleme der Informatik, der Automatisierung, einschließlich der Arbeit mit Computern, heranzuführen, d. h., der Jugend auf diesen neuen Gebieten solides und anwendbares Wissen zu vermitteln.[15]

Eine weitere wichtige Aufgabe politischer Führungstätigkeit besteht darin, aktive *Einstellungen* und Haltungen zu Bildung und Qualifizierung, insbesondere *zur Weiterbildung* auszuprägen. Lernen wird zunehmend zum Bestandteil des Arbeitsprozesses. Manchem ist noch nicht voll bewußt, daß die permanente Qualifizierung eine Verpflichtung darstellt, die durch eigene Aktivitäten zu erfüllen ist. Es kommt hinzu, daß im Ergebnis der Qualifizierung der einzelne sich oft von bisherigen Gewohnheiten und Arbeitsweisen zu lösen hat oder in ein anderes Kollektiv überwechselt. Nicht zuletzt sind auch eine Reihe sozialer und familiärer Probleme zu beachten, die die Einstellung zur Qualifizierung beeinflussen.

Politische Arbeit bei der Entwicklung der *Qualifizierungsbereitschaft* ist vor allem darauf zu konzentrieren, den Werktätigen die gesellschaftliche Bedeutung der Qualifizierungsmaßnahmen bewußt zu machen und sie für entsprechende Aktivitäten zu überzeugen. Dabei ist an individuelle Interessen, Neigungen und Bedürfnisse anzuknüpfen, die eine wichtige Rolle bei der Entscheidungsfindung spielen. Zu beachten ist die klare Bestimmung der Perspektive des Arbeitsplatzes, des Gegenstandes der Arbeit sowie des Verdienstes. Einen hohen Stellenwert hat der fach- und niveaugerechte *Einsatz erworbener Bildung und Qualifikation*. Dies ist eine der zukunftsträchtigsten Potenzen, deren volle Ausschöpfung unumgänglich ist. Besonders die umfassende Intensivierung verlangt die bewußte Nutzung des

---

15 Vgl. ebenda, S. 59 ff.

menschlichen Arbeitsvermögens. Die primäre Aufgabe besteht darin, die Gewinnung und den Wiedereinsatz der Werktätigen mit aufgaben- und arbeitsplatzbezogener Qualifizierung zu verbinden. Die Vernachlässigung oder Unterschätzung dieser Aufgabe führt zu unnötigen volkswirtschaftlichen Verlusten.

Der effektive Einsatz erworbener Bildung und Qualifikation hat nicht nur eine im engeren Sinne bildungsökonomische Bedeutung. Das Erfolgserlebnis beim Einsatz angeeigneter Kenntnisse, Fähigkeiten und Fertigkeiten motiviert und stimuliert zu ihrer weiteren Anwendung, Reproduktion und Vervollkommnung, d. h., sie erhalten *Triebkraftfunktion.* Die Vermittlung moderner Bildungsinhalte hat in der DDR ein massenhaftes Bedürfnis nach solchen Arbeitsbedingungen hervorgebracht, die dem erlangten Bildungsniveau entsprechen und die Selbstbestätigung der Persönlichkeit fördern. Deshalb ist die Erwartungshaltung in dieser Hinsicht, besonders bei der Jugend, stark ausgeprägt. Aufgaben, die die Qualifikation nicht abfordern, sind vorrangige Gründe für Arbeitsunzufriedenheit und übermäßige Fluktuation. Umgekehrt kann aber auch eine Überforderung zu gleichen Konsequenzen führen. Deshalb ist in der politischen Führungstätigkeit Einfluß darauf zu nehmen, das sozialistische Prinzip „Jeder nach seinen Fähigkeiten" überall durchzusetzen und den qualifikationsgerechten Einsatz zu organisieren.

Eine Aufgabe von gesamtgesellschaftlicher Größenordnung ist die zielgerichtete *Entdeckung und Förderung wissenschaftlich-technischer Begabungen* und anderer *gesellschaftsbedeutender Talente.* Echte Spitzenleistungen erfordern Spitzenkönner. Damit ist mehr gemeint als Problemsensibilität, Entwicklung kluger Ideen, gewissenhafte Aufgabenerfüllung, Fleiß und Disziplin. Spitzenkönner zeichnen sich darüber hinaus durch hohe, überdurchschnittliche Begabung, Talent, Kreativität und Willenskraft aus. Sie sind in der Lage, nicht nur Spitzenleistungen hervorzubringen, sondern auch das Anspruchsniveau in den Kollektiven zu bestimmen, maßgeblich auf ein Klima hoher Leistungsbereitschaft einzuwirken und ein Leitbild besonders für junge Menschen zu prägen. Begabtenförderung hat im Sozialismus nichts gemein mit den bürgerlichen Elitetheorien, die letztlich auf die sorgfältige Auswahl und Heranbildung einer dem Monopolkapital treu ergebenen Führungsschicht gerichtet sind.

Die Förderung von Begabungen und Talenten muß behutsam geführt und geleitet werden. Gleich ob es sich um Schüler, Lehrlinge oder Studenten handelt, darf ihre Auswahl nicht nur aufgrund der erreichten Noten erfolgen, sondern es muß das logische und systematische Denken ein entscheidendes Kriterium für ihre Förderung sein. Eine wichtige Aufgabe aller am Bildungs- und Erziehungsprozeß Beteiligten besteht darin, begabte, hochtalentierte Jugendliche so zu motivieren, daß in ihnen der Wunsch und der Wille entsteht, Spitzenleistungen anzustreben. Die Bereitschaft, Außerordentliches zu leisten, entsteht bekanntlich vor allem im jugendlichen Alter, in dem sich die wesentlichen beruflichen Interessen und Fähigkeiten herausbilden. Diese Bereitschaft wird maßgeblich auch in solchen Kollektiven stimuliert, wo erfahrene Lehrer und Forscher gemeinsam mit jungen Menschen im Ringen um wirkliche Spitzenleistungen neue Wege gehen und wo ihnen die politische Tragweite von Erfolg oder Mißerfolg ihrer Arbeit bewußt wird. In der DDR haben sich eine Vielzahl von Formen und Methoden der gezielten Förderung von Begabungen bewährt: Individuelle Arbeit der Pädagogen im Unterricht, Durchführung von Olympiaden auf bestimmten wissenschaftlichen Gebieten, Festlegung spezieller Ausbildungsverläufe, individuelle Studienpläne, Teilnahme der Studenten an der Forschung, Arbeitsgemeinschaften, Jugendforscherkollektive, Erfinderwettbewerbe der Jugend, MMM-Bewegung und andere. Aufgabe der politischen Führungstätigkeit ist es, diese Formen und Methoden noch konsequenter anzuwenden und ständig zu ergänzen.

Insgesamt ergibt sich aus allen Bildungserfordernissen die Aufgabe, die Lehrenden selbst immer wieder zu befähigen, die bildungspolitischen Ziele der Partei und des sozialistischen Staates zu verwirklichen. Der geistige Besitz modernster wissenschaftlicher Erkenntnisse bzw. Informiertheit darüber ist ebenso wichtig wie die Fähigkeit, mit Hilfe geeigneter Methoden die Lernenden zu Selbständigkeit und hoher Aktivität zu führen. Mehr denn je hängt der Erfolg des Lehrenden davon ab, wieweit er es versteht, Schöpfertum zu entwickeln und zum eigenständigen Denken zu befähigen und zu ermutigen.

Erziehung im Geiste der Weltanschauung der Arbeiterklasse Die Gestaltung der entwickelten sozialistischen Gesellschaft erfordert die *Einheit von politischer Bildung und weltanschaulich-moralischer Erziehung.* Insofern ist Bildungspolitik im Sozialismus darauf gerichtet, Menschen zu formen, die sich von den Interessen der Arbeiterklasse und des Volkes leiten lassen, sich für die Stärkung des Sozialismus und die Verteidigung des Friedens einsetzen und durch sozialistische Einstellung zur Arbeit, gesellschaftliche Aktivität, geistigen Reichtum, moralisches Verhalten und Entfaltung ihrer physischen Kräfte gekennzeichnet sind. Weltanschaulich-moralische Erziehung zielt somit auf die Herausbildung allseitig entwickelter Persönlichkeiten durch planmäßige und systematische Vermittlung wissenschaftlicher Erkenntnisse als Fundament für stabile weltanschauliche Überzeugungen sowie durch die praktische Einbeziehung der Menschen in die Gestaltung gesellschaftlicher Prozesse auf allen Gebieten.

Die marxistisch-leninistische Partei, der sozialistische Staat und die anderen gesellschaftlichen Kräfte berücksichtigen den Klassencharakter der Erziehungsprozesse und lassen sich von der geschichtlich erhärteten Erkenntnis leiten, daß die entscheidende Bedingung für die Veränderung des Bewußtseins der Menschen die Veränderung des gesellschaftlichen Seins ist, daß aber nur im Prozeß der revolutionären Aktion, durch die *aktive Teilnahme an der sozialistischen Revolution die sozialistische Veränderung und Erziehung der Menschen* erfolgen kann.[16] Die bisherigen Erfahrungen des sozialistischen Aufbaus besagen, daß die neuen gesellschaftlichen Verhältnisse zwar günstige Bedingungen für die Entwicklung des sozialistischen Be-

16 Vgl. K. Marx/F. Engels, Die deutsche Ideologie, in: Werke, Bd. 3, S. 70 ff.

wußtseins und sozialistischer Persönlichkeiten schaffen, daß sie aber keine automatische erzieherische Wirkung hervorbringen. Erziehung allein wiederum kann nicht zum Erfolg führen, wenn in der praktischen Tätigkeit und in der ideologischen Arbeit die materiellen Faktoren unberücksichtigt bleiben. Deshalb beruht Erziehung stets auf der *Einheit der Wirkung von objektiven und subjektiven Faktoren*. In ihr vereinen sich die Erfahrungen und Wirkungen der aktiven Teilnahme der Werktätigen am sozialistischen Aufbau mit der Anwendung und dem Einsatz spezifischer erzieherischer Mittel. Die führende Kraft in diesem Prozeß ist die revolutionäre Partei der Arbeiterklasse, die lehrend und zugleich von den Werktätigen lernend mit und in ihrer Strategie und Taktik Richtung, Inhalt und Methoden der Erziehung bestimmt.

Einen zentralen Platz nimmt die *Erziehung zur Arbeit* ein. Das resultiert aus der fundamentalen Rolle, die die Arbeit in der Entwicklung der Gesellschaft und des Menschen spielt. Die Arbeit ist einerseits ein Verhältnis zwischen Mensch und Natur, „ein Prozeß, worin der Mensch seinen Stoffwechsel mit der Natur durch seine eigene Tat vermittelt, regelt und kontrolliert. Er tritt dem Naturstoff selbst als eine Naturmacht gegenüber."[17] Andererseits entwickeln die Menschen durch die Arbeit ihre Wesenskräfte und gestalten ihre eigenen Verhältnisse. Der Sozialismus beruht in besonderer Weise auf der Arbeit, die von Ausbeutung befreit, einen neuen Charakter erhält und immer mehr unmittelbar gesellschaftliche Arbeit freier Produzenten wird.

Eine weitere Grundaufgabe sozialistischer Persönlichkeitsbildung ist die Erziehung zu *bewußter gesellschaftlicher Aktivität*. Durch sie wird der Mensch in wachsendem Maße in die Lage versetzt, seinen eigenen sozialen Lebensprozeß zu beherrschen und planmäßig zu gestalten. Ausgehend davon widmen die marxistisch-leninistische Partei, der sozialistische Staat und die gesellschaftlichen Organisationen der Entwicklung der gesellschaftlichen Aktivität als wesentlicher Voraussetzung sozialistischer Persönlichkeitsentwicklung besondere Aufmerksamkeit. Die Führungstätigkeit der marxistisch-leninistischen Partei ist besonders auch darauf gerichtet, die Bedingungen für die Entwicklung gesellschaftlicher Aktivität zu vervollkommnen und die Werktätigen in die Leitung und Planung des staatlichen und gesellschaftlichen Lebens sowie der Produktionsprozesse einzubeziehen. Aktives Wirken im gesellschaftlichen Leben erweitert den geistigen Horizont, hat Einfluß auf die Herausbildung fester ideologischer und aktiver Lebenspositionen und unterstützt die Herausbildung solcher Eigenschaften wie Verantwortungsbewußtsein, Einsatzbereitschaft, Kollektivgeist und Diszipliniertheit. Bei der bewußten und organisierten Veränderung der gesellschaftlichen Verhältnisse verändern sich in einem Prozeß der Erziehung und Selbsterziehung die Akteure selbst.

Große Aufmerksamkeit widmen die marxistisch-leninistischen Parteien der *Erziehung der jungen Generation im Geiste der kommunistischen Ideale*, da von ihrer Aktivität, ihren Haltungen und Lebenspositionen wesentlich die Meisterung jener Pro-

---

17 K. Marx, Das Kapital. Erster Band, in: K. Marx/F. Engels, Werke, Bd. 23, S. 192.

bleme abhängt, vor die die Menschheit gegenwärtig und in der überschaubaren Zukunft gestellt ist. Die marxistisch-leninistischen Parteien gehen dabei von der objektiven Gesetzmäßigkeit aus, daß angesichts der Dimensionen der zu lösenden inneren und globalen Fragen die Rolle des subjektiven Faktors, der Bewußtheit der Menschen, ihrer weltanschaulichen Einstellungen und moralischen Qualitäten weiter wächst. Zur Erziehung der Jugend gehört auch die Ausprägung ihrer Fähigkeit und Bereitschaft zur positiven Überwindung von Widerspruchs- und Konfliktsituationen, gehört die Fähigkeit zur Bewertung des eigenen und fremden Verhaltens unter Nutzung der angeeigneten moralischen Normen, Werte und Prinzipien.

Eine weitere Aufgabe besteht in der Entwicklung eines *politisch motivierten Leistungsverhaltens.* Die Ergebnisse der Praxis bestätigen, daß vorhandene Bildung, Qualifikation, Fähigkeiten und Fertigkeiten letztlich latent bleiben, wenn nicht das eigene Leistungsvermögen bewußt ausgeschöpft wird.

Die Aufgaben im neuen Abschnitt der Gestaltung der entwickelten sozialistischen Gesellschaft erfordern, bestimmte Denk- und Verhaltensweisen in besonders starkem Maße auszuprägen. So gewinnt das *Denken in gesellschaftlichen Zusammenhängen* immer mehr an Bedeutung. Erziehung in dieser Hinsicht fordert und fördert vor allem Verantwortungsbewußtsein für das gesellschaftliche Ganze, Pflichtbewußtsein, Disziplin, Zuverlässigkeit und Gemeinschaftssinn. Solche Eigenschaften sind zugleich Ausgangspunkt und Grundlage für ein an Innovation und Effektivität orientiertes Denken und Verhalten, das durch Prozesse der umfassenden Intensivierung objektiv an Bedeutung gewinnt. Nicht minder wichtig ist die bewußte Einordnung aller Arbeits- und Lernprozesse in die Aufgaben zur Erhöhung des internationalen Gewichts des Sozialismus und damit zur Sicherung des Friedens.

Die Anforderungen an Denken, Verhalten und Charaktereigenschaften sind auf den verschiedenen Gebieten menschlicher Tätigkeit differenziert. Im Bereich von Wissenschaft und Technik z. B. ist Erziehungsarbeit vor allem darauf zu richten, daß die objektiv bedingten, in Dokumenten der marxistisch-leninistischen Partei und des sozialistischen Staates formulierten Maßstäbe für Niveau und Tempo des wissenschaftlich-technischen Fortschritts zu eigenen Maßstäben gemacht und daß konsequente *Positionen des Kampfes um internationales Niveau und höchsten gesellschaftlichen Nutzen* entwickelt werden. Dabei ist vorausschauendes, strategisch-konzeptionelles Denken, das auf künftige internationale Entwicklungstrends sowie auf die sich ergebenden Konsequenzen konzentriert ist, besonders wichtig. Solche Denk- und Verhaltensweisen, moralischen Qualitäten und Eigenschaften massenhaft auszuprägen, ist ein hoher Anspruch an die politisch-erzieherische Arbeit der marxistisch-leninistischen Partei, des sozialistischen Staates und aller gesellschaftlichen Organisationen, besonders jedoch an die Arbeitskollektive. Dabei werden solche Eigenschaften insbesondere dann zu gewohntem täglichen Leistungsverhalten, wenn ihnen stabile politische Motive und Überzeugungen zugrundeliegen.

Als elementare und bestimmende *Voraussetzung für aktives und bewußtes Handeln,* für hohes Engagement und Verantwortungsbewußtsein erweisen sich Grundfragen unserer Zeit berührende Einstellungen und Überzeugungen von den Entwicklungsgesetzmäßigkeiten unserer Epoche, von der Richtigkeit und Realisierbarkeit der Strategie und Taktik der Partei im Kampf um die Sicherung des Friedens und bei der weiteren Verwirklichung des Sinns des Sozialismus sowie nicht zuletzt von den Potenzen, die die sozialistische Gesellschaft zur Lösung aller Aufgaben in dieser Hinsicht besitzt. *Einstellungen und Überzeugungen* bestimmen das Gesamtprofil, die Grundorientierung der Persönlichkeit und bilden die Grundlage für das richtige politische Herangehen an alle zu lösenden Aufgaben. Sie wirken langfristig auf ein stabiles hohes Leistungsverhalten, relativ unabhängig von konkreten bzw. rasch wechselnden Situationen. Obwohl keine lineare Abhängigkeit und keine automatischen Wirkungen bestehen, entwickeln Schüler, Studenten und Werktätige mit stabilen sozialistischen Überzeugungen und Positionen in der Regel ein höheres Maß an Leistungsbereitschaft, Engagement und Aktivität. Demzufolge besteht das ständige Anliegen der politisch-ideologischen Arbeit der Parteiorganisationen, der staatlichen Leiter und der gesellschaftlichen Organisationen darin, die wissenschaftlich begründete Weltanschauung und Ideologie der Arbeiterklasse in ihrer Gesamtheit zu vermitteln. Alle Versuche, nur jenen Problemen des Marxismus-Leninismus Beachtung zu schenken, die für spezielle Belange, Fach- und Tagesfragen interessant scheinen, haben sich als untauglich erwiesen und führen letztlich zu seiner Verwässerung.

Die politisch-ideologische Arbeit darf sich jedoch nicht auf die systematische Vermittlung der Weltanschauung und Ideologie der Arbeiterklasse beschränken. Sie ist besonders dann fruchtbar, wenn die großen gesellschaftlichen Zusammenhänge organisch mit den *konkreten sozialen Erfahrungen* und Fragen der Menschen verbunden werden. Die anschauliche Erläuterung der gesellschaftlichen Bedeutung der Planaufgaben z. B. kann starke Impulse auslösen, da nicht wenige Motive daraus erwachsen, etwas Nützliches für die Gesellschaft zu leisten. Im Ringen um hohe Planziele stimulieren Plangrößen und andere Vorgaben initiativreiches Handeln vor allem dann, wenn sie in ihrer Bedeutung für die Gesellschaft, den Betrieb und den einzelnen klar erkennbar sind. Das Interesse der Werktätigen an der Fortführung des bewährten Kurses der Hauptaufgabe in der Einheit von Wirtschafts- und Sozialpolitik wirkt handlungsauslösend, wenn die Resultate angestrengter Arbeit zur schrittweisen Verbesserung der Arbeits- und Lebensbedingungen führen und diese Erfahrung ständig neu ins Bewußtsein gehoben wird. Ähnlich kann das tief verwurzelte Interesse an der Erhaltung des Friedens zum Motiv aktiven Handelns werden, wenn der Bezug zur eigenen Tätigkeit vermittelt ist, d. h. die Steigerung der Arbeitsproduktivität, eine neue technische Lösung, eine gesellschaftliche Aktion usw. in ihrer tatsächlichen Bedeutung für den Kampf um den Frieden durchschaubar werden.

Schließlich hat Erziehung im Sozialismus die Wirkung *leitungsorganisatorischer* sowie *materieller Faktoren und Triebkräfte* zu berücksichtigen. So unterstützt ein hohes Niveau der Ziel- und Aufgabenstellungen in Wissenschaft und Technik das Engagement und das Streben nach Höchstleistungen, fördert eine Atmosphäre der Aufgeschlossenheit für das Neue, führt bei erreichtem Erfolg zur Selbstbestätigung der Persönlichkeit und schafft somit Voraussetzungen für neue Initiativen. Jedoch können hohe Ziele und Aufgaben nur dann die beabsichtigten Wirkungen auslösen, wenn gleichzeitig die entsprechenden organisatorischen Bedingungen ihrer Realisierung geschaffen werden. Als bedeutender leistungsstimulierender Faktor erweist sich immer wieder die Planmäßigkeit der Arbeit und der kontinuierliche Produktionsprozeß. Dies fördert Leistungsstreben, Einsatzbereitschaft und Arbeitszufriedenheit, führt zur Erfüllung der Pläne und somit zur Befriedigung materieller Interessen. Sozialistische Planwirtschaft erweist sich so als Ausdruck von Stabilität, sozialer Sicherheit und Zukunftsgewißheit. Wenn unbegründet ständig Korrekturen und Eingriffe vorgenommen werden und sich der Produktionsrhythmus diskontinuierlich gestaltet, entsteht ein Nährboden für Unzufriedenheit, Gleichgültigkeit und Passivität. In diesem Zusammenhang sind die konsequente Durchsetzung des sozialistischen Leistungsprinzips, die Schaffung materiell-technischer Voraussetzungen für die Lösung der Arbeitsaufgaben sowie die Vervollkommnung der sozialistischen Demokratie bedeutende Faktoren, die leistungsstimulierendes Verhalten hervorbringen und entwickeln.

Die Praxis beweist, daß der Einfluß der *sozialistischen Ideologie* von der Wirkung der anderen Triebkräfte des Sozialismus nicht zu trennen ist. Die Aufgabe und die Kunst politischer Führung auf dem Gebiet von Bildung und Erziehung bestehen darin, alle Triebkräfte des Sozialismus gezielt in ihrer gegenseitigen Abhängigkeit und Wechselwirkung zur vollen Geltung zu bringen.

Die revolutionäre Arbeiterbewegung hat dem Voranschreiten von Wissenschaft, Technik und Bildung als Beschleuniger des Menschheitsfortschritts stets große Bedeutung geschenkt. Bereits Karl Marx und Friedrich Engels verwiesen wiederholt auf die revolutionierende Rolle von Wissenschaft und Technik, deren Entwicklung bei aller Widersprüchlichkeit in der kapitalistischen Gesellschaft letztlich der Verwirklichung der welthistorischen Mission der Arbeiterklasse dienen wird. Große Verdienste erwarben sich die revolutionäre deutsche Sozialdemokratie und später die KPD mit einer umfassenden bildungspolitischen Tätigkeit, um die Arbeiter mit wissenschaftlichen Erkenntnissen auf vielen Gebieten vertraut zu machen und so zugleich wichtige Voraussetzungen für die Ausübung der Macht zu schaffen.

Die SED konnte an diese Traditionen anknüpfen und führte sie mit der Herausbildung des neuen Inhalts der Arbeiterbewegung zu einer höheren Stufe. Schon im ersten Parteiprogramm vom April 1946 orientierte die SED darauf, durch die Entmachtung der Monopolherren und die Demokratisierung der Wirtschaft alle Bedingungen für einen Aufschwung der Produktivkräfte zu schaffen und die vorhandenen wissenschaftlich-technischen Kapazitäten dafür zu erfassen und zu nutzen. Mit der Überwindung des bürgerlichen Bildungsprivilegs kam es im Rahmen der demokratischen Schulreform zu tiefgreifenden Veränderungen in der Volksbildung, die sowohl neue Bildungsziele und -inhalte als auch ein höheres Niveau und einen größeren Umfang des vermittelten Wissens betrafen. Tausende Neulehrer wurden ausgebildet und nahmen ihre Tätigkeit im Geiste der Ideale der

Arbeiterklasse und der Ziele der antifaschistisch-demokratischen Ordnung auf. Große Aufmerksamkeit schenkte die SED der Aufgabe, eine neue Intelligenz heranzubilden. Im Jahre 1946 wurden an den wiedereröffneten Universitäten und Hochschulen die ersten Vorstudienanstalten eingerichtet. Sie bereiteten junge Arbeiter und werktätige Bauern auf ein Hochschulstudium vor und spielten eine große Rolle bei der Ausbildung qualifizierter Kader.

Die Ausarbeitung einer detaillierten Wissenschafts- und Technikpolitik als Bestandteil der Gesamtpolitik der Partei ergab sich aus den Erfordernissen des Aufbaus einer eigenen materiell-technischen Basis des Sozialismus in der Übergangsperiode vom Kapitalismus zum Sozialismus. In Fortsetzung einer Reihe von Beschlüssen und Maßnahmen wurde auf der Grundlage einer breiten demokratischen Diskussion in den Betrieben der Industrie, in den Hochschuleinrichtungen sowie in der Kammer der Technik im Jahre 1955 ein ganzes Programm der Entfaltung des wissenschaftlich-technischen Fortschritts entwickelt. Im Mittelpunkt stand die Aufgabe, den technischen Fortschritt auf Modernisierung, Mechanisierung und Automatisierung zu konzentrieren und dabei eine schnellere Entwicklung bestimmter Industriezweige zu forcieren. Eine Vielzahl weiterführender und spezifischer Aufgaben für Wissenschaft und Technik betraf u. a. die Ausarbeitung von Perspektivplänen für Forschung, Technik und Standardisierung, die Planung von Forschung und Entwicklung, ausgehend von den Erfordernissen der Betriebe, die Aufstellung eines Perspektivplanes für die Ausbildung und Entwicklung der wissenschaftlich-technischen Kader. Damit rückte die SED die Beschleunigung des wissenschaftlich-technischen Fortschritts in den Mittelpunkt des Kampfes um die Steigerung der Arbeitsproduktivität als der entscheidenden Voraussetzung für die Erhöhung der Leistungskraft der Volkswirtschaft.

Nach dem erfolgreichen Abschluß der Übergangsperiode vom Kapitalismus zum Sozialismus entwickelte der VI. Parteitag der SED im Jahre 1963 die Strategie des umfassenden Aufbaus des Sozialismus, in der die Wissenschafts- und Technikpolitik einen bedeutenden Platz einnahm. Als zentrale Aufgabe formulierte der Parteitag den weiteren Ausbau der materiell-technischen Basis, die Vervollkommnung der gesellschaftlichen Produktion und die Steigerung der Arbeitsproduktivität auf der Grundlage des höchsten Standes von Wissenschaft und Technik. In konsequenter Verwirklichung dieser strategischen Orientierung suchte die SED nach weiteren Möglichkeiten zur Freisetzung schöpferischer Masseninitiativen. Diesem Ziel dienten eine Reihe Maßnahmen zur Vervollkommnung des Leitungs- und Planungssystems sowie zur stärkeren Konzentration des sozialistischen Massenwettbewerbes und der Neuererbewegung auf die Lösung wissenschaftlich-technischer Vorhaben. Gleichzeitig leistete die SED einen aktiven Beitrag zur Entwicklung der internationalen Spezialisierung und Kooperation sowie zur Koordinierung der Forschung für einen längeren Zeitraum im Rahmen des RGW.

Mit dem vom VIII. Parteitag eingeleiteten und vom IX., X. und XI. Parteitag weitergeführten Prozeß der Gestaltung der entwickelten sozialistischen Gesellschaft in der DDR wuchs die Rolle von Wissenschaft und Technik – wie im vorliegenden Kapitel dargestellt – weiter an. Wissenschafts- und Technikpolitik wurden ebenso wie Bildungspolitik zu entscheidenden Elementen der ökonomischen Strategie. Ausgehend von der Analyse der sich rasch entfaltenden wissenschaftlich-technischen Revolution wurde die historische Aufgabe gestellt, die Vorzüge des Sozialismus organisch mit den Errungenschaften der wissenschaftlich-technischen Revolution zu verbinden und dafür alle Triebkräfte des Sozialismus freizusetzen.

Kontrollfragen zu Kapitel 15

1. Worauf beruhen die Rolle der Wissenschaft und die wachsenden Anforderungen an sie bei der weiteren Gestaltung der entwickelten sozialistischen Gesellschaft?

2. Worin besteht die Spezifik der politischen Führungstätigkeit auf dem Gebiet von Wissenschaft, Technik und Bildung?

3. Welche Hauptaufgaben beschloß der XI. Parteitag der SED auf dem Gebiet von Bildung und Erziehung, und welche Anforderungen erwachsen daraus für die junge Intelligenz?

4. Worin besteht die Verantwortung der Studenten zur Entwicklung von Leistungsstreben, Aktivität und Selbständigkeit, und welche Schlußfolgerungen ergeben sich daraus für die Tätigkeit der FDJ?

16. Politik zur planmäßigen Gestaltung der sozialistischen Lebensweise

Die Vorzüge des Sozialismus gegenüber dem Kapitalismus finden ihren konzentrierten und überzeugenden Ausdruck in der Entwicklung und Festigung einer neuen, der sozialistischen Lebensweise. Gestützt auf ihre politische Macht gestaltet die Arbeiterklasse der sozialistischen Länder unter Führung ihrer marxistisch-leninistischen Partei und im Bündnis mit allen Werktätigen in einem langen revolutionären Prozeß alle Lebensbereiche der Menschen um. „Die Sozialistische Einheitspartei Deutschlands wirkt dafür", heißt es im Programm der SED, „daß sich die für die entwickelte sozialistische Gesellschaft charakteristische Art und Weise des gesellschaftlichen Lebens und individuellen Verhaltens in allen Lebensbereichen immer mehr ausprägt – bei der Arbeit und in der Freizeit, im Arbeitskollektiv und in der Familie sowie in den Lebensgewohnheiten."[1]

16.1. Ausprägung der sozialistischen Lebensweise – historische Errungenschaft und Aufgabe

In Übereinstimmung mit den Erfahrungen und Erkenntnissen der Bruderparteien sozialistischer Länder ist im Parteiprogramm der SED über die *Grundlagen und den Inhalt der sozialistischen Lebensweise* sowie über die Hauptkraft ihrer Entwicklung festgehalten: „Die sozialistische Lebensweise ist in der sozialistischen Produktionsweise begründet und schließt die stetige Hebung des materiellen und geistigen Lebensniveaus ein. Die Arbeiterklasse ist unter Führung der SED die entscheidende gesellschaftliche Kraft, die den sozialen, politischen und ideologischen Inhalt der sozialistischen Lebensweise entsprechend ihren Klasseninteres-

1 Programm der Sozialistischen Einheitspartei Deutschlands, Berlin 1976, S. 53.

sen bestimmt, im Maßstab der ganzen sozialistischen Gesellschaft durchsetzt und ständig vertieft."[2] Voraussetzung dafür sind die sozialistischen Macht- und Eigentumsverhältnisse, die eine neue Stellung des Menschen in der Gesellschaft und zur Gesellschaft hervorgebracht haben, die seine Persönlichkeitsentwicklung in der Gemeinschaft ermöglichen und seine aktive Mitwirkung bei der Gestaltung der sozialistischen Lebensweise erfordern.

Sozialistische Revolution und Lebensweise Die Gestaltung der sozialistischen Lebensweise gehört zu den schwierigsten Aufgaben, die von der Arbeiterklasse unter Führung ihrer marxistisch-leninistischen Partei im Prozeß der Verwirklichung ihrer historischen Mission praktisch zu lösen sind. Sie steht in einem engen Zusammenhang mit der Vorbereitung und Durchführung der sozialistischen Revolution. Dieser Zusammenhang zwischen der *revolutionären Aktion der Arbeiterklasse* und der bewußten Gestaltung einer neuen, von Ausbeutung und Unterdrückung freien Lebensweise wird offensichtlich, wenn man die geschichtlichen Erfahrungen des Kampfes der Arbeiterklasse für eine neue Gesellschaft verallgemeinert. Dabei zeigt sich, daß die Bereitschaft der Volksmassen zur aktiven Beteiligung an der revolutionären Umgestaltung vor allem entsteht, wenn die Lebensweise in der alten Gesellschaft unerträglich geworden ist und durch die Revolution gesellschaftliche Bedingungen für eine neue, erstrebenswerte Lebensweise geschaffen werden.

Der *Kapitalismus* bringt den höchstentwickelten Typ der *Lebensweise in einer Ausbeutergesellschaft* hervor, gekennzeichnet durch den Antagonismus von Kapital und Arbeit. Aus diesem Antagonismus ergibt sich auch, daß es die historische Aufgabe der Arbeiterklasse sein muß, mit der Beseitigung des Kapitalismus nicht nur die für ihn typische Lebensweise zu überwinden, sondern historisch endgültig den Antagonismus der Klasseninteressen aus dem Streben und der praktischen Lebenstätigkeit der Menschen zu beseitigen.

Der gesetzmäßige Zusammenhang zwischen der *Produktionsweise und der Lebensweise im Imperialismus* tritt in den vielfältigen Widersprüchen und in den brutalen Konsequenzen in Erscheinung, die heute die Lebensweise der Werktätigen charakterisieren. Die Arbeiterklasse hat die Erfahrung gemacht, daß es unter kapitalistischen Macht- und Produktionsverhältnissen möglich ist, in harten Klassenkämpfen die Lebensbedingungen der Werktätigen zu verbessern und den materiellen Lebensstandard zu erhöhen. Das Charakteristische der Lage der Werktätigen im Kapitalismus besteht aber darin, daß sich mit der weiteren Vertiefung des Grundwiderspruchs des Kapitalismus die soziale Stellung der Arbeiterklasse und aller Werktätigen ständig verschlechtert, auch dann, wenn sich ihr materieller Lebensstandard z. T. erhöht. Friedrich Engels hat diese Erfahrung der Arbeiterklasse im Kapitalismus in den Worten zusammengefaßt: „Die Organisation der Arbeiter, ihr stets wachsender Widerstand wird dem *Wachstum des Elends* möglicherweise einen

2 Ebenda.

gewissen Damm entgegensetzen. Was aber *sicher* wächst, ist die *Unsicherheit der Existenz.*"[3] Die soziale Unsicherheit von Millionen Menschen, darunter das ständige Arbeitslosenheer, sind eine wesentliche Seite der Lebensweise der Arbeiterklasse im Kapitalismus.[4] Diese soziale Unsicherheit als Existenzbedingung und als charakteristisches Kennzeichen proletarischen Lebens resultiert aus der sozialen Abhängigkeit des Arbeiters vom Kapitalisten. Aus diesen sozialen Existenzbedingungen erwachsen in einem längeren Prozeß schließlich auch jene revolutionären Potenzen, die auf eine Veränderung der grundlegenden gesellschaftlichen Bedingungen für die Lebensweise der arbeitenden Menschen drängen.

Die Arbeiterklasse stößt in ihrer *sozialen Revolution,* bei der schrittweisen Formierung der sozialistischen Lebensweise, auf eine Reihe *komplizierter Entwicklungsprozesse:*

Erstens wird die sozialistische Gesellschaft von Menschen geschaffen, deren Erfahrungen, Gewohnheiten und Auffassungen in unterschiedlicher Weise von der kapitalistischen Vergangenheit geformt worden sind. Die revolutionäre Veränderung dieser Verhältnisse ist in einem hohen Maß an die *Selbstveränderung der Akteure* geknüpft. Eine „wirkliche, eine tiefgehende, eine ‚Volks'revolution ... ist der unglaublich komplizierte und qualvolle Prozeß des Sterbens einer alten und die Geburt einer neuen Gesellschaftsordnung, einer neuen Lebensstruktur für Millionen und aber Millionen von Menschen".[5] Diese Selbstveränderung muß den Wandel von Widerstands- und Protesthaltungen gegen die Ausbeutung und eine sie schützende Obrigkeit zu einem neuen Verhältnis zur Arbeit und zur Übernahme staatlicher und gesellschaftlicher Aufgaben einschließen. Dies verlangt einen Umbruch im Denken und Verhalten vor allem von jenen, denen die kapitalistische Vergangenheit ein von Passivität und Egoismus bestimmtes Verhaltensmuster aufgedrückt hat. Diese Widersprüche, von denen das Leben von Generationen beeinflußt worden ist, wirken z. T. auch unter sozialistischen Bedingungen im Kampf zwischen Altem und Neuem fort.

Zweitens entwickelt sich die sozialistische Lebensweise unter den Bedingungen des *weltweiten Kampfes der beiden Systeme.* Die von Ausbeutung freie Lebensweise in den sozialistischen Ländern steht in schroffem Gegensatz zu der von Ausbeutung, Konkurrenzkampf und sozialer Unsicherheit geformten Lebensweise der Werktätigen in den kapitalistischen Ländern. Die Gestaltung der sozialistischen Lebensweise vollzieht sich unter den Bedingungen wechselseitiger Einflüsse der in ihrer sozialen Qualität gegensätzlichen Lebensweisen, die aus den sozialökonomischen Gegensätzen der kapitalistischen und sozialistischen Produktionsweise resultieren, mit dem Ziel, die historischen Vorzüge der sozialistischen Lebens-

---

3 F. Engels, Zur Kritik des sozialdemokratischen Programmentwurfs 1891, in: K. Marx/F. Engels, Werke, Bd. 22, S. 231.
4 Vgl. Kap. 7.1. des vorliegenden Lehrbuches.
5 W. I. Lenin, Werden die Bolschewiki die Staatsmacht behaupten? in: Werke, Bd. 26, S. 102 f.

weise immer sichtbarer auszuprägen und in der friedlichen Auseinandersetzung zwischen Sozialismus und Imperialismus noch wirksamer zur Geltung zu bringen. Eine der wichtigsten Errungenschaften des Sozialismus besteht in der Gestaltung einer Lebensweise, die im Frieden verwurzelt ist, seiner bedarf und seiner Stärkung dient.

Drittens entfaltet sich die sozialistische Lebensweise als eine Bedingung und zugleich als Resultat des Kampfes zur *Lösung der dem Sozialismus eigenen Entwicklungsprobleme.* Die Entfaltung aller Vorzüge und Triebkräfte, aller Seiten und Bereiche des Lebens der sozialistischen Gesellschaft ist ein historischer Prozeß tiefgreifender politischer, ökonomischer, sozialer und geistig-kultureller Wandlungen. In diesem Umbruch wird die von der Ausbeutung verursachte und hinterlassene Armut ebenso überwunden wie der auf der Aneignung fremder Arbeit beruhende Wohlstand, wird eine neue Art des gesellschaftlichen und individuellen Reichtums geschaffen. Dieser Reichtum beruht auf eigener Arbeit, eigener sozialer Aktivität, auf einem vom Leistungsprinzip stimulierten wachsenden materiellen und kulturellen Lebensniveau aller Werktätigen. All das kommt vor allem in der Entfaltung sozialistischer Individualität und Kollektivität zum Ausdruck. Damit entsteht eine neue Gesetzmäßigkeit des gesellschaftlichen und individuellen Lebens: Die freie, allseitige Entwicklung und Entfaltung der Persönlichkeit eines jeden wird in zunehmendem Maße zu einer Bedingung des gesellschaftlichen Fortschritts.

Produktionsweise und Lebensweise

Die marxistisch-leninistische *Gesellschafts- und Geschichtsauffassung* begründet, daß die Lebensweise der Menschen aus der Produktionsweise hervorgeht: „Die Produktionsweise des materiellen Lebens bedingt den sozialen, politischen und geistigen Lebensprozeß überhaupt."[6] Jede ökonomische Gesellschaftsformation bestimmt über die Produktionsweise die Lebensweise der Menschen. Diese ist Ausdruck der Grundeigenschaften des jeweiligen Gesellschaftstyps unter dem Gesichtspunkt ihrer Erscheinungsformen im Leben der Menschen, besonders in ihrer Tätigkeit. Die Lebensweise umfaßt somit die typischen Formen dieser Tätigkeit in allen Bereichen des gesellschaftlichen und persönlichen Lebens, und zwar in ihrer Einheit mit den Bedingungen für diese Lebenstätigkeit. Der marxistisch-leninistische Begriff der Lebensweise orientiert somit auf eine komplexe Analyse und Beurteilung *menschlicher Lebenstätigkeit* und damit der realen Qualität des Lebens. Jede Produktionsweise bringt eine ihr entsprechende Lebensweise hervor, und Unterschiede bzw. Gegensätze zwischen sozialistischer und kapitalistischer Lebensweise haben ihre tieferen Ursachen in Unterschieden bzw. Gegensätzen zwischen sozialistischer und kapitalistischer Produktionsweise.

Für die kapitalistische Lebensweise gilt, daß die Klassengegensätze der Produk-

---

6 K. Marx, Zur Kritik der Politischen Ökonomie. Vorwort, in: K. Marx/F. Engels, Werke, Bd. 13, S. 8 f.

tionsweise auch die *Klassengegensätze in der Lebensweise* der Menschen bestimmen. Während die Bourgeoisie die Lebensweise der ganzen Gesellschaft ihren Profitinteressen unterwirft, ist die Arbeiterklasse objektiv gezwungen, ihre eigenen Klasseninteressen und die diesen Interessen gemäße Art und Weise der Lebensäußerung gegen die von der herrschenden Klasse zur Erhaltung und Festigung der Ausbeutung ständig neu reproduzierten ökonomischen und politischen Bedingungen wie auch gegen die dazu von ihr entwickelten Lebensvorstellungen, Normen, Regeln usw. in organisierter Weise kämpfend zu vertreten. In diesem Kampf, der schwierig und wechselvoll verläuft, der Erfolge und auch Rückschläge verzeichnet, eignet sich der fortgeschrittenste Teil der Arbeiterklasse wichtige, für die siegreiche Führung des Klassenkampfes unerläßliche Eigenschaften an: einen festen Klassenstandpunkt, Disziplin und Standhaftigkeit, hohe Einsatzbereitschaft im Dienst der Klasse, internationale Solidarität u. a. Das darin zum Ausdruck kommende wachsende Bewußtsein der eigenen Klasseninteressen prägt und kennzeichnet die für diesen *fortgeschrittensten Teil der Arbeiterklasse* und ihrer Verbündeten *typischen Arten und Formen der Lebenstätigkeiten.* Sie hören damit zwar nicht auf, Lebenstätigkeiten von Ausgebeuteten und sozial Entrechteten zu sein, erhalten aber einen neuen Sinn und Inhalt, weil sie auf die Schaffung günstigerer Lebens- und Arbeitsbedingungen, auf bessere Bedingungen des Kampfes gegen soziale Unsicherheit, Bedrohung der Existenz und Perspektivlosigkeit gerichtet sind.

Mit der Eroberung der politischen Macht durch die Arbeiterklasse und ihre Verbündeten und mit der Zerschlagung der ökonomischen Grundlagen jeglicher Ausbeutung und Unterdrückung setzt auch – jetzt im gesamtgesellschaftlichen Maßstab – die *Herausbildung einer neuen Lebensweise* ein. Gestützt auf die unter Führung der marxistisch-leninistischen Partei im Kampf gegen die Herrschaft der Bourgeoisie erworbene Bewußtheit und Organisiertheit und die wissenschaftlich begründeten Erkenntnisse von Weg und Ziel des Kampfes für den sozialen Fortschritt gibt die Arbeiterklasse in der Übergangsperiode vom Kapitalismus zum Sozialismus das Beispiel für die bewußte Entwicklung einer neuen Lebensweise. Wesentlich sind hierbei das eigene Vorbild – vor allem im Arbeitsprozeß –, Mut und Standhaftigkeit, Opferbereitschaft und Solidarität bei der Sicherung und Verteidigung der neuen Gesellschaft, die Einheit von aktiver Parteinahme und Einsatz für das neue Leben in den wichtigsten Lebensbereichen. Mit dem Abschluß der Übergangsperiode sind die entscheidenden Grundlagen gegeben, um den historisch neuartigen Typ der Lebensweise, die sozialistische Lebensweise zu festigen und immer weiter auszuprägen.

Beginnend mit den Anforderungen, die sich aus der unerläßlichen Sicherung und Festigung der politischen Machtverhältnisse ergeben, entwickeln sich die neuen Lebensinhalte vor allem aus der qualitativ veränderten *Stellung zu den Produktionsmitteln,* aus den neuen objektiven Anforderungen an die nunmehr sozialistischen Eigentümer der Produktionsmittel. Letztere bedingen eine grundlegende Umwälzung im Verhältnis zur Arbeit als der wichtigsten menschlichen Lebenstätigkeit. Eine solche Veränderung der materiellen Lebensbedingungen hat unvermeidlich tiefe Auswirkungen auf die Vorstellungen, Anschauungen und Gewohnheiten der Menschen. Es werden somit schrittweise alle Seiten des gesellschaftlichen Lebens und des individuellen Verhaltens in die revolutionäre Umgestaltung einbezogen. Lenin verwies auf die Kompliziertheit dieses Prozesses, auf die Schwierigkeiten der bewußten Gestaltung der sozialistischen Lebensweise, die sich nur in einem langen historischen Zeitraum herauszubilden vermag. Die Führung der Masse der Werktätigen zur Schaffung neuer gesellschaftlicher Verhältnisse und Beziehungen, zu einer neuen Arbeitsdisziplin und Arbeitsorganisation, die den wissenschaftlich-technischen Fortschritt mit der Initiative bewußt arbeitender Menschen vereinigen und die sozialistische Großproduktion ins Leben rufen – das ist eine völlig neue Reifestufe in der Verwirklichung der welthistorischen Mission der Arbeiterklasse.

Die sozialistische Lebensweise als *sozial einheitliche Lebensweise* beruht auf dem sozialistischen Eigentum an den Produktionsmitteln, auf der politischen Herrschaft der Arbeiterklasse, auf dem Bündnis der Arbeiterklasse mit den Genossenschaftsbauern und den anderen Werktätigen sowie auf der sozialistischen Ideologie als der herrschenden Ideologie. Kameradschaftliche Zusammenarbeit und gegenseitige Hilfe, wirkliche Gleichberechtigung und gegenseitige Achtung schaffen günstige Bedingungen für die umfassende Entwicklung von Initiative und Schöpfertum in allen Lebensbereichen, in allen Klassen und sozialen Schichten. Das bestimmt sowohl die *soziale Einheitlichkeit* als auch die damit untrennbar verbundene *soziale Differenziertheit* der sozialistischen Lebensweise.[7] Die soziale Struktur der sozialistischen Gesellschaft ist durch sozialistische Klassen und Schichten bestimmt. Das prägt die sozialistische Lebensweise und bedingt ihre soziale Differenziertheit. Die bestehenden Unterschiede zwischen den Klassen und Schichten, die wesentlichen Unterschiede zwischen körperlicher und geistiger Arbeit, zwischen Stadt und Land sowie auch nationale Spezifika führen zwangsläufig zu Unterschieden in den Lebenstätigkeiten und prägen die konkreten Erscheinungsformen der sozialistischen Lebensweise. Die aus der sozialen Differenziertheit entspringenden unterschiedlichen Interessen können durch die Verwirklichung der sozialistischen Bündnispolitik, durch Maßnahmen, die sich aus der Einheit von Wirtschafts- und Sozialpolitik ergeben, in Übereinstimmung mit den Erfordernissen und Interessen der gesamtgesellschaftlichen Entwicklung gebracht und als Triebkraft für den weiteren sozialen Fortschritt wirksam werden.

Die weitere Ausbildung der sozialistischen Lebensweise auf sozial einheitlicher Grundlage bewirkt nicht Monotonie oder Eintönigkeit im gesellschaftlichen und persönlichen Leben, sondern ermöglicht einen größeren *Reichtum sozialer Beziehungen* und die Entfaltung der Talente und Fähigkeiten der Werktätigen im Interesse und zum Wohl der Gesellschaft wie des einzelnen. Die weitere Ausprägung der sozialistischen Lebensweise ist ein *objektives Erfordernis.* Sie vollzieht sich *in Abhängigkeit* von den grundlegenden ökonomischen, sozialen, politischen und ideolo-

7 Vgl. Kap. 14.1. des vorliegenden Lehrbuches.

gisch-kulturellen Entwicklungsprozessen. Das geschieht jedoch nicht automatisch, sondern nur im Verlauf des bewußt und planmäßig organisierten Handelns der Werktätigen zur Festigung der sozialistischen Lebensweise. Es ergeben sich für die marxistisch-leninistische Partei und den sozialistischen Staat zahlreiche neue und komplizierte Aufgaben, die nur sehr langfristig zu lösen sind.

Die *Bündnispolitik* der marxistisch-leninistischen Partei sichert sowohl die weitere Ausbildung und Stärkung des von der Arbeiterklasse objektiv bestimmten sozialen Inhalts der sozialistischen Lebensweise als auch, daß die Besonderheiten des Lebens aller Klassen und Schichten, die geeignet sind, den ökonomischen, politischen, sozialen und geistig-kulturellen Fortschritt der sozialistischen Gesellschaft zu befördern, zur Entfaltung gelangen. Die *Gestaltung der Wechselbeziehungen von sozialer Einheitlichkeit und sozialer Differenziertheit* bei der weiteren Ausprägung der für die sozialistische Gesellschaft typischen Lebensweise führt dazu, daß
– im Prozeß der Festigung der politisch-moralischen Einheit des Volkes und der weiteren sozialen Annäherung der sozialistischen Klassen und Schichten auch die sozialistische Lebensweise immer mehr bereichert wird;
– die Überwindung der wesentlichen Unterschiede zwischen Stadt und Land und zwischen körperlicher und geistiger Arbeit die Entfaltung der sozialistischen Lebensweise auf dem Lande wie in der Stadt, bei der Arbeiterklasse wie bei der sozialistischen Intelligenz, bei der Klasse der Genossenschaftsbauern wie bei den anderen sozialen Schichten fördert;
– die Arbeits- und Lebensbedingungen innerhalb der Klassen und Schichten so gestaltet werden, daß historisch überlebte und ungerechtfertigte soziale Differenzierungen im Interesse der wachsenden aktiven Teilnahme an der Gestaltung der entwickelten sozialistischen Gesellschaft allmählich überwunden werden;
– soziale Differenziertheit in ihren progressiven Aspekten die sozialistische Lebensweise in ihrer Vielgestaltigkeit bereichert.

Abhängig vom Entwicklungsniveau der sozialistischen Produktionsweise, besonders von den Produktivkräften, gehört die *Entwicklung des materiellen und geistig-kulturellen Lebensniveaus* zu den erklärten Zielen der Politik der marxistisch-leninistischen Partei und des sozialistischen Staates zur weiteren Gestaltung der sozialistischen Lebensweise. In enger Zusammenarbeit mit den Gewerkschaften werden die sozialpolitischen Ziele der weiteren Gestaltung der entwickelten sozialistischen Gesellschaft verwirklicht. Die Einheit von Wirtschafts- und Sozialpolitik, die seit dem VIII. Parteitag der SED (1971) die politische Orientierung für die Weiterentwicklung der sozialen Grundlagen der sozialistischen Lebensweise bildet, wurde auf dem XI. Parteitag der SED (1986) zum Hauptkampffeld erklärt, um die neuen Aufgaben der wirtschaftlichen Entwicklung noch enger mit dem von Lenin begründeten *sozialen Ziel der neuen Gesellschaft* zu verbinden.[8] *Das materielle und geistig-kulturelle Lebensniveau in seiner Einheit* weiter zu erhöhen, ist ein objekti-

8 Vgl. W. I. Lenin, Bemerkungen zum zweiten Programmentwurf Plechanows, in: Werke, Bd. 6, S. 40.

ves Erfordernis der sozialistischen Qualität der Lebensweise und der Entwicklung sozialistischer Persönlichkeiten, weil materielle und geistig-kulturelle Bedürfnisse auf einem ständig steigenden Niveau zu befriedigen sind, und die einen nicht auf Kosten der anderen befriedigt werden können.

Es sind eine Reihe von objektiven Zusammenhängen, die die *Wechselbeziehungen von materiellem und geistig-kulturellem Lebensniveau* im Sozialismus charakterisieren. Die Befriedigung der materiellen Bedürfnisse im Ergebnis der gewachsenen wirtschaftlichen Leistungskraft schafft günstige Voraussetzungen für eine ständige Befriedigung und für ein weiteres Anwachsen der geistig-kulturellen Bedürfnisse. Hohes Bildungs- und Kulturniveau durchdringen immer stärker das Leben der Werktätigen. Die Verbesserung der Arbeitsbedingungen nach ihrer materiellen wie nach ihrer geistigen und sozialen Seite hin ist eine wesentliche Voraussetzung für hohes ökonomisches Wachstum und für die umfassende Reproduktion des Menschen und seiner Arbeitskraft, für die weitere Entwicklung seiner Persönlichkeit. Auch die Erhöhung des Einkommens der einzelnen und der Familien führt zu Veränderungen in der Verbrauchsstruktur und zugleich zu beträchtlichen Veränderungen in der Struktur der Konsumgüterfonds. Es verändern sich die Bedürfnisse und damit schrittweise die Lebensweise der Menschen.

Die Sicherung und planmäßige Entwicklung des materiellen und geistig-kulturellen Lebensniveaus ist untrennbar mit der konsequenten Verwirklichung des *sozialistischen Leistungsprinzips* verbunden. Die Werktätigen befriedigen ihre Bedürfnisse im Sozialismus hauptsächlich aus dem individuellen Arbeitseinkommen, das heißt, daß sie durch die Wirksamkeit des Prinzips der materiellen Interessiertheit selbst Einfluß auf die Höhe des individuellen Arbeitseinkommens haben. Zugleich werden die Werktätigen bei der Entwicklung ihrer Fähigkeiten durch gezielte sozialpolitische Maßnahmen wirkungsvoll unterstützt, die aus gesellschaftlichen Fonds finanziert werden. Das betrifft vor allem das Bildungs- und Gesundheitswesen, die kulturelle Betreuung, die Förderung der Jugend und junger Ehen, die Altersversorgung usw. Die wirtschaftlichen und sozialen Ziele, die durch die Einheit von Wirtschafts- und Sozialpolitik realisiert werden, sind an den wichtigsten Interessen des ganzen Volkes orientiert. (Tabellen 36, 37)

Lebensweise und wissenschaftlich-technischer Fortschritt

Da die sozialistische Lebensweise organisch mit der sozialistischen Produktionsweise verbunden ist, kann sich ihre Entwicklung nicht unabhängig von der ökonomischen Entwicklung vollziehen. Gegenwärtig bringt der wissenschaftlich-technische Fortschritt wesentliche Veränderungen hervor, die alle Bestandteile der Produktivkräfte erfassen, also auch den Menschen als Hauptproduktivkraft und damit seine Lebensweise.[9] Die *Wirkungen des wissenschaftlich-technischen Fortschritts auf die sozialistische Lebensweise* bestimmen zugleich Hauptrichtungen ihrer weiteren Entwicklung.

9 Vgl. Kap. 15.1. des vorliegenden Lehrbuches.

Tabelle 36 Steigerung der staatlichen Geburtenbeihilfe in der DDR (Höhe der Beträge in Mark)

Jahr	1. Kind	2. Kind	3. Kind	4. Kind	5. und jedes weit. Kind
1950	—	—	100	250	500
ab 1958	500	600	700	850	1 000
ab 1972	1 000	1 000	1 000	1 000	1 000

Tabelle 37 Urlaub vor und nach der Geburt eines Kindes bei Weiterzahlung des vollen Lohnes (in Wochen)

Jahr	Urlaub vor der Geburt	Urlaub nach der Geburt	Urlaub insgesamt
ab 1950	5	6	11
ab 1963	6	8	14
ab 1972	6	12	18
ab 1976	6	20	26

Erstens ergeben sich neue Anforderungen an die Entwicklung des *Menschen* in seiner Eigenschaft *als Hauptproduktivkraft*. Wissenschaftlich-technische und technologische Prozesse beinhalten neue Erfordernisse hinsichtlich der Kenntnisse und Fähigkeiten der Menschen, hinsichtlich der Reproduktion ihrer Leistungsbereitschaft, um neue Aufgaben im Bereich der materiellen Produktion, in Forschungs- und Entwicklungsbereichen und in zunehmendem Maße auch in allen anderen Bereichen des gesellschaftlich organisierten Arbeitsprozesses verrichten zu können. Erforderlich wird die weitere Ausbildung der Fähigkeit zu größerer *Disponibilität,* weil, wie bereits Marx nachwies, „die absolute Disponibilität des Menschen für wechselnde Arbeitserfordernisse"[10] ein allgemeines gesellschaftliches Produktionsgesetz der großen Industrie ist, dem die gesellschaftlichen Verhältnisse anzupassen sind. Das heißt, im Sozialismus werden schrittweise diesem Prozeß gemäße Bedingungen in immer mehr Bereichen geschaffen, die einen disponiblen Einsatz des Menschen im Arbeitsprozeß und die dafür erforderliche allseitige Entwicklung der Persönlichkeit ermöglichen. Nur so ist es möglich, den Menschen nicht der Technik zu unterwerfen, sondern ihn zum Beherrscher technischer und technologischer Prozesse zu erheben. In der Direktive des XI. Parteitages der SED für die volkswirtschaftliche Entwicklung bis zum Jahre 1990 heißt es zu dieser zukunftsorientierten Aufgabe: „Die Politik der SED geht davon aus, daß bei der Lösung aller ökonomischen Aufgaben der Mensch mit seinen Fähigkeiten, Interessen, Bedürfnissen das Ausschlaggebende ist. Dabei ist die Arbeit die

10 K. Marx, Das Kapital. Erster Band, in: K. Marx/F. Engels, Werke, Bd. 23, S. 512.

wichtigste Sphäre des gesellschaftlichen Lebens. Deshalb ist der sozialistische Charakter der Arbeit allseitig auszuprägen. Dabei gewinnen die immer umfassendere Herausbildung des sozialistischen Bewußtseins und der sozialistischen Moral, ein hohes Bildungs- und Kulturniveau der Werktätigen wachsende Bedeutung."[11]

Damit wird eine *zweite* Wirkungsrichtung des wissenschaftlich-technischen Fortschritts auf die sozialistische Lebensweise erfaßt: die Veränderungen in der *Arbeitsweise* der Menschen, die *Bestandteil seiner Lebensweise* ist. Sie ist gekennzeichnet durch den Inhalt und die Bedingungen der Arbeit, von denen die Tätigkeiten der Menschen im Arbeitsprozeß bestimmt werden. Während die Produktionsweise als Einheit von Produktivkräften und Produktionsverhältnissen die sozialökonomische Qualität der Gesamtheit der gesellschaftlichen Verhältnisse und damit auch die der Lebensweise bestimmt, ist die „Weise der Produktion" auf „die Reproduktion der physischen Existenz der Individuen" bezogen.[12] Diese ist „schon eine bestimmte Art der Tätigkeit dieser Individuen, eine bestimmte Art, ihr Leben zu äußern, eine bestimmte *Lebensweise* derselben. Wie die Individuen ihr Leben äußern, so sind sie. Was sie sind, fällt also zusammen mit ihrer Produktion, sowohl damit, *was* sie produzieren, als auch damit, *wie* sie produzieren. Was die Individuen also sind, das hängt ab von den materiellen Bedingungen ihrer Produktion."[13] Es ist von großer aktueller Bedeutung, diese Position zum Arbeitsprozeß als Bestandteil der Lebensweise nicht mit der Produktionsweise einer Gesellschaftsformation zu identifizieren, denn innerhalb einer Produktionsweise ändern sich die materiellen Bedingungen der Produktion (Produktion als Art und Weise des Produzierens bezogen auf die in der materiellen Produktion tätigen Menschen) unter dem Einfluß des wissenschaftlich-technischen Fortschritts ständig und nicht für alle auf die gleiche Weise. Der Prozeß ständiger Veränderungen der Arbeitsbedingungen und damit auch der Arbeitsinhalte vollzieht sich innerhalb einer relativ stabil bleibenden Produktionsweise. Er verändert aber die Lebensweise der Menschen, weil er ihre wichtigste Lebenstätigkeit, die Arbeit, verändert. Für die Weiterentwicklung der sozialistischen Lebensweise ist es deshalb von entscheidender Bedeutung, bei allen Maßnahmen, die auf technische und technologische Neuerungen der Produktion gerichtet sind, die Arbeitsbedingungen und, davon abhängig, auch die Arbeitsinhalte persönlichkeitsfördernd zu gestalten. (Tabelle 38)

Drittens verändern sich unter dem Einfluß des wissenschaftlich-technischen Fortschritts die *sozialen Beziehungen* besonders in den *Arbeitskollektiven und zwischen ihnen.* Die Um- und Neubildung von Arbeitskollektiven, die Einsparung von Arbeitsplätzen und die Umsetzung von Arbeitskräften sowie die Gewinnung von Arbeitskräften für die mehrschichtige Auslastung der modernen Technik bringen

---

11 Direktive des XI. Parteitages der SED zum Fünfjahrplan für die Entwicklung der Volkswirtschaft der DDR in den Jahren 1986 bis 1990, Berlin 1986, S. 18.
12 Vgl. K. Marx/F. Engels, Die deutsche Ideologie, in: Werke, Bd. 3, S. 21.
13 Ebenda.

Tabelle 38   Neu- bzw. Umgestaltung von Arbeitsplätzen durch Nutzung neuer wissenschaftlicher Erkenntnisse und durch wissenschaftliche Arbeitsorganisation in Industrie, Bau- und Verkehrswesen, Land-, Forst- und Nahrungsgüterwirtschaft (jährlich durchschnittlich)

1976–1980	220 000
1981–1985	236 700
1986–1990	240 000 bis 260 000

eine hohe Dynamik in die wechselseitigen Beziehungen der Menschen zueinander. Bewährte Bindungen an das gewohnte Arbeitskollektiv lösen sich auf, neue Kollektivbeziehungen bilden sich heraus. Dieser Prozeß stellt hohe Anforderungen an das Verantwortungsbewußtsein der Werktätigen und in besonderem Maße an die Leiter, vor allem bei notwendigen Entscheidungen darüber, wer für die Neubildung von Arbeitskollektiven geeignet ist und wie die Aufgaben des Kollektivs auch unter veränderten Bedingungen gelöst werden können. Auch die gegenseitige Unterstützung bei Problemen des persönlichen Lebens, die wechselseitige Ermutigung zur Übernahme neuer, ungewohnter Aufgaben und die Beziehungen zwischen dem Arbeitskollektiv und seinem Leiter erhalten ein neues Gewicht im Gesamtkomplex der sozialen Beziehungen. Dabei macht der Übergang zur umfassenden Intensivierung sichtbar, daß die weitere Entwicklung der sozialistischen Lebensweise nicht nur Folge wissenschaftlich-technischer und ökonomischer Veränderungen ist, sondern in zunehmendem Maße zu ihrer Bedingung wird.

Der Einfluß des wissenschaftlich-technischen Fortschritts auf die sozialistische Lebensweise berührt auch die Wechselbeziehungen zwischen *sozialistischer Persönlichkeitsentwicklung und Lebensweise.* Die Herausbildung sozialistischer Persönlichkeiten und die Vertiefung der Beziehungen zwischen *Persönlichkeit und Gemeinschaft* erfolgt keineswegs widerspruchsfrei. Nicht immer und in jedem Fall stimmen die konkreten Anforderungen, die sich aus dem wissenschaftlich-technischen Fortschritt ergeben, mit den persönlichen Interessen und Vorstellungen überein. Vorwärtsdrängende Kraft der Beziehungen zwischen Persönlichkeit und Gemeinschaft ist das kritische Verhalten zu den Resultaten der gemeinsamen Arbeit, das revolutionäre Voranschreiten zu Neuem, Besserem, ist das Suchen nach den effektivsten Lösungen von Aufgaben in der Produktion und in anderen Lebensbereichen.

In allen sozialistischen Ländern bringt das Voranschreiten der Gesellschaft völlig neue und oft ungewohnte Anforderungen an das Wissen und Können, an die politisch-moralische Einstellung und an die Gemeinschaftsbeziehungen der Werktätigen mit sich. Neue Einsichten in gesellschaftliche Zusammenhänge, größere Anstrengungen zur Lösung qualitativ neuer Aufgaben und gründliches Umdenken sind unter veränderten Bedingungen erforderlich. Wie das Leben zeigt, treten dabei *vielfältige Widersprüche* auf, so

– zwischen der prinzipiellen Offenheit der sozialistischen Gesellschaft für vorwärtsführendes Neuerertum, der Notwendigkeit, neue, schöpferische Gedanken für eine wesentlich höhere Effektivität in Produktion, Wissenschaft und Technik breit anzuwenden – und einem routinehaften Verhalten und Trägheit. Beharrlichkeit, Mut und Zähigkeit sind dann notwendig, um dem Neuen zum Durchbruch zu verhelfen;

– zwischen der Einsicht in die gesellschaftliche Notwendigkeit, die Intensivierung und Rationalisierung, die Einsparung von Arbeitsplätzen zügig zu verwirklichen – und oft nicht in ausreichendem Maße vorhandener Bereitschaft, Arbeitsplätze im eigenen Bereich einzusparen;

– zwischen dem berechtigten Stolz auf gemeinsam errungene Erfolge in der Arbeit – und der unbedingten Notwendigkeit, sich mit dem Erreichten nicht zufriedenzugeben und nach neuen, qualitativ besseren Lösungen zu suchen und dem damit verbundenen, mitunter auch unbequemen persönlichen Einsatz für bessere Lösungen;

– zwischen den bisher erworbenen beruflichen Kenntnissen, Erfahrungen und Fertigkeiten – und den neuen Anforderungen an die Bildung, das Wissen, an die berufliche Qualifikation;

– zwischen einer bewußten sozialistischen Einstellung zur Arbeit, einer hohen Arbeitsdisziplin, einem aktiven und schöpferischen Verhalten im Produktionsprozeß – und der Aufrechterhaltung längst überholter Gewohnheiten bei der Entwicklung der persönlichen Beziehungen in Freizeit und Familie.

Solche Widersprüche entspringen nicht gegensätzlichen Klasseninteressen. Sie haben ihre Ursachen in den objektiven Entwicklungsbedingungen, in dem konkret-historischen Reifegrad der sozialistischen Gesellschaft. Die Lösung solcher Widersprüche bedarf der Einsicht und des Einsatzes sowohl des einzelnen wie der Kollektive. Die immer aufs neue zu vollziehende Lösung solcher oder ähnlicher Widersprüche ist ein entscheidender Weg, um die sozialistische Lebensweise zu festigen und weiterzuentwickeln.

Rolle der Arbeit   Die weitere Entwicklung der sozialistischen Lebensweise ist mit der ständigen Steigerung der Arbeitsproduktivität, mit der Erhöhung der Effektivität der Produktion verbunden. In einem hohen Niveau der Produktivkräfte und der sozialistischen Produktionsverhältnisse besitzt die sozialistische Lebensweise ihre entscheidende materielle Basis. Dabei nehmen die neue *Qualität der Arbeitstätigkeit* und die praktische Verwirklichung des *sozialistischen Charakters der Arbeit* einen besonderen Platz ein. Das ergibt sich aus der Rolle der Arbeit in der Gesamtheit der menschlichen Lebenstätigkeiten. Engels schrieb über diese Entwicklung: „Ebenso wie die Bauern und Manufakturarbeiter des vorigen Jahrhunderts ihre ganze Lebensweise veränderten und selbst ganz andere Menschen wurden, als sie in die große Industrie hineingerissen wurden, ebenso wird der gemeinsame Betrieb der Produktion durch die ganze Gesellschaft und die daraus folgende neue

Entwicklung der Produktion ganz andere Menschen bedürfen und auch erzeugen."[14]

Die marxistisch-leninistische Auffassung von der sozialistischen Lebensweise geht deshalb von der *Arbeit als der wichtigsten menschlichen Lebenstätigkeit* aus und überwindet die bürgerliche Konzeption von der Trennung und Entgegensetzung von Arbeit und Leben. Die Arbeit erlangt unter sozialistischen Macht- und Produktionsverhältnissen objektiv und zunehmend auch subjektiv für den Werktätigen einen neuen Stellenwert. Sie ist und bleibt selbstverständlich auch für ihn eine Notwendigkeit, Mittel zur Erhaltung der Existenz und Quelle des Wohlstandes. Gleichzeitig erweist sich die Arbeit als ein breites Feld zur Entwicklung seiner Persönlichkeit. „Zum erstenmal nach Jahrhunderten der Arbeit für andere, der unfreien Arbeit für die Ausbeuter", so kennzeichnete Lenin die für die Werktätigen grundlegend veränderte Situation, „bietet sich ihm die Möglichkeit, *für sich selbst zu arbeiten,* und zwar zu arbeiten, gestützt auf alle Errungenschaften der modernen Technik und Kultur."[15]

Eine hohe Arbeitsdisziplin, eine *neue Einstellung zur Arbeit,* die untrennbar mit der Weiterentwicklung und Festigung der sozialistischen Produktionsweise zusammenhängen, haben schon vor Jahrzehnten die fortgeschrittenen Teile der Arbeiterklasse an den Tag gelegt: an den Schwerpunkten des sozialistischen Aufbaus – in der DDR beim Aufbau des Eisenhüttenkombinats Ost, bei der Entwicklung einer modernen Schiffbauindustrie usw. Namentlich aber in dem von der Gewerkschaft organisierten Wettbewerb, in den vielfältigen Formen der Gemeinschaftsarbeit, im Neuererwesen, in der Arbeit der Kollektive der sozialistischen Arbeit vollbringt die Arbeiterklasse nicht nur ökonomische Leistungen, sondern entwickelt gemeinsam mit ihren Verbündeten auch neue Formen und neue Normen des Lebens. Die Herausbildung einer sozialistischen Einstellung zur Arbeit und zum sozialistischen Eigentum an den Produktionsmitteln ist ein langwieriger Prozeß der Erziehung und Selbsterziehung und der ständigen Verbesserung der Arbeitsbedingungen. Lenin wies auf die Kompliziertheit dieses Prozesses hin: „Führe genau und gewissenhaft Buch über das Geld, wirtschafte sparsam, faulenze nicht, stiehl nicht, beobachte strengste Disziplin in der Arbeit – gerade solche Losungen, die von den revolutionären Proletariern damals, als die Bourgeoisie mit derartigen Reden ihre Herrschaft als Ausbeuterklasse bemäntelte, mit Recht verlacht wurden, werden jetzt, nach dem Sturz der Bourgeoisie, zu den nächsten und wichtigsten Losungen der Gegenwart."[16]

Die gewissenhafte, ehrliche, gesellschaftlich nützliche Arbeit ist in mehrfacher Hinsicht *Herzstück der sozialistischen Lebensweise: Erstens* kann nur durch ein kontinuierliches hohes Produktionswachstum und durch die Steigerung der Arbeitsproduktivität sowie durch gute Qualität und große volkswirtschaftliche Effektivität

---

14 F. Engels, Grundsätze des Kommunismus, in: K. Marx/F. Engels, Werke, Bd. 4, S. 376.
15 W. I. Lenin, Wie soll man den Wettbewerb organisieren? in: Werke, Bd. 26, S. 405.
16 W. I. Lenin, Die nächsten Aufgaben der Sowjetmacht, in: Werke, Bd. 27, S. 233 f.

die materielle Grundlage ständig erweitert werden, um das erreichte materielle und geistig-kulturelle Lebensniveau zu sichern und allmählich weiter zu erhöhen. Die Arbeit ist insofern Voraussetzung für die Entwicklung der Lebensweise; *zweitens* geht die konsequente Durchsetzung des sozialistischen Leistungsprinzips als ein ökonomisches und soziales Grundprinzip des Sozialismus von der Arbeit aus. Das trägt entscheidend dazu bei, die Bedürfnisse der Werktätigen immer besser zu befriedigen wie auch ihre Bereitschaft zu hohen Arbeitsleistungen, ihre schöpferische Initiative zur ständigen Steigerung der Arbeitsproduktivität und ihr Interesse an der eigenen Qualifizierung für neue Anforderungen des wissenschaftlich-technischen Fortschritts wirksam zu stimulieren; *drittens* fördern die Arbeit im Kollektiv, die gemeinsame Ausarbeitung der Ziele und deren Verwirklichung im sozialistischen Wettbewerb das Bewußtsein der Zusammengehörigkeit und der gemeinsamen Verantwortung füreinander und für das Ganze, d. h. jene Arbeitsmoral und Arbeitsdisziplin, wie sie für die sozialistische Lebensweise kennzeichnend sind; *viertens* bewährt und entwickelt sich in der alltäglichen Arbeit, durch die praktisch erbrachten Leistungen zum Wohle der Gesellschaft und des einzelnen die Einheit von sozialistischem Patriotismus und proletarischem Internationalismus als Kennzeichen der sozialistischen Lebensweise.

Die Auseinandersetzung um die Verwirklichung dieser wesentlichen Möglichkeiten für die gesellschaftliche und persönliche Entwicklung findet ihren Ausdruck vor allem im *sozialistischen Wettbewerb*. In Betrieben und wissenschaftlichen Einrichtungen, in Industrie und Landwirtschaft ebenso wie in den Städten und Gemeinden beweist sich, daß der Sozialismus damit erstmalig die Möglichkeit geschaffen hat, um „die Mehrheit der Werktätigen wirklich auf ein Tätigkeitsfeld zu führen, auf dem sie sich hervortun, ihre Fähigkeiten entfalten, jene Talente offenbaren können, die das Volk, einem unversiegbaren Quell gleich, hervorbringt und die der Kapitalismus zu Tausenden und Millionen zertreten, niedergehalten und erdrückt hat".[17] Im Rahmen des nach einheitlichen Prinzipien geführten sozialistischen Wettbewerbs entwickeln sich eine Fülle von Initiativen und ein wachsender Reichtum an schöpferischer Aktivität zur Gestaltung des unmittelbaren Arbeitsprozesses und seiner Bedingungen. Von hier ausgehend, erfassen diese Initiativen alle Bereiche der Gesellschaft, tragen zu deren Veränderung in Übereinstimmung mit den gesellschaftlichen Erfordernissen bei und bewirken schließlich die Veränderung der Werktätigen selbst. Der sozialistische Wettbewerb ist Bewährungsfeld und bewegende Kraft des Schöpfertums der Arbeiter und der anderen Werktätigen. Er ist das bewußte, zielstrebige und freiwillige Wetteifern der von kapitalistischer Ausbeutung befreiten Menschen um beispielhafte Leistungen und hohe Ergebnisse in der Produktion, zur besseren Befriedigung ihrer materiellen und geistig-kulturellen Bedürfnisse, zur allseitigen Stärkung der sozialistischen Gesellschaft. Es zeigt sich, daß die Arbeit unter sozialistischen Bedingungen durch die weitere Ausbildung ihres sozialistischen Charakters

17 W. I. Lenin, Wie soll man den Wettbewerb organisieren? S. 402.

und die planmäßige Veränderung ihres Inhalts immer mehr zu einem Mittel der Befreiung des Menschen wird, „indem sie jedem einzelnen die Gelegenheit bietet, seine sämtlichen Fähigkeiten, körperliche wie geistige, nach allen Richtungen hin auszubilden und zu betätigen".[18]

Engels betonte, daß die Arbeit unendlich viel mehr ist als eine Quelle des Reichtums der Gesellschaft: „Sie ist die erste Grundbedingung alles menschlichen Lebens, und zwar in einem solchen Grade, daß wir in gewissem Sinne sagen müssen: Sie hat den Menschen selbst geschaffen."[19] Diese Feststellung gilt nicht nur für die Entstehung des Menschen in prähistorischen Zeiten, sondern auch für die geschichtliche Entwicklung der Menschheit und für die Entwicklung des Individuums zur Persönlichkeit, zur vollen Ausbildung der jeweils eigenen Individualität. Unter den genannten Gesichtspunkten sind alle Maßnahmen zur Weiterentwicklung des sozialistischen Charakters der Arbeit zugleich wesentliche Schritte zur weiteren Ausprägung der sozialistischen Lebensweise. Wenn besonders konservative bürgerliche Ideologen behaupten, im Sozialismus stehe nicht der Mensch, sondern die Arbeit im Mittelpunkt, dann zeigt sich darin, daß ihnen auch infolge der Einengung der Lebensweise auf den Freizeitbereich die Erkenntnis des gesetzmäßigen Zusammenhangs zwischen der *Entwicklung der Arbeit und der Persönlichkeitsentwicklung* verschlossen bleibt. Auf dem XI. Parteitag der SED wurde für die Leitung und Planung der volkswirtschaftlichen Entwicklung in der DDR eine Orientierung gegeben, die solche Angriffe gegen den realen Sozialismus und seine Lebensweise eindeutig widerlegt: „Bei der Weiterführung der erfolgreichen Politik der Hauptaufgabe in ihrer Einheit von Wirtschafts- und Sozialpolitik besteht eine Kernfrage darin, in Übereinstimmung mit den Leistungszielen der Volkswirtschaft durch die Festigung und Weiterentwicklung der sozialistischen Produktionsverhältnisse die Bedingungen für die *allseitige Entfaltung der Persönlichkeit* in der entwickelten sozialistischen Gesellschaft immer besser auszuprägen."[20]

---

18 F. Engels, Herrn Eugen Dührings Umwälzung der Wissenschaft („Anti-Dühring"), in: K. Marx/F. Engels, Werke, Bd. 20, S. 274.
19 F. Engels, Dialektik der Natur, in: ebenda, S. 444.
20 Direktive des XI. Parteitages der SED zum Fünfjahrplan für die Entwicklung der Volkswirtschaft der DDR in den Jahren 1986 bis 1990, Berlin 1986, S. 18.

16.2. Aktive sozialistische Lebensgestaltung im Arbeitsprozeß und im Freizeitbereich

Eine wesentliche Entwicklungstendenz der sozialistischen Lebensweise ist die nach Inhalt und Umfang wachsende gesellschaftliche Aktivität der Werktätigen und die damit zum Ausdruck kommende bewußte Wahrnehmung ihrer Verantwortung gegenüber der sozialistischen Gesellschaft.[21] Artikel 21 der Verfassung der DDR lautet: „Jeder Bürger der DDR hat das Recht, das politische, wirtschaftliche, soziale und kulturelle Leben der sozialistischen Gesellschaft und des sozialistischen Staates umfassend mitzugestalten. Es gilt der Grundsatz: Arbeite mit, plane mit, regiere mit." Die weitere Stärkung der sozialistischen Staatsmacht, deren Hauptentwicklungsrichtung die *Entfaltung und Vervollkommnung der sozialistischen Demokratie* ist, und die *Ausprägung der sozialistischen Lebensweise* sind zwei Seiten ein und derselben Aufgabenstellung. Bei der bewußten Gestaltung dieses Zusammenhangs und bei der immer qualifizierteren Einbeziehung der Werktätigen auf der Grundlage des demokratischen Zentralismus läßt sich die Arbeiterklasse unter der Führung ihrer revolutionären Partei von der von Marx und Engels formulierten Erkenntnis leiten: „Mit der Gründlichkeit der geschichtlichen Aktion wird also der Umfang der Masse zunehmen, deren Aktion sie ist."[22] Diese geschichtsbildende und gesellschaftsgestaltende Aktivität, die sich in der Produktion ebenso wie in der Freizeit, im Betrieb wie im Wohngebiet äußert, ist entscheidend für die Weiterführung der Politik der Hauptaufgabe in ihrer Einheit von Wirtschafts- und Sozialpolitik, für die Stärkung des Sozialismus in der Auseinandersetzung mit dem Imperialismus. Im Programm der SED heißt es: „Die in vielfältigen Formen erfolgende Mitwirkung der Bürger an der Leitung des Staates und der Wirtschaft wird immer mehr zum bestimmenden Merkmal des Lebens im Sozialismus."[23]

Aktive Lebensgestaltung im Arbeitsprozeß

Damit die Aufgaben erfüllt werden können, die sich aus den Erfordernissen der weiteren Entwicklung der sozialistischen Gesellschaft ergeben, wird die gesellschaftliche Aktivität der Werktätigen durch die politische Führungstätigkeit der marxistisch-leninistischen Partei, durch die gesamte Leitungstätigkeit des sozialistischen Staates und der Massenorganisationen auf ein *stabiles Wirtschaftswachstum* und auf die *planmäßige Gestaltung der Arbeits- und Lebensbedingungen* gerichtet. Maßstäbe dafür sind die ständige Erfüllung der Planaufgaben und der Arbeitsnormen; die volle Auslastung der Arbeitszeit und der sparsamste Umgang mit Energie und Material; eine hohe und kontinuierliche Qualität

---

21 Vgl. Kap. 13.3. des vorliegenden Lehrbuches.
22 F. Engels, K. Marx, Die heilige Familie, in: K. Marx/F. Engels, Werke, Bd. 2, S. 86.
23 Programm der Sozialistischen Einheitspartei Deutschlands, S. 41.

der geleisteten Arbeit; Initiativen zur Erschließung neuer Möglichkeiten und Reserven für die Übererfüllung des Planes; persönliches Engagement bei der Überwindung von Schwierigkeiten und Mängeln; die Bereitschaft, bei Rationalisierungsmaßnahmen zusätzliche Aufgaben oder einen neuen Arbeitsplatz zu übernehmen; die Bereitschaft zur fachlichen und politisch-ideologischen Qualifizierung für neue Aufgaben. *Aktiv im Produktionsprozeß wie im politischen Leben* für das Ganze tätig zu sein heißt, sich für die Interessen der Arbeiterklasse, für die sozialistische Gesellschaft verantwortlich zu fühlen, sich mit der Kraft der eigenen Persönlichkeit für den Sieg des Neuen einzusetzen, Schwierigkeiten und Hemmnisse zu überwinden. Aktive Lebensgestaltung im Arbeitsprozeß ist bewußt wahrgenommene Verantwortung sozialistischer Eigentümer, die sich als Hausherren fühlen und entsprechend handeln. Das schließt die bewußte Gestaltung der Bedingungen für die Entwicklung des Menschen als Hauptproduktivkraft ebenso ein, wie die aktive Mitwirkung bei der Vorbereitung, Durchführung und Kontrolle von Entscheidungen über wissenschaftlich-technische, ökonomische und soziale Prozesse und die eigene Aktivität für die Entwicklung der Kollektivbeziehungen.

Im Programm der SED wird die Aufmerksamkeit auf die große Bedeutung einer unvoreingenommenen sachlichen *Kritik und Selbstkritik in den Kollektiven* gelenkt, auf die verstärkte Auseinandersetzung mit Fehlverhalten und Mängeln wie der Vergeudung von Arbeitskraft, Material und Zeit, nachlässigem und verantwortungslosem Umgang mit gesellschaftlichem und persönlichem Eigentum. „Zur sozialistischen Lebensweise gehört, die eigene Verantwortung für die übertragenen Aufgaben in vollem Umfange wahrzunehmen. Das ist die Voraussetzung für schöpferisches Mitarbeiten, Mitplanen und Mitregieren, worin die sozialistische Moral ihren höchsten Ausdruck findet."[24]

Bezogen auf den *Arbeitsprozeß* wird hier ein wesentlicher *Vorzug sozialistischer Lebensweise* gegenüber der kapitalistischen Lebensweise sichtbar. In kapitalistischen Ländern gilt, was hierzulande kaum vorstellbar ist: die Ausschaltung der Werktätigen von jeglicher Teilnahme an Entscheidungen über die Entwicklungstendenzen der Produktion und über ihre eigene Arbeit. Auch wenn im Sozialismus noch nicht alle Möglichkeiten der aktiven Teilnahme an Entscheidungen in den Arbeitskollektiven, in Gewerkschaftsversammlungen, in anderen Organisationen, Kommissionen, Arbeitsgruppen usw. voll genutzt werden, so sind sie doch als ständige Herausforderung an die Aktivität der Werktätigen objektiv gegeben. So wurde zum Beispiel die Schwedter Initiative „Weniger produzieren mehr" durch ehrenamtliche Kollektive für wissenschaftliche Arbeitsorganisation vorbereitet, in denen mehr als 5000 Werktätige mitgearbeitet haben. Dafür gibt es weder in der bürgerlichen Demokratie noch im Prozeß der kapitalistischen Rationalisierung vergleichbare Beispiele. Auf der Grundlage sozialer Sicherheit zeigt sich die neue Qualität demokratischer Aktivität im sozialistischen Arbeitsprozeß in Vorschlä-

---

24 Ebenda, S. 54.

gen auch zur Einsparung des eigenen Arbeitsplatzes. Das wiederum ist für Arbeiter in kapitalistischen Ländern unvorstellbar. Da die sozialistische Rationalisierung in neuen Dimensionen eine notwendige Bedingung für den weiteren ökonomischen Fortschritt ist, sind Aktivitäten für ihre umfassende Verwirklichung ein Maßstab für aktive sozialistische Lebensgestaltung im Arbeitsprozeß.

Tabelle 39 Ergebnisse der ökonomischen Initiativen der FDJ

	1976–1980	1981–1985
Nutzen aus der Aktion Materialökonomie (in Mrd. Mark)	6,1	10,5
Nutzen aus der Aktion Futterökonomie (in Mill. Mark)	92	307
Einsparung von Arbeitszeit (in Mill. Stdn.)	287	504
Einsparung von Arbeitsplätzen (Anzahl)	—	44 500
Erfassung von Schrott (in Mill. t)	1,6	2,4
Erfassung von Altpapier (in t)	235 000	490 000
Um- und Ausbau von Wohnungen (Anzahl)	42 000	79 445

Tabelle 40 Die werktätige und studierende Jugend in der MMM-Bewegung

	1981	1985	1986
Teilnehmer	697 987	1 115 867	1 230 257
Aufgaben	113 663	210 044	231 992
darunter aus den Plänen Wissenschaft und Technik	63 425	135 818	153 951
Anzahl der Messen der Meister von Morgen	13 131	21 167	21 904

Aktive Lebensgestaltung im Freizeitbereich

Im Freizeitbereich werden alle Bedürfnisse der Menschen befriedigt, die nicht in unmittelbarer Verbindung mit der Tätigkeit im Arbeitsprozeß stehen. Allein diese Tatsache erfordert eine *aktive Lebensgestaltung im Freizeitbereich*. Passivität wäre hier Verzicht auf notwendige Befriedigung von eigenen Bedürfnissen oder Lebensgestaltung auf Kosten der Aktivität anderer. Aktivität ist notwendig für die Reproduktion der Arbeitsfähigkeit durch Erholung und Entspannung, die auf vielfältige Weise möglich sind, für die Erfüllung von familiären und gesellschaftlichen Pflichten, für Weiterbildung, kulturvolle Lebensbedingungen und für unterschiedliche Hobbys. Der wissenschaftlichtechnische Fortschritt hat in wachsendem Maße und auf vielfältige Art und Weise, z. B. in Gestalt der modernen Massenmedien und moderner technischer Konsumgüter, Einfluß auf Inhalt und Formen der Freizeitgestaltung.

Da sich das Leben in der Freizeit überwiegend im Rahmen der Familie vollzieht, ist die *aktive Gestaltung der Familienbeziehungen* eine übergreifende Aufgabe sozialistischer Lebensgestaltung im Freizeitbereich. Neue Familienbeziehungen entwickeln sich nicht unabhängig von den praktischen gesellschaftlichen Aufgaben. Berufstätigkeit und die berufliche Entwicklung, gesellschaftliche Arbeit und Qualifizierung, die Erziehung der Kinder zu hoher Allgemeinbildung und zu solchen Verhaltensweisen im Leben wie Bescheidenheit, Hilfsbereitschaft, Ehrlichkeit und Achtung vor dem Alter stellen große Anforderungen an beide Ehepartner, an ihre gegenseitigen Beziehungen. Verantwortungsbewußte Erfüllung der Erziehungspflicht, das eigene Vorbild, die übereinstimmende Haltung der Eltern gegenüber den Kindern haben für ein harmonisches Familienleben, für die Erziehung der Kinder unersetzbare Bedeutung. Gleichgültigkeit und Routine bei der Gestaltung des Familienlebens, überholte Anschauungen und Lebensgewohnheiten und auch oberflächliche Maßstäbe bei der Wahl des Ehepartners erschweren die Entwicklung harmonischer Familienbeziehungen oder führen dazu, daß Ehen geschieden werden müssen. Im Familiengesetzbuch der Deutschen Demokratischen Republik wird deshalb die Forderung erhoben, daß sich die künftigen Ehepartner ernsthaft prüfen, ob sie von ihrem Charakter, ihren Interessen, ihrer Gesinnung sowie den gesamten Lebensumständen her die Voraussetzung haben, eine Ehe und Familie zu gründen. Die Verwirklichung der Gleichberechtigung der Ehepartner, die gleichberechtigte Wahrnehmung der Pflichten für die Pflege und Erziehung der Kinder, für den Haushalt usw. sind entscheidende Voraussetzungen für stabile und harmonische Familienbeziehungen, für die Lösung von auftretenden Konflikten im Ehe- und Familienleben.

Die *Entwicklung und Festigung neuer Familienbeziehungen* ist ein historischer Prozeß, der an alle Familienmitglieder hohe Anforderungen stellt. Vielfältige Probleme sind zu lösen, besonders dann, wenn Mann und Frau berufstätig sind. Viele Ehepartner erlernen neue Berufe, übernehmen höhere gesellschaftliche Verantwortung, verändern ihre soziale Stellung und sind mitunter aus beruflichen Gründen für längere Zeit nicht zu Hause. Gegenseitiges Verständnis, Taktgefühl sowie die Bereitschaft, solche Probleme auch im Interesse der Familie zu lösen, sind Eigenschaften, die zur Behebung von Konflikten beitragen bzw. sie verhindern. Die im Berufsleben, im Arbeitskollektiv gewonnenen Erkenntnisse und Erfahrungen bei der Lösung von Widersprüchen sind dabei eine wertvolle Unterstützung, um die Beziehungen in der Familie zu festigen. Gleichzeitig gehen große Einflüsse vom Familienleben auf die Gesellschaft, auf das Verhalten der Familienmitglieder im Arbeitsprozeß, im Kinder- und Lernkollektiv oder in anderen Gemeinschaften aus. Eine Aktivität von gesellschaftlicher Bedeutung ist die Erziehung der Kinder in der Familie gemeinsam mit den gesellschaftlichen Einrichtungen, die den berufstätigen Eltern zur Seite stehen, und in Zusammenarbeit mit der Schule. Die Kinder sind die Zukunft unserer Gesellschaft. Sie zu lebensfrohen, körperlich und geistig gesunden Menschen zu erziehen, ist eine verantwortungsbewußte Aktivität auch für die Zukunft der sozialistischen Lebensweise. In der Familie oder gemeinsam mit der Familie gibt es so vielfältige Möglichkei-

ten einer inhaltsreichen Freizeitgestaltung, die der Erholung und Entspannung
dienen und zur Persönlichkeitsentwicklung beitragen, zur vollen „Entwicklung
des Individuums, die selbst wieder als die größte Produktivkraft zurückwirkt auf
die Produktivkraft der Arbeit", wie Marx schrieb.[25] Voraussetzungen dafür sind:
die Entwicklung eines vielseitigen und interessanten gesellschaftlichen Lebens in
den Wohngebieten, unterstützt und gefördert durch die gesellschaftliche Aktivität der Bürger, eine lebensverbundene Kultur und Kunst sowie Körperkultur und
Sport. Sie fördern Gesundheit, Erholung, Lebensfreude und Leistungsfähigkeit
der Menschen.

Für die aktive Lebensgestaltung im Arbeitsprozeß und im Freizeitbereich gilt
die Zielstellung im Programm der SED: „Anliegen der sozialistischen Gesellschaft
ist die Sorge für eine sinnvolle Arbeit, für Bildung, Kultur, Gesundheit, Erholung
sowie Sicherheit im Alter. Das alles setzt zugleich voraus, daß jedes Mitglied der
Gesellschaft aktiv am sozialistischen Aufbau mitwirkt und dabei bewußt Verpflichtungen gegenüber der Gesellschaft übernimmt."[26]

| Sozialistische Lebensweise und Kultur | Zwischen der sozialistischen Lebensweise und der kulturellen Entwicklung der sozialistischen Gesell- schaft bestehen vielfältige Zusammenhänge, denn ein Ziel der Kulturpolitik der Partei und des Staates ist |

die *kulturvolle sozialistische Lebensweise.* Auf dem XI. Parteitag der SED hob Erich
Honecker hervor: „Im Mittelpunkt steht weiterhin die ständige Erhöhung des
Kulturniveaus der Arbeiterklasse und ihrer Einflußnahme auf die Entwicklung sozialistischer Kultur und Kunst. Mit der Förderung eines interessanten geistig-kulturellen Lebens in den Arbeitskollektiven und mit anderen kulturellen Aktivitäten leisten die Gewerkschaften und die Freie Deutsche Jugend dazu einen bedeutenden Beitrag. Das dient sowohl der ständigen Vervollkommnung sozialistischer
Arbeitskultur als auch der weltanschaulichen und fachlichen Bildung und der
Freizeitgestaltung der Werktätigen." Als Aufgabe wird formuliert: „Wir brauchen
mehr interessante und vielseitige Möglichkeiten, spezifischen Interessen und
Neigungen auf handwerklichem, technischem, wissenschaftlichem, gestalteri-
schem und künstlerischem Gebiet nachgehen zu können, sowohl in organisierten
Gemeinschaften als auch zeitweilig und individuell."[27]

Unter diesen Gesichtspunkten ist die Entwicklung der Kultur letztendlich auf
die Persönlichkeitsentwicklung, auf die Herausbildung der Anlagen, Fähigkeiten
und Talente orientiert. Das Kulturniveau ist eine spezifische Qualität sozialisti-
cher Persönlichkeiten, gekennzeichnet durch die Entwicklung geistig-kultureller
Bedürfnisse und durch den Grad ihrer Befriedigung, das heißt durch den Grad

25 K. Marx, Grundrisse der Kritik der politischen Ökonomie, Berlin 1953, S. 599.
26 Programm der Sozialistischen Einheitspartei Deutschlands, S. 53 f.
27 Bericht des Zentralkomitees der Sozialistischen Einheitspartei Deutschlands an den
XI. Parteitag der SED. Berichterstatter: Genosse Erich Honecker, Berlin 1986, S. 69.

der Entfaltung der menschlichen Wesenskräfte. Das *Kulturniveau* ist zugleich auch ein Wesensmerkmal sozialistischer Denk- und Verhaltensweisen als Ausdruck des kulturvollen Verhältnisses der Menschen zu den objektiven Bedingungen ihres Lebens und der Kultur in den Beziehungen der Menschen zueinander. Das Kulturniveau, das letztlich vom ökonomischen Niveau determiniert wird, wird geprägt durch fortschrittliche Traditionen, Bildung und Erziehung sowie durch eigene kulturelle Aktivität. Die *Kulturpolitik der marxistisch-leninistischen Partei und des sozialistischen Staates,* der eine umfassende, weitgreifende, sowohl materielle als auch geistige Bedingungen, Tätigkeiten und Errungenschaften in allen wesentlichen Lebenssphären einschließende Auffassung von Kultur zugrunde liegt, fördert diesen Prozeß durch die ständige Weiterentwicklung des sozialistischen Bildungswesens, durch kulturelle Einrichtungen wie Theater, Museen, Bibliotheken, Rundfunk, Fernsehen, kulturelle Veranstaltungen usw. sowie durch die Unterstützung aller Formen der kulturellen und künstlerischen Selbstbetätigung in Zirkeln und Arbeitsgemeinschaften. Im Programm der SED wird die für die sozialistische Lebensweise bedeutsame Aufgabe sozialistischer Kunst formuliert, „einprägsam auf das Leben des Volkes zu wirken, sozialistische Überzeugungen, Lebenseinstellungen und -beziehungen, den Sinn für Schönheit und die Ideale der Arbeiterklasse zu formen".[28] Für die Entwicklung einer kulturvollen sozialistischen Lebensweise ist und bleibt entscheidend, wie sich die Menschen den geistigen und kulturellen Reichtum in allen Bereichen ihrer Lebenstätigkeit aktiv aneignen.

Tabelle 41   Ausgewählte Fakten zur kulturellen Entwicklung der DDR

	1960	1970	1986
Gesamtauflage neuerschienener Bücher (in Tausend)	96 437	121 857	148 555
Leser in Allgemeinbiblioth. u. wiss. Bibliotheken (in Tsd.)	3 623*	4 367	5 166
Sendestunden des Fernsehens	3 007	6 028	8 320
Filmbesucher (in Tsd.)	237 906	91 355	70 719**
Theaterbesucher (in Tsd.)	16 127	12 259	9 680
Konzertbesucher (in Tsd.)	3 431	2 126	3 623
Besucher von Veranstaltungen der VEB Konzert- und Gastspieldirektion (in Tsd.)	9 389*	7 608	15 118**
Museumsbesucher (in Tsd.)	15 665*	19 831	34 322
Besucher von Klubs und Kulturhäusern (in Tsd.)	32 479*	35 335	65 900**

*   1965
**   1985

28   Programm der Sozialistischen Einheitspartei Deutschlands, S. 52.

16.3. Der humanistische Charakter der sozialistischen Lebensweise und die Verwirklichung der grundlegenden Menschenrechte

Der humanistische Charakter der sozialistischen Lebensweise entfaltet sich als Vorzug des Sozialismus im friedlichen Wettbewerb der Gesellschaftssysteme. Er ist am Ziel der entwickelten sozialistischen Gesellschaft orientiert, „alle Bedingungen zu schaffen, damit sich die gesellschaftlichen Beziehungen und die körperlichen und geistigen Fähigkeiten der Menschen voll entfalten können".[29] Diesem Ziel dient die Politik der SED und der Bruderparteien in den sozialistischen Ländern zur weiteren Ausprägung der sozialistischen Lebensweise.

Sozialistische Lebensweise und Persönlichkeitsentwicklung Die sozialistische Lebensweise ist in zweifacher Beziehung mit der Entwicklung sozialistischer Persönlichkeiten verbunden: *Einerseits* ist die sozialistische Lebensweise eine notwendige Bedingung für die allseitige Persönlichkeitsentwicklung der Menschen, *andererseits* ist sie selbst ein Resultat massenhafter Persönlichkeitsentwicklung in der sozialistischen Gesellschaft.[30] Es sind die Kenntnisse, Fähigkeiten, Eigenschaften und vor allem die Tätigkeiten der Menschen, mit denen sie auf der Grundlage sozialistischer Macht- und Eigentumsverhältnisse die Bedingungen ihrer Lebensweise so gestalten, daß sie der ständig besseren Befriedigung ihrer Bedürfnisse und der Realisierung ihrer Interessen dienen. Die politische Führungstätigkeit der marxistisch-leninistischen Partei und die Politik des sozialistischen Staates haben die Aufgabe, eine solche Entwicklungsrichtung zu gewährleisten, in welcher die gesellschaftlichen Erfordernisse mit den persönlichen Interessen auch unter sich ständig verändernden Bedingungen in Übereinstimmung gebracht werden. Diese Übereinstimmung von Erfordernissen und Interessen setzt Triebkräfte frei, die als bewußte Aktivität für die Verwirklichung der humanistischen Ziele der sozialistischen Gesellschaft und für die eigene Persönlichkeitsentwicklung wirksam werden.

Die praktischen Erfahrungen beim Aufbau des Sozialismus und bei der Gestaltung der entwickelten sozialistischen Gesellschaft haben sichtbar gemacht, daß das Hauptfeld sozialistischer Persönlichkeitsentwicklung vor allem die *aktive Mitwirkung bei der Gestaltung der sozialistischen Lebensweise* ist. Die neue Einstellung zur Arbeit und die Bereitschaft zu hohen Arbeitsleistungen entstanden in der Aktivistenbewegung, im sozialistischen Wettbewerb, d. h. im gemeinsamen Ringen um die Festigung der ökonomischen Grundlagen der sozialistischen Gesellschaft mit

---

29 Ebenda, S. 22.
30 Vgl. K. Marx/F. Engels, Manifest der Kommunistischen Partei, in: Werke, Bd. 4, S. 482.

490

dem Ziel der ständigen Verbesserung des materiellen und geistig-kulturellen Lebensniveaus. Die geistig-kulturelle Entwicklung sozialistischer Persönlichkeiten vollzog und vollzieht sich über die aktive Aneignung fachlicher und politisch-weltanschaulicher Bildung, über Aktivitäten im Bereich des geistig-kulturellen Lebens und über die aktive Teilnahme an der Leitung und Lösung der gesellschaftlichen Angelegenheiten.

Die Persönlichkeit entwickelt sich nicht nach einem vorgegebenen Modell, sondern unter dem Einfluß unterschiedlicher individueller Lebensbedingungen, modifiziert durch Erziehung, Bewußtseinsentwicklung und Traditionen. *Allseitigkeit der Persönlichkeitsentwicklung* bedeutet weder völlig gleiche Fähigkeiten und Eigenschaften noch eine Nivellierung in dem Sinne, daß jeder alles wissen und können müßte. Sie ist in der marxistisch-leninistischen Gesellschaftstheorie bestimmt als das Herausarbeiten der schöpferischen Anlagen des Menschen, „ohne andere Voraussetzung als die vorhergegangne historische Entwicklung". Sie ist der Prozeß, in dem der Mensch nicht „irgend etwas Gewordnes zu bleiben sucht, sondern in der absoluten Bewegung des Werdens ist".[31] Allseitigkeit der Persönlichkeit bedeutet demgemäß, die Fähigkeiten jedes Menschen allseitig zu entwickeln und die gesellschaftlichen Bedingungen so zu gestalten, daß diese Fähigkeiten in allen Lebensbereichen zum Wohle der Gesellschaft und des einzelnen wirksam werden können.

Kollektivität und Individualität

Marx gelangte zu der auch für gegenwärtige Entwicklungstendenzen der sozialistischen Lebensweise bedeutsamen Erkenntnis: „Die universal entwickelten Individuen, deren gesellschaftliche Verhältnisse als ihre eignen, gemeinschaftlichen Beziehungen auch ihrer eignen gemeinschaftlichen Kontrolle unterworfen sind, sind kein Produkt der Natur, sondern der Geschichte."[32] Die sozialistische Umgestaltung der Gesellschaft war die geschichtliche Voraussetzung für ein *Verhältnis von Kollektivität und Individualität,* in welchem sich die humanistischen Ideale der Arbeiterbewegung verwirklichen. Lebensmaximen wie „Jeder gegen Jeden" oder „Jeder ist sich selbst der Nächste" konnten durch Gemeinsamkeit schrittweise überwunden werden. Gemeinsamkeit im Denken, im Verhalten und in der Tätigkeit der Menschen ist nicht nur ein moralisches Postulat, sondern objektive Existenzbedingung, durch die gleiche Stellung zum gesellschaftlichen Eigentum und durch gemeinsame Interessen begründet. Der Sozialismus setzt dem engstirnigen Individualismus die sozialistische Kollektivität entgegen, in der das Individuum nicht eingeengt wird, sondern sich frei entfalten kann.

Sozialistische Kollektivität ist Ausdruck des Charakters sozialistischer Produktionsverhältnisse sowie der Übereinstimmung von persönlichen und gesellschaftlichen Interessen. Sie zeigt sich in der kameradschaftlichen Zusammenarbeit so-

---

31 K. Marx, Grundrisse der Kritik der politischen Ökonomie, S. 387.
32 Ebenda, S. 79.

zialistischer Arbeitskollektive bei ihrem Kampf um hohe Leistungen, in der freimütigen Kritik und Selbstkritik bei Fehlern und Mängeln sowie in der gegenseitigen Hilfe. Sie kommt ebenso in gemeinsamer ehrenamtlicher Tätigkeit und in der gegenseitigen Hilfe im persönlichen Leben und in der Familie zum Ausdruck. Im Gegensatz zu antikommunistischen Verleumdungen, in denen behauptet wird, im Sozialismus werde die Persönlichkeitsentfaltung der Kollektivität geopfert, wird in der Entwicklung der sozialistischen Lebensweise immer deutlicher: Sozialistische Kollektivität vermittelt dem einzelnen den Reichtum gesellschaftlicher Beziehungen, bietet ihm breiten Raum für die Entfaltung seiner vielseitigen Interessen, Neigungen und Begabungen. Dem wachsenden Bedürfnis der Menschen nach Achtung und Förderung ihrer Individualität kann nur im Rahmen der Kollektivität entsprochen werden. In der Entwicklung sozialistischer Arbeitskollektive zeigt sich, daß Gemeinschaftsbeziehungen und Gemeinsamkeit nicht nur Voraussetzung für die Entwicklung und Entfaltung der Persönlichkeit sind, sondern daß die Persönlichkeitsentwicklung aller Mitglieder eine Bedingung für die Kraft und Stärke des Kollektivs ist und dessen Leistungsfähigkeit bestimmt. „Die sozialistische Gesellschaft wird selbst um so reicher" – wurde auf dem XI. Parteitag der SED festgestellt – „je reicher sich die Individualität ihrer Mitglieder entfaltet, und sie schafft dafür mit ihrem Fortschreiten immer günstigere Bedingungen."[33]

| Praktische Verwirklichung der Menschenrechte | Die Gestaltung sozialistischer Lebensweise schließt die praktische Verwirklichung der Menschenrechte im Sozialismus und die weitere Ausprägung des humanistischen Charakters dieser Gesellschaftsordnung ein. |

Der Sozialismus realisiert Menschenrechte auf einer geschichtlich qualitativ neuen Stufe. *Die höhere Qualität und Spezifik der Menschenrechte im Sozialismus* gegenüber dem Kapitalismus beruht auf den grundlegend neuen sozialistischen Macht- und Eigentumsverhältnissen. Durch sie bestehen entscheidende Grundlagen dafür, daß Menschenrechte nicht formale Deklarationen bleiben, sondern auf umfassende Weise durch die Gesamtheit der gesellschaftlichen Verhältnisse garantiert werden können und auch in ihrer Einheit und wechselseitigen Bedingtheit von politischen, zivilen, sozialökonomischen und kulturellen Rechten in die Tat umgesetzt werden können. Die imperialistischen Gegner des Sozialismus behaupten häufig, daß zwischen der politischen Orientierung auf Werte und Ideale des Sozialismus und dem Alltagsleben der Menschen ein Widerspruch festzustellen sei. Sie verkennen den realen Charakter dieser Werte und ignorieren die bereits erreichten Ergebnisse bei der praktischen Verwirklichung der Ideale der revolutionären Arbeiterbewegung.

Sozialistische Menschenrechte sind nicht nur verfassungsrechtlich sanktioniert und geschützt, sondern sind gesellschaftliche Realität, garantierte soziale Tatbe-

---

33 Bericht des Zentralkomitees der SED an den XI. Parteitag der SED, S. 59 f.

stände. Sie mußten und müssen nicht im Kampf gegen den sozialistischen Staat erwirkt werden, sondern können auf der Basis der grundlegenden Interessenübereinstimmung von Staat und Bürger im Sozialismus im engen vertrauensvollen Miteinander aller Klassen, Schichten und sozialen Gruppen realisiert werden. Die Verwirklichung der Menschenrechte im Sozialismus zeigt sich in der umfassenden demokratischen Mitwirkung der Bürger in Staat und Gesellschaft, in der Achtung der Würde des Bürgers, im Schutz der persönlichen Freiheit und der Rechtssicherheit der Person, im garantierten Recht auf Arbeit, auf Bildung und auf soziale Sicherheit, in der durch die sozialistische Gesellschaft geübten sozialen Gerechtigkeit, im vielfältig ausgeübten Recht, sich zu einem religiösen Glauben zu bekennen und religiöse Handlungen auszuüben,[34] und in vielen anderen Formen. Die *soziale Sicherheit* des einzelnen ist konkreter Ausdruck sozialistischer Humanität. Sie ist ein Wert, der das Leben eines jeden bestimmt, gleich welcher Klasse oder Schicht er zugehörig sein mag, ob er sich erst auf sein Arbeitsleben vorbereitet, schon darin steht oder auf ein erfülltes Leben zurückblickt. Soziale Sicherheit ist mehr als ein Menschenrecht neben anderen. Sie ist die Grundlage der Existenz und Entwicklung des Menschen, in ihr vereinigen sich die praktisch verwirklichten Menschenrechte. Im Klassenwesen sozialistischer Menschenrechte finden *die allgemeinen humanistischen Menschenrechtsideale* ihre Aufbewahrung und Fortführung. Der Sozialismus befindet sich in Übereinstimmung mit diesen Idealen, gibt ihnen einen erweiterten und vertieften Inhalt und eine umfassende, konkrete Gestaltung. Im Unterschied dazu begrenzt und verstümmelt der Klassencharakter der Menschenrechte im Kapitalismus die allgemein-humanistischen Menschenrechtsideale und macht sie oftmals nur zu leeren, formalen und demagogischen Losungen.

In allen Bereichen der Menschenrechtsentwicklung kann der Sozialismus bereits auf bedeutende Errungenschaften verweisen. Auf wichtigen Gebieten der *wirtschaftlichen, sozialen und kulturellen Rechte* hat der Sozialismus ein international weithin anerkanntes Niveau erlangt. Der XI. Parteitag der SED betonte die Ergebnisse der auf das Wohl des Volkes und des einzelnen gerichteten Politik der SED: „Unser Volk hat aufgrund der Entwicklung der Produktivkräfte und der sozialistischen Produktionsverhältnisse einen Lebensstandard erzielt wie noch nie in seiner Geschichte. Arbeitslosigkeit ist für uns ein Begriff aus einer anderen, fremden Welt. Gewährleistet sind bei uns soziale Sicherheit und Geborgenheit, Vollbeschäftigung, gleiche Bildungschancen für alle Kinder des Volkes."[35]

Auch die *politischen und persönlichen (zivilen) Rechte* besitzen entgegen allen Verdrehungen oder Verleumdungen von bürgerlicher Seite im Sozialismus einen bedeutenden Stellenwert. Sie setzen Triebkräfte für das Handeln der Menschen frei, sie stimulieren die politische und soziale Aktivität der Werktätigen und sind

---

34 Vgl. Verfassung der Deutschen Demokratischen Republik. Abschnitt II, Kapitel 1: Grundrechte und Grundpflichten der Bürger, Artikel 19–40.
35 Bericht des Zentralkomitees der SED an den XI. Parteitag der SED, S. 6.

fester Bestandteil des politischen Systems des Sozialismus. Die Verwirklichung der verfassungsmäßigen Grundrechte im Alltag ist eine wesentliche Voraussetzung für die Bereitschaft der Bürger, Mitverantwortung für die Lösung gesellschaftlicher und staatlicher Aufgaben zu übernehmen.

Menschenrechte im Sozialismus sind nichts Statisches, sondern ihre Durchsetzung vollzieht sich als *ein dynamischer Prozeß*. Sie entwickeln sich als fester Bestandteil der gesellschaftlichen Gesamtentwicklung des Sozialismus sowie auch in Abhängigkeit davon ständig weiter, wie günstige internationale Bedingungen geschaffen werden können. Die weitere Gestaltung der entwickelten sozialistischen Gesellschaft als ein Prozeß tiefgreifender gesellschaftlicher Wandlungen stellt neue Anforderungen an die Entwicklung der Menschenrechte im Sozialismus. Mit steigendem Lebensniveau und auf der Grundlage sozialer Sicherheit wachsen im Sozialismus die Ansprüche der Bevölkerung an die konkrete Menschenrechtsverwirklichung. Auch der Inhalt schon realisierter Menschenrechte verändert und erweitert sich, z. B. im Zusammenhang mit der wissenschaftlich-technischen Revolution, die so zu gestalten und zu bewältigen ist, daß wissenschaftlich-technischer in sozialen Fortschritt mündet.

Gleichzeitig werden die Fragen der Menschenrechte immer mehr zu einem der zentralen Felder in der Auseinandersetzung und im Wettstreit der Gesellschaftssysteme. Vor dem Sozialismus steht die historische Aufgabe, im Wettstreit mit dem kapitalistischen Gesellschaftssystem durch das Beispiel seine Vorzüge in der Menschenrechtsverwirklichung immer wirksamer unter Beweis zu stellen. Es geht darum, das Grundrecht der Menschen auf ein Leben in Frieden zu gewährleisten, dessen Verwirklichung die erste und entscheidende Bedingung für die Existenz der Menschen und für die Entwicklung ihrer Lebensweise ist. So erweist sich der Sozialismus „als die Gesellschaftsordnung, die allein den Interessen und dem Wohl des Volkes dient, soziale Geborgenheit und hohen Bildungsstand, Freiheit, Demokratie und Menschenwürde für alle Werktätigen garantiert."[36]

---

36 Ebenda, S. 83.

Kontrollfragen zu Kapitel 16

1. Worin besteht die neue Qualität der sozialistischen Lebensweise gegenüber der kapitalistischen Lebensweise?

2. Wie zeigt sich der dialektische Zusammenhang zwischen Produktionsweise und Lebensweise in der sozialistischen Gesellschaft?

3. Welche Auswirkungen hat der wissenschaftlich-technische Fortschritt auf die sozialistische Lebensweise?

4. Warum ist die gesellschaftlich nützliche Arbeit das Herzstück der sozialistischen Lebensweise?

5. Weshalb ist die aktive Lebensgestaltung ein wichtiges Merkmal der sozialistischen Lebensweise?

17. Der ideologische Kampf und die Auseinandersetzung mit dem bürgerlichen politischen Denken

Die Arbeiterklasse vermag ihre welthistorische Mission nur erfolgreich zu verwirklichen, wenn sie unter Führung ihrer revolutionären Partei in schöpferischer Aneignung und Entwicklung der Theorie des Marxismus-Leninismus einen konsequenten und zielgerichteten ideologischen Kampf führt. Die Ideologie ist ein wichtiges Feld der Klassenauseinandersetzung. Ohne ideologische Klarheit können weder der ökonomische noch der politische Klassenkampf der Arbeiterklasse erfolgreich geführt werden. Zwischen diesen drei Formen des Klassenkampfes besteht ein untrennbarer Zusammenhang – sie bilden eine dialektische Einheit.[1] Die Ideen des wissenschaftlichen Sozialismus werden nur im Kampf der Arbeiterklasse um die Erreichung ihrer ökonomischen und politischen Ziele zur Wirklichkeit. Andererseits bedarf es unbedingt ihrer gründlichen Aneignung und offensiven Verbreitung, um in der ökonomischen und politischen Tätigkeit die richtigen Wege gehen und die erstrebten Resultate erreichen zu können.

17.1. Die Grundfrage des ideologischen Kampfes und das bürgerliche politische Denken

Die Sicherung des Friedens
Zwischen dem ideologischen Kampf der Arbeiterklasse und den Erfordernissen und Zielen ihres politischen Handelns besteht ein enger, untrennbarer Zusammenhang. Inhalt, Ziele und Formen der ideologischen Tätigkeit sind wesentlich durch die politischen Anforderungen bestimmt, die in der jeweiligen Etappe

---

1 Vgl. F.Engels, Ergänzung der Vorbemerkung von 1870 zu „Der deutsche Bauernkrieg", in: K.Marx/F.Engels, Werke, Bd.18, S.516f.

des Ringens um die Erfüllung der welthistorischen Mission der Arbeiterklasse im Mittelpunkt stehen. Für den ideologischen Kampf der Gegenwart bedeutet dies vor allem, daß er fest eingeordnet ist in das weltweite Ringen des Sozialismus und aller Friedenskräfte um die Rettung der Menschheit vor einer atomaren Katastrophe, die durch die Politik besonders aggressiver und entspannungsfeindlicher Kreise der Monopolbourgeoisie heraufbeschworen wird.

Der ideologische Kampf wird heute in seinem Hauptinhalt durch den tiefen Widerspruch geprägt, der zwischen den Lebensinteressen der Völker und Staaten einerseits und den auf Konfrontation, Hochrüstung und Weltherrschaft gerichteten Zielen einer kleinen Schicht besonders aggressiver und reaktionärer Kräfte des Imperialismus andererseits besteht und ein globales Ausmaß angenommen hat. Es wurde zur *Grundaufgabe des ideologischen Kampfes*, mit den spezifischen Mitteln der geistigen Auseinandersetzung dazu beizutragen, der imperialistischen Politik der Konfrontation und der Vorbereitung eines atomaren Krieges Einhalt zu gebieten und gleichzeitig *alle* am Frieden interessierten Kräfte unabhängig von ihren sonstigen weltanschaulichen Positionen zu gemeinsamen Aktionen zusammenzuführen, um den Frieden zu sichern. Weltweit gilt es, ein *Denken durchzusetzen*, das durch *folgende Einsichten* geprägt ist:
– Angesichts der Tatsache, daß die Anwendung moderner atomarer Waffen notwendigerweise zur Vernichtung der gesamten Menschheit führt, kann für niemanden mehr der Krieg ein taugliches Mittel zur Erreichung politischer Ziele sein. Der Kampf der beiden Gesellschaftssysteme kann durch Krieg nicht entschieden werden. Dieser unvermeidliche Kampf, der Klassencharakter trägt, ist demzufolge nur unter Ausschluß von Waffengewalt auszutragen, und zwar auf den Ebenen der ökonomischen, der politischen und der geistigen Auseinandersetzung.
– Das militärische Gleichgewicht ist auf die Dauer nur dann noch Grundlage und Garantie für die Erhaltung des Friedens, wenn es auf sinkendem Waffenniveau beruht, also mit Abrüstung verbunden wird. Produktion neuer Waffensysteme und Wettrüsten machen den Frieden immer zerbrechlicher. Die Logik der Abschreckung kann nicht mehr gelten, weil jeder Versuch zur Abschreckung Gegenreaktionen herbeiführt, die mit Verlusten in der eigenen Sicherheit verbunden sind. Zudem droht das Wettrüsten überhaupt unkontrollierbar zu werden.
– Sicherheit ist nur noch als kollektive Sicherheit möglich. Die eigene Sicherheit setzt die Berücksichtigung der Sicherheitsinteressen des anderen voraus.
– Die Sicherung des Friedens auf dem Wege der Abrüstung ist zur Voraussetzung und zum festen Bestandteil der Lösung aller anderen globalen Menschheitsprobleme geworden. Zwischen dem Kampf um Frieden und Abrüstung und dem Ringen um sozialen Fortschritt besteht ein untrennbarer wechselseitiger Zusammenhang.[2]

Die Härte des weltweiten ideologischen Kampfes in der Gegenwart ergibt sich vor allem daraus, daß ein Denken, das auf diesen Einsichten beruht und den Ge-

2 Vgl. vor allem Kap. 5.2. des vorliegenden Lehrbuches.

boten der Vernunft und der Selbsterhaltung der Menschheit entspricht, nur *gegen den beharrlichen Widerstand der politischen und ideologischen Verfechter der Konfrontation,* der Politik der Stärke und der Hochrüstung, der Gegner der Politik der friedlichen Koexistenz durchgesetzt werden kann. Politische und ideologische Exponenten des Militär-Industrie-Komplexes im Imperialismus nutzen ihre umfangreichen Mittel und Möglichkeiten, um die Ausbreitung dieses Denkens unter den Angehörigen verschiedenster Klassen und Schichten der Bevölkerung durch intensive Manipulierungsversuche, durch politischen und ökonomischen Druck zu verhindern.

Unter den Bedingungen des weltweiten Ringens um die Erhaltung und Sicherung des Friedens ist der ideologische Kampf der Arbeiterklasse auf jene extrem reaktionären friedens- und menschheitsfeindlichen Konzeptionen einiger imperialistischer Ideologen konzentriert, die gegen den Sozialismus und den sozialen Fortschritt die Anwendung militärischer Mittel bis hin zum atomaren Krieg einkalkulieren oder gar offen propagieren. Die wichtigste Aufgabe besteht darin, eine offensive Auseinandersetzung mit allen ideologischen und politischen Konzeptionen zu führen, die das Gespenst einer „kommunistischen Bedrohung" heraufbeschwören und glauben, darauf die Politik der atomaren Abschreckung, die das Wettrüsten einschließt, begründen zu können. Hierzu gehören auch jene Konzeptionen, die darauf abzielen, den Sozialismus „totzurüsten". Hauptsächlicher Gegenstand des ideologischen Kampfes der Arbeiterklasse sind jene besonders aggressiven ideologischen Richtungen des Imperialismus, die gegen den Sozialismus und andere Friedenskräfte unserer Zeit mit Methoden der Lüge, der groben Entstellungen, der böswilligen Verdrehung, der Verketzerung und Hetze arbeiten, die blinde Emotionen des Hasses zu erzeugen beabsichtigen, um Anhänger für ihre friedensbedrohende Konfrontationspolitik zu gewinnen.

In der ideologischen Auseinandersetzung, zu deren Hauptfeld der Kampf gegen die Ideologie der imperialistischen Hochrüstung wurde, knüpft die Arbeiterklasse an Friedensideen an, die in der Geschichte der Menschheit von Denkern verschiedener Klassen und unter unterschiedlichen historischen Bedingungen hervorgebracht wurden und bis in die Gegenwart hinein lebendig blieben. Die Arbeiterklasse ist der konsequenteste Verfechter des ersten und wichtigsten aller Menschenrechte, des Rechtes auf ein Leben in Frieden. Allgemeine und elementare Interessen der Menschheit, wie vor allem das Interesse am Überleben angesichts drohender atomarer Katastrophe, finden vermittelt über die Interessen der Arbeiterklasse und mit ihr verbündeter Klassen und Schichten in der sozialistischen Ideologie geistigen Ausdruck. Im Ensemble der Ideen des wissenschaftlichen Sozialismus nimmt die Idee der Sicherung des Friedens für die Menschheit einen zentralen Stellenwert ein. Deshalb ist die sozialistische Ideologie darauf ausgerichtet, einen *breiten politischen Dialog* der Vernunft mit allen Kräften, die an einer Politik der Zusammenarbeit im Interesse der Erhaltung des Friedens interessiert sind, zu stimulieren. Die Durchsetzung eines solchen Dialogs ist wichtiger Bestandteil des ideologischen Kampfes, dessen Hauptstoß gegen die eingeschworenen Feinde der Politik der friedlichen Koexistenz gerichtet ist. In der sozialisti-schen Ideologie findet die untrennbare Einheit von Sozialismus und Frieden, die bereits in der historischen Mission der Arbeiterklasse begründet liegt und sich aus dem Wesen der sozialökonomischen und politischen Verhältnisse der sozialistischen Gesellschaft ableitet, ihre Widerspiegelung auf geistiger Ebene.[3] Der Sozialismus besitzt ein konsequentes und klares Friedensprogramm, das der Politik der sozialistischen Staaten zugrunde liegt, dessen Inhalt die ideologische Arbeit marxistisch-leninistischer Parteien bestimmt und auf dessen Grundlage der Dialog mit allen an der Erhaltung des Friedens interessierten Kräften der Welt geführt werden kann und muß. So erweist sich die sozialistische Ideologie im Ringen um die Lösung globaler Existenzfragen der Menschheit in höchstem Maße fähig zum Dialog mit allen an der Lösung dieser Fragen interessierten Kräften, auch mit jenen, die ihr Friedensengagement mit weltanschaulich-ideologischen Positionen verbinden, die mit der sozialistischen Ideologie nicht übereinstimmen oder ihr sogar entgegenstehen. Zu einem solchen politischen Dialog gibt es in der sozialistischen Ideologie keinerlei Vorbehalt. Ausgehend von ihren Grundpositionen ist es möglich und notwendig, im Dialog mit nichtmarxistischen Politikern und Ideologen gemeinsam Auffassungen zu Fragen der gegenseitigen Sicherheit in den Mittelpunkt zu stellen und in diesem Sinne den Austausch gleicher oder ähnlicher Auffassungen zum Bestandteil des politischen Dialogs zu machen. Das trifft besonders auf den Dialog mit jenen vorwiegend in der Sozialdemokratie wirkenden politischen Kräften zu, von denen die Konzeption der Sicherheitspartnerschaft zwischen kapitalistischen und sozialistischen Staaten vertreten wird. Sie gehen davon aus, daß die Sicherheit der einen Seite nur gewährleistet ist, wenn gleiche Sicherheit für die andere Seite garantiert ist.

Der sich entwickelnde politische Dialog zwischen Marxisten-Leninisten und Vertretern der Sozialdemokratie beweist die Möglichkeit, trotz unterschiedlicher und in wesentlichen Fragen entgegengesetzter ideologischer Standpunkte gemeinsame Positionen im Friedenskampf aufzuspüren und in den Mittelpunkt politischer Tätigkeit zu stellen.[4] Der politische Dialog der Vernunft ist von der Erkenntnis getragen, daß die Auseinandersetzung zwischen den entgegengesetzten Gesellschaftssystemen, soll die Existenz der Menschheit nicht aufs Spiel gesetzt werden, nur noch in Form des friedlichen Wettbewerbs geführt werden kann, der die Zusammenarbeit bei der Lösung globaler Menschheitsprobleme einschließen muß. Obwohl dieser Wettstreit der Systeme oft den Charakter einer harten Klassenauseinandersetzung trägt, kann und muß er doch unter Ausschluß militärischer Mittel und ausgerichtet auf den wirksamsten Beitrag zur Lösung übergreifender Menschheitsprobleme geführt werden. Die Gegnerschaft in ideologischen

---

3 Vgl. Kap. 2.3. des vorliegenden Lehrbuches.
4 Vgl. Der Streit der Ideologien und die gemeinsame Sicherheit. Dokument der Akademie für Gesellschaftswissenschaften beim Zentralkomitee der SED und der Grundwertekommission der SPD, in: Neues Deutschland vom 28. August 1987, S. 3.

Grundpositionen und die harte Auseinandersetzung der Systeme auf ökonomischer, politischer und ideologischer Ebene dürfen eine Partnerschaft im Ringen um die Sicherung des Friedens und die Lösung anderer elementarer und globaler Menschheitsinteressen nicht ausschließen, sondern müssen sie einschließen. So entsteht ein komplizierter, widerspruchsvoller dialektischer Zusammenhang zwischen Wettstreit und Zusammenarbeit der Gesellschaftssysteme.

Der politische Dialog der Vernunft schließt selbstverständlich den *politischen und ideologischen Streit* ein, ja er ist eine Form der Austragung dieses Streites. Doch muß sich der Streit nach *Regeln* vollziehen, die sich aus der gemeinsamen Verantwortung für die Sicherung des Friedens und für die Realisierung weiterer elementarer Menschheitsinteressen ergeben und die eine zivilisierte Art und Weise der politischen und ideologischen Auseinandersetzung gewährleisten. Diese Regeln erfordern vor allem, daß die ideologische Auseinandersetzung sich ohne Einmischung in die inneren Angelegenheiten anderer Staaten vollzieht. „Gemeinsame Sicherheit ist nicht zu erreichen, wenn ideologische Gegensätze in Formen ausgetragen werden, die zwischenstaatliche Beziehungen gefährden oder vergiften oder gar Machtkonflikte als unversöhnlichen und unausweichlichen Kampf zwischen Gut und Böse erscheinen lassen. Zur gemeinsamen Sicherheit gehört der Verzicht auf Versuche, sich unmittelbar in die praktische Politik in anderen Staaten einzumischen, aber auch der friedliche Wettbewerb der Systeme, ein Wettbewerb, der sich im Rahmen gemeinsam erarbeiteter Regeln hält und eine Kultur des politischen Streits und schließlich des kontroversen Dialogs einschließt."[5] Wichtig ist unter diesen Gesichtspunkten, Kritik an den gesellschaftlichen Verhältnissen des entgegengesetzten Gesellschaftssystems auf der Grundlage nachprüfbarer Tatsachen, realer Prozesse und Verhältnisse vorzutragen und böswillige Entstellungen, Verdrehungen und Verfälschungen auszuschalten. Trotz entgegengesetzter sozialökonomischer, politischer und ideologischer Verhältnisse sind in realistischer und differenzierter Darstellung und Analyse der anderen Seite deren Fähigkeit, zur Sicherung des Friedens beizutragen, anzuerkennen und aufzuzeigen. Das erfordert bezüglich des Imperialismus ein differenziertes Herangehen an die in ihm wirksamen politischen Kräfte, ohne zu verkennen, daß der Imperialismus seinem Wesen nach aggressiv ist. Aber diese Aggressivität kann gezügelt werden. Sie muß sich nicht unbedingt auf militärischer Ebene realisieren.

Die Notwendigkeit des ideologischen Kampfes

Unter den Bedingungen des politischen Dialogs nehmen aber auch die *Bedeutung, der Stellenwert und die Intensität geistiger Auseinandersetzungen* – das heißt der Streit der Ideen – zu, denn dieser Dialog führt keineswegs zur Verwischung oder gar Beseitigung der objektiv bedingten ideologischen Gegensätze und Differenzen unserer Übergangsepoche. „Die Härte des

5 Ebenda.

Kampfes um den Frieden erfordert in allen ideologischen Grundpositionen eine solche Prinzipienfestigkeit, die es uns ermöglicht, eine große Flexibilität und einen weiten Handlungsspielraum im Kampf um den Frieden und sozialen Fortschritt zu gewährleisten. Friedliche Koexistenz ist niemals ideologische Koexistenz."[6] Eine wichtige Aufgabe bleibt vor allem, die im Wirken besonders reaktionärer Kreise des Imperialismus liegenden Ursachen der Kriegsgefahr einerseits und die Einheit von Sozialismus und Frieden andererseits herauszuarbeiten, ohne freilich zu übersehen, daß es nicht eine notwendige Voraussetzung ist, den Boden der bürgerlichen Ideologie zu verlassen, um zur Sicherung des Friedens in unserer Zeit, zu einem zeitgemäßen Friedensdenken beitragen zu können.

Bürgerliche Ideologie als geistiger Ausdruck der Klasseninteressen der Bourgeoisie und sozialistische Ideologie als geistiger Ausdruck der Klasseninteressen der Arbeiterklasse und aller Werktätigen können allerdings nicht miteinander vermischt oder versöhnt werden. Im *Gegensatz von bürgerlicher und sozialistischer Ideologie* drücken sich stets der antagonistische Gegensatz von Kapital und Arbeit und der Gegensatz von Imperialismus und Sozialismus aus. Lenin charakterisierte diesen Gegensatz mit den Worten: „... bürgerliche oder sozialistische Ideologie. Ein Mittelding gibt es hier nicht (denn eine ,dritte' Ideologie hat die Menschheit nicht geschaffen, wie es überhaupt ... niemals eine außerhalb der Klassen oder über den Klassen stehende Ideologie geben kann). Darum bedeutet *jede* Herabminderung der sozialistischen Ideologie, *jedes Abschwenken* von ihr zugleich eine Stärkung der bürgerlichen Ideologie."[7] Der Marxismus-Leninismus wendet sich deshalb gegen alle bürgerlichen und revisionistischen Theorien von der „Entideologisierung". Sie widersprechen den tatsächlichen Gegebenheiten der ideologischen Klassenauseinandersetzung, die auch unter den Bedingungen der friedlichen Koexistenz der Staaten entgegengesetzter Gesellschaftssysteme keineswegs verschwindet.

Auch der politische Dialog der Vernunft im Interesse der Sicherung des Friedens ist kein ideologiefreier Prozeß. In diesem Dialog geht jeder der Partner von *seinen* ideologischen Positionen aus und ist weit davon entfernt, diese etwa beiseite zu legen. Das Auffinden gemeinsamer politischer Auffassungen im Friedenskampf kann nur erfolgreich sein, wenn die Dialogpartner frei sind von der Illusion, die unterschiedlichen ideologischen Grundpositionen miteinander vermischen zu können. Sowohl an *marxistisch-leninistische Prinzipienfestigkeit* als auch an politische Elastizität und Beweglichkeit sind unter den Bedingungen des Dialogs der Vernunft höchste Anforderungen gestellt. Das Vermögen, die gesellschaftlichen Prozesse in unserer Epoche auf der Grundlage des Marxismus-Leninismus tiefgründig analysieren zu können, ist eine *Grundvoraussetzung für die erfolgreiche Führung des Dialogs mit nichtmarxistischen Politikern und Ideologen.* Eine Verwischung der unterschiedlichen ideologischen Grundpositionen würde dem ehrlichen Zu-

6 E. Honecker, Die Aufgaben der Parteiorganisationen bei der weiteren Verwirklichung der Beschlüsse des XI. Parteitages der SED, Berlin 1987, S. 98.

7 W. I. Lenin, Was tun? in: Werke, Bd. 5, S. 396.

sammengehen im Friedenskampf zutiefst schaden, es letztendlich unmöglich machen. Ziel des Dialogs ist keineswegs die Vermittlung oder Versöhnung der ideologischen Positionen. Allerdings geht es darum, das politische Handeln gegenseitig berechenbarer zu machen, Mißtrauen abzubauen und auszuschalten, daß die ideologische Auseinandersetzung zum Hemmnis gemeinsamen politischen Handelns bei der Sicherung des Friedens wird. Im breiten Dialog um die Fragen der Sicherung des Friedens wird aber weder der Gegensatz von Kapitalismus und Sozialismus noch der Gegensatz von bürgerlicher und sozialistischer Ideologie aufgehoben. Bürgerliche Ideen von „ideologischer Koexistenz" und „Entideologisierung" sind letztlich darauf ausgerichtet, ein dem Klassenstandpunkt der Arbeiterklasse entsprechendes Denken aufzugeben und der bürgerlichen Ideologie Zugeständnisse zu machen. Wird aber der Boden der sozialistischen Ideologie verlassen, so sind Arbeiterklasse und sozialistische Gesellschaft ihres geistigen Kompasses beraubt, den sie für die Realisierung ihrer Ziele, für die allseitige Stärkung und Weiterentwicklung des Sozialismus und für die Nutzung und den Ausbau seiner Errungenschaften benötigen.

Ein *grundlegendes Ziel der ideologischen Arbeit* der marxistisch-leninistischen Partei besteht darin, *der Arbeiterklasse und allen Werktätigen über die Vermittlung der Erkenntnisse des Marxismus-Leninismus eine wissenschaftlich begründete Einsicht in ihre Lage, in ihre Interessen, ihre Aufgaben und die Wege zur Lösung dieser Aufgaben zu vermitteln.* Die hauptsächliche Aufgabe der ideologischen Arbeit im Sozialismus besteht darin, die Werktätigen in Anknüpfung an ihre eigenen gesellschaftlichen Erfahrungen zu befähigen, schöpferisch und aktiv an der Gestaltung der sozialistischen Gesellschaft mitzuwirken, die Möglichkeiten der sozialistischen Demokratie in vollem Maße zu nutzen und sich dabei zu sozialistischen Persönlichkeiten zu entwickeln. So heißt es im Programm der SED: „Grundanliegen der politisch-ideologischen Tätigkeit der Sozialistischen Einheitspartei Deutschlands ist es, die Arbeiterklasse und alle Werktätigen mit den revolutionären Ideen des Marxismus-Leninismus auszurüsten, ihnen die Politik der Partei zu erläutern, ihr sozialistisches Denken, Fühlen und Handeln zu entwickeln, sie für die Lösung der Aufgaben zu mobilisieren und sie gegen alle Einflüsse der imperialistischen und bürgerlichen Ideologie zu wappnen."[8] Ohne Klarheit in den Köpfen, ohne ein festes sozialistisches Bewußtsein, ohne einen unerschütterlichen Klassenstandpunkt sind die welthistorischen Aufgaben des Sozialismus in unserer Epoche nicht zu lösen.

Für die offensive Auseinandersetzung mit der bürgerlichen Ideologie, die ein Hauptanliegen der politisch-ideologischen Arbeit sein muß,[9] ist von besonderer Wichtigkeit, den untrennbaren *Zusammenhang zwischen Sozialismus und Frieden* allseitig darzustellen und das sozialistische Friedensprogramm zu verbreiten. Nicht weniger bedeutsam ist der Nachweis, daß der *wissenschaftlich-technische Fortschritt im Sozialismus* im Interesse der arbeitenden Menschen verwirklicht wird und unter

8 Programm der Sozialistischen Einheitspartei Deutschlands, Berlin 1976, S. 66.
9 Vgl. ebenda, S. 67.

den Bedingungen *gesicherter Menschenrechte* und *sozialer Sicherheit* verläuft. Schließlich kommt der Darstellung der *sozialen, politischen und kulturellen Rechte der Werktätigen*, ihrer persönlichen Rechte und Freiheiten ein hoher Stellenwert in der offensiven Auseinandersetzung mit der bürgerlichen Ideologie zu.

Prinzipien der
Auseinandersetzung
Der Kampf gegen die bürgerliche Ideologie, der notwendiger Bestandteil des ideologischen Kampfes der Arbeiterklasse ist, vollzieht sich in Anwendung von *Prinzipien marxistisch-leninistischer Ideologiekritik.* Hierbei handelt es sich um methodologische Grundsätze marxistisch-leninistischer Analyse und Kritik von Erscheinungen der bürgerlichen Ideologie, die aus marxistisch-leninistischen Erkenntnissen über Wesen, Entstehung und Verbreitung dieser Ideologie, über den ideologischen Klassenkampf und insbesondere über den dialektischen Zusammenhang von Ideologie und Politik abgeleitet sind. Diese Prinzipien wurden von den Klassikern des Marxismus-Leninismus im Zusammenhang mit der Ausarbeitung der dialektisch-materialistischen Methode entwickelt und in der Polemik mit zeitgenössischen bürgerlichen Ideologen meisterhaft angewendet.

Dabei gilt es zu beachten, daß die Prinzipien marxistisch-leninistischer Ideologiekritik keine zeitlosen Dogmen sind. Sie stehen stets im Zusammenhang mit den konkret-historischen Erfordernissen, die sich aus den Grundaufgaben der jeweiligen Etappe des gesellschaftlichen Fortschritts ergeben.

Dementsprechend besteht ein wichtiges Prinzip darin, in der Auseinandersetzung mit der bürgerlichen Ideologie die *Einheit von Theorie und Politik* zu beachten. Die Anwendung dieses Prinzips verlangt, die ideologische Auseinandersetzung an wichtigen *politischen Grundsätzen* der Arbeiterklasse und ihrer marxistisch-leninistischen Partei, insbesondere an der strategischen Grundorientierung auszurichten. Dabei sind vor allem folgende Gesichtspunkte wichtig:
– Die ideologische Auseinandersetzung muß in Übereinstimmung mit der *politischen Hauptstoßrichtung des Klassenkampfes* geführt werden. Hauptsächlicher Gegenstand des ideologischen Kampfes sind die reaktionären Ideen der jeweiligen politischen Hauptfeinde des gesellschaftlichen Fortschritts. Das bedeutet unter den heutigen Bedingungen, den ideologischen Kampf vorrangig und konzentriert gegen die Konzeptionen des militanten, auf Konfrontation, Wettrüsten und Krieg ausgerichteten Antikommunismus zu führen, wie er von reaktionärsten Kreisen des Imperialismus vertreten wird.
– Die ideologische Auseinandersetzung ist gleichzeitig in das *Ringen um ein breites Bündnis* der Arbeiterklasse mit allen an Frieden und sozialem Fortschritt interessierten sozialen und politischen Kräften einzubeziehen. Ohne den Gegensatz zwischen sozialistischer Ideologie und der Arbeiterklasse fremden ideologisch-weltanschaulichen Grundpositionen zu verschweigen, muß die ideologische Auseinandersetzung so geführt werden, daß der Kampf gegen solche Konzeptionen in den Mittelpunkt rückt, die dem Bündnis der Arbeiterklasse mit anderen sozialen und politischen Kräften auf der Grundlage gemeinsamer Interessen entgegen-

gesetzt sind. Die ideologische Auseinandersetzung zielt daher wesentlich darauf ab, Wege zum politischen Bündnis freizumachen. So ist die Ausrichtung des ideologischen Kampfes auf die *Entwicklung eines Dialogs* mit bürgerlichen Friedenskräften zur Schaffung einer Koalition der Vernunft und des Realismus ein politischer Ausgangspunkt marxistisch-leninistischer Ideologiekritik von außerordentlich hoher aktueller Bedeutung.

– Schließlich ist der ideologische Kampf auch unter dem *Gesichtspunkt der politischen Kultur der Arbeiterklasse* zu führen, die zivilisierte Formen der geistigen Auseinandersetzung erfordert und der Entstellungen, Verleumdungen und böswillige Beschimpfungen fremd sind.

Das Prinzip der Einheit von Theorie und Politik in der ideologischen Auseinandersetzung darf jedoch nicht im Sinne der absoluten Identität von politischem und ideologischem Kampf verstanden werden. Der *ideologischen Auseinandersetzung kommt eine relative Selbständigkeit* zu, was auch daran deutlich wird, daß politische Bündnisse und auch der politische Dialog die Auseinandersetzung um ideologische Grundpositionen keineswegs ausschließen, sondern sie in bestimmter Hinsicht gerade erfordern.

Von grundlegender Bedeutung für die ideologische Auseinandersetzung ist das *Prinzip des historisch-materialistischen Herangehens:* Es geht um die Aufdeckung der Klassenkräfte und Klasseninteressen, die hinter den ideologischen Auffassungen und Theorien stehen, um die Ableitung dieser Ideen aus den materiellen gesellschaftlichen Verhältnissen, die Basis der Klasseninteressen der Bourgeoisie sind. Der historisch-materialistische Charakter marxistisch-leninistischer Ideologiekritik fordert, die in der sozialökonomischen Basis und in den politischen Verhältnissen liegenden objektiven Ursachen und Mechanismen für die Entstehung und Verbreitung bürgerlicher ideologischer Auffassungen offenzulegen und nicht bei ihrer moralischen Verurteilung stehenzubleiben. Grundlage hierfür sind die Erkenntnisse über objektive Zusammenhänge zwischen sozialökonomischer, politischer und ideologischer Entwicklung im Kapitalismus. So wird es möglich zu erkennen, daß bürgerliche Theorien nicht einfach Irrtümer, Produkte falschen Denkens dieses oder jenes Ideologen sind, sondern Ausdruck der objektiven Lage und der ihr entsprechenden Interessen der Bourgeoisie. Bürgerliche Theorien entstehen und verbreiten sich nicht zufällig. Sie entwickeln sich notwendig und sind Bestandteil des strategisch geführten Klassenkampfes der Bourgeoisie, in dem sich auch unterschiedliche Interessen verschiedener Gruppen und Fraktionen widerspiegeln. Ihre Entwicklung unterliegt Gesetzmäßigkeiten, deren Erkenntnis für die Führung des ideologischen Kampfes der Arbeiterklasse von größter Bedeutung ist, weil daraus auch prognostische Voraussagen über zukünftige Aufgaben des ideologischen Kampfes möglich werden.

Das Prinzip des historisch-materialistischen Herangehens ist damit verbunden, die objektive Funktion bürgerlicher Theorien, ihre politische Bedeutung und Wirksamkeit jeweils in bezug auf die bestehende *konkret-historische Situation* zu untersuchen. Für ein differenziertes Herangehen entsprechend der Einheit von

Theorie und Politik ist dies von größter Bedeutung. Angesichts der Tatsache, daß die konkret-historische Situation unter den Bedingungen des Nuklearzeitalters durch den Widerspruch zwischen den reaktionärsten, auf Hochrüstung und Konfrontation ausgerichteten Kräften des Monopolkapitals und den existentiellen und elementaren Lebensinteressen der Menschheit gekennzeichnet ist, enthalten bürgerliche Positionen, die in der Friedensbewegung und auch im Sozialreformismus vertreten werden, demokratische, auf die Erhaltung des Friedens gerichtete Potenzen, die in der konkret-historischen Analyse herausgearbeitet werden müssen, ohne freilich bürgerliche Klassenpositionen zu übersehen oder zu übernehmen.

Das Prinzip des historisch-materialistischen Herangehens ist eng verbunden mit dem *Prinzip der offenen Parteilichkeit*. Dieses erfordert, an alle Erscheinungsformen der bürgerlichen Ideologie vom Klassenstandpunkt der Arbeiterklasse heranzugehen. Die Auffassungen bürgerlicher Ideologen werden auf die Klasseninteressen zurückgeführt, die ihnen zugrunde liegen und deren geistiger Ausdruck sie sind. „Die Menschen waren in der Politik stets die einfältigen Opfer von Betrug und Selbstbetrug, und sie werden es immer sein, solange sie nicht lernen, hinter allen möglichen moralischen, religiösen, politischen und sozialen Phrasen, Erklärungen und Versprechungen die *Interessen* dieser oder jener Klassen zu suchen."[10]

Das Prinzip der Parteilichkeit schließt jeden Schematismus im Herangehen an die bürgerliche Ideologie aus. Seine Anwendung ist stets mit der Beachtung der *Differenziertheit bürgerlicher Auffassungen* verbunden. Das ist möglich und notwendig, weil es z. T. sogar erhebliche Widersprüche zwischen den Interessen und dem Auftreten verschiedener Gruppen der Bourgeoisie, auch zwischen der Monopolbourgeoisie verschiedener imperialistischer Länder gibt. Diese Differenzierung liegt besonders im Interesse der Entwicklung des Dialogs und der Zusammenarbeit bei der Lösung grundlegender Menschheitsprobleme unserer Zeit. Das erfordert, auf richtige Teilerkenntnisse bürgerlicher Ideologen einzugehen, besonders wenn sie für eine Zusammenarbeit im Interesse der Sicherung des Friedens, der Bewahrung der Menschheit vor einer atomaren Katastrophe und für die Lösung anderer Existenzfragen der Menschheit wichtig sind. Auch geht es darum, antiimperialistische, antimonopolistische und von Humanismus geprägte Einsichten kleinbürgerlicher Ideologen zu beachten und ihren Gegensatz zu Positionen reaktionärster Vertreter des Imperialismus aufzuzeigen. Das marxistisch-leninistische Prinzip der Parteilichkeit ist mit lebensfremdem Sektierertum nicht zu vereinbaren. Parteilichkeit für die Klasseninteressen der Arbeiterklasse schließt Parteinahme für die allgemeinen und grundlegenden Lebensinteressen der Menschheit organisch ein. Sie ist mit positiver Bezugnahme auf alle Positionen verbunden, die auf die grundlegenden Lebensinteressen der Menschheit ausgerichtet sind, und sei es auch nur in sehr eingeschränktem Maße. Das Prinzip der offenen Parteilichkeit ist den bürgerlichen Theorien von der „Wertfreiheit"

10 W. I. Lenin, Drei Quellen und drei Bestandteile des Marxismus, in: Werke, Bd. 19, S. 8.

oder „Ideologiefreiheit" des geistigen Lebens entgegengesetzt. Der Marxismus-Leninismus weist den illusionären, oft sogar demagogischen Charakter jener Theorien nach, die darüber hinweggehen, daß ökonomisches, soziales und politisches Denken unter den Bedingungen der Existenz von Klassen stets Klassencharakter trägt, indem es die Interessen dieser oder jener Klassen zum Ausdruck bringt.

Entscheidend für eine überzeugende Auseinandersetzung mit bürgerlichen Auffassungen ist nicht zuletzt das *Prinzip der Einheit von Problemlösung und Widerlegung*. Auch bürgerliche Theorien spiegeln, wenn auch mehr oder weniger verzerrt und entstellend, die Wirklichkeit wider. Zumeist werden tatsächlich vorhandene Probleme der gesellschaftlichen Wirklichkeit in unserer Epoche thematisiert. Die bürgerliche Ideologie greift nicht selten gerade dort an und bietet den Interessen der Arbeiterklasse widersprechende Problemlösungen an, wo die Arbeiterklasse vor der Lösung neuer Probleme und Aufgaben steht. Deshalb erfordert eine wirksame Auseinandersetzung mit der bürgerlichen Ideologie, in schöpferischer Anwendung der marxistisch-leninistischen Theorie wissenschaftlich begründete Lösungen der Probleme ins Feld zu führen. Von besonderer Bedeutung ist es, bürgerliche Theorien aus den praktischen Erfahrungen des Klassenkampfes der Arbeiterklasse heraus zu widerlegen. Vor allem der konkrete Nachweis praktischer revolutionärer und humanistischer Errungenschaften des Sozialismus dient der Widerlegung entsprechender Verzerrungen und Entstellungen durch bürgerliche Ideologen. Das Prinzip der Einheit von Problemlösung und Widerlegung verbietet scholastische, phrasenhafte Wortgefechte mit bürgerlichen Theorien. Es erfordert, die Widerlegung an der Sache vorzunehmen. So trägt die Anwendung dieses Prinzips wesentlich dazu bei, bürgerlichen Verfälschungen der Wirklichkeit den Boden dauerhaft zu entziehen. Andererseits ermöglicht dieses Prinzip, Teilansichten bürgerlich-demokratischer Theoretiker zu Grunderfordernissen unserer Zeit zu erkennen.

Zu den Prinzipien marxistisch-leninistischer Auseinandersetzung gehört auch die *Einbeziehung der Analyse theoretischer Quellen und theoriegeschichtlicher Zusammenhänge*. Das ermöglicht, einen Vergleich von Altem und Neuem, von Konstanz und Modifikation im bürgerlichen ideologisch-theoretischen Denken zu erkennen. Einerseits wird deutlich, wie Altes in neuem Gewande erscheint, andererseits werden aber auch neue Entwicklungstendenzen unter neuen konkret-historischen Bedingungen sichtbar. Nicht zuletzt zielt die Auseinandersetzung auch darauf ab, *inhaltliche und logische Widersprüche* in den Konzeptionen bürgerlicher Ideologen aufzudecken. Inhaltliche Widersprüche treten in der bürgerlichen Ideologie mit Notwendigkeit auf, weil sie nicht in der Lage ist, eine wissenschaftlich begründete theoretische Erklärung gesellschaftlicher Prozesse und Gesamtzusammenhänge vorzunehmen. Auch die Entfaltung von Interessenwidersprüchen innerhalb der Bourgeoisie wird zur Grundlage der Widersprüchlichkeit auf ideologisch-theoretischer Ebene.

**Die Krise
der bürgerlichen
Ideologie
und das
politische Denken**

Eine wissenschaftliche Analyse der Entwicklung der bürgerlichen Ideologie läßt deutlich erkennen, daß sie durch tiefgreifende Krisenerscheinungen gekennzeichnet ist, in denen sich die *allgemeine Krise des Kapitalismus* reflektiert. Krisenerscheinungen in diesen Dimensionen sind der bürgerlichen Ideologie nicht von Anfang an wesenseigen. In den Entwicklungsphasen der Bourgeoisie, in denen ihre objektiven Klasseninteressen mit den Erfordernissen des historischen Fortschritts wesentlich übereinstimmten, spielte die bürgerliche Ideologie besonders im Kampf gegen den Feudalismus eine progressive Rolle. Obwohl sie stets die Ideologie einer Ausbeuterklasse war, und trotz illusionärer Züge, war sie ein geistiges Instrument zur Durchsetzung des gesellschaftlichen Fortschritts. Das gilt ganz besonders auch für die politik-theoretischen Ideen der aufstrebenden Bourgeoisie, die sich gegen den politischen Überbau des Feudalismus richteten und auf politische Verhältnisse orientierten, die dem sozialökonomischen Fortschritt Raum geben sollten. In den Forderungen bürgerlicher Aufklärer nach einer „natürlichen" oder „vernünftigen" Gestaltung des politischen Lebens, in den liberalistischen Freiheitsidealen und Demokratievorstellungen reflektierten sich die ideologische Vorbereitung und Begründung der bürgerlichen Revolution.

Krisentendenzen in der bürgerlichen Ideologie treten in Erscheinung, weil Widersprüche zwischen objektiven Klasseninteressen der Bourgeoisie und objektiven Erfordernissen gesellschaftlicher Entwicklungsgesetze und des historischen Fortschritts sich verschärfen, je weiter sich das imperialistische Stadium des Kapitalismus ausprägt. *Zwischen Deutungen der gesellschaftlichen Wirklichkeit unserer Epoche, die von bürgerlichen Ideologen gegeben werden, den von ihnen entwickelten Normen, Werten und Zielen einerseits und dem tatsächlichen Gang der historischen Entwicklung andererseits bilden sich zunehmend spürbare Gegensätze heraus.* Besonders die imperialistische Bourgeoisie, deren Ideologie die herrschende im modernen Kapitalismus ist, erweist sich zunehmend als unfähig, politische Ideen und Konzeptionen zu entwickeln, die den Erfordernissen des historischen Fortschritts, den Interessen der werktätigen Menschen entsprechen und objektive Entwicklungsgesetze der Gesellschaft richtig widerspiegeln. Die Krise des bürgerlichen politischen Denkens drückt sich vor allem in den extrem reaktionären politischen Konzeptionen aggressivster Kräfte des Imperialismus aus, die den atomaren Krieg als Mittel zur Verwirklichung ihrer expansiven politischen Ziele einkalkulieren und propagieren, das Wettrüsten als politisches Mittel rechtfertigen und damit die Gefahr der Vernichtung der Menschheit herbeiführen. Der Widerspruch zwischen der Politik des Monopolkapitals, insbesondere den politischen Konzeptionen und Zielen der Vertreter des militärisch-industriellen Komplexes, und den politischen Interessen der Volksmassen ist eine wichtige Grundlage für die Krise des bürgerlichen politischen Denkens. Hierbei spielt eine besondere Rolle, daß sich die imperialistische Bourgeoisie als unvermögend erweist, politische Ideen und Konzeptionen hervorzubringen, die eine Einheit von wissenschaftlich-technischem Fortschritt, sozialem Fortschritt und Humanität zum Wohle der arbeitenden Menschen gewährleisten.

Es darf freilich nicht übersehen werden, daß die Krise der bürgerlichen Ideologie auch mit *richtigen Teilansichten* bürgerlicher Gesellschaftswissenschaftler in gesellschaftliche Verhältnisse und Entwicklungsprozesse verbunden ist. Das Scheitern bürgerlicher ideologischer Konzeptionen an der Wirklichkeit setzt auch Möglichkeiten und Impulse frei, zu realistischeren Erkenntnissen zu gelangen. Die Krise der bürgerlichen Ideologie ist oftmals mit dem Bestreben bürgerlicher Gesellschaftswissenschaftler verbunden, wissenschaftliche Erkenntnisse in die Analyse der gesellschaftlichen Wirklichkeit unserer Zeit einzubeziehen. Eine wichtige Rolle spielen Versuche, eine Anpassung der bürgerlichen Gesellschaftswissenschaften an Erkenntniserfordernisse des wissenschaftlich-technischen Fortschritts zu erreichen. *So ist die heutige Entwicklung der bürgerlichen Ideologie als ein komplizierter Prozeß mit zahlreichen inneren Widersprüchen zu begreifen, in dem Krise, Anpassung an neue Erfordernisse und offensive Tendenzen eine Einheit bilden.*

Ein wichtiges Symptom bürgerlichen Krisenbewußtseins auf der Ebene des politischen Denkens ist die Tendenz zum *Bruch mit den eigenen progressiven Traditionen, mit dem progressiven Erbe der Bourgeoisie.* Diese Tendenz kommt vor allem in Erscheinungen einer *„antidemokratischen Wende"* zum Ausdruck. Im bürgerlichen politischen Denken setzt sich im Zusammenhang mit der fortschreitenden allgemeinen Krise des Kapitalismus die Tendenz durch, von bürgerlich-demokratischen politischen Konzeptionen abzurücken. Diese Tendenz verwirklicht sich vor allem über den wachsenden Einfluß konservativer politischer Theorien, nicht zuletzt auch über die Entstehung und Verbreitung der politischen Doktrinen des Faschismus. Die Zersetzung ursprünglicher liberalistischer politischer Konzeptionen bis hin zu deren Ablösung durch offen imperialistische politische Theorien ist ein unverkennbares Zeichen des Verfalls progressiver bürgerlich-demokratischer Traditionen im politischen Denken der Bourgeoisie. Die „antidemokratische Wende" ist damit verbunden, daß elite-theoretische politische Konzeptionen an Einfluß gewinnen, die vor allem mit technokratischen Herrschaftskonzeptionen verbunden und darauf gerichtet sind, den Staat als autoritäres Herrschaftsinstrument der imperialistischen Bourgeoisie perfekter auszubauen und konsequenter zu handhaben. Die „antidemokratische Wende" bleibt allerdings im Lager bürgerlicher Ideologen nicht unwidersprochen. Widersprüche zwischen den politischen Konzeptionen aggressivster imperialistischer Kräfte und dem politischen Denken anderer Teile der Bourgeoisie brechen stärker auf. Die reaktionärsten imperialistischen Ideologen müssen ihre politischen Theorien oft gegen den Widerstand anderer Schichten der Bourgeoisie durchsetzen.

Die Krise der bürgerlichen Ideologie darf keinesfalls vereinfacht verstanden werden. Diesbezüglich sind vor allem folgende Gesichtspunkte zu beachten:
– Im Bestreben, den Kapitalismus zu rechtfertigen, ihn zu erhalten, zu stabilisieren und in der Auseinandersetzung mit dem Sozialismus, der Arbeiterbewegung, der nationalen Befreiungsbewegung und den demokratischen Bewegungen ent-

wickelt die bürgerliche Ideologie gerade in der Situation ihrer Krise eine Vielzahl z. T. rasch wechselnder Ideen und Konzeptionen, die eine weitgehende Differenziertheit aufweisen. Die Krise der bürgerlichen Ideologie ist nicht zuletzt auf der Ebene des politischen Denkens mit dem Auftreten einer in sich widersprüchlichen *Vielfalt einander abwechselnder und sich nicht selten auch bekämpfender Richtungen, Strömungen, Lehren und Meinungen* verbunden. Dabei gewinnen häufig auch jene realistisch denkenden bürgerlichen Ideologen an Einfluß, die in ihren politiktheoretischen Überlegungen zur Erkenntnis kommen, daß die Vernunft gebietet, Politik vorrangig auf die Sicherung des Friedens auszurichten, und die die bürgerliche Demokratie erhalten wollen. Im Prozeß der Krise der bürgerlichen Ideologie entwickeln sich nicht nur extrem konservative politische Theorien, sondern auch zahlreiche demokratisch geprägte Einsichten in extrem ahumane, extrem reaktionäre Entwicklungstendenzen des politischen Überbaus der imperialistischen Gesellschaft.

– Schließlich muß auch beachtet werden, daß Krise der bürgerlichen Ideologie nicht geistige Stagnation und absoluten Niedergang bedeutet und keineswegs damit verbunden ist, daß deren Wirkungsmöglichkeiten sich verringern, daß deren Einfluß automatisch zurückgeht oder gar verschwindet. Die Krise ist vielmehr dadurch gekennzeichnet, daß die *ideologische Aktivität der imperialistischen Bourgeoisie zunimmt*, daß sie bestrebt ist, ideologisch offensiver zu werden und das Arsenal ihrer Möglichkeiten zur Manipulierung des Bewußtseins der Bevölkerung voll zu erschließen und – auch unter Nutzung der modernen Medien – zu perfektionieren.

17.2. Der Antikommunismus – Ausdruck der Krise der bürgerlichen Ideologie und Politik und politisch-ideologische Hauptwaffe des Imperialismus

Konzentriertester Ausdruck der Krise der bürgerlichen Ideologie ist der *Antikommunismus*. Die offensive Auseinandersetzung mit diesem Grundzug bürgerlicher Ideologie und Politik ist eine zentrale Aufgabe im ideologischen Kampf der Arbeiterklasse. Der Kampf gegen den Antikommunismus ist mit dem Ringen um die Sicherung des Friedens aufs engste verbunden. Die Zurückdrängung des Antikommunismus ist objektiv Bestandteil des breiten Dialogs mit allen am Frieden interessierten Kräften. Antikommunismus erweist sich immer wieder als hauptsächliches Hindernis für die Entfaltung einer umfassenden Bewegung verschiedengearteter politischer Kräfte für Frieden und sozialen Fortschritt. Er ist die wichtigste politisch-ideologische Waffe der imperialistischen Bourgeoisie zur Rechtfertigung und Verteidigung ihres Systems, zum Kampf gegen die Ideen des Marxismus-Leninismus, gegen den realen Sozialismus, gegen die revolutionäre Arbeiterbewegung und gegen alle fortschrittlichen Kräfte der Welt. Der Hauptinhalt des Antikommunismus ist die Verleumdung der sozialistischen Gesellschaftsordnung, die verfälschende Darstellung und Diffamierung der Politik und der Ziele der kommunistischen Parteien und die krasse Entstellung des Marxismus-Leninismus. Der Antikommunismus dient der imperialistischen Reaktion zu einer Hetz- und Verfolgungskampagne gegen alles Fortschrittliche und Revolutionäre. Mit seiner Hilfe sollen die Reihen der Werktätigen gespalten und der Kampfeswille der Arbeiterklasse gelähmt werden. Der Antikommunismus vereint die Feinde des sozialen Fortschritts. In ihm zeigt sich in äußerstem Grade der Verfall der bürgerlichen Ideologie.

Formen des Antikommunismus   Der Antikommunismus trägt *komplexen Charakter* und tritt in drei hauptsächlichen *Erscheinungsformen* auf:

– als *Politik* reaktionärer imperialistischer Kräfte in kapitalistischen Staaten;
– als ein Grundzug der heutigen bürgerlichen *Ideologie*;
– als im *Alltagsbewußtsein* der Bevölkerung in kapitalistischen Ländern durch die bürgerliche Ideologie erzeugtes und verbreitetes „soziales Vorurteil".

Der Antikommunismus ist eine Erscheinung in Politik und Ideologie der Bourgeoisie, die sich unmittelbar als Reaktion auf die Entstehung der kommunistischen Bewegung herausbildete. Bereits im „Manifest der Kommunistischen Partei" setzten sich Marx und Engels mit dem sich herausbildenden Antikommunismus auseinander. „Ein Gespenst geht um in Europa – das Gespenst des Kommunismus. Alle Mächte des alten Europa haben sich zu einer heiligen Hetzjagd gegen dies Gespenst verbündet ..."[11] Nachdem die Bourgeoisie zunächst versuchte, den Marxismus totzuschweigen, ging sie mit dem Scheitern dieser Taktik sehr bald dazu über, gegen die revolutionäre Arbeiterbewegung mit plumpen Verleumdungen und brutalem terroristischen Druck zu agieren. Im Kölner Kommunistenprozeß von 1852, in der brutalen Niederschlagung der Pariser Kommune und der bestialischen Ermordung zehntausender Kommunarden, in den Bismarckschen Sozialistengesetzen zeigte der Antikommunismus schon sehr früh sein reaktionäres, menschenfeindliches Gesicht. Mit der Großen Sozialistischen Oktoberrevolution erlitt der Antikommunismus seine bis dahin eklatanteste Niederlage. Kernstück des Antikommunismus wurde nun der Antisowjetismus. Der Kampf gegen die Sowjetunion und die KPdSU mit den Mitteln der Interventionskriege, der wirtschaftlichen Erpressung sowie des diplomatischen Drucks rückte in den Mittelpunkt antikommunistischer Politik. Die Ausrichtung auf militärische Vernichtung der Sowjetunion fand ihren extremsten Ausdruck in der Aggression des deutschen Faschismus. Bald nach der Zerschlagung des Faschismus wurde unter Führung des USA-Imperialismus gegen das sozialistische Weltsystem zunächst die Strategie des „Eindämmens" und bald darauf des „roll back", des „Zurückrollens" und des „kalten Krieges" entwickelt. Drohungen und Aktionen der militärischen Gewalt, Wirtschaftsboykott, Versuche außenpolitischer Isolierung, Schürung subversiver Tätigkeit und konterrevolutionäre Aktivitäten, ideologische Hetze übelster Art wurden zu charakteristischen Kennzeichen des Antikommunismus in dieser Zeit. Nach gewissen Umorientierungen in der antikommunistischen Strategie in den siebzi-

---

11 K. Marx/F. Engels, Manifest der Kommunistischen Partei, in: Werke, Bd. 4, S. 461.

ger Jahren im Zuge der Anpassung an wirksame Entspannungstendenzen setzte sich mit dem Übergang in die achtziger Jahre wieder eine Verstärkung des aggressiven Kurses antikommunistischer Kräfte durch.

Seit Beginn der achtziger Jahre ist eine besonders militante Richtung des Antikommunismus in der imperialistischen Politik und Ideologie wiedererstanden, hinter der vor allem der militärisch-industrielle Komplex des Monopolkapitals steht. Sie wird durch aggressivste Kreise des Monopolkapitals der USA getragen, die sich mit reaktionärsten Kräften in anderen kapitalistischen Ländern verbündet haben. Für diesen *militanten, „rabiaten" Antikommunismus* sind folgende Merkmale besonders charakteristisch:
– Ausgangspunkt ist die böswillige und mit primitivsten Mitteln und Methoden durchgeführte Verketzerung des Sozialismus, der Arbeiterbewegung, der nationalen Befreiungsbewegung, aller demokratischen Bewegungen und insbesondere auch der Friedensbewegung. Der militante Antikommunismus arbeitet mit den Mitteln der Lüge, der plumpen Verdrehung und Entstellung. Er verzichtet auf eine den Anspruch der Rationalität und Sachlichkeit erhebende Argumentation gegen den Sozialismus und kultiviert irrationale Mythen. Im Mittelpunkt steht die Verketzerung des Sozialismus als „das Reich des Bösen", als Bedrohung menschlicher Zivilisation.
– Mit dem Aufruf zum „Kreuzzug gegen den Kommunismus" dient der militante Antikommunismus in besonderem Maße der Entfaltung imperialistischer Aggressivität. Eines seiner wichtigsten Merkmale ist die Propagierung und Vorbereitung des Kampfes gegen den Sozialismus mit militärischen Mitteln. Der militante Antikommunismus ist die Grundlage der Ideologie und Politik der Konfrontation, der Hochrüstung und der imperialistischen Weltherrschaftspläne. Durch die Einkalkulierung der Anwendung atomarer Waffen stellt der militante Antikommunismus eine Bedrohung der Menschheit dar. Sein zutiefst menschenfeindliches Wesen drückt sich am konzentriertesten in der Propagierung und Rechtfertigung des atomaren Krieges als Mittel zur Erreichung seiner imperialistischen Ziele aus.
– Der militante Antikommunismus richtet sich keineswegs allein gegen den Sozialismus. Er ist vielmehr der Feind jedweden sozialen Fortschritts. Ausgeprägt ist auch seine innere Funktion in den kapitalistischen Ländern. Hier dient er der Rechtfertigung und Durchführung des Abbaus bürgerlich-demokratischer Errungenschaften. Er ist darauf gerichtet, demokratische Rechte zu liquidieren und soziale Errungenschaften der Arbeiterbewegung im Kapitalismus zu beseitigen. Der militante Antikommunismus, der auch um internationale Koordinierung seiner Kräfte (z. B. in der sogenannten „Antikommunistischen Weltliga") bemüht ist, zielt darauf ab, den Terror gegen alle demokratischen Kräfte und nicht zuletzt gegen die Friedensbewegung in den kapitalistischen Ländern zu entfalten.
Die Entwicklung des Widerspruchs zwischen den auf Konfrontation, Hochrüstung und Weltherrschaft gerichteten Zielen einer kleinen Schicht besonders aggressiver und reaktionärer Kräfte des Imperialismus einerseits und den Lebensin-

teressen der Völker und Staaten andererseits hat auch zur weiteren Ausprägung von *Differenzierungen innerhalb des Antikommunismus* geführt, die im ideologischen Kampf der Arbeiterklasse zu beachten sind. So haben die Vertreter eines *flexiblen Antikommunismus* an Einfluß gewonnen, die im Kampf gegen den Sozialismus die Anwendung militärischer Gewalt in den Hintergrund stellen oder sogar ablehnen und die Auseinandersetzung mit ökonomischen, politischen und ideologischen Mitteln führen wollen. Oft treten diese Vertreter des Antikommunismus unter der Flagge der „Verbesserung", der „Demokratisierung" des Sozialismus auf. Sie setzen auf „innere" konterrevolutionäre Wandlungen des Sozialismus, unterstützen sozialismusfeindliche oppositionelle Kräfte und möchten den Einfluß der kommunistischen Parteien zurückdrängen und die sozialistische Staatsmacht schwächen. Unter dem Vorwand des Kampfes gegen Bürokratie im Sozialismus richten sie ihre Angriffe vor allem gegen die sozialistische Demokratie, gegen den demokratischen Zentralismus, gegen die politische Macht der Arbeiterklasse. Auch ist ihre Tätigkeit darauf gerichtet, durch die Schürung von Nationalismus die Einheit der sozialistischen Staatengemeinschaft zu schwächen und die sozialistischen Länder von der Sowjetunion zu isolieren. Zwischen dieser Variante des Antikommunismus bestehen Zusammenhänge und Übergänge zum militanten Antikommunismus. Unter dem Gesichtspunkt der Sicherung des Friedens als der politischen Grundfrage unserer Gegenwart erweist sich allerdings die Differenzierung zwischen militantem und flexiblem Antikommunismus für die konkrete Politik als bedeutsam. Unter dem Druck der Kräfte des Friedens und bei wachsender Einsicht, daß eine militärische Auseinandersetzung der entgegengesetzten Gesellschaftssysteme auch die eigene Existenz des Imperialismus vernichten würde, sind für die Zukunft noch weitere Differenzierungen im Lager der Antikommunisten zu erwarten.

Mit dem weiteren Ausreifen der Erkenntnis, daß die Sicherung des Friedens die wichtigste gemeinsame Aufgabe der Menschheit ist, entwickeln sich auch unter bürgerlichen und kleinbürgerlichen Ideologen Tendenzen der *Distanzierung vom Antikommunismus*. Diese Tendenzen sind besonders in der Sozialdemokratie, in demokratischen Bewegungen und vor allem in der Friedensbewegung wirksam. Angesichts der massiven antikommunistischen Manipulation durch führende Kreise der imperialistischen Bourgeoisie ist die Lösung von den Klischees des Antikommunismus jedoch ein sehr komplizierter und widersprüchlicher Prozeß.

In ihrem ideologischen Kampf geht die Arbeiterklasse davon aus, daß zwischen dem Antikommunismus, der stets *ein System von Konzeptionen und politischen Praktiken darstellt, in denen die Feindschaft zum Sozialismus der Dreh- und Angelpunkt des gesamten politischen Verhaltens ist und die den aktiven Kampf gegen den Sozialismus in den Mittelpunkt stellen,* und bürgerlichen Vorbehalten gegen den Sozialismus keine Identität besteht. Antikommunismus darf mit bürgerlicher Ideologie und Politik nicht gleichgesetzt werden, Nichtkommunismus muß von Antikommunismus unterschieden werden.

Die Totalitarismus-doktrin

Der Antikommunismus auf ideologischer Ebene ist kein festgefügtes System von Theorien. Er bedient sich eklektisch der verschiedensten bürgerlichen Auffassungen. Dabei greift er philosophische, ökonomische, politologische, soziologische, theologische u. a. Lehren auf, die er, ausgehend von der jeweiligen Zielstellung, zur theoretischen und politischen „Begründung" nutzt. Einen zentralen Platz im heutigen Antikommunismus nimmt die *Totalitarismusdoktrin* ein. Sie durchdringt in dieser oder jener Weise alle seine ideologischen Varianten.

Die Totalitarismusdoktrin geht von einer Gleichsetzung von Faschismus und Kommunismus aus und beruht damit auf der bösartigen Geschichtslüge, auf der Unterstellung, daß Sozialismus und Kommunismus einerseits und Faschismus andererseits als „totalitäre Systeme" wesensgleich seien. Die *Totalitarismusdoktrin* weist *zwei* miteinander verbundene wesentliche *Seiten* auf:
– Sie leugnet bzw. verschleiert den ursächlichen Zusammenhang von Imperialismus und Faschismus und ermöglicht es somit, die Klassenwurzeln des Faschismus zu vertuschen. So dient die Totalitarismusdoktrin als Grundlage für die in bürgerlichen Faschismusdarstellungen verbreiteten Erklärungen des Faschismus aus zufälligen und subjektiven Faktoren. Da die Totalitarismusdoktrin den wesentlichen Zusammenhang zwischen Monopolkapitalismus und Faschismus verdeckt, ist sie trotz bisweiliger verbaler Erklärungen gegen den Faschismus weder geeignet oder darauf gerichtet, Wege zur Verhinderung des Faschismus aufzuzeigen.
– Der besonders reaktionäre Charakter der Totalitarismusdoktrin besteht darin, daß sie darauf zielt, antifaschistische Grundeinstellungen der Völker in antikommunistische Haltungen und Aktivitäten umzufunktionieren. In dieser Hinsicht spielte diese Doktrin eine tragende Rolle bei der Restauration des deutschen Imperialismus auf dem Boden der BRD. Unter der Losung, der reale Sozialismus sei ein „totalitäres System", dient diese Doktrin der antikommunistischen Entstellung und Verleumdung der politischen Herrschaft der Arbeiterklasse, des sozialistischen Staates und vor allem der sozialistischen Demokratie. Die Totalitarismusdoktrin liegt der Ausarbeitung und Verbreitung des antikommunistischen Feindbildes zugrunde.

Die Totalitarismusdoktrin mündet in die *Lüge von der Bedrohung* der westlichen Welt durch den Kommunismus. So wird dem Marxismus-Leninismus unterstellt, daß er die Verwirklichung der welthistorischen Mission der Arbeiterklasse auf dem Wege des Exports der Revolution, auf dem Wege der Ausdehnung des realen Sozialismus mit militärischer Gewalt anstrebe. Mit dieser Entstellung der marxistisch-leninistischen Revolutionstheorie wollen aggressivste Kreise der imperialistischen Bourgeoisie ihre Hochrüstung als notwendig für die Abschreckung des Sozialismus rechtfertigen. Die auf Grundlage der Totalitarismusdoktrin entwickelte Bedrohungslüge ist der Vorwand für die Unterdrückung fortschrittlicher und demokratischer Bewegungen in kapitalistischen Ländern und in antiimperialistischen Nationalstaaten. Sie ist auch der Vorwand für den Terror gegen die

Friedensbewegung, die nicht selten als „Agentur Moskaus" verunglimpft wird. Der Versuch, der untrennbaren und wesensmäßigen Einheit von Sozialismus und Frieden das Klischee vom Sozialismus als einer Ordnung der Gewalt entgegenzusetzen, ist ein grundlegendes Merkmal der Totalitarismusdoktrin. Allerdings ist die Legende von der Bedrohung der westlichen Welt durch den Kommunismus nicht auf die Lüge von der militärischen Bedrohung beschränkt. So spielt in diesem Zusammenhang vor allem die Behauptung eine Rolle, daß die kommunistische Ideologie die Grundwerte der westlichen Welt bedrohe und darauf abziele, sie moralisch zu zersetzen. Auch die Parole von der politischen Infiltration seitens des Kommunismus, mit der demokratische Bewegungen auf das Einwirken des Kommunismus zurückgeführt werden sollen, finden gängige Verbreitung.

Eine fundamentale These der Totalitarismusdoktrin ist die *abstrakte Gegenüberstellung von Demokratie und Diktatur*. So wird zunächst die bürgerliche Demokratie als „reine Demokratie" gedeutet und ihres tatsächlichen Klassencharakters entkleidet. Dann kommt es zur Entstellung des Wesens der sozialistischen Demokratie, die als „reine Diktatur" dargestellt wird. Die Totalitarismusdoktrin mißt die politischen Verhältnisse des Sozialismus am Klischee einer idealisierten bürgerlichen Demokratie und ist bestrebt, den Gegensatz von Imperialismus und Sozialismus in einen abstrakten Gegensatz von Demokratie und Diktatur umzufälschen.[12]

17.3. Politik als zentraler Gegenstand bürgerlichen gesellschaftstheoretischen Denkens

In der bürgerlichen Ideologie der Gegenwart wird über Politik theoretisch intensiver und umfassender reflektiert, als das je in der Geschichte dieser Ideologie der Fall war. Abhandlungen über Wesen und Funktionen der Politik, über den Charakter und die Entwicklungsperspektiven politischer Verhältnisse, über die Rolle politischer Ideale und Werte, über politische Strategien und Taktiken sowie über die Rolle und Leistungskraft politischer Mittel, des Staates, der politischen Organisationen usw., nehmen einen bedeutenden Platz in der bürgerlichen gesellschaftswissenschaftlichen Literatur ein.

Für die *gesteigerte politik-theoretische Aktivität* bürgerlicher Ideologen gibt es folgende Hauptursachen:
1. Die bürgerliche Ideologie unterliegt dem verstärkten Zwang, auf die *offensive Einflußkraft marxistisch-leninistischer Politik* reagieren zu müssen. Der wissenschaftliche Charakter marxistisch-leninistischer Politik[13], ihr klar erkennbares Engagement für die Erhaltung und Sicherung des Friedens, für die Lösung der Existenz-

---

12 Vgl. Kap. 6.2. und 13.1. des vorliegenden Lehrbuches.
13 Zur marxistisch-leninistischen Politikauffassung vgl. Kap. 1.2. des vorliegenden Lehrbuches.

fragen der Menschheit sind eine Herausforderung für die bürgerlichen politischen Theorien. Die offene Parteilichkeit marxistisch-leninistischer Politik für die Interessen der Arbeiterklasse und aller anderen werktätigen Klassen und Schichten zwingt auch reaktionäre imperialistische Politiker und Ideologen, ihre politiktheoretischen Aktivitäten zu erhöhen. Die imperialistische Bourgeoisie muß ihrem politischen Verhalten zu den Ländern des realen Sozialismus und den national befreiten Staaten zunehmend mehr Aufmerksamkeit widmen. Das Bedürfnis nach brauchbaren politisch-strategischen Konzeptionen nimmt zu. Auch das ständige „Herumbasteln" an den Konzeptionen des Antikommunismus geht mit dem Bedürfnis nach politik-theoretischen Begründungen einher. Von besonderer Bedeutung ist die auch unter bürgerlichen Ideologen wachsende Einsicht, daß der Kampf der entgegengesetzten Gesellschaftssysteme nicht mehr mit Mitteln des Krieges ausgetragen werden kann und deshalb neben der ökonomischen und ideologischen vor allem die Auseinandersetzung auf politischer Ebene erforderlich ist. Das ist mit einer stärkeren Hinwendung zur theoretischen Reflektion politischer Prozesse und Perspektiven verbunden; hier liegt einer der wichtigsten Antriebe für die Aktivierung politik-theoretischer Momente in der bürgerlichen Ideologie.

2. Es kommt hinzu, daß die weitere Entwicklung der allgemeinen Krise des Kapitalismus immer dringlicher den *Einsatz umfassender politischer Mittel zur Regulierung* der im Wesen unlösbaren Konflikte innerhalb der kapitalistischen Gesellschaft erforderlich macht. Von besonderer Bedeutung sind hier die Erfordernisse der wissenschaftlich-technischen Revolution, die zu qualitativ neuen Prozessen in der Vergesellschaftung der Produktion und der Arbeit führen und Planung und Zentralisation in der Leitung gesellschaftlicher Prozesse notwendig machen. Im Kern geht es darum, daß der antagonistische Widerspruch zwischen den kapitalistischen Produktionsverhältnissen und dem Charakter und Entwicklungsniveau der Produktivkräfte für die imperialistische Bourgeoisie Bemühungen zur politischen Regulierung dieses Widerspruchs unabdingbar macht. Das gilt auch für die Lösung der vielfältigen zwischenstaatlichen Konflikte in der Welt des Imperialismus. So gewinnt der imperialistische Staat als politisches Hauptinstrument für die Erhaltung und den Ausbau der kapitalistischen Ausbeuterordnung ständig wachsende Bedeutung. Der politische Überbau spielt für die Bewahrung der sozialökonomischen Basis des Kapitalismus eine aktivere Rolle als je zuvor. In der modernen kapitalistischen Gesellschaft hängt die Effektivität von Teilbereichen der Gesellschaft, z. B. der Wirtschaft, für die herrschende Klasse unmittelbar von der Effektivität des gesellschaftlichen Gesamtsystems ab. Damit erlangt *politische* Regulierung einen hohen Stellenwert. Die Erfahrungen der letzten Jahre zeigen, daß die allgemeine Krise des Kapitalismus auch die Krise des *politischen Systems des Imperialismus* umfaßt, die als Krise des Parlamentarismus, des bürgerlichen Parteiensystems u.a. erscheint. Im Versuch, Auswege aus diesen politischen Krisenprozessen zu finden, entwickelt sich eine große Betriebsamkeit auf der Ebene der Ausarbeitung politischer Konzepte, die allerdings letztlich immer wieder an der

Wirklichkeit scheitern. Indiz für diese Prozesse ist die Hektik im Entwerfen sogenannter Gesellschaftsmodelle (z. B. „Offene Gesellschaft", „Formierte Gesellschaft", „Mündige Gesellschaft", „Industriegesellschaft", „Postindustrielle Gesellschaft" u. a.), die dem realen Sozialismus entgegengesetzt werden. Von Wichtigkeit ist endlich auch, daß angesichts der Zuspitzung der grundlegenden Klassenwidersprüche des Kapitalismus die Notwendigkeit immer stärker wird, die Arbeiterklasse und andere Werktätige mit Hilfe politischer Mittel zu disziplinieren. Dies stimuliert ebenfalls den Ausbau entsprechender politik-theoretischer Konzeptionen.

3. Eine weitere Ursache für die erhöhte Rolle politik-theoretischer Arbeit ist die Tatsache, daß auch imperialistische Politik letztlich nicht realisiert werden kann, wenn nicht *Massenanhang* gewonnen wird. *Masseneinfluß*, der sich in Mitgliederzahlen, vor allem aber im Wähleranhang ausdrückt, ist für jede politische Partei der Bourgeoisie in der Gegenwart ein wichtiges Kriterium ihrer politischen Einflußkraft. Das drückt sich im Ausbau der politischen Propaganda und ihrer Institutionen aus. Politik-theoretische Aktivitäten imperialistischer Ideologen sind stets auch im Zusammenhang mit der Notwendigkeit zu sehen, den Massen ein politisches Bewußtsein zu vermitteln, das sie in die von der herrschenden imperialistischen Bourgeoisie gewünschte Richtung orientiert.

Bürgerliche Politikauffassungen   Die Frage „Was ist Politik?" spielt im bürgerlichen politischen Denken eine zentrale Rolle und wird vielfältig diskutiert. Allerdings gelingt es den bürgerlichen Ideologen nicht, eine eindeutige, wissenschaftlich exakte Beantwortung dieser Frage vorzunehmen. Die Vielzahl der sich widersprechenden Deutungen des Politischen veranlaßt manche bürgerlichen Ideologen zu der resignierenden Formel vom „Scheitern der Suche nach der Beantwortung der Frage: ‚Was Politik sei' " zu sprechen. Der amerikanische Politikwissenschaftler Mackenzie gelangt gar zu der Feststellung: „Wir wissen eigentlich nicht, was Politik ist, aber wir sehen, daß sie sich ereignet".

In der Vielzahl der *bürgerlichen Deutungsversuche* des Wesens von Politik zeichnen sich allerdings durchgängig einige *charakteristische Merkmale* ab, die insgesamt deutlich machen, daß es der bürgerlichen Ideologie nicht gelingt, den Boden des Idealismus und der Metaphysik im Verständnis des Politischen zu verlassen.

So ist es für bürgerliche Politikauffassungen kennzeichnend, daß sie *Politik nicht auf ihre sozialökonomischen Wurzeln zurückführen* und den wichtigen Zusammenhang des politischen Überbaus zur sozialökonomischen Basis der Gesellschaft vernachlässigen oder gar negieren. So erscheint in bürgerlichen Deutungen Politik als eine von der sozialökonomischen Basis weitgehend losgelöste, separate Sphäre des gesellschaftlichen Lebens. Sie wird nicht als Kampf der Klassen um die Realisierung ihrer grundlegenden Interessen begriffen. Vielmehr erscheint sie als eine allgemeinmenschliche Tätigkeit, die oftmals sogar als harmonisierender Ausgleich von Klassen- oder Gruppeninteressen im „allgemeinen" Interesse dargestellt wird.

Verbreitet ist die Behauptung, Politik sei „Sozialtechnik", das Laborieren an gesellschaftlichen Institutionen zum Zwecke des Ausgleichs von Interessengegensätzen und Konflikten. Andere Deutungen, die zwar anerkennen, daß Politik etwas mit dem Kampf um die Macht zu tun hat, führen sie auf das Wirken elitärer Gruppen zurück, negieren also letztendlich ebenfalls die Klassen als die Subjekte politischer Tätigkeit. Die Behauptung, daß Subjekte der Politik bestimmte Eliten seien, ist im bürgerlichen politischen Denken weit verbreitet. Bürgerliche Politikauffassungen unterscheiden sich diesbezüglich lediglich dadurch, wie sie jeweils den Charakter dieser Eliten spezifisch bestimmen. Während einige von der Gruppe der „Manager" oder „Sozialtechniker" als den Subjekten politischen Handelns sprechen, sind andere der Meinung, die politikbestimmende Elite sei die „Bürokratie", wieder andere sprechen von den „Intellektuellen". Weit verbreitet ist im bürgerlichen politischen Denken, Politik primär aus den Werten abzuleiten, die in der politischen Programmatik bürgerlicher u. a. Parteien als „Grundwerte" politischen Handelns genannt werden. Dabei werden diese Werte selbst nicht in Beziehungen gesetzt zu den Klasseninteressen, deren geistiger Ausdruck sie letztendlich sind. Sie erscheinen als eine selbständige, separate Sphäre, die mit der sozialökonomischen Basis der Gesellschaft nicht vermittelt ist.

Das *Verhältnis von Politik und Wissenschaft* findet in bürgerlichen Politikauffassungen breite Erörterung. Zunehmend wird die Bedeutung wissenschaftlicher Erkenntnisse für politische Entscheidungen hervorgehoben, doch dominiert die Auffassung, daß die politische Entscheidung letztendlich nicht aus wissenschaftlicher Erkenntnis abgeleitet ist. Sie wird als irrationaler Entschluß des Politikers verstanden, der zwar durch vorliegende wissenschaftliche Expertisen angeregt sein kann, aber niemals auf wissenschaftliche Erkenntnis rückführbar ist. Eine wirkliche Einheit von Wissenschaft und Politik findet in der bürgerlichen Gesellschaftswissenschaft keine Begründung und wird letztendlich abgelehnt.

Die Theorie der modernen Industriegesellschaft

Eine wichtige gesellschaftstheoretische Grundlage des bürgerlichen politischen Denkens der Gegenwart ist die *Theorie von der modernen Industriegesellschaft.* Sie ist eine der einflußreichsten und langfristig wirkungsvollsten bürgerlichen Gesellschaftstheorien, da sie eine allgemeine theoretische Plattform, ein Grundmuster liefert, von der aus eine Integration verschiedener und wechselnder politischer Theorien erfolgen kann. Diese Integrationsbestrebungen sind vorrangig von der Notwendigkeit diktiert, unterschiedliche politische Theorien zu vereinen und gegen den Marxismus-Leninismus zu formieren. Die Theorie der modernen Industriegesellschaft[14] greift sozialökonomische und politische Probleme unserer Epoche auf, die sich im Zusammenhang mit der Entwicklung des wissenschaftlich-technischen Fortschritts ergeben. Sie bemüht sich

14 Vgl. die entsprechenden Ausführungen im Lehrbuch Dialektischer und Historischer Materialismus für das marxistisch-leninistische Grundlagenstudium, Kap. 3. 2.

um rationale Argumentationen und beansprucht für sich, mit Erkenntnissen der Wissenschaft übereinzustimmen. Von ihrer Funktion her ist die Theorie der Industriegesellschaft jedoch auf die Apologie des staatsmonopolistischen Kapitalismus und in wesentlichen Zügen auf den Antikommunismus ausgerichtet.

Die Industriegesellschaftskonzeption richtet sich vor allem gegen die marxistisch-leninistische Lehre von der ökonomischen Gesellschaftsformation. Sie interpretiert die Geschichte nicht als Abfolge qualitativ unterschiedlicher ökonomischer Gesellschaftsformationen, sondern als quantitativ bestimmte Entwicklung von Wachstumsstadien der Produktion und Konsumtion, von technisch-ökonomischen Kennziffern, der Wissenschaft und der Technik, der Technologie der Produktion.

Unter politik-theoretischem Aspekt und für den ideologischen Kampf der Arbeiterklasse sind vor allem folgende Gesichtspunkte zu beachten:
– Mit der Behauptung, der Kapitalismus habe sich zur „Industriegesellschaft" gewandelt, ist die These verbunden, daß die Marx'sche Kapitalismusanalyse und die Imperialismustheorie von Lenin überholt seien. Die Lehre der modernen Industriegesellschaft führt zu einer verzerrenden Darstellung des Kapitalismus, weil sie grundlegende Widersprüche, die aus der sozialökonomischen Basis des Kapitalismus resultieren, für „natürliche" Resultate moderner wissenschaftlich-technischer Entwicklung ausgibt. Damit wird die Tatsache geleugnet, daß wissenschaftlich-technische Entwicklungsprozesse und deren Erfordernisse stets unter bestimmten Produktions- und politischen Verhältnissen wirksam sind und in ihren sozialen Auswirkungen durch diese Verhältnisse bestimmt werden. Auf dem Boden der Theorie von der modernen Industriegesellschaft erwachsen Theorien, wie z. B. die Managertheorie, die die Tendenz zum Abbau von Demokratie im staatsmonopolistischen Kapitalismus als notwendiges Ergebnis moderner wissenschaftlich-technischer Entwicklung propagieren.
– Wesentlicher Inhalt der Theorie von der modernen Industriegesellschaft ist die Verfälschung des Hauptinhalts unserer Epoche.[15] Diese Theorie leugnet den antagonistischen Gegensatz von Kapitalismus und Sozialismus. Sie behauptet, der Hauptinhalt der Epoche bestehe im Übergang von der vorindustriellen zu einer industriellen Gesellschaft, die im Kapitalismus ihre volle Ausprägung findet. Die Theorie der Industriegesellschaft leugnet die Tatsache, daß nur der Sozialismus in der Lage ist, die Erfordernisse der wissenschaftlich-technischen Revolution im Interesse der werktätigen Menschen zu realisieren und die Einheit von wissenschaftlich-technischem und sozialem Fortschritt zu gewährleisten.
– Die Theorie der Industriegesellschaft ist auch gegen die Lehre von der führenden Rolle der Arbeiterklasse gerichtet.[16] Entwicklungsprozesse der Arbeiterklasse unter den Bedingungen der wissenschaftlich-technischen Revolution werden als „Verschwinden" der Arbeiterklasse oder als Verlust ihrer führenden Rolle bei der

15 Vgl. Kap. 5.1. des vorliegenden Lehrbuches.
16 Vgl. Kap. 2.2. und 7.1. des vorliegenden Lehrbuches.

Verwirklichung des sozialen Fortschritts gedeutet. Eine verbreitete These der Industriegesellschaftstheoretiker besteht in der Behauptung, daß die führende Rolle in unserer Zeit der Intelligenz oder den sogenannten Managern zukomme.

Die Theorie von der modernen Industriegesellschaft ist von übergreifender Bedeutung für das bürgerliche politische Denken und wirkt in allen bürgerlichen politisch-ideologischen Richtungen. Eine reaktionäre Rolle spielt sie im Konservatismus. Hier wird der unter der Losung „starker Staat" angestrebte und sich vollziehende Abbau demokratischer Rechte der Werktätigen und sozialer Leistungen, der Ausbau der repressiven Funktion des Staates zur politischen Unterdrückung der Werktätigen mit der Behauptung verbunden, all das seien Erfordernisse moderner wissenschaftlich-technischer Entwicklung.

Im Unterschied hierzu gibt es auch Versuche demokratischer Kräfte im Kapitalismus, das industriegesellschaftstheoretische Denken für die Kritik an ahumanen Auswirkungen des Imperialismus fruchtbar zu machen. In ihrer Orientierung, die „Industriegesellschaft" zu überwinden, decken sie teilweise menschenfeindliche Auswirkungen des wissenschaftlich-technischen Fortschritts unter kapitalistischen Bedingungen auf, ohne freilich konsequent zu den eigentlichen Wurzeln vorzudringen, die in den sozialökonomischen Verhältnissen des Imperialismus begründet liegen.

Die Theorie der Industriegesellschaft ist auf verschiedene Weise modifiziert worden, so zum Beispiel durch die *Modernisierungstheorien*, in denen versucht wird, den Technizismus aufzulockern und auch politischen und kulturellen Faktoren eine tragende Bedeutung für soziale Erneuerungsprozesse einzuräumen. Aber auch diese Theorien gehen an der Dialektik von sozialökonomischer Basis und Überbau und der bestimmenden Rolle der Produktions- und insbesondere der Eigentumsverhältnisse für das gesellschaftliche Leben vorbei. Eine wichtige Modifikation der Industriegesellschaftstheorie ist auch die *Theorie von der postindustriellen Gesellschaft*, die ebenfalls von einer Überbewertung technisch-technologischer Entwicklungen ausgeht. Hier wird das angebliche Verschwinden der Arbeiterklasse aus dem Verschwinden der Arbeit abgeleitet, das durch den Einsatz von Robotern und durch andere technische Entwicklungen eintreten soll. Die Theorie der postindustriellen Gesellschaft ist eng verbunden mit den Gesellschaftsmodellen der Konsumgesellschaft, der Überflußgesellschaft, der Bildungsgesellschaft, der Dienstleistungsgesellschaft, der Freizeitgesellschaft, die alle davon ausgehen, daß die Arbeit unter modernen technischen Bedingungen angeblich immer bedeutungsloser werde. Eine wichtige Funktion dieser Modelle besteht darin, die antagonistischen sozialökonomischen Widersprüche des Kapitalismus, insbesondere den Grundwiderspruch zwischen Kapital und Arbeit zu verschleiern und auch den Hauptinhalt unserer Epoche des Übergangs vom Kapitalismus zum Sozialismus sowie die historische Notwendigkeit des Sozialismus zu verdecken.

Die bürgerliche Politikwissenschaft – ihre Hauptfunktionen

Die in der bürgerlichen Ideologie verbreitete Tendenz zu intensiver theoretischer Reflektion politischer Prozesse wird in besonderem Maße an der *raschen, umfassenden und institutionalisierten Entwicklung der bürgerlichen Politikwissenschaft* deutlich. Als eine spezielle bürgerliche Gesellschaftswissenschaft analysiert die bürgerliche Politikwissenschaft (auch Politologie genannt), gebrochen durch das Prisma bourgeoiser Klasseninteressen, politische Erscheinungen und Prozesse, ihre Strukturen und Funktionen sowie ihren Zusammenhang mit anderen Bereichen der Gesellschaft. Sie konzentriert ihr Interesse auf Fragen der politischen Macht, des politischen Systems der Gesellschaft, der Tätigkeit politischer Parteien und anderer gesellschaftlicher Organisationen, der politischen Aktivität und des politischen Verhaltens der Bürger, der Wirksamkeit des Staates und vor allem auch auf Fragen der Außenpolitik und der internationalen Beziehungen.

Allerdings ist die bürgerliche Politikwissenschaft ein uneinheitliches, unübersichtliches und in sich widersprüchliches Gebilde. Bereits über ihre Bezeichnung besteht unter bürgerlichen Sozialwissenschaftlern keine Übereinstimmung. So finden verschiedene Bezeichnungen Verwendung: Politikwissenschaft, political science, Politologie u. a. Vor allem in der Gegenstands- und Methodenauffassung gibt es große Unterschiede. Die Herausbildung und Entwicklung der bürgerlichen Politikwissenschaft, ihre rasche und ausgeprägte Institutionalisierung – das sind Prozesse, die weniger aus internen Notwendigkeiten der bürgerlichen Wissenschaftsentwicklung entspringen. Die Politikwissenschaft entsteht und entwickelt sich vorrangig aus dem Bedürfnis der Monopolbourgeoisie, ihren Kampf zu „verwissenschaftlichen" und sowohl ihrer ideologischen als auch ihrer politischen Tätigkeit konzeptionelle Grundlagen zu geben.

Eine *erste wichtige Funktion* der bürgerlichen Politikwissenschaft besteht darin, auf der Grundlage von Analysen zu politischen Prozessen, politischen Verhältnissen und politischen Ereignissen ein Wissen zu erarbeiten, das für die Ausarbeitung politischer Strategie durch die imperialistische Bourgeoisie verwendet werden kann. Die bürgerliche Politikwissenschaft nimmt heute eine dominierende Stellung in der bürgerlichen Ideologie ein, weil die Monopolbourgeoisie ohne solche politologischen Herrschaftsrezepte nicht mehr zu regieren vermag. Indem die Politikwissenschaft unter anderem die für monopolbourgeoise Strategieüberlegungen relevanten Forschungsergebnisse anderer Gesellschaftswissenschaften synthetisierend erfaßt und aufbereitet, wurde sie zu einem wichtigen *strategischen Faktor*. Sie ist beteiligt an der Ausarbeitung der politischen Strategie und Taktik der Monopolbourgeoisie, der Entwicklung politischer Handlungskonzepte sowie von Techniken der Machtausübung. Sie leistet Forschungsarbeit für die innen- und außenpolitischen Belange des bürgerlichen Staates und für die globale Strategie der Monopolbourgeoisie gegen die sozialistischen Länder, gegen die antiimperialistischen Nationalstaaten, gegen die Arbeiterklasse und alle antiimperialistischen Kräfte in den kapitalistischen Ländern selbst. Diese strategiebildende

Funktion der bürgerlichen Politikwissenschaft, die von bürgerlichen Politikwissenschaftlern als „Politikberatung" bezeichnet wird, realisiert sich über die Anfertigung von Gutachten, Studien, Expertisen, Analysen und Empfehlungen, die durch einzelne Wissenschaftler oder durch Gruppen für Regierungen, Parlamente, politische Parteien, Unternehmerverbände, aber auch für Monopolgruppen oder einzelne Monopole zumeist auf der Grundlage von Aufträgen erarbeitet werden. Eine besonders große Rolle spielen spezielle politikwissenschaftliche Institutionen, die im Hochschulwesen kapitalistischer Länder existieren, aber auch bei Regierungen, Parteien usw. geschaffen wurden. Im Bestand der bürgerlichen Politikwissenschaft hat sich eine breit angelegte und umfangreich institutionalisierte „Kommunismusforschung" entwickelt, die im wesentlichen der theoretischen Drapierung des Antikommunismus dient. Sie dient dem theoretisch-ideologischen Kampf gegen den Marxismus-Leninismus und den realen Sozialismus und soll mögliche Angriffspunkte ausmachen sowie strategisch-taktische Leitlinien des Antikommunismus erarbeiten.

Innerhalb der bürgerlichen Politikwissenschaft vollzieht sich in zunehmendem Maße ein *Prozeß der Differenzierung*. Zahlreiche ihrer Vertreter gelangen in ihren Analysen besonders zum Problem Krieg-Frieden in unserer Zeit zu Einsichten, die einen Dialog zwischen marxistisch-leninistischen Gesellschaftswissenschaftlern und ihnen möglich machen. Diese Einsichten betreffen u. a. die Erkenntnis, daß Frieden ein Grundwert des politischen Handelns unserer Zeit sein muß, daß der Krieg kein taugliches Mittel für die Erreichung politischer Ziele sein kann, daß der Kampf der entgegengesetzten Gesellschaftssysteme unter Ausschluß des Krieges auszutragen ist und zur Lösung globaler Menschheitsprobleme eine internationale politische Zusammenarbeit notwendig geworden ist.

Eine *zweite grundlegende Funktion* der bürgerlichen Politikwissenschaft ist es, zur Bildung und Verbreitung der politischen Ideologie der Monopolbourgeoisie beizutragen (*ideologiebildende Funktion*). In diese Funktion ist die Führung des ideologischen Kampfes gegen den realen Sozialismus eingeschlossen. In diesem Prozeß der Bildung und Verbreitung der politischen Ideologie haben sich im wesentlichen drei Hauptformen herausgebildet: Das System der *Massenmedien,* welches politisches Alltagsbewußtsein erzeugen soll, das den Anforderungen der imperialistischen Bourgeoisie entspricht; die *propagandistische Tätigkeit von politischen Parteien, Organisationen und Verbänden,* deren Aufgabe in der ideologischen Beeinflussung bestimmter Zielgruppen besteht; schließlich vor allem die Vermittlung der politischen Ideologie des Imperialismus über das *staatliche Bildungswesen* (politische Bildung). In all diesen Bereichen werden bürgerliche Politikwissenschaftler vor allem dadurch wirksam, daß sie die Aus- und Weiterbildung der dort tätigen Kader durchführen (Journalisten, Politiker, Lehrer).

Kontrollfragen zu Kapitel 17

1. Worin besteht die praktisch-politische Bedeutung der richtigen Bestimmung der Hauptstoßrichtung des ideologischen Kampfes der Arbeiterklasse in der Gegenwart?

2. Zeigen Sie, wie in den Prinzipien der Auseinandersetzung mit der bürgerlichen Ideologie die dialektisch-materialistische Methode ihre Anwendung findet!

3. Worin bestehen die Gefährlichkeit und der menschheitsfeindliche Charakter des Antikommunismus?

4. Woraus ergeben sich Platz und wachsende Bedeutung der bürgerlichen politischen Theorien in der Ideologie und Strategie der heutigen Bourgeoisie?

Sachregister

Abrüstung 123, 126f., 132, 133, 134, 143–146, 238f.

Aggressivität des Imperialismus 122, 123ff., 126, 137–141

Allgemeine Gesetzmäßigkeiten → Gesetzmäßigkeiten/Gesetze, allgemeine

Allgemeine Krise des Kapitalismus
– Etappen 122–124
– Charakteristik der gegenwärtigen Etappe 122, 123, 124–127, 199, 200, 223 → Imperialismus → Kapitalismus → Kolonialsystem → Weltsystem, sozialistisches

Alternative, demokratische 206–209, 210 bis 213, 221f., 224

Annäherung der Klassen und Schichten im Sozialismus 48, 49–52, 56f., 415–419 → Arbeiterklasse → Genossenschaftsbauern → Intelligenz → Kommunismus → Sozialismus

Anarchismus 25, 30, 54, 172, 175

Antikommunismus 217, 509, 510, 511–514
– Antisowjetismus 513, 514

Arbeit ..
– Charakter der Arbeit im Sozialismus 41–44, 262f., 265, 445f., 485ff.
– Arbeitsteilung 41–44, 263, 480f.
– Unterschied zwischen geistiger und körperlicher Arbeit und seine Überwindung 41–44, 480ff.

→ Annäherung der Klassen und Schichten → Kommunismus → Sozialismus

Arbeiterbewegung 50ff., 66f., 192, 193 bis 200, 201–206, 206–220
→ Arbeiterklasse → Klassenkampf → Marxistisch-leninistische Partei → Sozialdemokratie

Arbeiterklasse
– führende Rolle der A. 8–10, 39–49, 69–72, 350–355
– und marxistisch-leninistische Partei 66–68, 351–355, 356–359
– Bewußtheit und Organisiertheit der A. 45, 69–72, 350–356, 356–359, 359–366, 366–370
– Aktionseinheit der Arbeiterklasse 213 bis 216, 216–222
– Stellung im Imperialismus 40–44, 44–49, 192–199, 199–206
– A. im Sozialismus 40–44, 351–355, 409, 410, 416
– und nationale Befreiungsbewegung 242ff.
– Entwicklung, Einheit und Differenziertheit der A. 44–49, 409–410
– Struktur der A. 45–49, 409–410
– Assoziationsgesetz der A. 12, 22, 50, 54, 77, 262–263, 270, 312
– Verfälschung ihrer führenden Rolle 44f., 47, 48
→ Arbeiterbewegung → Bündnispolitik

Abbildung 1
Die Entwicklung der internationalen Arbeiterklasse
Quelle: Parteilehrjahr der SED 1987/88, Studien- und Seminarhinweise. Internationale Entwicklung und aktuelle Aufgaben des Kampfes um die Sicherung des Friedens, Berlin 1987, S. 43.

Abbildung 2
Aus der Bilanz zweier Weltkriege
Quelle: gestaltet nach Anklage gegen den Imperialismus, in: Probleme des Friedens und des Sozialismus, Heft 7/1969, S. 887; Sachwörterbuch der Geschichte Deutschlands und der deutschen Arbeiterbewegung, Berlin 1970, Bd. 2, S. 805 u. 813.

Abbildung 3
Kosten für SDI
Quelle: Parteilehrjahr der SED 1987/88, Studien- und Seminarhinweise. Internationale Entwicklung und aktuelle Aufgaben des Kampfes um die Sicherung des Friedens, Berlin 1987, S. 138.

Abbildung 4
Strukturveränderungen bei Lohn- und Gehaltsempfängern in entwickelten kapitalistischen Ländern
Quelle: berechnet nach Angaben im Statistischen Jahrbuch für die Bundesrepublik Deutschland 1971, 1972, 1973 und 1986, zitiert nach: horizont, Heft 3/1987, S. 10.

Abbildung 5
Arbeitslosigkeit
Quelle: Parteilehrjahr der SED 1987/88, Studien- und Seminarhinweise. Leninsche Theorie über den Imperialismus, Berlin 1987, S. 63.

Abbildung 6
Arbeitslose in der BRD
Quelle: gestaltet nach „WSI-Mitteilungen", Köln, Nr. 7/1986, zitiert nach: horizont, Heft 6/1987, S. 17.

Abbildung 7
Stellung der RGW-Länder in der Welt
Quelle: Parteilehrjahr der SED 1987/88, Studien- und Seminarhinweise. Internationale Entwicklung und aktuelle Aufgaben des Kampfes um die Sicherung des Friedens, Berlin 1987, S. 185.

Abbildung 8
Struktur des Rates für Gegenseitige Wirtschaftshilfe (RGW)
Quelle: Haack Atlas zur Zeitgeschichte, Gotha 1985, S. 10.

Abbildung 9
Entwicklung des gegenseitigen Warenaustausches DDR/UdSSR
Quelle: Parteilehrjahr der SED 1987/88, Studien- und Seminarhinweise. Internationale Entwicklung und aktuelle Aufgaben des Kampfes um die Sicherung des Friedens, Berlin 1987, S. 165.

Abbildung 10
Die leitenden Organe der Warschauer Vertragsorganisation
Quelle: Außenpolitisches Lexikon auf Dias. Fakten, Zahlen, Grafiken zur internationalen Entwicklung (Folgen 1–3), Berlin 1985, W/2.

Abbildung 11
Soziale Zusammensetzung der SED nach der gegenwärtigen Tätigkeit
Quelle: Parteilehrjahr der SED, Studienmaterial. Marxistisch-leninistische Schulung der Kandidaten der SED, Berlin 1987, S. 56.

Abbildung 12
Qualifikation der Mitglieder und Kandidaten
Quelle: Parteilehrjahr der SED 1987/88, Studien- und Seminarhinweise. Strategie und Taktik der SED bei der weiteren Gestaltung der entwickelten sozialistischen Gesellschaft in der DDR, Berlin 1987, S. 226.

Abbildung 13
Aufbau der SED
Quelle: Parteilehrjahr der SED 1987/88, Studien- und Seminarhinweise. Strategie und Taktik der SED bei der weiteren Gestaltung der entwickelten sozialistischen Gesellschaft in der DDR, Berlin 1987, S. 223.

Abbildung 14
Abgeordnete der Volkskammer nach der sozialen Stellung
Quelle: Statistisches Taschenbuch der Deutschen Demokratischen Republik 1987, Berlin 1987, S. 18.

Abbildung 15
Volksvertretung
Quelle: Parteilehrjahr der SED 1987/88, Studien- und Seminarhinweise. Strategie und Taktik der SED bei der weiteren Gestaltung der entwickelten sozialistischen Gesellschaft in der DDR, Berlin 1987, S. 203.

Abbildung 16
Anteil der Neuerer an den Berufstätigen
Quelle: Parteilehrjahr der SED 1987/88, Studien- und Seminarhinweise. Strategie und Taktik der SED bei der weiteren Gestaltung der entwickelten sozialistischen Gesellschaft in der DDR, Berlin 1987, S. 214.

Abbildung 17
Neuerer in der sozialistischen Wirtschaft und Jahresnutzen der in die Praxis eingeführten Neuerungen
Quelle: Parteilehrjahr der SED 1987/88, Studien- und Seminarhinweise. Strategie und Taktik der SED bei der weiteren Gestaltung der entwickelten sozialistischen Gesellschaft in der DDR, Berlin 1987, S. 214.

Abbildung 18
Die soziale Zusammensetzung der DDR-Bevölkerung
Quelle: Parteilehrjahr der SED 1987/88, Studien- und Seminarhinweise. Strategie und Taktik der SED bei der weiteren Gestaltung der entwickelten sozialistischen Gesellschaft in der DDR, Berlin 1987, S. 182.

Abbildung 19
Zuwendungen für die Bevölkerung aus Mitteln des Staatshaushaltes
Quellen: Statistisches Jahrbuch 1986 der Deutschen Demokratischen Republik, Berlin 1986, S. 265; Statistisches Taschenbuch der Deutschen Demokratischen Republik 1987, Berlin 1987, S. 107.

Abbildung 20
Steigende Produktion und Effektivität in der Landwirtschaft der DDR
Quelle: Parteilehrjahr der SED 1987/88, Studien- und Seminarhinweise. Strategie und Taktik der SED bei der weiteren Gestaltung der entwickelten sozialistischen Gesellschaft in der DDR, Berlin 1987, S. 167.

Abbildung 21
Entwicklung der Ernteeinerträge und der Hektarerträge bei Getreide in der DDR
Quelle: Parteilehrjahr der SED 1987/88, Studien- und Seminarhinweise. Strategie und Taktik der SED bei der weiteren Gestaltung der entwickelten sozialistischen Gesellschaft in der DDR, Berlin 1987, S. 167.

Abbildung 22
Beschäftigte für Forschung und Entwicklung
Quelle: Parteilehrjahr der SED 1987/88, Studien- und Seminarhinweise. Strategie und Taktik der SED bei der weiteren Gestaltung der entwickelten sozialistischen Gesellschaft in der DDR, Berlin 1987, S. 75.

Tabelle 1
Die Kongresse der Kommunistischen Internationale
Quelle: Die Kommunistische Internationale, Kurzer historischer Abriß, Moskau 1969, S. 53, 80, 122, 169, 220, 287 und 391 (russ.).

Tabelle 2
Die Zeitschrift »Probleme des Friedens und des Sozialismus«
Quellen: Probleme des Friedens und des Sozialismus, Heft 9/1978, S. 1171; Angaben für Jahrgang 1986 errechnet.

Tabelle 3
Teilnahme von ausländischen Parteien an den Parteitagen der SED
Quelle: Protokolle der Parteitage der SED.

Tabelle 4
Die kommunistische Bewegung der Gegenwart
(Stand 1985)
Quelle: W. Sagladin: Die kommunistische Bewegung in der Gegenwart, in: Marxistische Blätter, Köln, Heft 6/1986.

Tabelle 5
Menschenverluste durch den zweiten Weltkrieg
Quelle: gestaltet nach Atlas zur Geschichte, Bd. 2, Gotha/Leipzig 1975, S. 50.

Tabelle 6
Arbeitslosigkeit und Rüstungsausgaben in der BRD
Quelle: horizont, Nr. 5/1987, S. 8.

Tabelle 7
Bisher abgeschlossene Vereinbarungen zur Einstellung des Wettrüstens und zur Abrüstung
(Auswahl)
Quellen: gestaltet nach horizont, Nr. 11/1977, S. 25 f.; horizont, Nr. 15/1977, S. 5; horizont,

Nr. 4/1987, S. 8; Einheit, Heft 3/1980, S. 324f.; Haack, Atlas zur Zeitgeschichte, Gotha 1985, S. 22 und S. 60; Parteilehrjahr der SED 1987/88. Studien- und Seminarhinweise. Internationale Entwicklung und aktuelle Aufgaben des Kampfes um die Sicherung des Friedens, Berlin 1987, S. 104ff.

Tabelle 8
Frauenarbeitslosigkeit
Quelle: Berechnet nach Einheit, Nr. 7/1986, S. 661.

Tabelle 9
Jugendarbeitslosigkeit
Quellen: horizont, Nr. 1/1987, S. 16; berechnet nach Einheit, Nr. 12/1986, S. 1140 und ND vom 26./27. Sept. 1987, S. 6.

Tabelle 10
Neue demokratische Bewegungen (Auswahl)
Quelle: N. Madloch, Neue demokratische Bewegungen in den imperialistischen Ländern, in: horizont, Nr. 6/1986, S. 12 u. S. 29.

Tabelle 11
Anteil der Länder, die nach 1917 ihre staatliche Unabhängigkeit errangen (außer sozialist. Ländern)
Quellen: Geschichtsunterricht und Staatsbürgerkunde, Heft 6/1973, S. 523; horizont, Nr. 43/80, S. 9; Nr. 10/85, S. 17; Nr. 4/86, S. 16.

Tabelle 12
Anzahl der Länder, die nach 1945 ihre staatliche Unabhängigkeit errungen haben
Quellen: Studienhinweise für die Seminare „Grundprobleme des revolutionären Weltprozesses, Berlin 1980, S. 33; Haack Atlas zur Zeitgeschichte, Gotha 1985, S. 58–59.

Tabelle 13
Anteil der Lohnarbeiter an der ökonomisch aktiven Bevölkerung Lateinamerikas
Quellen: Die Arbeiterklasse und die gegenwärtige Welt, Moskau 1981, Nr. 3, S. 123 (russ.); 1984 Schätzung nach ILO Year Book of Labour Statistics, Genf, lfd.

Tabelle 14
Wachstum der Bewegung der Nichtpaktgebundenen
(Zahl der Mitgliedsländer)
Quelle: Parteilehrjahr der SED 1987/88, Studien- und Seminarhinweise. Internationale Entwicklung und aktuelle Aufgaben des Kampfes um die Sicherung des Friedens, Berlin 1987, S. 55.

Tabelle 15
Gipfelkonferenzen der Bewegung der Nichtpaktgebundenen

Quelle: Parteilehrjahr der SED 1987/88, Studien- und Seminarhinweise. Internationale Entwicklung und aktuelle Aufgaben des Kampfes um die Sicherung des Friedens, Berlin 1987, S. 57.

Tabelle 16
Entwicklung des durchschnittlichen Bruttosozialprodukts pro Kopf der Bevölkerung in Entwicklungsländern und kapitalistischen Industrieländern
(zu lfd. Preisen, in US-Dollar)
Quelle: IPW-Berichte, Heft 6/1986, S. 63.

Tabelle 17
Solidarische Unterstützung der um ihre nationale und soziale Befreiung kämpfenden Völker durch die DDR (Auswahl)
Quelle: Aus einer Mitteilung des Ministeriums für Auswärtige Angelegenheiten, die am 30. Juni 1987 als UN-Dokument verbreitet wurde. Zitiert nach: horizont, Nr. 8/1987, S. 17.

Tabelle 18
Erzeugung von Elektroenergie pro Kopf der Bevölkerung in den RGW-Ländern
Quellen: Autorenkollektiv, Die sozialistische Gemeinschaft. Interessen – Zusammenarbeit – Wirtschaftswachstum. Reihe: Wissenschaftlicher Kommunismus – Theorie und Praxis, Berlin 1985, S. 21; Statistisches Jahrbuch der Mitgliedsländer des RGW 1986, Moskau 1986, S. 112 (russ.).

Tabelle 19
Verteilung der Parteikräfte der SED
Quelle: Parteilehrjahr der SED, Studienmaterial. Marxistisch-leninistische Schulung der Kandidaten der SED, Berlin 1987, S. 117.

Tabelle 20
Entwicklung des Mitgliederstandes der SED
Quelle: Protokolle der Parteitage der SED.

Tabelle 21
Mitarbeit der Bürger in gesellschaftlichen Gremien – 1986 –
Quelle: Parteilehrjahr der SED 1987/88, Studien- und Seminarhinweise. Strategie und Taktik der SED bei der weiteren Gestaltung der entwickelten sozialistischen Gesellschaft in der DDR, Berlin 1987, S. 201f.

Tabelle 22
Wie in der DDR ein Gesetz entsteht
Quelle: Staatsrecht der DDR, Lehrbuch, Berlin 1984, S. 292.

Tabelle 23
Mitwirkung der Bürger der DDR an der Rechtsprechung
Quellen: Autorenkollektiv, Der Staat im politischen System der DDR, Berlin 1986, S. 309; Statistisches Taschenbuch der Deutschen Demokratischen Republik 1987, Berlin 1987, S. 20.

Tabelle 24
Entwicklung der Mitgliederzahlen ausgewählter gesellschaftlicher Organisationen der DDR
Quellen: Statistisches Jahrbuch 1986 der Deutschen Demokratischen Republik, Berlin 1986, S. 321, 345; Statistisches Taschenbuch der Deutschen Demokratischen Republik 1987, Berlin 1987, S. 20 f.; Autorenkollektiv, Der Staat im politischen System der DDR, Berlin 1986, S. 306 f.; Neuer Weg, Nr. 18/1986, S. 705.

Tabelle 25
Zur Verwirklichung des sozialpolitischen Programms der DDR
Quellen: Neues Deutschland vom 30. 4./1. 5. 1977; Protokolle des IX., X. und XI. Parteitages der SED; Neues Deutschland vom 29. 1. 1987.

Tabelle 26
Mitarbeit der mit der SED befreundeten Parteien – 1985 –
Quelle: K. Schneider, Demokratischer Block bewährte sich im Alltag unseres Landes. In: Leipziger Volkszeitung vom 29. Mai 1986.

Tabelle 27
Für Wissenschaft und Technik eingesetzte Mittel
Quelle: Parteilehrjahr der SED 1987/88, Studien- und Seminarhinweise. Strategie und Taktik der SED bei der weiteren Gestaltung der entwickelten sozialistischen Gesellschaft in der DDR. Berlin 1987, S. 74.

Tabelle 28
Konzentration des wissenschaftlich-technischen Potentials auf folgende Hauptrichtungen
Quelle: Parteilehrjahr der SED 1987/88, Studien- und Seminarhinweise. Politische Ökonomie des Sozialismus und ökonomische Strategie der SED, Berlin 1987, S. 123.

Tabelle 29
Patentanmeldungen aus der DDR
Quelle: Parteilehrjahr der SED 1987/88, Studien- und Seminarhinweise. Strategie und Taktik der SED bei der weiteren Gestaltung der entwickelten sozialistischen Gesellschaft in der DDR, Berlin 1987, S. 75.

Tabelle 30
Durch Anwendung wissenschaftlich-technischer Ergebnisse und Maßnahmen der wissenschaftlichen Arbeitsorganisation eingesparte Arbeitszeit

Quelle: Statistisches Jahrbuch 1986 der Deutschen Demokratischen Republik, Berlin 1986, S. 132.

Tabelle 31
Zahl einklassiger Landschulen auf dem Gebiet der DDR
Quellen: Universitätszeitung, Karl-Marx-Universität, Nr. 04/1987 vom 30. 1. 1987, S. 7.

Tabelle 32
Schüler je Klasse an den POS
Quellen: Statistisches Jahrbuch 1987 der Deutschen Demokratischen Republik, Berlin 1987, S. 297.

Tabelle 33
Ausgaben des Staatshaushaltes für das Bildungswesen
Quellen: Statistisches Jahrbuch 1987 der Deutschen Demokratischen Republik, Berlin 1987, S. 264.

Tabelle 34
Ausbildungsstand der Berufstätigen in der sozialistischen Wirtschaft
Quellen: Statistisches Jahrbuch 1987 der Deutschen Demokratischen Republik, Berlin 1987, S. 124.

Tabelle 35 a
Hochschuleinrichtungen der DDR nach Arten und Größenklassen
Quelle: berechnet nach internen statistischen Unterlagen des Zentralinstituts für Jugend-forschung beim Amt für Jugendfragen, Leipzig.

Tabelle 35 b
Studierende im Hoch- und Fachschulstudium der DDR
Quelle: Statistisches Taschenbuch der Deutschen Demokratischen Republik 1987, Berlin 1987, S. 123.

Tabelle 36
Steigerung der staatlichen Geburtenbeihilfe in der DDR
Quelle: horizont, Nr. 23/1979, S. 22.

Tabelle 37
Urlaub vor und nach der Geburt eines Kindes bei Weiterzahlung des vollen Lohnes
Quelle: horizont, Nr. 23/1979, S. 22.

Tabelle 38

Neu- bzw. Umgestaltung von Arbeitsplätzen durch Nutzung neuer wissenschaftlicher Erkenntnisse und durch wissenschaftliche Arbeitsorganisation in Industrie, Bau- und Verkehrswesen, Land-, Forst- und Nahrungsgüterwirtschaft
Quelle: Anschauungsmaterial Politische Ökonomie des Sozialismus und ökonomische Strategie der SED, Berlin 1986, S. 66.

Tabelle 39

Ergebnisse der ökonomischen Initiativen der FDJ
Quelle: Parteilehrjahr der SED, Studienmaterial. Marxistisch-leninistische Schulung der Kandidaten der SED, Berlin 1987, S. 151.

Tabelle 40

Die werktätige und studierende Jugend in der MMM-Bewegung
Quelle: Parteilehrjahr der SED, Studienmaterial. Marxistisch-leninistische Schulung der Kandidaten der SED, Berlin 1987, S. 151.

Tabelle 41

Ausgewählte Fakten zur kulturellen Entwicklung der DDR
Quellen: Statistisches Taschenbuch der Deutschen Demokratischen Republik 1987, Berlin 1987, S. 127–131; Statistisches Jahrbuch 1986 der Deutschen Demokratischen Republik, Berlin 1986, S. 314, 318.

Vorsatzkarte

Die staatliche Gliederung der Erde (Stand 1987)
Quellen: Haack Atlas zur Zeitgeschichte, Gotha 1985, S. 58/59; Parteilehrjahr der SED 1987/88, Studien- und Seminarhinweise. Internationale Entwicklung und aktuelle Aufgaben des Kampfes für die Sicherung des Friedens, Berlin 1987, S. 57 f.

Nachsatzkarte

Zur internationalen Arbeiterbewegung (Auswahl, Stand 1987)
Quellen: Haack Atlas zur Zeitgeschichte, Gotha 1985, S. 4/5, 16/17; Socialist Affairs, London 1/1986, S. 8 (engl.).

Inhaltsverzeichnis

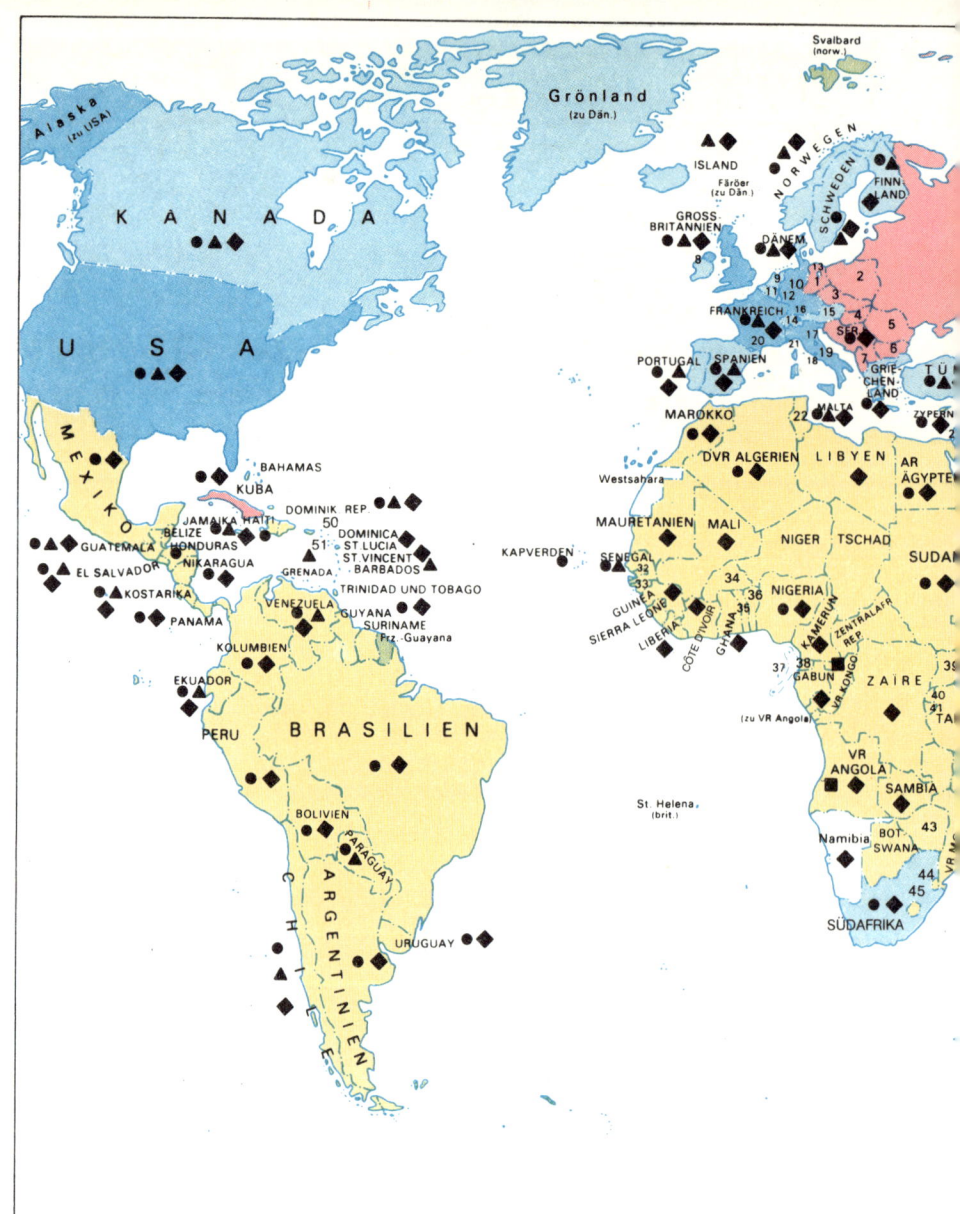

Zur internationalen Arbeiterbewegung (Auswahl)

(Stand erste Hälfte der achtziger Jahre)

Grönland (zu Dän.)

Svalbard (norw.)

Alaska (zu USA)

K A N A D A

U S A

M E X I K O

BAHAMAS

KUBA

JAMAIKA HAITI

BELIZE

GUATEMALA HONDURAS

EL SALVADOR

NIKARAGUA

KOSTARIKA

PANAMA

DOMINIK. REP

50

DOMINICA

51 ST LUCIA

ST.VINCENT

BARBADOS

GRENADA

TRINIDAD UND TOBAGO

VENEZUELA

GUYANA

SURINAME

Frz.-Guayana

KOLUMBIEN

EKUADOR

PERU

B R A S I L I E N

BOLIVIEN

PARAGUAY

C H I L E

A R G E N T I N I E N

URUGUAY

ISLAND

N O R W E G E N

SCHWEDEN

FINN LAND

FÄROER (zu Dän.)

GROSS BRITANNIEN

DÄNEM

8

13

9 10 11 12

1

3

2

FRANKREICH

16 15

14

17

4

5

SFR

6

20

21 19

7

GRIE CHEN LAND

TÜ

18

PORTUGAL

SPANIEN

MALTA

ZYPERN

MAROKKO

22

DVR ALGERIEN

LIBYEN

AR

ÄGYPTE

Westsahara

MAURETANIEN

MALI

NIGER

TSCHAD

SUDA

KAPVERDEN

SENEGAL

33

GUINEA

SIERRA LEONE

LIBERIA

34

CÔTE D'IVOIRE

GHANA

35

36

NIGERIA

KAMERUN

ZENTRALAFR. REP.

37

38

GABUN

VR KONGO

Z A I R E

39

40

41

TA

(zu VR Angola)

VR ANGOLA

SAMBIA

43

St. Helena (brit.)

Namibia

BOT SWANA

44

45

SÜDAFRIKA

Kapverden

● Staaten un
Parteien ex

▲ Staaten un
bzw. sozia
mitglied de
sind, existi

■ Staaten, in
organisatio
leninistisch

◆ Staaten un
gewerkscha